本书出版得到

国家重点文物保护专项补助经费资助

# 百色革新桥

广西文物考古研究所　编著

文物出版社

封面设计　张希广

责任印制　陆　联

责任编辑　于炳文　李　莉

## 图书在版编目（CIP）数据

百色革新桥／广西文物考古研究所编著．—北京：
文物出版社，2012.9

ISBN 978－7－5010－3553－3

Ⅰ.①百…　Ⅱ.①广…　Ⅲ.①新石器时代考古－
发掘报告－百色市　Ⅳ.①K872.673

中国版本图书馆 CIP 数据核字（2012）第 217664 号

## 百色革新桥

广西文物考古研究所编

＊

文 物 出 版 社 出 版 发 行

（北京东直门内北小街 2 号楼）

http：//www.wenwu.com

E-mail：web@ wenwu.com

北京联华宏凯印刷有限公司印刷

新 华 书 店 经 销

787×1092　1/16　印张：39.5　插页：1

2012 年 9 月第 1 版　2012 年 9 月第 1 次印刷

ISBN 978－7－5010－3553－3　　定价：286.00 元

# 目　录

# 插图目录

# 彩版目录

# 图版目录

# 序

香港中文大学　邓　聪

## 一

广西文物考古研究所谢光茂等编著的《百色革新桥》即将付梓。他不弃在远，嘱我为此书写序。我和谢于史前石器的研究，一往情深，特别是对旧石器的爱好，让我们得结玉石之缘。

在距今 260 万年前，人类在非洲已开始制造和使用石器。过去二百多万年中，人类在地球上制作了无数的石器工具，几乎充斥每一个角落。石器见证数百万年来人类行为进化的历程。石器更是古人类思想的化石。世界考古学所公认的重大课题，包括人类起源、现代人（智人）出现、农业经济形成、国家与文明社会肇始等，这些课题都与人类漫长的石器时代，有着密切的关系。人类历史 99% 以上，是在石器时代中渡过的。青铜时代象征国家与文明社会的出现，但当时生活主要的基础，同样承袭了新石器时代的惠泽。青铜时代的生产工具，仍然以石器和木器的组合最普遍。因此，考古学中人类的石器，当然应作为一门专门的学科「石器学」去研究。石器，无疑是理解人类历史进化最重要的根据之一。

中国人从来对远古的石器，就很感兴趣。据《国语·鲁语》记载，孔子在陈，见到一些"长尺有咫"的石镞。他认为这是来自远方肃慎之矢贡品。唐宋以后，有关古代石器的记载就更多了。《梦溪笔谈》中，著名宋代科学家沈括深信，称为雷斧和雷楔的石斧，竟是"雷神所坠"。这只能作为古人对石器感性的初步认知。到了 1920 年代后，中国随着西方考古学的传入，我国学者才开始从考古和地质学的角度，对石器进行科学的探索。

石器是谱写中国人类历史第一章的重要资料。近百年来，我国考古学界对石器的研究，已取得一系列突破的成果。然而，现实上我国考古的教学和研究范围内，石器仍是冷门。广西革新桥遗址石器作坊的发掘，获选为"2002 年度中国十大考古发现"，其中的理由是革新桥遗址揭露石器加工工场的规模宏大，出土石器的种类丰富。这可以视为近年考古文博界普遍对石器研究重要性的肯定。石器作为中国考古学重要的研究对象来说，革新桥遗址的发掘是具有里程碑的意义。

　　广西地区旧石器和新石器时代文化之间的石器，如瓜瓞延绵，有着很显著的延续性。在中国广大范围内，广西史前考古学的研究有着比较高的起点。早于 1935 年初，杨锺健、德日进、裴文中等学者在广西桂林市郊及武鸣县的苞桥、芭勋、腾翔等地洞穴，发现了一批打制石器。据当时裴的判断，这些石器很可能是属于中石器时代。现今学术界一般把裴于 1935 年发现的石器文化，断代在新石器时代的早期。裴作为中国旧石器研究的开创者，他在广西洞穴的工作，为此地新石器研究奠定了良好的基础。无独有偶，谢光茂作为百色革新桥遗址发掘的领队，他早已是国际知名的旧石器研究专家。二十多年来，谢一直坚持对广西百色盆地多处旧石器时代遗址，进行广泛而深入的研究。2003 年出版《百色旧石器》报告，他是其中主要的执笔者。从这个学术背景可知，《百色革新桥》遗址的报告，从方法论以至文化传承，均贯穿了广西旧石器时代至新石器时代的发展，运用了旧石器时代石器研究的方法，实践在新石器时代的石斧、石锛等石器制作工场的探索。

　　2002 年广西考古学者发现了革新桥遗址，遗址分布面积约 5000 平方米。其后进行了1500 平方米发掘工作，出土石器 22363 件，由三个不同时期的文化堆积构成。其中最丰富的第五层，被区分四个生活面，进行了精细田野考古发掘和记录。发掘过程中对一些重要遗迹的堆积，以浮选法和筛选法采集了动、植物的遗存。对石器研究手段，包括遗址中同一文化层生活面中，出土石器平面测量记录，石制品和石片间的拼合的尝试，石器上残留物分析，石器原料鉴定，石器类型学和技术、功能的分析等。

　　《百色革新桥》发掘报告书，采用了旧石器研究"工作链"、"操作链"或者是"连锁动作"，即法语 Chaîne Opératoire 或英语 Reduction Sequence 的概念，对石器深入分析有了很好的实践。所谓石器工作链的分析，也就是从原石获得、石器制作过程、石器使用以至埋藏，即石器一生分析的视角，把石器技术作为研究的对象。在不同的阶段所产生的石器，都是人类连锁行为于物质方面的反射，通过物质状态变化的分析，揭示人类行为系统性构造的全貌。《百色革新桥》报告书中一些精彩的分析，都是与工作链概念，紧紧相扣的。

二

　　早于 1865 年，英国博物学家约翰·拉伯克（John Lubbock）名著《史前时期》（Pre‐historic Times），首次创造了旧石器（Palaeolithic）和新石器（Neolithic）两个名词，提倡了旧石器时代与新石器时代的区分。从最近世界考古学趋势来看，旧石器时代石器研究的方法，正全面渗透到新石器和青铜时代石器的分析中。法国学界对石器的研究，一直是世界领先的领域。自装文中的老师步日耶以后，法国旧石器权威波尔德（François Bordes 1919~1981年）和列华估宏（A. Leroi - Gourhan 1911~1986年），两位史前学家的学术途径，仍然是很值得我们深入学习的。波尔德对石器实验制作、石器工艺学分类、统计学方法导入，对欧洲中期旧石器类型学组合的探索等，建树甚丰。列华估宏从民族学、考古学、语言学、人类学等多方面综合，特别是他对工作链的深入分析，是石器动态技术学分析的基础。还有，列华估宏提倡对出土层位精细的区分、石器出土空间与人类行的复原等，在学术界产生了重要的影响。1979年由谢杰克·蒂西耶（Jacques Tixier）等所编著《史前学：打制石器的词汇和技术》（*Technology and Terminology of Knapped Stone*）一书中有很精彩的总结，对世界石器研究推进起了良好的作用。

2011年，英国爱尔兰国家博物馆阿伦·萨维尔（Alan Saville）所编撰《新石器时代燧石与石器》（*Flint and Stone in the Neolithic Period*）一书，执笔者主要是来自新石器研究组（Neolithic Studies Group）与石器研究学会（Lithic Studies Society）的会员，展示了英国近年对新石器研究的倾向。其中新石器研究组的网页 http：//www. neolithic. org. uk，可见他们的活动及研究成果。萨维尔在该书首章，以《新石器时代石器研究：我们已知及我们想知道的》（Neolithic Lithic Studies：what do we know，what do we want to know？）标题，强调新石器时代遗址的发掘，必须向旧石器及中石器时代发掘的技术看齐。这包括在田野中，对石器出土空间位置等系统细致的记录，发掘后处理的方式等。对石器表皮观察、受热情况、原料来源、加工工艺、拼合技术，以至石器出土分布最小单位存在状况（context）记录和拍摄。他指出田野考古对出土石器精细的处理，在日后室内研究将会是非常重要的根据，否则石器的分析难以深入。

在东亚方面，日本旧石器时代对石器研究方法，很早就贯彻到新石器时代以至金属时期石器的分析中。旧石器时代的专家冈村道雄，早在1979年发表《绳文时代石器基础的研究方法及具体例子》（其一）（《东北历史资料馆研究纪要5》）。冈村文章中提出遗址构造论，重视遗迹与相关遗物出土的状况，对石器出土状况记录，石器各种属性分析，石片生产技术，石器功能研究及石器实测方法等，都是旧石器方法论的实践。其后，1980年由加藤晋平等编集《石器基础研究法》专书，更是旧石器、新石器的集大成综合之作。

事实上，我国学术界对石器的研究，也有接近一百年的历史。然而，自1950年以后，在很长一段期间，我们在石器方法论的推进，除了受到俄罗斯若干的影响外，基本上与欧美、东亚等地区缺乏交流。在国内旧石器时代和新石器时代研究，更形成隔绝的局面。这期间对石器研究方法论，可说是基本上与国际严重脱节。1963年出版的《半坡遗址》报告中，有关石器、骨角器的出土状态，只有"……其余都发现于居住区的房子、灶坑、窖穴、沟道和文化堆层中"，简单一句带过。这些出土遗物，都没有细致具体出土状况的记录，报告中仅对石器的类型学、工艺和功能上分析。令人忧虑的是《半坡遗址》对石器处理的模式，目前仍然于我国新石器时代考古报告中所见见。直到最近，我国新石器时代的发掘工作，仍忽视遗址中石器出土状况的记录和分析。这方面反映了我国新石器时代石器研究严重滞后的现象。

## 三

从以上世界考古学和中国新石器时代研究的现况，我们得以理解《百色革新桥》报告的重要意义。革新桥遗址所以能成为 2002 年度中国考古十大发现，发掘者本身对石器专业的认识，是其中决定性的因素。这里我们尝试就革新桥报告第五层揭露密集出土的石器，按不同石器组合形式、遗物空间分布的关系等，对当时人类活动性质精彩复原的片段，略作介绍和讨论。

报告者从石制品出土集中的地点，选取了目标较鲜明的石砧，作为单位区分的中心点，把其他石器与石砧间的关系，按视觉上区分为不同的单位，迫近石器制作活动的现场。探方 T207、T208 南部，分别发现 3 件较大的石砧，东西向呈一字排开。这三件石砧之间，相隔约 1 米。在 T207 西边大石砧，其周围分布 2 件石锤、2 件砺石、4 件斧/锛毛坯、1 件石凿毛坯、1 件石斧半成品、2 件砍砸器等较多的石制品，散布面近似扇形，但石砧的另一边，只有很少石制品的分布（图一〇）。报告者据此推测，"似乎表明缺少石制品的一边是石器制作者所在的位置"。此外，T 307、T306 中，也发现大致和以上相近似的现象，报告者从石器分布的疏密推论，"似为石器制作者所在的位置"（图一二；彩版八、九）。

这样从石器类型组合、加工石器特征、出土平面分布状况等，去推测石器制作者原来工作的位置，令人耳目一新。据笔者所知，日本东北大学阿子岛香教授曾记录过制作打制石器过程中，对飞散石片空间分布、石片的大小等做过很详尽分析。通常来说，在制作者所蹲踞范围 1 米以内，飞散石片的分布最为集中，石片飞散分布当然与打击方向，有着密切的关系。一些小型石片，可以从制作者的范围，飞散到 2 至 3 米以外。而制作者蹲踞后，他自身身体的位置，却往往是石片分布较少的空间。这似乎是支持了对革新桥报告者以上的推论。

不过，具体上如 T207 西石砧的周围，既有 2 件石锤，更有斧、锛和凿的毛坯和半成品等。如果是在这里确实进行石器毛坯和半成品的打制工序，相信一定会有大量加工过程中飞散分布的石片。在革新桥遗址中，如果存在有大量在制作毛坯或半成品阶段的石片，那么这些石片的空间分布形式、大小形制差别，毛坯、半成品和石片间拼对的资料，都是判断这里是否确实为毛坯和半成品打制的第一现场的证据。如果没有制作过程中的石片作证据，那么就可能出现其他两个可能性：

（1）所谓第一现场的石片，曾经被当时人仔细地清理。（2）这里并不是打制石器毛坯的第一现场。

另外，一些石斧、石锛制作的民族学例子，也是很值得参考的。近年公布美国科罗拉多大学博物馆汉普顿（O. W. Hampton）的《石的文化》（*Culture of Stone*：*Sacred and Profane Uses of Stone Among the Dani*，1999），详细报道了在印度尼西亚巴布亚的 Dani 族对石斧的制作。从原料采集地点分析、石料矿物分析、采集石场所有权使用、制作工程及场地以至多名的工作者组合的制作、石器制作动机及使用等，都做了巨细无遗的记录。汉普顿这项研究，在西方的学术界受到相当的好评。我觉得汉普顿有关石料采集和制作石斧工场等的分析，都可以作为对革新桥遗址的参考。

采石场的所有权的问题，固然是考古学上难以从遗址中去论证。汉普顿指出 Dani 在初步打制石斧毛坯时，基本上都是在采石场周围完成，才将粗制成石斧毛坯，带往具有良质砺石的活动地点，例如是小河沿岸，或者是居住聚落周围一些沼泽水源丰富的场所，再配合大型及小型专用作砺石，进行第二步研磨石斧的工序。当然，其中也有把若干相关打制毛坯，带到聚落范围内，但基本上石制品的毛坯，都与砺石和水源两者有着密切的关系。

最后，笔者同意报告中把革新桥遗址作为石器制造场遗址的定性。然而，从石器组合、石器使用痕迹、陶器、兽骨遗存和墓葬等的发现，革新桥人在此处生活的时间，可能并不会太短暂。我们推测这次发掘地点，正是他们制作石斧、石锛等石器的活动地点。

2012 年 8 月

# 第一章　自然环境及历史概况

## 第一节　地理位置及自然环境

百色市位于广西壮族自治区西部，珠江流域西江水系的右江上游。东南和东部与田东县毗邻，西南与靖西、德保县交界，西与云南省接壤，西北和北部靠田林、凌云县，东北与巴马县相连（图一）。地处东经 106°7′～106°56′、北纬 23°33′～24°18′。百色市原为县级市，2002 年撤地改市，成立新的百色市（地级市）。原来的百色市更名为右江区。

百色，是由壮语中的原始村落"博涩寨"称名而来，意思是洗衣服的好地方。这里是少数民族聚居的地区，有壮、汉、瑶、回四个民族，人口 28.3 万，其中壮族人口超过 20 万（百色市志编纂委员会，1993）。

## 一　地　质

百色市地处云贵高原东南边缘，呈西南—西北高而东南低走向，自西北向东南倾斜。属于扭动构造体系中广西山字形构造的前弧西翼，由于东亚大陆向南运动中受到该区西南某硬地区阻碍而产生区域性的南北顺时针扭动，从而形成了西北构造地带。

广西（加里东运动）基本结束了地槽性质的沉积，前寒武系褶皱隆起，形成本区域地台褶皱基底，东西向构造在此基础上发育起来。在早二迭系末的东吴运动产生的海西旋回构造较强，印支旋回是地台盖造经受的主要的一次强而广泛的构造运动，伴随基性岩侵入和火山喷发逐渐成为再生地槽，使泥盆系至中三迭系地层发生褶皱，基本上奠定了现在所见的主要地质构造。晚三迭系褶皱回返，结束了海相沉积，并形成了一系列北西褶皱和断裂，燕山运动、喜山运动加剧了变化，从而形成了百色断块盆地。现可找到泥盆系、石碳系、二迭系、三迭系、第三系、第四系的地质剖面（百色市志编纂委员会，1993）。

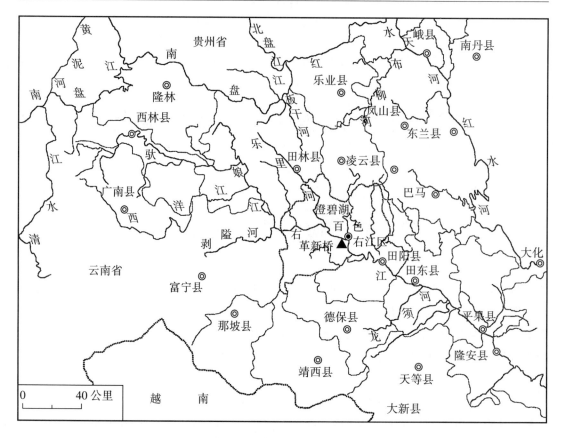

图一　百色市行政区划图

## 二　地　貌

地貌类型多样，分布有山地、丘陵、平原、台地，并有少量岩溶地貌。其中以山地为主，占总面积的 92.14%，为云贵高原边缘各山脉的延伸。平原、台地占总面积的 4.78%，主要分布在百色镇和阳圩、那毕、四塘的右江河谷地带。岩溶占总面积的 2.7%，呈零星并成块状分布，属峰丛洼地类型。另有河流面积、其他面积少量（百色市志编纂委员会，1993）。

## 三　气　候

百色市地处云贵高原东南沿。东北部为青龙山余脉，西北部为金钟山余脉，西南部为六韶山。地势自西北向东南倾斜。由此条件影响，冬季当北风冷空气南下时，受山区崎岖地形的阻滞，强度削弱，移速减慢，风力变小，气团变性。东南部低斜，无高丘，有利于东南季风的输入。因此，形成了日照多、气温高、旱季长、蒸发量大于降水量、温度垂直差异大等特点（百色市志编纂委员会，1993）。

## 四　植　物

由于地貌类型多样，特别是山地众多，高温、湿润，有利于亚热带植物生长。经调查，蕨类植物有40个科51种；裸子植物有4科11种；双子叶植物有118科844种；单子叶植物有19科139种。

林木类有米梗桦、粗皮桦、苦楝、荷木、白花木、泡桐、黄檀、八角、樟树、黄樟、榨木、桑树、杨柳、木棉、蚬木、枫、榕、乌桕、楦木等358个树种。竹类有刺竹、青皮竹、撑篙竹、凤尾竹、水竹、苦竹、沙罗单竹、罗汉竹等。药类有金银花、金不换、环草、天冬、山豆粮、瓜蒌仁、虎仗、马鞭草、黄精、苏木、何首乌、青天葵、千层纸、鸡骨草、走马胎、黄羌、砂仁、茶辣、水槟榔、灯笼草、半边莲、菟丝子、白丝子、鱼黄藤、千里光、苍耳子、田基黄、车前草、夏枯草、雷公根等。草类有芒草、白茅、扭黄茅、芦草、狗尾草、凤尾草、串钱草、石芒草、白手草、画眉草、鲫鱼草、鸭嘴草、苍子草、菅草、金丝草、钩毛草、水蜈蚣等。菌类有云耳、木耳、沙耳、香信、松菌、菇类、灵芝菌等。油料类有樟子、山羌、山桐、肥牛树、山乌桕、圆叶乌桕、乌榄、核桃。纤维植物类有沙树皮、大叶苎麻、木苎麻、龙须草。化工单料类中提炼栲胶植物有余甘子、杨莓皮、山槐、楒树、橡碗、黑刑树等（百色市志编纂委员会，1993）。

## 五　动　物

兽类有猕猴、穿山甲、松鼠、竹鼠、箭猪、貉、黄鼬、猪獾、水獭、小灵猫、花面猫、野猪、赤麂、果子狸、狐狸、麝、黄猄等。

鸟类有白鹭、鹧鸪、斑鸠、乌鸦、杜鹃、翠鸟、山号鸟、家燕、八哥、喜鹊、麻雀、红毛鸡、猫头鹰、啄木鸟、缘头鸭、画眉、野鸭、雉鸡等。

爬行类有南蛇、眼镜蛇、白花蛇、青蛇、金环蛇、银环蛇、蛤蚧、蚯蚓、马鬃蛇、壁虎、蜈蚣、蜥蜴、龟、鳖、山瑞、鹰嘴龟、蟋蟀等。

此外，还有鲫鱼、鲤鱼、青鱼、草鱼、鲢鱼、鳙鱼、塘角鱼、鳅、黄鳝、鱼虾、贝、蟹和两栖类的青蛙等水生动物，以及种类繁多的昆虫（百色市志编纂委员会，1993）。

## 第二节　历史沿革与考古发现

### 一　历史沿革

秦始皇三十三年（前214年）统一岭南，设置三郡（桂林郡、南海郡、象郡），今百色属象郡。秦末汉初南海郡尉赵佗击并桂林郡、象郡自立为南越王国，今百色为南越国属地。

汉元鼎六年（前111年）汉武帝平定南越国，设置苍梧、郁林、合浦郡，今百色属郁林郡增食县地。

三国时，今百色属吴，仍属郁林郡增食县地。

晋初，增食县改为增翊县，今百色属晋兴郡增翊县地。

南北朝，百色仍属晋兴郡增翊县地。

隋朝，百色属郁林郡宣化县地。

唐朝，在今百色地置羁縻添州，归乐州和武隆县地。

五代十国，今百色先属楚，后属南汉，仍称添州、归乐州和武隆县地。

宋朝，除归乐州不变外，改武隆县为武龙县，置古天县（县治在今那毕乡大和村），属夔州路添州。增置龙川州、唐兴州、睢州。

元朝，升田州为田州路，今百色仍称武龙县，羁縻归乐州、龙川州、唐兴州、睢州、天州（宋古天县），属田州路。

明初，撤销羁縻归乐州、龙川州、唐兴州、睢州以及武龙县，其地并入田州。洪武二年（1369年）田州路升为田州土府；嘉靖七年（1528年）田州土府降为田州土州。今百色为田州土州地。

清康熙三年（1664年）田州土州改属思恩府。府治武缘县（今武鸣县）。雍正七年（1729年）分田州土州地设厅制，迁思恩府理苗同知驻百色谓百色厅。翌年建城。这是百色得名之始。

光绪元年（1875年）田州改土归流，升百色厅为百色直隶厅。

民国元年，百色直隶厅改称百色府，二年废府设县，属田南道管辖（民国二年设，道治驻百色）。民国十五年废道，十六年十二月十一日，成立百色县苏维埃政府。十九年，广西始建民国制度，百色属百色民团区。民国二十三年设行政监督区，百色县属之。三十一年至解放前夕，广西改划为7个区和15个区，百色县属第5区。区署驻百色。

1949 年 12 月 5 日百色县解放，仍称百色县，归百色地区领导。1983 年 10 月经国务院批准建立县级市，称百色市。

2002 年 6 月，经国务院批准撤地改市，百色市升格为地级市，原县级百色市改称右江区。

## 二　考古发现

自 1973 年在百色盆地发现旧石器起，广西文物考古研究所等单位在此做了大量的考古调查、勘探和发掘工作，获得了大批文化遗物和资料，对研究百色各个时期的文化起到了重要作用。现将有关考古发现简述如下。

1. 1973 年 9 月，中国科学院古脊椎动物与古人类研究所等单位在百色盆地进行古生物调查时，在百色镇上宋村发现了旧石器遗址，采集到砍砸器、刮削器等。百色盆地的旧石器首次为世人所识。

2. 1977 年以来，曾祥旺等在原百色盆地进行了长时间的考古调查，特别是 1982 年的第二次全区文物普查，在原百色市发现大量旧石器地点和新石器时代遗址。旧石器地点有那荷村、大翁村、东笋、东增村、大湾村、沙洲村、江凤、大法村、木民村、杨屋村、谢磨村、南坡村、六塘、百谷屯、桂明村、下国村、那塘屯、桂明新村、小梅村、大梅村、六坟山、三塘、那召屯等，发现和采集了大批的石制品，包括尖状器、砍砸器、刮削器、石核、石片等。新石器时代遗址主要有百维遗址等，发现了一批打制石器、磨制石器、陶片（曾祥旺，1983）。

3. 1993 年，中国科学院古脊椎动物与古人类研究所、广西壮族自治区文物工作队（广西文物考古研究所前身）等联合对百谷遗址进行发掘。该遗址位于右江区那毕乡大和村百谷屯的背面山，发掘面积共 70 多平方米。出土遗物近 70 件，除 6 颗玻璃陨石外，其他几乎都是石制品。种类有石核、石片、砍砸器、刮削器等。此次发掘，首次在原生网纹红土地层中发现了与石器共存的玻璃陨石。玻璃陨石和石器均属原地埋藏，表明两者的年代是相同的，这为解决百色旧石器的年代提供了可靠的依据。经裂变径迹法测定玻璃陨石的年代为距今 80 万年（广西壮族自治区博物馆，2003）。

4. 2002 年，广西壮族自治区文物工作队对上宋遗址发掘。遗址位于百色市那毕乡百法村上宋屯西北约 500 米的山坡上，地处右江南岸，西距革新桥新石器时代遗址约 500 米。上宋遗址于 1973 年发现，是百色盆地发现的最早的一处旧石器遗址，面积约 10000 平方米。发掘面积 1000 平方米，出土了 200 多件遗物，包括手镐、砍砸器和玻璃陨石。其中玻璃陨石超过 80 件，其数量远远超过百色盆地历次考古发掘出土的玻璃陨石的总和，而且大小不同、形状各异。大者直径近 5 厘米，小者不到 0.5 厘米；形状有圆形、长条形、片状。玻璃陨石碎片不仅很小，而且边缘非常锋利，没有发现任何人类加工的痕迹。它们与石器出自同一层位，说明时代是相同的（谢光茂等，2008）。

5. 2004～2005 年，广西壮族自治区文物工作队对百达遗址进行发掘。遗址位于百色市以西约 50 公里的阳圩镇六丰村百达屯西侧的山坡上，于右江及其支流——者仙河的交汇处，东距阳圩镇 17 公里。遗址面积约 2.5 万平方米。2004 年 4 月至 2005 年 3 月，为了配合百色水利枢纽工程进行考古发掘，发掘面积近 10000 平方米。出土遗物 50000 多件，其数量之多，是广西历次考古发掘中前所未有的。文化遗物包括石器、陶器、骨器等。新石器时代文化遗物主要是石器，另有少量陶器和骨器。石器类型有砍砸器、尖状器、刮削器、石斧、石锛、石凿、石刀、研磨器、石锤、石砧等；陶器类型仅见罐一种；骨器有骨针和骨锥等。旧石器时代的遗物有石制品，工具类型有砍砸器、手镐、刮削器等。此外，此次发掘还出土了大量的动、植物遗存。水生动物包括螺蚌、鱼、龟鳖、螃蟹等；陆生动物种类有猴、熊、鹿、野猪、野牛、竹鼠等。遗址是迄今为止，广西西部发现的面积最大的一处跨越新、旧石器时代的史前遗址；也是我国华南地区第一处具有从旧石器时代到新石器时代文化堆积的露天遗址；其文化堆积之厚、遗物之丰富、跨越的时间之长，对于构建我国南方乃至东南亚地区史前年代框架及文化发展序列具有重要的意义（谢光茂等，2006）。

6. 2005 年，广西壮族自治区文物工作队对坎屯遗址进行了发掘。该遗址位于百色市阳墟镇供元村自必屯。发掘面积约 130 平方米。揭露出一个面积约 80 平方米的石器制作场，发现古代墓葬 14 座，出土石器、陶器、骨器等 10000 多件以及大量动物遗存。石器原料多为砂岩、玄武岩砾石。石器分为打制和磨制两种。打制石器多单面打制而成，类型有砍砸器、尖状器、刮削器、石斧等。磨制石器通常只磨刃口，只有少数通体磨制，但器身仍保留较多剥片的痕迹，器形有斧、锛、凿、钵等。陶器只有零星陶片，为夹砂绳纹陶。骨器有骨针、骨匕等。墓葬形制为长方形，葬式为仰身屈肢葬，人骨架大多不完整。动物遗存有哺乳动物、软体动物、鱼类、龟鳖类和鸟类等。从文化遗物和地层堆积看，坎屯遗址的年代大约为新时期时代中晚期。

7. 2005 年，广西自然博物馆对枫树岛遗址进行了发掘。该遗址位于百色市右江区澄碧湖水库内枫树岛上，发掘面积 60 多平方米。在原生的网纹红土层出土石制品 100 多件，包括石锤、石核、石片、石器等。此外还发现 12 件玻璃陨石。石器原料主要为砂岩、石英岩、石英砾石，除手斧外，其他石器均为单面加工，制作简单，器身保留较多砾石面。类型有砍砸器、手斧、手镐、薄刃斧、刮削器等。玻璃陨石棱角锋利，无冲磨痕迹和人工痕迹，属原地埋藏。枫树岛遗址的发掘再一次证明，原生网纹红土层出土的石器（包括手斧）和玻璃陨石是同时代的，即距今约 80 万年（王頠，2005）

8. 2006 年，广西壮族自治区文物工作队对南宁至百色高速公路所涉及原县级百色市

（现右江区）的大梅、南半山、六合、六怀山等遗址进行发掘。此次发掘出土的遗物几乎都是石制品，另有少量玻璃陨石，其中石制品上万件。石制品绝大部分发现于大梅遗址，其他遗址发现不多。类型主要有砍砸器、手镐、手斧、刮削器、薄刃斧等，砍砸器数量最多，手镐也占较大比例，薄刃斧很少。玻璃陨石主要发现于南半山遗址，大梅、六合、六怀山遗址少见。在南半山遗址出土的玻璃陨石不仅数量多，而且大小、形状也多种多样，有球形、扁圆形、长条形、片状等；大者长达 67 毫米，小者不到 10 毫米，薄如指甲（谢光茂等，2007）。

南半山遗址的网纹红土层上部和中部均出土了石制品，两者在同一探方的深度相差约 2 米，中部出土的遗物有手斧和玻璃陨石，而上部则没有，那赖遗址也有类似发现。这似乎表明在网纹红土层中出土的遗物也有早晚之分。大梅遗址第二、第三级阶地上、下部的地层差别较大，两者的石制品在原料、大小和风化程度也明显不同，年代上应有早晚之分。另外这两级阶地所出土的遗物中缺乏手斧和玻璃陨石。

总之，根据地层和出土遗物初步推测，百色盆地旧石器存在早、晚不同阶段。其中出自网纹红土层与玻璃陨石共存的包括手斧在内的石器，其年代较早，为旧石器时代早期；而出自均质红土层上部的石制品，包括石器制造场和用火遗迹，其年代最晚，可能为旧石器时代晚期。此外，均质红土层和网纹红土层本身出土的石器也有早晚之分。

# 第二章 发现、发掘与资料整理

## 第一节 遗址的位置与环境

革新桥遗址位于百色市百色镇东笋村百林屯东南面约 300 米的台地上，东北距百色市约 10 公里。地理坐标为东经 106°33′15″，北纬 23°53′07″，海拔高程为 128 米。百色至云南富宁的公路从遗址的中部穿过，即将建造的百色至罗村口高速公路也经过这里（图二）。遗址南面为崇山峻岭，山上植被发育，草长林茂，郁郁葱葱；西面为狭窄的右江河谷，距遗址约 15 公里处是百色水利枢纽坝首。遗址北面的右江由西向东穿过，江的对岸是东西走向的大山。遗址东面有一山谷小溪——六劳溪，由南向北注入右江。小溪的上方架有一单孔公路桥——革新桥，革新桥遗址由此得名。遗址再往东约 500 米处，狭窄的河谷犹如喇叭口在此豁然敞开，与广阔的百色盆地连成一体。百色盆地内最早发现的一处旧石器遗址——上宋遗址就位于喇叭口位置（图三；彩版一，1）。

对遗址附近的地质调查表明，遗址东面约 500 米处的上宋旧石器时代遗址周围发育有三级河流阶地，但革新桥遗址所在地只有一个阶地，即一级阶地，其他阶地在此缺失。此阶地是叠压在老第三纪的基岩上，这种基岩属于砂岩，在百色盆地有广泛的分布，属于湖相沉积，一般呈红色。阶地南面与老第三纪基岩相连，此基岩往南呈梯级状抬升，阶地高出右江河面约 15 米，阶面平坦，南北宽约 200 米，东西向沿河边延伸。阶地由底部的砂砾层和上部的土状堆积层组成。砂砾层呈灰褐色，砾石多磨圆较好，但分选较差，长径多在 3~15 厘米之间；上部的土状堆积层为砂质黏土，自下而上为黄褐色至灰褐色。

根据我们的调查，近半个世纪以来，遗址及周围的生态环境发生了较大的变化。20世纪 80 年代前，山上植被茂密，树木高大。野生动物种类也不少，有黄猄、黄鼠狼、果子狸、穿山甲、竹鼠、山猪、松鼠等；右江水比现在深，鱼类丰富，二三十斤的大鱼常见，一般三四月上来产卵，草鱼、鲤鱼、鲶鱼、龟鳖、虾等很多。后来，山林遭到大量砍

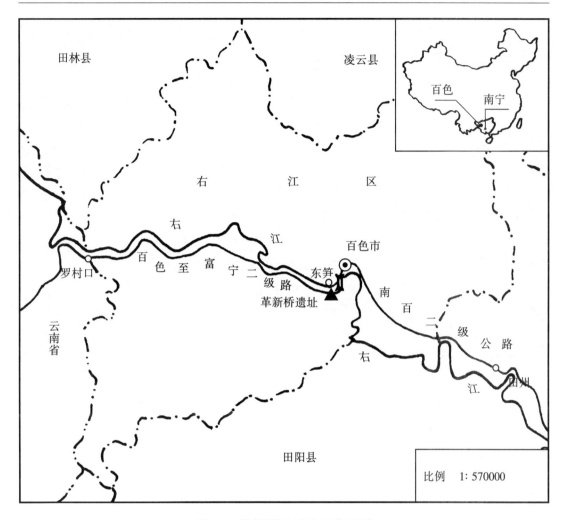

图二　革新桥遗址地理位置图

伐，现在基本上没有野生树了，橄榄树基本不见，山上的松树是 1975～1976 年种的，原来都是杂木，比较稀疏，红土裸露；动物种类也减少很多，黄猄、果子狸、穿山甲、野猪等都没有了；现右江水位已比以前明显下降，由于过度捕捞，鱼类数量大减。

遗址所在的阶地地貌也略有改变。百色至云南的三级公路是 20 世纪 50 年代修建的，这条路由东向西穿越遗址中部，对遗址造成一定的破坏。抗战时，国民党军曾在此设后方医院，在遗址靠山脚处建有茅草屋，抗战胜利后茅草屋被拆掉，遗址被改作水田。1998 年在其南部建奶牛场时，把地势较低的东部填高。发掘区域原来是平地，基本未改变原来的面貌。

遗址附近有两个村屯，位于东面的叫上宋村，现有人口约 150 人，以汉族居多。上宋村有约 200 年历史。遗址后面的叫百林屯，是新建的移民村，为百色水利枢纽的移民。

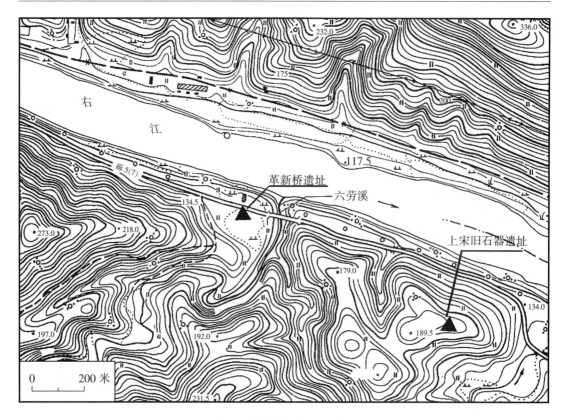

图三　革新桥遗址地形图

## 第二节　发现与发掘

### 一　调查原因及发现经过

为配合百色市东笋水电站工程建设，做好电站淹没范围内的文物保护工作，2002 年 4 月，广西自治区文物工作队派出专业人员前往百色，对拟建的水电站淹没区进行文物调查。调查人员有广西壮族自治区文物工作队的韦江、何安益以及百色市右江区文物管理所的黄鑫等。

调查从拟建电站的坝首位置开始，沿右江两岸逆流而上。从地形图上看，由于水淹面积不大，加之河谷比较狭窄，台地不多，大家对此次能否找到古人类遗址并没有很大信心。调查路线已走过大半，却没有发现一处古遗址。

4 月 18 日，风和日丽，中午 12 点钟左右，调查人员来到了右江南岸的上宋村附近，看见前面不远的地方有一块较大的台地，台地一侧有一座桥，桥下有一条小河岔。这样的地形很适合古人类生活。结果调查人员在地表发现陶片和石器，石器有打制和磨制两种。在台地前缘陡坎上的地层中埋藏有这样的遗物，表明这里不只是一个文物散布点，而是一处古人类活动遗址。

## 二 遗址分布及保存情况

遗址位于右江右岸的一级阶地上，分布范围东到革新桥桥头，西到球场，南至山脚，北至右江边，东西长约110、南北宽100米，分布面积约5000平方米。平面略呈三角形。

从遗址现存情况看，地表比较平坦。百色至云南的三级公路（东西向）从遗址中部穿过，把遗址分成南北两部分；公路以南部分，因曾用作奶牛场，地面大部分已盖有建筑；公路以北部分临江，地表平坦，为玉米芭蕉地。

## 三 发掘位置和面积

虽然革新桥遗址没有在电站水淹区内，但即将修建的百色至罗村口高速公路从遗址的北部经过。为了配合高速公路建设，做好文物保护工作，广西壮族自治区文物工作队在上报国家文物局申请发掘执照的同时，会同百色右江民族博物馆、百色市右江区文物管理所联合对该遗址进行抢救性发掘。发掘的位置选在原三级公路以北部分。发掘区地面平坦，保存也比较好，尤其是东部，从临江的断面看，基本上为原生堆积，无后期的扰动（彩版一，2）。

根据与建设方所签订的发掘面积，我们布了60个5×5米的探方，总面积为1500平方米。除一个探方因有电杆不挖外，其余全部揭露。在发现石器制作场后，因制作场西部未到边，在征得建设方同意后，再扩方125平方米。这样，总发掘面积增加到1625平方米（图版一，1）。

## 四 发掘方法

发掘严格按照《田野考古工作规程》进行，做好遗址地形、探方分布平面图的测绘、工地总记录、探方记录、遗迹的平面和剖面图的测绘、探方四壁剖面图的测绘等文字、绘图和照相、录像工作。

布方以遗址东南角为基点，往西、北、正南北方向进行布方，往西的探方编号依次为T101、T102、T103……，往北的探方编号依次为T201、T202、T203……。总共布66个探方，探方规格为5×5米（图四）。

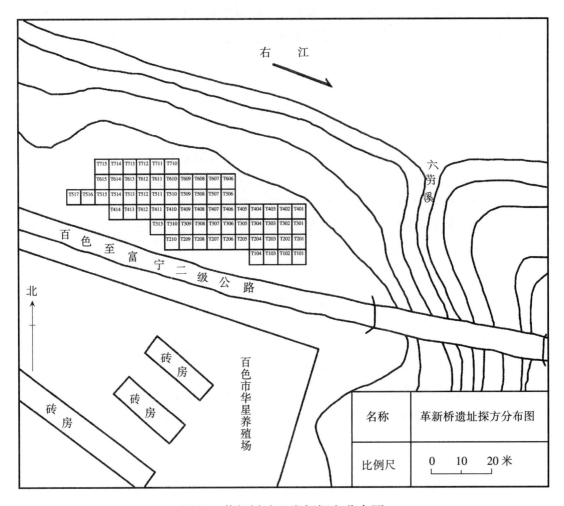

图四　革新桥遗址发掘探方分布图

　　在发掘中，平剖面结合，由上至下逐层揭露。出土器物全部以探方为单位进行编号。对于石器制造场上面部分，所出土的石制品大小在 3 厘米以上者都编号，并在图上标明。这样做，一方面是为了了解石制品的分布情况，为研究人类的活动提供资料；另一方面是考虑到这个遗址比较重要，如果现场保留不了，有了详细的石制品分布图，以后在博物馆制作沙盘恢复原貌时有据可依。

　　对于含有细小动物遗骸和果核遗存的堆积，我们用筛选法和浮选法进行采集，以最大限度地多获取这些遗物（图版四八，3）。

　　在发掘中注意采集测年标本。为了获取更多的信息，我们还在探方壁不同地层内采集土样，为今后的孢粉分析、植硅石分析等相关研究做准备。

　　由于制造场内出土的遗物极多，分布密密麻麻（图版二，2），绘图时我们在每个探方以 1×1 米的网格为单位进行绘图（图版二，1），以确保遗物位置的准确性。

制造场所在的探方，在隔梁打掉后，各探方连成一片。这时，我们对制造场内石制品的分布及其他现象进行观察记录（包括文字、照相、绘图、录像等）（图版二，2）。以石砧为中心，观察各种石制品的位置关系。同时，对动物遗骸的分布及其与周围石制品的关系，我们也在现场做仔细的观察分析和记录。

对于出土器物，尤其是石器制造场内出土的石制品，我们在现场就进行拼合，并发现有不少石制品是可以拼合的（图版二，3）。

在提取器物时，对一些分布在制造场中北部的石器如研磨器、砍砸器、带圆窝的石砧等保留不洗，以便进行工具残留物的提取和研究。

在制造场上部文化遗物提取后，我们又以探方为单位继续下挖。挖掘前，在制造场南边先挖开一条 1 米宽的探沟，以了解下面堆积的情况，然后各探方才往下发掘。

所发现的两座墓葬，是百色地区首次发现的新石器时代的墓葬，而且 M1 人骨保存相当完整，考虑到当地博物馆要制作模型用于展览，加之时间有限，我们只对人骨保存较差的 M2 进行现场清理，而对于 M1 则做部分清理，对露出各部位的骨头涂上清漆，铺上绵纸，用石膏将整副骨架固定，再用套箱整体搬移（图版二，4）。

在发掘期间，我们还请考古学家张忠培先生到发掘现场进行指导。张先生在听取汇报后，对后来的发掘工作，尤其是石器制造场的发掘提出具体的指导意见（彩版二，1）。

## 五 发现情况

此次发掘，在新石器时代文化层（即第五层）中发现了两座墓葬和一个大型石器制造场，出土了数以万计的文化遗物，包括数量极大的石制品和少量陶制品。此外，还出土一批动、植物遗存。两座墓葬分别发现于探方 T408、T307 和 T308，开口于第五层，打破生土层。有关墓葬的情况，在第六章另有详细的介绍。石器制造场发现于第五层，位于发掘区东南部，面积约 500 平方米，详细情况见第三章。此外，在现代文化层（即地层堆积的第一、第二层）也出土了不少石制品。这些石制品包括加工工具、打制石器和磨制石器，其原生层位可能是新石器时代文化层，故在第四章选择部分加以介绍。

此次发掘由广西壮族自治区文物工作队组队，会同百色右江民族博物馆、百色市右江区文物管理所共同进行。领队为谢光茂，队员有广西自治区文物工作队的林强、彭长林、彭书琳，桂林市文物队贺战武，右江民族博物馆黄霖珍、黄明扬，百色市右江区文物管理所黄鑫，以及梧州市博物馆周学斌（彩版二，2）。发掘时间从 2002 年 10 月开始，2003 年 3 月结束，历时近 5 个月。

# 第三节　地层堆积

发掘区内的地层堆积总体而言比较简单。由于遗址所在的位置为河边台地，地势比较平坦，除发掘区内西北部和北部的探方发现较多的扰乱层、地层较为复杂外，其他探方地层都比较简单。地层大体上从西北向东南倾斜，从 T202～T210 的南壁剖面（图五，1）、T104～T304 的东壁剖面（图五，3）和 T208～T408 的西壁剖面（图五，2）可以看出地层堆积的倾斜情况。以石器制造场为主体的文化遗存主要位于发掘区的东南部分，以 T103、T104、T203、T204、T205 的文化堆积最厚，其余部分的地层只有零星遗物发现。

统一后的地层可分为五层：第一层为现代耕土层；第二层为近现代扰乱层，此层在发掘区分布范围较广，仅在发掘区中南部部分探方缺失，堆积最厚处在西北角；第三层分布范围很小，仅见于发掘区东南部和西南部少数探方；第四层分布范围比第三层明显扩大，向中部和西北部扩展；第五层分布于中南、东南部，并往南延伸至公路底下（附表一）。第一层和第二层为近现代文化层；第三层至第五层为新石器时代文化层。

为了对遗址的不同部位探方的地层作一比较，我们选择了 T103、T206 和 T411 的四壁剖面图对地层情况做一介绍。

# 一　T103 四壁剖面

T103 四壁剖面（图六，1；彩版三）。

第一层：灰褐色砂黏土，土质疏松，厚 5～30 厘米。包含物有少量砍砸器、刮削器、尖状器、石锛、石锤、石片、石核、夹砂陶片、素面或水波纹硬陶片及青砖、红砖残块、现代瓷片等。

第二层：浅灰褐色砂黏土，土质较黏硬，深 5～25 厘米，厚 13～52 厘米。包含物有少量刮削器、石锛、石锤、石片、石核等石制品及近现代陶、瓷片。

第三层：浅红褐色砂黏土，土质较硬，黏度较大，深 45～110 厘米，厚 20～70 厘米。内含较多的砍砸器、石锛、石核、石片、断块、碎块、砾石、炭粒、红烧土及极少量的夹细砂绳纹红陶片、兽骨等。

第四层：黄褐色砂黏土，土质较硬，黏度大，深 75～150 厘米，厚 10～45 厘米。土质较纯，不含炭粒及红烧土，但包含少量砍砸器、刮削器、尖状器、石斧、石锛、穿孔石器、研磨器、石锤、石砧、砺石、石核、石片、断块等。

第五层：红褐色砂黏土，黏度大，深 85～225 厘米，厚 75～110 厘米。该层上、下部分

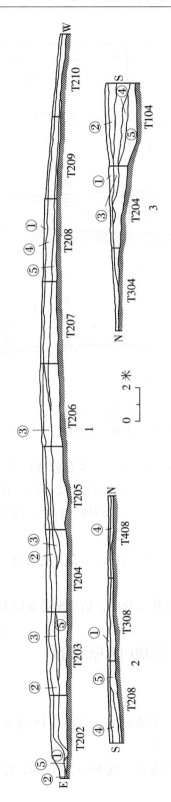

图五　石器制造场地层剖面图

1. 南部东西向地层剖面图（T202～T210 南壁）　2. 西部南北向地层剖面图（T208～T408 西壁）　3. 东部南北向地层剖面图（T104～T304 东壁）

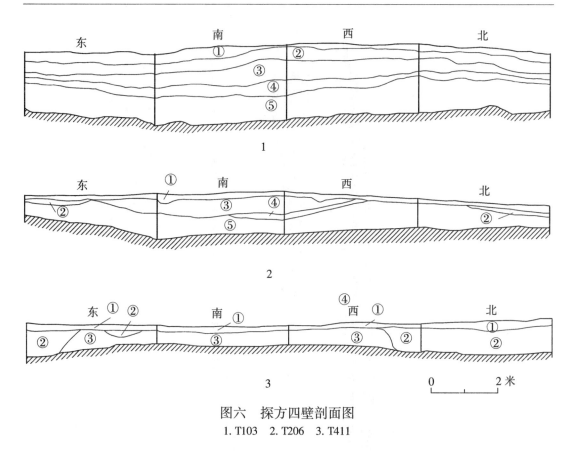

图六　探方四壁剖面图
1. T103　2. T206　3. T411

土色有一定差异。下部只有少量的炭粒及红烧土，土色较浅；上部含大量炭粒和红烧土，土色较深，与其他探方的同层堆积一致。该层包含物极丰富，有砍砸器、刮削器、尖状器、研磨器、石斧、石锛、石锤、石砧、砺石、石核、石片、断块、碎块、砾石等，还有少量兽骨。

第五层以下为生土层，黄色砂土，结构稍松，不含文化遗物。该层与第五层的界限不明显，并稍有起伏。

上述地层中，第一、第二层为近现代文化层，第三至第五层为新石器时代文化层。

## 二　T206 四壁剖面

T206 四壁剖面（图六，2）。

第一层：灰黄色或青灰色砂黏土，土质疏松，厚 10～15 厘米。包含物有极少量石片、石核、青砖、红砖残块、现代陶瓷残片等。

第二层：浅灰褐色砂黏土，土质较黏硬，深 10～30 厘米，厚 0～15 厘米。包含少量砾石、断块、现代陶瓷残片等。

第三层：浅红褐色砂黏土，土质较硬，黏度较大，深10～65厘米，厚0～50厘米。包含少量砍砸器、尖状器、研磨器、石锤、毛坯、断块、砾石及炭粒、红烧土等。

第四层：黄褐色砂黏土，土质较纯、较硬，黏度大，深10～80厘米，厚0～15厘米。包含少量石制品，不含炭粒及红烧土。

第五层：深红褐色砂黏土，土质较硬，黏度较大，深10～130厘米，厚35～80厘米。包含物丰富，有大量的红烧土块和炭粒，分布着密集的砍砸器、刮削器、石斧、石锛、石锤、砺石、石砧、砾石、毛坯、石片、断块等，另外还有大量的动物牙齿、骨骼和植物果核等。

第五层以下为生土层，黄色砂土，结构稍松。不含文化遗物。

上述地层中，第一、第二层为近现代文化层，第三至第五层为新石器时代文化层。

## 三　T411 四壁剖面

T411 四壁剖面（图六，3；图版一，2）。

第一层：灰黄色砂土层，土质疏松，厚10～30厘米。含有少量玻璃、瓷片、汉代陶片、砾石、断块及石片等。该层平均分布于全方。

第二层：灰褐色砂土层，土质较疏松，厚0～75厘米。该层在探方内局部分布，从探方中部由南向北倾斜，在北部形成较厚的堆积。该层包含有部分石制品如砍砸器、刮削器、尖状器、石锤、石锛、石砧、砺石、穿孔石器、断块、毛坯石片和汉代陶片及现代陶瓷片、砖瓦等。

第三层：棕黄色砂土层。土质较硬，厚0～60厘米。内含零星炭粒、红烧土粒及极少量的砾石、断块、毛坯等遗物。该层分布于探方南部。

第三层以下为生土层，黄色砂土，结构稍松。不含文化遗物。

上述地层中，第一、第二层为近现代文化层，第三层为新石器时代文化层。

# 第四节　资料整理

## 一　整理时间及人员

整理工作主要集中在2003年6～10月间，这段时间基本上完成了石制品的编号、分类、测量、统计和标本照相等工作。而标本描述、绘图等工作则在2004～2008年间断断续续进行，因为我们忙于基建考古调查和发掘任务，所以整理工作只好见缝插针，时断时续，全部整理工作直到 2008 年底才告完成。

参加石制品整理工作的有广西壮族自治区文物工作队谢光茂、彭长林、彭书琳、谢广维，百色右江民族博物馆黄明扬、黄霖珍、黄胜敏，百色市右江区文物管理所黄鑫，桂林市文物工作队贺战武等。

## 二　石制品的整理

革新桥遗址出土遗物主要是石制品，而且95%以上出自石器制造场，另有少量出自石器制造场以外的探方中。石制品的整理分为石器制造场内和石器制造场外两部分。

石制品分类：由于是石器制造场，我们首先根据制作场的要素和制作过程中不同阶段的产品来确定大的分类，即：原料、加工工具、毛坯、半成品、成品和废品。然后，每个大类又进一步细分。原料又分为砾石和岩块两种。加工工具又分为石锤、石砧、磨石等。毛坯的分类比较复杂，按不同工具如斧、锛、凿等分类后，再根据加工程度进一步分为初坯和成型坯。半成品的分类和毛坯的分类大体相同。成品则按器物种类分。废品分为断块和碎片两种。

石锤在加工工具中数量最多。由于石锤的素材几乎是砾石，而且绝大多数都是将砾石直接拿来使用，它的形状和颜色没有多少改变，加上石锤的使用部位和使用面积变化很大，因此整理起来非常困难，工作量也最大。虽然在发掘过程中对具有明显使用痕迹的石锤进行了分类，但还有很大部分仍归到砾石中。只有对砾石清洗后，才能把这部分石锤找出来。因此，对砾石的分类整理，首先要从众多的砾石中将石锤区分出来。这是一项繁重的工作，因为不少石锤的大小和形状与砾石差不多，而且有的石锤因使用时间短，留下的使用疤痕很少，往往只有几个坑疤，若不仔细观察，很容易漏掉。更有甚者，由于不少石锤和砾石的岩性都是辉绿岩，这种岩性的砾石表面色泽花斑，用它作石锤，使用痕迹光靠肉眼不易分辨出来，必须用手搓摸才能发现使用的疤痕。由于石锤的使用部位和使用面积千变万化，使用痕迹也多种多样，究竟按什么标准来分类才比较科学，颇费心思。为解决这一难题，我们尝试了几种分类标准，如按大小和形状、使用部位、使用痕迹等，经过比较，权衡利弊，最后决定先按使用痕迹分，再按形状细分。因为革新桥石锤具有几种使用痕迹，一种痕迹是片疤状，片疤小而层层叠叠，这种石锤和旧石器的锤击石锤完全一样，故名之为锤击石锤。另一种是绿豆或米粒状的坑疤，这种坑疤应是砸击疤痕，因此名为砸击石锤。再有一种是芝麻大小的浅疤，反映出石锤使用时用力较小，可能是琢打时产生的疤痕，故称之为琢击石锤。

革新桥的磨制工具有两类：一类是砺石，另一类是磨石。砺石是置于固定位置使用，多以岩块为素材，根据磨面的特征又可分为宽弧型和窄槽型两种。磨石主要是以硬度大的砾石为素材，磨面小而平滑，通常位于砾石的一角或一端，从器形的大小和使用部位看，可能是手握着使用的。

## 三　陶器的整理

革新桥遗址出土的陶器只有陶片，且数量很少，不到百件。由于陶片较薄，火候较低，不好提取，在现场清理时即做好详细记录，并绘图。在室内整理时，经过清理和清洗后，这些陶片变得更碎，难以拼对。因此，对器形的辨识主要是根据发掘记录和陶片的口沿部分。

## 四　人骨的整理

墓葬人骨的清理和研究工作主要由彭书琳研究员完成。彭书琳是广西文物考古研究所体质人类学方面的专家。由于 M2 的墓坑较浅，人骨保存不多，且风化严重，提取困难，因此，人骨的研究主要依靠 M1 的材料。2004 年在室内开箱整理时发现，尽管在发掘现场对人骨采用了保护措施，但两年后，石膏对骨头还是产生轻度的腐蚀作用，加之开箱后要制作一付模型用于展览，因此部分人骨受到一定程度的破坏。这对头骨的复原和研究带来一定的影响。

## 五　动植物遗存的整理

此次发掘出土了不少动植物遗存。在发掘过程中以及之后的整理过程中，谢光茂对动物的牙齿部分进行了种属的初步鉴定。后请北京大学考古文博学院的黄蕴平教授帮助整理研究这批动物遗存。黄蕴平教授指导她的研究生宋艳波进行了整理和研究，并写出了研究报告。植物部分（包括孢粉分析）由广西自然博物馆谢志明副研究员、中国地震局地质研究所严富华等进行研究。

# 第三章　石器制造场

## 第一节　概　述

### 一　石器制造场的发现、发掘

发掘前，从地表发现的遗物及分布看，和普通的新石器时代遗址一样，没有石器制造场的迹象。然而，挖掘时，首先在进度较快的两个探方 T104 和 T204 的第五层突然出现数量较多的卵石和具有人工痕迹的斧（锛）坯件等石制品。接着邻近的几个探方也相继下挖到这一层，同样发现分布密集的石制品，并延伸入探方四壁内。为了把情况搞清楚，我们先停止已挖到第五层的探方，改为揭露周围的其他探方，直到相应的地层为止。结果发现同样现象。于是，我们开始对这些遗物进行研究，以确定这层遗物的性质。结果发现，这些遗物中不但有大量的卵石，而且有石锤、石砧、毛坯、石片、断块、碎片以及砍砸器、石斧等工具；其中断块、碎片占有很大的比例。值得注意的是，这些卵石与河滩的卵石有很大的不同。首先是它的岩性单一，主要是砂岩和辉绿岩，石英罕见。而河滩的卵石岩性很复杂，且有较多的石英。二是形状稳定，大多数为扁长形，而河滩的砾石形状多种多样。三是个体差别不大，大小比较一致。由此断定，这些砾石不是自然形成的，而是经过人为挑选后搬运到这里的。再看那些人工制品，有加工工具（石锤、石砧、砺石）、斧（锛）等生产工具的毛坯、半成品和成品以及废品（断块和碎片）。显然，这是一处石器制作场，这些砾石无疑是制作石器的原料。

已确认为石器制造场后，继续寻找分布范围。在已挖开的探方中，有近一半的探方都有这种遗存，而且相连成片（彩版四、五）。制造场的东、北两面已找到了分布界线，而西面和南面仍未到边。于是向西面扩方，在 T208 的西侧扩方两个，即 T209、T210，规格为 5×5 米，扩方面积共为 50 平方米。扩方后，找到制造场西部边界；而南面因紧挨公路，无法向南扩挖，因此南面的界线无法找出。为了了解制造场南面分布的大概范围，我们在公路的南侧开挖了一条 2×1 米的探沟。该探沟离已揭露的制造场的南边约 10 米，下挖深度为 2 米，超过制造场所在的地层，但没有发现制造场所见的遗物。因此，制造场的南界可能就在公路底下，不会超出公路以南的范围。

已揭露的石器制造场，平面略呈长条形，东西长约 45 米，南北宽 15 米，总面积约 500 平方米。制造场表面平坦，地势由西北略向东南倾斜（彩版六；图版三）。

在各相关探方都挖至石器制造场所在的地层后，我们下挖约 10 厘米，揭露出第一个石制品分布面。之后，为了了解制造场所在地层的厚度以及以下堆积有无踩踏面，在其揭露面的南边打一条长 30、宽 1 米的探沟。从探沟剖面看，这层堆积厚薄不均，制造场西北部较薄，有的地方厚度不到 10 厘米，如探方 T210、T310 的西部；而在制造场的东南部，这层堆积还相当厚，从西向东厚度逐渐增加，最厚处达 67 厘米。由于制造场的东南部堆积中含有不同程度的红烧土和炭粒等物质，从制造场的西北往东南，这一层的土色土质有所变化，但就同一层位来说，自上而下土色土质没有明显变化，堆积上下部的遗物也无差别，无法进一步分层。因此，在本层内，我们按 10～15 厘米为一水平层下挖，每个水平层揭露出一个石制品分布面。经过四个水平层的揭露，便把制造场的堆积挖完。这样整个制造场共揭露出四个石制品分布面。当然，制造场这层堆积由于是按一定深度揭露的，揭露面中的第二至第四面不一定整个面都是当时的活动面，但从发掘现场看，每个揭露面的石制品中，部分石制品在平面上的分布还是可看出有明显的规律，主要表现为石砧与周围其他石制品的关系以及制造场中北部兽骨与石制品的关系。因此，这些遗物分布有规律的地方应是当时人类的活动面。在下面四个揭露面的遗物分布中，我们着重介绍有一定分布规律的石制品及其相互间的关系。

## 二　石器制造场的层位及堆积情况

石器制造场位于发掘区的第五层，但在北部，表土层之下即出现制造场。在东南部，制造场之上有多层地层叠压。从探方 T303 至 T307 以及探方 T407、T410，制造场之上只有表土层；在制造场两端的探方如 T101、T202、T210、T310 和西部南北两侧的探方如 T208、T209、T408、T409 等，制造场位于第 2 层之下；而在东部南侧的探方如 T102、T103、T104，制造场则位于第四层之下（见第二章第二节图四）。

制造场所在的地层堆积有厚薄之分，总体情况是西北部较薄，而东南部较厚，并由西北向东南逐渐增厚，最薄不到 10 厘米，最厚达 67 厘米。制造场东西部堆积的颜色和结构都有所不同，西北部主要为黄褐色土，土质较纯，结构紧密；而东南部的土色较深，为红褐色，结构较松，土质不纯净，含有炭粒、红烧土粒等杂质，此种情况大概从 T208 东部、T308 东南部往东，一直到 T101 西部，而往西的几个探方如 T209、T210 和 T309、T310 则没有这种堆积。在制造场的中部，即 T205、T206、T306、T307 、T308，堆积中还含有较多的兽骨和大块的红烧土。而在制造场东南部的其他探方，堆积中所含这些遗物逐渐变小，炭碎多为 3～5 毫米，通常呈扁状，结构致密，仔细观察后发现，这些炭粒绝大多数都是橄榄核碎片。红烧土多为颗粒状，大小在 3 厘米以下，以 0.5～1 厘米左右者居多。炭碎、红烧土在堆积中呈弥漫状分布，不成层也不成堆。从剖面上看，制造场东南部属于红褐色部分的堆积，其上下部也有一些变化，即上部含炭碎和红烧土颗粒较多，颜色也较深，动物骨头较大，风化不严重；而堆积的下部含炭粒和红烧土颗粒较少，因而颜色也较浅，特别是到了底部的堆积，其土色、土质差不多和制造场西北部的堆积一样。而且动物骨头大多数属于小动物的，多为芝麻或米粒大小，强烈风化，呈灰白色。虽然制造场的堆积在不同部位、不同深度的土色、土质和红烧土、炭粒、兽骨等含量都有所不同，但两者之间无明显界线，属于一种渐变关系，应是同一时期的堆积。

# 第二节　遗物及分布

## 一　石制品的分布

所揭露的石器制造场分布在发掘区的东南部，包括探方 T102、T103、T104、T203、T204、T205、T206、T207、T208、T209、T307、T308、T309、T310 的全部，探方 T101 、T202、T210、T302、T303、T304、T305、T306、T407、T408、T409 、T410 的局部（图七）。制造场石制品成片分布，中间没有间断。制造场所在层位均为第五层。制造场内分布着大量制作石器的原料、加工工具、不同制作阶段的产品、断

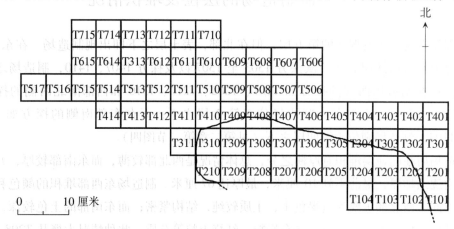

图七　石器制造场平面分布图

块和碎片等。石制品中主要是砾石、断块和碎片，其次为石锤和斧（锛）的毛坯，成品很少。

1. 第一揭露面

在制造场的四个揭露面中，第一揭露面的范围最大（图八）。制造场内，石制品连片分布，密密麻麻（彩版七，1），有的分布相对集中。每一部分基本上都有一个石砧（图版四，1）。这个揭露面约有51个最大长度在20厘米以上的大石砧，绝大多数都是砂岩块做的，少数为大砾石，其中最大者长近40厘米。这些石砧上都有砸击坑疤，不同石砧的疤痕大小、多少以及分布都不一样；有的石砧除砸击痕迹外，还有砥磨痕迹。在石砧周围，散布着石锤、砾石和斧（锛）等坯件以及大量砾石、断块、碎片等（图版四，2）。例如，位于探方 T208 东部的一个大石砧（大小约为 40×35×13 厘米），平面略呈方形，上面分布许多黄豆大小的浅坑和几处大块坑疤，一端和两侧沿也有类似的疤痕；而在另一端有一长形磨面，大小为 30×13 厘米，磨面弧凹，显然该石砧还兼做砺石使用。在石砧周围分布有数量较多的砾石和断块、4件石锤、1件残砺石、8件斧（锛）坯、1件斧半成品、2件锛半成品、2件砍砸器、1件残凹刃凿（图九；彩版七，2）。又如，位于 T207 西边的大石砧是一件岩块石砧，其周围分布有 2件石锤、2件砺石、4件斧（锛）毛坯、1件石凿毛坯、1件石斧半成品、1件石锛半成品、2件砍砸器（图一〇）。令人感兴趣的是，有的石砧的一边分布很少石制品，甚至没有，而在另一边则散布许多石制品，其分布面近似扇形，石砧就在"扇"的把端。这似乎表明缺少石制品的一边是石器制作者所在的位置。例如，在探方 T207、T208 南部，有三个大石砧呈东西向"一"字形排开，石砧之间相距1米多。在三个大石砧的北侧，石制品的分布明显地少，基本上是空白；而在石砧的南面及两侧散布着密集的石制品。这空白部位很可能就是石器制作者所在地的位置（彩版八、九）。

2. 第二揭露面

制造场下挖约 10~15 厘米，清理出第二个揭露面。此揭露面与第一个相比，面积有所缩小，其分布范围包括探方 T103、T104、T205、T206、T207、T208 全部，T204、T306、T307、T308、T309、T209 大部分，T102、T203、T210、T310 小部分（图一一）。在第一揭露面中，石制品分布密集的 T210、T310 在第二揭露面时明显减少，仅在探方东部有零星分布；T205、T305 的数量也不多。此揭露面石制品分布最为密集的是 T306、T307、T308，在 T207、T206 的中部，石制品明显减少。

石制品的种类和第一揭露面的相同。砾石也很多，但大小不如第一揭露面的匀称，长径为 4~5 厘米者多于第一揭露面。虽然砾石的形状基本上是长形或扁圆形的，但作为工具原料似乎过厚，而且此揭露面中这样小的工具或毛坯也不多。

石锤与第一揭露面比较略有减少。长条形石锤不多见，两面凹的也明显减少，把端

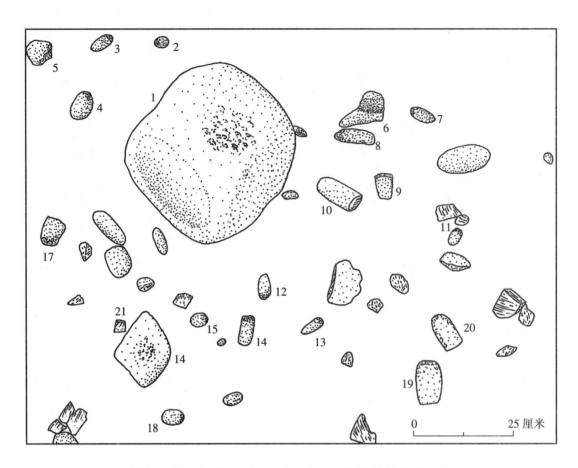

**图九　第一揭露面（T208）石砧与其他石制品分布图**
1. 石砧兼砺石　　2、4、15、18. 石锤　　3、7、8、11、12、16、19、20. 斧（锛）坯　　5、17. 砍砸器
6. 砺石　　9、13. 石锛半成品　　10. 凹刃石凿　　14. 石斧半成品　　其余为砾石断块

有敲砸疤痕的砍砸器少见；另外，在第一揭露面中普遍发现的磨石，在第二揭露面中少见。

石砧数量较多，大小并存，有岩块和砾石两种，与第一揭露面相同。不同的是，第一揭露面大石砧多分布在制造场中南部，而第二揭露面的大石砧多集中在制造场的北部，即T306、T307、T308 中，这里石制品分布也比较密集。与第一揭露面的大石砧相比，这些石砧使用痕迹不多，大石砧向上一面大多略有倾斜。

砺石有所减少，尤为大的砺石（长 15 厘米以上者）只见几件，多数为 5～7 厘米，中砂岩。此层窄槽磨石偶尔见之。

毛坯较少，完整件更少，特别是砾石一端或局部打制的毛坯明显减少。半成品与第一揭露面相比明显减少，多为残件。与第一揭露面一样，完整斧（锛）不多见，但砍砸器数

图一○　第一揭露面（T207）石砧及其他石制品分布图

1. 石砧　2、3、7、11. 斧（锛）毛坯　4、10. 石锤　5. 石凿毛坯　6、8. 砍砸器　9. 石斧半成品
12、14. 砺石　13. 石锛半成品　其余为砾石断块

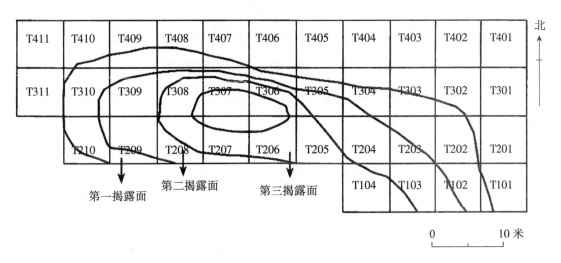

图一一　石器制造场四个揭露面比较图

量较多，砍砸器和兽骨的分布一致。完整凹刃石凿没有发现，但残件有较多的发现。残品常见为斧（锛）的毛坯、半成品残件。断块和碎片无明显变化。

石砧与周围石制品的关系比较清楚。例如，在T307东南部和T306西南部，有3个石砧，其中2个较小，因断裂不完整；另一个很大，长大于30厘米，平面略呈四边形，平置，顶面有许多砸击坑疤。这些石砧附近分布有1件大砺石、6件石锤、1件石核、5件石片、1件锛坯、1件石锛、1件石斧、3件研磨器。值得注意的是，大石砧的南面及东西两侧遗物很少，几乎是空白，似为石器制作者所在的位置（图一二）。

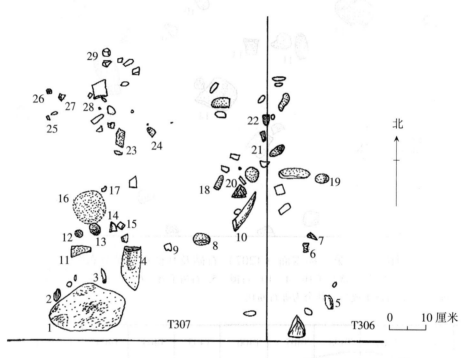

图一二　第二揭露面（T306、T307）石砧及其他遗存分布图

1、11、24. 石砧　2、17、25、26、28. 石片　3. 石锛　4. 砺石　5、10、20. 兽骨　6、22、29. 研磨器　7. 石斧　8、12、13、18、19、23. 石锤　9. 锛坯　14. 石核　15、21、27. 断块　16. 红烧土面其余为砾石断块

### 3. 第三揭露面

到了第三揭露面，制造场的面积进一步缩小，由东西两头向中间收缩，分布范围包括T104、T205、T206、T207、T306、T307、T308大部分，T103、T204、T208小部分。石制品主要集中分布在T306、T307和T308的东部，尤以T306的东部和T307最为密集。这个范围内，动植物遗存也较多。与第二揭露面相比，此揭露面的石制品密度有所减小。石砧数量不多，大石砧很少见，但两面具有使用痕迹的石砧较第二揭露面多，而且使用疤痕较

多的一面常常朝下。砺石也不及前两个揭露面多，宽磨面砺石和窄槽砺石都有发现，但宽磨面砺石尺寸较小，很少见到大砺石。此揭露面几乎没有发现双面凹石锤。完整的斧（锛）坯件不少。凹刃石凿数量都比第二揭露面有所减少。把端带敲砸痕迹的砍砸器也未见到。

在第三揭露面，石砧与周围石制品的关系比较清楚。除大量原料、断块、碎片等石制品外，其周围均分布有石锤、砺石等加工工具。例如，在 T207 东北角有一石砧，长 20 多厘米，扁长形。紧挨石砧北侧有一砺石，西侧有一石锤和一斧或锛的毛坯残段，在东面约 0.5 米处有一石斧成品（图一三）。

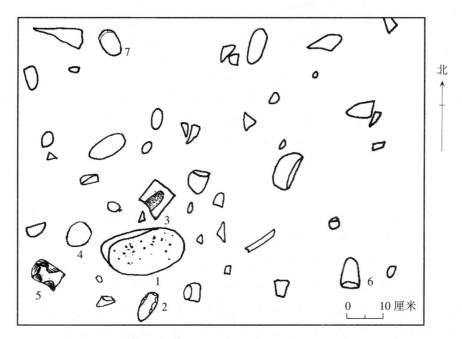

图一三　第三揭露面（T207）石砧及其他石制品分布图
1. 石砧　2. 斧（锛）坯　3. 砺石　4. 石锤　5. 斧（锛）坯残件　6. 研磨器毛坯　7. 石斧　其余为砺石断块等

T206 东部有一砂岩岩块大石砧，长达 30 余厘米，形状近梯形，其西北侧约 1 米处发现有扁椭圆形砾石石砧。大石砧的东侧有 3 件紧挨着的砺石，其中两件为扁长形，另一件为椭圆形。北侧有一长条形的砸击石锤，距其西约 30 厘米处有一近圆形琢击石锤；石砧西南角约 15 厘米处有一残断斧或锛的毛坯；砾石石砧周边分布有 1 件呈三角形的砂岩砺石、1 件单面初步磨制的石斧半成品，其北侧有 1 件近圆形的砸击石锤和 1 件完整的斧或锛的坯件，西侧有 1 件经过磨光的锛的残品，仅保留刃端一段，另一段缺失（图一四）。

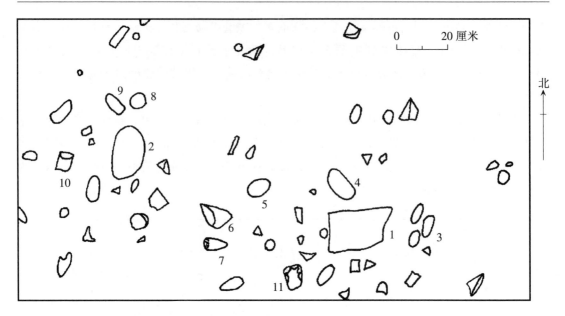

图一四　第三揭露面（T206）石砧及其他石制品分布图

1、2. 石砧　3. 砾石堆　4、5、8. 石锤　6. 砺石　7. 斧半成品　9. 斧（锛）坯　10. 石锛残品
11. 残斧（锛）坯　其余为砾石断块等

**4. 第四揭露面**

到了第四揭露面，制造场面积进一步缩小，四周均向内收缩，仅在探方 T306、T307 的南部和 T206、T207 的北部以及 T308 的东南角有分布。石制品的密度虽小，但种类较多。与第三揭露面一样，有岩块石砧和砾石石砧两种，另可见其他大石砧。大石砧的两面都有使用痕迹，但痕迹却不一样：一面使用的痕迹较少，使用部位较平；而另一面使用痕迹较多，使用部位深凹，其深凹的一面几乎都向下。向下的原因可能是该面不便于继续使用而把它翻转过来，使用另一面。这种情况在制造场前几个揭露面中似乎也有出现，但很少。其他种类的石制品与第三揭露面的基本相同。

第四揭露面中，石砧与周围其他石制品的关系也比较清楚。除大量原料、断块、碎片等外，其周围都分布有石锤、砺石等加工工具。例如，T206 东南角，有一处石制品分布相对集中的地方，有石砧、石锤、研磨器、斧（锛）半成品及较多的砾石和断块、大量的碎片等。此处的西南部有一个长约 40 厘米的大石砧，石砧南侧约 20 厘米处有一砾石为素材的砺石；紧靠石砧北侧有两件斧（锛）毛坯，其北侧约 30 厘米处有一件石锤；西北侧附近有一斧或锛的毛坯；东北侧有两件研磨器坯（图一五）。

根据现场观察，制造场第一、第二揭露面的石制品种类和所占的比例基本一致。但从第三揭露面开始到第四揭露面，石制品有所变化，主要是这两个揭露面很少发现双面凹石锤和把端带敲砸痕迹的砍砸器；一端有打击疤痕的斧锛凿砾石毛坯明显减少，只有个别发

图一五　第四揭露面（T206）石砧及其他石制品分布图

1. 石砧　2、3、8. 斧（锛）坯　4. 石锤　5、6. 研磨器坯　7. 砺石　其余为砾石断块等

现；通体或单面打片的斧锛凿毛坯似乎比第一、第二揭露面多，成品也较多；一端有敲砸痕迹的长条形小砾石未曾发现。

## 二　其他遗物分布情况

制造场除出土大量石制品外，在局部地方还发现陶片、动植物遗存和红烧土等。从制造场四个揭露面来看，动物遗存在第一揭露面分布最广。

第一揭露面发现少量陶片，且只见于 T104、T205、T208 三个探方。其中 T104、T205 仅有零星发现；T208 发现一处陶片，成堆状，有 20 多片，较为零碎，多为 3～5 厘米的小片。

第一揭露面局部分布有许多红烧土碎块、炭碎、果核碎片、动物骨头和牙齿。烧土、炭碎和果核碎片几乎成片分布，但不见成堆的，以北部分布的密度较大，堆积也较厚，往南厚度和密度渐减。在 T306 西北部和 T307 东北部，揭露出一红烧土分布面。此烧土面距地表深约 26 厘米，厚约 3 厘米，沿探方北壁至现代墓中（图一六）。

动物遗骸相对集中，形成堆状，骨头多呈片、块状，成段的很少，有的骨头明显经过

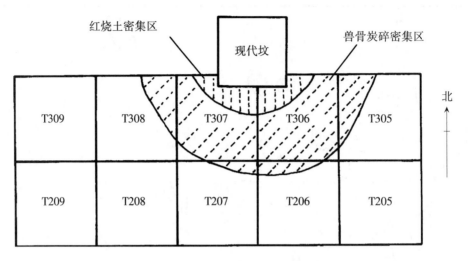

图一六　第一揭露面中北部红烧土及动植物遗存分布区示意图

火烧，已成炭样。动物遗存主要有动物骨头、牙齿以及龟鳖甲片（详见第七章动物部分）。分布范围较大，在 T103、T104、T203、T204、T205、T206、T207、T208、T305、T306、T307、T308、T407、T408 都有发现，但集中分布的区域是在制造场的中北部，即探方 T306、T307 和 T308 范围内（参见第七章第一节），而以探方 T306、T307 的分布最为密集，其他地方都是零散分布，大块的骨头主要发现于 T306、T307。有的骨头还带有人工砍砸痕迹；带关节头的肢骨很少。在兽骨成堆的地方，往往发现有若干石制品。如探方

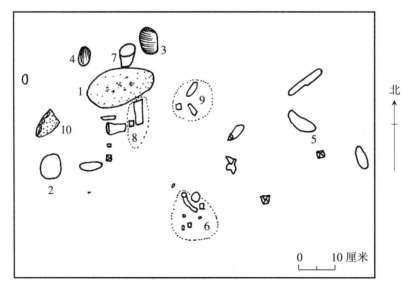

图一七　第一揭露面（T307）兽骨与石制品
1、2、5. 砾石　3、4. 石片　6~9. 兽骨　10. 砍砸器

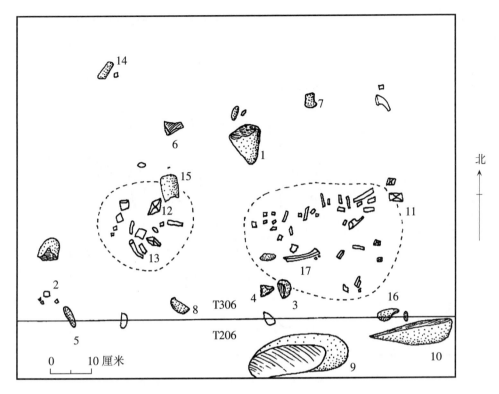

图一八　第一揭露面（T306、T206）兽骨与石制品

1～3. 砍砸器　4. 石锛　5. 打击砾石　6～8、11～13. 断块　9. 石核　10. 石片　14～16. 砾石
17. 兽骨（包括所有不编号者）

T307 中部的兽骨堆旁发现有扁平的大砾石（长近 20 厘米）和较大的圆形砾石（径约 7 厘米）、砍砸器以及锋利的石片（图一七）；T306 南部和 T206 北部有两堆兽骨（可能是鹿类），相距约 20 厘米。骨头已明显风化，碎裂成块状，但仍可辨别出是动物的肢骨。其周围分布有大石板、砍砸器等。位于西边兽骨堆较小，其西面约 20 厘米处有一件砍砸器，东北侧有一较大的扁长形残缺砾石；东边兽骨堆较大，在其南北两侧各有一件砍砸器。另外，南侧分布一大型石核、石片（图一八）。这些石制品可能与屠宰动物有关。

第二揭露面中的动物遗存分布范围比第一揭露面有所缩小，在 T208、T308 及其以西探方中已基本不见有动物遗存。但在 T306、T307 北部有出土数量相当多的动物遗存，主要是牙齿和骨头，这些动物遗存比起第一个揭露面发现的多，且保存相对较好，有的骨头上有明显的人工痕迹。这些骨头几乎没有成堆分布的，但在 T306 有一处相对集中的动物骨头，主要是牛、鹿的肢骨残段，且已破裂，其旁边有大砾石石板、砍砸器、长条形砾石等（图一九）。烧骨也不如第一揭露面的多，其他探方分布的密度都比第一揭露面小。从现场观察看，动物种类与第一揭露面基本相同。

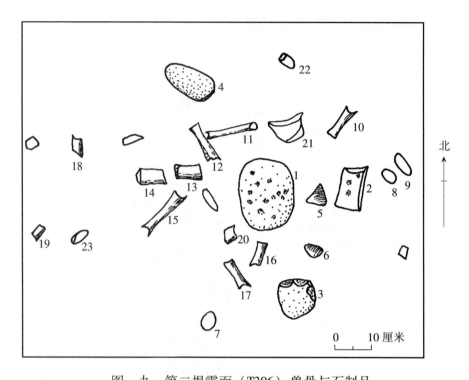

图一九　第二揭露面（T306）兽骨与石制品

1、2. 石砧　3. 砍砸器　4、7～9. 砾石　5、6. 石片　10～20. 兽骨　21. 断块　22、23. 斧（锛）坯

第三揭露面动物遗存范围明显缩小，仅在 T306 南部、T307 东南部、T207 东部、T206 以及 T205、T104 的局部有分布。分布密度也小，不成堆，大骨头基本不见，多为碎骨，且风化严重，为灰白色。到了第四揭露面就基本上没有动物遗存了。

应该指出的是，制造场所发现的动植物遗存和红烧土，它们集中分布的范围基本是一致的，都是在石器制造场的中北部。

此外，在第四揭露面的 T206 中东部出土一大蚌壳，长 13.5、宽 10 厘米，因风化严重，只在泥土中留下印痕，无法提取。

# 第三节　石制品拼合

## 一　概　述

石器打制是一个缩减的生产过程，这一过程的信息大部分保留在废片之中。当石器研究从典型器物转向人类行为时，废片比成型器物可以提供更有价值的信息。拼合就是对破碎的出土器物（主要是石器和陶器）进行逆向复原，即对器物碎片和断块进行拼对、粘合，最大限度地复原器物。通过拼合研究，可以帮助确定遗址中人类活动的性质，观察器物埋藏后在地层中的水平和垂直扰动情况，从而判断这些文化遗物是否属于原地埋藏。

在第一揭露面的石制品揭露后，我们即在现场进行石制品拼合工作。由于属于抢救性发掘，时间有限，且又意外发现石器制造场，发掘工作量陡然倍增，时间非常仓促，因此，考古现场遗物的拼合工作只做了一部分（图版五）。现场共发现能拼合的标本 31 件（组）。在室内整理时，我们又做了部分拼合，并找出 5 件能拼合的标本。这样加起来拼合的标本共有 36 件。

能拼合的标本，有两块、三块和三块以上的石制品相拼而成的，最多有五块。其中由两块拼成一件的最多，为 25 件，约占全部拼合标本的 70% 。拼合标本中，由块数较少的石制品所拼合的标本一般尺寸较大，而由块数较多的石制品拼合的标本一般尺寸较小。

这些能拼合的石制品，平面分布距离不等，从几厘米到 2 米多都有，个别（如石凿毛坯）距离超过 20 米，以 10 厘米至 50 厘米的占多数。一般而言，能拼合的尺寸较小的石制品，如片块等，水平距离不远，而尺寸大的如石器的毛坯和加工工具，距离较远。从垂直分布看，也有分布在不同平面的。从整理发现的拼合标本中，有两件标本是分布在不同深度的。这两件标本都是由两块石制品拼合而成，一件标本的垂直距离约为 15 厘米，另一件 25 厘米。有的标本断裂后，由于埋藏环境不同，拼合后的颜色明显不一样。

有些能拼合的标本在断裂后部分仍被使用，有的用途和断裂前的用途一致，有的则改变原来的用途，而变成另外一种用途的工具。

## 二　石制品的拼合

拼合标本的种类有加工工具、毛坯、成品和片块等，具体为石锤、石砧、砺石、凿坯、斧（锛）坯和片块等。现介绍部分拼合标本如下：

1. 拼合石锤

标本 T307②：3043，是两件出土于同一探方、同一地层但不同位置的石锤残件，它们能拼合成一件完整石锤。原料为灰色细砂岩砾石。断裂前，底端和器身的两侧部位都有明显的琢击痕迹，后从中间部位纵向断裂。断裂后，一半继续用作砸击石锤，使用部位是两侧边，边棱部位琢蚀不多，表明使用时间不是很长。拼合起来后，破裂面的两端接合得很好，而两侧有点接合不上，一侧的接合线上变成向外张开的裂口，另一侧虽然裂口不大，但接合线的一侧为砾石面，而另一边则是密密麻麻的砸击疤痕，两边形成鲜明的对照。直径约 8.5、厚 4.0 厘米，重 540 克（图二〇：1）。

标本 T104⑤：95，是两件出自同一探方、同一地层但不同位置的石锤残件，它们能拼

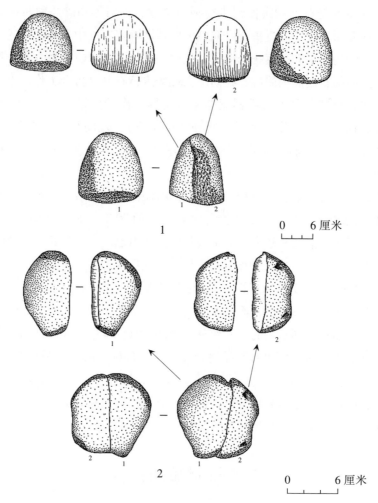

0　　6厘米

0　　6厘米

图二〇　　石器制造场石锤拼合图
1. T307②：3043　2. T104⑤：95

合成一件完整石锤。原料为灰白细砂岩，近扁圆形。断裂前，底端和器身的两侧部位都有明显的琢击痕迹。石锤断裂后，一半继续用作琢击石锤，而且使用部位仍是断裂前的部位。由于使用时间较长，以致于断裂面两端锋利的边棱部位琢蚀掉许多，变成圆凸的边。因此，当这两块残件拼合起来时，破裂面的两端已接合不上，而变成向外张开的裂口。直径约8.5、厚4厘米，重540克（图二〇：2）。

2. 拼合石砧

标本 T206⑤：3678，是两件发现于同一探方、同一层但不同位置的石砧残件，能拼合成一件完整的石砧。原料深灰色细砂岩砾石，近长圆形，一面扁平，一面呈龟背状。断裂部位在器身中上部，沿岩石节理面横向断裂。龟背上有砸击坑疤，断裂面周边有许多敲击疤痕，致使边缘变为圆钝；另一半厚重，底面中部有两个长期使用而形成的砸击凹坑，凹坑呈椭圆形，有拇指头大小。根据拼合后的器形看，原先可能作为石砧使用，使用部位在龟背处。断裂后，龟背状的一半当作石锤使用，另一半作石砧使用。如果砸击凹坑是断裂前使用的结果，那龟背作为石砧的底面是不稳固的。因此，砸击凹坑和龟背状边缘的敲击疤痕应是断裂后分别作为石砧和石锤使用的痕迹。由于边缘因使用而变圆钝，拼合后边缘接合不上，而变成外张的裂口。拼合后长 13.0、宽 9.7、厚 8.9 厘米，重 1650 克（图二一：1）。

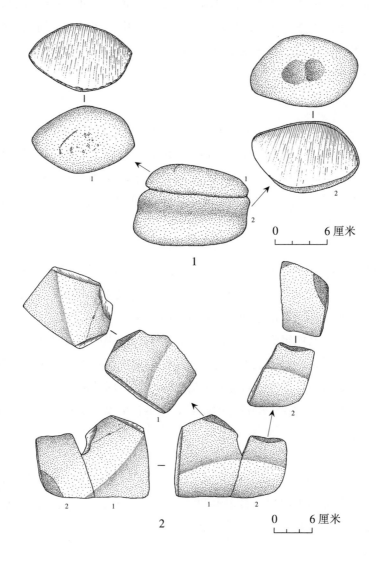

图二一　石器制造场石制品拼合图（一）
1. 石砧（T206⑤：3678）　　2. 砺石（T204④：89）

3. 拼合砺石

标本 T204④：89，两块分别发现于同一探方、同一层但不同位置。原料为灰褐色中砂岩，略呈梯形。器身上有 5 个磨面。磨面有平的，也有宽弧形的，大小不一。器身断裂为两大块和一小块。大致为横向断裂。现能拼合的是两大块，另一小块缺失。未见断裂后继续使用的痕迹。长 8.2、宽 6.4、厚 2.9 厘米，重 160 克（图二一：2）。

标本 T305③：96，三块分别发现于同探方、同层但不同位置的砺石断块，拼合后，能大部分复原。原料为灰褐色中砂岩，器身扁平，略呈三角形。其中一面有磨面，磨面呈宽弧形，很大，几乎占据了整个面。器身断裂为四块，其中三块较大，另一块较小，现能拼合是三块大的，另一小块缺失。未见断裂后继续使用的痕迹。长 18.3、宽 16.1、厚 5.8厘米，重 1780 克（图二二：2）。

4. 拼合毛坯

标本 T210③：42，两件分别发现于相距 30 多米的探方 T210 和 T104 同一地层的毛坯残件，能拼合成一件完整的石凿毛坯。原料为灰绿岩，扁长形，两侧经过反复的砸击和琢打。断裂部位在器身中间，横向裂开。从疤痕特征观察，断裂后未见有进一步加工或作为其他工具使用。长 22.0、宽 7.0、厚 3.7 厘米，重 1150 克。此标本是可拼合标本中水平距离最远的（图二二：1）。

5. 拼合石核

标本 T208③：44，由五块石片拼合而成的石核，它们发现于同一探方、同一地层，分布范围在 1 米内。拼合后形成石核（砺石）的一小半。其中，第二和第三片组成一完整石片，打击点不甚清楚，放射线也不明显，破裂面略内凹，背面为砺石面，石片宽大于长；而第一、第四和第五片又能组成一较大的石片，但石片的中间部位缺了一小片，因此该石片不完整，破裂面较平，放射线也不甚清楚，石片背面大部分为片疤面，只是右侧保留小部分砺石面。从拼合来看，这五片可能是从砺石石核打片时所剥下的不成功的石片，或者是打下石片后，石片断裂而成。原料为细砂岩。标本长 7.8、宽 4.5、厚 3.2 厘米，重 130克（图二三）。

6. 拼合石片

标本 T308②：209，由三块石片拼合而成，它们发现于同一探方、同一地层，分布范围在 1 米内。石片的原料为砂岩，打击点和放射线均比较清楚，破裂面较平，长大于宽，背面为完整片疤面。标本长 7.1、宽 4.2、厚 1.2 厘米，重 70 克（图二四：1）。

7. 拼合片块

标本 T309③：84，为一件断块，由两个更小断块拼合而成，它们分布在同一探方、同一地层，相距不到 30 厘米。原料为硅质岩。一面为较平坦的破裂面，相对的一

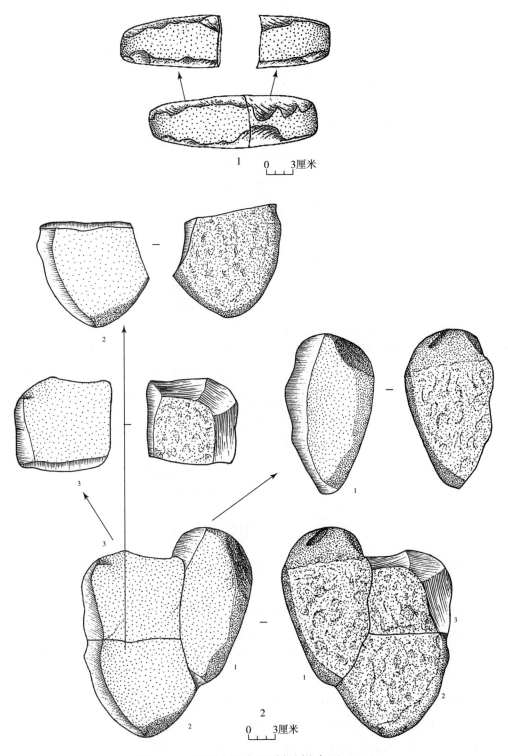

图二二  石器制造场石制品拼合图（二）

1. 石凿毛坯（T210③：42）  2. 砺石（T305③：96）

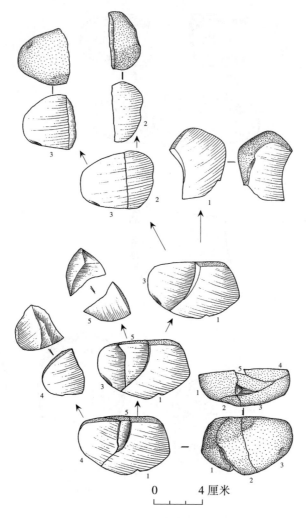

图二三　石器制造场石核拼合图

面为砾石面，一侧为凹凸不平的断裂面。标本长 7.5、宽 4.7、厚 2.9 厘米，重 105 克（图二四：2）。

　　标本 T308②：235，由两个断块拼合而成，它们分布在同一探方、同一地层，相距约 50 厘米。拼合后形成一大断块。原料为细砂岩。拼合后的断块一面是大的破裂面，由两个片疤组成，另一面及两侧为砾石面，两端分别是一大一小的断裂面，大的断裂面凹凸不平。标本长 11.5、宽 10.0、厚 9.1 厘米，重 1670 克（图二五：1）。

　　标本 T210③：146，由三断块拼合而成，它们发现于同一探方、同一地层，分布范围在 50 厘米内。拼合后形成一大断块。原料为硅质岩，保留部分砾石面，破裂面不够平整。标本长 6.2、宽 2.7、厚 2.3 厘米，重 80 克（图二五：2）。

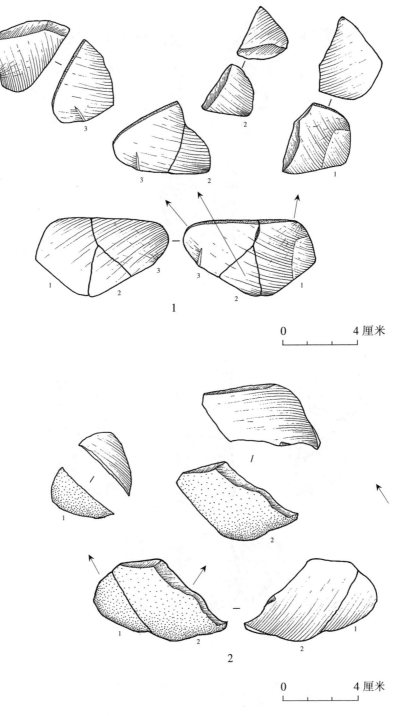

图二四　石器制造场石制品拼合图（三）

1. 石片（T308②：209）　　　2. 片块（T309③：84）

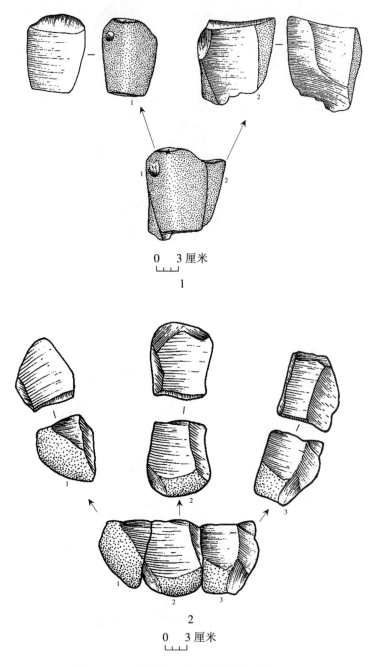

0　3厘米

1

0　3厘米

2

图二五　石器制造场石制品拼合图（四）

1. T308②：235　　2. T210③：146

# 第四节　小　结

　　石器制造场位于发掘区的东南部、遗址的中东部，北临右江，东靠六劳溪。右江河滩有丰富的砾石，而六劳溪两岸则出露有大量的岩块，这样的位置有利于两种石料的搬运。从制造场底部看，这个部位地面比较平坦，无明显的突起和凹坑，地势总体上由西北略向东南倾斜。

　　石器制造场位于发掘区地层堆积的第五层，揭露部分平面略呈长方形，边界非常明显。制造场所在的地层堆积有厚薄之分，总体情况是西北部较薄，而东南部较厚，并由西北向东南逐渐增厚。制造场东西部堆积的颜色和结构都有所不同，西北部主要为黄褐色，土质较纯，结构紧密；而东南部的土色较深，为红褐色，结构较松，土质不纯净，含有炭粒、红烧土粒等杂质。

　　制造场分四个水平层由上而下发掘，并由此揭露出四个遗物分布面。从所揭露的四个遗物分布面看，制造场石制品密度大，没有明显的"堆"，也无分类堆放的现象。石制品包括石料、石锤、石砧、砺石、磨石等加工工具，砍砸器、刮削器、斧、锛、凿、研磨器等不同阶段的产品以及废料等；此外还有极少量的陶片。除断块和碎片外，石制品中数量最大的是砾石原料，其次是石锤和斧（锛）的毛坯，成品很少。石料在整个制造场基本上是均匀散布的，很少发现成堆的，也没有发现按形状或大小分布的现象。其他石制品遍布整个制造场，形成一片，几乎没有间隔。石砧的分布也无明显的规律，不过用岩块做的大石砧主要集中分布在制造场的中部；在四个揭露面中，由上而下，两面具有使用痕迹的石砧越来越多，而且使用痕迹多的一面往往朝下，表明这种石砧在较早阶段经历了较长的使用时间，当使用痕迹较多的一面不适合继续使用时，便将之翻转过来使用另一面。

　　石砧与其他石制品的关系，有的比较清楚，有的由于各种石制品分布过于密集或者与石砧相距不远，很难分出它们之间的关系。在四个揭露面中，每个揭露面都能比较清楚地看到一些石砧与其周围的石制品特别是与石锤、砺石、毛坯、半成品等的关系。这种情况在第一揭露面尤为明显。这些石砧的周围除分布有许多砾石原料、断块和碎片外，通常能见到石锤、砺石等加工工具以及毛坯、半成品等。有的石砧中，其他石制品还呈扇状分布，石砧的一旁留有空白，似是反映出石器制作者所在的位置和制作石器时石制品的摆放和散开的方向。

　　制作场内的石制品有不少能够拼合的。能拼合在一起的石制品有两件、三件和三件以上的，其中两件一组的最多；多数分布在同一平面上，但也有出自不同深度、不同平面的标本。有些能拼合的标本在断裂后部分仍被使用，有的则改变原来的用途，而变成另外一种工具。

　　制造场中北部分布有较多的兽骨、炭碎和红烧土。从 T306 揭露的红烧土面看，这里曾是用火的地方，因此这一区域除发现大量炭化的植物外，兽骨也多，且有的兽骨有火烧的痕迹。这些遗存表明，这里还是处理和消费食物的地方。有的兽骨分布集中，甚至成堆状，并且与大的砾石、砍砸器、石片等石制品共存，似乎表明这些石制品是用来屠宰动物的。虽然由此往东南方向的不少探方都分布有这些遗物，但从地势由西北向东南倾斜以及红烧土和炭碎往东南方向逐渐细化来看，这些遗物应是由于雨水作用从用火的高处搬运至此的。

# 第四章　文化遗物

　　革新桥遗址出土的文化遗物共计22440件（不含碎片和第二、第三文化层的原料和断块），包括石制品和陶制品两大类，其中石制品22363件，陶制品（陶片）77件。这些遗物包括生产工具、生活用器和装饰品，其中生产工具占大宗，生活用具主要是陶器，装饰品极少。

　　为了对出土的文化遗物尽可能地做比较全面、客观地介绍，根据地层堆积关系及遗物的变化特征，我们将遗址的文化堆积划分为四个文化层，由下而上为第一、第二、第三、第四文化层，其中第一文化层至第三文化层为新石器时代文化层，分别对应于地层的第五层、第四层、第三层；而第四文化层为近现代文化层，对应于地层的第一层和第二层（表一）。本章主要介绍新石器时代文化层的遗物，第四文化层的遗物则选择一部分从类型学上应属于新石器时代或年代较早的遗物做简要的介绍，以资日后研究参考。

表一　革新桥遗址地层与文化层对应表

| 地　层 | 文化层 | 时代 |
|---|---|---|
| 第一层 | 第四文化层 | 近现代 |
| 第二层 | | |
| 第三层 | 第三文化层 | 新石器时代 |
| 第四层 | 第二文化层 | |
| 第五层 | 第一文化层 | |

　　此次发掘发现的文化遗存包括石器制造场、墓葬、石制品、陶制品和动植物遗存。本章只介绍石制品和陶制品，墓葬和动植物遗存将于第六章和第七章分别记述。由于陶制品数量很少，因此，石制品的介绍是本章的主要内容。

　　此次发掘出土的石制品由原料、加工工具、毛坯、半成品、成品、残品、断块和碎片等种类构成。由于革新桥遗址除出土磨制石制品外，还出土大量的打制石制品，考虑到两者的制作技术不同，对材料的记述差别也较大，因此两者分别介绍，各自形成独立部分。"打制石制品"部分内容包括石核、石片和石器（工具），记述和旧石器时代的打制石器相同；"磨制石制品"包括斧、锛、凿等器类的成品及其毛坯、半成品和残品等。

本书对遗物的记述先总后分，按类、型、式的序次进行介绍，并根据需要，选一部分有代表性的标本进行描述，加以介绍，以便读者深入了解。石制品的分类和传统的分类基本相同，但有些类型的界定不尽一致，需要说明如下：

1. 关于石制品。有狭义和广义之分。狭义的"石制品"专指具有人工痕迹的石质遗物；广义的"石制品"则包括没有人工痕迹的但明显是经过人类行为作用的遗物，如原料等（陕西省考古研究所等，2007；Clark，1974）。本书采用的是广义的"石制品"。

2. 关于毛坯、半成品和成品。考古报告中通常的做法是，磨制石器从打坯到磨制成型这一过程中的产品分为两类，一类是半成品，另一类为成品。由于革新桥遗址属于石器制造场性质，为了具体地分析制作石器的流程和工艺，我们把这个阶段的产品分成毛坯、半成品、成品三种。毛坯是指经过打制的初级产品，它又可分为初坯和成型坯两种。初坯指经过初步打片，刃部尚未成型，它属于制坯的前半段；成型坯是经过更多的打片并加工出刃部，是制坯的后半段。半成品是指打好的毛坯经过磨制，但刃部尚未完全磨制好的产品；成品则是刃部完全磨制好的产品。由于广西新石器时代早、中期的磨制石器也通体磨制，但器身通常保留或多或少的制坯时形成的打击疤痕，因此，成品的界定主要是依据工具的刃部是否加工完成。

3. 关于石锤。革新桥的石锤不仅数量大，而且复杂多样。我们根据使用痕迹特征将石锤分为三大类，即锤击石锤、砸击石锤、琢击石锤。锤击石锤和旧石器时代使用直接锤击法加工石器的石锤一样，由于打击时反作用力的作用，石锤本身产生片疤，但片疤较小，疤痕的外周缘部分因为敲击而变钝，片疤面与器身的夹角很大。砸击石锤是指石锤使用部位留有粗深坑疤的石锤，坑疤一般为黄豆或米粒状，应是砸击而成，故名。琢击石锤是指石锤使用部位留有细密疤痕的石锤，疤痕一般为芝麻大小，且疤痕不深，应是琢打而成的。

4. 革新桥磨制工具有三种，我们名之为砺石、窄槽砺石和磨石。砺石的磨面宽长、弧凹，器身粗大，一般利用颗粒较粗的砂岩岩块作为原料；窄槽砺石磨面深凹、窄长，截面略呈"U"字形，器身很小，多是利用质地较细腻的岩块作为原料；磨石面平滑，大致为圆形，通常利用质地细腻且坚硬的卵石作原料。

5. 捶捣器，选用柱状砾石不经加工便使用，一端有光滑磨面，磨面为凸弧形，磨面边缘与器身表面平滑连接。推测是用来捶捣、软化植物的工具。这类工具与研磨器的区别主要在于后者的磨面基本上是平坦的，磨面的边缘和器身表面之间有明显的界线，而前者没有。

6. 残品，是指在制作第二类工具（主要是生产工具）过程中因断裂等原因不能进一步加工成阶段性产品的器身残留部分，包括刃部、把端、中段、上段、下段和一侧。

7. 断块，是制作石器过程中，由于用力过大或者原料本身有结理面而断裂、破碎成的块状或片块状废品。最大长或宽在 3 厘米以上。可分两大类，一类是石器制作过程中产生的"边脚料"，另一类是石锤、石砧、砺石等加工工具在使用过程中破碎而产生的废品。

# 第一节　第一文化层

第一文化层的遗物包括石器原料、加工工具、打制石制品、磨制石制品和陶制品等。数量是各文化层中最多的。仅加工工具、打制石制品、磨制石制品等数量就达约 4000 件。其中，加工工具最多，磨制石制品次之，陶制品最少。

## 一　石器原料

原料，这里是指史前人类挑选准备用来制作石器的各种石料（备料），包括石锤、石砧、砺石等加工工具的石料和要加工成工具的石料。这些石料的数量很大，我们仅统计了 7 个探方的石料，其数量共有 6921 件，是出土遗物中除断块碎片外数量最多的一类。第一文化层出土的石料有砾石和岩块两种。从统计的部分看，砾石数量占了大部分，岩块较少。

## （一）岩　块

岩块是指具有棱角的块状石料，它与制作石器过程中产生的断块的区别在于岩块的棱角圆钝，而且表面都有一定程度的风化；而断块在断裂面的边缘具有锋利的棱角，断裂面也显得比较新鲜。

第一文化层出土的岩块石料共 1023 件，占所有石料总数的 15%。岩块原料的岩性几乎都是砂岩，可分为中砂岩、细砂岩、粉砂岩和泥岩 4 种，其中以中砂岩、细砂岩较多，构成了这类石料的主体，粉砂岩和泥岩较少（表二）。大小差别很大，小的只有几厘米，重不到 100 克；大的长超过 40 厘米，重量在 25 公斤以上。根据最大长度，我们将岩块的大小分为四级，即：10 厘米以下、10～20 厘米、20～30 厘米、30 厘米以上。其中 10 厘米以下的岩块数量最多，占了近 60%，其次 10～20 厘米的约占 30%，20 厘米以上的很少

（表三）。岩块形状多不规则，但一般都有一两个较平的面。岩块表面基本上是灰褐色和灰黄色。风化程度不一，有的表面比较新鲜，风化不明显；有的表面泛白，风化比较明显。由于岩石的成分不同，风化程度不同，岩块的硬度也有较大的差异。岩块表面多有明显的磨蚀痕迹（图版六，1）。

表二　第一文化层岩块岩性统计表

| 岩性 | 中砂岩 | 细砂岩 | 粉砂岩 | 泥岩 | 合计 |
|---|---|---|---|---|---|
| 数量 | 341 | 524 | 107 | 51 | 1023 |
| % | 33.33 | 51.22 | 10.46 | 4.99 | 100 |

表三　第一文化层岩块测量统计表

| | 10 厘米以下 | 10～20 厘米 | 20～30 厘米 | 30 厘米以上 | 合计 |
|---|---|---|---|---|---|
| 数量 | 584 | 334 | 76 | 29 | 1023 |
| % | 57.09 | 32.65 | 7.43 | 2.83 | 100 |

# （二）砾　石

砾石石料，数量为 5898 件，约占所有原料总数的 85%。砾石磨圆度较好，没有棱角，表面没有明显风化。这些砾石大小和形态都相当稳定，显然是经过精心挑选才搬运到加工场的。岩性较为复杂，有砂岩、硅质岩、辉绿岩、石英岩、石英、长石岩、泥岩、火成岩、板岩、页岩和赤铁矿等，其中砂岩最多，约占 75%，可进一步分为中砂岩、细砂岩和粉砂岩 3 种，其次是辉绿岩，约占 13%，硅质岩也占较大的比例，其他岩石的数量都很小（表四）。

表四　第一文化层砾石岩性统计表

| 砂岩 | 泥岩 | 石英 | 石英岩 | 辉绿岩 | 硅质岩 | 长石岩 | 火成岩 | 页岩 | 板岩 | 褐铁矿 | 合计 |
|---|---|---|---|---|---|---|---|---|---|---|---|
| 4377 | 2 | 159 | 76 | 784 | 238 | 65 | 77 | 4 | 7 | 109 | 5898 |
| 74.21 | 0.03 | 2.7 | 1.29 | 13.29 | 4.04 | 1.10 | 1.31 | 0.07 | 0.12 | 1.85 | 100 |

砾石形状多种多样，有球形、扁长形、扁圆形、长条形或长圆形、三角形、四边形和不规则形等（图版六，2～5），其中扁长形最多，所占比例超过 50%；次为长条形，约占

20%；球形最少，所占比例不到 2%。大小差别很大，最大者长超过 40 厘米，重近 5000克；小者 2~3 厘米，重不到 50 克。根据最大长度，我们将砾石大小分为四级，即：5 厘米以下、5~10 厘米、10~15 厘米、15 厘米以上。其中 5~10 厘米的砾石数量最多，约占 50%；5 厘米以下和 10~15 厘米的砾石也不少，分别占 20% 左右；15 厘米以上的砾石很少，占不到 4%（表五）。

表五　第一文化层砾石大小和形状分类统计表

| | 5 厘米以下 | 5~10 厘米 | 10~15 厘米 | 15 厘米以上 | 合计 | % |
|---|---|---|---|---|---|---|
| 长条形 | 191 | 730 | 329 | 56 | 1306 | 22.14 |
| 扁长形 | 687 | 1542 | 815 | 46 | 3090 | 52.39 |
| 球形 | 37 | 30 | 16 | 25 | 108 | 1.83 |
| 扁圆形 | 153 | 205 | 31 | 17 | 406 | 6.88 |
| 三角形 | 39 | 103 | 26 | 8 | 176 | 2.98 |
| 四边形 | 48 | 160 | 46 | 3 | 257 | 4.36 |
| 不规则形 | 98 | 285 | 128 | 44 | 555 | 9.41 |
| 合计 | 1253 | 3055 | 1391 | 199 | 5898 | |
| % | 21.24 | 51.8 | 23.58 | 3.37 | | 100 |

砾石的表面多为灰褐色和灰黄色。有些砾石的表面有黑褐色斑纹，斑纹的分布、大小和形状均无规律，这些斑纹可能是在埋藏环境中形成的。砾石表面比较新鲜，无明显风化。

# 二　加工工具

共 2513 件。包括石锤、石砧、砺石、窄槽砺石、磨石等。其中，石锤数量最多，次为石砧，窄槽砺石最少（见附表二）。

## （一）石　锤

1471 件，占该文化层加工工具类的 58.65%，数量第一。用作石锤的原料有砾石、断块和器物残件等，其中砾石占了绝大多数。岩性有砂岩、辉绿岩、玄武岩、石英岩、石英、硅质岩、铁矿石等，其中以砂岩和辉绿岩为主。器表颜色不一，常见者有灰黄色、黄褐色、灰白色、深灰色等。石锤没有经过加工，而是直接使用。使用痕迹有片状崩疤、点状坑疤和条状坑疤；这些痕迹在器身上的分布多寡不一，分布有的集中、形成一片，有的只有零星分布；这些使用痕迹多见于器身的端部或侧缘，少数标本中有的器身通体散布有密密麻麻的使用疤痕。一般而言，不同形状的石锤，其使用部位有所不同，如长条形石锤的使用部位通常在器身的一端或两端，扁圆形石锤的使用部位通常在器身的边缘，扁长形石锤的使用部位在端部和侧面，三角形石锤的使用部位主要在角端，四边形石锤的使用部位在角端和侧面。器身形状有球形、扁圆、扁长、三角形、四边形、长条形和不规则形等多种，其中以扁圆形、四边形为主。大小差别较大，长最大值31.4、最小值4.8、平均值10.5厘米，宽最大值17.3、最小值3.1、平均值6.6厘米，厚最大值13.5、最小值1.6、平均值4.2厘米，重最大值3080、最小值75、平均值515克。根据使用痕迹的特征，可分为锤击石锤、砸击石锤、琢击石锤和双面凹石锤4种类型（表六）。需要指出的是，有的石锤同时具有两种或三种使用痕迹，分类时以使用痕迹较多的进行归类，其他使用痕迹在描述时做相应的说明。

表六　第一文化层石锤分类统计表

| 种类 | 锤击石锤 | 砸击石锤 | 琢击石锤 | 双面凹石锤 | 合计 |
|---|---|---|---|---|---|
| 数量 | 96 | 1019 | 312 | 47 | 1474 |
| % | 6.51 | 69.13 | 21.17 | 3.19 | 100 |

### 1. 锤击石锤

96件，占该文化层石锤总数的6.51%。这类石锤通常以砾石为原料。使用痕迹一般为崩裂的片疤，是在锤击时因受到被锤击对象反作用力而产生的崩疤。片疤基本上向同一方向崩裂。片疤层层叠叠，片疤面很陡，有的接近90度。片疤面和打击台面相交的边缘多不锋利，有的由于反复打击甚至变得钝厚。有的标本中，片疤面随着打击边缘的弯曲而出现扭曲。总的来说，锤击石锤与砍砸器的主要区别在于，前者打击点多而相连，没有锋利的刃缘，片疤面与砾石面的交角很大，没有形成工作刃；后者刃缘锋利，打击点少而清楚，刃角较小，有一个合适的工作刃。

原料有细砂岩、玄武岩、辉绿岩、硅质岩和石英岩五种（表七），以细砂岩为主，次为玄武岩，石英岩最少。大小差别不大。根据器身形状，可分为长条形或扁长形、扁圆形、三角形、四边形、不规则形五种形式（表八）。

表七　第一文化层锤击石锤岩性统计表

| 原料 | 砂岩 | 玄武岩 | 辉绿岩 | 石英岩 | 硅质岩 | 合计 |
|------|------|--------|--------|--------|--------|------|
| 数量 | 43 | 16 | 32 | 2 | 3 | 96 |
| % | 44.79 | 16.67 | 33.33 | 2.08 | 3.13 | 100 |

表八　第一文化层锤击石锤形状统计表

| 形状 | 长条形 | 三角形 | 四边形 | 扁圆形 | 不规则形 | 合计 |
|------|--------|--------|--------|--------|----------|------|
| 数量 | 23 | 11 | 32 | 13 | 17 | 96 |
| % | 23.96 | 11.46 | 33.33 | 13.54 | 17.71 | 100 |

（1）长条形

23 件。原料为长条形或扁长形砾石。使用部位在砾石的一端，有的器身上还有粗麻点状或绿豆大小的砸击疤痕，表明还兼作砸击石锤使用。

标本 T307②：2522，灰褐色细砂岩。一端圆凸，另一端较平整。在平整一端的大部分边缘有层叠的片疤面，片疤多宽大于长，长在 2 厘米左右，最大的一块片疤长 6、宽 4.5 厘米。其余部位未见使用痕迹。长 11.1、宽 5.9、厚 5.3 厘米，重 600 克（彩版一〇，1）。

标本 T205⑤：2282，灰褐色细砂岩。长条形，一端圆凸，另一端稍平整。平整端端面为层叠的片疤面，片疤多宽大于长，最大的一块片疤长 2.5、宽 6 厘米。器身两面中央部位各有一道麻点状的砸击疤痕。其余部位未见使用痕迹。从疤痕分析，该器应为锤击石锤，并兼作琢击石锤使用。长 15.4、宽 6.1、厚 5.5 厘米，重 800 克（图二六：3）。

（2）三角形

11 件。原料均为略呈三角形的砾石，使用部位主要在器身的一边和一角端。

标本 T206⑤：4451，黑色玄武岩。近直角三角形。在斜边一侧布满锤击片疤，片疤层层叠叠，几乎都是朝同一方向崩裂，只是在一角端附近有两个朝相反方向崩裂的片疤。片疤面很陡，部分接近 90 度。打击点所在边缘钝厚，有少量碎疤。由于打击边缘弯曲，片疤面呈扭曲状。长 9.1、宽 6.5、厚 4.7 厘米，重 460 克（图版七，1）。

标本 T308②：2586，灰褐色玄武岩。器身形状略近三角形，一面稍平，另一面略凸起。砾石的一边用以锤击，锤击方向为由凸起面向稍平面，断面为层叠的片疤面；片疤多较小而深凹且多宽大于长，部分片疤尾部折断形成陡坎或阶梯状。锤击边缘较钝厚，不成刃。长 11.2、宽 8.2、厚 5.3 厘米，重 740 克（图二六：2）。

标本 T203④：46，灰褐色玄武岩。器身形状略近三角形，一面较平，另一面凸起。砾

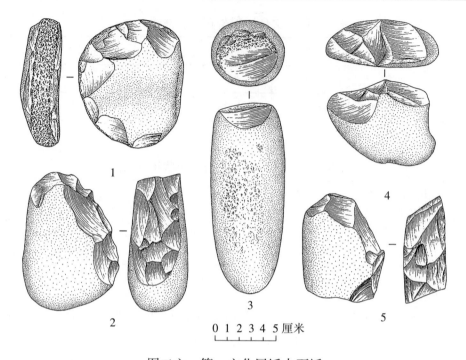

图二六　第一文化层锤击石锤

1. T207④：4263　2. T308②：2586　3. T205⑤：2282　4. T203④：46　5. T104⑤：630

石的一边用以锤击，锤击方向为由凸起面向较平面。片疤面较陡，锤击边缘较钝厚，不成刃。长8.4、宽7.5、厚4.0厘米，重350克（图二六：4）。

（3）四边形

32件。原料为近四边形的砾石。使用部位多为器身的一端部和侧边，以在一端和一侧居多。

标本T408③：5，灰黄色硅质岩。在器身的两边和一角均有锤击疤痕，其中长边一侧的崩疤较大，其余部位的崩疤均较小。长10.1、宽7.0、厚4.8厘米，重530克（图版七，2）。

标本T208③：2515，灰褐色细砂岩。在器身的一端和一侧分布有锤击疤痕，崩疤较大而浅平；有使用痕迹的一端因反复击打而形成钝厚边缘。长10.5、宽7.0、厚3.3厘米，重420克（图版七，3）。

标本T206⑤：238，灰色辉绿岩。在器身的三条边均分布有连续的锤击疤痕，其中一边的崩疤较大；相对两边的边缘因反复击打而变得钝厚。长11.1、宽9.7、厚4.4厘米，重650克（图版七，4）。

（4）扁圆形

13件。原料为大致扁圆的砾石。形状为扁体圆形或椭圆形。使用部位多在器身边缘，部分石锤的边缘及边缘附近两面均可见锤击疤痕。

标本 T207④：4263，灰色辉绿岩。略呈扁圆形。大部分边缘有明显的使用痕迹，疤痕主要为大小不等的崩疤。长 11.0、宽 9.7、厚 4.0 厘米，重 700 克（图二六：1）。

标本 T104⑤：342，灰色辉绿岩。器身的大部分边缘都有锤击疤痕，崩疤多沿两侧崩裂，宽大于长，有的部位还形成多层崩疤。长 10.0、宽 9.4、厚 5.0 厘米，重 690 克（图版七，5）。

标本 T207④：1761，黄褐色细砂岩，较厚重。器身多处分布有锤击疤痕，疤痕多呈块状崩落；有的部位还有绿豆或米粒状的坑疤，应为砸击疤痕，表明该标本还兼作砸击石锤使用。长 7.8、宽 7.6、厚 6.8 厘米，重 710 克（图版七，6）。

（5）不规则形

17 件。原料均为砾石。使用部位在器身的侧边和端部。

标本 T104⑤：342：灰色辉绿岩。器身的三条边上均有锤击疤痕，其中一边的崩疤较大；一端还有较明显的砸击疤痕，表明该标本还兼作砸击石锤使用。长 11.6、宽 8.4、厚 5.0 厘米，重 680 克（图版八，1）。

标本 T203④：47，灰褐色细砂岩。在砾石的一端和一侧有锤击疤痕，侧边的崩疤较大，边缘因反复锤击而钝厚。长 11.0、宽 7.5、厚 5.2 厘米，重 650 克（图版八，2）。

标本 T104⑤：630，灰褐色玄武岩。使用部位在砾石的一边和一端，锤击方向为由凸起面向较平面；片疤层叠，锤击边缘钝厚。另一端垂直截掉了一大块。长 8.7、宽 6.6、厚 3.6 厘米，重 355 克（图二六：5）。

2. 砸击石锤

1019 件，占该文化层石锤的 69.13%。这类石锤通常直接利用砾石或砾石断块作石锤。共同特征为使用部位有砸击时形成的坑疤。坑疤大小不一，大者有的直径超过 1 厘米，小的如芝麻大小。原料有砂岩、玄武岩、辉绿岩、硅质岩、玄武岩、铁矿石等，以砂岩为主，玄武岩和辉绿岩也占较大比例，铁矿石最少（表九）。根据器身形状，可分为球形、扁圆、扁长、三角形、四边形、长条形、不规则形 7 种形式（表一〇）。

表九 第一文化层砸击石锤岩性统计表

| 原料 | 砂岩 | 玄武岩 | 辉绿岩 | 石英岩 | 硅质岩 | 石英 | 铁矿石 | 合计 |
|---|---|---|---|---|---|---|---|---|
| 数量 | 612 | 95 | 205 | 16 | 78 | 10 | 3 | 1019 |
| % | 60.06 | 9.32 | 20.12 | 1.57 | 7.66 | 0.98 | 0.29 | 100 |

表一〇　第一文化层砸击石锤形状统计表

| 形状 | 球形 | 扁圆形 | 扁长形 | 四边形 | 长条形 | 三角形 | 不规则形 | 合计 |
|------|------|--------|--------|--------|--------|--------|----------|------|
| 数量 | 21 | 96 | 348 | 117 | 161 | 79 | 197 | 1019 |
| % | 2.06 | 9.42 | 34.15 | 11.48 | 15.80 | 7.75 | 19.34 | 100 |

（1）球形

21件，占该文化层砸击石锤的2.06%。原料均为近球形的砾石，使用部位多在器身的一面。

标本T307②：2841，灰褐色细砂岩。器身呈椭圆球状。器身一侧有3个直径2.5～3厘米的凹疤，当为砸击所致。长9.3、宽6.9、厚5.4厘米，重560克（图二七：1）。

标本T308②：2583，浅灰色玄武岩。器身的一面有一处砸击疤痕，小者若芝麻、米粒，大者如黄豆，其余部分保留砾石面。长9.2、宽9.2、厚9.2厘米，重1180克（图二七：2）。

标本T310③：456，灰褐色细砂岩。器身呈椭圆球状。器身上下两面和一端中央分布有部分砸击疤痕，皆若芝麻、米粒状，其余部分保留砾石面。长8.9、宽7.3、厚6.6厘米，重580克（图二七：3）。

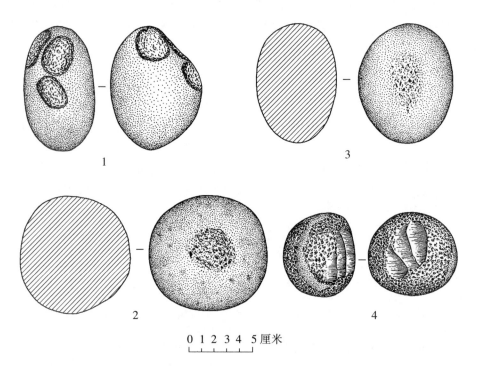

0 1 2 3 4 5厘米

图二七　第一文化层球形砸击石锤（一）

1. T307②：2841　2. T308②：2583　3. T310③：456　4. T102⑤：55

标本 T102⑤：55，灰褐色细砂岩。器身大部分分布有许多砸击疤痕，皆若黄豆或绿豆大小。一面还有多个片疤，其余部分保留砾石面。长6.7、宽6.2、厚5.3厘米，重310克（图二七：4；图版八，3）。

标本 T307②：1319，深灰色细砂岩。器表不规则地分布十余个大小不等的崩疤，除3个黄豆大小的凹疤外，其余长1～2厘米，多宽大于长，疤痕较深凹。器身长8.8、宽7.9、厚5.0厘米，重530克（图二八：1）。

标本 T207④：25，灰黄色硅质岩。近球形。两面及两侧大部分为砾石面，其余部位为砸击面；两端砸击面弧凸，与两侧砸击面连成一片，疤痕密密麻麻呈鳞状，边缘有较多小而浅薄的片疤。长6.0、宽5.0、厚4.7厘米，重170克（图二八：2；图版八，4）。

标本 T308②：2932，灰褐色细砂岩。器身一面及部分边缘有较多近圆形的砸疤，疤痕多重叠，大小不一，直径在1～3.5厘米之间；其余部分边缘有较少点状砸击疤痕。长7.3、宽6.8、厚5.5厘米，重410克（图二八：3）。

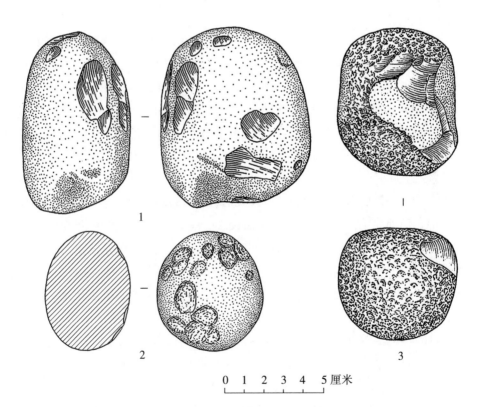

0 1 2 3 4 5厘米

图二八　第一文化层球形砸击石锤（二）

1. T307②：1319　2. T207④：25　3. T308②：2932

标本 T204③：25，黑褐色铁矿石。器身多处有连片的砸击疤痕，疤痕多呈绿豆状或米粒状大小。长 7.2、宽 6.9、厚 6.4 厘米，重 720 克（图版八，5）。

（2）扁长形

348 件，占该文化层砸击石锤的 34.15%。原料为扁长形砾石，使用部位多在器身的端部或侧边，其中使用部位在一端的标本最多，次为一侧的，一端和一侧的占第三位，使用部位在两端的标本也不少，其他使用部位在两侧、两面、两端和一侧、两端和两侧的标本则很少。

标本 T207④：288，青灰色细砂岩。周身有砸击痕迹，疤痕多呈粗麻点状或米粒状，部分较大者为绿豆状。器身一面中部有两处较大的砸击面，疤痕较大，大多呈米粒状或绿豆状，另一面近一端处有零星点状疤痕；两端和两侧多呈条状砸击面，其中一侧分布较多，并和另一端连成一体。长 8.5、宽 5.0、厚 3.2 厘米，重 260 克（图二九：1）。

标本 T310③：113，青灰色细砂岩。器身的两侧及两端均有较清晰的砸击使用凹面，其中两端凹面稍大，一端见个别的小崩疤。长 9.4、宽 5.8、厚 2.9 厘米，重 280 克（图二九：2）。

标本 T308②：136，灰褐色细砂岩。在器身的两面、两端和两侧都有使用痕迹。其中两面的使用痕迹为椭圆形浅窝状，但一面的较大，另一面的较小。两端和两侧为粗大而深的砸击疤痕，其中两端局部还有琢击的痕迹。从疤痕看，该标本还兼作琢击石锤使用。长 9.8、宽 5.0、厚 4.0 厘米，重 300 克（图二九：3；图版八，6）。

标本 T310③：359，青灰色细砂岩。器身的两侧及一端有较多的砸击疤痕，其中的一长侧与一端的砸击面连为一体，砸击疤痕均为点状的坑疤。长 9.1、宽 4.1、厚 1.9 厘米，重 130 克（图二九：4）。

标本 T307②：2525，灰黄色细砂岩。扁长形，一端较窄，另一端较宽。使用部位主要为器身下半部。两面各有一处砸击面，一面长 2、宽 1.5 厘米，疤痕为点状；另一面长 2.9、宽 2.5 厘米，均为点状疤痕。两侧下半部为砸疤面，片疤部分较大，大多数向一面崩裂；侧缘疤痕为点状，一侧因使用较多而微凹。较窄端端面有一处长 1、宽 0.8 厘米的较小砸击面；较宽端有零星砸疤。长 11.8、宽 4.1、厚 2.5 厘米，重 220 克（图三〇：1；图版九，1）。

标本 T408③：11，浅灰色细砂岩。使用部位主要为器身一侧的下半部，因使用较多，砸击面较凹，并有较多小崩疤向两面崩裂。在一面的近砸击面处和一端分布有零星点状疤痕。长 12.0、宽 5.7、厚 3.2 厘米，重 320 克（图三〇：2）。

标本 T308②：3，灰黄色细砂岩。扁长形，一端较窄，另一端较宽。使用部位主要为两端两侧，一面仅有零星小疤痕。两侧密密麻麻均为砸击面，其中中部使用较少，上半部因使用较多而微凹，疤痕以点状较多；一侧近两端处各有一个较大的崩疤，向不同面崩

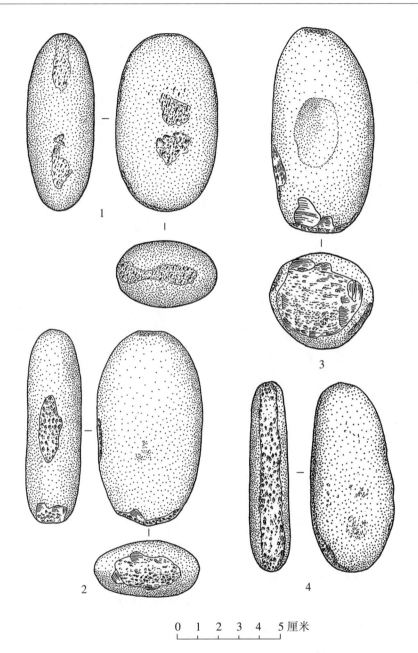

0　1　2　3　4　5厘米

图二九　第一文化层扁长形砸击石锤（一）

1. T207④：288　2. T310③：113　3. T308②：136　4. T310③：359

裂。两端均为砸击面，边缘有多个小崩疤向一面崩裂。长9.4、宽4.4、厚3.5厘米，重280克（图三〇：4）。

标本T408③：124，灰褐色石英砂岩。两侧有5个砸击凹疤，长0.4～1.5厘米，多长

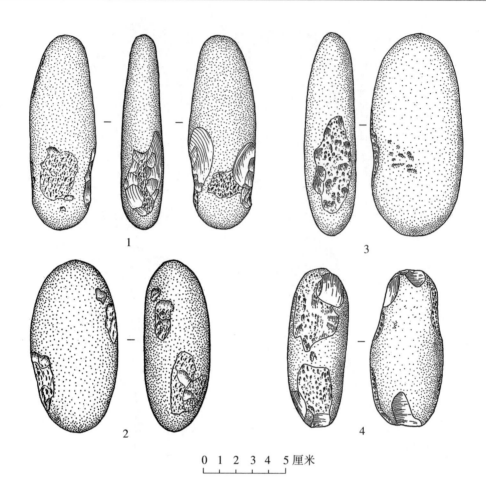

图三〇　第一文化层扁长形砸击石锤（二）

1. T307②：2525　2. T408③：11　3. T408③：124　4. T308②：3

大于宽。长 10.3、宽 5.1、厚 2.1 厘米，重 240 克（图三〇：3）。

　　标本 T307②：562，细砂岩。扁长形。除两面的中部外，几乎全身都有使用痕迹，其中两端和两侧疤痕最密集，并且由于反复使用，疤痕所在部位已失去砾石原先的弧形轮廓而成为疤痕密布的平面。两端的疤痕较细，应为琢打形成的，而两侧和两面的较粗，有的为条状疤痕，应为砸击所致；在较小一端还有一块崩疤。该标本除用作砸击石锤外，还兼作琢击石锤使用。长 8.4、宽 3.5、厚 2.2 厘米，重 140 克（图版九，2）。

　　（3）三角形

　　79 件，占该文化层砸击石锤的 7.75%。原料为近三角形的砾石，使用部位多在角端。疤痕形状有点状、片状和条状，以点状最多，条状和片状都很少。

　　标本 T207④：2047，灰色火成岩。近三角形。器身的三个圆角均为砸击使用部位，上面布满细碎的砸击疤痕，疤痕为芝麻或米粒大小，其他部位没有使用痕迹。长10.9、宽8.4、厚5.3厘米，重720克（图三一：1）。

标本T207④：4280，灰褐色细砂岩。两面稍有起伏，略呈长三角形。使用部位主要为长侧边，边缘有向一面崩裂的崩疤，疤痕多为点状，密密麻麻连成一片，几乎占据整个长侧边，分布范围为14.5×3.5厘米；背面近圆角处有数个小崩疤；底边为光滑平整的砾面。长17.0、宽9.2、厚5.4厘米，重1240克（图三一：4；图版九，3）。

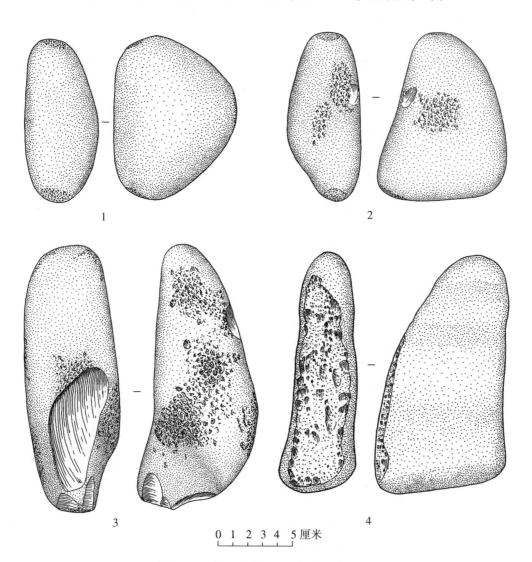

图三一　第一文化层三角形砸击石锤

1. T207④：20470　2. T310③：557　3. T306②：1637　4. T207④：4280

标本 T306②：1637，灰色石英砂岩。呈不等边三角形。器身大部分布满绿点状砸击坑疤，一端还有大而深的凹疤 4 个，疤多长大于宽，长 3～7 厘米不等，当为锤击法打片时所形成。从使用痕迹看，该标本主要用作砸击石锤，同时还兼作锤击石锤使用。长 17.3、宽 6.7、厚 6.1 厘米，重 1260 克（图三一：3）。

标本 T310③：557，灰黄色粉砂岩。器身两侧大部及两面的中央可见较多的砸击形成的细碎凹疤，而在器身较宽的下端及较窄的上端有略成凸弧形的琢击疤痕面。从使用痕迹看，该标本主要用作砸击石锤，同时还兼作琢击石锤使用。长 11.1、宽 8.8、厚 5.5 厘米，重 740 克（图三一：2）。

标本 T207④：4278，辉绿岩。平面略呈三角形，体形硕大厚重。器身差不多一半是使用形成的疤痕面。使用部位除三个圆角外，凸棱及器身窄小一段的突出部位都是成片的疤痕。疤痕多为点状坑疤，大小不等，表明是一件砸击石锤。长 14.1、宽 13.2、厚 11.2 厘米，重 3300 克（图版九，4）。

标本 T206⑤：3668，辉绿岩。平面略呈三角形，体大厚重。器身多处有连片的砸击疤痕，疤痕为点状和条状，多如绿豆或米粒大小，也有长达 1 厘米的条状疤痕。长 17.0、宽 11.0、厚 7.2 厘米，重 1920 克（图版九，5）。

标本 T206⑤：4460，青灰色砂岩。平面略呈三角形。器身一面布满砸击疤痕，端部也有少量的分布。疤痕几乎都是点状。长 9.5、宽 7.8、厚 7.0 厘米，重 780 克（图版九，6）。

标本 T307②：2529，灰褐色细砂岩。呈等腰三角形，体大厚重。器身扁平面多处有砸击疤痕，均为较大的块状疤。一角端有平滑磨面，表明该标本还兼作磨石使用。长 16.2、宽 10.4、厚 6.8 厘米，重 1560 克（图版一〇，1）。

标本 T204④：57，深灰色细砂岩。两面和一角分布有砸击疤痕，疤痕较深；另外两角端为平整的细麻点状疤痕。从疤痕特征看，该标本主要用作砸击石锤，同时兼作琢击石锤使用。长 12.5、宽 9.3、厚 6.8 厘米，重 1160 克（图版一〇，2）。

（4）四边形

117 件，占该文化层砸击石锤的 11.48%。原料均为砾石，形状大致为四边形。使用部位多在器身的一端或短边，次为一端和一侧，使用部位在一侧的标本也较多，其他如两侧、两面等的标本较少。疤痕有点状、条状和片状，多数为点状。

标本 T205⑤：1116，深褐色细砂岩。在器身两面和一侧有使用痕迹，疤痕为粗大深凹的砸击坑疤。坑疤多呈粗条状，长约 1、宽 0.2、深 0.1 厘米；少数近圆形，有黄豆大小。该石锤的原料坚硬，而疤痕如此粗深，这在同类器物中少见。器身未见其他使用痕迹。长 11.1、宽 7.5、厚 4.7 厘米，重 680 克（图三二：1；图版一〇，3）。

标本 T308②：19，深灰色辉绿岩。近四边形，一面较平，另一面较凸。器身两端各有一处凸弧形的砸击面，疤痕为粗麻点状，较窄一端的砸击面边缘崩疤较少，个别较大；较宽一端边缘有较多向两面崩裂的小崩疤。较平坦的一面有零星砸击痕迹。长11.3、宽7.7、厚4.2厘米，重700克（图三二：2）。

标本T205⑤：2163，灰褐色细砂岩。器周身遍布砸击疤痕，均为点状或条状的浅疤，多处疤痕连成一片。长6.6、宽5.5、厚4.2厘米，重350克（图三二：3）。

标本T207④：4243，黄褐色硅质岩砾石。使用部位在器身两端。疤痕有点状和块状，块状者为崩疤。一端有一块平整的琢击疤痕面，表明该标本还兼作琢击石锤使用。长8.4、宽5.5、厚4.2厘米，重400克（图版一〇，4）。

标本T206⑤：3630，灰褐色细砂岩。平整一端有较多砸击疤痕，边缘有较多崩疤；两侧及两面的疤痕连成一片，疤痕为点状；另一端有较少点状砸疤。长8.0、宽6.1、厚4.6厘米，重400克（图三二：4）。

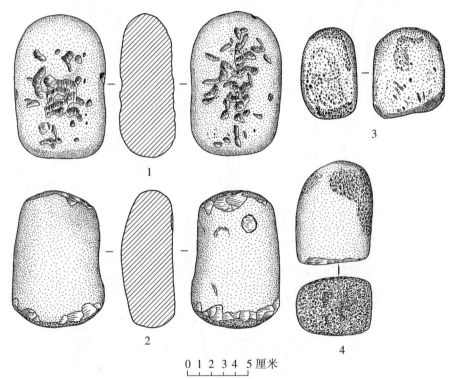

0 1 2 3 4 5厘米

图三二　第一文化层四边形砸击石锤
1. T205⑤：1116　　2. T308②：19　　3. T205⑤：2163　　4. T206⑤：3630

标本T207④：1845，深褐色硅质岩。略呈四边形。使用部位在两端和一侧。疤痕主要分布在较大的一端，以点状疤为主，疤痕边缘有较多片状崩疤。长10.5、宽6.7、厚4.8厘米，重500克（图版一〇，5）。

（5）长条形

161 件，占该文化层砸击石锤的 15.80%。原料均为条状砾石，横截面或略扁或略圆。使用部位以在器身一端的标本最多，其次是在一侧的，其他使用部位的标本均较少。疤痕有点状、片状和条状，以点状疤痕最多，条状最少。

标本 T207④：305，灰褐色细砂岩。细长条形。一端较宽厚，另一端较窄薄。使用部位主要为一端两侧，疤痕呈点状，宽厚端为一处近椭圆形砸击面，分布范围为 3×1.8 厘米；两侧近窄薄端各有一处条状砸击面。在一面窄薄端和近宽厚端处有 3 个小崩疤。器身长 27.0、宽 7.2、厚 4.5 厘米，重 1200 克（图三三：1）。

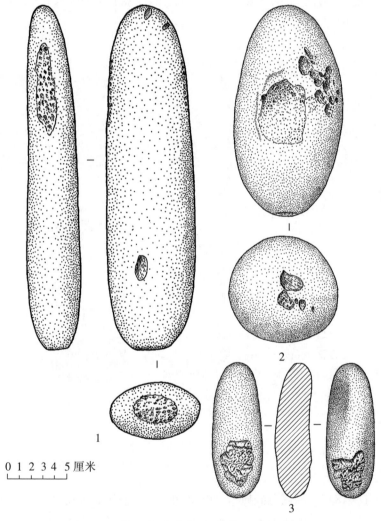

图三三　第一文化层长条形砸击石锤（一）

1. T207④：305　　2. T207④：2798　　3. T310③：64

标本 T207④：2798，灰色细砂岩。器身厚重，中间大，两端小。在器身的一面和一端有使用痕迹，其中一面中间有一处由细麻点状疤痕组成的疤痕面，略凹，分布范围为 5×3 厘米，边缘有较多不规则点状砸疤，连成一片；一端砸疤相对较分散，其中一个砸疤较大。长 17.3、宽 9.0、厚 8.2 厘米，重 1880 克（图三三：2）。

标本 T310③：64，灰褐色细砂岩。器身一端的两面各有一块因连续砸击形成的凹疤。长 11.0、宽 4.0、厚 2.8 厘米，重 200 克（图三三：3）。

标本 T310③：534，灰黄色细砂岩，近长条形。石锤的一长侧中部有较宽的因连续砸击形成的凹陷面，较窄的一端留有砸击小凹疤。长 8.2、宽 4.2、厚 3.4 厘米，重 190 克（彩版一○，2）。

标本 T204④：264，青灰色细砂岩。器身厚重，一端大，另一端小，横截面略呈方形。器身较小端及较突出的三棱布满砸击疤痕，上端有较多崩疤痕，较大端也有疤痕，但分布较少；疤痕为点状，另有少量片状崩疤。长 21.1、宽 9.5、厚 7.0 厘米，重 2250 克（图版一○，6）。

标本 T207④：4256，灰褐色细砂岩。呈长条形，一端细小，另一端粗大。器身不规则地分布有约 10 个近圆形的崩疤，直径在长 0.1~1.5 厘米之间，深 0.1~0.25 厘米。器身其余部位无使用痕迹。长 9.8、宽 4.5、厚 3.8 厘米，重 250 克（图三四：1）。

标本 T307②：2527，灰褐色细砂岩。使用部位为器身两侧的下半部，一侧砸击面较大，长 4、宽 2 厘米，边缘有向两面崩裂的小片疤；另一侧有一处指甲大小砸疤。其余部位无使用痕迹。长 11.0、宽 4.4、厚 3.3 厘米，重 230 克（图三四：2；图版一一，1）。

标本 T308②：1694，浅灰色辉绿岩。器身中间大，两端小。器身大部分均有砸击疤痕，疤痕多呈米粒状、豆状或小崩疤，大多密密麻麻连成一片。两侧面布满疤痕，两面则局部分布。长 14.1、宽 7.4、厚 5.8 厘米，重 1000 克（图三四：3）。

标本 T208③：103，灰绿色辉绿岩。器身厚重。两侧分布有砸击疤痕，其中一侧范围较大，点状疤痕密密麻麻；疤痕面边缘有少许小崩疤；一侧和一端相交处有一个大片疤和两个小崩疤。长 19.6、宽 9.0、厚 6.8 厘米，重 2460 克（图三四：4）。

标本 T202③：3，黄褐色细砂岩。器身细长。使用部位主要在两端和靠近端部的地方，其中一端为较深的砸击疤痕，疤痕多为绿豆大小；另一端疤痕小而浅，并且形成较为平整的疤痕面，应为琢击所致。从疤痕特征看，该标本是一件砸击和琢击并用的石锤。长 20.4、宽 5.4、厚 4.8 厘米，重 1020 克（图版一一，2）。

（6）扁圆形

96 件，占该文化层砸击石锤的 9.42%。原料均为近扁圆形或扁椭圆形的砾石。使用部位多在部分边缘或一面。疤痕有点状、片状、条状，其中点状最多，条状最少。

标本 T307②：1384，黑褐色细砂岩。使用部位在器身两侧中部及近两侧的平面上。疤

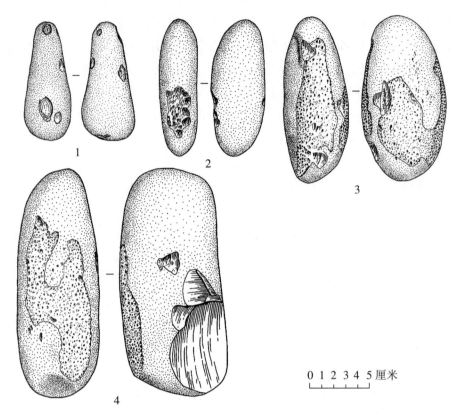

图三四　第一文化层长条形砸击石锤（二）
1. T207④：4256　2. T307②：2527　3. T308②：1694　4. T208③：103

痕深凹，粗点状，约如绿豆大小或黄豆大小。长 8.0、宽 6.6、厚 4.4 厘米，重 410 克（图版一一，3）。

标本 T206⑤：4427，灰褐色细砂岩。使用部位为两面和一侧，一面中央有一个近圆形的砸击面，直径约 3.8 厘米，砸击面微凹，疤痕大多为粗麻点状，边缘疤痕较大，为不规则点状；另一面中央砸疤均较大，分布范围为长 4.3、宽 2.6 厘米；一侧中部有零星点状砸疤。长 12.7、宽 8.8、厚 5.4 厘米，重 820 克（图三五：1）。

标本 T208③：561　暗红色赤铁矿石。大致扁圆形。周边布满绿豆大小的砸击疤痕，部分边缘还产生许多崩疤；崩疤较大，向侧面崩裂，其中一面几乎为崩疤，仅余少量原来的石皮（砾石面），在较直的一侧两面各有一个大而深的崩疤。在器身的侧边和一面，多处地方残留有鲜红色的赤铁矿粉末痕迹，至少表明该石锤曾用来砸击和碾压赤铁矿以获取赤铁矿粉末。石锤虽不大，但很沉。长 7.4、宽 5.8、厚 3.5 厘米，重 260 克（图版一一，4）。

标本 T408③：48，灰褐色细砂岩。一面较平，另一面稍凸起。凸起面中央有一个圆窝状的砸击疤痕面，直径约 0.7 厘米，其旁边有一些零散的麻点状砸击疤痕；一端有部分黄

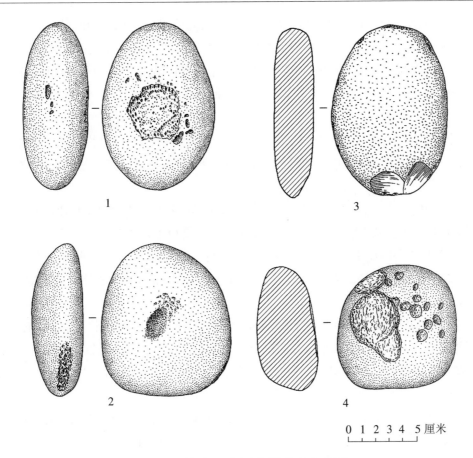

0 1 2 3 4 5厘米

图三五 第一文化层扁圆形砸击石锤
1. T206⑤：4427 2. T408③：48 3. T310③：402 4. T310③：1

豆状的砸击疤痕；其余部分保留砾石面。长10.6、宽9.2、厚3.6厘米，重540克（图三五：2）。

标本T310③：402，灰黄色火成岩。椭圆形。在器身的两端及两侧有较多砸击痕迹，以两端为主，其中一端疤痕面稍窄，疤痕面两侧有多个崩疤；另一端疤痕面较平，疤痕面一侧有崩疤。两侧局部有较多砸击痕迹，疤痕多较浅，部分连成一片。器身两面无使用痕迹。长11.2、宽7.9、厚2.6厘米，重420克（图三五：3）。

标本T310③：1，浅黄褐色玄武岩。一面较平，另一面凸起。凸起面中央至一侧有较多的大崩疤，另一侧则有较多花生状的砸击疤痕；其余部分保留砾石面。长8.7、宽8.6、厚4.4厘米，重580克（图三五：4；图版一一，5）。

标本T206⑤：3674，黑褐色细砂岩。使用部位在器身两面和部分边缘。疤痕基本上为块状崩疤，大小不一，大者长超过4厘米，以1厘米左右的居多。长16.0、宽7.6、厚6.8厘米，重930克（图版一一，6）。

标本 T206⑤：38，黄色硅质岩。器身的大部分边缘及靠两面近边缘部位布满砸击疤痕，边缘的疤痕多为点状，两面的疤痕为块状崩疤。边缘局部的疤痕小而浅，形成比较平整的疤痕面，当为琢击所致。从疤痕看，该标本主要用作砸击石锤，同时兼作琢击石锤使用。器身直径 6.6、厚 3.5 厘米，重 230 克（彩版一〇，3）。

（7）不规则形

197 件，占该文化层砸击石锤的 19.34%。原料均为砾石，但形状不规则。使用部位无规律，有在器身端部、侧边、凹处、周身等多种，以端部居多。疤痕有点状和块状两种。

标本 T310③：83，灰褐色细砂岩。形状近椭圆形。器身一端有砸击形成的凹面，其余部位没有使用痕迹。长 14.2、宽 7.9、厚 4.3 厘米，重 680 克（图三六：1）。

标本 T308②：490，原料为灰色石英砂岩。形状不规则。器身上下两端为砸击疤痕面，疤痕密密麻麻；疤痕面边缘有一些崩疤。长 17.1、宽 9.5、厚 5.4 厘米，重 1300 克（图三六：2）。

标本 T307②：636，原料为一奇形怪状的砾石，砾石表皮细腻光滑。除深凹的部位外，几乎周身都有或多或少的使用痕迹，而以中间浅凹槽部位的疤痕最为集中，这些疤痕为麻点状的坑疤；在较长一侧的中部，还有两个较大而深的坑疤以及几个因砸击而产生的崩疤。长 13.0、宽 10.8、厚 7.1 厘米，重 1300 克（图版一二，1）。

标本 T307②：2511，黑色硅质岩。葫芦形，略扁。在器身的下半部散布有麻点状的砸击疤痕，而以底端和较凸的一面的中部较为集中，从片疤特征看，是一件砸击石锤。长 18.0、最大径 12.6 厘米，重 2580 克（图版一二，2）。

标本 T308②：1690，青灰色细砂岩。器身厚重，一端较大，另一端较小。器身下半部遍布密集的砸击坑疤，或小至米粒，或大如黄豆。较小一端为较光滑并呈凸弧形的磨面，较大一端面为长期琢击形成的凸弧面。从使用痕迹看，该标本主要用作砸击石锤，但同时兼作琢击石锤和磨石使用。长 13.1、宽 9.0、厚 8.3 厘米，重 1560 克（图三六：3）。

标本 T408③：16，浅黄褐色玄武岩。器身一面内凹，另一面凸起；一侧较薄，另一侧较厚。器身大部分分布有较多的大崩疤，崩疤直径多为 0.7 厘米左右；外凸一侧中央有较多麻点状的砸击疤痕；其余部分保留砾石面。从疤痕分析，该器应为砸击和琢击两用石锤，以砸击为主。长 12.7、宽 7.0、厚 5.0 厘米，重 780 克（图三六：4）。

3. 琢击石锤

312 件，占该文化层石锤的 21.17%。这类石锤通常直接利用砾石或砾石断块。共同特征为使用部位有琢击时形成的坑疤。坑疤浅而细小，为细麻点状。由于反复琢击，使用部位通常形成一个较平的琢击疤痕面。这类石锤与砸击石锤的主要区别在于前者的坑疤小

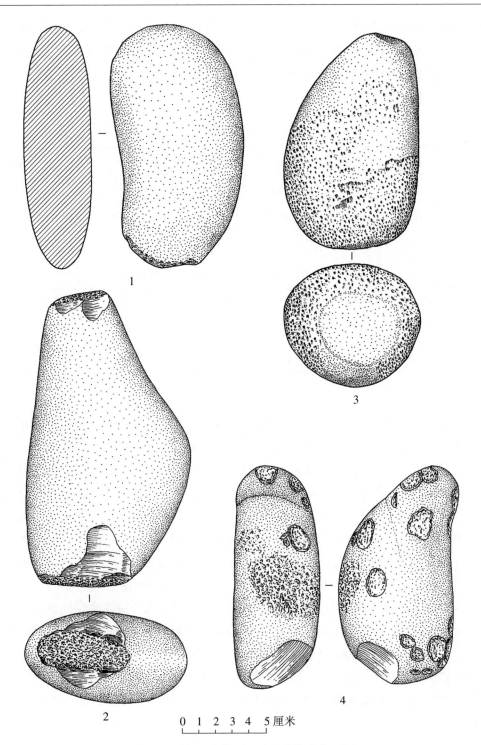

图三六　第一文化层不规则形砸击石锤

1. T310③：83　2. T308②：490　3. T308②：1690　4. T408③：16

而浅，使用部位通常形成较平的疤痕面，后者的坑疤大而深，疤痕面不平整。原料有砂岩、玄武岩、辉绿岩、硅质岩、石英岩、石英六种，以砂岩为主，辉绿岩次之，石英最少（表一一）。根据器身形状，可分为球形、扁圆、扁长、三角形、四边形、长条形、不规则形 7 种形式（表一二）。

表一一　第一文化层琢击石锤岩性统计表

| 原料 | 砂岩 | 玄武岩 | 辉绿岩 | 石英岩 | 硅质岩 | 石英 | 合计 |
|---|---|---|---|---|---|---|---|
| 数量 | 153 | 61 | 32 | 7 | 54 | 5 | 312 |
| % | 49.04 | 19.55 | 10.26 | 2.24 | 17.31 | 1.60 | 100 |

表一二　第一文化层琢击石锤形状统计表

| 形状 | 球形 | 扁圆形 | 扁长形 | 四边形 | 长条形 | 三角形 | 不规则形 | 合计 |
|---|---|---|---|---|---|---|---|---|
| 数量 | 12 | 69 | 75 | 60 | 39 | 32 | 25 | 312 |
| % | 3.85 | 22.12 | 24.04 | 19.23 | 12.5 | 10.26 | 8.01 | 100 |

（1）球形

12 件，占该文化层琢击石锤的 3.85%。原料均为砾石。器身近似球形，大部分都有使用痕迹。疤痕为点状，密密麻麻，形成一片，有的疤痕面边缘还有少许崩疤。

标本 T409③：97，灰黄色辉绿岩。近球形。除器身中部外，其余部位均为琢击疤痕，疤痕为麻点状，成片分布。一端有两个较明显的砸击崩疤，崩疤长约 2 厘米。长 7.5、宽 6.3、厚 5.1 厘米，重 420 克（图三七：1）。

标本 T208③：2302，灰褐色硅质岩。近圆球形。器身只保留了小部分的砾石面，周边大部为长期琢击形成的弧凸面，布满麻点状琢击疤痕，局部有砸击形成的片疤或崩疤，长 1~4 厘米，多长大于宽。长 8.6、宽 6.1、厚 8.6 厘米，重 540 克（图三七：2）。

标本 T207④：302，灰绿色玄武岩。近圆球形。器身大部分布满密集的疤痕，一处有一个直径约 2.2 厘米光滑的磨面。从使用痕迹分析，该标本既是琢击石锤，同时也兼作磨石使用。长 9.1、宽 8.1、厚 8.1 厘米，重 900 克（图版一二，3）。

标本 T207②：2176，辉绿岩。器身略扁。器身约一半的边缘布满密密麻麻的疤痕，疤痕多如同芝麻大小，疤痕面较平整。长 10.2、宽 8.9、厚 8.1 厘米，重 950 克（彩版一〇，4）。

（2）扁圆形

69 件，占该文化层琢击石锤的 22.12%。原料均为砾石。器身大致呈扁圆形。使用痕

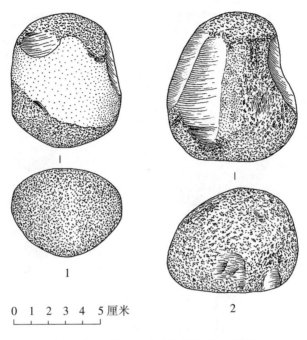

图三七　第一文化层球形琢击石锤
1. T409③：97　2. T208③：2302

迹多分布在周边，形成麻点状的疤痕面，疤痕面边缘通常有细小的崩疤。

标本 T307②：565，棕黄色硅质岩。近扁圆形。器身周边棱角较凸处均有明显的琢击麻点疤痕，其中一端形成琢击弧面，边缘有少许小崩疤；一侧为较窄的条带状琢击面。长11.9、宽9.3、厚5.3厘米，重850克（图三八：1）。

标本 T207④：1797，青灰色玄武岩。器身两面扁平，周边均为琢击形成的麻点状疤痕面，局部在两侧面形成了少量的碎疤和崩疤，长0.2～1.6厘米。器身长6.2、宽5.8、厚2.2厘米，重150克（图版一二，4）。

标本 T306②：1654，紫红色石英岩。近扁圆形，较厚重，一面较平，一面稍微隆起。石锤的周边均有使用痕迹，疤痕为麻点状，两面局部还有块状崩疤。长10.3、宽9.9、厚5.5厘米，重820克（图版一二，5）。

标本 T206⑤：4425，青灰色细砂岩。略呈扁圆形。在器身较凸出的两端各有一个由细小点状坑疤组成的疤痕面，疤痕面较平整，边缘有一些块状崩疤。长9.1、宽8.0、厚4.8厘米，重670克（彩版一〇，5）。

标本 T208③：835，黄色细砂岩。器身略呈扁圆形，一边较平直。器身一端和一侧边布满疤痕，疤痕细密，形成较为平整的疤痕面；另一端主要是一些块状崩疤。从疤痕特征分析，该标本主要以琢击为主，同时兼作砸击石锤使用。长9.1、宽6.9、厚5.0厘米，

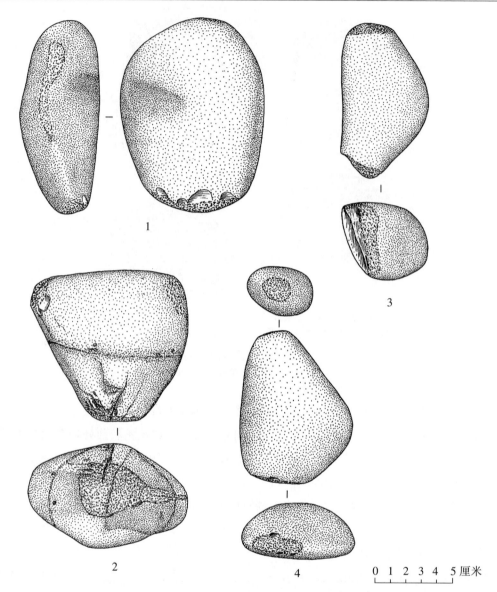

图三八　第一文化层扁圆形和三角形琢击石锤
1. T307②：565　2. T207④：4257　3. T208③：2520　4. T307②：2803

重 540 克（图版一二，6）。

　　标本 T307②：3208，灰色辉绿岩。略呈圆形。近一半的边缘有连续分布的琢击疤痕，两面靠近边缘的部位有少许浅薄的块状崩疤。长 8.3、宽 7.7、厚 4.7 厘米，重 470 克（图版一三，1）。

　　标本 T104⑤：156，黄白色硅质岩。器身的边缘几乎都有使用痕迹，而且大部分边缘的疤痕为细麻点状；两面靠近边缘部位有许多大小不同块状崩疤。从疤痕特征看，该标本主要用作琢击石锤，同时兼作砸击石锤使用。长 8.0、宽 7.7、厚 3.6 厘米，重 330 克（图版一三，2）。

标本 T206⑤：3158，灰褐色细砂岩。两面扁平。除一侧有一个平整的破裂面外，周边是琢击的疤痕面，疤痕面略呈弧凸。器身两面未见使用痕迹。长 7.2、宽 5.7、厚 4.1 厘米，重 290 克（图版一三，3）。

（3）三角形

32 件，占该文化层琢击石锤的 10.26%。原料均为砾石。器身大致呈三角形。使用痕迹多分布在角端，形成麻点状的疤痕面，疤痕面边缘通常有细小的崩疤。

标本 T207④：4257，灰黄色细砂岩。形状近三角形，两面较平，器体较厚重。三个圆角均有明显的琢击疤痕，琢击面近似圆形，略呈凸弧，直径在 2~3.5 厘米之间，其中两个角的疤痕面局部边缘各有两三个小崩疤。一侧边中段也有一琢击疤痕面，直径 2 厘米。长 10.5、宽 9.7、厚 6.4 厘米，重 820 克（图三八：2；图版一三，4）。

标本 T208③：2520，青灰色细砂岩。器身的一端呈凸弧形的琢击疤痕面，疤痕均为点状，密密麻麻；另一端大部为深凹的锤击凹疤，小部分为琢击弧面。从痕迹分析，该标本主要用作琢击石锤，同时兼作锤击石锤使用。长 9.6、宽 6.4、厚 4.6 厘米，重 460 克（图三八：3）。

标本 T307②：2803，淡黑色细砂岩。一面平整，另一面略凸，器身一端较厚，另一端较薄。在两个较小的角端均有明显的琢击疤痕，琢击面一个呈近似圆形，基本上是平的，直径在 3 厘米左右；另一个为长条形，使用面边缘有三个小崩疤。长 9.5、宽 7.1、厚 3.6 厘米，重 380 克（图三八：4）。

标本 T309③：275，黄色硅质岩。器身两个角端各有一个平整的由细麻点状疤痕组成的疤痕面，疤痕面边缘有少许小而浅的崩疤。长 9.5、宽 8.6、厚 5.6 厘米，重 500 克（图版一三，5）。

（4）四边形

60 件，占该文化层琢击石锤的 19.23%。原料均为砾石。器身略呈四边形。使用痕迹多分布在器身端部和一侧，形成麻点状的疤痕面，疤痕面边缘通常有较多的片状崩疤。

标本 T307②：275，灰黄色硅质岩。器身两端为长期琢击形成的弧形疤痕面，在侧面形成少量的崩疤，崩疤长 0.8~1.5 厘米。其中一端疤痕面呈凸弧形，一端略弧。两长侧也有小面积的琢疤。长 10.5、宽 6.9、厚 4.1 厘米，重 520 克（图版一三，6）。

标本 T304②：46，浅褐色细砂岩。两面较凸，一端较窄薄，另一端较宽厚。两端面均有长期琢击而形成的弧凸形琢击面，窄薄端琢击面窄小，宽厚端琢击面宽大，疤痕为细点状，部分琢击边缘有较小而浅平的崩疤。器身有多条岩石纹理，其中一条环绕周身；一侧上半部有一个较大的片疤；一面近较窄端处有一个指甲大小崩疤。长 10.8、宽 7.4、厚

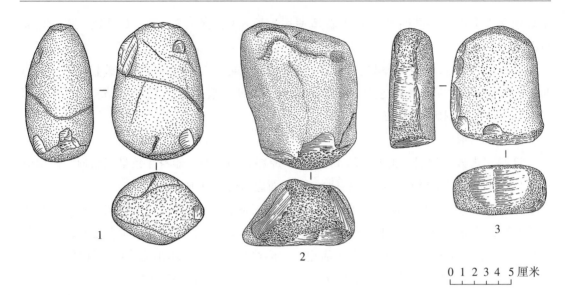

0 1 2 3 4 5 厘米

图三九　第一文化层四边形琢击石锤
1. T304②：46　2. T207④：4274　3. T308②：742

5.5 厘米，重 650 克（图三九：1）。

标本 T308②：742，红褐色细砂岩。呈圆角方形，器身较短。器身的两端及一侧均因长久使用形成连续的使用面，其中一端为明显的琢击弧面，遍布麻点痕；另一端及侧边既有琢击形成的麻点疤痕，又有砸击使用的块状崩疤。该器为琢击、砸击两用石锤，但以琢击为主。长 9.4、宽 7.3、厚 3.9 厘米，重 500 克（图三九：3）。

标本 T207④：4274，质地细腻的砂岩。在较窄一端有一个明显的、稍微凸起的使用面，使用痕迹除麻点状的小坑疤外，还有打磨的痕迹，部分边缘则有崩疤。与此对应的一端的一侧角，有一 1 厘米大小的磨面。从使用痕迹看，该器物具有多种用途，即用作琢击石锤、砸击石锤和磨石，而以琢击石锤为主。长 11.6、宽 9.1、厚 4.9 厘米，重 810 克（图三九：2）。

标本 T409③：29，棕黄色硅质岩。一面稍平，一面略隆起。器身两端为凸起的琢击弧面，略隆起的一面有少许琢击疤痕。两端还有 5 个较大的崩疤。从使用痕迹判断，该标本为琢击石锤，同时兼作砸击石锤使用。长 12.8、宽 8.3、厚 4.5 厘米，重 680 克（图版一四，1）。

标本 T203④：412，灰色细砂岩。器身四边均有使用痕迹，以两端使用最多。两端和一侧的疤痕主要为细小点状，边缘有一些浅薄的块状崩疤；另一侧为较粗的点状疤痕，边缘也有一些块状崩疤。从疤痕看，该标本主要用作琢击石锤，同时也兼作砸击石锤使用。长 14.0、宽 8.2、厚 4.1 厘米，重 690 克（图版一四，2）。

标本 T208③：171，黄色石英。器身的三条边缘均有使用痕迹，而且连成一片，疤痕很浅，多为点状，两面靠近边缘部位有一些片状崩疤。长10.1、宽8.5、厚4.5厘米，重670克（图版一四，3）。

（5）扁长形

75件，占该文化层琢击石锤的24.04%。原料均为砾石。器身略呈扁长形。使用痕迹多分布在器身一端，形成点状的疤痕面，有的标本疤痕面边缘有一些片状崩疤。

标本T310③：4，浅灰色细砂岩。器身一面略凹，另一面微凸。使用部位在一端，端面为密密麻麻的细麻点状疤痕，疤痕面呈弧凸状，边缘有多个片状崩疤，其中一个较大，长3、宽1.8厘米。从使用痕迹分析，该器以琢击为主，另兼作砸击石锤使用。长11.8、宽6.5、厚4.5厘米，重620克（图四一：1）。

标本T206⑤：175，灰色辉绿岩。器身扁长形，一端较大，另一端较小。使用部位在较大一端，端部为细麻点状疤痕组成的弧形疤痕面。长11.3、宽6.8、厚3.7厘米，重520克（图版一四，4）。

标本T306②：707，黑褐色细砂岩。一端较大，另一端较小。使用部位在较大一端，形成一个由细麻点状疤痕组成的疤痕面，疤痕面边缘有少许浅薄的片状崩疤。长7.2、宽4.1、厚3.8厘米，重510克（图版一四，5）。

标本T103⑤：253，原深灰色细砂岩。使用部位在一端，疤痕为细麻点状，分布密集，形成略弧的疤痕面。长10.3、宽5.1、厚3.0厘米，重280克（图版一四，6）。

标本T408③：124，深灰色细砂岩。器身的一端布满麻点状的疤痕，由于反复使用，端部形成一个比较平整的疤痕面，两侧还有一些浅薄的片崩疤。长10.3、宽5.1、厚2.1厘米，重240克（图版一五，1）。

（6）长条形

39件，占该文化层琢击石锤的12.50%。原料均为砾石。器身呈长条形。使用部位多在器身的两端，形成麻点状的疤痕面，疤痕面略弧凸，有的边缘有一些片状崩疤。

标本T308②：2591，深灰色细砂岩，扁长条形。器身两端有长期琢击形成的弧面，其中一端呈凸弧形，在两面形成少许细碎的崩疤，另一端稍呈弧形。长11.3、宽4.0、厚2.0厘米，重210克（图四〇：3）。

标本T203④：74，灰黄色细砂岩。器身两端有长期琢击形成的弧形疤痕面，两弧面均略凸，疤痕细腻，在琢击弧面侧面有少许细碎的崩疤。长13.0、宽5.2、厚4.2厘米，重400克（图四〇：1；图版一五，2）。

标本T203④：2，灰褐色玄武岩。器身两端均有长期使用而形成的凸弧形琢击面，两端侧面共有多个崩疤。长8.9、宽4.5、厚3.0厘米，重280克（图四〇：4；图版一五，3）。

标本T308②：309，灰褐色玄武岩。器身较粗厚，一端稍窄，另一端略宽。两端均有长期使用而形成的凸弧形琢击疤痕面，疤痕面有多个崩疤。长10.9、宽5.8、厚5.3厘米，

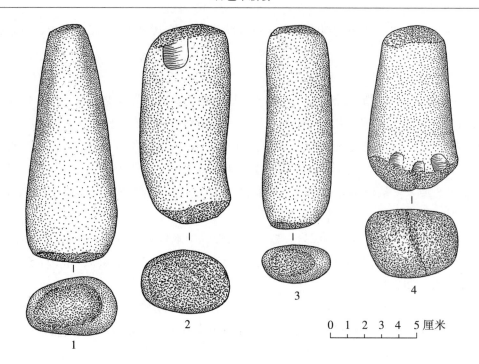

图四〇　第一文化层长条形琢击石锤
1. T203④：74　2. T308②：309　3. T308②：2591　4. T203④：2

重 660 克（图四〇：2）。

标本 T104⑤：352，灰褐色玄武岩。长条形，一端稍扁窄，另一端略圆厚。器身两端均有长期使用而形成的凸弧形琢击面，扁窄端侧面有 2 个崩疤。长 13.6、宽 3.5、厚 3.2 厘米，重 350 克（图四一：4）。

（7）不规则形

25 件，占该文化层琢击石锤的 8.01%。原料均为砾石。器身形状不规则。使用部位多在器身的端部或凸出的部位，点状疤痕，密密麻麻，形成略弧凸的疤痕面，疤痕面边缘有一些片状崩疤。

标本 T409③：51，青灰色石英岩。形状不规则。在两端和两长侧均有使用痕迹，两端面形成略弧的琢击面，两侧棱也有明显的琢击痕迹。两端和一侧的琢击疤痕面边缘还有大小不同的崩疤。从疤痕分析，该标本主要用作琢击石锤，但同时还兼作锤击石锤使用。长 11.6、宽 7.0、厚 5.2 厘米，重 640 克（图四一：2）。

标本 T101③：352，灰色细砂岩。器身中间大两端小。使用部位在两端，端部各有一个略弧凸的琢击疤痕面，疤痕面边缘有少许片状崩疤。长 15.0、宽 7.3、厚 5.6 厘米，重 1060 克（图四一：3；图版一五，4）。

标本 T205⑤：2283，红褐色硅质岩。器身大部分边缘为连续的琢击疤痕面，一侧为断

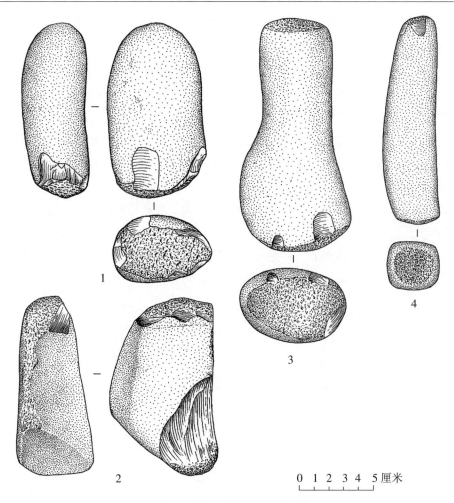

图四一 第一文化层琢击石锤

1. T310③：4　2. T409③：51　3. T101③：352　4. T104⑤：352

裂面。长 10.9、宽 8.0、厚 5.4 厘米，重 680 克（图版一五，5）。

4. 双面凹石锤

47 件，占该文化层石锤的 3.19%。这是一种比较特殊的石锤。其原料均为扁圆或扁椭圆形的砾石，器身的两面中间各有一个圆形或椭圆形的使用凹坑，凹坑面为点状的疤痕，其余部位很少有使用痕迹，我们称这类石锤为双面凹石锤。这类石锤的岩性单一，一般为细砂岩，大小差别不大。根据形状，可分为圆形和椭圆形两种。

（1）圆形

26 件，占该文化层此类石锤的 55.32%。器身形状扁圆，两面中央的凹坑也基本上是圆形的。

标本 T103⑤：4，灰黄色细砂岩。在砾石两面正中各有一个圆形凹坑，大小相等，直径约2.5、深0.2厘米。凹坑面布满细麻点状坑疤。直径7.6、厚3.7厘米，重300克（彩版一〇，6）。

标本T203④：64，灰褐色细砂岩。器身稍薄，两面均稍凸起。两面中央各有一个近圆形的浅凹坑，直径均为2.5厘米，深0.2厘米。器身其余部分均保留自然砾面。长8.8、宽8.0、厚4.8厘米，重470克（图四二：2）。

标本T207④：2626，灰褐色细砂岩。两面中央各有一个布满点状疤痕的圆形凹坑，直径均为2.2厘米，深0.3厘米。器身其余部分均保留自然砾面。长8.3、宽6.9、厚4.3厘米，重340克（图四二：3；图版一五，6）。

标本T307②：3171，灰褐色细砂岩。器身稍厚重，两面均稍凸起。一面中央有一个近圆形的浅凹坑，直径为2.5厘米，深0.1厘米；另一面中央也有一个近圆形凹坑雏形，几乎无深度；两面凹坑四周散布有一些细小的砸击疤痕。器身其余部分均保留自然砾面。长10.6、宽9.6、厚7.1厘米，重1000克（图四二：4）。

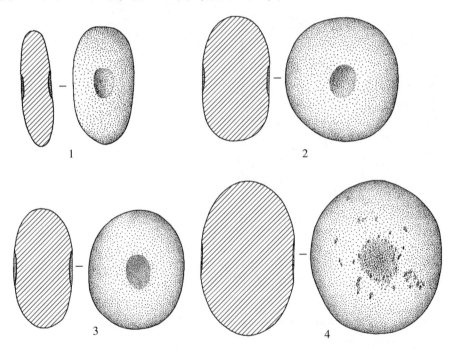

0 1 2 3 4 5厘米

图四二　第一文化层双面凹石锤（一）

1. T207④：3043　2. T203④：64　3. T207④：2626　4. T307②：3171

（2）椭圆形

21件，占该文化层此类石锤的44.68%。器身呈扁椭圆形，两面中央的凹坑也基本上是椭圆形的。

标本 T207④：3043，灰黄色细砂岩。器身稍扁，近椭圆形，两面均微凸。两面中部各有一个近椭圆形凹坑，长 2、宽 1.5、深 0.2 厘米；另一面近圆形，直径约 2、深 0.2 厘米。一端有一个较大而深的片疤，打击点内凹。长 7.9、宽 4.2、厚 2.2 厘米，重 100 克（图四二：1）。

标本 T307②：79，浅灰色细砂岩。两面中央各有两个浅凹坑的雏形，几乎无深度，疤痕均为细点状，其中一面的凹坑一大一小，直径分别为 2、1.5 厘米，没有连在一起；另一面为两个连在一起的浅凹坑，大小相当，径约 1 厘米。长 15.2、宽 9.4、厚 8.3 厘米，重 1750 克（图四三：1）。

标本 T208③：270，灰褐色细砂岩。器身稍扁长，两面均稍凸起。两面中央各有一个近椭圆形的浅凹坑，长分别为 2.5、2.5 厘米，宽分别为 1.5、1 厘米，深分别为 0.2、0.1

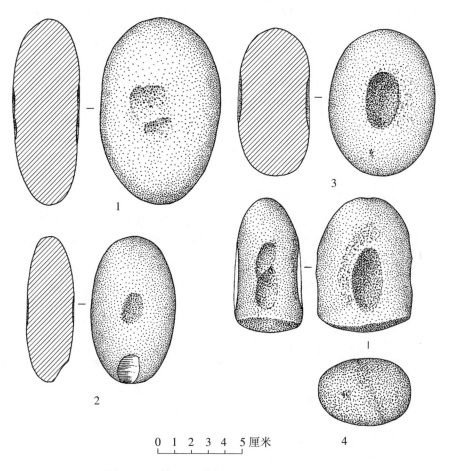

0　1　2　3　4　5厘米

图四三　第一文化层双面凹石锤（二）
1. T307②：79　2. T208③：270　3. T103⑤：375　4. T307②：17

厘米。一端有一个小崩疤，长 2、宽 1.5 厘米。器身其余部分均保留自然砾面。长 8.4、宽 5.0、厚 2.8 厘米，重 140 克（图四三：2）。

标本 T103⑤：375，灰褐色细砂岩。两面中央各有一个近椭圆形的浅凹坑，长分别为 3.5、3 厘米，宽分别为 2.5、2 厘米，深分别为 0.3、0.2 厘米。器身其余部分均保留自然砾面。长 8.5、宽 6.4、厚 4.3 厘米，重 300 克（图四三：3）。

标本 T307②：17，灰褐色细砂岩。器身扁长，一端较窄，另一端较宽，两面均稍凸起。两面中央各有一个近椭圆形的浅凹坑，长分别为 5、4 厘米，宽均为 2 厘米，深均为 0.4 厘米，其中较大的凹坑一侧还分布有点状的疤痕。器身一侧有两个近椭圆形的砸击浅凹坑，长分别为 2.5、2.2 厘米，宽均为 1.5 厘米，深均为 0.2 厘米；另一侧则有两个近椭圆形砸击浅凹坑的雏形，长分别为 2.5、1.5 厘米，宽分别为 1.5、1 厘米，几乎无深度。较窄端中央有一个片状砸击崩疤；较宽端为一凸弧形琢击疤痕面，可能是由于石料的原因，琢击疤痕面略显细腻。从使用痕迹看，该器是一件使用率非常高的石锤。长 7.7、宽 5.7、厚 3.9 厘米，重 280 克（图四三：4）。

标本 T309③：12，灰色细砂岩。椭圆形。器身两面中部各有一浅凹坑，大致椭圆形，坑面为点状的疤痕。器身一侧边缘还零星分布有几个黄豆大小的砸击疤痕。长 8.5、宽 6.4、厚 3.2 厘米，重 310 克（图版一六，1）。

# （二）石　砧

石砧是加工工具中较多的一种，总共有 593 件，占该文化层加工工具类的 22.48%，数量上位居第二。石砧的原料有岩块和砾石两种，其中岩块较多，为 326 件，占 54.97%，砾石 267 件，占 45.03%；岩块石砧绝大多数都有不同程度的磨蚀，即石砧的边棱都是圆钝的。岩性有砂岩、辉绿岩、硅质岩、石英岩等，以砂岩为主，占 80% 以上，石英岩最少，只有 3 件。砂岩中，又可以进一步分为中砂岩、细砂岩和粉砂岩三种，其中细砂岩最多，粉砂岩最少（表一三）。

表一三　第一文化层石砧岩性统计表

| 类别 | 砂岩 | | | 石英岩 | 辉绿岩 | 硅质岩 | 合计 |
|---|---|---|---|---|---|---|---|
| | 中砂岩 | 细砂岩 | 粉砂岩 | | | | |
| 数量 | 101 | 378 | 14 | 3 | 74 | 23 | 593 |
| % | 17.03 | 63.74 | 2.36 | 0.51 | 12.48 | 3.88 | 100 |

石砧的大小差别很大，长最大值 52.3、最小值 7.0、平均值 16.6 厘米；宽最大值

40.3、最小值 3.8、平均值 11.2 厘米；厚最大值 26.6、最小值 2.1、平均值 16.6 厘米；重最大值 40000 克、最小值 190 克、平均值 2248 克。大石砧中绝大多数为岩块石砧，砾石石砧以中小型为主，大石砧很少。

石砧的使用疤痕多种多样，从形状上看有点状、米粒状、橄榄窝状、圆窝状、块状等；从大小上看，有细如芝麻米粒的小坑疤、大至几厘米的块状大坑疤。其中以小坑疤占绝大多数，约占 70%，橄榄窝状、圆窝状、块疤状的疤痕不多。

尺寸较小的石砧，使用痕迹通常分布于器身的中部；尺寸大的石砧，使用痕迹则常见于器身的边缘部位；而尺寸较大的长条形石砧，使用痕迹多见于器身的端部。

石砧的形状多种多样，有扁长形、扁圆形、三角形、四边形、半圆形、不规则形等，其中不规则形状最多，占 50% 以上；次为四边形，约占 22%；半圆形最少，不到 2%（表一四）。

表一四　第一文化层石砧形状统计表

| 类别 | 扁长形 | 四边形 | 三角形 | 扁圆形 | 半圆形 | 不规则形 | 合计 |
|---|---|---|---|---|---|---|---|
| 数量 | 72 | 131 | 26 | 51 | 11 | 302 | 593 |
| % | 12.14 | 22.09 | 4.38 | 8.61 | 1.85 | 50.93 | 100 |

石砧多数有不同程度的残缺，在统计的 593 件标本中有 451 件有残缺，占总数的 76%，完整者相对较少。这种残缺一般是使用时因打击而崩裂，有的崩裂标本还可以拼合。

有的石砧还兼作石锤、砺石等其他用途。兼作石锤者，约占石砧总数 4%，而且这类石砧的原料几乎都是砾石；兼作砺石者，约占石砧总数 6%，而且这类石砧的原料几乎都是岩块。

根据使用部位，可将石砧分为单面石砧、双面石砧、多面石砧三种类型（表一五）。

表一五　第一文化层石砧分类统计表

| 类别 | 单面 | 双面 | 多面 | 合计 |
|---|---|---|---|---|
| 数量 | 256 | 288 | 49 | 593 |
| % | 43.17 | 48.57 | 8.26 | 100 |

1. 单面石砧

256 件，占该文化层石砧的 43.17%。单面石砧的原料中，砾石和岩块基本各占一半。通常在器身的一面有使用痕迹。根据使用痕迹特征及用途，又可大致分为坑疤石砧、窝痕石砧、窝痕－坑疤石砧、兼用石砧四种。

（1）坑疤石砧

这种石砧的使用痕迹包括点状疤痕和块状疤痕；块状疤痕可能是由于石砧受力大而着力点大造成的，这种疤痕不少长度都在 1 厘米以上。

标本 T206⑤：1014，灰色细砂岩。残断。器身一面略微隆起，另一面凹凸不平的破裂面，无进一步加工使用痕迹。隆起面大部分满布崩疤，多为块状疤痕，分布范围约为 8.5×8 厘米，部分崩疤因器身断裂而不完整。器身残长 89.1、残宽 13.2、厚 5.3 厘米，重 790 克（图版一六，2）。

标本 T306②：54，深灰色细砂岩。器身一面有砸击疤痕，属细麻点状坑疤，多集中于短侧边至中间附近，范围约为 15×8 厘米；一角端有几个锤击片疤，其中最大的一个长约 2.5、宽 3.2 厘米，打击方向一致，用途不明。器身残长 21.0、宽 13.08、厚 4.4 厘米，重 1740 克（图四四：3）。

标本 T409③：115，深灰色辉绿岩。残断。器身一面稍平整，另一面凹凸不平；平整面中间至长边边沿有一点状坑疤，分布范围约为 6×4.5 厘米，部分坑疤被长边所破坏。从边缘部位不完整的疤痕看，此件标本应是从一件较大石砧上断裂出来的残件。器身残长 11.8、残宽 7.1、厚 4.1 厘米，重 800 克（图四四：4）。

（2）窝痕石砧

这种石砧的使用痕迹通常形成较规整的凹坑，凹坑多呈圆窝状，也有不少形似橄榄核，大小多在 1~2 厘米，深浅不一。这种石砧以岩块为原料的居多。

标本 T203④：126，灰褐色细砂岩。器身一面保留有较多的自然砾面，另一面为砾石纵向破裂面。仅自然砾面中间分布有砸击疤痕，为一圆窝状坑疤，径约 3 厘米，深约 0.5 厘米。较凸一边两面均有较大崩疤，其中破裂面有两个，另一面一个，打击点位于侧缘。器身长 9.5、宽 9.0、厚 2.5 厘米，重 300 克（图四四：1）。

标本 T306②：1668，红褐色砂岩。残断。正面分布有 6 个橄榄状的凹坑，其中有 3 个因器身断裂而不完整。凹坑大小差不多，长约 3.5、宽 2 厘米，深浅不一，最深者 0.5 厘米。器身残长 11.1、残宽 9.6、残厚 4.4 厘米，重 620 克（图四四：2；图版一六，3）。

标本 T207④：3291，灰褐色细砂岩。残断。器身一面略凹，另一面隆起。略凹面为砾石崩裂面，未见有进一步加工使用痕迹。隆起面中间有多个大小不等、不规则的窝状坑疤，范围约为 11.5×4 厘米；其中一侧有部分坑疤被崩裂面所破坏。器身残长 28.2、残宽 11.2、残厚 4.1 厘米，重 1630 克（图版一六，4）。

标本 T207④：3311，灰褐色细砂岩。残断。器身一面较平整，另一面凹凸不平。其中不平面为岩块断裂面，未见进一步加工使用痕迹。平整面中间至较窄端处有两个砸击凹坑，长宽分别为 6×4.5 厘米、3.3×2 厘米；一侧边边沿中间至较宽端处有部分砸击疤痕，但大部分已被一侧边所破坏，可知此件标本应是另一件较大石砧的破裂残件。器身残长

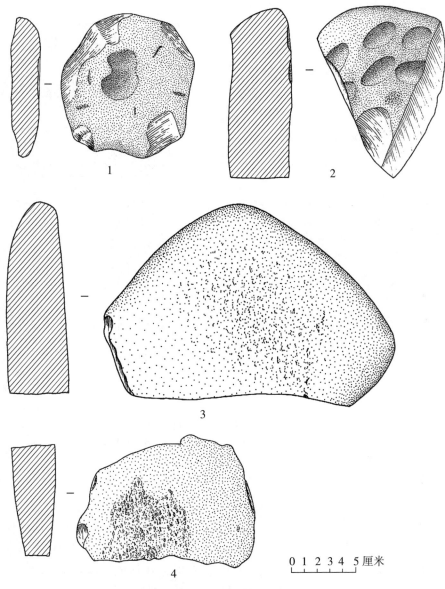

图四四　第一文化层单面石砧（一）

1. T203④：126　2. T306②：1668　3. T306②：54　4. T409③：115

14.1、残宽10.7、残厚7.8厘米，重1580克（图版一六，5）。

（3）窝痕－坑疤石砧

在同一件石砧上分布有两种使用痕迹，即既有窝状疤痕，又有点状或条状坑疤，甚至还有块状坑疤。在不同的标本上，窝痕和坑疤这两种使用痕迹各占的比例和分布范围差别很大。

标本 T305②：68，灰褐色中砂岩。器身一面为凹凸不平的岩块断裂面，无使用痕迹；另一面较平整，约有三分之一的面积向一侧边倾斜，平整部分满布麻点状坑疤，范围约为

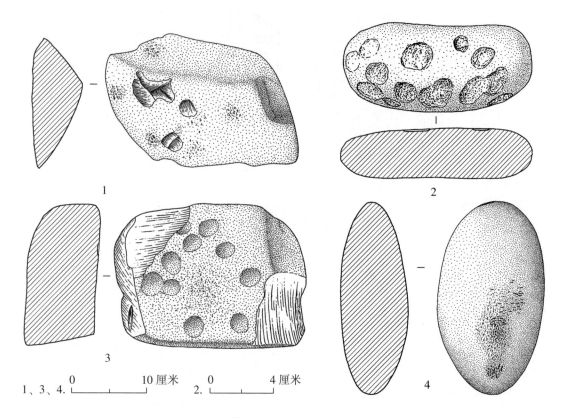

图四五　第一文化层单面石砧（二）

1. T305②：68　2. T207④：2627　3. T208③：318　4. T206⑤：40

4.5×2 厘米；其周围有部分圆窝状坑疤分布，近乎环绕，径 1～2 厘米，深 0.2～0.4 厘米。器身长 23.3、宽 15.1、厚 7.7 厘米，重 4260 克（图四五：1）。

标本 T307②：996，灰褐色泥质岩。一面为凹凸不平的岩块破裂面，无使用痕迹；另一面较平整，近长侧边与长边交汇有一个圆窝状坑疤，径深分别为 2.5×0.4 厘米；其旁边沿长边边沿分布有一处豆状大小坑疤，范围约为 9×4 厘米。器身长 13.0、宽 10.6、厚 3.2 厘米，重 680 克（图版一六，6）。

标本 T207④：196，灰白色粉砂岩。器身一面稍平整，另一面隆起。平整面中间有一个砸击凹坑，长、宽、深为 3×2.5×0.4 厘米；两端各有一处点状坑疤，范围分别为 3.5×2 厘米、2.5×1.5 厘米。器身长 10.5、宽 4.5、厚 3.3 厘米，重 590 克（图版一七，1）。

标本 T208③：318，灰褐色细砂岩。残断。器身一面略内凹，另一面隆起。隆起面的一侧完全保留自然砾面，无人工痕迹。另一侧中间近一端处有几个较大的砸击崩疤，旁边有一处略呈条状的细点状坑疤，分布范围约为 12×2.5 厘米；此侧的破裂边边沿可见一些被破坏的细点状坑疤和圆窝状坑疤，可知此件标本应是另一件较大石砧的破裂残件。器身残长24.1、残宽12.7、残厚5.7厘米，重1825克（图四五：3）。

（4）兼用石砧

这类石砧上的使用痕迹均为砸击疤痕，但大多数标本的原料都是砾石，且尺寸不算大，除器身平面上的痕迹外，侧边还有较少的砸击疤痕，由于石砧为扁平状，侧边断面呈窄弧形，不大可能是侧立起来作石砧垫打产生的疤痕，因此侧边的疤痕应是作为石锤使用产生的，因此，属于兼用型石砧。

标本T206⑤：40，灰褐色细砂岩。器身较厚，一端较窄，另一端较宽。两面均略微隆起，其中一面完全保留自然砾面，无人工痕迹；另一面中间至近较窄端处满布点状坑疤，范围约为16×7厘米；较宽端有一处砸击疤痕，范围约为3.5×2厘米，可能是作砸击石锤使用留下的痕迹。器身长23.7、宽13.4、厚7.6厘米，重3700克（图四五：4；彩版一一，1）。

标本T207④：2627，灰褐色辉绿岩。器身两面均较平整，其中一面完全保留自然砾面，无人工痕迹，另一面则满布砸击崩疤，长1~2、宽1~1.5厘米，部分崩疤有重叠；一侧近一端处也有一个砸击崩疤，可能是作石锤使用留下的痕迹。器身长11.7、宽5.4、厚3.1厘米，重380克（图四五：2；图版一七，2）。

标本T207④：2450，深灰色硅质岩。残断。器身较厚，两面均较平整，其中一面完全为自然砾面，无人工痕迹。另一面仅四周边沿有少量自然砾面残留，其余部分均满布砸击崩疤，部分崩疤有重叠；长侧边与长边相交处中间有一处砸击崩疤，崩疤有部分已被长边所破坏，应系作砸击石锤使用留下的痕迹。器身残长18.7、残宽10.4、厚6.2厘米，重1020克（图版一七，3）。

2. 双面石砧

288件，占该文化层石砧的48.57%。双面石砧一般是器身两个面都有使用痕迹，原料中砾石略多于岩块。这类标本通常是器身的一面使用痕迹较多，另一面较少；使用痕迹多的一面为器身的平面，使用痕迹少的一面为侧面。可进一步分为坑疤石砧、窝痕石砧、窝痕－坑疤石砧、兼用石砧四种。

（1）坑疤石砧

疤痕有点状、条状和块状三种，以点状最多，块状最少。

标本T306②：454，深灰色细砂岩。器身两面均分布有砸击疤痕，其中一面较窄端至中间部位满布点状坑疤，分布范围为8.5×8厘米；较宽端至中间部位则只有少量点状坑疤零星分布。另一面砸击疤痕主要沿边沿分布，亦属点状坑疤，范围为16×4厘米；中间部位还有一处细点状坑疤，分布范围为10×7厘米。器身长16.2、宽14.6、厚5.5厘米，重3320克（图版一七，4）。

标本T205⑤：761，灰褐色细砂岩。器身一面略微隆起，另一面较平整。两面均有砸击疤痕，其中隆起面只在中间部位有一处粗点状坑疤，分布范围为2.5×1厘米；平整面亦只在中间至近较窄端处有一处粗点状坑疤，分布范围稍大，为9×7厘米。长21.8、宽12.4、厚5.3厘米，重2125克（图四六：3）。

标本T205⑤：373，灰色辉绿岩。残断。器身两面均较平整，一端较宽，另一端稍窄。两面均有砸击疤痕，其中一面均为点状坑疤，分布于稍窄端至中间及中间至较宽端之间；另一面均为黄豆状坑疤，靠稍窄端处和中间部位各有1处，范围分别为4×3、2×1厘米。长19.9、宽11.1、厚5.8厘米，重2540克（图四六：1）。

标本T208③：2345，灰色细砂岩。器身厚重，两面较扁平。两个扁平面中间均有一处点状的疤痕面，其中一面的疤痕面较大，范围约为6×4厘米，与周围砾石面界线明显；另一面的疤痕面较小，范围5×3.5厘米，与周围砾石面界线不甚明显。器身长15.6、宽11.1、厚8.0厘米，重1960克（图四六：2）。

标本T210③：29，灰褐色细砂岩。一端残缺。器身两面均较平整，其中一面靠近完好一端有一处细点状坑疤，范围约2.3×2.1厘米。另一面有两处细点状坑疤，一处位于断裂一端，面积较大，约为3.5×3.5厘米，部分坑疤已被断裂面所破坏；另一处位于完整一端，范围约2.3×2.3厘米。其余部分未见人工痕迹。器身长9.1、宽5.8、厚2.2厘米，重200克（图四六：4）。

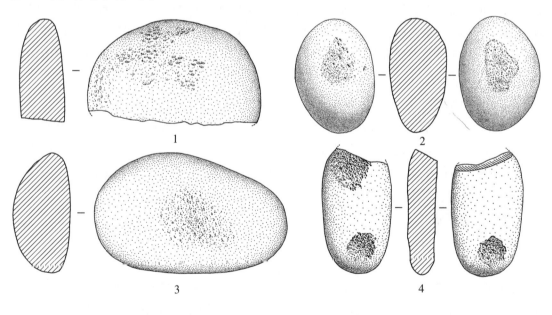

图四六　第一文化层双面石砧（一）

1. T205⑤：373　2. T208③：2345　3. T205⑤：761　4. T210③：29

标本 T306②：1540，灰褐色细砂岩。器身两面均略微隆起，其中一面中间分布有一处点状坑疤，分布范围约5×2.5厘米；另一面中间分布有一处细点状坑疤，范围约为6.5×4厘米；其余部分均保留自然砾面，无人工痕迹。器身长18.6、宽16.2、厚8.2厘米，重3400克（图版一七，5）。

标本 T306②：1556，灰褐色细砂岩。器身两面均略微隆起，且均分布有砸击疤痕。其中一面满布直径1厘米左右的砸击崩疤和点状坑疤；另一面分布稍少，主要分布于中间部位，分布范围为8×2厘米；坑疤主要为直径1厘米左右的砸击崩疤，也有少量点状坑疤。器身长10.4、宽5.1、厚3.1厘米，重300克（图版一七，6）。

标本 T306②：46，深灰色辉绿岩。器身一面较平整，另一面隆起。平整面正中间有一处细点状坑疤，范围约为5×3厘米；隆起面主要有五处砸击疤痕，疤痕为点状坑疤，也有个别块状崩疤。器身长19.6、宽15.4、厚5.1厘米，重2700克（图四七：1）。

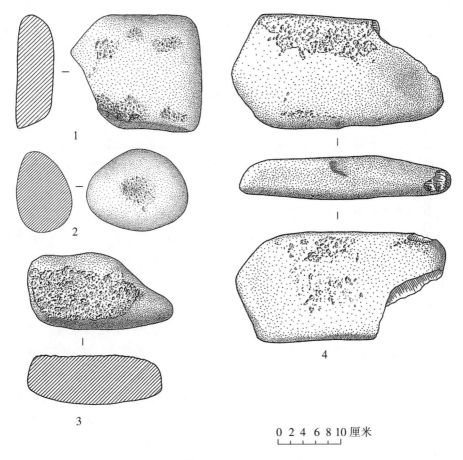

0　2　4　6　8　10厘米

图四七　第一文化层双面石砧（二）

1. T306②：46　2. T307②：732　3. T307②：568　4. T306②：1710

标本 T307②：568，灰褐色细砂岩。两面均略微隆起，且均有砸击疤痕，其中一面砸击疤痕很少，只在中间部位有零星粗点状坑疤分布；另一面则布满点状坑疤，其范围达 15×7 厘米；短边与短侧边交汇处的斜面上有一处粗点状坑疤，范围为 2×1 厘米；短边与长侧边交汇处的斜面上也有一处粗点状坑疤分布，范围为 2.5×2 厘米。器身长 21.3、宽 11.5、厚 7.1 厘米，重 2520 克（图四七：3；彩版一一，2）。

标本 T306②：1710，深灰色细砂岩。器身一面较平整，另一面略微隆起。两面均分布有砸击疤痕，其中隆起面短侧边边沿分布有一处点状坑疤，分布范围为 16.5×5.5 厘米；长侧边边沿分布有一处细点状坑疤，分布范围为 5×4 厘米；平整面长侧边边沿分布有一处点状坑疤，分布范围为 14×11 厘米；长侧边靠近一端处有一细点状坑疤，还有一黄豆状坑疤，范围为 5×1.5 厘米；长侧边靠近另一端处有一个砸击崩疤，长宽为 3×2.5 厘米；一端与短侧边之间有一个较大的破裂面。器身长 31.7、宽 15.3、厚 6.8 厘米，重 5600 克（图四七：4）。

标本 T307②：732，灰褐色辉绿岩。器身两面均隆起，其中一面中间分布有点状坑疤，范围为 5.5×5.5 厘米；另一面中间有一处细点状坑疤，范围为 3×2.5 厘米。器身长 15.1、宽 11.8、厚 7.8 厘米，重 2090 克（图四七：2）。

标本 T204④：52，灰褐色辉绿岩。器身一面略微隆起，另一面较平整。两面均有砸击疤痕，其中平整面近较宽端处有两个砸击崩疤，长宽分别为 2.8×3.6、2.1×3.4 厘米；较窄端处也有一个砸击崩疤，长宽为 1.5×2.7 厘米；隆起面近较窄端处有一个砸击崩疤，长宽为 1.6×3 厘米。器身长 16.4、宽 13.5、厚 5.5 厘米，重 1660 克（图版一八，1）。

（2）窝痕石砧

分圆窝和橄榄窝两种，以圆窝为主。大小多在 1～2 厘米，深浅不一。这种石砧以岩块为原料的居多。使用痕迹几乎都是分布在扁平的两个面，窝痕的多寡不一，有的标本两面都密密麻麻分布，并且有重叠，有的标本主要分布在一面，另一面只有一两个。少数标本同时具有圆窝和橄榄窝两种使用痕迹。

标本 T209③：32，灰黄色粉砂岩。器身一面略内凹，另一面微隆起。内凹面中间并列分布有四个圆窝状坑疤，径 2 厘米，深 0.4～0.7 厘米，其中三个略有重叠；隆起面中间则并列分布有七个圆窝状坑疤，径 2～2.5 厘米，深 0.2～0.6 厘米，其中四个略有重叠。器身长 21.5、宽 13.0、厚 4.5 厘米，重 940 克（图版一八，2）。

标本 T104⑤：577，灰色中砂岩。两面均有圆窝状的凹坑，凹坑大小和深浅不一，最大者直径为 3.5、深 0.5 厘米，最小者径约 1.5 厘米，深不到 0.2 厘米。这些凹坑主要集中在两面的中间部位，很少有打破或叠压。器身长 17.6、宽 13.6、厚 7.5 厘米，重 2200 克（图四八：1）。

标本 T307②：1977，灰褐色中砂岩。器身两面均分布有三个圆窝状凹坑，凹坑位于器

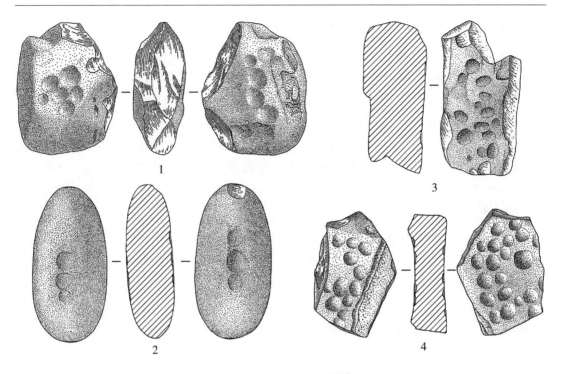

0　2　4　6　8　10 厘米

图四八　第一文化层双面石砧（三）

1. T104⑤：577　2. T307②：1977　3. T310③：458　4. T306②：1645

身中部，沿器身中轴排列，两大一小，以中间者最深。器身长20.2、宽9.3、厚6.5厘米，重2000克（图四八：2；图版一八，3）。

标本T206⑤：58，灰褐色中砂岩。器身一面稍内凹，另一面一侧凸起。内凹面满布圆窝状坑疤，径1~3厘米，深0.2~0.5厘米，部分坑疤有重叠；另一面凸起部分中间处有一圆窝状坑疤，径1.5厘米，深0.3厘米。器身长16.8、宽12.8、厚6.9厘米，重2450克（图版一八，4）。

标本T310③：458，灰褐色中砂岩。器身较厚，一面较平整，另一面一半较平整，另一半凸起。平整面满布圆窝状或橄榄窝状的坑疤，径1~2厘米，深0.1~0.4厘米；另一面平整面近一侧边有三个圆窝状坑疤，径均为1厘米，深约0.1厘米；凸起处也分布有四个圆窝状坑疤，径1~2厘米，深0.1~0.2厘米。器身长20.7、宽11.0、厚7.7厘米，重2870克（图四八：3；图版一八，5）。

标本T306②：1645，灰褐色细砂岩。器身一面微凹，另一面微隆起。微凹面布满圆窝状坑疤，部分坑疤有重叠；径1~2.5厘米，深0.1~0.7厘米；隆起面有近2/3的面积亦布满圆窝状坑疤，径1~2厘米，深0.1~0.3厘米；部分坑疤有重叠。器身长16.8、宽

13.4、厚6厘米，重1800克（图四八：4）。

（3）窝痕－坑疤石砧

疤痕有圆窝、橄榄窝、点状坑疤、条状和块状坑疤，其中以圆窝和点状组合最为普遍。器身多为一面较平整，另一面微隆起。

标本T103⑤：266，灰褐色中砂岩。器身两面均为砸击而成的大凹面，一端稍宽，另一端稍窄。其中一面中间满布粗点状坑疤，四周环绕分布着较多的圆窝状坑疤，径1～2厘米，深0.2～0.4厘米；另一面则满布圆窝状坑疤，径1.5～2厘米，深0.2～0.3厘米，部分坑疤有重叠。器身长15.8、宽12.7、厚5.6厘米，重6180克（图四九：1）。

标本T204④：79，灰褐色细砂岩。器身一面略微隆起，另一面较平整。隆起面中间有一个很大的砸击疤痕，长宽为17×17厘米；一角端处有一个圆窝状坑疤，径1.5厘米，深0.4厘米；其旁边有两处砸击疤痕，一处为粗点状坑疤，分布范围为4×3.5厘米；另一处为绿豆状坑疤，范围为2×1.5厘米；平整面大部分为粗细不一的点状坑疤，分布范围为14×14厘米；一角端处有两个圆窝状坑疤，径1.5厘米，深0.2～0.4厘米。器身长25.0、宽21.0、厚7.2厘米，重4615克（图四九：3）。

标本T103⑤：308，灰褐色细砂岩。器身一面较平整，另一面微隆起。两面均满布砸击坑疤，其中隆起面中间有一个圆窝状坑疤，径2.5厘米，深0.5厘米；其四周均为粗点状坑疤；平整面则全是粗点状坑疤。器身长18.3、宽12.9、厚4.7厘米，重1710克（图四九：2）。

标本T205⑤：1159，灰褐色细砂岩。器身两端均为砾石截断面。两面均有砸击疤痕，其中一面中间部位纵向布满了细点状坑疤，分布范围为16×4厘米；另一面的中间正部位亦纵向布满了细点状坑疤，分布范围为13.5×4厘米；正中间处有两个圆窝状坑疤，径1～1.5厘米，深0.1～0.2厘米。器身长16.2、宽10.0、厚8.0厘米，重2220克（图四九：4）。

标本T307②：962，灰褐色细砂岩。器身一边稍长，为砾石横断面，另一边稍短，为自然砾面；两面均较平整，其中一面中间有两个圆窝状坑疤，径约2厘米，深0.4厘米；其旁边有一处粗点状坑疤，范围为1.5×1厘米；另一面中间分布有一处粗点状坑疤，范围为6.5×2.5厘米。器身长14.4、宽7.9、厚1.7厘米，重350克（图五〇：1）。

标本T308②：252，灰褐色中砂岩。器身两面均较平整，其中一面中间为层叠的砸击崩疤，沿较宽端及一侧边边沿分布有较多圆窝状坑疤，径1～2厘米，深0.2～0.5厘米；其中近较宽端处有一橄榄核状坑疤，长3.5厘米，宽2厘米，深0.5厘米；另一面从较宽端至中间部分均布满圆窝状坑疤，径1～2厘米，深0.1～0.3厘米；近尖锐端处还有一处细点状坑疤分布，范围约6×2厘米。器身长18.6、宽16.5、厚8.6厘米，重4140克（图五〇：2）。

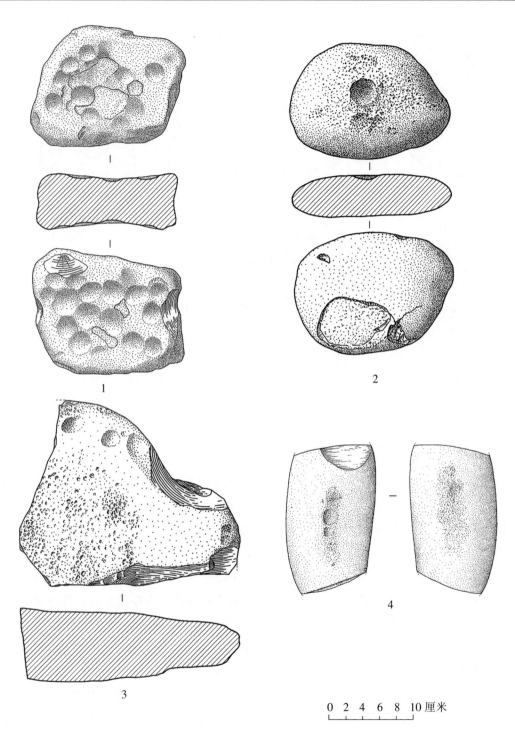

图四九　第一文化层双面石砧（四）

1. T103⑤：266　2. T103⑤：308　3. T204④：79　4. T205⑤：1159

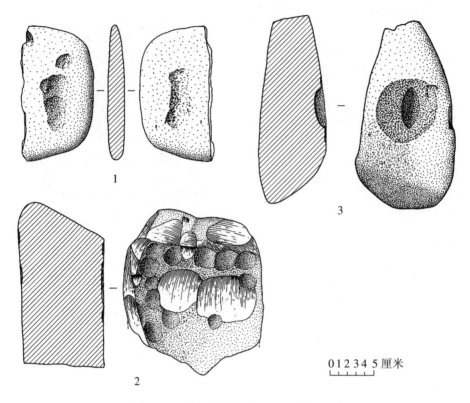

图五○　第一文化层双面石砧（五）
1. T307②：962　2. T308②：252　3. T307②：3204

标本 T307②：3204，灰色细砂岩。在最大一面中间有一橄榄状深坑，长4.4、宽2.0、深1.3厘米；深坑周围是一圈细点状疤痕面，略内凹，直径约6.0厘米。另一面有一处细点状疤痕面，范围为 10×4 厘米，中间部位形成一个拇指大小的浅坑。器身长22.0、宽11.5、厚7.3厘米，重1760克（图五○：3；彩版一一，3）。

标本 T204④：46，灰褐色中砂岩。两面均有砸击疤痕，其中一面中间有两个圆窝状坑疤，径 1.5～3 厘米，深0.2～0.5厘米，此外还有一些点状坑疤零散分布；另一面则满布细点状坑疤，中间近短侧边处有一个圆窝状坑疤，径 1.5 厘米，深 0.3 厘米。器身长15.9、宽10.7、厚4.1厘米，重1020克（图版一八，6）。

标本 T307②：3218，灰褐色细砂岩。器身两面均隆起，其中一面中间有一圆窝状坑疤，径2厘米，深0.2厘米，其四周均分布有细点状坑疤，范围为6×5厘米，其旁边有一处点状坑疤与之相连，范围为1.5×1厘米；另一面只在中间部位分布有一处细点状坑疤，范围约为5.5×3厘米。器身长16.2、宽13.1、厚9.0厘米，重2830克（图版一九，1）。

标本 T208③：2950，灰褐色细砂岩。器身一面较平整，另一面隆起。平整面中间有几个较浅的砸击崩疤，其旁边有一处点状坑疤，范围约为 2.5 × 1 厘米；隆起面中间有两个圆窝状坑疤，径 1～1.5 厘米，深 0.2～0.3 厘米，其四周为一处层叠的砸击崩疤，范围约为 7 × 7 厘米；崩疤旁边有一处黄豆大小坑疤分布，范围约为 7 × 3 厘米；较宽端一侧有一个较大的片疤，尺寸 3 × 6 厘米；一侧除近较窄处保留部分自然砾面外，其余部分均为层叠的片疤，中间处一个最大的片疤达 6 × 5.5 厘米；这些片疤的打击方向均为由隆起面向平整面打击，用途不明。器身长 23.5、宽 12.1、厚 5.3 厘米，重 2190 克（图版一九，2）。

（4）兼用石砧

这种石砧有的是兼作石锤使用，除器身平面上的痕迹外，侧边还有较少的砸击疤痕，由于石砧为扁平状，侧边断面呈窄弧形，不大可能是侧立起来作石砧垫打产生的疤痕，因此侧边的疤痕应是作为石锤使用产生的；有的则是兼作砺石使用，器身平面除砸击疤痕外，还有磨痕，显然石砧还兼作砺石使用。

标本 T203④：492，灰褐色中砂岩。器身两面均分布有较多的砸击疤痕，其中一面满布圆窝状凹疤，径 1～2 厘米，深 0.2～0.7 厘米，部分有重叠；较窄端和较宽端处各有一个橄榄核状坑疤，长、宽、深分别为 3.5 × 2 × 0.7 厘米和 3 × 2.2 × 0.7 厘米；较窄端尽头处还有一处凹面磨痕，长、宽、为 1.8 × 1.5 厘米；另一面较宽端处有一处近似圆形的凹面磨痕，径约 8.5 厘米，其四周环绕着较多的圆窝状凹疤，径 1～2.5 厘米，深 0.2～0.5 厘米，其中有三个打在了凹面磨痕内；较窄端尽头处一处平面磨痕，磨面向较窄端尽头倾斜，长、宽为 3.5 × 2 厘米；其旁边为一处略呈弧形的平面磨痕，径约 7 厘米，大部分被前述圆窝状坑疤所破坏；其旁边有一个橄榄核状坑疤，长、宽、深分别为 3.5 × 2 × 0.8 厘米。从使用痕迹看，该标本主要用作石砧，同时兼作砺石使用。器身长 19.0、宽 15.2、厚 7.5 厘米，重 3140 克（图五一：1；图版一九，3）。

标本 T205⑤：2178，深灰色硅质岩。两面均略微隆起，其中一面中间靠一侧部位可见点状的砸击坑疤，分布范围约为 5 × 3 厘米，坑疤密密麻麻并多有层叠，尤为靠近器身中部的部分因反复砸击而形成浅坑。另一面近端处有一处米粒大小坑疤，分布范围为 5 × 2 厘米；中间为细点状坑疤，分布范围为 5 × 3 厘米。两端及一宽弧边可见连续分布的砸击崩疤，这些崩疤应是作砸击石锤使用留下的痕迹。从使用痕迹来看，此件标本除作石砧使用外，还用作石锤，是一件两种用途并重的工具。器身长 18.0、宽 14.0、厚 3.1 厘米，重 1420 克（图五一：2）。

标本 T210③：212，灰褐色辉绿岩。已断残。器身较厚，一边和一侧边为砾石断裂面。两面均较平整，其中一面有多处砸击疤痕，其中以中间和近断裂边缘的两处疤痕面最大，分布范围约 4 × 3 厘米；另一面主要是大块的砸击崩疤，有的重叠和相连，其中最大的一块约为 5 × 4 厘米。这些崩疤都是一边深，对面的一边浅；浅的一边与砾石面平整连接，深的一边为陡直的断裂面。另外，器身边缘有几处砸击的细小疤痕，应是作砸击石锤使用

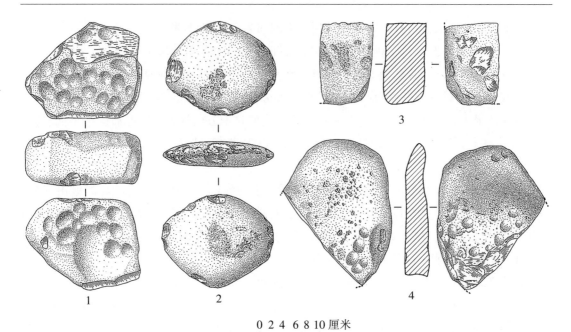

图五一　第一文化层双面石砧（六）

1. T203④：492　2. T205⑤：2178　3. T210③：212　4. T307②：3207

留下的痕迹。器身残长 12.8、残宽 8.5、厚 6.2 厘米，重 1580 克（图五一：3）。

标本 T307②：3207，灰褐色细砂岩。器身一面较凸，一面较平，长侧边为砾石横断面。较凸面中部和靠窄端部分布多个大小和深浅不一的圆窝状坑疤，径 0.1~2 厘米，深0.1~0.4 厘米；宽的一端边缘分布较多粗麻点状坑疤，中间部位还有两个浅圆窝状坑疤。较平面中间部位有一个近椭圆形的凹面磨痕，长径约 8.5 厘米，磨痕很浅；较窄一端有五个圆窝状坑疤，径 1~2.5 厘米，深 0.1~0.4 厘米。器身长 23.4、宽 19.9、厚 7.6 厘米，重 5400 克（图五一：4）。

3. 多面石砧

49 件，占该文化层石砧的 8.26%。多面石砧几乎都是以岩块为原料的。器身的三个面分布有使用疤痕，但通常以一个面较多，其他两面较少。可分为坑疤石砧、窝痕石砧、窝痕 - 坑疤石砧三种，以前两种为主，后者只有个别。

（1）坑疤石砧

疤痕有点状、条状和块状三种，以点状最多，块状最少。

标本 T307②：385，深灰色细砂岩。器身两面均隆起，一端和一侧为砾石断裂面，另一端和一侧为自然砾面。其中一面分布有较多的砸击崩疤，靠近断裂面的崩疤较大，靠近自然砾面一侧的崩疤较小，均为大小不一的点状；另一面砸击崩疤较小也较少，范围约为

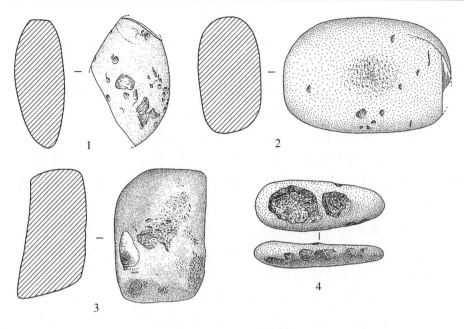

0 2 4 6 8 10 厘米

图五二　第一文化层多面石砧（一）
1. T307②：385　2. T308②：453　3. T208③：620　4. T306②：479

5.5×2 厘米，也属黄豆状或米粒状崩疤；断裂端和断裂侧之间的短侧边上，也分布有一些较大的砸击崩疤，径 0.5~1 厘米，深 0.1~0.3 厘米。器身长 15.9、宽 11.1、厚 7.1 厘米，重 2640 克（图五二：1；图版一九，4）。

标本 T308②：453，红褐色硅质岩。器身一面较平整，另一面略隆起。两面均有砸击疤痕，其中隆起面中央满布米粒状坑疤，范围约为 8.5×4.5 厘米；平整面中央有一处细麻点状坑疤，范围约为 9×8 厘米；一侧边中间有一处小坑疤，范围约为 3×1.5 厘米。器身长 23.3、宽 15.6、厚 8.4 厘米，重 5100 克（图五二：2；图版一九，5）。

标本 T208③：620，灰色细砂岩。一面略凸，另一面中间内凹。在略凸面和一侧、一端均分布有使用疤痕。略凸面的疤痕主要分布在中部和两个角端，中部的疤痕较粗而深，多为黄豆或绿豆大小，还有两三个 1~2 厘米长的块状崩疤，位于两角端的疤痕均为小而浅的，该面一边还有一个长约 5、宽 3 厘米的较大片疤；侧面的疤痕少，且分布于一端，疤痕为绿豆大小；端部的疤痕比侧面多，主要分布在靠侧面一边，疤痕也多为绿豆大小。器身长 17.9、宽 12.9、厚 9.0 厘米，重 4450 克（图五二：3；图版一九，6）。

标本 T306②：479，灰褐色细砂岩。器身一面分布有两个大崩疤，其中近较宽端的一个崩疤，长 7 厘米，宽 5 厘米，深约 0.5 厘米；器身两侧分布有较小的块状崩疤，其中一侧崩疤较多。器身长 18.0、宽 6.8、厚 4.3 厘米，重 590 克（图五二：4；图版二〇，1）。

（2）窝痕石砧

分圆窝和橄榄窝两种，以圆窝为主。大小多在 1～2 厘米，深浅不一。这种石砧以岩块为原料的居多。使用痕迹分布在器身的三个面，窝痕的多寡不一，有的标本扁平的两面都密密麻麻分布有窝痕，有的主要分布在一面，另外两面窝痕较少；有的标本中，窝痕相互打破，连接在一起。少数标本同时具有圆窝和橄榄窝两种使用痕迹。

标本 T310③：5，灰褐色细砂岩。一面较平整，另一面凹凸不平。不平面为岩块断裂面，无进一步加工使用痕迹；平整面分布有四个圆窝状坑疤，径 1～3 厘米，深 0.1～0.2 厘米；短侧边有三个圆窝状坑疤，径 1～2.5 厘米，深 0.1～0.2 厘米，其中两个有重叠；长边也分布有两个圆窝状坑疤，径 1～2.5 厘米，深 0.1～0.2 厘米；长侧边有一个圆窝状坑疤，径 2厘米，深 0.2 厘米。器身长 10.4、宽 8.1、厚 8.0 厘米，重 815 克（图五三：3）。

标本 T308②：2578，灰褐色中砂岩。一面平整，另一面不平。在器身的正面（平整面）和背面以及一侧均分布有圆窝状疤痕，正面凹坑最多，且集中分布于一侧，排列紧密，大小基本一致，径约为 2.5 厘米，深 0.3～0.5 厘米；侧面的凹坑基本上分布于整个面，中间的凹坑多互相打破，连成一片，界线不甚明显，凹坑的大小、深度与正面相同；背面因为不平，只在较凸的地方分布有 4 个凹坑，但大小、深浅不一。器身长 20.4、宽 12.9、厚 11.9 厘米，重 4380 克（彩版一一，4）。

标本 T205⑤：2294，灰褐色中砂岩。两面均满布砸击坑疤，其中一面为圆窝状坑疤，径 1.5～2.5 厘米，深 0.2～0.5 厘米，极少重叠；另一面亦为圆窝状坑疤，径 1～2 厘米，深 0.1～0.6 厘米，很多重叠；另有少量细点状坑疤零星分布；稍宽端中间有一圆窝状坑疤，径、深为 1×0.1 厘米；两侧中间各有一个圆窝状坑疤，径、深分别为 1.5×0.3、1×0.1 厘米。器身长 17.9、宽 11.5、厚 5.7 厘米，重 2300 克（图五三：4；图版二〇，2）。

（3）窝痕－坑疤石砧

这种石砧很少，只有 2 件，且都是残损的。

标本 T308②：68，细砂岩。略残。器身的两面和一侧均有使用痕迹，其中一面的使用痕迹基本上只有窝痕，另外两面均为坑疤。残长 22.8 厘米，残宽 15.1 厘米，残厚 9.5 厘米，重 3825 克（图五三：2）。

（4）兼用石砧

这种石砧很少，只有 2 件。

T104⑤：32，细砂岩。器身的两面、两侧和一端都有使用痕迹，其中正面大部分分布有许多窝痕，围绕窝痕边缘局部可见比较平滑的磨面，磨面微凹；另一面只有三个窝痕，集中分布在一角；两侧几乎布满窝痕，其中一侧多个窝痕相互打破而连在一起；一端中间有一道磨痕，一角有一大崩疤。从使用痕迹看，该标本还兼作砺石使用。长 13.9、宽 10.5、厚 8.0 厘米，重 2050 克（图五三：1）。

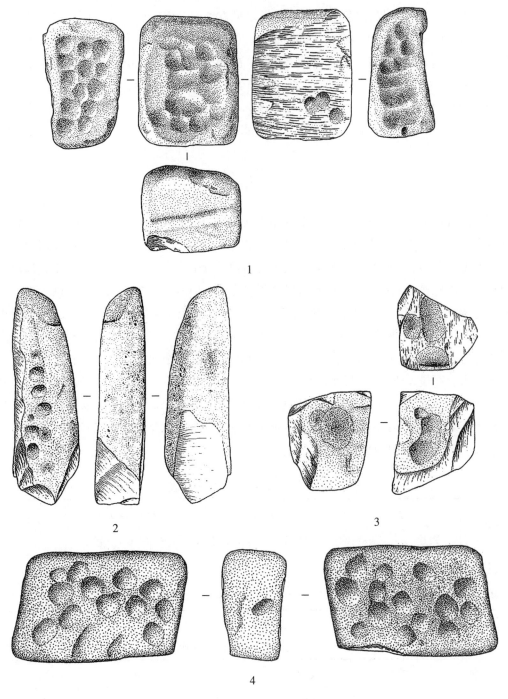

0　2　4　6　8　10厘米

图五三　第一文化层多面石砧（二）

1. T104⑤：32　2. T308②：68　3. T310③：5　4. T205⑤：2294

标本 T208③：556，灰褐色细砂岩。器身略呈方形，一面较凸，另一面较平。两面和侧边均分布有许多坑疤，有圆窝状或椭圆状的，也有黄豆状或米粒状的，器身两面的疤痕多集中分布在边缘部位。此外，器身还有磨痕，主要分布在两面，其中凸起面的磨痕位于一边，宽弧形，磨面光滑，长约 30 厘米，宽 15 厘米，深约 2 厘米；另一面（背面）有一处大的圆窝状光滑磨面。这些磨痕标明，该标本还兼作砺石使用。器身大而厚重。长42.0、宽 39.0、厚 16.2 厘米，重 28.5 千克（彩版一二，1）。

# （三）砺　石

砺石的数量不少，共 352 件，占该文化层加工工具类 14.01%，在数量上位居第三。原料绝大多数为岩块，约占 90%，砺石很少，占不到 10%（表一六）。岩块的表面和棱角有一定程度的磨蚀。岩性只有中砂岩和细砂岩两种，以中砂岩为主，占 70% 以上；岩块砺石几乎都是中砂岩，砺石为原料的砺石以细砂岩为主，中砂岩较少。从完整的砺石看，形状有四边形、三角形、扁长形、不规则形四种，以不规则的最多，约占 50%；次为四边形，占 35%；其余两种形状均很少。器身多为一面或两面扁平的。大小差别很大，根据完整器统计，长最大值 373、最小值 72、平均值 165 毫米；宽最大值 315、最小值 72、平均值 103 毫米；厚最大值 163、最小值 57、平均值 61 毫米；重最大值 1250、最小值 265、平均值 1762 克。砺石器身大多数都有不同程度的残缺，残缺的部位通常是断裂面。器表多有风化的现象，表现为灰色。根据使用痕迹在器身的分布情况及使用痕迹特征，可分为单面、两面、多面和兼用四种类型（表一七）。

表一六　第一文化层砺石统计表

| 类别 | 原料 | | 岩性 | | 完残情况 | | 合计 |
| --- | --- | --- | --- | --- | --- | --- | --- |
| | 岩块 | 砺石 | 中砂岩 | 细砂岩 | 完整 | 残 | |
| 数量 | 319 | 33 | 251 | 101 | 94 | 258 | 352 |
| % | 90.63 | 9.37 | 71.31 | 28.69 | 26.7 | 73.3 | 100 |

表一七　第一文化层砺石分类统计表

| 类别 | 单面 | 双面 | 多面 | 兼用 | 合计 |
| --- | --- | --- | --- | --- | --- |
| 数量 | 196 | 85 | 35 | 36 | 352 |
| % | 55.68 | 24.15 | 9.94 | 10.23 | 100 |

1. 单面砺石

196 件，占该文化层砺石的 55.68%。磨面多位于器身较宽的一面，其较宽的有的几乎占据了器身的整个面。砺石分平面和弧面两种，有的标本同时具有两种磨面。

标本 T307②：2831，灰褐色细砂岩岩块。一端略残。器身底面为凸弧形，中部隆起。磨面占据器身一个面，呈宽凹槽形，较平滑，残长 8、宽 8.4 厘米。长 13.1、宽 9.1、厚 4.1 厘米，重 380 克（图五四：1）。

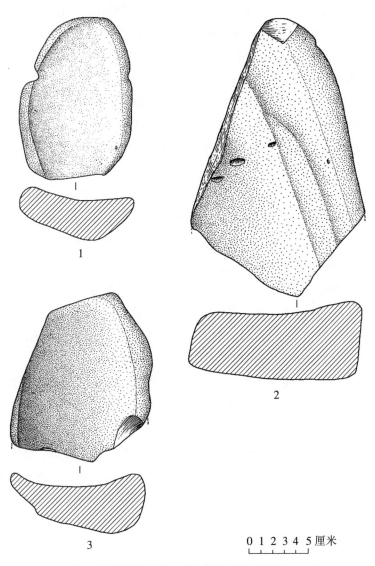

图五四 第一文化层单面砺石
1. T307②：2831  2. T307②：3193  3. T307②：3175

标本 T307②：3193，灰黄色中砂岩。较大的一端残缺。器身正面较宽，背面较窄，一侧往内斜收，另一侧往外斜凸。在正面有三个大小不一的磨面。最大者平面呈三角形，横截面呈宽弧形，磨面不完整，残长约 17、宽 8、深 1 厘米；最小的磨面应是最初的磨面，大部分已被后来的磨面破坏，仅残留狭长一块，长约 9、宽 1 厘米，磨面平坦；另一磨面平面呈长条形，横截面略弧凹，残长约 15、最大宽 3.5 厘米。器身大而厚重。残长 21.9、宽 14.6、厚 9.4 厘米，重 4800 克（图五四：2；彩版一一，5）。

标本 T307②：3175，灰褐色中砂岩。器身较薄，一侧较厚，另一侧较薄，两端和一侧部分已残。正面有一个宽大的磨面，磨面弧凹，较平滑，残长约 12、宽 9、深 2 厘米。器身背面不平，中部凸起，两侧有三个大的自然坑疤。残长 12.3、宽 10.1、厚 4.0 厘米，重 530 克（图五四：3；图版二〇，3）。

标本 T307②：2830，灰褐色细砂岩。器身两面均较平坦，两边和两侧均为岩块断裂面。只有一面有磨痕，有的磨痕基本是平的，有的则微凹呈宽弧状。磨痕因器身四周的断裂而残缺，残长 9 厘米，残宽 9.2 厘米。器身残长 10.3、残宽 9.2、厚 3.8 厘米，重 650 克（图版二〇，4）。

2. 双面砺石

85 件，占该文化层砺石的 24.15%。磨面位于器身的两个面，或相邻的两个面，或相对的两个面；磨面分宽、窄两种，窄磨面呈凹槽状，横截面为浅“U”形；宽磨面又有弧面和平面之分。有的标本一个面上同时具有宽、窄两种磨面。

标本 T305②：389，灰色细砂岩。在器身正面和一侧面有磨痕。正面磨痕有两种，一种是平的磨面，分布范围较大；另一种是窄槽磨痕，位于正面的中轴线上。侧面磨痕位于较薄一侧，横截面呈凹弧形，长 15、宽 4、深 0.5 厘米。器身大而厚重，长 19.3、宽 10.5、厚 9.5 厘米，重 2280 克（图五五：1；图版二〇，5）。

标本 T208③：2108，灰色中砂岩。残。器身两个面各有一个磨痕面，宽弧形，大小和深浅均差不多，磨面几乎占据整个表面，而且部分磨面因器身残缺而不全。器身较小，残长 8.5、宽 6.8、厚 5.9 厘米，重 360 克（图五五：2；图版二〇，6）。

标本 T204④：108，浅紫色中砂岩。一端残。器身两面均有磨痕，其中一面的磨痕呈宽弧状，较深凹，长 15、宽 4、深 2.5 厘米；另一面有两处磨痕，均为宽弧状，其中一磨痕长 8.6、宽 3、深 1 厘米，另一磨痕长 10.5、宽 4、深 1.3 厘米，两磨痕斜向相交。残长 15.5、宽 9.1、厚 7.5 厘米，重 1220 克（图五五：3；图版二一，1）。

标本 T104⑤：38，灰黄色中砂岩。两端已残。器身一面稍平坦，另一面凸起。两侧各有一处磨痕，其中一侧的磨痕呈宽弧状，较凹，因器身一端的断裂和一侧的崩疤而残缺，残长 10.8、宽 5.5、深 2.8 厘米；另一侧的磨痕同样因器身一端的断裂而残缺，残长 10.5、宽 3 厘米，基本上是平的。残长 15.3、宽 9.9、厚 9.3 厘米，重 1230 克（图五

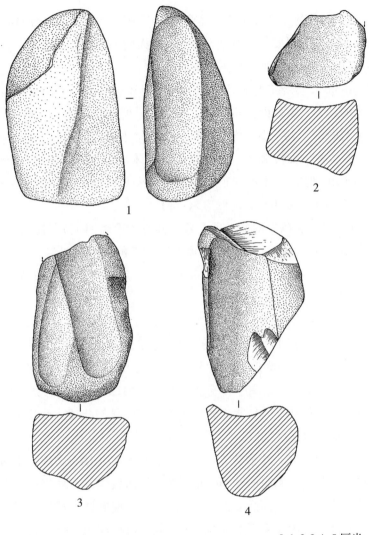

图五五　第一文化层双面砺石
1. T305②：389　　2. T208③：2108　　3. T204④：108　　4. T104⑤：38

五：4）。

标本 T307②：1225，灰褐色中砂岩。残。器身两面均较平坦，两端和两侧均为岩块断裂面。两面均有磨痕，均因器身的断裂而残缺，其中一面的磨痕残长 14、残宽 13、深 0.4 厘米；另一面的磨痕残长 13.8、残宽 7、深 0.5 厘米；两面磨痕均呈宽弧状。残长 16.2、残宽 13.7、厚 9 厘米，重 1920 克（图版二一，2）。

3. 多面砺石

35 件，占该文化层砺石的 9.94%。器身的三个或三个以上的面分布有磨痕，但绝大多数的标本只有三个面有磨痕。磨面分为弧面、平面两种，以弧面为主，平面较少。绝大多数标本的器身都有残缺，完整的标本极少。

标本 T206⑤：435，灰黄色中砂岩。残。在器身正面和底部的两个斜面均有磨痕。正面磨痕为一个大的磨面，横截面呈宽弧形，两端和一侧均残缺不全；底部的两个斜面中，其中一个有两个磨面，一大一小，均不完整。小的位于侧边，长条形，大小为 7.5×2 厘米，磨面平坦；较大的磨面浅弧凹，大小为 9×5 厘米。另一斜面只有一个磨面，宽弧形，不完整，大小为 8×6 厘米。两个斜面的磨面相交形成一条纵脊。器体不大，残长 10.7、残宽 10.2、厚 4.5 厘米，重 480 克（图五六：1）。

标本 T206⑤：42，灰色中砂岩。器身残。共有四个磨面，分别位于器身两面和一端一侧。两个面的磨面呈宽弧形，不完整；侧面和端部的磨面，弧形，但磨面窄长，不完整。器体不大，残长 8.1、残宽 6.0、厚 4.8 厘米，重 220 克（图五六：2；图版二一，3）。

标本 T307②：2533，灰黄色中砂岩。略残。共有三个磨面，分布在器身两面和一侧，且均因器身的断裂而残缺。其中一面的磨痕中间微凸，一端较平，一端略凹，残长 9.8、宽 7、深 0.5 厘米；另一面的磨痕呈宽弧状，较深凹，长 5、残宽 6、深 1.5 厘米；一侧的磨痕下部微凸，近尾端处较平，其余部分呈宽弧状，略凹，长 9.2、宽 3.8、深 0.6 厘米，其尾部与一面磨痕的一端相交，在相交处形成了一道明显的凸棱。残长 11.1、宽 6.7、厚 5.0 厘米，重 360 克（图五六：3）。

标本 T206⑤：4436，灰色中砂岩。略残。器身两面和一侧有磨痕。正面的磨痕分为左右两个磨面，纵向并列。左侧磨面较小，宽弧形，磨面较浅，不完整；右侧磨面较大，宽弧形，磨面深凹，不完整。背面磨痕为一个大的磨面，偏向器身较窄一端，宽弧形，一端略残，残长 11、宽 6、最深 1.4 厘米。侧边磨痕偏向器身较大一端，宽弧形，较浅，不完整，长 10、宽 4.5、深 0.7 厘米。器身残长 17.2、宽 9.3、厚 8.9 厘米，重 1400 克（图五六：4）。

标本 T103⑤：501，灰色中砂岩。部分残。在正面、背面和一侧各有一个磨面。其中正面的磨面最大，磨面平坦，两端略微翘起，长约 16、宽 8 厘米；背面的磨面严重向一端倾斜，略弧凹，不完整，大小约为 10×5 厘米；侧边磨面较大，从磨面上可分辨出两种方向不一致的磨痕，一种磨痕与磨面纵向相平行，另一种与纵向交叉，磨面长 11、宽 5 厘米。器身长 16.6、宽 9.0、厚 9.5 厘米，重 1350 克（图五七：1；图版二一，4）。

标本 T205⑤：1249，灰黄色中砂岩。略残。共有五个磨面，分布在正面、背面、一端和一侧。正面有三个磨面，其中两个较大，一个很小；两个大的磨面为宽弧形，小的磨面

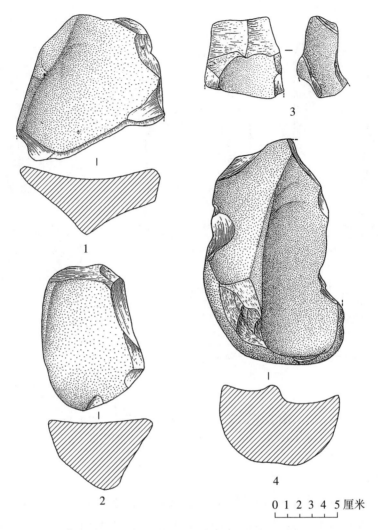

**图五六　第一文化层多面砺石（一）**

1. T206⑤：435　2. T206⑤：42　3. T307②：2533　4. T206⑤：4436

较为窄长，位于左边大磨面的一端，与大磨面交叠，磨面底部较平，内侧较高。背面的磨面为宽弧形，较凹，不完整，残长8、宽5、深0.8厘米。侧边的磨面很小，约为3.5×3厘米，磨面微弧凸，不完整。端部的磨面平面近似三角形，略弧凹，长约6、最大宽4厘米。器身长9.1、宽8.4、厚4.6厘米，重370克（图五七：2；彩版一一，6）。

标本T101③：205，灰褐色细砂岩。残。除两端为断裂面外，其余部位均为光滑磨面，磨面全部为平面。一面除作为一大的磨面外，在边缘还有一处窄长磨面；中部有一处横向凹痕；另一面一侧边缘有三个较小片疤。残长5.5、宽4.7、厚2.3厘米，重100克（图五七：3）。

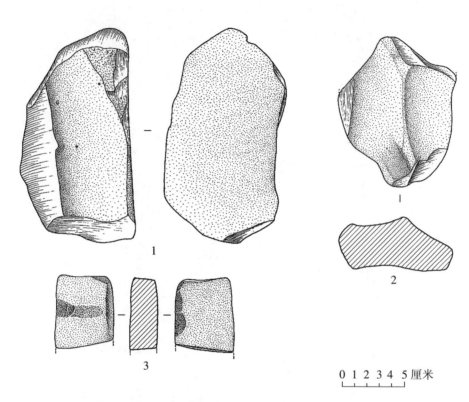

0 1 2 3 4 5 厘米

图五七　第一文化层多面砺石（二）

1. T103⑤：501　　2. T205⑤：1249　　3. T101③：205

4. 兼用砺石

36 件，占该文化层砺石的 10.23%。这类石砧的器身除分布有磨痕外，还具有砸击疤痕，疤痕为点状或条状，这些疤痕分布在器身的一面或两面，应是作为石砧使用所产生的。

器身只有一个面有磨痕，磨面有一个或两个的，多为一个；磨面有弧凹和平坦之分。在器身的两个面或侧边分布有砸击疤痕，疤痕有点状、条状和圆窝状，有的砸击疤痕位于磨面之内。

标本 T207④：551，灰黄色细砂岩。器身正面和侧面有磨痕。正面有大小两个磨面，大磨面中间略凹，面上还分布许多圆窝状砸击坑疤，坑疤径约 1.5 厘米，深浅不一，最深者 0.35 厘米；小磨面中间较为弧凹，靠近端部有一圆窝状砸击坑疤，大小和大磨面的相同。侧面也有大小两个磨面，大磨面分布在正中，宽大，大小约为 13×8.5 厘米，横截面基本上是平的，而纵截面呈弧凹状；小磨面位于右侧，长条形，大小约为 6×1 厘米，磨面平坦。器身大而厚重，长 25.5、宽 12.5、厚 10.1 厘米，重 3700 克（图五八：1；图版二一，5）。

标本 T307②：929，红褐色细砂岩。在器身纵向相邻的两面均有狭长形的磨面，磨面较光滑，浅凹形，各自占据相应面的大部分，其中一磨面长 9.5、宽 4 厘米，另一磨面长 11、宽 3 厘米。在与两磨面相对的另两面中部均有垫砸形成的凹坑，其中一面凹坑近圆，直径约 2 厘米；另一面凹坑呈长条状，为多个重叠的凹坑组成，长约 4、宽 1.2 厘米。该标本为双面砺石兼双面石砧。器身长 12.5、宽 6.4、厚 5.6 厘米，重 680 克（图五八：2）。

标本 T308②：88，灰褐色中砂岩。器身两面均较平坦，仅一面有两处磨痕，其中一处磨痕分布于中间至一边，大致呈圆窝状，径约 9.5 厘米，深 0.2 厘米，磨痕上有一处黄豆大小的坑疤，分布范围约为 8.5×5 厘米；另一处磨痕分布于圆窝状的一端至一侧，基本是平的，长 8 厘米，宽 5 厘米；此处磨痕的中间至一边有一处米粒大小坑疤，分布范围约为 5.5×3 厘米；另一侧边沿则有两处米粒大小坑疤，分布范围分别为 6×2.5 厘米、3×1 厘米；另一面的一边与一侧相交处有一处黄豆大小坑疤，分布范围约为 8.5×6 厘米；这几处坑疤应是作石砧使用时留下的痕迹。长 19.5、宽 17.3、厚 4.9 厘米，重 1920 克（图五八：3）。

标本 T203④：508，灰褐色中砂岩。器身两面均较平整，一端较宽，另一端较窄。其中一面中部为两条弧面磨痕，一条长 16.9、宽 6.5、深 0.9 厘米，另一条长 15、宽 2.5、

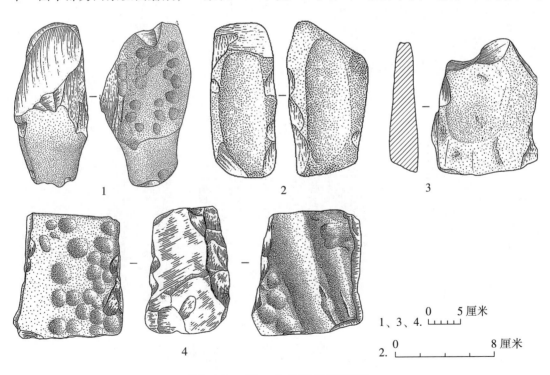

0 ————— 5 厘米
1、3、4. └┴┴┴┴┘

0 ———————— 8 厘米
2. └──────────┘

图五八　第一文化层兼用砺石
1. T207④：551　2. T307②：929　3. T308②：88　4. T203④：508

深0.4厘米。较宽端一边大磨面边缘有四个圆窝状坑疤,径均为2厘米,深0.2~0.5厘米;大磨面与小磨面中间以及小磨面的外侧有部分细点状坑疤。器身另一面满布圆窝状坑疤,径1~2厘米,深0.2~0.5厘米,部分有重叠;较窄端处上部有少量点状崩疤,分布范围为4.5×2.5厘米。器身大而厚重,长18.4、宽16.3、厚11.4厘米,重5130克(图五八:4;图版二一,6)。

标本 T308②:517,灰色中砂岩。一端已残。两面有磨痕。正面中间有一大的磨面,长约10、宽7厘米,磨痕不甚明显;磨面上分布许多窝坑,形状为圆形、椭圆形或橄榄形,大小深浅不一,最大者长径超过4厘米,深近2厘米。另一面磨面宽大,长约13、宽12厘米,中间微凹,磨面光滑;在一侧和完整一端连续分布有成排的窝坑,形状、大小与正面的窝坑大体相同,而在另一侧的两端则分布有较为密集的小坑疤。这些痕迹表明该标本除作砺石外,还当作石砧使用。器身大而厚重,残长20.0、宽15.3、厚6.9厘米,重2750克(图五九:1)。

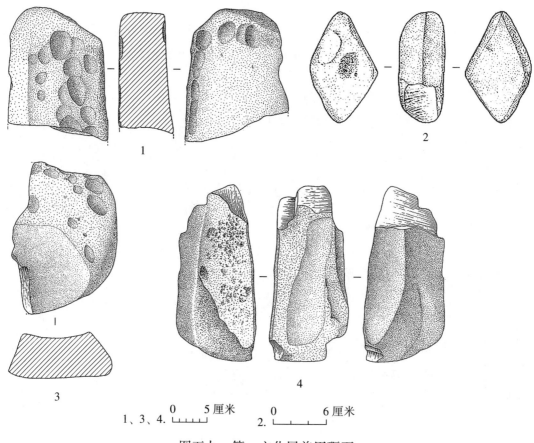

图五九　第一文化层兼用砺石
1. T308②:517　2. T208③:379　3. T305③:7　4. T205⑤:375

标本 T208③：379，细砂岩。器身下半部一侧面为破裂面，上半部两侧边各有一光滑磨面，一处为弧凹面，一端残缺，残长 6.3、宽 1.8 厘米；另一处为弧凹面，长 5.8、宽 1.8 厘米。一面有一处长 2、宽 1.5、深 0.3 厘米的凹坑，应是作石砧使用留下的痕迹。长 9.3、宽 5.3、厚 3.7 厘米，重 230 克（图五九：2）。

标本 T305③：7，灰色中砂岩。残。在正面和较窄一端有磨痕。正面有一宽大的磨面，位于一端，向器身端部倾斜，不完整，长约 12、残宽 8.5 厘米；在正面的另一端，磨面之外分布有许多窝坑，形状为圆形、椭圆形或橄榄形，大小深浅不一，最大者长径 3.5 厘米，深 0.7 厘米。端部有一窄长磨痕，横截面弧凹，磨痕的一端因器身的断裂而残缺，残长约 8、宽 1、深 0.3 厘米。器身的另一面还分布少量的窝坑和砸击坑疤，窝坑的形状和大小与正面的大体相同，米粒大小的坑疤集中分布于器身完整一端的边缘。这些痕迹表明该标本除作砺石外，还当作石砧使用。器身大而厚重，残长 17.0、残宽 21.0、厚 10.2 厘米，重 4350 克（图五九：3）。

标本 T205⑤：375，红褐色细砂岩。在较平一面的中部有一狭长的磨面，呈浅弧凹形，长约 20、宽 3~5 厘米；相邻的一侧面稍隆起，该面以中间的凸棱为界可分为两个相对独立的斜面，其一为磨面，稍深凹，长 11、宽 1~6 厘米；其二为石砧砸击面，有较密集的砸击凹疤，多如黄豆大小。在器物的另一面可见不规则的砸击疤痕，以凹疤为主，多如黄豆大小，大的直径约 1.3 厘米。从痕迹分析，该器为双面砺石兼双面石砧。长 28.2、宽 12.2、厚 11.5 厘米，重 5200 克（图五九：4）。

## （四）窄槽砺石

在革新桥遗址出土的加工工具中，有一类工具比较特别，它的石料基本上是岩块，器身上有长条形的磨痕。这种磨痕窄长，两侧深，中间弧凸，断面略呈弓形。显然，这是一种用来磨制凹刃工具的砺石，而且被磨制的工具的质地可能主要是管状的骨器和竹器。对于这种加工工具，我们称之为窄槽砺石，以区别于一般具有宽大磨面的、用来磨制石器的砺石。

第一文化层的窄槽砺石共 51 件，占该文化层加工工具 2.03%，数量较少。原料为细砂岩、粉砂岩、泥岩和板岩，这些原料的质地均很细腻。其中以泥岩最多，占 40% 以上，粉砂岩和板岩也占较大的比例（表一八）。大部分的石材均为岩块，只有极少数是砺石，而且砺石磨圆度很差，均为扁体。除个别外，个体都不大，多数长度在 10 厘米以下，远比普通砺石小。器身上磨痕不多，通常为两三条，最多不超过六条。磨痕的长度在 2~9 厘米之间，以 5 厘米左右居多；宽度为 0.6~0.95 厘米，多数在 0.7 厘米左右；深浅不一，有的磨得较深，有的则较浅。磨痕基本上都是直的，极少数略有弯曲。磨痕通常以中段较为深凹，有的磨痕由于推磨的长度逐渐缩短，以致尾段的磨面出现覆叠瓦状。

根据磨痕在器身的部位特征，可分为单面、两面和多面三种类型（表一九）。

表一八　第一文化层窄槽砺石岩性统计表

| 类别 | 细砂岩 | 粉砂岩 | 泥岩 | 板岩 | 合计 |
|---|---|---|---|---|---|
| 数量 | 5 | 13 | 22 | 11 | 51 |
| % | 9.8 | 25.49 | 43.14 | 21.57 | 100 |

表一九　第一文化层窄槽砺石分类统计表

| 类别 | 单面 | 双面 | 多面 | 合计 |
|---|---|---|---|---|
| 数量 | 23 | 13 | 15 | 51 |
| % | 45.09 | 25.49 | 29.42 | 100 |

1. 单面窄槽砺石

23件，约占该文化层窄槽砺石的45%。磨痕均分布在器身的一个面，磨痕的数量为一至四条不等，以一两条居多；磨痕多因器身残缺而不完整。有的标本还兼作石砧使用。

标本T104⑤：1068，灰色泥岩。一面为破裂面，另一面为石皮。在石皮面有三条并排的磨痕，宽度基本相同，约为0.7～0.8厘米，其中左边的磨痕最深，达0.4厘米；三条磨痕均因器身断裂而不完整。器身长5.5、宽4.1、厚1.2厘米，重40克（图六〇：1）。

标本T207④：1858，板岩。已残。在器身的一面及一侧之间的边棱上有一条磨痕。磨痕较浅，中间磨面明显凸起，一端残缺。另一面中间有一个圆窝状的砸击疤痕，径约1厘米，表明该标本还兼作石砧使用。残长6.9、宽7.6、厚2.8厘米，重200克（图六〇：2）。

标本T208③：682，黄褐色粉砂岩。在砺石一面的两边各有一条磨痕，位于同一面的一端有一个大的破裂疤痕。两条磨痕的宽均在0.8厘米左右，左边的磨痕较深，一端被裂疤破坏，右边磨痕基本完整。器身长12.1、宽4.4、厚3.5厘米，重220克（图六〇：3；图版二二，1）。

标本T205⑤：1156，灰褐色细砂岩。一面有砸击疤痕，应为石砧残件。此岩块虽然主体上是砂岩，但保留有石皮的一面是一层厚约1厘米的泥岩。在泥岩层面的一角有一条窄槽磨痕，磨痕不完整，较浅，残长4厘米，宽0.6厘米。器身长17.3、宽8.1、厚7.4厘

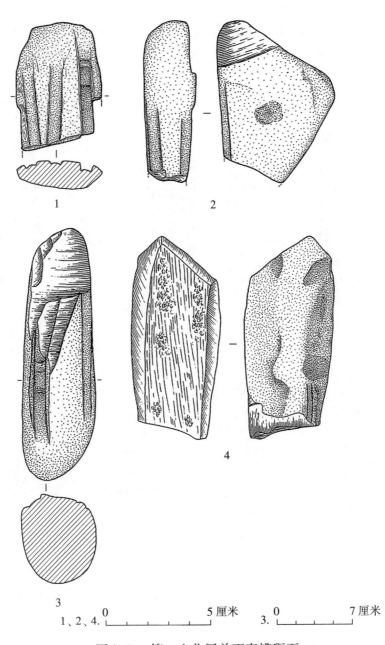

图六〇　第一文化层单面窄槽砺石

1. T104⑤：1068　2. T207④：1858　3. T208③：682　4. T205⑤：1156

米，重 1610 克（图六〇：4）。

2. 双面窄槽砺石

13 件，约占该文化层窄槽砺石的 25%。磨痕分布在器身的两个面，磨痕多因器身残缺而不完整。

标本 T208③：2336，灰褐色细砂岩。两面各有三道平行的窄槽，磨面为平面或微凹，长 8～10、宽 0.7～1.2 厘米，几乎无深度。器身长 10.8、宽 5.1、厚 2.9 厘米，重 230 克（图六一：1）。

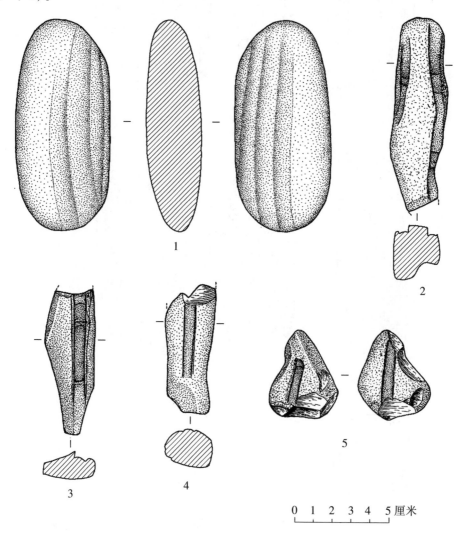

图六一　第一文化层双面窄槽砺石
1. T208③：2336　2. T208③：658　3. T308②：846　4. T306②：1309　5. T206⑤：1867

标本 T208③：658，灰色泥岩。长条形。在扁平两面的两侧各有一条磨痕。其中一面两侧的磨痕均较深，宽度相等，一条较短而完整，磨痕以中段最深；另一条较长，略残，两头最深。另一面的两条磨痕很浅，均不完整。器身长 10.4、宽 2.9、厚 2.7 厘米，重 130 克（图六一：2）。

标本 T308②：846，深灰色泥岩。呈不规则扁长形。在器身两个面的侧边各有一条磨痕，其中一条磨痕很深，另一条很浅长，但两者的长宽基本相同。两磨痕均因器身断裂而不完整。器身残长 7.0、宽 2.9、厚 1.5 厘米，重 40 克（图六一：3；彩版一二，2）。

标本 T306②：1309，灰黑色泥岩。已残。在器身的一面和一侧各有一条磨痕，磨痕均较浅，磨面中间较凸。两条磨痕均因器身的一端断裂而不完整。器身残长 6.5、宽 2.3、厚 2.0 厘米，重 40 克（图六一：4；图版二二，2）。

标本 T206⑤：1867，灰白色粉砂岩。已残。在器身上下两个面各有一条磨痕。两磨痕宽度基本相同，但其中一条磨痕较深，两边明显高于中间凸起的部位。两磨痕均因器身残缺而不完整。器身残长 4.9、宽 3.5、厚 2.6 厘米，重 50 克（图六一：5）。

3. 多面窄槽砺石

15 件，约占该文化层窄槽砺石的 29%。磨痕分布在器身的三个面，磨痕较多，有的标本一面就有三四条磨痕，有的磨痕因器身残缺而不完整。

标本 T203④：136，灰色细砂岩。四边形，长而扁薄。在岩块光滑的一面靠近一侧有两条较浅的磨痕，两磨痕的长宽基本一样，但靠内的一条较深。另外，两侧边缘各有一条磨痕，长均在 5 厘米左右，宽 0.6 厘米，磨痕中间明显凸起。器身长 13.3、宽 5.3、厚 1.8 厘米，重 210 克（图六二：1；图版二二，3）。

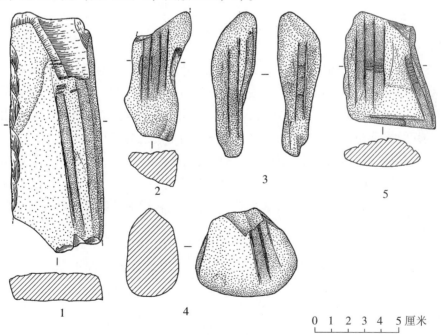

图六二　第一文化层多面窄槽砺石
1. T203④：136　2. T308②：1657　3. T306②：171　4. T207④：1756　5. T206⑤：366

标本 T308②：1657，灰色粉砂岩。长条形，横截面呈三角形。一面有三条磨痕，平行排列，长、宽、深大致相同；另一面和一侧各有一条磨痕，其中面上的磨面不完整，残长3 厘米，侧边磨痕很短，长约 3 厘米。器身长 7.5、宽 3.2、厚 2.1 厘米，重 70 克（图六二：2；图版二二，4）。

标本 T306②：171，灰褐色泥岩。长条形，一端大，另一端小，横截面近三角形。三个面各有一条磨痕，其中两条长约 6 厘米，宽和深度也大致相同；另一条长 4 厘米，较深。器身长 8.3、宽 2.6、厚 2.0 厘米，重 50 克（图六二：3；图版二二，5）。

标本 T207④：1756，浅灰色泥岩。形状不规则。一端已残。在器身的两面和两侧均有磨痕。其中一面有两条磨痕，一条较深，另一条较浅；其他磨痕都是较深的。这些磨痕的宽度基本相同，约为 0.65～0.7 厘米，沟槽最深 0.35 厘米，沟槽残长 0.9～3.4 厘米，沟槽面均光滑细腻。器身残长 6.1、宽 4.9、厚 3.2 厘米，重 120 克（图六二：4）。

标本 T206⑤：366，灰色泥岩。四边形，一面扁平，另一面凸起。在凸起面、一侧和一端均有磨痕。面上的磨痕有三条，平行排列，长、宽、深大致相同；侧面磨痕长约 5 厘米，很深，由于磨制时推磨的长度逐渐变短，以致尾段的磨面形成叠瓦状；端部的磨痕也较深，靠凸面一侧成阶梯状。器身长 5.6、宽 5.2、厚 1.7 厘米，重 80 克（图六二：5；彩版一二，3）。

## （五）磨　石

在革新桥遗址出土的加工工具中，有一类工具比较特别，它的原料均为砾石，形状多为三角形，约拳头大小。在砾石的一个或两个角端有一光滑磨面。由于砾石比较圆厚，与磨面相对应的一边没有平整的面，个体又不大，不像砺石那样能固定使用，而是用手拿着使用，且使用时是运动的。为了和砺石加以区别，我们名之为磨石。

第一文化层的磨石共 71 件，占该文化层加工工具类的 2.83%，数量上位居第四。磨石的原料均为光滑的砾石，岩性有砂岩、辉绿岩和硅质岩三种，其中砂岩最多，占 80% 以上，辉绿岩次之，硅质岩只有个别（表二〇）。这些原料质地较细腻，砂岩全部都是细砂岩，硬度较大。

表二〇　第一文化层磨石岩性统计表

| 类别 | 砂岩 | 辉绿岩 | 硅质岩 | 合计 |
|---|---|---|---|---|
| 数量 | 58 | 12 | 1 | 71 |
| % | 81.69 | 16.9 | 1.41 | 100 |

磨石的平面形状多数为三角形或近似三角形。大小差别不大，长一般为 12 厘米，宽约 9 厘米，厚 6 厘米，重 1100 克（表二一）。

表二一　第一文化层磨石测量统计表（长宽厚：厘米；重：克）

| 类别 | 最大值 | 最小值 | 平均值 |
| --- | --- | --- | --- |
| 长 | 17.8 | 7.7 | 12.3 |
| 宽 | 12.7 | 6.8 | 9.2 |
| 厚 | 8.7 | 3.5 | 6.3 |
| 重 | 1710 | 410 | 1105 |

每件磨石有一至两个磨面，以单个磨面的标本居多，两个磨面的较少。磨面均位于器身的端部，平面形状取决于磨面所在角端的断面形状，一般为圆形、三角形或椭圆形；大小差别不大，一般为 2～3 厘米，最小的不到 1 厘米。磨面平坦，光滑。但有少数标本的磨面有麻点状砸击疤痕，有的磨面边缘还有崩疤，疤痕常被磨痕破坏，由此可知疤痕产生在先，磨痕在后；有的标本中，磨面虽没有砸击疤痕，但器身其他部位却存在砸击疤痕，表明这些磨石还兼作石锤使用或曾作为石锤使用过。

根据磨面在器身的分布及磨石的使用特征，可将磨石分为单端磨石、双端磨石和兼用磨石三种类型（表二二）。

表二二　第一文化层磨石分类统计表

| 类别 | 单端磨石 | 双端磨石 | 兼用磨石 | 合计 |
| --- | --- | --- | --- | --- |
| 数量 | 43 | 11 | 17 | 71 |
| % | 60.56 | 15.49 | 23.95 | 100 |

1. 单端磨石

43 件，约占该文化层磨石的 60%。磨面位于器身的一端，只有一个磨面。有的磨面可见被严重磨蚀的点状砸击疤痕，边缘还有少许崩疤。

标本 T103⑤：918，灰褐色辉绿岩。器身较厚，两面均隆起。一角端有一处磨痕，近椭圆形，平整光滑，长宽为 5×3 厘米；其余部位保留光滑的砾石面。长 13.0、宽 12.7、厚 6.1 厘米，重 1410 克（图版二三，1）。

标本 T307②：3161，灰色细砂岩。器身一端较厚，另一端稍薄。稍薄端有一处近似圆形的磨痕，径约 2 厘米；磨痕中可见部分被严重磨蚀的砸击疤痕，应是磨光前作砸击石锤使用留下的痕迹；其余部位保留光滑的砾石面。长12.3、宽8.1、厚8.0厘米，重1420克（图六三：1）。

标本T206⑤：980，灰色细砂岩。器身大部较厚，一侧稍薄。一角端有一处磨痕，近似圆形，径约2厘米；部分磨痕被其旁边的一个砸击崩疤所破坏；其余部位保留光滑的砾石面。长17.7、宽9.1、厚6.1厘米，重1210克（图六三：2）。

标本T103⑤：58，灰色细砂岩。器身一面较平整，另一面隆起。一角端有一处近椭圆形的光滑磨痕，长宽为3.2×1.7厘米；其一侧边缘有两个崩疤。其余部位保留光滑的砾石面。长11.8、宽9.3、厚5.8厘米，重1050克（图六三：3）。

标本T207④：1864，灰褐色辉绿岩。器身稍扁，两面均略微隆起。一角端有一处略近椭圆形的磨痕，长宽为4×1.7厘米；其四周尚可见部分明显被磨蚀的砸击疤痕，应是磨光前作砸击石锤使用留下的痕迹；其余部位保留光滑的砾石面。长12.9、宽11.1、厚5.3厘米，重1700克（图六三：4）。

标本T204④：59，灰色细砂岩。器身稍扁平，一面微凹，另一面微隆起。一角端有一处磨痕，近椭圆形，长宽为2.3×1.4厘米；其余部位保留光滑的砾石面。长9.8、宽6.9、厚3.5厘米，重410克（图六三：5）。

标本T206⑤：219，深灰色辉绿岩。器身较厚，一面稍平整，另一面隆起。一角端有一处磨痕，近椭圆形，平整光滑，长宽为3.5×1.5厘米；其余部位均为自然砾石面。长9.2、宽8.3、厚5.9厘米，重700克（图六三：6）。

标本T207④：4251，灰色辉绿岩。器身一角端较薄，另一角端较厚。较薄角端有一处近椭圆形的磨痕，长宽为3.1×1.8厘米，其边缘有多个崩疤。长14.8、宽9.4、厚7.0厘米，重1320克（图六四：1）。

标本T306②：13，灰色细砂岩。器身较厚，两面均隆起。一角端有一处近似圆形的光滑磨痕，径约1.8厘米；其余部位保留光滑的砾石面。长14.2、宽7.7、厚6.8厘米，重1210克（图六四：2）。

标本T308②：16，灰色细砂岩。器身稍薄侧的一角端有一处近似橄榄核状的光滑磨痕，长宽为4.5×1.5厘米；其余部位保留光滑的砾石面。长12.4、宽11.7、厚8.6厘米，重1660克（图六四：3）。

标本T207④：4263，灰色辉绿岩。器身一侧较厚，另一侧较薄。较薄侧一角端有一处光滑平整的磨痕，长条形，长宽为3.6×1厘米；其余部位保留光滑的砾石面。长7.8、宽7.7、厚6.0厘米，重560克（图六四：4）。

2. 双端磨石

11件，约占该文化层磨石的15%。共有两个磨面，通常分别位于器身两个小的端部。有的磨面可见被严重磨蚀的点状砸击疤痕，边缘还有少许崩疤。

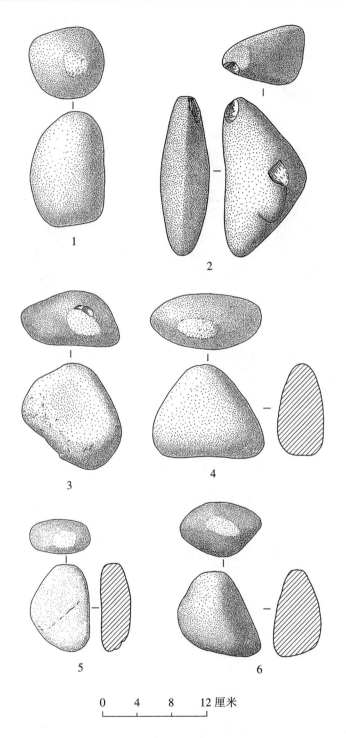

图六三　第一文化层单端磨石（一）

1. T307②：3161　2. T206⑤：980　3. T103⑤：58　4. T207④：1864　5. T204④：59　6. T206⑤：219

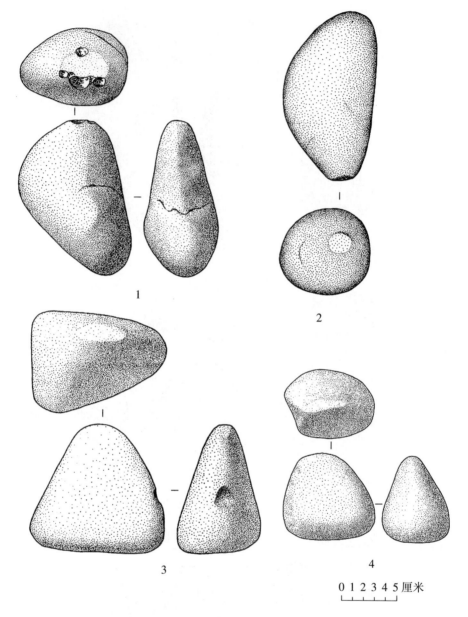

图六四　第一文化层单端磨石（二）
1. T207④：4251　2. T306②：13　3. T308②：16　4. T207④：4263

　　标本 T103⑤：927，灰色细砂岩。器身较厚，两面较平。一角端有一处磨痕，近椭圆形，平整光滑，长宽为 3.8×1.8 厘米；另一端也有一个磨面，但磨面不甚明显，大小为 1.5×1 厘米；其余部位为自然砾石面。长 13.6、宽 8.9、厚 6.5 厘米，重 1310 克（图六五：1）。

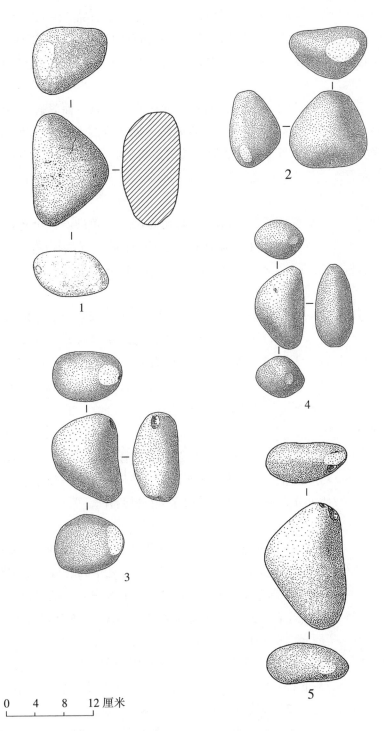

0    4    8    12 厘米

图六五    第一文化层双端磨石（一）

1. T103⑤：927    2. T206⑤：3669    3. T206⑤：964    4. T306②：1    5. T103⑤：376

标本 T206⑤：964，灰褐细砂岩。器身一面较平整，另一面隆起。一角端有一处近椭圆形的光滑磨面，长宽约为 2.8×1.8 厘米；与之相对的另一端有一近圆形的光滑磨面，径约 2 厘米，其旁边可见少许崩疤。长 10.1、宽 8.1、厚 5.9 厘米，重 780 克（图六五：3；图版二三，2）。

标本 T206⑤：3669，灰色细砂岩。器身一面稍平整，另一面隆起。一角端有一处磨痕，近椭圆形，长宽为 3.8×2.2 厘米，其四周尚可见部分被磨蚀的点状砸击疤痕。与之相对的另一角端也有一处磨痕，近椭圆形，长宽为 2.3×1 厘米，较为平整光滑。其余部位保留光滑的砾石面。长 9.3、宽 8.8、厚 6.2 厘米，重 760 克（图六五：2；图版二三，3）。

标本 T306②：1，灰色辉绿岩。器身两面均隆起。一角端有一处光滑平整的磨痕，近圆形，径约 1 厘米，边缘有个细小崩疤；与之相对的另一角端也有一处光滑的磨痕，但不太明显，较圆，径约 1 厘米。长 12.2、宽 7.6、厚 6.0 厘米，重 780 克（图六五：4）。

标本 T103⑤：376，灰色辉绿岩。器身一面微凹，另一面隆起。一角端有一处光滑的磨痕，近椭圆形，长宽为 2.6×1.6 厘米，较平整；与之相对的另一角端也有一处光滑的磨痕，近椭圆形，长宽为 3.3×1.2 厘米，其四周尚可见部分崩疤，其中有一个崩疤较大，可能是磨光前作砸击石锤使用留下的痕迹。其余部位保留光滑的砾石面。长 16.2、宽 10.6、厚 6.4 厘米，重 1450 克（图六五：5）。

3. 兼用磨石

17 件，约占该文化层磨石的 23%。这类磨石除了磨面外，器身其他部位还有砸击疤痕和琢击疤痕，砸击疤痕主要为粗点状，此外还有一些片块疤；一般分布于器身角端或扁平一面。根据疤痕特征可分为兼作砸击石锤和琢击石锤两种。

（1）兼作砸击石锤

标本 T308②：2598，灰色细砂岩。器身一面稍平整，另一面隆起。一角端有一处光滑的磨痕，近椭圆形，长宽为 3.8×2.2 厘米，较平整；与之相对的另一角端有一略呈圆形的砸击凹坑，径约 2.5 厘米，深 0.4 厘米，凹坑外侧尚有少量较浅的崩疤。其余部位保留光滑的砾石面。从使用痕迹看，此件标本除作磨石使用外，还兼作砸击石锤使用。长 12.8、宽 8.8、厚 6.7 厘米，重 1210 克（图六六：1；图版二三，4）。

标本 T207④：4232，青灰色细砂岩。器周身不规则分布六个砸击凹坑，凹坑多近椭圆形，较深凹，长 0.6～3 厘米。一端为椭圆形的磨面，磨面光滑平整，大小为 2.3×1.2 厘米。长 14.3、宽 8.3、厚 6.2 厘米，重 1140 克（图版二三，5）。

标本 T103⑤：419，灰褐色细砂岩。器型小，器身较小而扁薄。一角端有一处近圆形的光滑磨面，较平整，径 1.2 厘米；与之相对的一角端有少许米粒大小坑疤，另一角端也

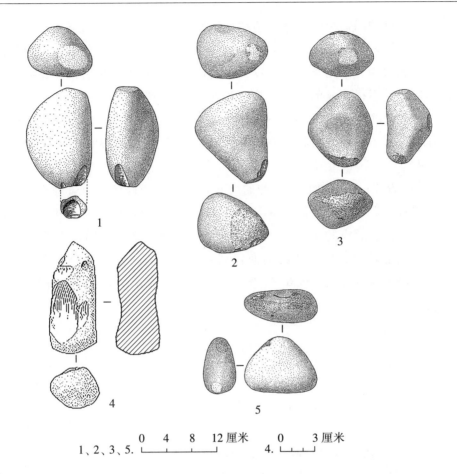

0　　4　　8　　12 厘米　　　0　　　3 厘米
1、2、3、5. └──┴──┴──┘　4. └──┴──┘

图六六　第一文化层双端磨石（二）
1. T308②：2598　2. T103⑤：419　3. T206⑤：2723　4. T308②：875　5. T103⑤：998

有一处粗点状坑疤，并向两侧边延伸，形成范围约 10×2 厘米的条状坑疤面。长 10.0、宽 7.3、厚 4.2 厘米，重 510 克（图六六：2）。

（2）兼作琢击石锤

标本 T206⑤：2021，灰色细砂岩。器身较厚，两面均隆起。一角端有一处近圆形的光滑磨面，径约为 1.8 厘米。与之相对的另一角端有一处粗点状坑疤面，略呈三角形，坑疤面边缘有一些小崩疤；其余部分仍保留自然砾石面。长 13.2、宽 11.8、厚 6.5 厘米，重 1230 克（彩版一二，4）。

标本 T206⑤：2723，灰褐色细砂岩。一角端有一个平滑的磨面，磨面近圆形，径约 2 厘米，外部有几处被磨蚀的细碎崩疤。另一个角端有一个琢击疤痕面，疤痕面略呈等边三角形，边缘有一些崩疤。长 11.9、宽 10.7、厚 7.8 厘米，重 1370 克（图六六：3）。

标本 T308②：875，灰色辉绿岩。略近菱形，一面略凹，另一面隆起，隆起面中部有一处被明显冲磨的旧疤痕。器身一角端有一处光滑的磨面，略近椭圆形，长宽约为 2.7×2 厘米，边缘局部有不大明显的细碎崩疤，可能是磨光前作砸击石锤使用留下的痕迹。与之相对的另一角端有一处较大的点状坑疤，这处疤痕有两个击打面，在中央相交处形成一道不很明显的凸棱，其中部分坑疤向一侧边延伸，形成一长宽约为 3.5×0.8 厘米的条状坑疤，应是作琢击石锤使用留下的痕迹。从使用痕迹分析，此标本不仅用作磨石，还兼作琢击石锤使用。长 11.7、宽 10.3、厚 6.3 厘米，重 1100克（图六六：4）。

标本 T103⑤：998，是一件比较特殊的磨石。原料为灰褐色硅质岩砾石，器型细小，长条形。器身一端为磨面，似乎由多个面组成，部分磨面较光滑，部分磨面则不甚光滑，可见少许自然形成的小凹坑；另一端可见部分因受砸击而向两侧崩裂的片疤，其中一侧的崩疤较大，另一侧的崩疤较细碎。磨石的一面有几个大小不一的片疤。其余部分均保留自然砾面。长 6.7、宽 3.0、厚 2.4 厘米，重 80 克（图六六：5；图版二三，6）。

# 三　打制石制品

## （一）石　核

共 73 件，占打制石制品的 10.86%。原料有砂岩、石英、硅质岩、玄武岩、辉绿岩 5种，其中砂岩数量最多，占 80% 以上，次为硅质岩，玄武岩和辉绿岩数量很少（表二三）。形状有圆形、椭圆形、三角形、四边形和不规则形等，其中不规则形数量最多，次为圆形，三角形最少。台面有单台面、双台面和多台面 3 种，其中单台面最多，次为多台面，双台面最少。打片方法有锤击法、砸击法、碰砧法 3 种，其中锤击法最多，次为砸击法，碰砧法最少（表二四）。可分自然台面和人工台面，其中前者较多（61 件，83.56%），后者较少（12 件，占 16.44%）。大小差别很大，长最大值 299、最小值 50、平均值 138 毫米；宽最大值 179、最小值 34、平均值 93 毫米；厚最大值 110、最小值 24、平均值 61 毫米；重最大值 5160、最小值 75、平均值 1294 克。

表二三　第一文化层石核岩性统计表

| 类别 | 砂岩 | 石英 | 硅质岩 | 玄武岩 | 辉绿岩 | 合计 |
|---|---|---|---|---|---|---|
| 数量 | 59 | 5 | 6 | 2 | 1 | 73 |
| % | 80.82 | 6.85 | 8.22 | 2.74 | 1.37 | 100 |

表二四　第一文化层石核统计表

| 类别 | 打片方法 | | | 台面种类 | | | 合计 |
|---|---|---|---|---|---|---|---|
| | 锤击法 | 砸击法 | 碰砧法 | 单台面 | 双台面 | 多台面 | |
| 数量 | 45 | 24 | 4 | 44 | 11 | 18 | 73 |
| % | 61.64 | 32.88 | 5.48 | 60.27 | 15.07 | 24.66 | 100 |

1. 单台面石核

44件，占该文化层石核的60.27%。多以厚重砾石作为原料，在砾石的一端打片，片疤较大；石核利用率低，多数石核只有1~2个片疤。

标本T206⑤：3624，灰褐色细砂岩。近圆形。在砾石的一端单面打片，形成两个片疤，片疤分别长约6、12厘米，打击点和放射线较模糊。长14.3、宽13.4、厚10.2厘米，重1300克，台面角105°（图六七：1）。

标本T206⑤：4171，灰黄色辉绿岩。近四边形。以砾石的一面为台面进行打片，形成两个片疤，片疤间为打破关系。打击点清楚，但放射线不明显。长10.9、宽9.7、厚6.9厘米，重850克，台面角120°（图六七：3）。

标本T208③：1744，黑褐色硅质岩。近椭圆形。自然台面，在砾石的一端用碰砧法打

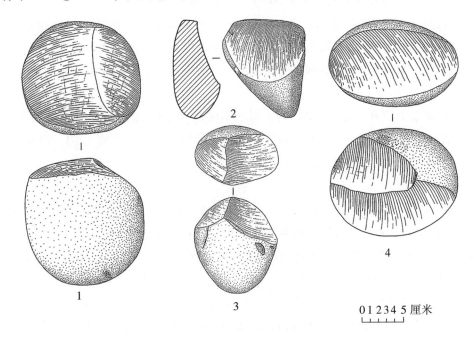

图六七　第一文化层单台面石核
1. T206⑤：3624　2. T206⑤：2931　3. T206⑤：4171　4. T307②：3155

片，只有一个片疤，长、宽各 5 厘米，打击点浅而散漫，片疤面较平整，放射线清晰可见。长 10.4、宽 6.5、厚 4.1 厘米，重 355 克，台面角 70°（图版二四，1）。

标本 T307②：3155，灰色细砂岩。近圆形。自然台面，砸击法剥片，器身可见三个较大的片疤，片疤打击点均在同一台面。长 15.2、宽 11.1、厚 10.2 厘米，重 1470 克，台面角 125°～136°（图六七：4；图版二四，2）。

标本 T308②：2042，黄白色石英。略呈四边形。自然台面，锤击法剥片，利用率较低，仅在一端剥取两个石片，片疤浅平，打击点清晰可见。长 5.9、宽 4.5、厚 2.5 厘米，重 140 克，台面角 80°（图版二四，3）。

标本 T206⑤：2931，灰褐色玄武岩。近三角形，一侧较厚。以较厚一侧为台面向另一侧剥片，利用率低，仅进行了一次剥片，片疤长大于宽，锤击法剥片。长 11.2、宽 9.7、厚 6.0 厘米，重 985 克，台面角 70°（图六七：2）。

2. 双台面石核

11 件，占该文化层石核的 15.07%。多以较薄砾石作为原料，采用砸击法（包括锐棱砸击法）剥片，片疤较小，石核利用率低。

标本 T307②：459，灰褐色细砂岩。形状不规则。在器身的一侧和一端剥片，片疤宽大于长。锐棱砸击法剥片。器身局部可见麻点状砸击坑疤，表明该标本还兼作石砧使用。长 24.8、宽 14.2、厚 6.0 厘米，重 3480 克（图版二四，4）。

标本 T207④：20，灰褐色细砂岩。近三角形。锐棱砸击法剥片，先以较宽端为台面向另一端打片，形成一个较大而深凹的片疤；再以一侧边为台面剥片，形成两个较小而浅平的片疤；打击点浅平，放射线清晰可见。长 12.7、宽 9.8、厚 4.6 厘米，重 270 克（图六八：1）。

标本 T208③：1996，灰褐色细砂岩。形状不规则。以砾石的两端为台面分别向另一端打片，形成三个较大的片疤；打击点和放射线都较模糊。长 20.6、宽 12.3、厚 9.6 厘米，重 2620 克，台面角 103°～115°（图六八：2）。

3. 多台面石核

18 件，占该文化层石核的 24.66%。多使用锤击法剥片；有的标本打击点不清楚，台面角大，使用砸击法打片。石核利用率较高，有的标本器身大部分为片疤。

标本 T306②：1427，灰褐色细砂岩。多台面石核，共有 7 个较大的片疤，片疤多深凹，长 7～13 厘米，均长大于宽。打片方法为锤击法。石核利用率较高，只保留很少的砾石面。长 12.7、宽 10.4、厚 10.0 厘米，重 1240 克，台面角 75°～83°（图六九：1）。

标本 T206⑤：2844，灰褐色细砂岩。形状不规则。多台面石核，锤击法剥片，共有 3 块较大的片疤，打击点深凹，长 7～15 厘米。长 16.8、宽 8.0、厚 11.0 厘米，重 1710 克，台面角 75°～88°（图六九：2）。

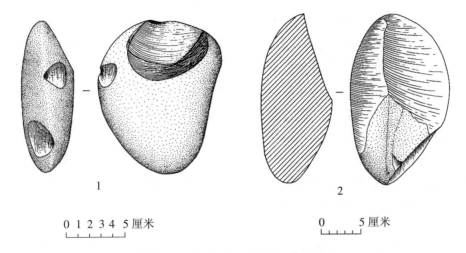

图六八　第一文化层双台面石核
1. T207④：20　2. T208③：1996

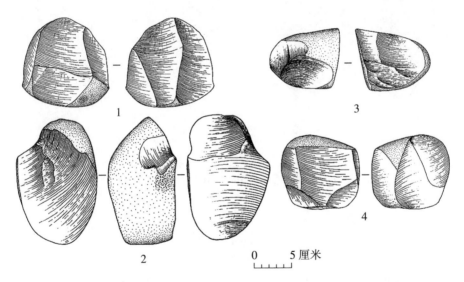

图六九　第一文化层多台面石核（一）
1. T306②：1427　2. T206⑤：2844　3. T210③：82　4. T307②：133

标本 T210③：82，青灰色细砂岩。近三角形。器身较大的一端为砾石的截断面，以砾石的两侧边和另一端为台面分别剥片，可见多处片疤，长 5～8 厘米，多宽大于长。长 9.4、宽6.7、厚2.8 厘米，重350 克，台面角 68°～81°（图六九：3）。

标本 T307②：133，灰褐色细砂岩。近四边形。多台面石核，主台面为自然台面，部分人工台面。砸击法剥片，核体可见 9 个片疤。打击点多不明显，台面角较大；石核利用率较高，器身只剩下少量的砾石面。长 10.6、宽9.6、厚7.5 厘米，重 1080 克，台面角

95°～113°（图六九：4；图版二四，5）。

标本 T307②：925，棕灰色硅质岩。形状不规则。多台面石核，砸击法剥片。器身有多处石片疤，除一面保留大部分自然砾面外，其余部分几乎全部打片。台面既有自然台面，也有人工台面，主要以砾石两端为台面，两端打击点处片疤层层叠叠，向两侧或一面打片，片疤多小而内凹，最大片疤长宽为 4×7 厘米。长 12.0、宽 7.2、厚 5.5 厘米，重600 克，台面角 110°（图七〇：1）。

标本 T103⑤：289，灰褐色砂岩。略呈四边形。一端较厚，另一端稍薄。砸击法剥片。有自然台面和人工台面两种。共有四个较大的石片疤，宽大于长。长 13.4、宽 8.5、厚6.4 厘米，重 380 克，台面角 95°（图七〇：2）。

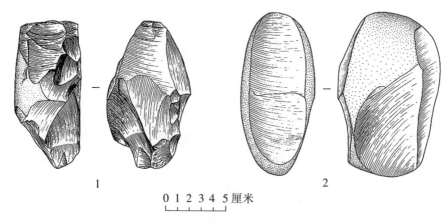

0 1 2 3 4 5 厘米

图七〇　第一文化层多台面石核（二）

1. T307②：925　2. T103⑤：289

## （二）石　片

第一文化层共出土石片 238 件，占该文化层打制石制品的 35.42%。岩性有砂岩、玄武岩、硅质岩、辉绿岩、火成岩 5 种，其中砂岩数量最多，占 70% 以上，硅质岩和玄武岩分别占 10% 左右，其他岩性较少（表二五）。大小差别较大，长最大值 12.4、最小值 3.2、平均值 5.2 厘米，宽最大值 12.1、最小值 2.7、平均值 5.7 厘米，厚最大值 3.1、最小值0.4、平均值 1.0 厘米，重最大值 280、最小值 10、平均值 55 克。形状有四边形、三角形、椭圆形、长叶形、不规则形等，其中以不规则形状的最多，约占 43%；次为四边形，占45%；圆形约占 22%；叶形最少，所占比例不足 3%（表二六）。绝大多数为自然台面，人工台面很少，也有一部分为线状台面。打击点多比较清楚，但有打击疤痕的不多。多数标本半锥体不明显（55%），半锥体凸出占 20%，微显的占 25%，具有双锥体的标本很少。除线状台面石片外，其他标本的石片角多在90°以上，以110°左右的居多。宽大于长的石片较多，占55%。打片均采用硬锤打击，打片方法有直接锤击法、碰砧法和锐棱砸击法，其中锐棱砸击法的标本最多（49%），次为锤击法（41%），碰砧法最少（10%）。多数石片的背面保留有砾石面，即使背面全为片疤，石片的台面或侧缘也常保留有砾石面。背面全为片疤的石片，尺寸均较小，一般在4厘米以下。背面有片疤者，片疤多与石片为同向同源剥片。大多数石片具有锋利的边缘，有使用痕迹的石片很少。绝大多数石片具有锋利的棱角，无明显冲磨痕迹。根据台面和背面的片疤情况，可分为五种类型。第一种类型（I）台面和背面均全部保留砾石面；第二种类型（II）台面全部保留砾石面，背面仅保留部分砾石面；第三种类型（III）台面为砾石面，背面不保留砾石面；第四种类型（IV）台面不保留砾石面（片疤台面），但背面全部保留砾石面；第五种类型（V）为片疤台面，背面保留部分砾石面（表二七）。

表二五　第一文化层石片岩性统计表

| 类型 | 砂岩 | 玄武岩 | 辉绿岩 | 硅质岩 | 火成岩 | 合计 |
|---|---|---|---|---|---|---|
| 数量 | 168 | 24 | 12 | 27 | 7 | 238 |
| % | 70.58 | 10.08 | 5.04 | 11.34 | 2.96 | 100 |

表二六　第一文化层石片形状统计表

| 类型 | 椭圆形 | 四边形 | 三角形 | 叶形 | 不规则形 | 合计 |
|---|---|---|---|---|---|---|
| 数量 | 54 | 61 | 14 | 6 | 103 | 238 |
| % | 22.68 | 25.63 | 5.88 | 2.54 | 43.27 | 100 |

表二七　第一文化层石片分类统计表

| 类型 | I | II | III | IV | V | 合计 |
|---|---|---|---|---|---|---|
| 数量 | 154 | 59 | 15 | 7 | 3 | 238 |
| % | 64.71 | 24.79 | 6.3 | 2.94 | 1.26 | 100 |

1. 锤击石片

98件，占该文化层石片的41.18%。绝大多数为自然台面；打击点多比较集中，放射线清晰，半锥体明显；五种类型的标本均有，其中以第二种类型者居多。

标本T204④：267，灰黄色细砂岩。自然台面，打击点清楚，半锥体明显，放射线清晰可见。腹面较平整，背面为砾石面。无使用痕迹。长3.6、宽5.3、厚1.1厘米，重40克，石片角105°（图版二五，1）。

　　标本T209③：460，灰黄色辉绿岩。自然台面，打击点清楚，半锥体不显，放射线不甚清楚。腹面较不平整，背面除砾石面外，尚有部分片疤。无使用痕迹。长4.6、宽4.3、厚0.9厘米，重45克，石片角85°（图七一：2）。

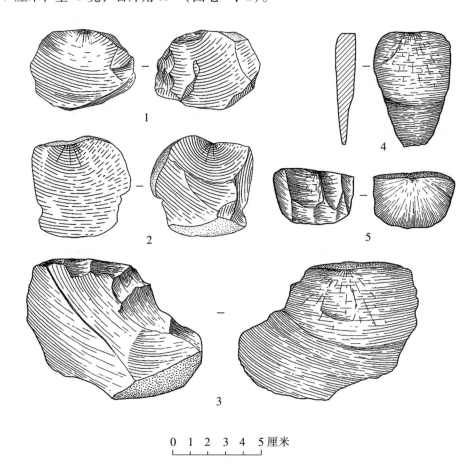

图七一　第一文化层锤击石片

1. T103⑤：97　2. T209③：460　3. T308③：2047　4. T104⑤：453　5. T206⑤：848

　　标本T206⑤：848，灰褐色硅质岩。自然台面，打击点清楚，半锥体微显，放射线清晰可见。腹面较平整，背面全部为层叠的片疤。石片右侧边缘锋利，左侧及远端边缘略有折断，无使用痕迹。长2.5、宽4.0、厚0.5厘米，重10克，石片角100°（图七一：5）。

　　标本T104⑤：453，灰褐色细砂岩。自然台面。打击点清楚，半锥体不显，放射线清晰可见。腹面较平整，背面全是自然砾面。左右侧及近端边缘锋利，未见使用痕迹。长6.4、宽4.2、厚1.1厘米，重30克，石片角91°（图七一：4；图版二五，2）。

标本 T308③：2047，灰褐色玄武岩。自然台面。打击点清楚，半锥体突出，有一个 3.2×2.5 厘米的锥疤，放射线清晰可见。腹面凹凸不平，背面为层叠的片疤，仅保留有小部分砾石面。左右侧及远端右部边缘略有折断，远端左部边缘锋利，未见使用痕迹。长 7.4、宽 10.7、厚 1.9 厘米，重 140 克，石片角 110°（图七一：3）。

标本 T103⑤：97，灰黄色硅质岩。片疤台面，台面平整。打击点较小而清楚，半锥体凸出，放射线不清楚。腹面微凸，较光滑，右侧中部可见一处较小的崩疤；背面略凹，除右上角保留一小块自然砾石面外，其余部分全部为片疤面。远端和左侧大部分边缘较锋利，未见使用痕迹。长 4.2、宽 5.7、厚 0.8 厘米，重 35 克，石片角 84°（图七一：1）。

2. 锐棱砸击石片

117 件，占该文化层石片的 49.16%。零台面。打击点多比较粗大，放射线比较清楚，半锥体一般不明显；腹面平坦；石片多宽大于长；绝大多数标本都属于第一种类型。

标本 T104⑤：27，灰褐色细砂岩。打击点清楚，半锥体不显，放射线不清楚。腹面平整，右侧略有折断，背面为完整的砾石面。左右侧及远端大部边缘锋利，无使用痕迹。长 9.0、宽 9.8、厚 1.4 厘米，重 155 克（图七二：5）。

标本 T308②：1376，深灰色细砂岩。打击点大而略凹，背面因反作用力形成一个小崩疤，放射线较清晰可见，半锥体不显。右侧及远端边缘锋利，无使用痕迹。长 5.2、宽 7.1、厚 1.2 厘米，重 70 克（图七二：3）。

标本 T307②：2076，灰色细砂岩。石片的背面为完整的砾石面，腹面微凸。打击点浅而稍宽，片疤面略有起伏，可见较清晰的放射线。长 7.8、宽 3.2、厚 0.8 厘米，重 60 克（图七二：2）。

标本 T206⑤：2724，灰色火成岩。石片背面为完整的砾石面，腹面较为平整，可见大而深凹的打击点，打击点处于一相对较宽的台面上，半锥体不显，放射线清晰可见。长 4.8、宽 6.7、厚 0.9 厘米，重 85 克（图版二五，3）。

标本 T209③：302，灰色细砂岩。打击点较大，半锥体不显，放射线不清楚。腹面微凸，背面左侧为片疤面，其余大部分为砾石面。左右侧及远端边缘锋利，无使用痕迹。长 6.8、宽 4.5、厚 1.0 厘米，重 80 克（图七二：1）。

标本 T209③：630，灰褐色细砂岩。打击点较大，半锥体微显，放射线不清楚。腹面不平整，背面大部分为砾石面。左右侧及远端边缘有较多小崩疤，可能为使用痕迹。长 6.9、宽 8.2、厚 0.8 厘米，重 105 克（图七二：4）。

标本 T307②：512，灰褐色硅质岩。打击点清楚，半锥体微凸，放射线清晰，同心波明显。两面微凸，腹面较平整，右上角略有残缺，背面为砾石面，器身边缘锋利。长 9.8、宽 10.3、厚 1.3 厘米，重 210 克（图七二：6）。

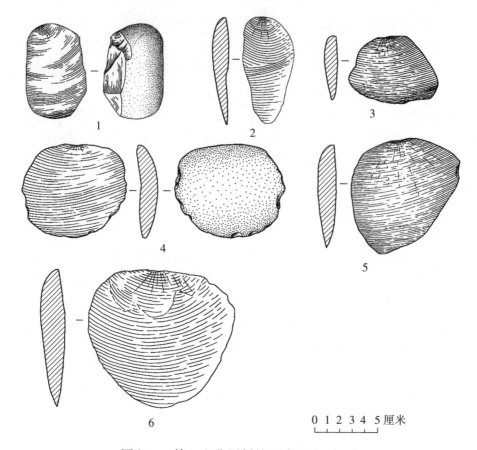

0 1 2 3 4 5厘米

图七二　第一文化层锐棱砸击石片（一）

1. T209③：302　2. T307②：2076　3. T308②：1376　4. T209③：630　5. T104⑤：27　6. T307②：512

　　标本 T203④：200，灰褐色细砂岩。打击点清楚，半锥体微显，放射线不清晰。腹面平整，背面为完整的砾石面。左右侧及远端边缘锋利，无使用痕迹。长 4.7、宽 6.2、厚 1.1 厘米，重 30 克（图七三：2）。

　　标本 T208③：2009，灰褐色玄武岩。打击点清楚，半锥体微显，放射线清晰。腹平整，背面为完整的砾石面。左右侧及远端边缘锋利，无使用痕迹。长 2.8、宽 5.1、厚 0.3 厘米，重 10 克（图七三：3）。

　　标本 T207④：2057，灰褐色玄武岩。打击点清楚，半锥体微显，放射线清晰。腹面平整，背面为完整的砾石面。左右侧及远端边缘锋利，无使用痕迹。长 6.0、宽 10.9、厚 0.8 厘米，重 110 克（图七三：4；图版二五，4）。

　　标本 T103⑤：605，灰褐色细砂岩。打击点清楚，半锥体不显，放射线不清晰。腹面平整，背面为完整的砾石面。左右侧及远端边缘锋利，无使用痕迹。长 5.3、宽 3.9、厚 0.9 厘米，重 20 克（图七三：1）。

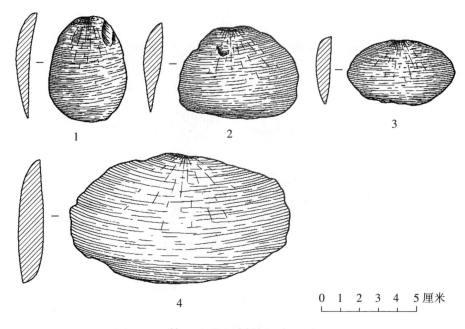

图七三　第一文化层锐棱砸击石片（二）

1. T103⑤：605　2. T203④：200　3. T208③：2009　4. T207④：2057

**3. 碰砧石片**

23件，占该文化层石片的9.66%。自然台面，且台面较宽大；打击点不够集中，半锥体不甚突出；多属于第二种类型石片。

标本T204④：19，浅灰色硅质岩。打击点不集中，台面前缘可见两个突出的受力点，半锥体微凸，放射线清晰。石片背面全为片疤面。长5.1、宽8.4、厚1.2厘米，重65克，石片角100°（图七四：1）。

标本T206⑤：1024，灰色细砂岩。打击点宽大，不集中，放射线清晰，半锥体不显。背面大部为砾石面，部分为片疤面。长2.9、宽5.6、厚0.3厘米，重15克，石片角58°（图七四：3；图版二五，5）。

标本T206⑤：463，灰黄色细砂岩。打击点不够集中，半锥体不明显，放射线清晰。腹面较平整，背面部分为剥片留下的阴痕，部分为砾石面。无使用痕迹。长4.0、宽5.5、厚1.9厘米，重40克，石片角97°（图七四：2；图版二五，6）。

## （三）砍砸器

数量较多，总共275件，占该文化层打制石制品的40.92%，是打制石器中数量最多的一种工具。其中，成品为262件，半成品13件。制作砍砸器的毛坯，以砾石为主，仅

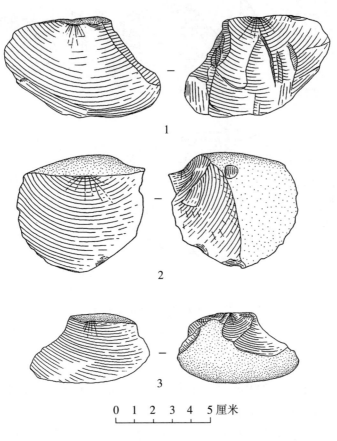

0　1　2　3　4　5厘米

图七四　第一文化层碰砧石片
1. T204④：19　2. T206⑤：463　3. T206⑤：1024

个别标本以石核或石片为毛坯。岩性有砂岩、石英砂岩、辉绿岩、石英岩和硅质岩5种，其中砂岩最多，次为辉绿岩，石英砂岩数量最少（表二八）。器身大小差别较大，长最大值21.9、最小值6.1、平均值11厘米；宽最大值18.1、最小值4.5、平均值8.2厘米；厚最大值6.7、最小值1.2、平均值3.4厘米；重最大值4840、最小值90、平均值477克。用锤击法和碰砧法打制，以锤击法为主；单面加工，背面为砾石面。加工时通常由较凸的一面向较平的一面打制。加工简单，加工面多由一层片疤或两层片疤组成，具有三层以上片疤的标本极少；片疤不大，以宽大于长的片疤为主。把端不加修理，保留原来的砾石面。大部分标本的刃缘有不同程度的修整，大多数标本的刃缘没有使用痕迹。刃角多在55°~65°之间。根据刃口数量和刃缘特征，可分为单边刃砍砸器、双边刃砍砸器、多边刃砍砸器、尖状砍砸器和盘状砍砸器5种类型（表二九）。

表二八　第一文化层砍砸器岩性统计表

| 种类 | 砂岩 | 石英岩 | 辉绿岩 | 石英砂岩 | 硅质岩 | 合计 |
|---|---|---|---|---|---|---|
| 数量 | 156 | 15 | 59 | 8 | 24 | 262 |
| % | 59.54 | 5.73 | 22.52 | 3.05 | 9.16 | 100 |

表二九　第一文化层砍砸器分类统计表

| 种类 | 单边刃砍砸器 | 双边刃砍砸器 | 多边刃砍砸器 | 尖状砍砸器 | 盘状砍砸器 | 合计 |
|---|---|---|---|---|---|---|
| 数量 | 151 | 60 | 15 | 31 | 5 | 262 |
| % | 57.63 | 22.90 | 5.73 | 11.83 | 1.91 | 100 |

1. 单边刃砍砸器

151 件，占该文化层砍砸器的 57.63%。原料有砂岩、石英砂岩、硅质岩、辉绿岩、石英岩 5 种，其中砂岩数量最多，约占 65%；辉绿岩次之，占 21%；其他岩性数量极少。形状有四边形、三角形、椭圆形、半圆形、不规则形状 5 种（表三〇）。器身大小差别较大，最大者长 20 厘米，最小者长 6.1 厘米。刃角在 43°~88°之间，以 60°左右居多。根据刃缘特征又可分为单边直刃砍砸器和单边凸刃砍砸器两个亚型。

表三〇　第一文化层单边刃砍砸器形状统计表

| 种类 | 四边形 | 三角形 | 半圆形 | 椭圆形 | 不规则形 | 合计 |
|---|---|---|---|---|---|---|
| 数量 | 105 | 33 | 3 | 6 | 4 | 151 |
| % | 69.54 | 21.85 | 1.99 | 3.97 | 2.65 | 100 |

（1）单边直刃砍砸器

89 件，又可分为两式：

I 式 65 件。刃缘位于器身一侧。

标本 T103⑤：434，灰黄色石英砂岩。近四边形。在砾石的一侧单面打制出刃面和刃缘，刃面较平缓，片疤层叠。刃缘凹凸不平，呈宽锯齿状。器身较厚的一端也经过剥片，加工面陡直，无刃口，且加工面大部分布满砸击疤痕，表明该器还兼作石锤使用。长 10.2、宽 5.6、厚 4.1 厘米，重 348 克，刃角 78°（图七五：1）。

标本 T307②：3196，浅灰色细砂岩。两面扁平，近三角形。在扁薄的一条长边单向打制出刃面和刃缘，刃面较平缓，有明显修整痕迹。刃缘平直，上有较多呈锯齿状的使用凹

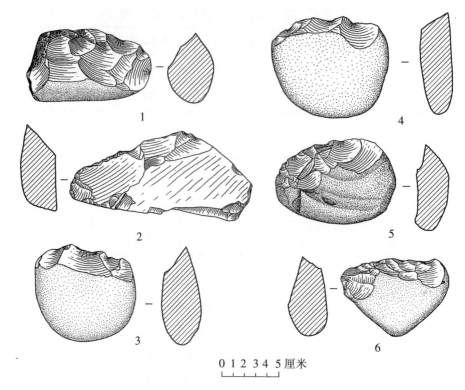

图七五　第一文化层单边直刃砍砸器

1. T103⑤：434　　2. T306②：1359　　3. T306②：1667　　4. T304②：6　　5. T306②：1653
6. T307②：3196

疤。长 10.0、宽 7.3、厚 3.5 厘米，重 320 克，刃角 64°（图七五：6；彩版一二，5）。

标本 T306②：1653，深灰色细砂岩。近椭圆形。毛坯一面有大且冲磨严重的片疤，该片疤占据了该面的大部分；另一面也有一较大的片疤且冲磨严重，长 6.5、宽 4.5 厘米。从片疤的特征看，应为人工打击所致，推测原来是一件锐棱砸击石核，因被流水搬运冲磨，片疤面已被严重磨蚀。新加工的片疤位于旧石核较薄的一侧，即在旧的大片疤的基础上，在一侧稍作加工，形成刃口。加工的片疤不大。刃部经过较多的修整，刃缘平直，刃口锋利。长 10.6、宽 6.9、厚 3.2 厘米，重 350 克，刃角 48°（图七五：5；图版二六，1）。

标本 T306②：1359，灰色细砂岩。近三角形。一面为节理面，另一面为砾石面。在一边由砾石面向节理面打击，加工面平整，刃缘较平直，刃口锋利且经过修整。把端有砸击疤痕，疤痕面约为 2×2 厘米。从砸击疤痕及破裂的情况看，此标本原先用作石锤，破裂后将之作为毛坯加工成砍砸器。长 15.8、宽 6.6、厚 3.0 厘米，重 400 克，刃角 57°（图七五：2；图版二六，2）。

Ⅱ式 24 件。刃缘位于器身一端。

标本 T306②：1667，灰色辉绿岩。近四边形。一面扁平且中部略有内凹，另一面微凸。在砾石的一端单面打制出刃面和刃缘，刃面较平缓，片疤宽大，略有修整。刃缘凹凸不平，呈宽锯齿状。无明显使用痕迹。器身扁薄。长 9.4、宽 8.9、厚 3.3 厘米，重 480克，刃角为 64°（图七五：3；图版二六，3）。

标本 T304②：6，灰色细砂岩。近四边形。一面扁平，另一面略凸。在一端打制出刃口，单面加工，由凸面向平面打制。加工面较平，单层片疤，未经修整。部分刃缘呈锯齿状。无使用痕迹。器身扁薄。长 10.0、宽 8.7、厚 2.5 厘米，重 370 克，刃角为 61°（图七五，4）。

（2）单边凸刃砍砸器

62 件。可分为两式：

Ⅰ式 43 件。刃缘位于器身一侧。

标本 T305②：1，青灰色细砂岩。近三角形。一面扁平，另一面凸起。在砾石一侧加工出刃缘，由平面向凸面打制。加工面上部平缓，片疤大而浅平，片疤直径约 4 厘米；下部较陡直，片疤小，部分片疤尾部折断，形成陡坎。刃缘呈锯齿状，经过修整，无明显使用痕迹。长 10.8、宽 6.8、厚 4.7 厘米，重 440 克，刃角为 65°（图七六：4；彩版一二，6）。

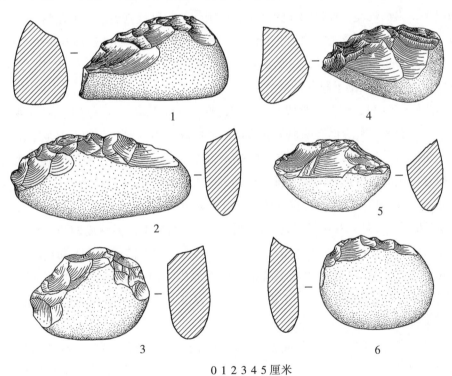

0 1 2 3 4 5 厘米

图七六 第一文化层单边凸刃砍砸器（一）

1. T103⑤：187  2. T103⑤：189  3. T307②：84  4. T305②：1  5. T207④：1246  6. T203④：52

标本 T203④：52，灰色细砂岩。近椭圆形。沿砾石一侧单面打制出刃面和刃缘，加工面较平缓，片疤多宽大于长。局部经过修整。刃缘外凸，略呈锯齿状。长 11.3、宽 9.1、厚 2.9 厘米，重 460 克，刃角为 61°（图七六：6）。

标本 T207④：1246，硅质岩。一面扁平，另一面凸起。由平面向凸面加工出一长刃。加工面片疤较大，多层修疤，器身可见因折断形成的一个陡坎。刃部经过较多的修整；刃缘外凸。长 10.4、宽 6.5、厚 3.4 厘米，重 240 克，刃角为 52°（图七六：5；图版二六，4）。

标本 T307②：84，灰色细砂岩。近椭圆形。沿砾石侧缘单面打制出长弧形的刃面和刃缘，刃面稍陡，经修整。刃缘近弧形，使用痕迹不明显。长 10.7、宽 8.8、厚 3.9 厘米，重 580 克，刃角为 77°（图七六：3）。

标本 T103⑤：189，青灰色细砂岩。长椭圆形。两面均较为平坦。在砾石一侧加工出一长刃，单面打制。加工面中段较陡。局部有修整痕迹。刃缘长而略外凸，无明显使用痕迹。长 18.0、宽 8.5、厚 3.7 厘米，重 860 克，刃角为 61°（图七六：2）。

标本 T103⑤：187，灰色细砂岩。器身厚重，近三角形。在砾石的一长边单面打制出刃面和刃缘，刃面较陡，经过明显的修整。刃缘外凸，呈浅锯齿状，使用痕迹不明显。把端靠近侧刃部位有一处琢击疤痕面，长约 2、宽约 1 厘米，表明该砍砸器还兼作石锤使用。长 14.3、宽 7.9、厚 5.7 厘米，重 970 克，刃角为 66°（图七六：1；图版二六，5）。

Ⅱ式 19 件。刃缘位于器身一端。

标本 T205④：11，青灰色火成岩。近四边形。一面平坦，另一面略凸；一侧下部有一陡直的平整断裂面，断裂面有明显的磨蚀痕迹。在砾石的一端和一侧上部加工出一刃，由凸面向平面打击，片疤较大。刃部略有修整。刃缘外凸，没有明显的使用痕迹。与刃缘相对的一端有小块的琢击弧面，琢击弧面直径约 1.5 厘米，表明该砍砸器还兼作石锤使用。长 10.8、宽 6.8、厚 4.7 厘米，重 440 克，刃角为 70°（图七七：1）。

标本 T208③：211，灰色辉绿岩。近椭圆形，一面较平，另一面较凸。在砾石较小的一端由较凸的一面向较平的一面打击，加工出一凸刃。加工简单，加工面由两个大的片疤组成，其余均为砾石面。由于岩石具有结构面的原因，加工面中部出现一台阶状的裂面。刃部未经修整，无使用痕迹。长 11.9、宽 9.0、厚 3.8 厘米，重 580 克，刃角为 63°（图七七：2；图版二六，6）。

标本 T206⑤：2019，灰褐色细砂岩。近椭圆形。在砾石一端的边缘单向打击，加工出一凸刃。加工简单，只有一层片疤，因此加工面仅限于边缘部分。未经修整，无明显使用痕迹。器身扁薄。长 20.0、宽 17.0、厚 3.0 厘米，重 1420 克，刃角为 70°（图七七：3）。

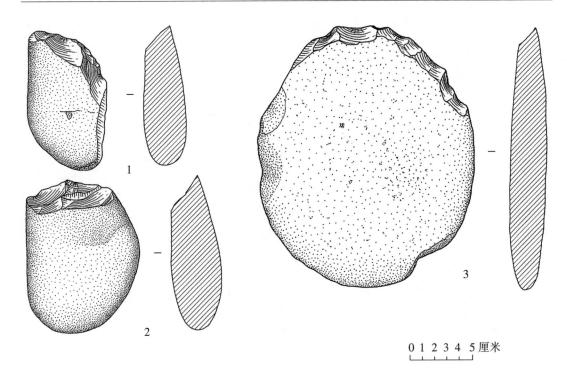

0 1 2 3 4 5 厘米

图七七　第一文化层单边凸刃砍砸器（二）
1. T205④：11　2. T208③：211　3. T206⑤：2019

2. 双边刃砍砸器

60 件，占该文化层砍砸器的 22.90%。这类砍砸器有两条刃。原料均为砾石，岩性有细砂岩、辉绿岩和硅质岩三种，以细砂岩为主，占 53%；次为辉绿岩，占 40%；硅质岩最少，约占 7%。单面加工。大小差别较大，最大者长 20 厘米，最小者长 7.3 厘米。形状有四边形、三角形、椭圆形、半圆形和不规则形五种，以四边形为主，三角形次之，其他形状都很少（表三一）。刃角以 50°~75°居多。根据刃缘特征，可分为四式。

表三一　第一文化层双边刃砍砸器形状统计表

| 种类 | 四边形 | 三角形 | 半圆形 | 椭圆形 | 不规则形 | 合计 |
|---|---|---|---|---|---|---|
| 数量 | 46 | 9 | 1 | 3 | 1 | 60 |
| % | 76.66 | 15.00 | 1.67 | 5.00 | 1.67 | 100 |

Ⅰ式 19 件。两刃中一为直刃，一为凸刃。

标本 T305②：9，灰绿色辉绿岩。近椭圆形。两面均较平。在砾石的一侧和一端打制出两条刃，单面加工。侧刃较长，并延伸到砾石另一端，刃缘弧凸，部分呈锯齿状，未经过修整，有使用痕迹；端刃很短，刃缘较直，未见明显使用痕迹。长 10.4、宽 7.5、厚 2.5 厘米，重 300 克，刃角为 50°~68°（图版二七，1）。

标本 T308②：863，深灰色细砂岩。器身厚重，近三角形。一面较平，另一面略凸。在砾石的一侧和较尖一端由凸面向平面打击，加工出一长侧刃和一窄端刃。加工面较陡，凹凸不平，有多层片疤。侧刃经过较多的修整，有使用痕迹；端刃未见修整，也无使用痕迹。长 11.0、宽 7.8、厚 6.0 厘米，重 640 克，刃角为 47°~63°（图七八：4）。

标本 T207④：4258，灰色辉绿岩。近三角形。在砾石相邻的两侧由一面向另一面打击，加工出两条刃。一刃加工简单，主要由两个片疤组成，刃面较陡，刃缘较直；另一刃加工较多，刃面较平斜，略有修整，刃部外凸，刃缘呈宽锯齿状。无使用痕迹。长 11.9、宽 8.7、厚 3.3 厘米，重 480 克，刃角为 52°（图七八：3）。

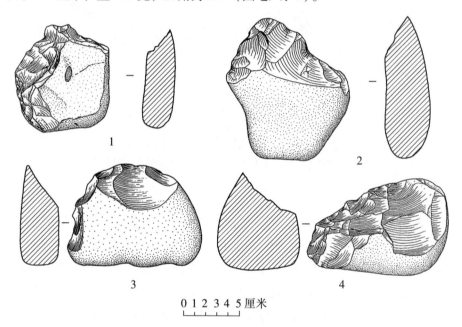

0 1 2 3 4 5 厘米

图七八　第一文化层双边刃砍砸器（一）

1. T103⑤：223　2. T207④：4264　3. T207④：4258　4. T308②：863

Ⅱ式 33 件。双直刃。

标本 T203④：49，青灰辉绿岩。器身扁薄，近四边形。一面略凸，另一面略凹。由凹面向凸面打制，在砾石的一边和一端各加工出一刃。加工仅限于边缘部分，且只有一层片疤，刃缘部分略经修整。侧刃平直，无明显使用痕迹；端刃有许多细碎的崩疤，应为使用痕迹。与侧刃相对的一侧中部有明显的砸击疤痕，表明该砍砸器还兼作石锤使用。长 10.2、宽 7.6、厚 2.3 厘米，重 220 克，刃角为 44°~78°（图七九：1；彩版一三，1）。

标本 T204④：277，灰色细砂岩。近三角形。一面扁平，另一面略凸。在砾石一长边上半部和一窄端单向打制出刃面和一长一短的两刃，由凸面向平面打击。侧刃加工面片疤大而深凹，刃缘部位经过修整，有使用痕迹；端刃加工面只有一个大片疤，刃缘平直，背面有层叠的崩疤，应为使用痕迹。长13.1、宽8.3、厚3.8厘米，重570克，刃角为44°～56°（图七九：2；图版二七，2）。

标本T209③：296，灰色细砂岩。器身厚重，略呈四边形。一面较平，另一面较凸。在砾石的一端和一侧上部各加工出一刃，由较平一面向较凸一面打击，单面加工。加工面片疤大且浅平，端刃经过简单的修整。刃缘没有使用痕迹。长10.9、宽10.0、厚5.8厘米，重700克，刃角为46°～69°（图七九：3；图版二七，3）。

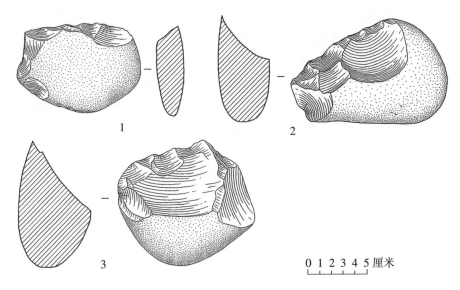

图七九　第一文化层双边刃砍砸器（二）
1. T203④：49　2. T204④：277　3. T209③：296

Ⅲ式　5件。两刃一直一凹。

标本T207④：4264，青灰色细砂岩。形状不规则。一面较平，另一面微凸。在砾石相邻的两侧分别加工出两条刃，由凸起面向平坦面打击。加工面平斜，刃缘部分经修整。一刃平直，另一刃内凹。未见明显使用痕迹。长12.5、宽11.2、厚4.0厘米，重700克，刃角为55°～64°（图七八：2）。

Ⅳ式 2件。两刃一凹一凸。

标本T103⑤：223，灰黄色硅质岩。器身扁薄，近四边形。两面扁平。在砾石的一端和一侧打制出两条刃，单面加工。加工面凹凸不平，片疤尾部多有折断，形成陡坎。端刃较长，刃缘外凸，经过修整，有使用痕迹；侧刃刃面较陡，刃缘略内凹，有使用痕迹。长9.5、宽9.3、厚2.5厘米，重290克，刃角为37°～71°（图七八：1）。

3. 尖状砍砸器

31 件,占该文化层砍砸器的 11.83%。全部以砾石为原料,岩性以细砂岩为主(约占 72%),次为辉绿岩(占 22%),硅质岩最少(占 6%)。器身平面有四边形、三角形和不规则形三种,以四边形为主(约占 60%),次为三角形(占 31%),不规则形最少(占 9%)。大小差别大,最大者长 21.9 厘米,最小者才 8 厘米。侧刃角在 40°~89°之间,尖角 68°~87°之间,以 75°左右居多。均为单面加工,剥片很少到达器身中心,把端通常保留砾石面。除了具有两条刃外,还有一个明显的尖。根据尖部所在的位置,又可分为纵尖尖状砍砸器和横尖尖状砍砸器二式。

Ⅰ式 21 件。纵尖尖状砍砸器,尖刃位于器身一端,尖角朝向大致与长轴的方向平行。

标本 T307②:116,紫褐色细砂岩。近窄四边形。在砾石的一侧长边和一端分别单向打制出刃面和刃缘,两刃缘在一端斜交形成一尖。侧刃加工面多凹凸不平,片疤多宽大于长,刃面较陡,刃缘部位有明显的修整痕迹;端刃加工面略内凹,刃缘平齐,有修整痕迹。刃尖指向长轴方向,两刃加工面相交形成一条棱脊。使用痕迹不明显。长 11.0、宽 5.6、厚 3.9 厘米,重 330 克,边刃角为 48°~68°,尖角 78°(图八〇:1;彩版一三,2)。

标本 T310③:437,灰黄色辉绿岩。一面平坦,另一面内凹。在砾石的一侧和一端加工出两刃,两刃斜交成一个短尖。单面加工,由凹面向凸面打击。侧刃较直,刃缘略呈宽锯齿状,未经修整。端刃面很陡,接近刃缘的片疤面与背面几乎成直角;刃缘平直,有较多修整。尖部的朝向大致与器身长轴平行。未见明显使用痕迹。长 10.5、宽 8.0、厚 3.1 厘米,重 400 克,边刃角为 62°~85°,尖角 74°(图八〇:3;图版二七,4)。

标本 T409③:96,深灰色细砂岩。近四边形。一面平坦,另一面隆起。在砾石的一侧和一端加工出两条刃,两刃在一侧相交成一尖。单面加工,由隆起面向平坦面打击。侧刃面较陡,刃缘较钝;端刃面较平斜并略有内凹,刃缘锋利,未见使用痕迹。尖刃指向器身长轴方向,平面略呈舌形。长 10.0、宽 8.5、厚 3.4 厘米,重 360 克,边刃角为 62°~71°,尖角 84°(图八〇:4)。

标本 T308②:2572,深灰色细砂岩。器身厚重,平面呈四边形。一面扁平,一面略凸。由平面向凸面打击,在一侧和一端分别加工出一侧刃和一端刃,两刃于一角相交形成一个尖。侧刃较长,加工面有多层片疤,刃缘较钝,有使用痕迹。端刃片疤较大,刃缘内凹,无使用痕迹。尖刃朝向器身长轴方向,刃尖较锋利,在侧刃和端刃相交处形成一条脊。器身加工的一面有两个相连的崩疤,每个长约 2 厘米。把端有明显的砸击疤痕,表明该砍砸器还兼作石锤使用。长 13.7、宽 12.1、厚 4.3 厘米,重 780 克,边刃角为 60°~78°,尖角 83°(图八〇:2;图版二七,5)。

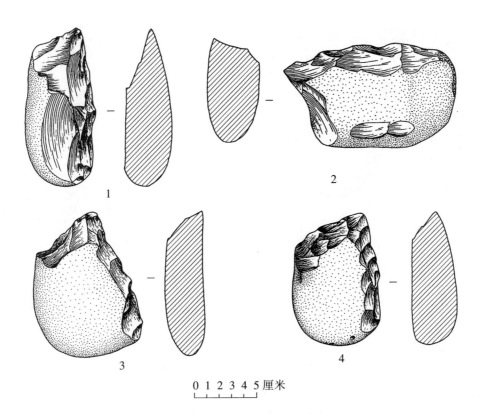

图八〇　第一文化层尖状砍砸器（一）

1. T307②：116　　2. T308②：2572　　3. T310③：437　　4. T409③：96

Ⅱ式 11 件。横尖尖状砍砸器。

标本 T308②：203，浅灰色细砂岩。近四边形。一面较平，另一面较凸。在砾石的一侧和一端加工出两条刃，两刃相交形成一个角尖。由凸面向平面打击。加工面较平。侧刃部分经过修整。尖刃指向器身横轴方向。无使用痕迹。长 9.3、宽 8.3、厚 2.7 厘米，重 320 克，边刃角为 57°～88°，尖角 75°（图八一：3）。

标本 T307②：189，青灰色细砂岩。在砾石一侧由一面向另一面打击，于中部加工出一个横向的尖。尖部的两侧刃角较大，尤为左侧刃缘，修整时打击方向几乎是与背面成直角，刃缘圆钝，应为使用的结果。尖刃加工较好，平面呈舌状，使用痕迹不明显。长 9.4、宽 6.7、厚 2.4 厘米，重 240 克，边刃角为 65°～90°，尖角 80°（图八一：2；图版二七，6）。

标本 T104⑤：32，灰色辉绿岩。略呈三角形。在砾石的一侧和较宽的一端各打制出一条刃，两刃相交形成一个角尖。单面加工，器身大部分保留砾石面。刃部稍作修整，刃缘平直。横向尖。长 12.4、宽 11.2、厚 2.0 厘米，边刃角为 52°～67°，重 380 克，尖角 74°（图八一：1）。

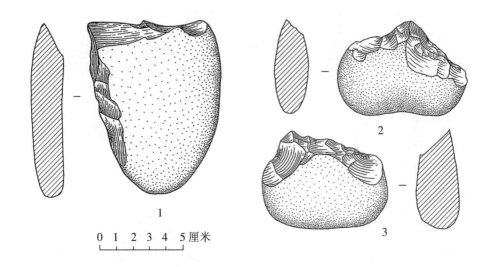

图八一　第一文化层尖状砍砸器（二）
1. T104⑤：32　2. T307②：189　3. T308②：203

4. 多边刃砍砸器

15 件，占该文化层砍砸器的 5.73%。多边刃砍砸器中只有三条刃的标本，未发现三条刃以上的标本。原料有砂岩、辉绿岩和硅质岩三种，但硅质岩只有一件，其余为砂岩和辉绿岩，且各占一半。大小差别不大，长度多在 10 厘米左右。根据刃部的位置可分为二式。

Ⅰ式 11 件。刃缘位于一侧和两端。

标本 T203④：104，灰色辉绿岩。器身厚重，平面略呈长椭圆形。两面均较平。在砾石的一侧长边和两端打制出三个刃面和刃缘，两端刃面较平缓，长侧刃面较陡，长侧刃面和一端刃面为单面打制并有明显的修整痕迹，而另一端刃面为双面打制，没有修整痕迹。三个刃缘处均没有明显的使用痕迹。背面与长侧刃缘相对的一侧中部有两个片疤，长 1.5～2.5 厘米，均宽大于长。长 14.9、宽 9.0、厚 4.1 厘米，重 760 克，刃角为 65°～83°（图八二：1；图版二八，1）。

标本 T204④：124，青灰色辉绿岩。近椭圆形。毛坯可能是剥去一块大石片的石核。在石核的一侧和两端加工出三条刃，由背面向腹面打击。刃面平缓，刃缘部位有修整痕迹。侧刃较钝，端刃较为锋利，使用痕迹不明显。器身背面有一个片疤，长 1.5、宽 5 厘米。长 14.0、宽 9.3、厚 3.0 厘米，重 670 克，刃角为 45°～56°（图八二：3；图版二八，2）。

标本 T307②：2516，灰黄色硅质岩。四边形。在砾石的一长侧和两端加工出三条刃。单面加工。加工面大部分为一沿岩石结构面破裂的平坦面。刃面平缓，刃缘带有一小尖，侧刃较薄，刃缘有细碎的使用崩疤。另一面保留绝大部分的砾石面，上有位置相对的一砸疤和一崩疤，长 2~4 厘米，宽大于长。长 12.1、宽 10.5、厚 3.0 厘米，重 420 克，刃角为 35°~52°（图八二：4）。

Ⅱ式 4 件。刃缘位于一端和两侧。

标本 T206⑤：4418，灰黄色细砂岩。略呈椭圆形。两面均较扁平。在砾石的两侧上部和一端由一面向另一面打击，加工出三条刃。右侧刃加工面凹凸不平，有两层片疤，刃缘呈浅锯齿状。端刃和左侧刃只有一层片疤，且片疤较大，加工面较平，刃缘呈宽锯齿状。整件器物制作简单，加工只限于边缘部分，其余保留砾石面。无使用痕迹。长 10.2、宽 9.1、厚 2.5 厘米，重 340 克，刃角为 38°~61°（图八二：2；图版二八，3）。

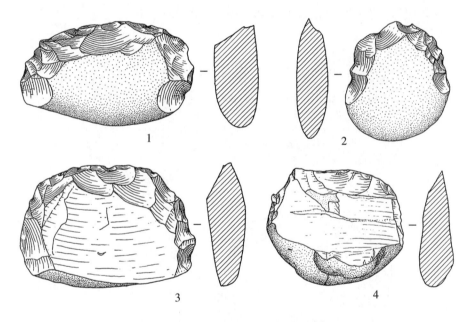

0 1 2 3 4 5 厘米

图八二　第一文化层多边刃砍砸器
1. T203④：104　2. T206⑤：4418　3. T204④：124　4. T307②：2516

5. 盘状砍砸器

5 件，占该文化层砍砸器的 1.91%。这类砍砸器平面形状为圆形或椭圆形，几乎周边都是刃缘。

标本 T306②：912，灰黄色细砂岩。以大石片为毛坯。器身平面近圆形。背面微凸，除有一个 3 厘米大小的片疤外，其余均为砾石面。第二步加工位于石片的边缘部位，由背面向腹面打击。加工面不平，部分片疤深凹。除下端外，周边都有刃口，但未见明显使用痕迹。器身下端边缘部位有琢击疤痕，疤痕面长约6、宽1厘米，表明该砍砸器还兼作石锤使用。长12.1、宽9.5、厚3.7厘米，重600克，刃角为63°~68°（图八三：2；图版二八，4）。

标本T103⑤：818，深灰色细砂岩。以大石片为毛坯。器身略呈椭圆形。背面较凸。第二步加工基本在石片的腹面，除石片的台面部分外，周边经过加工，加工的片疤深入到器身的中部。大部分边缘具有锋利的刃口。在器身较厚的一端布满砸击疤痕，相对的一端也有少量砸击的痕迹，表明该砍砸器还兼作石锤使用。器身背面边缘有多个片疤，其中一个片疤大而深凹，其打击点和石片的打击点处于相同的位置，应是石片剥离之前的打片阴疤，其他小片疤均为作石锤用时产生的崩疤。因此，第二步加工仍是单面加工。长10.1、宽8.2、厚4.2厘米，重420克，刃角为48°~64°（图八三：1）。

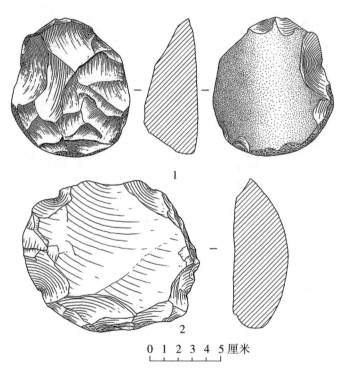

0　1　2　3　4　5厘米

图八三　第一文化层盘状砍砸器
1. T103⑤：818　2. T306②：912

6. 砍砸器半成品

13件，占该文化层打制石制品的1.93%。包括单边刃砍砸器半成品和双边刃砍砸器的半成品。这些半成品均为初级产品，只经过初步剥片，打出大致的刃面，未经修整，刃缘呈明显的锯齿状。

　　标本 T208③：121，灰褐色玄武岩。形状不规则，两面均较平。加工主要在两侧，其中一侧加工出一直刃，另一侧则加工出一道弧刃，两侧的剥片方向相反，片疤多小而浅平，且均未作进一步的精细加工。长 11.8、宽 7.9、厚 2.2 厘米，重 350 克（图八四：3）。

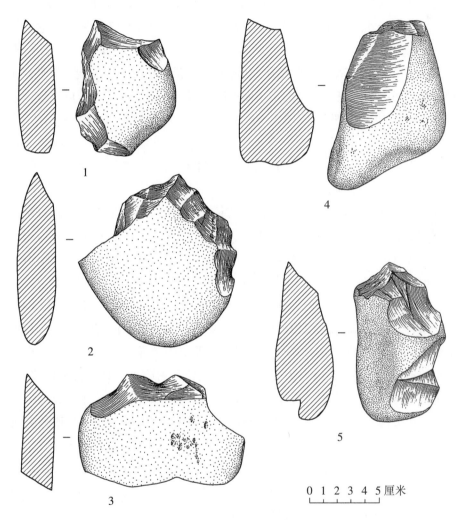

0 1 2 3 4 5 厘米

图八四　第一文化层砍砸器半成品
1. T104⑤：9　2. T205⑤：684　3. T208③：121　4. T208③：1538　5. T307②：141

　　标本 T307②：141，灰褐色变质岩。形状不规则，两面均凸起。沿一端的两侧单面剥片，在一端中央形成一个稍圆钝的尖角；片疤多较小而深凹，部分片疤尾部折断形成陡坎；另一侧的后半部和一端均垂直打掉了一小块；未见有进一步的精细加工。长 11.3、宽 6.5、厚 4.1 厘米，重 310 克（图八四：5）。

　　标本 T104⑤：9，灰褐色玄武岩。形状不规则。沿一侧和一端单面剥片，相交处形成一个较尖锐的角；片疤多小而浅平，加工部分均未成刃，也未作进一步的精细加工。长9.9、宽8.6、厚2.8厘米，重290克（图八四：1）。

标本T205⑤：684，灰褐色玄武岩。形状不规则。沿相邻两侧单面剥片，相交处形成一个较尖锐的角；其中一侧加工出一道弧刃，另一侧后半部垂直打掉了一小块，不成刃；片疤多小而浅平，未作进一步的精细加工。长12.2、宽9.8、厚2.8厘米，重500克（图八四：2）。

标本T208③：1538，灰褐色玄武岩。近三角形。沿一边和相邻一端由较平面向凸起面剥片，加工部分边缘均未成刃，片疤多小而深凹，部分片疤尾部折断形成陡坎，未作进一步的精细加工。长12.0、宽7.7、厚5.4厘米，重700克（图八四：4）。

## （四）尖状器

数量不多，总共30件，占该文化层打制石制品的4.46%。全部用砾石打制而成，岩性种类有细砂岩、粉砂岩、辉绿岩、硅质岩、火成岩五种，其中以砂岩、辉绿岩为主，占90%，其他很少（表三二）。大小差别较大，长最大值15.3、最小值8.0、平均值11.1厘米；宽最大值11.6、最小值5.8、平均值8.4厘米；厚最大值5.3、最小值2.1、平均值3.5厘米；重最大值800、最小值200、平均值424克。尖刃角最大98°、最小45°、平均76°。绝大多数标本的刃部没有使用痕迹，具有使用痕迹的标本仅有5件，占17%；而没有使用痕迹的标本多达25件，占83%。器身平面形状有梨形、三角形和四边形，其中梨形最多，三角形最少（表三三）。尖部可分为锐尖和舌尖两种，其中锐尖较多（20件），而舌尖较少，仅有10件。在所有标本中，有3件标本还兼作石锤使用。根据尖部的长短及形态特征，可分为舌尖尖状器、长尖尖状器、短尖尖状器和喙尖尖状器四种类型。

表三二　第一文化层尖状器岩性统计表

| 类别 | 砂岩 | 辉绿岩 | 硅质岩 | 火成岩 | 合计 |
|---|---|---|---|---|---|
| 数量 | 16 | 12 | 1 | 1 | 30 |
| % | 53.33 | 40.00 | 3.33 | 3.33 | 100 |

表三三　第一文化层尖状器形状统计表

| 类别 | 梨形 | 三角形 | 四边形 | 合计 |
|---|---|---|---|---|
| 数量 | 16 | 5 | 9 | 30 |
| % | 53.33 | 16.67 | 30.00 | 100 |

1. 舌尖尖状器

10 件，占该文化层尖状器的 33.33％，是尖状器中数量最多的一种类型。岩性以辉绿岩为主，细砂岩次之；形状主要是梨形和四边形；尖部呈舌状，扁薄，横截面多为平凸。

标本 T203④：12，灰色辉绿岩。近长三角形。在砾石的两长侧向一端打制出一尖；单面加工。左侧边加工较少，有一个大的断裂面；右侧边加工较多，侧缘弧凸，加工面凹凸不平。尖部呈舌状，上半部有一条由两侧片疤相交而成的纵脊。与尖端相对的把端有一块粗点状的砸击疤面，砸击疤面长约 3、宽 2 厘米，表明该尖状器还兼作石锤使用。长13.2、宽 7.2、厚 3.9 厘米，重 540 克，刃角 61°～72°，尖角为 69°（图八五：1）。

标本 T101③：22，灰白色粉砂岩。器身略呈梨形。在砾石的两长侧向较窄一端打制出一尖，由凸面向平面打击；单面加工，修整集中在右侧。加工面较平，片疤大。左侧边较厚，右侧边较薄。尖部扁薄，呈舌状。右侧和尖部有明显使用痕迹。长 11.7、宽 7.9、厚4.2 厘米，重 400 克，刃角 43°～65°，尖角为 87°（图八五：2；图版二八，5）。

标本 T307②：2513，黑褐色火成岩。器身厚重，平面略呈四边形。一面较平，另一面较凸。由砾石的两侧向一端打制出一尖，由平面向凸面打制；单面加工。左侧加工限于上半部，片疤大，很少修整；右侧加工至把端，加工面较平，有连续修整的痕迹。尖部较厚，呈舌状。未见明显的使用痕迹。长 15.3、宽 9.5、厚 4.8 厘米，重 580 克，刃角51°～68°，尖角为 92°（图八五：3；图版二八，6）。

标本 T104⑤：10，灰色辉绿岩。略呈梨形。一面平坦，另一面略凸。由砾石的两侧向一端打制出一尖，由平面向凸面打击；单面加工。左侧加工限于上部，片疤较大，未经修整；右侧大部分经过加工，片疤较深，侧缘有较多修整的痕迹。尖部较薄，呈舌状。长 11.0、宽 7.4、厚 3.8 厘米，重 390 克，刃角 55°～67°，尖角 87°（图八五：5；图版二九，1）。

标本 T305②：13，灰色细砂岩。一面较平，另一面较凸。由砾石的两侧向一端打制出一尖，由凸面向平面打制；单面加工，两侧加工对称。加工面部分片疤尾部折断形成陡坎。两侧很少修整；尖部背面有一浅薄的片疤，长 1.5、宽 1 厘米，由尖端开始崩裂，可能是使用撞击而成。尖刃较圆钝，应为使用所致。长 10.5、宽 7.1、厚 4.0 厘米，重 450克，刃角 56°～74°，尖角为 93°（图八五：4）。

2. 长尖尖状器

6 件，占该文化层尖状器的 20％.岩性以辉绿岩为主。大小差别较大。两侧加工较多，通常超过器身长轴的一半。尖部较长、锐利，横截面基本为三角形。

标本 T307②：93，灰色细砂岩。器身较厚重，略呈梨形。由砾石的两侧向一端分别打制出长度相近的刃缘，两刃缘相较成一锐尖。由凹面向凸面打击，单面加工。两侧的剥片均限于器身的上半部，片疤较大而深凹。两侧缘略经过修整。尖部尖锐，中间有一条明显

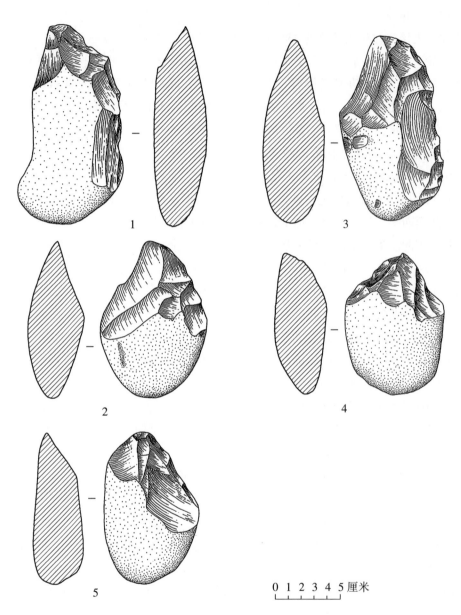

图八五　第一文化层舌尖尖状器

1. T203④：12　2. T101③：22　3. T307②：2513　4. T305②：13　5. T104⑤：10

的凸棱。无使用痕迹。长 12.7、宽 9.5、厚 5.3 厘米，重 770 克，刃角 47°～78°，尖角 53°（图八六：1；图版二九，2）。

标本 T205④：1，黑色硅质岩。略呈四边形，两面扁平。由砾石的两侧向一端打制出一锐尖。左侧加工限于上部，加工面很陡，多数片疤深凹；右侧加工至把端，片疤大，加工面较平，侧缘有较多的修整痕迹。尖部较窄，中间有一凸棱。无使用痕迹。长12.2、宽8.5、厚3.5厘米，重380克，刃角62°~76°，尖角61°（图八六：2；图版二九，3）。

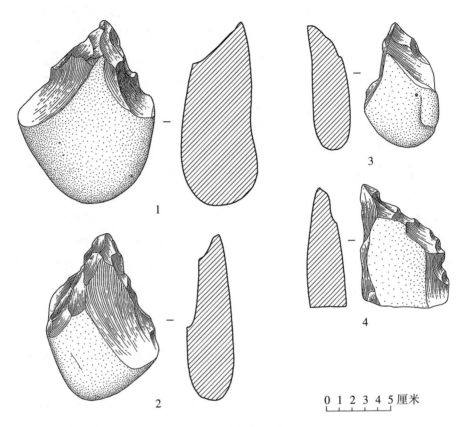

0 1 2 3 4 5厘米

图八六　第一文化层长尖尖状器
1. T307②：93　2. T205④：1　3. T207④：125　4. T207④：2995

标本T207④：125，灰色辉绿岩。略呈长梨形。由砾石的两侧向一端打制出一尖。单面加工，两侧加工均未达把端。左侧加工面陡直，加工面由两个片疤组成，打击方向几乎与砾石面成直角；右侧加工简单，仅三个片疤，边缘无修整痕迹。尖部较厚，中间有一凸棱。无使用痕迹。长9.0、宽5.8、厚2.8厘米，重200克，刃角44°~85°，尖角48°（图八六：3；图版二九，4）。

标本T207④：2995，深灰色细砂岩。略呈四边形，两面扁平。单面加工。左侧加工面陡直，加工面由三个片疤组成，打击方向几乎与砾石面垂直；右侧经过较多的剥片和修整，侧缘弧凸，略呈锯齿状。尖部缩窄，尖端锐利。把端有一陡直的断裂面。无使用痕迹。长8.7、宽6.7、厚3.0厘米，重260克，刃角63°~81°，尖角61°（图八六：4）。

3. 短尖尖状器

9 件，占该文化层尖状器 30 %。岩性以砂岩为主，辉绿岩次之。加工仅限于器身两侧上半部，甚至长轴三分之一上部。尖部较宽，尖刃角较大，横截面多呈扁三角形。

标本 T204④：123，青灰色细砂岩。略呈梨形，一面略凸，另一面中间内凹。在砾石的两侧上部打制出一尖。加工简单，器身大部分保留砾石面。两侧加工对称；左侧缘薄而锋利，右侧较厚钝。尖部和两侧均未经过修整。未见明显使用痕迹。长 11.4、宽 6.2、厚 4.0 厘米，重 460 克，刃角 54°～61°，尖角 49°（图八七：1；彩版一三，3）。

标本 T206⑤：4，青灰色辉绿岩。在砾石两侧上部剥片，往一端打制出尖刃。单面加工，加工限于边缘部分，很少修整。尖端比较圆钝，应为使用所致。把端有一个断裂面和一个片疤，断裂面是垂直打击破裂而成；片疤位于加工的一面。长 13.1、宽 11.3、厚 3.5厘米，重 800 克，刃角 57°～69°，尖角 83°（图八七：2）。

标本 T306②：739，青灰色细砂岩。器身规整对称，呈梨形。一面扁平，另一面略凸。由砾石的两长侧上部往一端单面打制出尖刃。左侧加工面平斜，片疤较大，部分侧缘经过修整；右侧加工面较陡，片疤较小，侧缘局部有修整。尖部位于正中，有修整痕迹。两侧缘和尖刃均未见明显使用痕迹。长 11.0、宽 7.7、厚 4.0 厘米，重 420 克，刃角 49°～71°，尖角 70°（图八七：3；图版二九，5）。

标本 T103⑤：5，青灰色细砂岩。器身扁薄，近似梨形。由砾石两侧上部往一端单面打制出一尖，均由弧凸面向平坦面打击。左侧加工简单，基本上是一个长的断裂面，只是在近尖部有一个修整的片疤；右侧经过多次剥片，加工出一条刃，未经修整。无使用痕迹。右侧片疤较大，部分侧缘经过修整；左侧加工面较陡，片疤较小，侧缘局部有修整。尖部位于正中，横截面呈三角形。长 12.0、宽 8.9、厚 2.6 厘米，重 420 克，刃角 62°～88°，尖角 79°（图八七：4）。

标本 T208③：2930，灰白色辉绿岩。器身短而宽大，呈三角形。在砾石的两边往一端单面打制出一尖，由弧凸面向平坦面打击。两侧加工对称，均经过修整。尖端锐利。无使用痕迹。长 9.8、宽 7.6、厚 3.5 厘米，重 350 克，刃角 59°～68°，尖角 59°（图八七：5；图版二九，6）。

标本 T206⑤：324，灰白色细砂岩。由砾石两侧上部往一端打制出一尖，单面加工。左侧加工面较平，刃缘平直、锋利；右侧加工面深凹，刃缘也较锋利。尖部较尖，横截面呈三角形，有一条由两侧片疤面相交而成的纵脊。无使用痕迹。长 10.0、宽 8.1、厚 3.0厘米，重 350 克，刃角 55°～64°，尖角 68°（图八七：6）。

4. 喙尖尖状器

5 件，占该文化层尖状器的 16.67 %。岩性以砂岩为主。除个别标本外，加工只限于器身上半部。这种类型尖状器制作比较特别，就是两侧的加工到了尖部时突然内收，致使

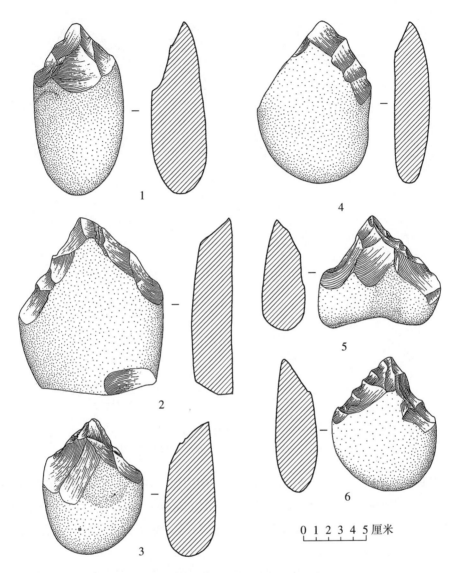

图八七　第一文化层短尖尖状器

1. T204④：123　2. T206⑤：4　3. T306②：739　4. T103⑤：5　5. T208③：2930　6. T206⑤：324

尖部与器身两侧缘形成肩状，而尖部呈喙形。

标本 T206⑤：213，青灰色细砂岩。在砾石的两侧往一端单面打制出一尖，均由弧凸面向平坦面打击。单面加工，加工面较平。左侧加工较少，仅限于上部；右侧加工较多，片疤较大，刃口扁薄，刃缘锋利。尖部缩窄，呈喙状，经过修整。无使用痕迹。长10.8、宽9.6、厚3.6厘米，重460克，刃角56°~67°，尖角84°（图八八：1）。

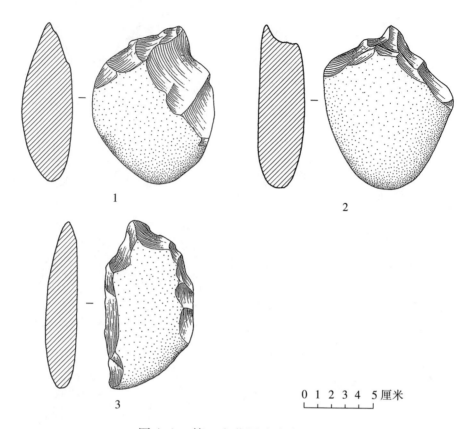

图八八　第一文化层喙尖尖状器
1. T206⑤：213　2. T208③：44　3. T102⑤：17

　　标本 T208③：44，灰黄色细砂岩。器身略呈四边形。在砾石的两侧上部往一端单面打制出一尖，由平坦面向弧凸面打击。单面加工，加工面较平。两侧加工面较平，未经过修整；尖部缩窄，略呈喙状。无明显使用痕迹。长 11.4、宽 9.2、厚 3.5 厘米，重 500 克，刃角 53°～62°，尖角 68°（图八八：2；图版三〇，1）。

　　标本 T102⑤：17，灰色细砂岩。器身扁薄，近似四边形。在砾石的两侧往一端单面打制出一尖，由弧凸面向平坦面打击。两侧均加工至把端，有修整痕迹；侧缘平直，但在近尖部位置则明显内收，形成肩状；右侧缘中部有一个浅薄的片疤，约 2 厘米大小。尖部缩窄。两侧和尖部均无明显使用痕迹。把端有一片粗点状的砸击疤痕，表明该尖状器还兼作石锤使用。长 11.7、宽 6.4、厚 2.1 厘米，重 260 克，刃角 57°～72°，尖角 66°（图八八：3；彩版一三，4）。

## （五）刮削器

数量不多，共56件，占该文化层打制石制品的8.33%。用于刮削器加工的原料有砂岩、硅质岩、辉绿岩、石英岩、板岩五种，其中砂岩最多，次为硅质岩，石英岩和板岩只有个别。毛坯的种类有砾石、石片和断块，其中砾石最多，次为石片，断块最少。刮削器的尺寸不大，长最大值15、最小值3、平均值8.9厘米；宽最大值11.6、最小值2.2、平均值7.4厘米；厚最大值4.2、最小值0.8、平均值2.3厘米；重最大值500、最小值5、平均值196克。用锤击法打制；除个别为两面加工，几乎都是单面加工，多由毛坯较为扁平的一面向较凸一面打击；加工部位有在器身的一端、一侧、两侧、三边和周边的，其中在一端或一侧加工的标本最多，占50%；有的加工至器身中部，但多数标本的加工仅限于边缘部分，其余部位保留毛坯的原表面。剥片的片疤比较深凹，多宽大于长；以砾石为毛坯者，多有两层片疤，而且有的标本由于片疤尾部折断而在加工部位形成明显的阶梯状疤痕；而以石片为毛坯者，往往只有一层剥片的片疤，有的标本甚至不经过剥片，只经修整便加工出刃口。刃缘平齐和刃缘呈锯齿状的差不多各占一半。刃角最大70°、最小35°、平均47°。绝大多数刮削器的刃口没有使用痕迹。可分为单边刃刮削器、双边刃刮削器、多边刃刮削器和盘状刮削器四类（表三四）。

表三四　刮削器统计表

| 类别 | 岩性 | | | | | 毛坯 | | | 刃数 | | | | |
|---|---|---|---|---|---|---|---|---|---|---|---|---|---|
| | 细砂岩 | 硅质岩 | 辉绿岩 | 石英岩 | 板岩 | 砾石 | 石片 | 断块 | 单刃 | 双刃 | 多刃 | 盘状 | |
| 数量 | 30 | 13 | 11 | 1 | 1 | 30 | 22 | 4 | 28 | 15 | 9 | 4 | 56 |
| % | 53.57 | 23.21 | 19.64 | 1.79 | 1.79 | 53.57 | 39.28 | 7.14 | 50.00 | 26.79 | 16.07 | 7.14 | 100 |

### 1. 单边刃刮削器

28件，占该文化层刮削器的50.0%。岩性有砂岩、硅质岩、辉绿岩三种，以砂岩为主，硅质岩次之，辉绿岩最少。在毛坯的一侧或一端加工出刃口。刃缘平齐，少数呈锯齿状。根据刃部形状，又可分为直刃、凸刃两种形式。

（1）直刃 21件。在毛坯的一侧或一端加工出刃口，刃缘平直。

标本T307②：2538，青灰色细砂岩。在砾石的一端单面打制出一条刃，刃面平斜，片疤较大；有二次修整痕迹。刃缘较直，略呈浅锯齿状。长9.7、宽5.4、厚2.7厘米，重240克，刃角为62°（图八九：3）。

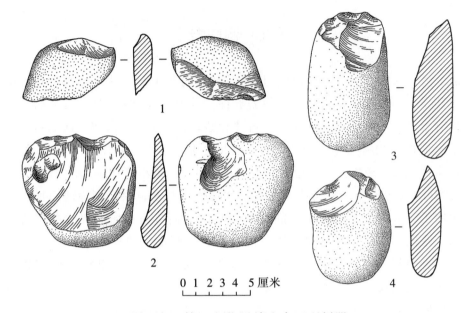

图八九　第一文化层单边直刃刮削器
1. T104⑤：2　2. T307②：3143　3. T307②：2538　4. T310③：358

标本 T206⑤：973，灰绿色细砂岩。在砾石较窄的一端单面加工出一刃，由较平的一面向较凸的一面打击。加工面不大，片疤浅平；有二次修整痕迹。刃缘平直。长7.9、宽9.3、厚4.0厘米，重330克，刃角为37°（图版三〇，2）。

标本 T307②：3143，深灰色细砂岩。单面加工，由石片背面向腹面打击，片疤多宽大于长；背面有多个片疤，其中一个较大，长大于宽。刃缘较宽，中部略呈锯齿状。长8.4、宽8.6、厚1.7厘米，重150克，刃角为38°（图八九：2；图版三〇，3）。

标本 T207④：254，青灰色细砂岩。在砾石的一侧单面打制出一刃。刃面较平斜，剥片的片疤大。刃缘平直，经过修整，无使用痕迹。器身的一端有一个非常陡直的打击面。长8.2、宽7.1、厚2.4厘米，重200克，刃角为58°（图版三〇，4）。

标本 T104⑤：2，黑色细砂岩。沿较长边剥片，打出一道直刃，刃缘平直锋利，可见较多向两侧崩裂的细碎崩疤，应是使用痕迹；一侧剥取两个片疤，打击方向与长边的剥片方向相反，片疤多较小而浅平，部分片疤尾部折断形成陡坎。长4.0、宽8.0、厚1.6厘米，重55克，刃角47°（图八九：1）。

（2）凸刃 7件。在毛坯的一侧或一端加工出刃口。刃缘外凸，多呈弧状。

标本 T310③：358，灰褐色辉绿岩。近四边形。在砾石的一端单向打制出刃面和刃缘，刃面平缓，经二次修整。刃缘凸弧形，上有细碎的凹疤，为使用痕迹。长7.7、宽5.5、厚2.5厘米，重150克，刃角为45°（图八九：4）。

标本 T205⑤：572，青灰色细砂岩。以断块为毛坯。腹面可见两处较大剥片留下的阴痕，背面为完整的砾石面。沿长边一侧单面打制出刃面和刃缘，刃面较平缓。刃缘微凸，呈锯齿状，不见使用痕迹。长 10.0、宽 9.5、厚 3.0 厘米，重 400 克，刃角为 50°（图九〇：3）。

标本 T206⑤：1910，青灰色辉绿岩。近椭圆形。背面为完整的砾石面，正面可见锐棱砸击法打制出一个片疤，沿片疤面进行二次修整，形成刃口。单面加工，加工面平坦。刃缘微凸。长 10.0、宽 7.3、厚 2.5 厘米，重 230 克，刃角为 46°（图九〇：2；彩版一三，5）。

标本 T207④：587，灰色细砂岩。以大石片为毛坯。近椭圆形。背面为完整的砾石面，腹面平坦。石片远端经二次修理，由背面向腹面打击。刃缘微凸，部分呈锯齿状，无使用痕迹。长 10.0、宽 6.1、厚 1.6 厘米，重 180 克，刃角为 57°（图九〇：4）。

标本 T206⑤：3652，深灰色细砂岩。近三角形。在砾石的一侧进行单面加工，加工部位延伸至一端，另一端为一断裂面。加工面较大的片疤尾部折断，形成浅坎。刃缘平齐，经过修整，无使用痕迹。长 9.1、宽 6.8、厚 3.0 厘米，重 210 克，刃角为 45°（图版三〇，5）。

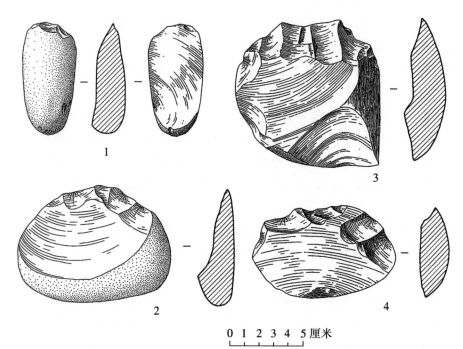

0 1 2 3 4 5厘米

图九〇　第一文化层单边凸刃刮削器
1. T101③：324　2. T206⑤：1910　3. T205⑤：572　4. T207④：587

标本 T101③：324，灰色硅质岩。以石片为毛坯。石片远端背面向腹面略作修整，片疤小而宽。刃缘微凸，无使用痕迹。近端有三个小崩疤；较窄端有一处粗点状砸击疤痕，径约 1 厘米，表明该器曾作为石锤使用。器身平面近椭圆形。长 7.9、宽 3.7、厚 2.3 厘米，重 100 克，刃角为 50°（图九〇：1）。

2. 双边刃刮削器

15 件，占该文化层刮削器的 26.79%。原料有砂岩、硅质岩和辉绿岩三种，其中细砂岩占 60%。通常在毛坯的一侧和一端加工出两条刃。刃缘有一直一凹、双直、一直一凸、一凸一凹四种。

标本 T310③：180，灰黄色细砂岩。器身扁薄，平面为近四边形。在相邻的两边分别打制出一直刃和一凹刃。直刃刃面片疤多而较深，刃面凹凸不平；刃缘部位有修整痕迹和使用痕迹。凹刃面由一个大片疤组成，未经修整，刃缘锋利。与凹刃相对的一端为一断裂面。长 7.6、宽 6.0、厚 2.1 厘米，重 120 克，刃角分别为 46°~67°（图九一：5）。

标本 T308②：604，灰黑色硅质岩。两面加工，在砾石一面打制出一平缓的刃面和较直的刃缘，刃缘呈锯齿状；在另一面打制出另一刃面和刃缘，刃缘平直。未见使用痕迹。长 8.7、宽 8.3、厚 3.3 厘米，重 210 克，刃角分别为 50°~62°（图九一：6）。

标本 T204④：116，灰黄色细砂岩。以石片为毛坯。在石片的右侧进行第二步加工，使之形成一宽弧凸刃，刃缘锯齿状；左侧下部加工出一凹弧刃。两刃的加工均由背面向腹面打击。长 8.3、宽 8.5、厚 2.0 厘米，重 180 克，刃角 47°~56°（图九一：3）。

标本 T207④：2155，为青灰色辉绿岩。以石片为毛坯。在石片的远端和右侧进行第二步加工，分别打出一刃。远端由背面向腹面打击，刃面陡而深凹，刃缘平直，略呈锯齿状，无使用痕迹；右侧由腹面向背面打击，刃面由两个小片疤组成，刃缘中部微凸，无使用痕迹。器身平面近梯形。长 7.1、宽 5.2、厚 2.0 厘米，重 70 克，刃角 50°~75°（图版三〇，6）。

标本 T206⑤：103，青灰色硅质岩。近四边形。四周均经加工，在器身两端错向加工，各加工出一刃；而两侧经简单剥片，未经修整。长 8.1、宽 6.0、厚 1.9 厘米，重 120 克，刃角 45°~68°（图九一：4）。

标本 T103⑤：188，灰褐色辉绿岩。以石片为毛坯。锤击修理，复向加工，左侧刃缘微弧，未作修整；右侧加工较多，背面片疤较大，尾部折断呈梯状，刃缘弧凸，略作修整。无使用痕迹。长 10.4、宽 9.4、厚 2.6 厘米，重 350 克，刃角 45°~63°（图九一：1）

标本 T104⑤：12，深灰色硅质岩砾。以石为毛坯，器身扁薄，近四边形。在一端和一侧单面打制出刃面和刃缘，由较平面向微凸面打击。片疤多较大而浅平，部分尾部折断形成浅坎。刃缘弧凸，经较多修整，无使用痕迹。长 9.9、宽 7.0、厚 2.0 厘米，重 190 克，刃角为 68°（图九一：2）。

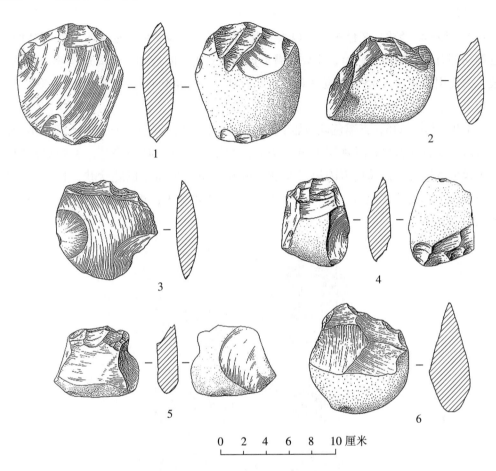

图九一　第一文化层双边刃刮削器

1. T103⑤：188　2. T104⑤：12　3. T204④：116　4. T206⑤：103　5. T310③：180　6. T308②：604

### 3. 多边刃刮削器

10 件，占该文化层刮削器的 17.86%。原料有砂岩、硅质岩和板岩三种，其中硅质岩和细砂岩几乎各占一半，板岩只见个别。通常在毛坯的两侧和一端或者两端和一侧加工出三条刃缘。同一件器物中刃缘往往有直刃和凹刃之分。

标本 T208③：2659，灰黄色细砂岩。近椭圆形。在砾石的一端和两侧各打出一凸刃，单面加工，加工面凹凸不平，片疤较大。局部有修整痕迹。长 7.1、宽 5.9、厚 2.3 厘米，重 110 克，刃角为 48°~62°（图九二：3；图版三一，1）。

标本 T307②：3182，灰色细砂岩。以石片为毛坯。在石片的远端和左右两侧进行第二步加工，分别打制出三条刃。远端刃为直刃，刃缘呈锯齿状；左侧刃面内凹，刃缘平齐；右侧刃为尖凸刃。均无使用痕迹。长 11.7、宽 6.7、厚 2.0 厘米，重 240 克，刃角为49°～56°（图版三一，2）。

标本 T308③：588，黑色板岩。以大石片为毛坯，器身平面近椭圆形。在石片的一侧和远端局部有较大的修整疤痕，主要由背面向腹面打击。除近端外，周边连续分布的细碎疤痕，为使用痕迹。长 15.0、宽 9.0、厚 2.2 厘米，重 400 克，刃角为 50°～55°（图九二：4）。

标本 T205⑤：846，青黑色硅质岩。以厚石片为毛坯，器身平面近四边形。由背面向腹面打击，在石片远端和两侧加工出三条刃，左侧刃平直，略经修整；右侧刃面凹凸不平，刃缘呈宽锯齿形；远端刃因第二步加工的片疤尾端折断而成陡坎状，且刃面中部凸起，刃缘不平。无使用痕迹。长 6.5、宽 5.1、厚 2.8 毫米，重 90 克，刃角为 55°～67°（图九二：2）。

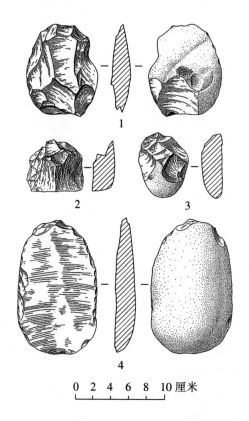

0　2　4　6　8　10厘米

图九二　第一文化层多边刃刮削器

1. T103⑤：3　2. T205⑤：846　3. T208③：2659　4. T308③：588

标本 T103⑤：3，灰色硅质岩。以厚石片为毛坯。在石片远端和两侧打击，加工出三条刃，片疤较大而浅平；左侧刃和端刃打击方向由砾石面向腹面，刃缘弧凸，呈宽齿状，经较多修整，有使用痕迹；右侧双面加工，正面一个大片疤尾部折断形成深坎，背面有一大一小两个片疤，刃缘略凹，略作修整，无使用痕迹。器身背面中央有一处点状的砸击疤痕。长 11.1、宽 1.9、厚 2.4 厘米，重 380 克，刃角 48°（图九二：1）。

4. 盘状刮削器

4 件，占该文化层刮削器的 7.14%。原料有砂岩、硅质岩和石英三种，以砂岩为主。均以石片为毛坯，沿周边或大部分边缘加工出刃口。

标本 T208③：482，青灰细砂岩。以石片为毛坯。锤击修理，复向加工，周边大部分经过加工，使之形成圆盘状刃口。刃缘较平齐，刃口薄锐锋利，局部有因使用而形成的细碎崩疤。长 11.8、宽 10.0、厚 1.6 厘米，重 260 克，刃角为 48°～52°（图九三：1）。

标本 T306②：631，深灰色细砂岩。以石片为毛坯。锤击修理，复向加工，加工仅限于边缘部分，以修整为主，片疤不大。刃缘平齐，有使用痕迹。长 9.6、宽 9.1、厚 2.1 厘米，重 230 克，刃角为 47°～63°（图九三：2；图版三一，3）。

标本 T207④：5，以石英石片为毛坯。沿石片周边由腹面向背面打击，加工出大致盘状的刃口。刃缘多不够平齐，很少修整，无使用痕迹。长 4.8、宽 4.6、厚 1.5 厘米，重 40 克，刃角为 35°～70°（图版三一，4）。

# 四　磨制石制品

807 件。类型包括斧、锛、凿、切割器、研磨器（含成品、半成品、毛坯及残品）以及研磨盘、捶捣器等。其中，斧锛类数量最多，次为研磨器，研磨盘和捶捣器很少（见附表二）。

## （一）石　斧

78 件，占该文化层磨制石制品的 9.67%（不含斧（锛）毛坯）。包括石斧成品、半成品和毛坯。其中，毛坯数量最多，成品最少（见附表二）。

1. 石斧成品

共 24 件，占该文化层斧锛类石制品的 4.46%。原料有细砂岩、硅质岩、辉绿岩、长石岩四种，其中细砂岩最多，约占了 58%；次为硅质岩；辉绿岩和长石岩都很少（表三五）。器形尺寸较小，但石器之间大小差别较大，最大者长超过 14 厘米，最小者长约 7 厘

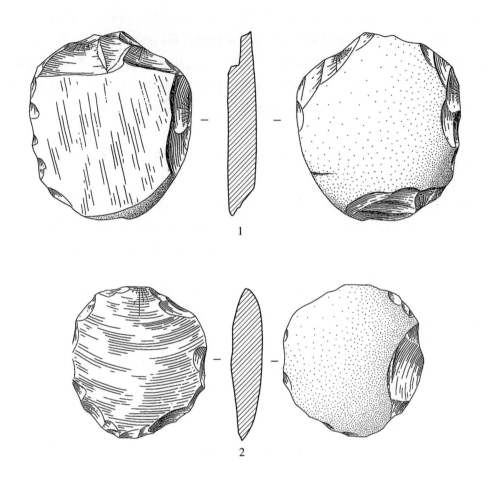

0 1 2 3 4 5厘米

图九三　第一文化层盘状刮削器
1. T208③：482　2. T306②：631

米（表三六）。器身平面形状有梯形、长方形、三角形、扁长形和椭圆形等，其中长方形最多，约占总数的29%，次为梯形，椭圆形最少（表三七）。

表三五　第一文化层石斧成品岩性统计表

| 类别 | 细砂岩 | 硅质岩 | 辉绿岩 | 长石岩 | 合计 |
|---|---|---|---|---|---|
| 数量 | 14 | 7 | 2 | 1 | 24 |
| % | 58.33 | 29.17 | 8.33 | 4.17 | 100 |

表三六　第一文化层石斧成品测量统计表（长宽厚：厘米；重量：克；刃角：度）

| 类　别 | 最大值 | 最小值 | 平均值 |
|---|---|---|---|
| 长　度 | 14.2 | 7.2 | 9.8 |
| 宽　度 | 6.1 | 3.6 | 4.9 |
| 厚　度 | 2.2 | 1.2 | 1.7 |
| 重　量 | 200 | 55 | 111 |
| 刃　角 | 64 | 42 | 52 |

表三七　第一文化层石斧成品形状统计表

| 类别 | 梯形 | 长方形 | 三角形 | 扁长形 | 椭圆形 | 合计 |
|---|---|---|---|---|---|---|
| 数量 | 6 | 7 | 5 | 5 | 1 | 24 |
| % | 25.00 | 29.17 | 20.83 | 20.83 | 4.17 | 100 |

磨制部位分通体磨和局部磨两种，其中通体磨的15件，占62.5%；局部磨的标本9件，占该文化层石斧成品总数的37.5%。局部磨的标本中，有5件基本上都是加工器身下半部，上半部保留砾石面。加工部位除磨痕外，有的还有2~3个打击疤痕，打击疤痕通常分布在一面的两侧。通体磨制的标本器身都保留不同程度制坯时的片疤，只是刃部磨得精致。刃缘有直刃、弧刃和斜刃三种，其中弧刃最多，次为直刃，斜刃最少。在24件石斧成品中，刃部具有使用痕迹的标本有9件，占37.5%；无使用痕迹的15件，占62.50%。根据器身形状，可分为A、B、C、D、E五型。

A型　6件，约占该文化层石斧成品的28%。器身平面形状近似梯形。刃缘包括直刃和弧刃。

标本T103⑤：907，灰色硅质岩。器身一面稍平整，另一面微隆起。两面均经初步磨制，已有部分光滑磨面，但仍可见部分打击疤痕。把端和两侧均未经磨制，全是层层叠叠的片疤。刃部经精心磨制出光滑的刃面；刃缘平直，刃口锋利，未见使用痕迹。长8.5、宽4.9、厚1.6厘米，重90克，刃角54°（图九四：1；彩版一四，1）。

标本T306②：1675，黄褐色细砂岩。器形规整、对称，两面略凸。全身经过加工，通体磨制，但器身尚有部分浅薄的打击疤痕。刃缘平直，有较多的崩疤，使用痕迹明显。长10.5、宽5.8、厚1.8厘米，重150克，刃角51°（图九四：2；图版三二，1）。

标本T307③：343，灰色硅质岩。器形规整、对称。通体加工，局部磨制。一面大部分经过磨制，仅在上部保留有细小的打击疤痕，另一面磨制仅限于下半部，上半部保留较多大而深的打击疤痕；把端和两侧几乎未经磨制；刃部磨制精致，表面光滑。刃缘弧凸，刃口锋利，无使用痕迹。长9.9、宽5.8、厚2.2厘米，重150克，刃角50°（图九四：3；图版三二，2）。

标本T104⑤：7，灰褐色细砂岩。除把端外，几乎通体磨制，但周边仍有较多打击疤痕。刃部一面磨制，较光滑，另一面磨制较少；刃缘微弧，有较多崩疤，使用痕迹明显。长8.8、宽4.3、厚1.1厘米，重60克，刃角43°（图九四：4）。

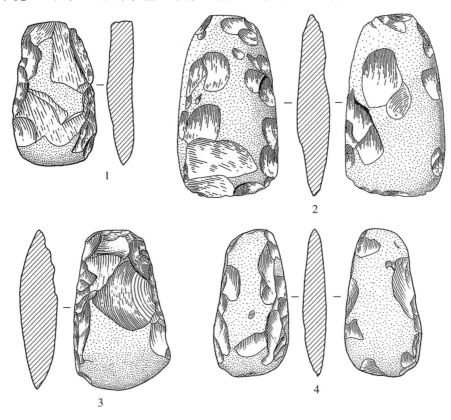

0 1 2 3 4 5厘米

图九四　第一文化层A型石斧
1. T103⑤：907　2. T306②：1675　3. T307③：343　4. T104⑤：7

B型　7件，约占该文化层石斧成品的28%。体形较长，器身平面形状略呈长方形。刃缘包括弧刃和斜刃。有的标本的把端略弧。

标本T306②：20，灰色细砂岩。平面形状近梯形，把端稍窄，刃端略宽，两面均较平整。通体磨制，其中一面除中部及近把端和近刃端处可见部分打击疤痕外，其余部分均为光滑磨面；另一面除一侧边沿及近把端处可见部分打击疤痕外，其余部分均为光滑的磨面；把端和两侧均经修整并经较多磨制，仅可见少量打击疤痕；刃部两面均经精心磨制，已磨出光滑的刃面；刃缘齐整，刃口锋利，略呈弧凸状，无使用痕迹。长 13.8、宽 6.0、厚 2.2 厘米，重 200 克，刃角 60°（图九五：1；图版三二，3）。

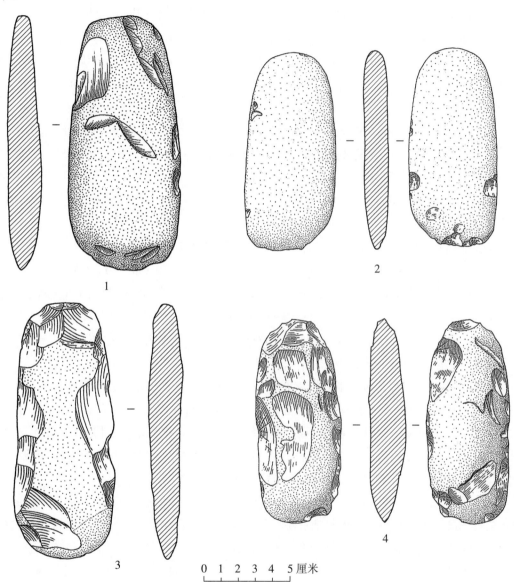

0　1　2　3　4　5厘米

图九五　第一文化层 B 型石斧
1. T306②：20　2. T307②：1347　3. T308②：2011　4. T206⑤：4448

　　标本 T307②：1347，褐色硅质岩。器身扁薄。通体磨制，除少许打击疤痕外，整个器身都经过磨光；两侧缘经过较多的磨制，已形成平整的磨面。刃缘弧凸，中部有崩疤，应为使用痕迹。长 10.8、宽 5.0、厚 1.3 厘米，重 130 克，刃角 51°（图九五：2）。

标本 T308②：2011，灰褐色细砂岩。局部加工。器身一面略经磨制，已有少许光滑磨面，但中部至近刃端处仍保留部分自然砾面，其余部分多见打击疤痕；另一面虽经磨制，但除刃部外，其余部分仅有少许磨痕，还基本上保留打击疤痕；两侧磨得很少，把端未经磨制；刃部的磨制限于刃面和刃缘部位。刃缘齐整，刃口锋利，略呈弧凸状，可见部分细小的崩疤，应是使用痕迹。长 14.2、宽 5.2、厚 2.2 厘米，重 175 克，刃角 50°（图九五：3；图版三二，4）。

标本 T206⑤：4448，深灰色砂岩。器身一面较平，另一面较凸。通体磨制，平整面以下部磨制较多，上半部保留较多的打击疤痕，较凸一面则以中部磨得较多；两侧和把端略经磨制，保留许多打击疤痕；刃部磨制精致。刃缘弧凸、锋利，有较多崩疤，应为使用痕迹。长 11.0、宽 4.7、厚 2.0 厘米，重 140 克，刃角 64°（图九五：4）。

C 型　5 件，占该文化层石斧成品的 21%。平面略呈三角形。刃缘有直刃和弧刃。

标本 T307②：3142，原料为灰色砂岩。器身一面较平，另一面较凸。局部加工。平整面的磨制基本上仅限于刃部和靠近刃部的地方，其余为片疤面。而较凸一面的磨制也集中在下半部，上半部保留片疤和砾石面；两侧和把端略经磨制。刃部中间有一较大的缺口，缺口断面陡直，为横向打击崩裂，其余刃缘平整、锋利，无使用痕迹。长 12.1、宽 6.1、厚 2.2 厘米，重 170 克，刃角 49°（图九六：1）。

标本 T207④：4277，灰色细砂岩。器身一面较平，另一面较凸。几乎通体磨制，平整面的磨制主要在一侧，另一侧保留部分宽大的片疤（原石片破裂面），较凸一面除一侧有几个较深凹的片疤外，余为光滑的磨面；两侧缘经过磨制，把端未磨，保留砾石面。刃部一面磨光，另一面有疤痕。刃缘较直，有许多细碎的崩疤，应为使用痕迹。长 10.3、宽 4.9、厚 1.5 厘米，重 100 克，刃角 50°（图九六：2）。

标本 T303②：4，浅灰色细砂岩。器身一面较平，另一面较凸。通体磨制，平整面磨制主要在下部，上部可见浅平的片疤痕迹，另一面磨制主要在中部，两侧保留较多打击疤痕；两侧缘均经过磨制，但仍可见少许打击疤痕；把端几乎未磨；刃部磨制精致，刃缘较直，有较多崩疤，应为使用痕迹。长 8.4、宽 5.0、厚 1.4 厘米，重 60 克，刃角 50°（图九六：3；图版三二，5）。

标本 T207④：2795，灰白色硅质岩。平面近三角形，把端窄小，刃端宽大，器身一面稍平整，另一面微隆起。几乎通体磨制，平整面磨制较多，已有较多光滑磨面，但两侧近中部及把端处仍可见部分打击片疤。隆起面亦经较多磨制，但两侧近中部仍可见部分打击片疤，近把端处仍保留部分自然砾石面。把端和两侧经较多磨制，但仍可见部分打击疤

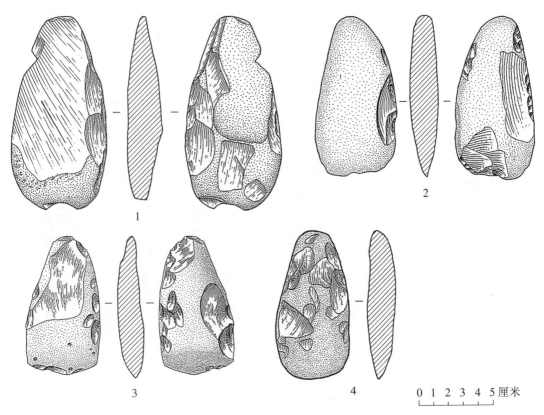

图九六　第一文化层 C 型石斧
1. T307②：3142　2. T207④：4277　3. T303②：4　4. T207④：2795

痕。刃部两面均精心磨制出光滑的刃面。刃缘平直，刃口锋利，未见使用痕迹。长9.0、宽4.5、厚1.5厘米，重95克，刃角55°（图九六：4；彩版一四，2）。

D 型　5件，占该文化层石斧成品的21%。器身扁长形，两端弧凸，把端较窄，刃端较宽。

标本 T305②：338，灰色辉绿岩。器身一面的下半部经较多磨制，近刃端两侧各有一个小片疤；另一面仅磨制刃部，余为砾石面；刃缘弧凸，刃口锋利，中部有一个较大的崩疤，应为使用痕迹。长7.3、宽3.6、厚5.4厘米，重60克，刃角43°（图九七：1）。

标本 T207④：3，深灰色细砂岩。局部加工。器身一面下部经磨制，以刃部磨得较多，两侧有少许打击疤痕，上部为完整的砾石面；另一面仅刃缘部位略经过磨制，其余为砾石面。刃缘弧凸、锋利，有使用痕迹。长8.1、宽3.6、厚1.2厘米，重55克，刃角46°（图九七：2；图版三二，6）。

标本 T305②：1，灰黑色细砂岩。局部加工。器身一面下部经磨制，中部和下部可见打击疤痕，上部为完整的砾石面；另一面除刃部经过磨制外，其余为砾石面。刃缘平齐，呈凸弧状，未见使用痕迹。器身规整、对称。长8.2、宽3.8、厚1.4厘米，重90克，刃角58°（图九七：3；图版三二，7）。

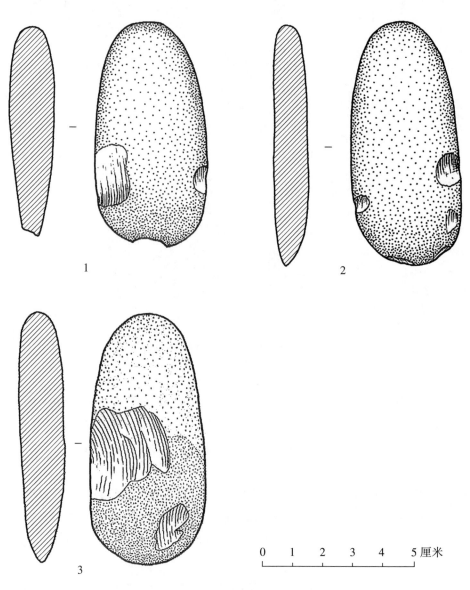

图九七　第一文化层 D 型石斧
1. T305② : 338　　2. T207④ : 3　　3. T305② : 1

E 型　1件，占该文化层石斧成品的4%。

标本 T308② : 2622，灰黄色硅质岩。平面略呈椭圆形。通体加工。两面以磨制刃端为主，一面仅在近把端和近一侧处略经磨制，其余为层层叠叠的片疤；刃部经精心磨制，表面光滑；刃缘弧凸，刃口锋利，无使用痕迹。长6.8、宽5.2、厚1.6厘米，重80克，刃角50°（图九八：1）。

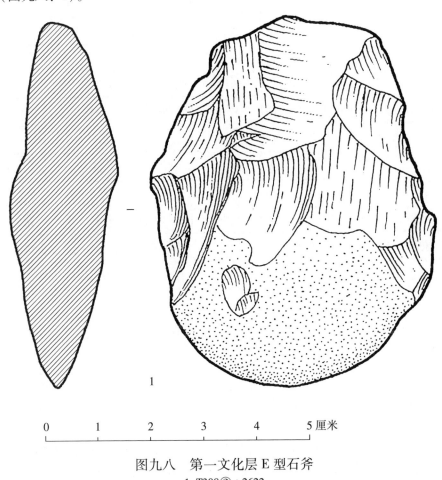

图九八　第一文化层 E 型石斧
1. T308②：2622

2. 石斧半成品

25件，占该文化层斧锛类石制品的4.65%。原料有砂岩、硅质岩、长石岩、板岩、石英岩五种，其中砂岩数量最多，次为硅质岩，板岩和石英岩最少（表三八）。平面形状有梯形、三角形、长方形和扁长形，其中梯形最多，次为长方形和扁长形，三角形最少（表三九）。大小差别不大，最大者长超过12厘米，最小者长5.8厘米。

磨制部位分通体磨和局部磨两种，通体磨制的标本3件，占此类标本总数的12%；而局部磨制的多达22件，占88%。局部磨的标本或磨刃部，或磨一面，或磨两面；通体磨制的标本包括石器各部位均经过磨制。依器身平面形状，可分为 A、B、C、D 四型。

表三八　第一文化层石斧半成品岩性统计表

| 类别 | 砂岩 | 硅质岩 | 长石岩 | 板岩 | 石英岩 | 合计 |
|------|------|--------|--------|------|--------|------|
| 数量 | 15 | 6 | 2 | 1 | 1 | 25 |
| % | 60.00 | 24.00 | 8.00 | 4.00 | 4.00 | 100 |

表三九　第一文化层石斧半成品形状统计表

| 类别 | 长方形 | 梯形 | 三角形 | 扁长形 | 合计 |
|------|--------|------|--------|--------|------|
| 数 量 | 7 | 9 | 2 | 7 | 25 |
| % | 28.00 | 36.00 | 8.00 | 28.00 | 100 |

表四〇　第一文化层石斧半成品测量统计表（尺寸：厘米　重量：克）

| 类别 | 最大值 | 最小值 | 平均值 |
|------|--------|--------|--------|
| 长 度 | 12.2 | 5.8 | 9.3 |
| 宽 度 | 6.2 | 3.0 | 4.5 |
| 厚 度 | 2.9 | 0.7 | 0.15 |
| 重 量 | 200 | 30 | 9.6 |

A型　9件，占该文化层石斧半成品的36%。平面略呈梯形。器身大部分经过加工，多为局部磨制。

标本T306②：40，灰褐色硅质岩。器身较厚，平面呈长梯形，两面均隆起。其中一面近把端处留有少许自然砾面，中部隆起处略经磨制，有少许光滑磨面，其余部分均为打击疤痕；另一面经过较多磨制，中部、近把端、刃端处都经过磨制，其余部分均为打击疤痕。两侧缘略经磨制，把端未磨。刃部两面均磨，刃口一侧已磨制锋利，另一侧尚未磨好。长11.9、宽5.2、厚2.9厘米，重200克（图九九：1）。

标本T103⑤：947，灰褐色细砂岩。近长三角形。器身的一面及另一面的大部均为起伏的打片面，其中一面近刃缘有光滑的磨制面。两侧缘为连续凹凸不平的凹疤痕，局部经琢打，把端也修整和琢打。刃缘略弧，尖薄，刃口尚未磨好。长9.7、宽4.3、厚1.6厘米，重110克（图九九：2；图版三三，1）。

标本T308②：770，灰白色长石岩。把端较窄，刃端宽大。器身一面稍平整，另一面微隆起。通体磨制，一面除两侧边可见部分打击疤痕，其余部分均为光滑磨面；另一面亦经过较多磨制，中部和把端处可见部分浅薄的打击疤痕；刃部两面均经过磨制，但刃口尚未磨出。长7.5、宽3.8、厚0.7厘米，重40克（图九九：3；图版三三，2）。

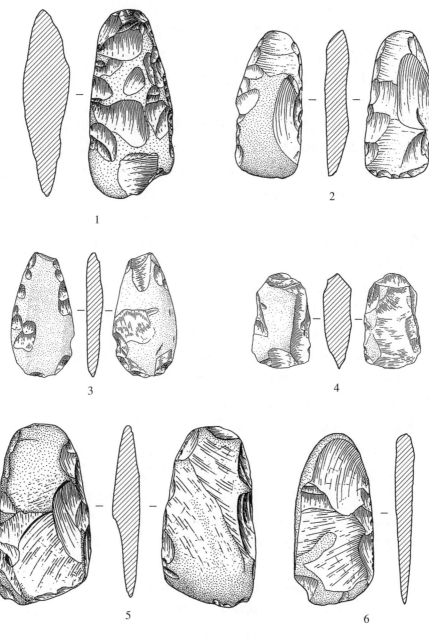

0 1 2 3 4 5厘米

图九九　第一文化层 A 型石斧半成品

1. T306②：40　2. T103⑤：947　3. T308②：770　4. T104⑤：579　5. T206⑤：4419　6. T207④：3

标本 T104⑤：579，灰白色硅质岩。器身两面均隆起，略经磨制，已有部分光滑磨面，但仍保留有较多打击疤痕；把端和两侧缘均未经磨制；刃缘略弧凸，未经磨制。长 5.8、宽 3.0、厚 1.8 厘米，重 45 克（图九九：4）。

标本 T206⑤：4419，灰色板岩。器身较薄，一面平整，另一面略凸。通体磨制，但尚未磨出刃口。平整面以刃部磨得较多，已大致磨出刃面；另一面磨制主要在器身上半部（凸起部分），刃部略磨。把端和两侧缘略经磨制，仍保留许多打击疤痕。长 11.3、宽 6.2、厚 1.3 厘米，重 140 克（图九九：5）。

标本 T207④：3，深灰色细砂岩。器身扁薄，两面均较平整，其中一面中部及刃部略经磨制，刃部已磨出刃面，其余部分均为打击疤痕；另一面只刃部略经磨制，有少许光滑的刃面，刃口尚未磨出，刃缘基本平齐；其余部分均为打击疤痕。两侧和把端均保留有较多的自然砾石面，略经修整，但未经磨制。长 11.8、宽 5.5、厚 1.1 厘米，重 100 克（图九九：6；图版三三，3）。

B 型　7 件，占该文化层石斧半成品的 28%。平面近似长方形。器身大部分经过加工，但均为局部磨制。

标本 T206⑤：373，灰白色长石岩。通体加工，两面部分经过磨制，余为打片疤痕。把端和两侧缘未经磨制，可见层叠的打击疤痕。刃端有较多的磨面，但尚存不少片疤，尚未磨出刃口。长 9.1、宽 3.6、厚 1.6 厘米，重 80 克（图一〇〇：1；图版三三，4）。

标本 T309③：40，灰色粉砂岩。器身两面均微微隆起。其中一面除中部及把端处有两个片疤外，其余部分均保留自然砾石面，未经磨制；另一面略经磨制，除中部外，上、下部已有少许磨面，其余均为打击疤痕；刃部修整平齐，刃口尚未磨出。左侧边的中部可见层叠片疤，另一侧完全保留自然砾面，未经磨制；把端经过修整但未磨制。长 11.2、宽 4.9、厚 1.8 厘米，重 140 克（图一〇〇：2；图版三三，5）。

标本 T103⑥：4，灰白色硅质岩。把端与刃端宽度几乎相等。器身两面略隆起，其中一面近刃端及近把端处仍留有部分自然砾石面，其余部分为打击片疤；另一面近刃端处经较多磨制，刃部已磨出部分光滑的刃面，其余部分仍为打击片疤；把端和两侧缘均未磨制；刃口尚未磨出，刃缘已修整平齐。长 6.5、宽 3.5、厚 1.2 厘米，重 30 克（图一〇〇：3）。

标本 T207④：281，灰色细砂岩。器身较薄，一面略凹，另一面略凸。除凸面中部和靠刃部保留两小块砾石面外，几乎通体加工。磨制仅限于刃部，但未磨出刃口。长 7.4、宽 4.6、厚 1.6 厘米，重 70 克（图一〇〇：4）。

C 型　2 件，占该文化层石斧半成品的 8%。平面略呈三角形。器身大部分经过加工，磨制明显。

标本 T103⑤：429，灰褐色硅质岩。把端较窄，刃端较宽。器身较厚，两面均隆起，

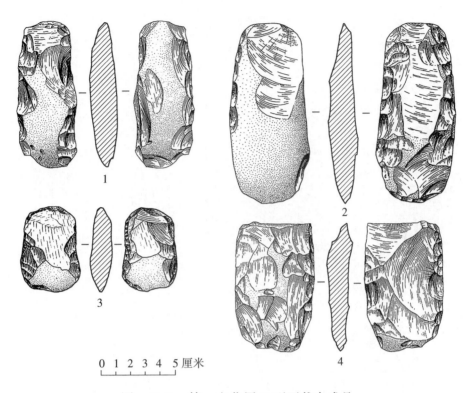

0 1 2 3 4 5 厘米

图一〇〇　第一文化层 B 型石斧半成品

1. T206⑤：373　2. T309③：40　3. T103⑥：4　4. T207④：281

其中一面中部至把端处保留有部分砾石面，近刃端处经较多磨制，刃部已磨出较光滑的刃面，两侧边沿仍可见部分打击疤痕。另一面中部保留有部分自然砾石面，近刃端处略经磨制，刃部已有少许光滑面，两侧边沿可见较多的打击疤痕。刃部修整平齐，刃口尚未磨出。两侧近刃端处可见层叠的片疤，近把端处仍保留自然面。把端完全保留自然面，未经磨制。长 10.3、宽 5.1、厚 2.5 厘米，重 180 克（图一〇一：1；彩版一四，3）。

标本 T308②：2623，灰白色硅质岩。器身一面较平整，另一面近把端处隆起。平整面完全保留自然砾面，刃部略经磨制出部分光滑刃面。隆起面经过较多磨制，中部及近把端处有不少光滑磨面，刃部亦经过磨制，但仍可见部分打击疤痕。刃口尚未磨出。两侧边略经磨制，把端未磨。长 12.2、宽 5.4、厚 2.0 厘米，重 160 克（图一〇一：2；图版三三，6）。

D 型 7 件，占该文化层石斧半成品的 28%。器身为扁长形，两端弧凸。多数标本的器身仅作局部加工，大部分保留砾石面，磨制限于刃部。

标本 T205④：8，灰色细砂岩。器身一面扁平，另一面略凸。凸起面大部分为打击片疤，仅在中下部保留砾石面，刃部有轻微的磨痕。扁平面两侧为打击疤痕，余为砾石面，

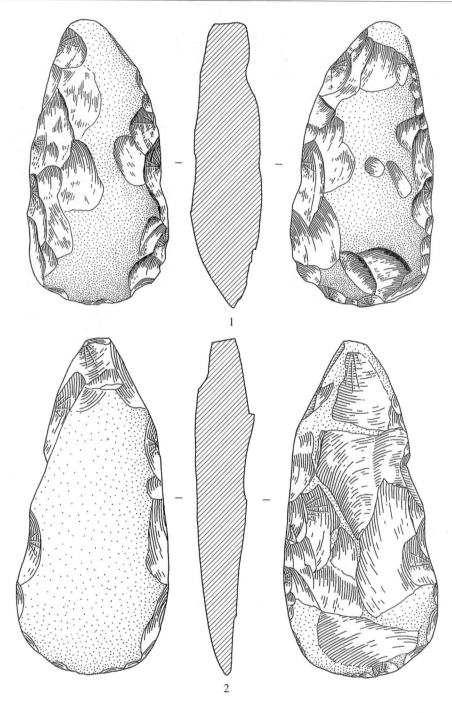

0　　1　　2厘米

图一〇一　第一文化层 C 型石斧半成品

1. T103⑤：429　2. T308②：2623

两侧边和把端未经磨制；刃口和刃面均未磨好。此标本虽经过磨制，但磨制范围非常小。长 11.0、宽 5.7、厚 1.6 厘米，重 180 克（图一〇二：1；图版三三，7）。

　　标本 T206⑤：3649，灰色细砂岩。局部加工，加工仅限于刃部及附近部位，其余部位保留砾石面。一面除刃部附近一侧有一小片疤外，其余未经打制，直接磨制。另一面刃部中间有打击片疤，两侧均磨制。刃口尚未磨出。长 9.0、宽 4.3、厚 1.2 厘米，重 100 克（图一〇二：2）。

　　标本 T104⑤：546，灰褐色细砂岩。局部加工，下半部有两个大片疤，片疤之间形成的棱脊和刃部经过磨制，刃部已磨出刃面。另一面在刃部和靠近刃部的一侧边有连续的敲击疤痕，刃部略经磨制，基本形成刃面；刃口尚未磨出。其他部位为砾石面。此标本加工简单，磨制仅限于刃部。长 8.4、宽 3.7、厚 1.3 厘米，重 55 克（图一〇二：3）。

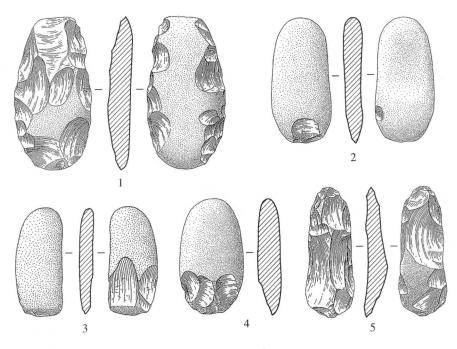

0 1 2 3 4 5 厘米

图一〇二　第一文化层 D 型石斧半成品

1. T205④：8　2. T206⑤：3649　3. T104⑤：546　4. T306②：1641　5. T205④：385

　　标本 T306②：1641，灰黑色硅质岩。制坯时，在砾石的一端单面打击，形成一个大致的刃面，其余保留砾石面。磨制时，仅磨打击疤痕部位，且磨得很少，仅见局部磨面。刃口尚未磨出。长 8.9、宽 5.0、厚 1.8 厘米，重 140 克（图一〇二：4）。

　　标本 T205④：385，灰色粉砂岩。一面凹，一面凸。凹面未经磨制，全为打击片疤面；

凸面上部为片疤面，中下部保留部分砾石面，刃部略经磨制；把端和两侧缘未经磨制；刃面和刃口均未磨出。长8.4、宽4.0、厚1.4厘米，重55克（图一〇二：5）。

　　3. 石斧毛坯

　　共29件（斧（锛）毛坯除外），占该文化层斧锛类石制品的5.39%。原料有砂岩、硅质岩、长石岩三种，其中砂岩数量最多，次为硅质岩，长石岩最少（表四一）。平面形状有梯形、长方形、扁长形和肾形，其中梯形最多，次为长方形，肾形最少（表四三）。大小差别不大，最大者长超过15厘米，最小者长不到7.4厘米（表四二）。

　　多数标本的器身都经过较多的加工，有的甚至几乎通体加工，但也有部分标本仅作局部加工，加工部位通常在刃端和两侧，器身大部分保留砾石面。不少标本的侧缘经过不同程度的琢打，但两面很少见到琢打的痕迹。依器身平面形状，可分为A、B、C、D四型。

表四一　第一文化层石斧毛坯岩性统计表

| 类别 | 砂岩 | 硅质岩 | 长石岩 | 合计 |
|---|---|---|---|---|
| 数量 | 21 | 6 | 2 | 29 |
| % | 72.41 | 20.68 | 6.9 | 100 |

表四二　第一文化层石斧毛坯测量统计表（尺寸：厘米；重量：克）

| 类别 | 最大值 | 最小值 | 平均值 |
|---|---|---|---|
| 长 | 15.9 | 7.4 | 11.1 |
| 宽 | 7.6 | 2.5 | 5.2 |
| 厚 | 3.4 | 1.1 | 1.9 |
| 重 | 508 | 58 | 197 |

表四三　第一文化层石斧毛坯形状统计表

| 类别 | 长方形 | 梯形 | 扁长形 | 肾形 | 合计 |
|---|---|---|---|---|---|
| 数量 | 9 | 11 | 8 | 1 | 29 |
| % | 31.03 | 37.93 | 27.59 | 3.45 | 100 |

　　A型　9件，约占该文化层石斧毛坯的31%。平面略呈长方形。除个别标本外，器身

大部分经过加工。

　　标本 T307③：958，灰褐色细砂岩。器身大部分经过加工，仅在一面近端保留少许砾石面。两面片疤较大，较为深凹。两侧边部分经过琢打。石器一端为砾石的断裂面，较平整；另一端经较多修整，初步形成一道弧刃。长 7.3、宽 5.0、厚 1.2 厘米，重 80 克（图一〇三：1）。

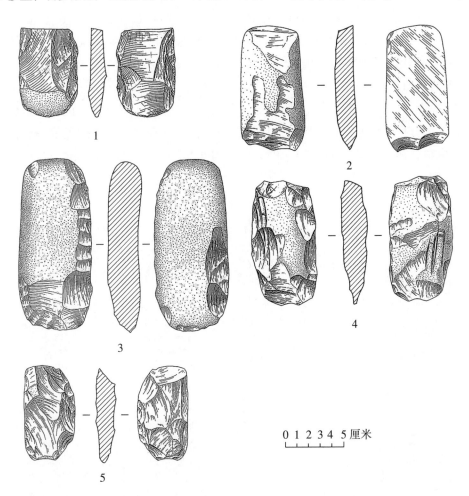

0 1 2 3 4 5 厘米

图一〇三　第一文化层 A 型石斧毛坯

1. T307③：958　2. T209③：13　3. T206⑤：4425　4. T208③：826　5. T207④：252

　　标本 T209③：13，深灰色细砂岩。器身大部分经过加工，仅在一面保留部分砾石面。一面为平整节理面，一端有两个小片疤；另一面两端至中部加工较多，两侧保留砾石面。一端为砾石断裂面，另一端加工面较平缓，已形成刃面。长 10.1、宽 5.2、厚 1.7 厘米，重 180 克（图一〇三：2）。

　　标本 T206⑤：4425，灰黄色硅质岩。加工以一面为主，在砾石的一端和两侧边连续剥片，其中一侧边仅加工近端部，另一侧边加工至两端，片疤大多重叠，较大。另一面在端部和两侧边略作剥片，其中一侧边片疤较大。端部经修整成刃面。长14.3、宽2.6、厚2.8厘米，重500克（图一〇三：3；图版三四，1）。

标本T208③：826，灰褐色细砂岩。器身大部均经剥片，两面布满疤痕，片疤多较大，仅在两面保留部分砾石面。两侧边有琢打痕迹。两端略作修整，其中一端已形成初步的刃面。器身两面近一侧处有明显的三条窄槽磨痕，从窄槽磨痕可以推断，这件器物做斧（锛）毛坯前曾作为窄槽磨石使用过。长9.9、宽5.1、厚2.4厘米，重180克（图一〇三：4；图版三四，2）。

标本T207④：252，灰白长石岩。几乎通体加工，仅在一面保留少许自然砾面。两面片疤较大，部分片疤较为深凹；周边片疤大多细小，层层叠叠；两侧边缘部分经过琢打；两端经过修整，其中一端已形成初步的刃面；刃缘微凹。长7.5、宽4.1、厚2.1厘米，重60克（图一〇三：5）。

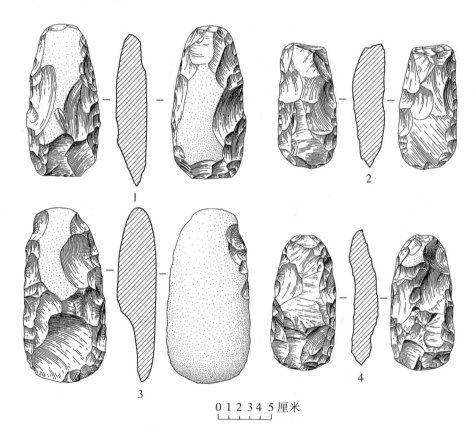

0 1 2 3 4 5 厘米

图一〇四　第一文化层 B 型石斧毛坯（一）

1. T308②：2575　2. T207④：4238　3. T205④：4　4. T206⑤：4479

B 型 11 件，约占该文化层石斧毛坯的 38%。平面略呈梯形。器身经过多处的加工，形状比较规整，轮廓对称。

标本 T308②：2575，灰褐色硅质岩。器身大部均经剥片，仅在两面保留部分砾石面。片疤大多较宽长，部分层层叠叠。较宽端有多处修整，已形成初步的刃面；刃缘平直，较锋利。长 13.0、宽 6.4、厚 2.6 厘米，重 340 克（图一〇四：1；图版三四，3）。

标本 T207④：4238，深灰色细砂岩。通体加工。两面片疤多较大；边缘片疤层层叠叠，较细小。两侧边缘部分经过琢打；一端为砾石的断裂面；另一端略作修整，已形成初步的刃面。长 10.0、宽 4.6、厚 2.7 厘米，重 160 克（图一〇四：2；图版三四，4）。

标本 T205④：4，灰黄色细砂岩。一面较平，一面凸起。加工部位主要集中在凸起面的较宽端和两侧边，仅在器身上半部保留部分砾石面。较平面仅在一侧的上半部略作剥片。端刃部片疤大而深凹，右半部经过较多修整，已形成初步的刃面，刃缘微弧。长 15.1、宽 7.5、厚 3.3 厘米，重 495 克（图一〇四：3；图版三四，5）。

标本 T206⑤：4479，青灰色硅质岩，长椭圆形，一端稍窄，另一端略宽。除位于较窄一端尚保留一小块砾石面外，几乎通体剥片。两面的片疤凹凸不平，未经琢打；刃部已打出刃面，刃缘弧凸。器身轮廓对称，边缘规整，部分经过琢打。长 12.6、宽 5.9、厚 2.1 厘米，重 270 克（图一〇四：4；彩版一四，4）。

标本 T308②：2606，灰色细砂岩。沿砾石周边剥片，片疤多较薄较小，且多集中于一面，另一面基本上保留砾石面，仅在刃端和两侧下半部有少许的细碎片疤。长 11.2、宽 6.3、厚 1.0 厘米，重 175 克（图一〇五：1；图版三四，6）。

标本 T308②：2624，黄褐色细砂岩。原料为石片，一面为平整的破裂面，另一面为砾石面。在石片的边缘两面剥片，片疤多较宽长。较宽端和两侧下半部片疤多较大，在较宽端已形成初步的刃面，刃缘呈宽弧状。长 9.9、宽 3.5、厚 1.3 厘米，重 100 克（图一〇五：2；图版三四，7）。

标本 T208③：2936，深灰色细砂岩。器身大部分经过加工，一面为层叠片疤，另一面保留近一半砾石面。两侧部分边缘经过琢打；一端经过修整，已形成初步的刃面。长 13.8、宽 6.8、厚 2.1 厘米，重 310 克（图一〇五：3）。

C 型　8 件，约占该文化层石斧毛坯的 28%。器身呈扁长形。多数标本加工简单，器身大部分保留砾石面。

标本 T103⑤：193，深灰色细砂岩。一面较平，另一面凸起。在砾石的较宽端及近端部的两侧由较平面向凸起面单面剥片，并略作修整，初步加工出刃面。长 9.5、宽 3.9、厚 1.6 厘米，重 100 克（图一〇六：1）。

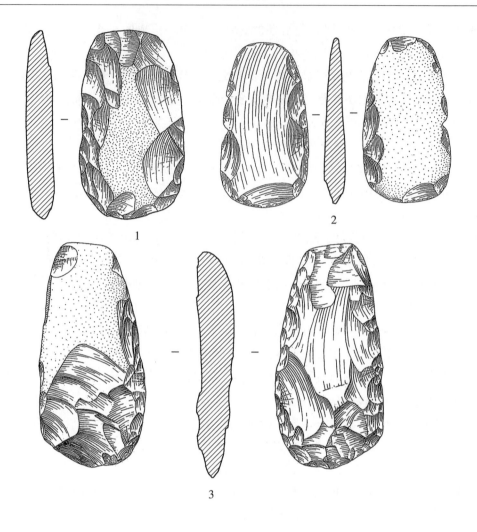

0 1 2 3 4 5厘米

图一〇五　第一文化层 B 型石斧毛坯（二）

1. T308②：2606　2. T308②：2624　3. T208③：2936

　　标本 T304②：3，深灰色细砂岩。一端较宽，一端稍窄。其中一面的较宽端和近端部两侧可以看见一些旧的打击片疤，痕迹已磨圆，可能是早期的人工制品经过搬运冲磨后所致。在砾石另一面的较宽端及近端部两侧单面剥片，加工面较平，初步加工出一刃面；刃缘呈圆弧状。长 9.7、宽 4.4、厚 1.5 厘米，重 115 克（图一〇六：2；图版三四，8）。

　　标本 T203④：12，青灰色细砂岩。在器身一面的两侧及一端连续剥片，片疤较小，局部有修整痕迹，端部形成初步的刃面；另一面仅在一端和一侧略作剥片。长 9.3、宽 3.9、厚 1.2 厘米，重 85 克（图一〇六：3）。

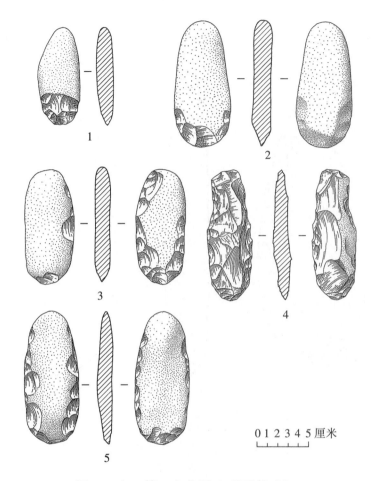

0 1 2 3 4 5 厘米

图一〇六　第一文化层 C 型石斧毛坯

1. T103⑤：193　2. T304②：3　3. T203④：12　4. T209③：275　5. T206⑤：4423

标本 T209③：275，深灰色细砂岩。器身几乎通体加工，仅在一面保留少许砾石面。两面片疤较大；周边形成许多层叠的片疤痕。一端经较多修整，已形成初步的刃面；刃缘弧凸。把手部分略作修整。长 13.3、宽 4.5、厚 1.8 厘米，重 160 克（图一〇六：4）。

标本 T206⑤：4423，灰黑色硅质岩。在砾石的较宽端和两侧双面剥片，其中一面片疤稍大；另一面片疤较小。端部略作修整，已形成初步的刃面；刃缘微弧。长 12.9、宽 5.5、厚 1.5 厘米，重 140 克（图一〇六：5；图版三四，9）。

D 型　1 件，占该文化层石斧毛坯的 3.45%。器身略呈肾形。

标本 T104⑤：28，红褐色细砂岩。一端较宽，另一端较窄。加工以一面为主，在砾石的较宽端及两侧的大部连续剥片，片疤多较宽长，在端部初步加工出刃面。另一面的两侧下半部有少许崩疤。把端保留砾石面。长 12.2、宽 4.8、厚 1.5 厘米，重 120 克（图一〇七：1）。

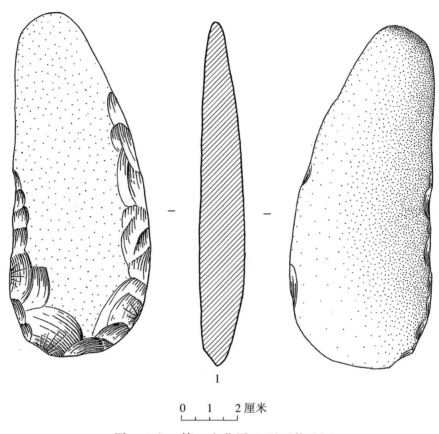

0　　1　　2厘米

图一〇七　第一文化层 D 型石斧毛坯
1. T104⑤：28

# （二）石　锛

53 件，占该文化层磨制石制品的 6.57%（不含斧（锛）毛坯）。包括石锛成品、半成品和毛坯。其中，毛坯数量最多，成品最少（见附表二）。

1. 石锛成品

共 12 件，占该文化层斧锛类石制品的 2.23%。原料有砂岩、硅质岩、长石岩三种，其中砂岩最多，硅质岩次之，长石岩最少（表四四）。平面形状有梯形、长方形两种，其中梯形 11 件，占 91.67%；长方形 1 件，占 8.33%。器体大小差别较大，最大者长超过 12 厘米，最小者长不到 6 厘米（表四五）。器身均经过磨制，除 1 件为局部磨，其余通体磨制；有 2 件是通体磨光，其余均保留有打坯时的片疤痕。刃部磨得较好，刃缘有弧刃、直刃和斜刃，其中弧刃最多，直刃最少；刃角在 48°～65°之间。绝大多数标本的刃部无使用痕迹。根据平面形状，可分为两型。

表四四　第一文化层石锛成品岩性统计表

| 类别 | 砂岩 | 硅质岩 | 长石岩 | 合计 |
|---|---|---|---|---|
| 数量 | 6 | 4 | 2 | 12 |
| % | 50.00 | 33.33 | 16.67 | 100 |

表四五　第一文化层石锛成品测量统计表（尺寸：厘米；重量：克）

| 类别 | 最大值 | 最小值 | 平均值 |
|---|---|---|---|
| 长度 | 12.2 | 5.5 | 8.3 |
| 宽度 | 6.5 | 3.3 | 5.0 |
| 厚度 | 3.0 | 1.1 | 1.6 |
| 重量 | 165 | 45 | 92 |
| 刃角 | 65° | 48° | 54.8° |

A 型　11 件，占该文化层石锛成品的 92%。平面近似梯形。刃缘有弧刃、斜刃和直刃，其中弧刃最多，直刃最少。

标本 T104⑤：24，灰色细砂岩。一面较平，另一面略凸。平面几乎全部磨制，仅在把端和刃端有明显的崩疤；凸起面磨制主要在中部和下部，上部为片疤面；两侧缘经过磨制。刃缘略弧，斜向一侧。长 7.3、宽 4.5、厚 1.6 厘米，重 75 克，刃角 50°（图一○八：1）。

标本 T710④：1，灰白色长石岩。扁长形，两面微凸，一端较窄，另一端较宽。一面大部分经磨制，磨面光滑，一侧中部和近刃面处有两个较大的片疤，把端未经磨制；另一面上半部基本为片疤面，略经磨制，下半部保留大部分砾石面，磨制部位以端刃部为主，较光滑；两侧边缘经较多磨制，较光滑。刃缘微弧，刃口锋利，未见使用痕迹。长 10.2、宽 5.0、厚 1.8 厘米，重 120 克，刃角 56°（图一○八：2；彩版一四，5）。

标本 T205⑤：4442，灰色细砂岩。把端略窄，刃端稍宽。器身一面稍平整，另一面微隆起。两面均经较多磨制，有较多光滑磨面，但仍可见部分打击疤痕；一侧经初步磨制，但仍可见较多的打击疤痕，部分疤痕大而深凹；另一侧未经磨制，仍为粗糙的片疤面；刃部一面磨制出光滑的刃面，另一面有部分光滑磨面，但仍可见部分打击疤痕；刃缘略凸，斜向一侧，刃口锋利；把端经较多磨制，但仍可见部分打击疤痕。长 7.4、宽 3.9、厚 1.6

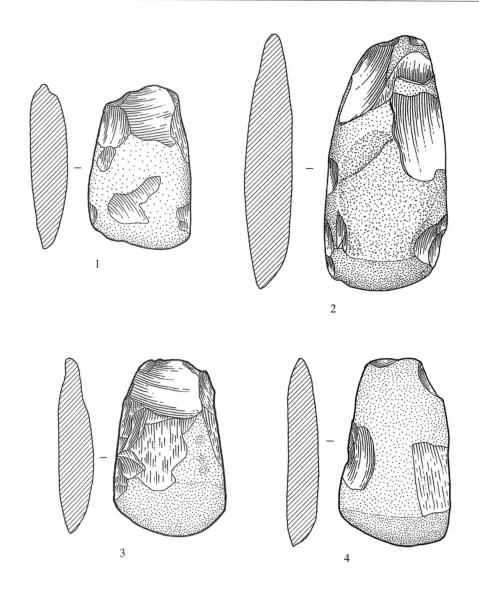

0　1　2厘米

图一〇八　第一文化层 A 型石锛（一）

1. T104⑤：24　2. T710④：1　3. T205⑤：4442　4. T206⑤：4446

厘米，重 60 克，刃角 61°（图一〇八：3；图版三五，1）。

　　标本 T206⑤：4446，灰色硅质岩。把端略窄，刃端稍宽。器身两面均略微隆起，其中一面经较多磨制，中部已有较多光滑磨面，仅近把端外及一侧中部可见少许打击疤痕；另一面中部至近把端处全是打击疤痕，仅近刃端处略作磨制，有少许光滑磨面；一侧略经磨制，但仍可见少许疤痕；另一侧全是层叠的片疤。把端经较多修整，但未磨制。刃部两面均磨出光滑的刃面，刃口锋利，呈弧凸状，刃缘齐整，未见使用痕迹。长 7.4、宽 4.3、厚 1.3 厘米，重 51 克，刃角 51°（图一〇八：4）。

标本 T307②：3579，深灰色硅质岩。把端较窄，刃端较宽，器身一面稍平整，另一面微隆起。局部加工，平面经较多磨制，但仍可见部分打击疤痕；隆起面亦经较多磨制，但中部仍保留部分自然砾石面，其余部分多见打击疤痕；把端和两侧缘略经磨制；刃部两面已磨出光滑的刃面。刃缘齐整、略弧凸，刃口锋利，无使用痕迹。长 10.5、宽 6.1、厚 1.1 厘米，重 160 克，刃角 58°（图一〇九：1；图版三五，2）。

标本 T304②：113，灰白色硅质岩。器身一面稍平整，另一面微隆起。平整面经较多磨制，除中部可见部分打击疤痕外，其余部分多已磨出光滑的磨面；隆起面有部分光滑磨面，但仍可见部分打击疤痕；两侧经较多修整，但未经磨制，可见层叠的片疤；把端经修整并略经磨制，已有少许光滑磨面。刃部经精心磨制，已磨出光滑的刃面；刃缘齐整，刃口锋利，略呈弧凸状。长 10.9、宽 5.8、厚 2.0 厘米，重 165 克，刃角 65°（图一〇九：2；图版三五，3）。

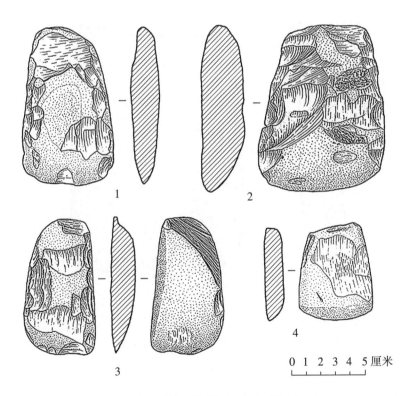

图一〇九 第一文化层 A 型石锛（二）

1. T307②：3579　2. T304②：113　3. T208③：1513　4. T209③：248

标本 T208③：1513，灰黄色细砂岩。一面扁平，另一面隆起。扁平面部分经过磨制，余为打击面；隆起面大部分经过磨制，已形成光滑的磨面，仅在上部一侧和把端部位保留片疤；把端和两侧缘略经磨制，可见轻微的磨痕。刃缘向一侧倾斜，有较多崩疤，应为使用痕迹。长8.9、宽5.1、厚1.6 厘米，重90 克，刃角51°（图一〇九：3）。

标本 T209③：248，灰白色长石岩。把端残。器身两面均较平整，一面经较多磨制，绝大部分是光滑磨面，仅可见少许打击疤痕；另一面初步磨出部分光滑面，大部分仍为粗糙的片疤面；把端已断。两侧经较多磨制，仅见少量打击疤痕；刃部两面均经精心磨制，已磨出光滑的刃面，刃缘齐整，刃口锋利，略呈弧凸状。残长6.2、宽4.9、厚1.2 厘米，重50 克，刃角60°（图一〇九：4；图版三五，4）。

B 型　1 件，占该文化层石锛成品的8%。平面近长方形。

标本 T308②：2569，灰褐色细砂岩。把端残，平面形状近长方形。器身两面均较平整，且中部均保留有较多的自然砾石面，略经磨制；两侧经较多磨制，可见少许打击疤痕；刃部两面均经精心磨制，已磨出光滑的刃面，刃缘齐整，刃口锋利，略呈弧凸状。残长6.3、宽4.9、厚1.2 厘米，重70 克，刃角61°（图一一〇：1）。

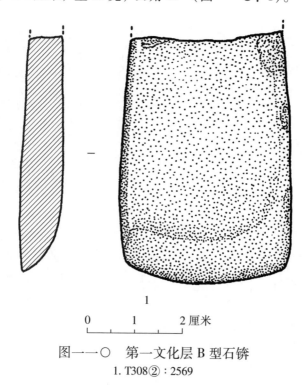

1

0　　　1　　　2 厘米

图一一〇　第一文化层 B 型石锛
1. T308②：2569

2. 石锛半成品

共22 件，占该文化层斧锛类石制品的4.09%。原料有砂岩、硅质岩、石英砂岩、长石岩、板岩五种，其中砂岩数量最多，次为长石岩，板岩最少（表四六）。平面形状有长方形、梯形、三角形、扁长形和凸字形，其中长方形最多，次为梯形，凸字形最少（表四七）。大小差别较大，最大者长近15厘米，最小者长近6厘米（表四八）。

表四六 第一文化层石锛半成品岩性统计表

| 类别 | 细砂岩 | 石英砂岩 | 硅质岩 | 长石岩 | 板岩 | 合计 |
|---|---|---|---|---|---|---|
| 数量 | 10 | 2 | 4 | 5 | 1 | 22 |
| % | 45.45 | 9.09 | 18.18 | 22.73 | 4.55 | 100 |

表四七 第一文化层石锛半成品形状统计表

| 类别 | 长方形 | 梯形 | 三角形 | 扁长形 | 凸字形 | 合计 |
|---|---|---|---|---|---|---|
| 数量 | 9 | 5 | 3 | 3 | 2 | 22 |
| % | 40.91 | 22.73 | 13.64 | 13.64 | 9.09 | 100 |

表四八 第一文化层石锛半成品测量统计表（尺寸：厘米；重量：克）

| 类别 | 最大值 | 最小值 | 平均值 |
|---|---|---|---|
| 长度 | 14.9 | 5.9 | 9.6 |
| 宽度 | 7.0 | 2.2 | 05. |
| 厚度 | 3.6 | 0.5 | 1.8 |
| 重量 | 520 | 50 | 142 |

磨制部位分通体磨和局部磨两种，通体磨制的标本4件，占此类标本总数的18%；而局部磨制的多达18件，占82%。局部磨的标本或磨刃部，或磨一面，或磨两面；通体磨制的标本全器身各部位均经过磨制。依器形平面形状，可分为A、B、C、D、E五种类型。

A型 9件，约占该文化层石锛半成品的41%。平面略呈长方形。多数标本的器身大部分经过加工，但只有局部经过初步磨制，刃口尚未磨出。

标本T103⑤:1，灰色石英砂岩。器身一面扁平，另一面凸起。扁平面略经磨制，以中部和刃部磨得较明显；凸起面下部略经磨制，其他为砾石面。两侧和刃部有较多的打击疤痕；两侧缘略经磨制，把端未磨；刃口尚未磨出。长14.9、宽6.8、厚3.6厘米，重520克（图一一：1）。

标本T205⑤:2299，深灰色细砂岩。器身一面扁平，另一面凸起。局部加工。扁平面仅磨三分之一处，主要为刃部，余为打击片疤面；凸起面稍磨制刃部，余为浅薄的片疤和砾石面；把端和两侧缘均未经磨制。刃缘平齐，刃口锋利，但尚未完全磨好。长10.7、宽7.0、厚2.4厘米，重220克（图一一一：2；图版三五，5）。

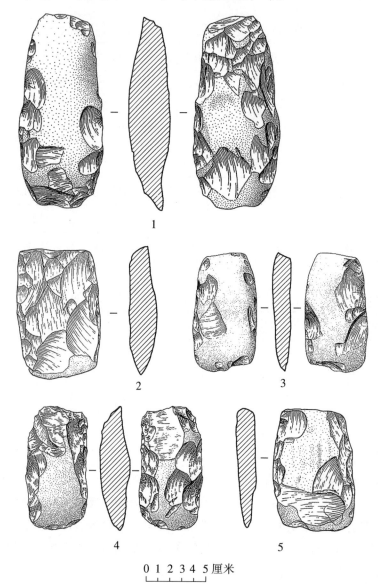

0 1 2 3 4 5厘米

图一一一　第一文化层 A 型石锛半成品

1. T103⑤：1　2. T205⑤：2299　3. T204④：121　4. T205⑤：2306　5. T305②：2

标本 T204④：121，灰褐色细砂岩。器身两面保留少部分片疤面，其余部分均经磨制，磨面较精细。两侧虽有层叠的片疤痕迹，但也有明显的磨制。刃缘较锋利，上有数块崩疤，已磨出部分刃口。长 9.0、宽 4.8、厚 1.4 厘米，重 100 克（图一一一：3）。

标本 T205⑤：2306，灰白色硅质岩。器身较厚，两面均隆起。其中一面略经磨制，中部和刃部有光滑磨面，其余为打击疤痕；另一面经过较多磨制，中部是光滑的磨面，刃部磨出大部分刃面，只在两侧边沿及把端可见部分打击疤痕；把端和两侧未经磨制，可见层叠的片疤。刃口尚未磨出，刃缘已修整平齐。长 9.3、宽 4.7、厚 2.3 厘米，重 150 克（图一一一：4；图版三五，6）。

标本 T305②：2，灰白色长石岩。器身扁薄。通体加工，两面均略经磨制，以刃部磨得较多；把端和两侧缘未见明显磨痕。刃口尚未磨出。长 9.1、宽 6.2、厚 1.6 厘米，重 105 克（图一一一：5；图版三五，7）。

B 型 5 件，约占该文化层石锛半成品的 23%。平面近似梯形。器身局部经过初步磨制，刃口尚未磨出。

标本 T305②：11，灰白色长石岩。器身扁薄，一面略凹，另一面略凸。通体加工，凹面仅在刃部和把端部位略经磨制，其余大部分为破裂面；除凸面两侧和把端外，均经过磨制，刃部已磨出明显的刃面。把端和两侧缘部分略经磨制。刃口尚未磨出。长 10.3、宽 5.5、厚 1.4 厘米，重 100 克（图一一二：1；彩版一四，6）。

标本 T207④：7，灰白色长石岩。器身较厚重。通体加工，磨制主要在两端的一个面，其余部位基本上是打击疤痕。此标本比较特别，较宽一端有一个锛形打击刃面，而较窄一端则有一个锛形磨制刃面，虽然两端边缘均比较平整而锋利，但两端均未磨出刃口。长 8.7、宽 5.0、厚 2.1 厘米，重 140 克（图一一二：2）。

标本 T308②：276，灰色细砂岩。器身较厚重，平面形状呈倒梯形。局部加工。两侧为打击片疤，中间为砾石面，刃部经过磨制；另一面中间保留砾石面，两侧为打击疤痕，磨制限于刃部；把端和两侧缘未经磨制；刃口尚未磨出。长 11.6、宽 5.9、厚 2.7 厘米，重 300 克（图一一二：3；图版三五，8）。

标本 T102⑤：75，灰黑色板岩。一面略凹，另一面略凸。通体磨制，以凸起面磨得较多，刃部精磨，已磨出一个刃面；另一面以两端磨得较多。刃缘倾斜，刃口尚未磨出。长 8.5、宽 3.7、厚 1.6 厘米，重 80 克（图一一二：4）。

C 型 3 件，约占该文化层石锛半成品的 14%。平面略呈三角形。器身局部经过初步磨制，刃口尚未磨出。

标本 T103⑤：6，灰白色长石岩。器身扁薄，一面略凹，另一面略凸。通体磨制，凸面磨制得较好，大部分为光滑的磨面，仅在一侧和近把端部位存在打击疤痕；另一面磨制以下半部较明显；把端未磨，两侧缘略经磨制；刃口尚未磨出。长 7.3、宽 4.4、厚 1.1 厘米，重 50 克（图一一三：1）。

标本 T206⑤：4466，青灰色长石岩。器身一面扁平，另一面略凸。扁平面大部分略经

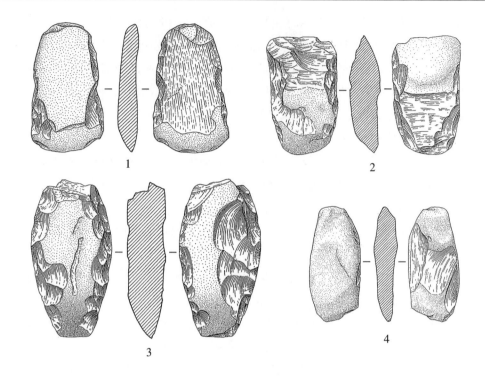

0 1 2 3 4 5 厘米

图一一二　第一文化层 B 型石锛半成品

1. T305②∶11　2. T207④∶7　3. T308②∶276　4. T102⑤∶75

磨制，其余保留浅薄的片疤痕；另一面大部分也经过磨制，且出现较多光滑的磨面；两侧缘经过磨制，但仍可见部分打击疤痕，把端未磨；刃部一面已磨出部分刃面，但刃口尚未磨出。长 9.6、宽 4.9、厚 2.1 厘米，重 150 克（图一一三∶2）。

标本 T207④∶4252，黄褐色细砂岩。器身厚重。局部加工。一面未经磨制，上、下部的一侧有打击片疤，余为砾石面；另一面加工限于下部，刃端部位略经磨制；把端和两侧缘大部分为砾石面，余为打击疤痕，未经磨制；刃口尚未磨出。长 10.9、宽 5.3、厚 2.0 厘米，重 150 克（图一一三∶3；图版三六，1）。

D 型 3 件，约占该文化层石锛半成品的 14%。器身为扁长形，两端弧凸。多数标本加工简单，器身大部分保留砾石面，局部经过初步磨制。

标本 T306②∶764，灰白色长石岩。器身较厚重。通体加工，一面大部分为光滑的磨面，仅在周边可见一些打击疤痕；另一面也经过磨制，但存在较多的打击疤痕，下部有一大而深的片疤；把端和两侧经过磨制，仅见少量的打击疤痕；刃部磨出部分刃面，刃口尚未磨出。长 10.5、宽 5.1、厚 2.5 厘米，重 160 克（图一一四∶1）。

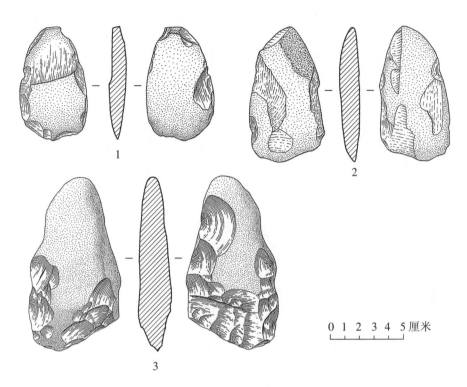

图一一三　第一文化层 C 型石锛半成品

1. T103⑤：6　2. T206⑤：4466　3. T207④：4252

标本 T204④：118，灰色细砂岩。器身一面下部经过打制，打击片疤在中间形成一个凸疤，在凸疤和刃部有磨制痕迹，其余全部为砾石面。长 10.9、宽 5.0、厚 1.5 厘米，重 140 克（图一一四：2；图版三六，2）。

标本 T104⑤：18，灰色细砂岩。器身扁长。局部加工。一面下部和上部边沿为打击疤痕，余为砾石面，刃部有轻微的磨痕；另一面为大的破裂面（石片破裂面），大部分侧边有打击疤痕，刃部经过较多的磨制，已磨出明显的刃面；两侧缘和把端未经磨制；刃口尚未磨好。长 13.0、宽 5.2、厚 1.5 厘米，重 180 克（图一一四：3）。

E 型 1 件，约占该文化层石锛半成品的 5%。平面略呈凸字形。器身局部经过初步磨制。

标本 T306②：1652，深灰色硅质岩。器身一面略凹，另一面略凸，上部较窄小，下部较宽大，上下部之间两侧内收，形成不太明显的肩。凸起面中部为砾石面，上下部有少量的磨面，余为打击片疤；凹面磨制限于刃部，其余部位为深凹的片疤面；把端和两侧缘未见明显的磨制；刃口尚未磨出。长 9.3、宽 5.5、厚 1.6 厘米，重 100 克（图一一五：1）。

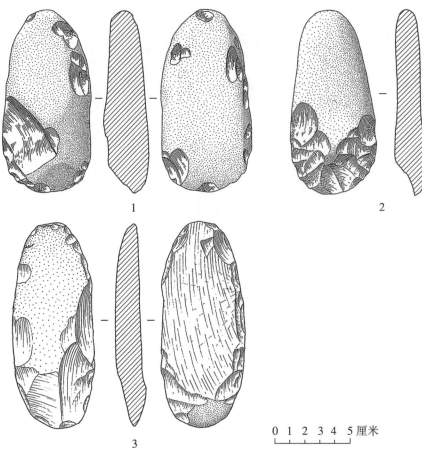

图一一四　第一文化层 D 型石锛半成品
1. T306②：764　2. T204④：118　3. T104⑤：18

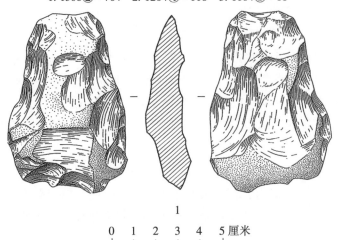

图一一五　第一文化层 E 型石锛半成品
1. T306②：1652

3. 石锛毛坯

19 件（不含斧（锛）毛坯），占该文化层斧锛类石制品的 3.53%。原料有砂岩、硅质岩、辉绿岩三种，其中砂岩数量最多，次为硅质岩，辉绿岩最少（表四九）。平面形状有梯形、长方形、扁长形和三角形，其中扁长形最多，次为梯形，三角形最少（表五一）。大小差别不大，最大者长达 16 厘米，最小者长 7.8 厘米（表五〇）。

表四九　第一文化层石锛毛坯岩性统计表

| 类别 | 砂岩 | 硅质岩 | 辉绿岩 | 合计 |
| --- | --- | --- | --- | --- |
| 数量 | 12 | 6 | 1 | 19 |
| % | 63.16 | 31.58 | 5.26 | 100 |

表五〇　第一文化层石锛毛坯测量统计表（尺寸：厘米；重：克）

| 类别 | 最大值 | 最小值 | 平均值 |
| --- | --- | --- | --- |
| 长 | 16 | 7.8 | 11.5 |
| 宽 | 7.5 | 4.0 | 5.3 |
| 厚 | 3.3 | 1.0 | 1.7 |
| 重 | 451 | 59 | 169 |

表五一　第一文化层石锛毛坯形状统计表

| 类别 | 长方形 | 梯形 | 扁长形 | 三角形 | 合计 |
| --- | --- | --- | --- | --- | --- |
| 数量 | 5 | 6 | 7 | 1 | 19 |
| % | 26.32 | 31.58 | 36.84 | 5.26 | 100 |

多数标本的器身都经过较多的加工，有的甚至几乎通体加工，但也有部分标本仅作局部加工，加工部位通常在刃端和两侧，器身大部分保留砾石面。不少标本的侧缘经过不同程度的琢打，但两面很少见到琢打的痕迹。依器身平面形状，可分为 A、B、C、D 四种类型。

A 型　5 件，约占该文化层锛毛坯的 26%。平面略呈长方形。除个别标本外，器身大部分经过加工。

标本 T208③：749，灰褐色细砂岩。通体加工。两面片疤大小不一，部分片疤较为深凹；周边片疤细小，层层叠叠；两侧边缘部分经琢打；两端经过修整，其中一端已形成初步的刃面。长 10.4、宽 4.8、厚 1.7 厘米，重 120 克（图一一六：1）。

　　标本 T408③：140，灰褐色硅质岩。一端有残缺。几乎通体加工，只在一侧保留有极少的砾石面。大多数片疤棱角分明，没有经过琢打。长 8.0、宽 4.4、厚 1.2 厘米，重 60 克（图一一六：2）。

　　标本 T206⑤：4452，灰褐色细砂岩，两面均较平，一端较宽，一端较窄。在砾石一面的较宽端及端部两侧剥片，初步加工出一刃面。两侧片疤大小不一，部分片疤较深凹；两侧边缘部分经过琢打，一侧边加工接近器身把端；刃端加工面较平，经过修整。另一面仅在刃端和一侧略作加工。长 10.9、宽 5.1、厚 1.3 厘米，重 130 克（图一一六：3；图版三六，3）。

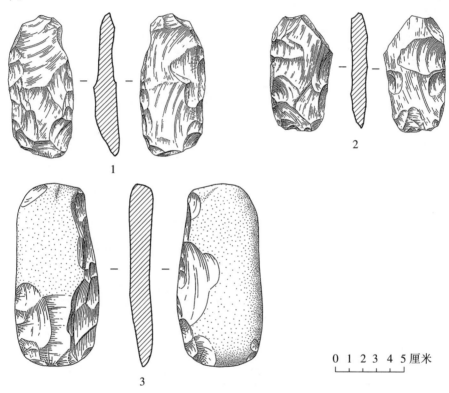

图一一六　第一文化层 A 型石锛毛坯
1. T208③：749　2. T408③：140　3. T206⑤：4452

　　B 型　6 件，约占该文化层锛毛坯的 32%。平面近似梯形。多数标本的器身大部分经过加工。

　　标本 T308②：559，灰褐色细砂岩，一端稍窄，另一端略宽。器身规整、对称，较粗大厚重，通体加工。两面片疤层层叠叠，较大，部分深凹。器身边缘略作修整，其中较宽端已形成初步的刃面；刃缘微弧。长 15.5、宽 7.4、厚 3.2 厘米，重 440 克（图一一七：1；彩版一五，1）。

标本 T208③：2944，灰色细砂岩。一面凸起，一面略凹；一端稍宽，一端稍窄。加工主要集中在略凹面，两侧片疤层叠，比较细小，侧边边缘经过琢打；端部加工面较平，经过修整，其中一端已形成初步的刃面。凸起面的加工基本上限于两侧。长9.5、宽4.8、厚1.6厘米，重100克（图一一七：2；图版三六，4）。

标本 T207④：4257，灰褐色细砂岩。器身大部分经过加工，仅在一面保留部分砾石面。两面片疤大小不一；周边片疤细小，层层叠叠；两侧边缘经过较多琢打；两端经过修整，其中一端已形成初步的刃面。长12.3、宽6.1、厚1.9厘米，重200克（图一一七：3）。

标本 T207④：4275，深灰色硅质岩。器形规整，轮廓对称。器身扁薄，两面较平；一端稍窄，另一端较宽；一面为砾石节理面。由砾石面向节理面连续剥片，片疤较小，层层叠叠，其中较宽端已形成初步的刃面。另一面加工部位以两侧为主，两端略作修整，基本保留砾石面。长14.6、宽6.4、厚1.1厘米，重180克（图一一七：4；图版三六，5）。

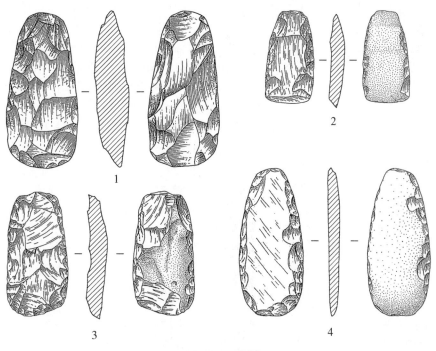

0 1 2 3 4 5 厘米

图一一七　第一文化层 B 型石锛毛坯

1. T308②：559　2. T208③：2944　3. T207④：4257　4. T207④：4275

C 型 7 件，约占该文化层锛毛坯的37%。器身呈扁长形。加工简单，器身大部分保留砾石面。

标本 T103⑤：1，红褐色细砂岩。在砾石的较宽端及端部两侧单面剥片，初步加工出一刃面。两侧片疤较小。端部加工面较平，经过修整。另一面有两个小的崩疤和一个坑疤。加工简单，器身大部分为砾石面。长 10.0、宽 4.5、厚 1.3 厘米，重 110 克（图一一八：1）。

标本 T306②：223，灰褐色细砂岩。加工限于器身的一端及端部的两侧，其余部位保留砾石面。加工简单。已形成初步的刃面。长 12.1、宽 4.8、厚 1.6 厘米，重 180 克（图一一八：2）。

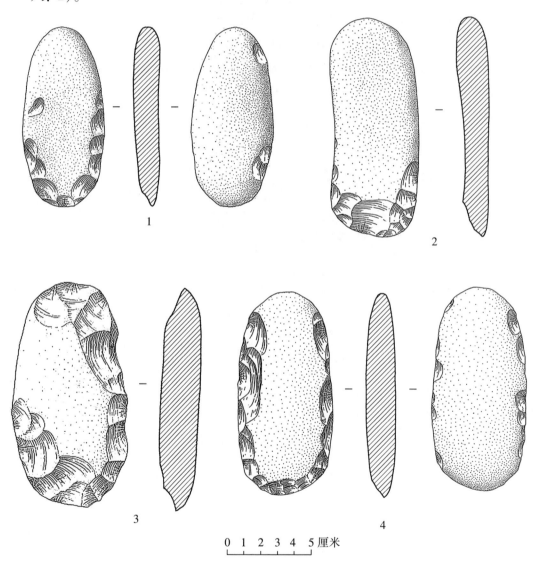

0　1　2　3　4　5 厘米

图一一八　第一文化层 C 型石锛毛坯

1. T103⑤：1　2. T306②：223　3. T306②：1659　4. T203④：3

标本 T306②：1659，深灰色硅质岩。在砾石的两端、一侧及另一侧的下半部单面剥片，片疤均重叠，较大，其中一端经较多修整，已形成初步的刃面。长 12.3、宽 4.1、厚 1.4 厘米，重 100 克（图一一八：3）。

标本 T203④：3，浅灰色辉绿岩。加工限于器身两侧及一端，一面的加工较多，两侧和刃端为连续的片疤；另一面加工很少，仅在两侧有少量的小片疤。长 14.4、宽 6.7、厚 2.1 厘米，重 270 克（图一一八：4；图版三六，6）。

D 型　1 件，占 5%。器身平面呈三角形。

标本 T308②：538，灰褐色硅质岩。几乎通体加工，仅在一面保留少许自然砾面。两面片疤多大而宽长。两侧边缘大部分经过修整，片疤多细小，部分层层叠叠。较宽端略作修整，已形成初步的刃面；刃缘平直，较锋利。长 8.1、宽 4.7、厚 2.1 厘米，重 105 克（图一一九：1；图版三六，7）。

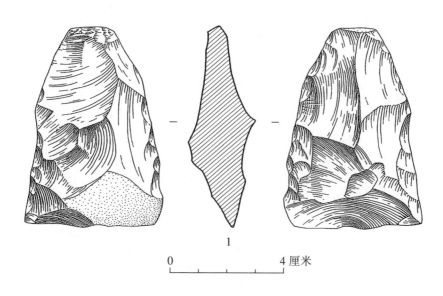

图一一九　第一文化层 D 型石锛毛坯
1. T308②：538

# （三）斧（锛）毛坯

407 件。占该文化层斧锛类石制品的 75.65%。这类标本的原料有砾石、石片和岩块，但绝大多数标本都是以砾石为原料的，以石片为原料的很少，岩块只有个别。岩性有砂岩、硅质岩、板岩、辉绿岩、页岩五种，其中砂岩占了大多数，次为硅质岩，板岩、辉绿岩和页岩等都非常少（表五二）。大小差别不算大，一般长约 10 厘米，宽 5 厘米，厚2厘米，重170克（表五三）。器身平面形状有长方形、梯形、三角形、扁长形、椭圆形、肾形和橄榄形七种，其中扁长形最多，约占45%，其次为长方形，梯形和三角形数量也不少，其他只有一两件（表五四）。器身经过不同程度的加工，加工的部位在器身的端部及两侧，甚至整个器身。部分标本除经过剥片外，还经琢打，琢打部位主要在器身两侧。通体加工的标本不多，大部分标本保留或多或少的砾石面。从形状和加工的程度看，多数标本已有刃部和端部之分，但刃面尚未完全形成，以至于无法判断是斧还是锛的毛坯，因此我们归之为斧（锛）毛坯。根据器身的形状，大致可分为七型。

表五二　第一文化层斧（锛）毛坯岩性统计表

| 类别 | 砂岩 | 硅质岩 | 辉绿岩 | 板岩 | 页岩 | 合计 |
|---|---|---|---|---|---|---|
| 数量 | 298 | 93 | 5 | 9 | 2 | 407 |
| % | 73.22 | 22.85 | 1.23 | 2.21 | 0.49 | 100 |

表五三　第一文化层斧（锛）毛坯测量性统计表（尺寸：厘米；重量单位：克）

| 类别 | 长 | 宽 | 厚 | 重 |
|---|---|---|---|---|
| 最大值 | 17.9 | 9.2 | 4.3 | 700 |
| 最小值 | 5.5 | 2.8 | 0.8 | 40 |
| 平均值 | 10.2 | 5.0 | 2.1 | 173 |

表五四　第一文化层斧（锛）毛坯形状统计表

| 类别 | 长方形 | 梯形 | 三角形 | 扁长形 | 橄榄形 | 肾形 | 椭圆形 | 合计 |
|---|---|---|---|---|---|---|---|---|
| 数量 | 101 | 82 | 36 | 182 | 2 | 3 | 1 | 407 |
| % | 24.82 | 20.15 | 8.85 | 44.72 | 0.49 | 0.74 | 0.25 | 100 |

1. A 型

101件，约占该文化层斧（锛）毛坯的25%。器形规整，平面略呈长方形。多数标本的器身经过较多的加工，片疤密布，只有局部保留砾石面；但也有少数标本加工较少，器身大部分保留砾石面。

标本T206⑤：970，为灰绿色板岩。一面隆起，一面稍平，横截面近三角形。器身两面均经打片，片疤多集中于两面的外侧。两侧可见层叠的片疤，侧缘呈起伏的凸棱状，没有琢打痕迹。尚未开刃。长 12.0、宽 5.2、厚 3.6 厘米，重 380 克（图一二〇：1；彩版一五，2）。

标本 T206⑤：2417，灰褐色细砂岩。器身几乎通体加工，仅在两面保留少许自然面。两面片疤多较大；周边片疤层层叠叠，多较小而宽长。两侧边缘部分经过琢打；两端经过修整，其中一端已形成初步的刃面。长 9.4、宽 4.9、厚 2.1 厘米，重 130 克（图一二〇：2；图版三七，1）。

标本 T103⑤：226，黄褐色细砂岩。器身几乎通体加工，仅在两面保留少许砾石面。两面片疤较大；周边片疤细小，层层叠叠。两侧边缘和一端经琢打和修整，端部已形成初步的刃面。长 11.5、宽 5.0、厚 2.2 厘米，重 200 克（图一二〇：3；图版三七，2）。

标本 T203④：29，红褐色硅质岩。器身一面经打片，较平整；另一面大部为略呈弧凸形的砾石面。两侧为连续起伏的凹疤痕，在侧面形成层叠的片疤痕，局部有明显的修整痕迹。两端均较薄而略凸，上有细碎的修整痕。长 10.4、宽 4.6、厚 1.8 厘米，重 130 克（图一二〇：4；图版三七，3）。

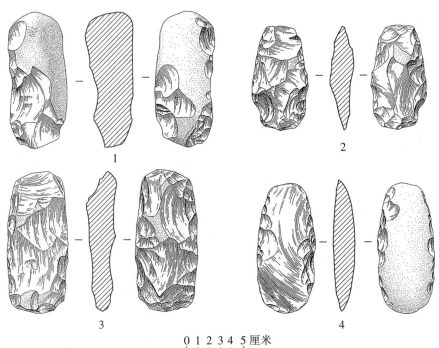

图一二〇　第一文化层 A 型斧（锛）毛坯（一）
1. T206⑤：970　2. T206⑤：2417　3. T103⑤：226　4. T203④：29

标本 T207④：2805，青色硅质岩。器身一面的大部分及另一面的小部分经过打片。一长侧经砸击形成起伏而弯曲的凸棱，布满层叠的片疤；另一侧只单面局部经打片。刃端经初步打片，未加修整。长 10.9、宽 4.5、厚 1.8 厘米，重 160 克（图一二一：1）。

标本 T310③：950，深黄色细砂岩。两面加工，加工主要集中在砾石一面的两端及一侧，片疤多较小，层层叠叠；端部经过修整，其中一端已形成初步的刃面。另一面的两端和一侧略经剥片，片疤多较宽长。长 10.8、宽 4.5、厚 2.3 厘米，重 180 克（图一二一：2；图版三七，4）。

标本 T409③：102，灰褐色砂岩。一面全部为片疤，片疤多较大而浅平；另一面周边剥片，中部保留大部分砾石面，片疤多较大，部分略凹。两侧边缘经过琢打；两端略作修整，其中一端已形成初步的刃面。长 13.8、宽 7.3、厚 3.5 厘米，重 550 克（图一二一：3；图版三七，5）。

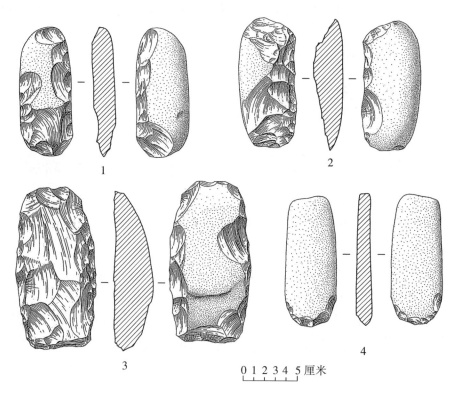

0 1 2 3 4 5 厘米

图一二一　第一文化层 A 型斧（锛）毛坯（二）
1. T207④：2805　2. T310③：950　3. T409③：102　4. T307②：3133

标本 T307②：3133，红褐色细砂岩。在砾石的一端两面剥片，初步加工出一道弧凸刃；片疤多较小，刃缘较规整。长 11.2、宽 10.5、厚 1.2 厘米，重 140 克（图二：4）。

2. B 型

82 件，约占该文化层斧（锛）毛坯的 20% 。器身平面略呈梯形，上小下大。器身经过较多的加工，加工部位主要在器身两侧和端部，两面中间则保留较多的砾石面。

标本 T206⑤：157，青灰色细砂岩。器身大部经打片，布满凹凸不平的片疤，局部保留砾石面。两侧及刃端经打片后形成起伏而弯曲的凸棱，可见许多的凹疤和层叠的片疤，已形成初步刃面。长 8.6、宽 4.4、厚 2.4 厘米，重 180 克（图一二二：1；图版三七，6）。

标本 T206⑤：1750，灰色细砂岩。器身大部经过打片，两面及把端保留极少的砾石面，两面布满片疤。两侧经打片形成起伏而弯曲的凸棱，可见层叠的片疤。两侧及刃端没有琢打，刃端未成形。长 9.6、宽 5.2、厚 1.8 厘米，重 140 克（图一二二：2）。

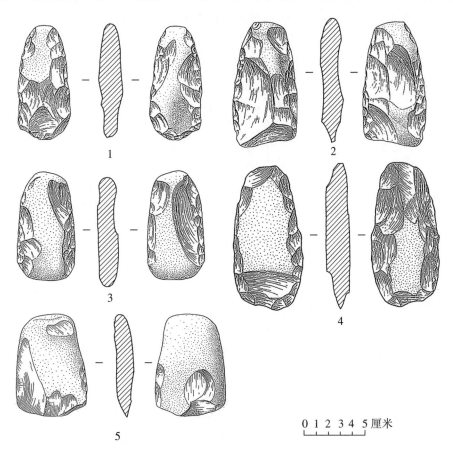

图一二二　第一文化层 B 型斧（锛）毛坯
1. T206⑤：157　2. T206⑤：1750　3. T206⑤：4475　4. T206⑤：5　5. T206⑤：361

标本 T206⑤：4475，浅灰色细砂岩。器身两面大部分为砾石面，小部分为片疤面。两侧经打片后形成起伏而弯曲的凸棱，可见许多凹疤和层叠的片疤。两端均未打片，尚未开刃。长 8.5、宽 4.5、厚 1.5 厘米，重 110 克（图一二二：3）。

标本 T206⑤：5，棕褐色硅质岩。器身长而扁薄，把端稍窄，刃端略宽，两面均较平整。加工主要在器身两端和两侧，两面中间保留较大的砾石面。片疤多较小而浅平。刃端弧凸形已形成初步刃面。长 10.9、宽 5.2、厚 1.8 厘米，重 140 克（图一二二：4）。

标本 T206⑤：361，红褐色硅质岩。器身大部未经打片，两面保留大部分的砾石面。砾石两侧下半部有少许片疤，刃端片疤面稍多，已形成初步刃面。长 7.7、宽 5.5、厚 1.3 厘米，重 120 克（图一二二：5；图版三七，7）。

3. C 型

182 件，约占该文化层斧（锛）毛坯的 45%。多数标本仅作局部加工，大部分器身保留砾石面，基本上没有改变砾石的扁长形状；有少数标本虽经过较多加工，甚至几乎通体加工，但其形状仍为扁长形。

标本 T103⑤：17，灰黄色细砂岩。两面均较平，一端稍宽，一端稍窄。在较宽端及端

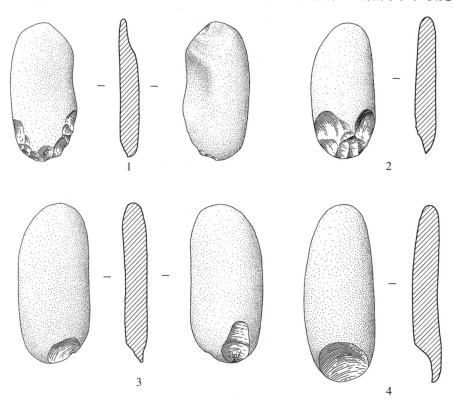

0 1 2 3 4 5 厘米

图一二三　第一文化层 C 型斧（锛）毛坯（一）
1. T103⑤：17　2. T202③：24　3. T207④：4324　4. T208③：8

部两侧剥片，初步加工出一刃面。两侧片疤较小，加工面凹凸不平，经过修整。长10.2、宽5.0、厚1.3厘米，重110克（图一二三：1；图版三七，8）。

标本T202③：24，浅黄色细砂岩。两面均较平，一端较宽，另一端稍窄。在砾石的较宽端及端部两侧单面剥片，初步加工出一刃面。两侧片疤较大。端部加工面较平整。长10.3、宽4.9、厚1.6厘米，重130克（图一二三：2；图版三七，9）。

标本T207④：4324，深灰色细砂岩。在砾石的一端双面剥片，两面各有一个片疤，其中一面片疤较内凹；另一面片疤较大而浅平。尚未加工出刃面和刃口。长10.1、宽4.6、厚1.8厘米，重180克（图一二三：3）。

标本T208③：8，红褐色细砂岩。一面微凸，另一面略凹；一端较宽，另一端较窄。在砾石的较宽端由凹面向凸面单向打击，在一面形成一个较大的片疤，片疤较内凹，尚未形成一个完整刃面。长11.5、宽4.6、厚1.8厘米，重160克（图一二三：4；图版三八，1）。

标本T208③：2511，灰黄色细砂岩。几乎通体加工，仅在一面保留少许自然砾面。两面片疤较大而宽长；边缘片疤细小，层层叠叠。两侧部分边缘经过琢打；两端经过修整，其中一端初步形成刃面。长9.8、宽4.8、厚2.4厘米，重160克（图一二四：1；图版三八，2）。

标本T209③：901，红褐色细砂岩。两面均稍凸，两端大小基本相等。在砾石的一端单面打击，在一面形成多个片疤，片疤大小不一，端部加工面较平，形成大致的刃面。长8.4、宽4.5、厚2.2厘米，重160克（图一二四：2；图版三八，3）。

标本T307②：1640，深灰色细砂岩。一面较平，另一面微凸；一端较窄，另一端较宽。在较平面的较宽端和近端部两侧连续剥片，部分片疤较大，较宽端已形成初步的刃面。长12.6、宽10.8、厚1.8厘米，重260克（图一二四：3；图版三八，4）。

标本T308②：1674，青灰色细砂岩。在砾石两端单面打片，一端片疤较多另一端较少。长9.4、宽3.5、厚1.3厘米，重90克（图一二四：4）。

标本T308②：2584，灰绿色细砂岩。器身全身均经打片，仅把端保留一小块砾石面，把端及两侧均经琢打，把端、两侧可见层叠的片疤痕迹。刃端很薄。长12.7、宽4.9、厚1.0厘米，重90克（图一二四：5；图版三八，5）。

4. D型

36件，约占该文化层斧（锛）毛坯的9%。器身形状呈三角形或接近三角形。器身经过较多的加工，仅在局部保留少量的砾石面。

标本T205⑤：2151，灰色硅质岩。一面略凹，另一面略弧凸。通体加工，两面片疤层叠，没有琢修痕迹。刃部初步成形。长13.8、宽5.6、厚2.6厘米，重240克（图一二五：1；图版三八，6）。

标本T208③：2940，灰褐色硅质岩。器身扁薄，一端尖细，另一端宽大。器身一面大

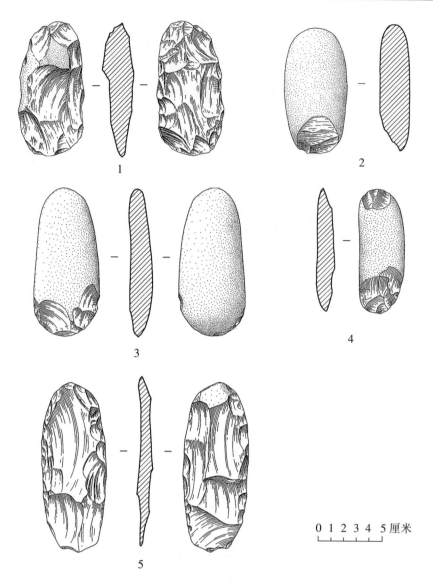

图一二四　第一文化层 C 型斧（锛）毛坯（二）

1. T208③：2511　2. T209③：901　3. T307②：1640　4. T308②：1674　5. T308②：2584

部分为鱼鳞状的打片凹疤，有极少的砾石面；另一面大部分为砾石面，近侧边和刃端为片疤。两侧经打片形成起伏弯曲的锋利凸棱，没有琢打痕迹。刃端扁薄，存留少量的砾石面。长 13.4、宽 7.1、厚 2.2 厘米，重 240 克（图一二五：2）。

标本 T206⑤：4447，灰红色硅质岩。器身几乎通体加工，仅在一面保留少许自然面。两面片疤较大，周边片疤细小。两侧边缘部分经过琢打；刃端略作剥片，尚未形成完整刃面。长 7.7、宽 4.2、厚 1.0 厘米，重 50 克（图一二五：3；图版三八，7）。

标本 T208③：203，灰褐色硅质岩。器身大部分经过加工，仅在刃端的一面保留一块自然砾面。片疤多较大。一侧边缘较锋利，另一侧较平直，有磨制痕迹。刃端单面剥片，并略作修整，初步形成一道弧刃。长 9.6、宽 5.8、厚 2.2 厘米，重 150 克（图一二五：4；图版三八，8）。

标本 T205⑤：2150，深灰色硅质岩。器身几乎通体加工，仅在两面保留少许自然面。两面片疤多较大，两侧边片疤细小，层层叠叠；两侧边缘部分经过琢打；把端较宽大，端面稍斜；刃端经过修整，较规整，初步形成一道圆弧刃。长 11.6、宽 6.1、厚 3.6 厘米，重 310 克（图一二五：5）。

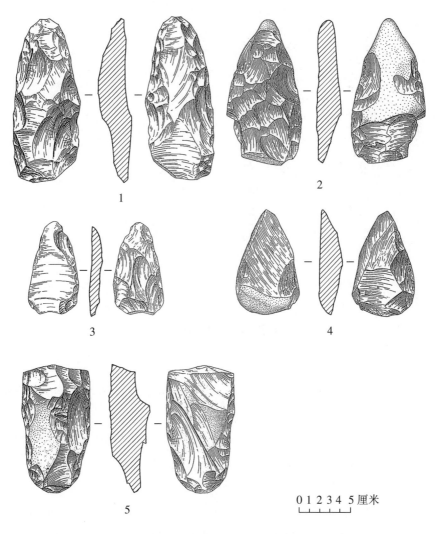

0 1 2 3 4 5 厘米

图一二五　第一文化层 D 型斧（锛）毛坯

1. T205⑤：2151　2. T208③：2940　3. T206⑤：4447　4. T208③：203　5. T205⑤：2150

5. E 型

3 件，约占该文化层斧（锛）毛坯的 1%。平面形状近似腰形。

标本 T206⑤：4440，红褐色细砂岩。一面均为层层叠叠的片疤，片疤多较大；另一面基本保留砾石面。一端和一侧双面剥片，略作修整，其中一端已形成初步的刃面。长 15.6、宽 6.1、厚 3.5 厘米，重 370 克（图一二六：1；图版三八，9）。

标本 T205⑤：646，红褐色硅质岩。在砾石的一端及端部两侧单面剥片，初步加工出刃面。刃缘弧凸状，未作修整，但较规整。另一面端部有少许崩疤。长 10.1、宽 4.3、厚 1.3 厘米，重 70 克（图一二六：2）。

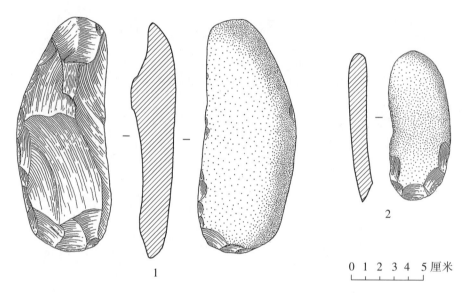

0 1 2 3 4 5 厘米

图一二六　第一文化层 E 型斧（锛）毛坯
1. T206⑤：4440　2. T205⑤：646

6. F 型

2 件，约占该文化层斧（锛）毛坯的 0.5%。器身中间大两端小，平面形状略呈橄榄形。器身大部分经过加工，仅保留很少的砾石面。

标本 T103⑤：225，灰褐色板岩。器身绝大部分均经打片，布满层叠而且凹凸不平的片疤。两侧缘较薄，没有琢打痕迹。两端较钝，呈弧凸形，尚未开刃。长 10.2、宽 4.8、厚 1.4 厘米，重 120 克（图一二七：1）。

标本 T205⑤：2144，深灰色硅质岩。通体加工，两面片疤多较大，部分片疤较为深凹；周边片疤细小。两侧部分边缘经过琢打；两端经过修整，其中一端已形成初步的刃面。长 9.6、宽 5.5、厚 2.5 厘米，重 155 克（图一二七：2；图版三九，1）。

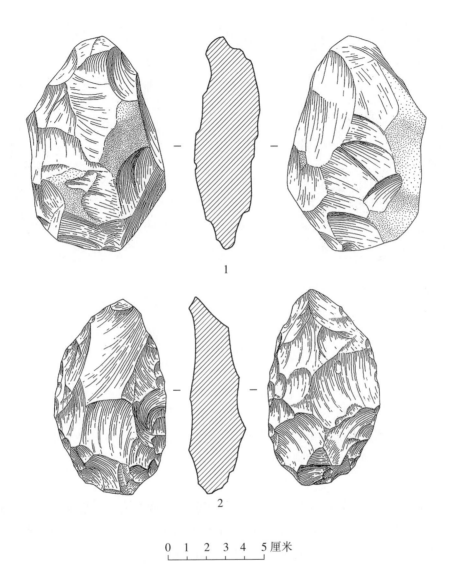

0　1　2　3　4　5厘米

图一二七　第一文化层 F 型斧（锛）毛坯
1. T103⑤：225　2. T205⑤：2144

7. G 型

1 件，约占该文化层斧（锛）毛坯的 0.5%。

标本 T207④：2069，红褐色板岩。器身扁薄，一面的大部及另一面的小部分经打片，片疤较深凹。刃部经过较多加工，但尚未形成刃面。长 9.0、宽、5.5、厚 1.6 厘米，重 140 克（图一二八：1；图版三九，2）。

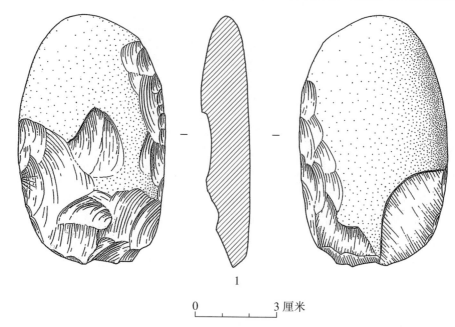

图一二八　第一文化层 G 型斧（锛）毛坯
1. T207④：2069

## （四）石　凿

46 件，占该文化层磨制石制品的 5.70%。包括石凿成品、半成品和毛坯。其中，毛坯数量最多，半成品最少（见附表二）。

1. 石凿成品

7 件，占该文化层石凿类的 15.22%。原料有砂岩、辉绿岩、硅质岩三种，以砂岩为主。除个别外，均为局部磨制，重点磨制刃部，器身大部分保留砾石面或制坯时的打击片疤。器身修长，较厚重，多数形制不够规整。分单面刃和双面刃，其中双面刃较多（4件），单面刃较少（2件）。除个别外，器形大小差别不大。部分标本刃缘有使用痕迹。根据刃部情况，可分为 A、B、C 三型。

A 型，4 件。双面刃。

标本 T308②：2364，黑色硅质岩。扁长形，两面均稍凸。刃端略宽，把端略窄。器身经过磨制，但保留较多的打击疤痕；刃部两面均经过精心磨制，已磨出光滑的刃面。双面刃，刃缘弧凸，部分可见细碎的崩疤，应是使用痕迹。长 14.1、宽 4.3、厚 2.1 厘米，重 160 克（图一二九：1；图版三九，3）。

标本 T207④：4254，青灰色细砂岩。长方形，一面较平，一面略凸起，刃端稍宽，把端较窄。略凸面的加工主要在刃部和器身一侧，其余部分为砾石面；较平面全部经过加

工，但大部分为打击片疤，磨制主要在器身下部；双面刃，刃缘弧凸，未见使用痕迹。长
11.1、宽3.7、厚1.6厘米，重100克（图一二九：2；彩版一五，3）。

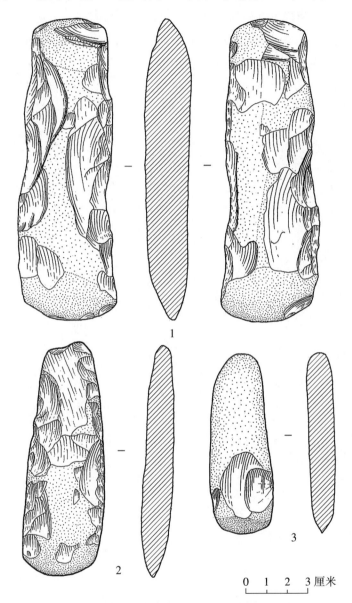

0　1　2　3厘米

图一二九　第一文化层 A 型石凿
1. T308②：2364　2. T207④：4254　3. T205⑤：2295

标本 T205⑤：2295，深灰色细砂岩。扁长形，两面均较平，刃端略宽，把端略窄。加
工主要集中器身下部，一面有两个较大的打击片疤，刃部磨制，形成光滑的刃面；另一面
仅磨制刃部，余为砾石面。双面刃，刃缘平直，刃口锋利，未见使用痕迹。长8.6、宽

2.8、厚1.6厘米，重60克（图一二九：3；图版三九，4）。

B型，2件。单面刃。

标本T207④：1，灰褐色细砂岩。扁长形。器身上部较窄，下部较宽。两侧边略经磨制，有少许光滑磨面，其余大部分仍保留自然面；把端为自然面；两面均较平整，且均经较多磨制，绝大部分是光滑的磨面，但仍保留部分自然面；其中一面从近刃端处斜向磨出光滑的刃面。单斜刃，刃缘齐整，有较多小的崩疤，应是使用痕迹。长13.9、宽3.5、厚1.7厘米，重110克（图一三〇：1；图版三九，5）。

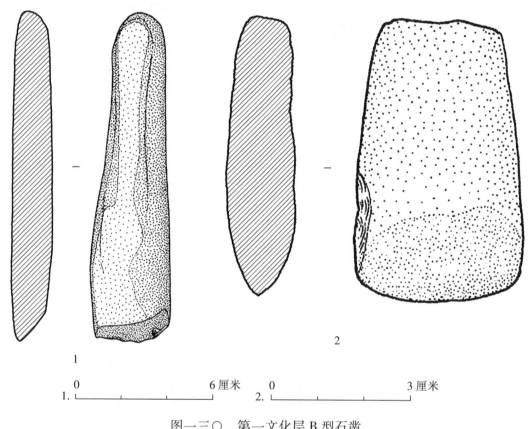

1

2

```
0          6厘米    0         3厘米
1. ┗━━━━━━━━━━━┛    2. ┗━━━━━━━━━━━┛
```

图一三〇　第一文化层 B 型石凿
1. T207④：1　2. T308②：787

标本T308②：787，灰色细砂岩。已残，把端部分缺失。加工主要在两侧和刃部，两侧为琢打，未经磨制；单斜刃，刃缘较直，使用痕迹不明显。残长6.0、宽3.6、厚2.6厘米（图一三〇：2）。

C型，1件。凹刃。

标本T104⑤：128，灰褐色辉绿岩。器身较长，把端稍窄，刃端略宽。两侧边磨制成光滑的磨面，未见打击疤痕；把端经修整并略经磨制，有少许光滑面，但仍可见部分打击疤痕；两面均较平整，均磨制，除各有一侧可见少许打击疤痕外，其余部分多为光滑的磨面；其中一面从近中央部位向刃端由浅到深磨出一道喇叭形的凹槽，在刃部形成凹刃。刃缘齐整，锋利，可见部分细小的崩疤，为使用痕迹。长 27.0、宽 7.0、厚 2.8 厘米，重1120 克（图一三一：1；彩版一五，4）。

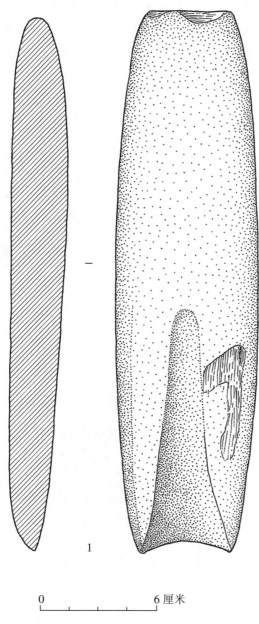

1

0　　　　　　　　　6厘米

图一三一　第一文化层 C 型石凿
1. T104⑤：128

2. 石凿半成品

5 件，占该文化层石凿类的 10.87%。原料均为扁长形或长条形砾石，岩性有砂岩、硅质岩。均在刃部施以简单的磨制，尚未磨出刃口，器身其他部位未经磨制。

标本 T204⑤：32，深灰色细砂岩。扁长形，两面均较平，刃端稍宽，把端稍窄。一面加工集中在刃端及靠近端部的一侧，大部分为制坯时的打击疤痕，仅刃部略经磨制，但尚未磨出刃口。另一面除靠刃端一侧略经打击外，其余未经加工，为自然砾石面。长 13.7、宽 4.6、厚 1.7 厘米，重 230 克（图一三二：1；图版三九，6）。

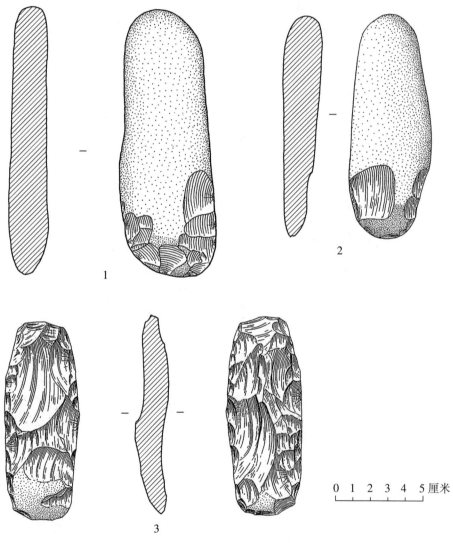

0　1　2　3　4　5 厘米

图一三二　第一文化层石凿半成品
1. T204⑤：32　2. T205⑤：1245　3. T204④：97

标本T205⑤：1245，浅黄色辉绿岩。扁长形，两面均较平，两端较小，中部较宽。加工集中在一端及靠近端部的两侧，单面加工。一侧加工的片疤大而浅平，另一侧加工的片疤较小。刃部打制后经过初步磨制，但仍可见部分打击疤痕。把端较厚。长12.4、宽4.2、厚1.9厘米，重200克（图一三二：2）。

标本T204④：97，灰色硅质岩。扁长形，两面稍凸起，两端大小均等，中部略宽。通体打制，其中一面全部为打击疤痕，仅在刃部略经磨制；另一面全部为打击疤痕，片疤较大，刃部经过较多磨制，已磨出光滑的刃面，但刃口尚未磨好。长13.0、宽3.9、厚2.3厘米，重70克（图一三二：3；图版三九，7）。

3. 石凿毛坯

34件，占该文化层石凿类的73.91%。原料均为扁长形或长条形砾石。岩性有砂岩、硅质岩、辉绿岩、玄武岩、闪长岩、石英岩六种，其中砂岩数量最多，占55%以上，次为硅质岩，石英岩最少（表五五）。器体大小差别大，最大者长25厘米，最小者长不到7厘米（表五六）；器形大的标本均为凹刃石凿毛坯，其他标本都是比较小的。器身均为扁体长条形，较厚重。多数加工简单，仅在一端施行简单的打击，在一面加工出一个初步的刃面；少数标本的加工还延伸至器身的两侧和两面，但未见通体加工的标本。根据加工部位和刃部特征，可分为A、B、C、D四型。

表五五　第一文化层石凿毛坯岩性统计表

| 类别 | 砂岩 | 硅质岩 | 辉绿岩 | 玄武岩 | 闪长岩 | 石英岩 | 合计 |
|---|---|---|---|---|---|---|---|
| 数量 | 19 | 6 | 4 | 2 | 2 | 1 | 34 |
| % | 55.88 | 17.65 | 11.76 | 5.88 | 5.88 | 2.95 | 100 |

表五六　第一文化层石凿毛坯测量统计表（尺寸：厘米；重量：克）

| 类别 | 最大值 | 最小值 | 平均值 |
|---|---|---|---|
| 长度 | 25.7 | 6.8 | 12.2 |
| 宽度 | 8.6 | 2.2 | 3.9 |
| 厚度 | 4.5 | 1.1 | 2.9 |
| 重量 | 1440 | 40 | 163 |

A型　10件。加工仅限于刃端，形成初步刃面。

标本 T202③：17，深灰色细砂岩。长条形，一面平整，另一面凸起，刃端略宽，把端略窄。加工仅限于器身的一端，单向打制，片疤小而浅，基本上形成一刃面。长 9.2、宽 2.6、厚 1.2 厘米，重 70 克（图一三三：7）。

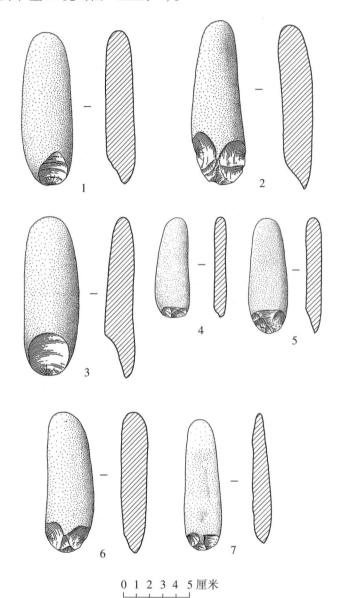

0 1 2 3 4 5 厘米

图一三三　第一文化层 A 型石凿毛坯

1. T205⑤：704　2. T306②：1671　3. T203④：55　4. T206⑤：2523　5. T101
③：47　6. T103⑤：9　7. T202③：17

标本 T101③：47，褐色细砂岩。扁长形，两面均较平。单面打制，已形成初步的刃面和刃缘。片疤较小且浅，加工面较平，略有修整。加工仅限于器身的一端，其余保留砾石面。长 7.9、宽 2.5、厚 1.3 厘米，重 68 克（图一三三：5；图版四〇，1）。

标本 T206⑤：2523，褐色细岩。长条形，两面均较平，一端略宽，一端略窄。在砾石较宽的一端单面打制出一刃面，加工非常简单，其余保留砾石面。长 7.1、宽 2.2、厚 1.1 厘米，重 60 克（图一三三：4；图版四〇，2）。

标本 T103⑤：9，辉绿岩。长条形，刃端稍宽，把端稍窄。加工简单，仅在砾石一端单面打制出一刃面，其余保留砾石面。刃端部片疤较浅，略有修整。长 10.0、宽 3.4、厚 1.8 厘米，重 100 克（图一三三：6）。

标本 T306②：1671，浅灰黄色细砂岩。长条形，一面较平，另一面较凸，一端稍窄，另一端稍宽。在砾石的一端单面打制出刃面和刃缘，其余未经加工，保留砾石面。两侧的片疤较大而深凹；刃部加工面较平，经较多修整。长 11.1、宽 3.5、厚 2.0 厘米，重 140 克（图一三三：2；图版四〇，3）。

标本 T205⑤：704，灰色细砂岩。扁长形，较厚，一面较平，另一面略凸。在砾石的较宽端由凸面向平面单向打击，在平面形成一个较大的片疤，尚未形成一个完整刃面，属于一件初步打制的毛坯。长 10.1、宽 3.3、厚 1.9 厘米，重 130 克（图一三三：1）。

标本 T203④：55，灰色硅质岩。长条形，一面略凹，另一面略凸。在砾石的一端由凹面向凸面单向打击，在凸面形成一个较大的片疤，尚未形成一个完整刃面，属于一件初步打制的毛坯。长 11.1、宽 3.9、厚 2.0 厘米，重 145 克（图一三三：3；图版四〇，4）。

B 型 7 件。加工仅限于器身的下部，单面打制出初步刃面。

标本 T304②：8，深灰色细砂岩。扁长形，两面均较平。单面打制，加工集中在较宽的一端及靠近端部的两侧。两侧加工的片疤较大；刃部的加工精细，已形成较为平整的刃面。器身另一面未经加工，全为砾石面。长 13.0、宽 4.2、厚 2.7 厘米，重 170 克（图一三四：1；图版四〇，5）。

标本 T307②：2830，浅灰色细砂岩。扁长形，一面较平，另一面较凸起。单面打制，加工集中在较宽的一端及靠近端部的一侧，打击方向为由稍凸面向较平面打击。侧边加工的片疤较大；刃部加工面较平，略有修整，基本上形成一个刃面。器身另一面未经加工，均为砾石面。长 11.3、宽 3.6、厚 1.9 厘米，重 160 克（图一三四：2）。

标本 T206⑤：3638，深灰色细砂岩。长条形，两面均较平，下部略宽。单面打制，加工集中在刃端及靠近端部的一侧。加工面凹凸不平，端部已初步形成刃面。器身另一面未经加工，为砾石面。长 10.4、宽 3.2、厚 1.8 厘米，重 130 克（图一三四：3）。

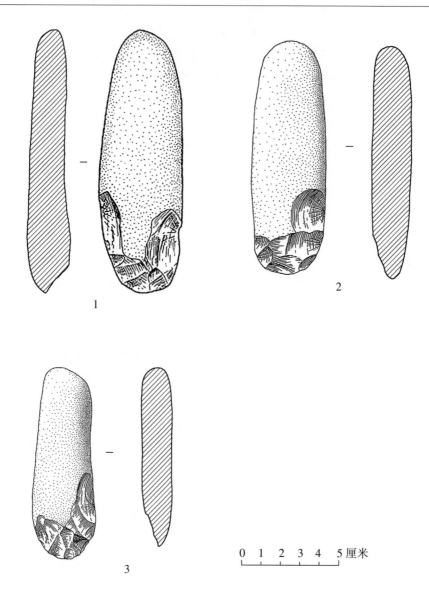

图一三四　第一文化层 B 型石凿毛坯
1. T304②：8　2. T307②：2830　3. T206⑤：3638

C 型　6 件。在器身的端部和两侧加工，一端形成初步刃面。

标本 T207④：4259，灰黄色玄武岩。扁长形，两端较小，中部较宽，两面平整。其中一面周边经过打制，中间部分保留自然面；另一面除一侧边有两个较小的打击片疤外，全部为砾石面。长 16.1、宽 5.2、厚 1.8 厘米，重 360 克（图一三五：3；图版四〇，6）。

标本 T208③：2257，青灰色细砂岩。长条形，刃端较宽，把端较窄。两面均经过打制，其中一面的加工较多，但主要限于边缘部位，刃部已形成刃面；另一面的加工主要在器身的一侧；把端未加工。长13.9、宽4.6、厚2.0厘米，重220克（图一三五：1）。

标本T207④：2666，黄褐色细砂岩。扁长形，一面较平，另一面略凸。在砾石的一端由凸面向平面单向打击，形成一个初步的刃面；器身两侧经过琢打，未磨制。长10.7、宽4.5、厚2.4厘米，重200克（图一三五：2）。

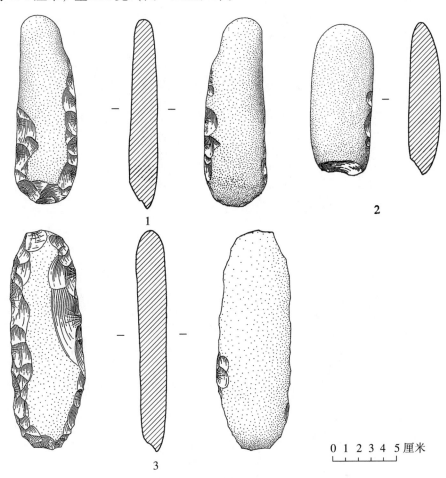

图一三五　第一文化层 C 型石凿毛坯
1. T208③：2257　2. T207④：2666　3. T207④：4259

D 型　11 件。为凹刃石凿毛坯。器形硕大厚重，加工多在器身的两侧和一端，初步打出一个弧凹的刃面，刃口尚未形成。可分为两式。

I 式　器身粗大厚重，长度基本上都在 20 厘米以上。

标本T306②：71，深灰色石英岩。长条形，厚重，一面平整，另一面弧凸，在平整面的一端有一个自然的斜面，在斜面的端部经过敲击琢打；在靠近刃端的背面有一处砸击疤痕。在另一端及端部两侧也有琢打的疤痕。从原料的大小、形状及端部的加工看，该标本应是凹刃凿的初坯。长 25.7、宽 6.5、厚 3.8 厘米，重 1440 克（图一三六：1）。

标本 T308③：672，灰色细砂岩。扁长形，大而厚重，一面较宽，另一端较小。砾石的周边几乎经过剥片，大部分为两面打击；两侧缘部分经过琢打；刃部的加工以一面为主，经过多次剥片，片疤浅平，加工面已达较深的部位，显然是为了打制成凹刃。因此，

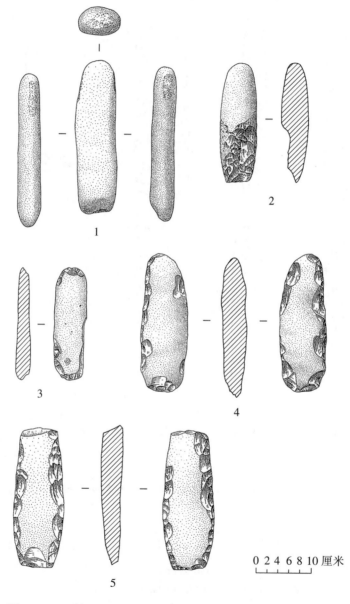

0 2 4 6 8 10 厘米

图一三六　第一文化层 D 型石凿（凹刃凿）毛坯（一）
1. T306②：71　2. T205⑤：2281　3. T304②：62　4. T308③：672　5. T308②：2572

标本属于一件凹刃凿的初坯。长 23.0、宽 7.4、厚 3.9 厘米，重 1250 克（图一三六：4；图版四〇，7）。

标本 T308②：2572，灰色辉绿岩。扁长形，体形宽大，一端较厚，另一端较薄，较厚的一端为断裂面。两侧经过剥片和琢打；刃部经过初步加工，其中一面中部有一个剥片而形成的较浅的凹面。长 23.0、宽 8.6、厚 3.7 厘米，重 1320 克（图一三六：5）。

标本 T205⑤：2281，灰黑色辉绿岩。长条形，略扁，大而厚重。出土时已断为两段。在砾石一面的上半部加工出一个低凹的面，而位于低凹面的一端已加工出一个明显的凹面，显然这是为了制作凹刃凿的刃部和连接刃部的器身凹槽。从加工面看，侧边主要为琢打的疤痕，而正面是许多小凹坑和指甲状的疤痕，这些凹坑和疤痕可能是凿挖形成的，而刃部的凹面主要是剥片形成的片疤面。器身的背面中间似乎有一条经磨制形成的长条形磨面，磨面宽 2~3 厘米，纵向贯至器身两端。长 19.9、宽 6.2、厚 4.5 厘米，重 920 克（图一三六：2；彩版一五，5）。

标本 T304②：62，深灰色细砂岩。扁长形，一端较厚，另一端较薄。加工集中在器身的两端和近一端的两侧边。单向打击，一侧的加工面很陡，部分为断裂面；另一侧加工较少，片疤大小不一，部分边缘经过琢打。一端加工面较平，片疤较小；另一端加工面的片疤大小不一，其中在中部的一个片疤较大，形成了一个凹面，是凹刃凿的刃面。器身另一面一端有一处砸击坑疤。长 18.9、宽 5.4、厚 2.1 厘米，重 415 克（图一三六：3）。

Ⅱ式　器身较小而薄，长度在 15 厘米左右。

标本 T408③：123，灰色细砂岩。长条形，一侧较薄，另一侧较厚。在砾石的一端单向多次剥片，加工出一个弧凹的刃面；而在砾石的另一端附近一侧经过剥片和敲打，另一侧与之对应的部位也经过敲打。长 13.3、宽 4.7、厚 2.5 厘米，重 290 克（图一三七：2；图版四〇，8）。

标本 T205⑤：2298，深灰色细砂岩。扁长形，一面较平，另一面稍凸，一端略窄，一端略宽。加工集中在较宽的一端及器身两侧，其余部分保留砾石面。单面加工。刃端部加工面较平，略有修整，形成一弧形刃面；一侧加工接近器身把端，片疤较大；另一侧加工至器身中部，片疤浅平。长 16.1、宽 5.4、厚 2.4 厘米，重 340 克（图一三七：1；图版四〇，9）。

标本 T206⑤：4455，深灰色细砂岩。扁长形，较薄，一端为横向断裂面。器身大部分经过加工，边缘布满敲击痕迹，两面片疤浅平，中间保留砾石面。在断裂面一端的一面，有一个由打击片疤形成的弧形凹面，应为凹刃凿的刃面，但尚未加工出刃口。长 14.7、宽 7.2、厚 2.0 厘米，重 430 克（图一三七：3）。

4. 石凿残品

21 件。包括毛坯和成品的残品。可辨部位有刃部、中段。

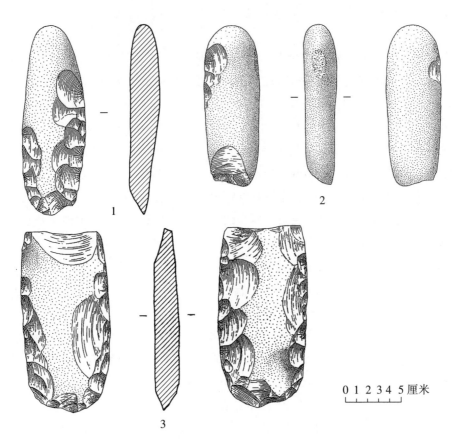

0 1 2 3 4 5 厘米

图一三七　第一文化层 D 型石凿（凹刃凿）毛坯（二）
1. T205⑤：2298　2. T408③：123　3. T206⑤：4455

（1）毛坯残品。主要是凹刃凿残品。

标本 T204④：267，浅黄色辉绿岩。器身已缺失了一部分，从残留的部分看，约缺失一小半。器身两侧和完整的一端经过反复的琢打，以致边缘布满打击疤痕，并在两侧产生小的崩疤。残长 11.5、宽 6.0、厚 3.0 厘米（图一三八：4）。

标本 T307②：523，深灰色闪长岩。粗大厚重。器身已缺失了一部分，一端为断裂面。两面加工，以一面为主，加工主要在端部和一侧，经过剥片和琢打。残长 13.1、宽 7.9、厚 4.0 厘米（图一三八：2）。

标本 T102⑤：2，浅黄色辉绿岩。残留部分为器身中段，两端均为断裂面，其中一端断裂面较平整，另一端断裂面凹凸不平。器身两侧经过反复琢打，已形成平整的边缘；一面有琢打形成的浅条形凹槽，应为凹刃凿器身上与刃端相连的凹槽。其余部位保留砾石面。残长 9.3、宽 6.5、厚 3.7 厘米（图一三八：3；图版四一，1）。

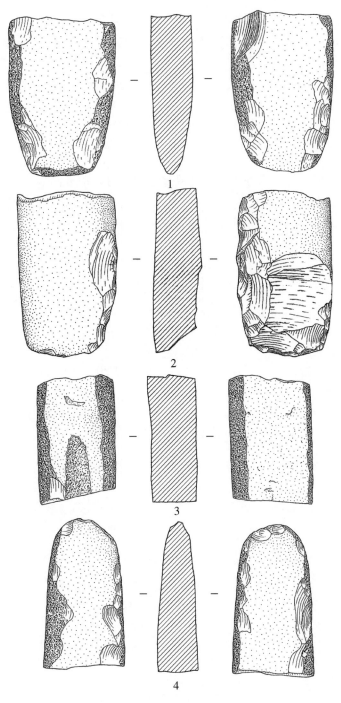

图一三八　第一文化层石凿毛坯残品

1. T208③：1724　2. T307②：523　3. T102⑤：2　4. T204④：267

标本 T208③：1724，浅黄色辉绿岩。残留部分为把端一段，较厚重。两侧和把端均经过反复琢打，并留下了一些在琢打时产生的崩疤。残长 12.3、宽 8.0、厚 3.7 厘米（图一三八：1）。

（2）成品残品。普通石凿的残品，除刃部外，其他部位的残品跟斧（锛）类的残品很难区分，因此，这里介绍的残品主要是凹刃凿的残品。凹刃凿的残品可分辨出的有器身中部残段和刃部残段。

刃部

标本 T304②：65，深灰色细砂岩。残留部分为凹刃石凿成品器身的中下段，较扁薄。上端断面平整，下端经过两次横向打击，在背面形成两个较大的片疤，使原来的刃部完全受到破坏。残长 8.3、宽 6.0、厚 2.6 厘米（图一三九：4）。

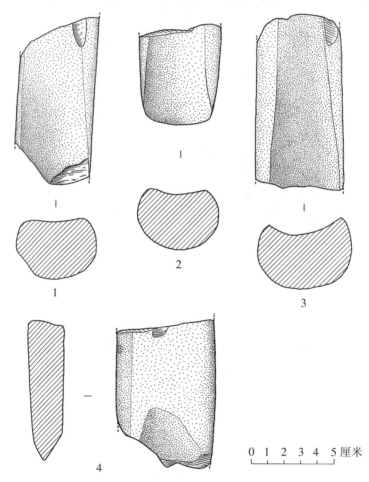

0 1 2 3 4 5 厘米

图一三九　第一文化层石凿成品残品

1. T104⑤：371　2. T206⑤：4515　3. T305②：2　4. T304②：65

标本 T206⑤：4515，灰色细砂岩。残留部分属于凹刃石凿成品器身的刃部。断裂面平整，可见清楚的打击点和放射线。从残留的部分看，加工非常精致，制作规整，刃缘无使用痕迹。残长 6.3、宽 5.1、厚 3.4 厘米（图一三九：2；图版四一，2）。

中段

标本 T104⑤：371，灰色细砂岩。残留部分属于凹刃石凿成品器身的中下段，粗大厚重，上端截面呈椭圆形。一面上端扁平，往下渐凹，逐渐形成一个较宽的弧凹面。上端断裂面平整，斜向一侧；下端经过多次横向打击，形成两三个大小不同的片疤。背面靠一侧有一个大的片疤，而中部有一个径约 0.8 厘米的崩疤，崩疤应是受重力砸击而成。残长 10.3、宽 5.1、厚 4.0 厘米（图一三九：1）。

标本 T305②：2，灰色细砂岩。残留部分属于凹刃石凿成品器身的中段，粗大厚重，上端截面近圆形。一面有宽大的弧形凹槽，凹槽由一端向另一端加宽、加深；两端的断裂面均完整，其中下端裂面较平整，可见清楚的打击点和放射线，上端裂面明显内凹。从两端的断裂面看，应是受重力砸击而断裂。残长 10.7、宽 5.7、厚 4.6 厘米（图一三九：3；图版四一，3）。

# （五）切割器

17 件，占该文化层磨制石制品的 2.11%。包括切割器成品、半成品和毛坯。其中，成品数量最多，半成品最少（见附表二）。

1. 切割器成品

切割器是指体小而薄、刃口锋利、具有切割功能的石器，包括两类：第一类在形制上和斧、锛相同，但器身特薄小；第二类形状略呈刀形，刃部在器身一侧上部并延伸至刃端。革新桥切割器的成品中未见第二种类型，但在半成品中有少量发现。

成品共 9 件，占该文化层切割器类的 52.94%。原料有细砂岩、硅质岩、粉砂岩三种，其中细砂岩 5 件，占总数的 56%；硅质岩 3 件，占 33%；粉砂岩 1 件，占 11%。平面形状有长方形、梯形、三角形等，其中长方形最多（6 件，67%），次为梯形（2 件，22%），三角形最少（1 件，11%）。器体很小，最小的长 2.8、宽 1.4、厚 0.5 厘米，大小和小手指差不多（表五七）。刃角在 53° 以下，最小角度为 38°。

磨制部位分通体磨和局部磨两种，其中局部磨的标本 1 件，占总数的 11%；通体磨的 8 件，占 89%。局部磨的标本仅限磨制刃部，其余保留打坯时的片疤面；通体磨制的标本中，除 1 件为通体磨光外，其余的器身都保留不同程度制坯时的片疤，而刃部磨得精致。刃缘有直刃和弧刃两种，其中直刃 5 件，弧刃 4 件，几乎各占一半。刃部具有使用痕迹的标本有 2 件，占 22%；而无使用痕迹的 7 件，占 78%。根据平面形状，可分为两型。

表五七　第一文化层切割器成品测量统计表（尺寸：厘米；重量：克）

| 类别 | 最大值 | 最小值 | 平均值 |
|------|--------|--------|--------|
| 长度 | 7.2 | 2.8 | 5.9 |
| 宽度 | 3.2 | 1.4 | 2.7 |
| 厚度 | 0.9 | 0.4 | 0.6 |
| 重量 | 20 | 5 | 14 |
| 刃角 | 53° | 38° | 47° |

A 型　6 件。器身长方形。分两式：

Ⅰ式 3 件。斧型刃。

标本 T206⑤：1391，深灰色细砂岩。器身扁薄，一面略凸，另一面略凹，两侧平直。通体磨制，一面磨得较多，另一面磨得较少，保留较多打击疤痕；两侧经过磨制，把端磨得很少；刃部磨制精致。刃缘平直，刃口锋利。长 6.1、宽 2.7、厚 0.5 厘米，重 15 克，刃角 48°（图一四〇：1）。

标本 T307②：3147，青灰色硅质岩。器身扁薄，两面均较平整。通体磨制，刃部磨得较多，器身磨得较少，基本上没有打击疤痕。两面可见较多浅薄的片疤，而两侧和把端的碎疤更为明显。两侧缘平直，而两端略弧。刃口锋利，一侧有一个崩疤。长 6.9、宽 2.8、厚 0.6 厘米，重 15 克，刃角 43°（图一四〇：2）。

标本 T202③：2，深灰色粉砂岩。器身扁薄，一面略凸，另一面扁平。通体磨制，但保留较多打击疤痕。刃缘弧凸，刃口有较多的细碎崩疤，应为使用痕迹。长 6.3、宽 2.7、厚 0.7 厘米，重 20 克，刃角 42°（图一四〇：3）。

Ⅱ式 3 件。锛型刃。

标本 T306②：336，灰黄色细砂岩。器身扁薄，两面扁平，两侧平直。通体磨制，一面磨得较多，仅两侧边保留打击疤痕，另一面磨得较少，保留较多小而浅的打击疤痕；两侧和把端磨得很少；刃部磨制精致，刃缘略弧凸，无使用痕迹。长 6.0、宽 3.2、厚 0.6 厘米，重 18 克，刃角 51°（图一四〇：4；彩版一五，6）。

标本 T208③：1523，灰色细砂岩。把端稍窄，刃端略宽。器身扁薄，两面均较平整，其中一面略经磨制，已有少许光滑磨面；其余部分仍为粗糙的片疤面；另一面近把端处有部分打击疤痕，其余多保留自然面；把端和两侧均未经磨制，可见层叠的碎疤；刃部一面磨制较多，另一面磨制较少。刃缘平直，刃口锋利。长 5.4、宽 2.7、厚 0.5 厘米，重 10 克，刃角 49°（图一四一：3；图版四一，4）。

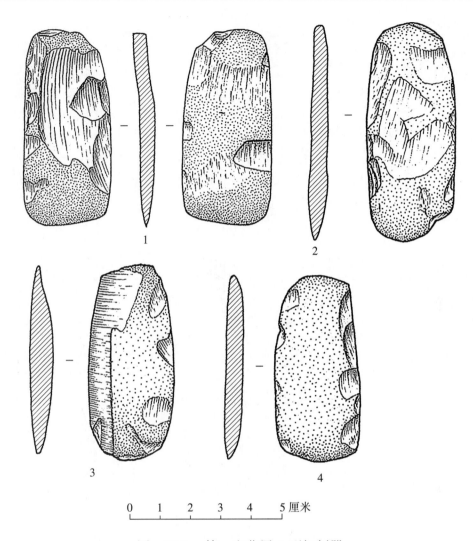

图一四〇　第一文化层 A 型切割器
1. T206⑤：1391　2. T307②：3147　3. T202③：2　4. T306②：336

　　标本 T205⑤：4，深灰色硅质岩。一面扁平，另一面中间凸起。局部磨制，扁平一面基本上仅磨刃端，其余为破裂面；另一面磨制也限于刃部，其余为砾石面和深凹的片疤面。两侧和把端也未经过磨制。刃缘平直，刃口锋利，可见许多细碎的崩疤，应为使用痕迹。长 6.1、宽 3.1、厚 0.9 厘米，重 20 克，刃角 53°（图一四一：2）。

　　B 型　2 件。器身呈梯形，均为斧型刃。

　　标本 T207④：34，青灰色硅质岩。把端稍窄，刃端略宽。器身较扁薄，一面略平，另一面微隆起。通体磨制，较平一面磨制部位主要在刃部和器身较凸的地方，其余为片疤面；隆起面经较多磨制，只是在把端部位和两侧边保留打击疤痕；两侧缘和把端均经

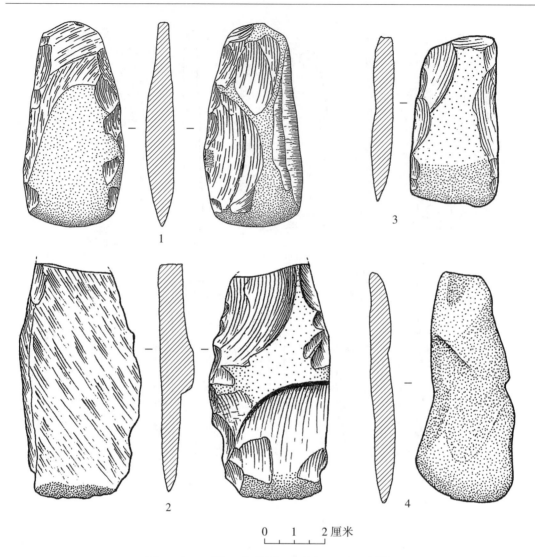

0　　1　　2厘米

图一四一　第一文化层 A 型和 B 型切割器
1. T207④：34　2. T205⑤：4　3. T208③：1523　4. T206⑤：4467

初步磨制，已有部分光滑磨面，但仍可见部分打击疤痕；刃缘齐整，刃口锋利，未见使用痕迹。长6.3、宽3.0、厚0.8 厘米，重20 克，刃角47°（图一四一：1；图版四一，5）。

　　标本 T206⑤：4467，灰黄色硅质岩。把端较窄，刃端较宽。器身较扁薄，两面均较平整。局部磨制，一面除刃部磨制外，均保留自然面；另一面除刃部及近把端处磨制外，亦均保留砾石面；两侧均经初步磨制，但仍可见部分打击疤痕；刃部两面磨制精致，刃面光滑。刃缘平齐，略呈弧凸状，刃口锋利，未见使用痕迹。长7.2、宽3.1、厚0.6 厘米，重20 克，刃角51°（图一四一：4；图版四一，6）。

2. 切割器半成品

3 件，占该文化层切割器类的 17.65%。原料均为硅质岩，局部加工，磨制主要在刃部，但尚未磨出刃口。

标本 T308②：111，灰褐色硅质岩。体小而薄，平面近似平行四边形。局部磨制，尚未磨出刃口。一面略经磨制，而以刃部磨得较多，打击疤痕已不明显，其余部位则保留许多打击疤痕；另一面基本上未经磨制，除两侧为打击疤痕外，余为砾石面。长 5.8、宽 2.7、厚 0.7 厘米，重 12 克（图一四二：1）。

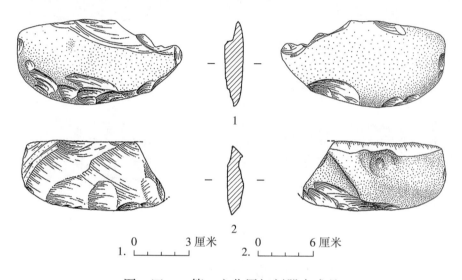

图一四二　第一文化层切割器半成品
1. T308②：111　2. T307②：460

标本 T307②：460，灰黄色硅质岩。形体较大，平面形状不规则。两面均较平。局部磨制，刃口尚未磨好。两面的磨制均在较规整的一端并延伸到一侧的上部，这个部位已基本形成刃口，其余部位几乎没有磨制。从形制及刃部所在的位置看，该标本像是一把石刀。长 10.7、宽 5.3、厚 1.1 厘米，重 90 克（图一四二：2）。

3. 切割器毛坯

5 件，占该文化层切割器类的 29.41%。原料为细砂岩、硅质岩和长石岩三种，其中细砂岩和硅质岩各为两件。器身大部分经过加工，有的标本甚至通体加工。

标本 T104⑤：17，浅灰色细砂岩。长椭圆形。通体打制，一面较平，片疤大而浅薄；另一面凹凸不平，片疤较深凹。一侧较薄，很少修整；另一侧较厚，经过较多的琢打。把端修整不多，刃端经较多修整，已形成刃口。长 9.3、宽 4.1、厚 1.2 厘米，重 70 克（图一四三：1）。

标本 T307②：370，深灰色硅质岩。原为宽大石片，一面（破裂面）弧凸，另一面

（石片背面）扁平。扁平面大部分经过剥片和修整，仅余两块砾石面；突起面修整主要在两侧，其中位于石片台面一侧经过较多的琢打，有许多细碎的疤痕；两端几乎未经修整。从器身的形制看，这件标本像是一把石刀，因为原石片台面一侧很厚，而远端平整锋利，应为刃部所在。长8.6、宽3.1、厚1.3厘米，重50克（图一四三：2）。

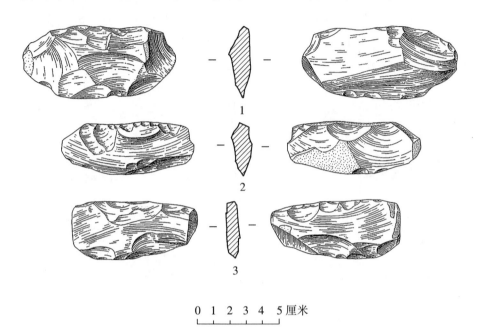

0　1　2　3　4　5厘米

图一四三　第一文化层切割器毛坯

1. T104⑤：17　　2. T307②：370　　3. T206⑤：2416

标本T206⑤：2416，灰黄色长石岩。扁薄长形，把端较小，刃端稍宽。器周身均经打片，两面为扁平的片疤面。两侧较直，稍经琢打。把端未经修整，刃端初步成形。长7.9、宽3.3、厚1.1厘米，重48克（图一四三：3）。

## （六）研磨器

189件（不含残品），占该文化层磨制石制品的23.42%。包括研磨器成品、半成品和毛坯。其中，成品数量最多，半成品最少（见附表二）。

1. 研磨器成品

共136件，占该文化层研磨器类的71.96%。原料有砂岩、辉绿岩、石英砂岩、玄武岩四种，其中砂岩最多，约占研磨器成品总数的77%；次为辉绿岩；玄武岩最少（表五八）。器体大小差别较大，最大者长超过16厘米，最小者长约3厘米（表五九）。大多数器形规整、对称。根据器身形状，可分为柱形、锥形、喇叭形、腰鼓形、印章形五种，其中柱形最多，约占总数的57%；印章形最少，不到6%（表六○）。根据形状可分为A、B、C、D、E五型。

表五八 第一文化层研磨器岩性统计表

| 类别 | 砂岩 | 辉绿岩 | 玄武岩 | 石英砂岩 | 合计 |
|------|------|--------|--------|----------|------|
| 数量 | 105 | 21 | 3 | 7 | 136 |
| % | 77.21 | 15.44 | 2.21 | 5.15 | 100 |

表五九 第一文化层研磨器测量统计表（尺寸：厘米；重量：克）

| 类别 | 最大值 | 最小值 | 平均值 |
|------|--------|--------|--------|
| 长 | 16.8 | 2.6 | 7.1 |
| 底径/最大径 | 12.8 | 1.2 | 5.7 |
| 重量 | 1580 | 23 | 351 |

表六○ 第一文化层研磨器形状统计表

| 类别 | 柱形 | 喇叭形 | 腰鼓形 | 印章形 | 锥形 | 合计 |
|------|------|--------|--------|--------|------|------|
| 数量 | 78 | 26 | 9 | 8 | 15 | 136 |
| % | 57.35 | 19.12 | 6.62 | 5.88 | 11.03 | 100 |

A型

78件，约占该文化层研磨器成品的57%，是研磨器中数量最多的一种类型。多为长条形砾石截去一段后加工而成，加工部位主要在研磨面，器身近圆柱状。可分两式。

I式 器身较长。

标本T205⑤：2284，灰色细砂岩。器身略扁。在砾石上横截去部分，并以截面为研磨部位。研磨面光滑平整，微弧凸，有石锈和胶结物，边缘有一较大的崩疤，由磨面向器身崩裂。器身两侧上半部有琢打疤痕。长13.3、底径6.9厘米，重430克（图一四四：1）。

标本T104⑤：31，灰色细砂岩。上端略小，下端稍大。器身上端为截断面，未经磨制，边缘有修整的崩疤；下端研磨面光滑，略弧凸，一侧边缘有一个浅薄的崩疤。器身部分经过磨制，较凸的一侧经过琢打并略磨，但保留明显的打击疤痕。长10.9、底径6.5厘米，重520克（图一四四：2；图版四二，1）。

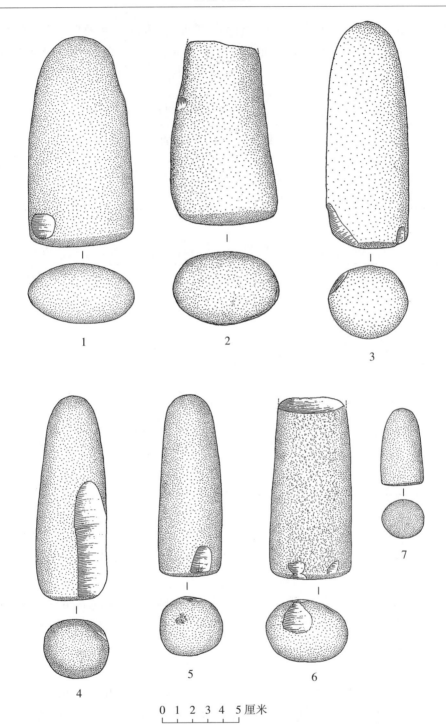

图一四四　第一文化层 A 型研磨器（一）

1. T205⑤：2284　　2. T104⑤：31　　3. T308②：524　　4. T207④：4276　　5. T410②：1
6. T207④：4269　　7. T307②：1

标本 T308②：524，灰色细砂岩。器身体略扁。在砾石上横截去部分，并以截面为研磨部位。研磨面光滑平整，微弧凸，有石锈和胶结物，边缘有一较大的崩疤，由磨面向器身崩裂。器身未见加工痕迹和使用痕迹。长 14.0、底径 4.7 厘米，重 540 克（图一四四：3；图版四二，2）。

标本 T207④：4276，灰色细砂岩。上端较小，下端稍大。较大的下端大部为光滑的弧凸形磨面，局部有琢击痕迹。在器身的一侧有两个大的砸击片疤，片疤长约 4.5 厘米。长 12.5、底径 4.2 厘米，重 320 克（图一四四：4）。

标本 T410②：1，灰褐色细砂岩。在砾石上横截去部分，并以截面为研磨部位。磨面为圆形，光滑平整，局部可见隐约的点状砸击疤痕，应为加工时留，边缘还有一指甲大小的崩疤。器身一面中部有不甚明显的点状砸击痕迹。长 11.5、底径 4.0 厘米，重 290 克（图一四四：5；彩版一六，1）。

标本 T207④：4269，灰色细砂岩。上端略小，下端稍大。器身上端为截断面，边缘有细碎的砸击凹痕。下端研磨面略弧凸，大部为光滑的磨面，近中部有一个浅薄的片疤，边缘也有少许崩疤。器身较平的两面布满琢打的疤痕。长 11.2、底径 5 厘米，重 400 克（图一四四：6）。

标本 T307②：1，红褐色细砂岩。通体磨制。上端较小、渐收；下端较大，磨面光滑、平坦。器形细小。长 3.9、底径 2.2 厘米，重 30 克（图一四四：7；图版四二，3）。

II 式　器身较短

标本 T208③：365，灰褐色细砂岩，上端较小，下端稍大。下端端面为略呈弧凸的研磨面，端面边缘有较多崩裂的片疤。上端及一侧有明显而密集的砸击凹疤，周边有少量的砸击小凹疤，如米粒大小。长 10.5、最大径 6.8 厘米，重 700 克（图一四五：1；图版四二，4）。

标本 T207④：4435，灰褐色细砂岩。上端较小，下端较大，横截面略呈三角形。下端端面略呈弧凸，磨面光滑。器身多处有少量砸击疤痕；较窄一侧有琢打修整的痕迹。上端为较平的琢击疤痕面。从痕迹分析，该器为研磨器，兼作砸击石锤。长 9.5、底径 6.5 厘米，重 360 克（图一四五：2）。

标本 T205④：7，深灰色细砂岩。器身下端稍大，上端略小。两端有琢击的疤痕面，尤为下端，疤痕面非常平整。器身突出的棱脊均被琢平，琢面与砾石面平滑连接。靠近上端部位有两个大的凹疤。从疤痕特征看，该器物是一件成型的或接近成型的研磨器，尚未经过使用。长 7.4、底径 4.6 厘米，重 255 克（图一四五：3）。

标本 T206⑤：4416，灰色细砂岩。器身略扁，在砾石上横截去部分，并以截面为研磨部位。研磨面光滑平整，微弧凸，有石锈，中间部位有绿豆大小的浅砸击疤痕，疤痕似被磨蚀过。器身两面中部有少量砸击痕；把端（上端）为琢打疤痕面。长 7.9、最大径 5.3

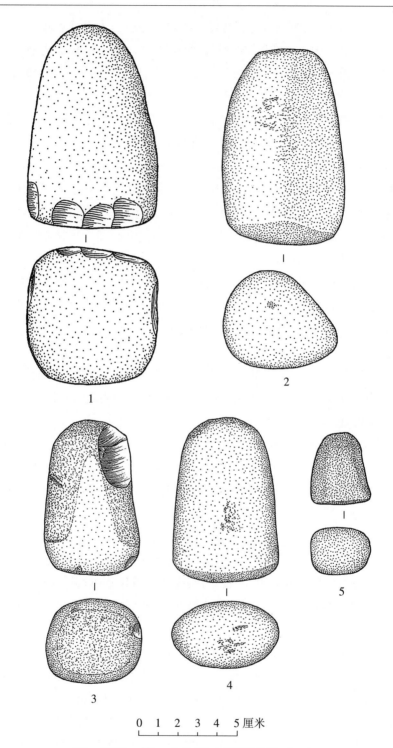

0 1 2 3 4 5厘米

图一四五　第一文化层 A 型研磨器（二）

1. T208③：365　2. T207④：4435　3. T205④：7　4. T206⑤：4416　5. T203④：43

厘米，重 180 克（图一四五：4；图版四二，5）。

标本 T203④：43，红褐色石英砂岩。上端小，下端大，横截面略呈长方形。通体磨制，但磨得不规整。研磨面平整。器身尺寸很小。长 3.6、最大径 3.1 厘米，重 25 克（图一四五：5）。

B 型

26 件，约占该文化层研磨器成品的 19%。大部分经过加工而成，但也有少数是选用合适的砾石直接作为研磨器使用。器身一端小，另一端大，轮廓近似喇叭。

标本 T203④：413，灰色石英砂岩。正面近似三角形或喇叭形，横截面长方形。研磨面弧凸，为明显的研磨痕迹，在磨面的一端有浅疤面。器身一面有多个很浅的点状坑疤，可能是砸击疤痕，其余为砾石面。长 9.7、最大径 8.5 厘米，重 565 克（图一四六：1）。

标本 T306②：1672，灰色细砂岩。基本上未经加工，而是直接利用砾石的天然形状作为研磨器使用。研磨面光滑、宽大而平整；研磨面边缘外侧有三个 1~3 厘米的浅薄崩疤。把端布满琢打的疤痕，端部的中间有一个口径约 3 厘米的圆窝坑。长 6.5、最大径 10.9 厘米，重 620 克（图一四六：2）。

标本 T304②：26，灰色细砂岩。未经过加工，利用砾石粗大一端的平面作为磨面。磨面平整，有明显的研磨痕迹，局部有点状的砸击坑疤。把端和器身局部有砸击疤痕。长 11.9、最大径 8.8 厘米，重 1090 克（图一四六：3；图版四二，6）。

标本 T103⑤：934，青灰色石英砂岩。器身上端小，下端大，腰身弧凹。通体琢打而成。研磨面经过磨制，中间有琢击形成的浅窝，部分边缘有崩疤；器身一面有许多较大的片疤，似是两端受力崩裂而成。长 8.6、底径 5.6 厘米，重 240 克（图一四六：4）。

标本 T207④：3241，深灰色细砂岩。系天然砾石未经加工而直接使用。一端宽大，另一端窄小，器身横截面略呈四边形。宽大一端是光滑的研磨面。器身中部多处有绿豆大小的砸击疤痕。上端为光滑的平整面。长 6.9、最大径 6.5 厘米，重 330 克（图一四六：5；图版四二，7）。

标本 T304②：3，灰色石英砂岩。喇叭形，上端小，下端大，腰身弧凹。通体琢打后经磨制而成。研磨面光滑，中间有少量砸击疤痕，一边有一个大的片疤面；边缘有不少大的崩疤，这些崩疤均是由研磨面向把端崩裂，有的崩疤有明显的打击点。长 6.9、底径 6.0 厘米，重 250 克（图一四六：6）。

标本 T410②：3，深灰色细砂岩。系天然砾石未经加工而直接使用。一端宽大，另一端窄小。宽大一端是光滑的研磨面，磨面往边缘外翻。器身局部有少量砸击疤痕。磨面未见其他使用痕迹。长 11.4、底最大径 10.2 厘米，重 1200 克（图一四七：1）。

标本 T307②：2096，出土时已断裂为两半。灰色石英砂岩。上端小，下端大，腰身弧

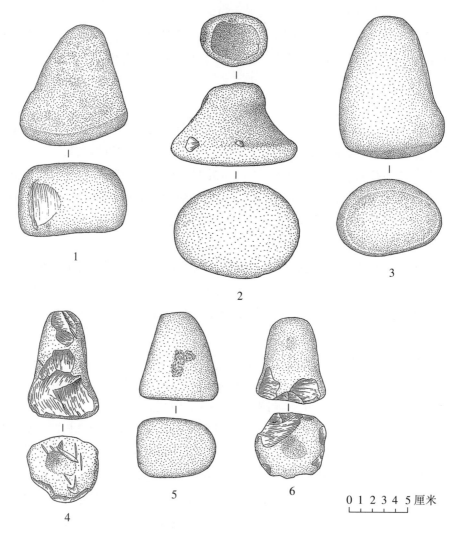

图一四六　第一文化层 B 型研磨器（一）

1. T203④：413　2. T306②：1672　3. T304②：26　4. T103⑤：934　5. T207④：3241　6. T304②：3

凹。通体琢打后经磨制而成，器身上仍可见尚未完全磨掉的琢打疤痕；制作对称。研磨面光滑、平整，边缘部分为打击片疤所破坏；这些片疤很大，有的裂至器身中部，打击点均在研磨面，不像是使用时产生的崩疤。长 10.0、底径 8.0 厘米，重 630 克（图一四七：2；图版四二，8）。

标本 T310③：20，灰褐色细砂岩。系天然砾石未经加工而直接使用。把端有两个大而深的锤击疤痕，打击点较大，片疤长 2～4 厘米。研磨面平整而光滑。长 11.9、最大径 12.1 厘米，重 1110 克（图一四七：3）。

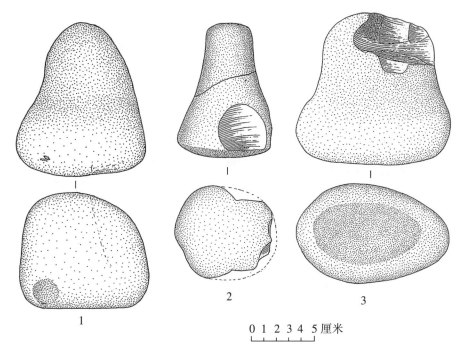

0 1 2 3 4 5 厘米

图一四七　第一文化层 B 型研磨器（二）
1. T410②：3　2. T307②：2096　3. T310③：20

C 型

9 件，约占该文化层研磨器成品的 7%. 这一类型研磨器加工比较精致，多数器身先经过琢打成坯后再行磨制，两端较平，其中把端略小，底端稍大，束腰，形似腰鼓。

标本 T205④：1，细砂岩，灰色并有浅黑色斑纹。器身一端较大，另一端较小，中部弧凹，形似腰鼓。通体加工，先琢打成坯后加磨制，除把端可见残留浅小的琢打疤痕外，器身其他部位均磨得很光滑。研磨面略呈椭圆形，光滑、稍弧凸。该标本制作精致，形态对称美观。长 8.6、径 6.0 厘米，重 300 克（图一四八：1；彩版一六，2）。

标本 T206⑤：4414，灰色细砂岩。把端小，底端大，器身中部向把端渐收，最窄部位在把端附近。通体加工，先琢打，后磨制。研磨面光滑，略呈弧凸，中间有几个绿豆大小的浅砸击坑疤，似为加工时残留的琢打疤痕。器身和把端布满琢击疤痕，疤痕为芝麻或绿豆大小的坑疤，这些坑疤都不同程度磨过，应为制坯时琢打疤痕。长 9.6、底径 6.1 厘米，重 400 克（图一四八：2；图版四二，9）。

标本 T206⑤：3132，灰色辉绿岩。把端小，底端大，束腰。通体加工，先琢打，后磨制。研磨面呈椭圆形，光滑、平整。器身和把端弥漫性布满琢击疤痕，疤痕为芝麻或绿豆大小的坑疤，这些坑疤都不同程度磨过，是经磨制后残留的琢打疤痕。器形规整，轮廓对称，造型美观。长 8.8、径 5.2 厘米，重 320 克（图一四八：3；图版四三，1）。

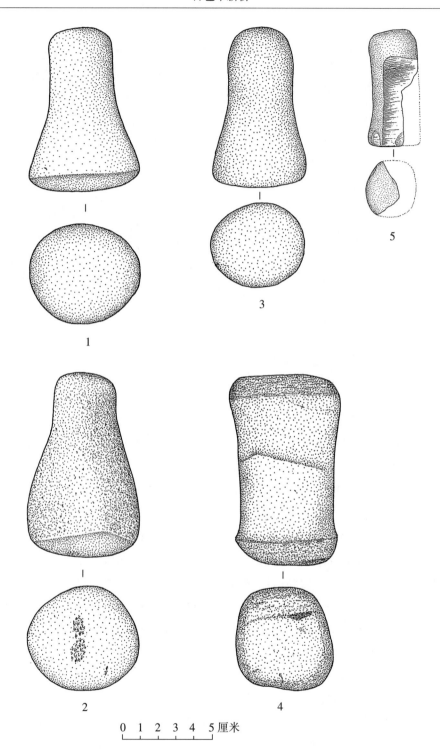

图一四八　第一文化层 C 型研磨器

1. T205④：1　　2. T206⑤：4414　　3. T206⑤：3132　　4. T308②：385　　5. T206⑤：4413

标本 T308②：385，灰黄色细砂岩。一端稍方圆，另一端较扁。方圆一端是光滑的磨面，未见使用痕迹。另一端有砸击疤痕。长 10.2、最大径 5.9 厘米，重 530 克（图一四八：4）。

标本 T206⑤：4413，褐色细砂岩。已残。器身上端略大，下端略小，中间呈束腰形。器身的一侧为残断面。把端边缘有少量的砸击崩疤，研磨面有少许砸击凹痕，若米粒大小，边缘有少量崩疤。长 12.4、径 3.5 厘米，重 400 克（图一四八：5）。

D 型

8 件，约占该文化层研磨器成品的 6%，为数量最少的一种类型。加工精致，器身先经过琢打成坯后再行磨制。小把、细颈、鼓身、宽底，形似倒置的酒杯或印章。

标本 T206⑤：85，深灰色细砂岩。残，器身两侧崩裂，大部分缺失；把端也崩裂小部分。上小下大，最大径在器身中下部，束颈。通体加工，磨制光滑。研磨面光滑、平整。长 12.3、残宽 7.9 厘米，重 410 克（图一四九：1；图版四三，2）。

标本 T210③：5，灰色细砂岩。残，器身大部分缺失。上小下大，最大径在器身底部，束颈。通体加工，磨制光滑。研磨面光滑、平整。长 6.8、残宽 4.0 厘米，重 70 克（图一四九：2）。

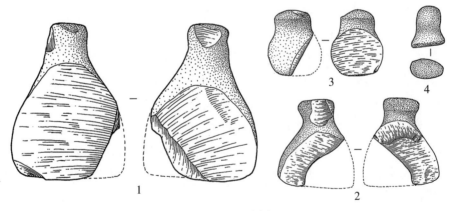

图一四九　第一文化层 D 型研磨器
1. T206⑤：85　2. T210③：5　3. T206⑤：448　4. T202③：19

标本 T206⑤：448，深灰色辉绿岩。残，器身裂掉一部分。上小下大，最大径在器身中部，束颈。通体加工，先琢打，后磨制。研磨面呈圆形，光滑、平整。器身和把端布满琢击疤痕，为芝麻或绿豆大小的坑疤，而且都不同程度磨过，是经磨制后残留的琢打疤痕。把端略弧凸，有一个较大崩疤。器形规整，轮廓对称，造型美观。长 5.6、底径 4.4 厘米，重 150 克（图一四九：3）。

标本 T202③：19，灰色细砂岩。利用天然砾石直接作研磨器用。器身较扁，束腰。研磨面光滑、平整。器形细小。长 3.3、最大径 2.9 厘米，重 23 克（图一四九：4）。

E 型

15 件，约占该文化层研磨器成品的 11%。这一类型研磨器的器身较长，把端较尖，轮廓近似圆锥形。

标本 T206⑤：44，深灰色细砂岩。利用长条形砾石截去一半而成。磨面较平整，但仍可见一些断裂时产生的凹疤，疤面已被磨蚀，此外局部还有少量点状的砸击坑疤。器身局部有零星的砸击疤痕。把端似有琢击痕迹。长 12.4、最大径 8.2 厘米，重 1140 克（图一五〇：1；图版四三，3）。

标本 T206⑤：965，灰色细砂岩。上小下大，器身有三个扁平的面。研磨面经过琢打和磨制，平整，略呈圆形。器身和把端均为砾石面，未经加工。长 10.2、底径 5.3 厘米，重 340 克（图一五〇：2）。

标本 T103⑤：364，灰褐色细砂岩。一端大，另一端小。大的一端为研磨面，研磨面未见使用痕迹，但两个侧边有片疤，其中一块片疤很大，长超过器身的一半，可能是作石锤使用时所打下的片疤。另一端有砸击痕迹，器身还有两个片状砸疤，如指甲大小，表明该研磨器还兼作石锤使用。长 11.1、底径 6.0 厘米，重 550 克（图一五〇：3）。

标本 T102⑤：1，灰色细砂岩。通体加工，研磨面平整，未见使用痕迹。器身和把端表面光滑，无使用痕迹。整个器物制作精致，规整对称。长 9.3、底径 5.4 厘米，重 380 克（图一五〇：4；彩版一六，3）。

2. 研磨器半成品

研磨器半成品是指经过制坯阶段后开始磨制，但尚未磨好的标本。主要是根据研磨面是否磨制完成决定是否为成品或半成品。半成品标本仅有 11 件，占该文化层研磨器类的 5.82%。岩性基本上是砂岩。形状有柱形和锥形，其中柱形占绝大多数。大小差别不大。根据器身形状，可分为 A、B 型。

A 型

10 件，占该文化层研磨器半成品的 90%。器身形状略呈柱形。

标本 T103⑤：374，灰色细砂岩。利用长条形砾石横向截去部分加工制作。研磨面位于断裂面，略呈椭圆形，略经磨制，但未磨好；边缘有许多崩疤。器身和把端均保留砾石面。长 6.1、最大径 5.4 厘米，重 140 克（图一五一：1）。

标本 T207④：3630，灰色细砂岩。把端较小，呈弧凸状，底端稍大，是一个截面（研磨面）。研磨面较凸部位有磨痕，而深凹的部位未见磨痕，应为初步磨制的结果。把端有较多的砸击崩疤。从痕迹分析，该研磨器还兼作石锤使用。长 8.5、最大径 5.1 厘米，重 240 克（图一五一：2）。

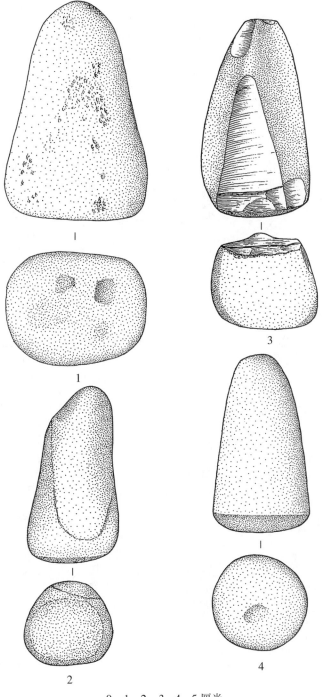

图一五○　第一文化层 E 型研磨器

1. T206⑤：44　　2. T206⑤：965　　3. T103⑤：364　　4. T102⑤：1

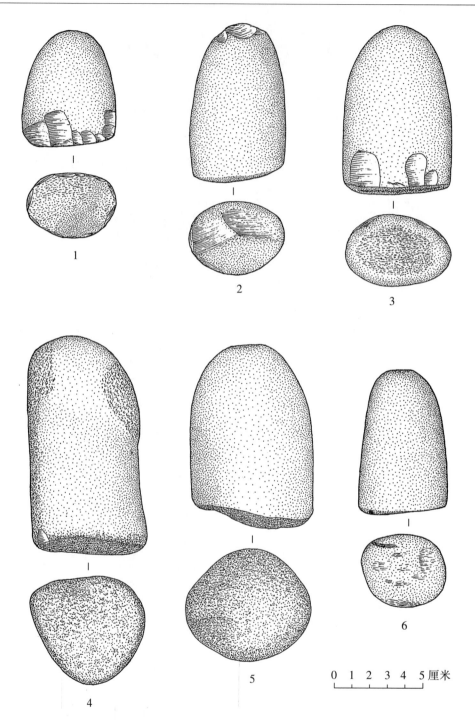

图一五一　第一文化层研磨器 A 型半成品

1. T103⑤：374　2. T207④：3630　3. T207④：4236　4. T306②：1676　5. T307②：
3178　6. T308②：2611

标本 T207④：4236，灰褐色细砂岩。利用扁长形砾石横向截去部分加工而成。研磨面略呈椭圆形，略经磨制，中间大部是琢打的疤痕，边缘有几个浅崩疤。器身和把端均保留砾石面。长9.2、最大径5.9厘米，重360克（图一五一：3；图版四三，4）。

标本 T306②：1676，灰色细砂岩。利用长条形砾石截取一段加工制作而成。器身较窄的凸棱和突出的部位经过较多的琢打，未经磨制。研磨面位于断裂面，断裂面部分略凹，稍凸的部分略经磨制，但未磨平。长11.1、最大径5.8厘米，重560克（图一五一：4）。

标本 T307②：3178，青灰色辉绿岩。利用长条形砾石截去一段，在断裂面略加磨制，形成初步的研磨面。研磨面不平整，向一边倾斜。器身其他部位为砾石面，未见加工痕迹。长10.2、底径7.2厘米，重720克（图一五一：5）。

标本 T308②：2611，褐色辉绿岩。利用长条形砾石横向截去部分加工制作。研磨面位于断裂面，略呈圆形，略较多磨制，但未磨好。把端有砸击疤痕。器身保留砾石面，未经加工。长7.5、底径4.5厘米，重250克（图一五一：6；图版四三，5）。

B 型

1 件，占该文化层研磨器半成品的9%。器身形状略呈锥形。

标本 T308②：1687，灰色细砂岩。利用长条形砾石截取一段加工制作。器身横截面呈三角形。研磨面位于断裂面，经过琢打和部分磨制，部分边缘有崩疤。从加工的程度看，该标本应为一件半成品。长10.9、最大径5.8厘米，重410克（图一五二：1）。

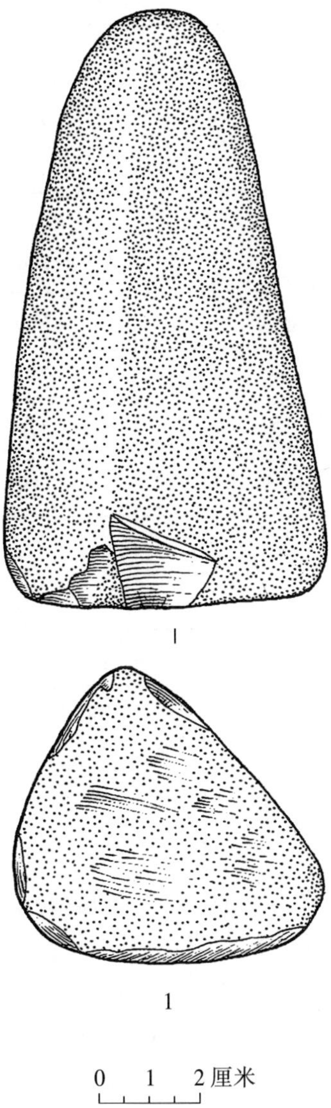

3. 研磨器毛坯

研磨器毛坯是指打制阶段的产品，未经过磨制。这类标本较多，有42件，占该文化层研磨器类的22.22%。岩性有砂岩、辉绿岩、玄武岩三种，以砂岩为主，次为辉绿岩和玄武岩（表六一）。大小差别较大，平均长约11厘

图一五二　第一文化层研磨器
B 型半成品
1. T308②：1687

米，底径 7 厘米，重 750 克（表六十二）。形状有柱形、印章形、锥形，以柱形为主，印章形次之，锥形最少（表六三）。根据器身形状，可分为 A、B、C 三型。

表六一　第一文化层研磨器毛坯岩性统计表

| 类别 | 砂岩 | 辉绿岩 | 玄武岩 | 石英砂岩 | 合计 |
|------|------|--------|--------|----------|------|
| 数量 | 29 | 10 | 1 | 2 | 42 |
| % | 69.05 | 23.81 | 2.38 | 4.76 | 100 |

表六二　第一文化层研磨器毛坯测量统计表（尺寸：厘米；重量：克）

| 类　别 | 最大值 | 最小值 | 平均值 |
|--------|--------|--------|--------|
| 长 | 17.65 | 7.21 | 11.15 |
| 底径/最大径 | 10.23 | 4.70 | 7.06 |
| 重　量 | 1812 | 169 | 751 |

表六三　第一文化层研磨器毛坯形状统计表

| 类别 | 柱形 | 印章形 | 锥形 | 合计 |
|------|------|--------|------|------|
| 数量 | 34 | 7 | 1 | 42 |
| % | 80.95 | 16.67 | 2.38 | 100 |

A 型

34 件，约占该文化层研磨器毛坯的 81%。器身形状为柱形或长条形。这类标本基本上都是利用长条形的砾石截取一段进行加工。根据尺寸大小又可分为二式。

I 式　形体较大，长度在 10 厘米以上。

标本 T307②：269，深灰色砂岩。器身粗大厚重。一端为研磨面，基本经过琢打；边缘有一些较大的崩疤。器身经过加工，有一个大的片疤，其余均为琢打疤痕。把手部分保留砾石面。长 14.5、最大径 8.1 厘米，重 1460 克（图一五三：1）。

标本 T306②：1010，灰褐色砂岩。将砾石截去一段，使断裂面成为研磨面；断裂面略呈椭圆形，凹凸不平，有明显的打击点和放射线。长 15.1、底最大径 9.2 厘米，重 1750 克（图一五三：2；彩版一六，4）。

标本 T206⑤：4470，黄褐色砂岩。器身略扁。将砾石截去一段，使断裂面成为研磨面；断裂面经过琢打。断裂面的边缘有修整形成的片疤。器身有一个较大的坑疤，其他为

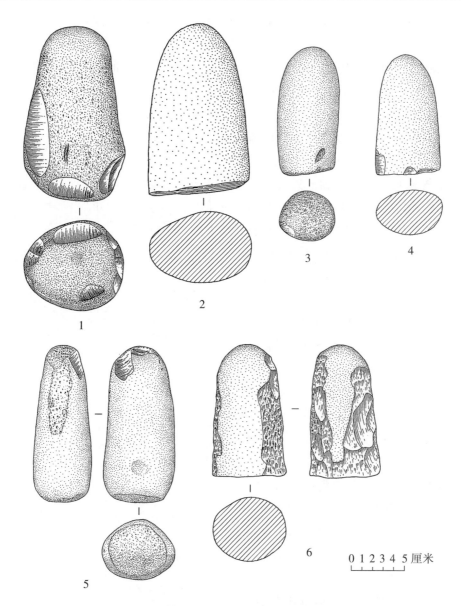

图一五三 第一文化层研磨器 A 型毛坯（一）

1. T307②：269　2. T306②：1010　3. T206⑤：4470　4. T310③：492　5. T308②：2605
6. T208③：1553

砾石面。长 11.3、最大径 5.2 厘米，重 420 克（图一五三：3；图版四三，6）。

标本 T310③：492，深灰色砂岩。器身略扁。将砾石截去一段，使断裂面成为研磨面；断裂面呈椭圆形，不够平整，一侧有一个明显的下凹面，打击点和放射线均不明显。断裂面的边缘有修整形成的小片疤，主要集中在一侧和一端，由断裂面向把端方向打击。器身其他地方未经加工。长 11.1、底最大径 6.0 厘米，重 460 克（图一五三：4；图版四三，7）。

标本 T308②：2605，灰色石英砂岩，近长柱形。器身两侧、把端及属于研磨面一端均经过反复的琢打，两端略弧凸，把端有一长约 2.5 厘米的崩疤。长 14.5、最大径 6.6 厘米，重 940 克（图一五三：5；图版四三，8）。

标本 T208③：1553，灰色砂岩。将砾石截去一段，使断裂面成为研磨面；断裂面平整，略呈椭圆形，打击点和放射线不明显。器身两侧经过反复的敲击和琢打，使器身变窄、变圆；加工面布满密密麻麻的琢打疤痕。把端未经加工。长 11.8、最大径 6.6 厘米，重 560 克（图一五三：6；图版四三，9）。

II 式　形体较小，长度在 10 厘米以下。

标本 T306②：220，深灰色砂岩。将砾石截去一段，使断裂面成为研磨面；断裂面略内凹，打击点和放射线明显。断裂面一侧边缘有经敲打形成的疤痕面，片疤较大。长 10.0、最大径 4.7 厘米，重 350 克（图一五四：1）。

标本 T208③：33，灰白色辉绿岩。将砾石截去一段，使断裂面成为研磨面；断裂面平整，呈椭圆形，略斜向一侧，打击点和放射线不明显。断裂面的边缘有修整形成的小片疤，由断裂面向把端方向打击。器身除研磨面外，均经过琢打；加工面布满密密麻麻的坑疤。长 9.1、最大径 4.7 厘米，重 300 克（图一五四：2；图版四四，1）。

标本 T209③：452，灰色砂岩。器身略扁。将砾石截去一段，使断裂面成为研磨面；断裂面平整，呈椭圆形，打击点明显。器身尚未加工。长 9.5、最大径 6.1 厘米，重 375 克（图一五四：3；图版四四，2）。

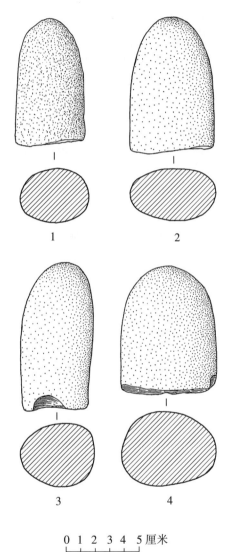

0 1 2 3 4 5 厘米

图一五四　第一文化层研磨器 A 型毛坯（二）

1. T306②：220　2. T208③：33
3. T209③：452　4. T308②：2526

标本 T308②：2526，辉绿岩。将砾石截去一段，使断裂面成为研磨面；断裂面平整，有明显的打击点和放射线。断裂面较窄一侧边缘有经敲打形成的疤痕面。器身长 9.6、最大径 7.2 厘米，重 750 克（图一五四：4）。

B 型

7 件，约占该文化层研磨器毛坯的 17%。器身形状大致为印章形或秤砣形。这类毛坯的原料均为近球形的砾石。由于这种毛坯采用琢打方法进行加工的，器身疤痕和石锤没有什么两样，加上大小相近，因此容易与石锤混淆。但仔细观察，就会发现它和石锤有明显不同之处：一是敲击疤痕遍布器身，没有作为石锤的手握部位；二是具有印章形研磨器的雏形，有把端、底部（研磨面）和颈部；三是器身保留有砾石面的地方均为较平的地方，是特意不加工的。根据大小，此类毛坯可分为二式。

I 式　器形较大，长在 10 厘米以上。

标本 T307②：561，灰黄色辉绿岩。体大厚重，上端凸出，中上部（肩部）有一圈内凹，底部有一平面。周身布满琢打疤痕，仅在器身下部保留一块手指大小的砾石面。疤痕大小如芝麻、绿豆，其形状大小与石锤一样。从加工的部位和形状看，该标本应为印章形研磨器的毛坯。长 12.8、最大径 10.0 厘米，重 1800 克（图一五五：1；彩版一六，5）。

标本 T308②：3170，黑色玄武岩。较大而厚重，上端凸出，肩部有一圈内凹。除上端和器身中部较平的部位各保留一块砾石面外，周身布满敲打疤痕。疤痕多如绿豆、黄豆大小，另外还有零星分布的长约 1 厘米的崩疤。长 10.0、最大径 8.1 厘米，重 840 克（图一五五：2；图版四四，3）。

II 式　器形较小，长在 10 厘米以下。

标本 T207④：421，灰黄色细砂岩。体形细小。上端凸出，有一明显的肩部，底部有一略微弧凸的平面。器身布满敲打的疤痕，尤以底部和器身较凸部位最为明显。疤痕细小，多为芝麻大小，不见大的崩疤。长 8.0、最大径 6.9 厘米，重 460 克（图一五五：3）。

标本 T206⑤：2704，黄褐色细砂岩。器身残留一半，上小下大，近似喇叭形，断裂面凹凸不平。器身全部经过琢打，布满点状坑疤。底面（研磨面）较平。长 7.3、底径 4.7 厘米，重 170 克（图一五五：4）。

C 型

1 件，约占该文化层研磨器毛坯的 2%。器身形状呈圆锥形。

标本 T308②：2582，青灰色细砂岩。器身一端略尖，另一端宽大，较厚重。研磨面平整，经过琢打，布满点状坑疤，边缘有 4 个崩疤，略经磨蚀。器身一面中部有少许砸击小凹疤。长 17.5、最大径 7.2 厘米，重 1100 克（图一五六：1）。

4. 研磨器残品

52 件。主要是研磨器成品的残品，以印章型研磨器居多。这类标本的断口通常只有

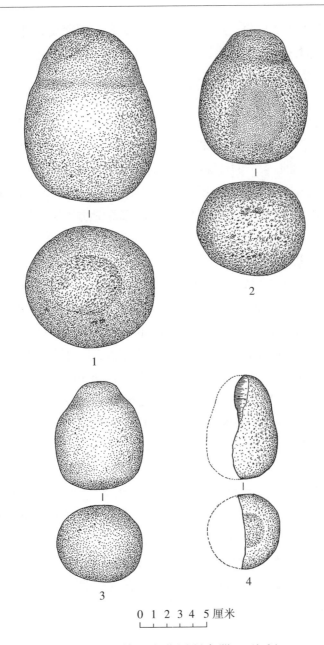

图一五五　第一文化层研磨器 B 型毛坯

1. T307②：561　2. T308②：3170　3. T207④：421　4. T206⑤：2704

一个裂疤，打击点不清楚。可分为研磨器的上端、器身、下端三种。

（1）上端（把端）残品

这类标本是器身缺失，仅残留把端。通常是在把手与器身之间的部位断裂，断裂面大多由一个裂疤组成，疤面较平整，多略有倾斜。从断裂面看，很难找到打击点。这类残品中多属于印章型研磨器，而且以成品居多。

标本 T203④：30，灰色石英细砂岩。器身下部缺失，残留上部。断裂面由两个裂疤组成，不平整。器身经过琢打和磨制，加工比较精致；把端面弧凹，形成一个规整的圆窝。从加工的程度和形态看，应为喇叭形成品残品。残长 6.8、最大径 5.9 厘米，重 195 克（图一五七：1）。

标本 T203④：3，辉绿岩。残留部分属于研磨器把端。断裂面平整，由一个裂疤组成。器表光滑。残长 4.1、最大径 5.6 厘米，重 201 克（图一五七：2）。

标本 T207④：4269，深灰色细砂岩。为印章型研磨器的把端部分，把端边缘有一经磨蚀的小疤痕。断裂面由一个完整裂疤组成，打击点不清楚。器表磨制精致、光滑，应为成品残品。残长 3.5、把端直径 4.8 厘米，重 100 克（图一五七：3）。

标本 T208③：2947，辉绿岩。残留部分属于研磨器把端。断裂面倾斜，由一个裂疤组成。残留部分制作精致、规整，器表磨制光滑，应为印章研磨器成品残品。残长 4.1、最大径 4.2 厘米，重 110 克（图一五七：4；图版四四，4）。

（2）器身残品

与上端残品相反，这类标本是研磨器的上端缺失，而残留器身部分。断裂部位通常是在把手与器身之间，断裂面大多数由一个裂疤组成，疤面较平整，多略有倾斜。从断裂面看，很难找到打击点。这类残品中多属于印章型研磨器，而且以成品居多。

标本 T308②：2254，褐色细砂岩。大部残，器身纵向和下端横向各有一个断裂面。从残留部分看，该研磨器制作精致，形制规整对称。残长 6.0、底径 1.9 厘米，重 150 克（图一五八：1；图版四四，5）。

标本 T303②：1，灰褐色石英砂岩。近长柱形。器身上端残缺，下端研磨面中部为平整而光滑的磨面，边缘有较大的崩疤。残长 10.8、底径 5.8 厘米，重 570 克（图一五八：2）。

标本 T204④：56，黑色玄武岩。属于印章研磨器残品，把端缺失，器身也崩裂一小部分；把端断面由两个裂疤组成，器身破裂面是一个完整片疤。残留的器身布满琢打疤痕，

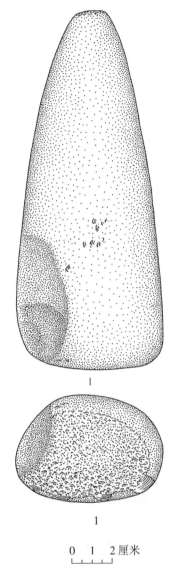

I

1

0　1　2 厘米

图一五六　第一文化层研磨器 C 型毛坯

1. T308②：2582

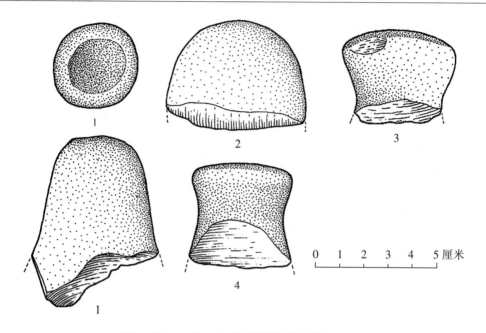

图一五七　第一文化层研磨器残品（一）
1. T203④：30　2. T203④：3　3. T207④：4269　4. T208③：2947

略经磨制。研磨面光滑。残长7.1、底径5.6厘米，重340克（图一五八：3）。

标本T104⑤：518，灰褐色石英细砂岩。属于印章研磨器残品，把端缺失，断裂面不平。器身布满琢打疤痕，略经磨制。研磨面不够光滑，中间略内凹。残长5.0、底径4.6厘米，重120克（图一五八：4）。

标本T206⑤：4417，灰黑色玄武岩。属于印章研磨器残品，把端缺失，断面由一个裂疤组成。残留的器身布满琢打疤痕，但大部分已被磨掉。研磨面光滑、完整。残长5.2、底径6.2厘米，重320克（图一五八：5；图版四四，6）。

标本T206⑤：4443，灰黑色细砂岩。器身较扁，上端缺失。断面由一个裂疤组成，斜向一侧；打击点位于器身较扁的一面。研磨面和器身一面均有砸击疤痕。残长11.2、最大径7.4厘米，重640克（图一五八：6）。

标本T303②：3，灰褐色辉绿岩。器身上半部缺失，仅余下半部；断面由一个裂疤组成。器身大部分满布粗大的琢打痕迹，仅在两面保留两处砾石面，其中一处近长方形。研磨面较平滑，但仍有部分琢打痕迹，边缘有多个崩疤。残长13.7、底径8.1厘米，重1540克（图一五八：7）。

（3）下端（磨面）残品

这类标本是器身大部分缺失，仅残留底端。断裂面多由一两个裂疤组成，疤面较平整，看不到清楚的打击点。这类残品数量相对较少。

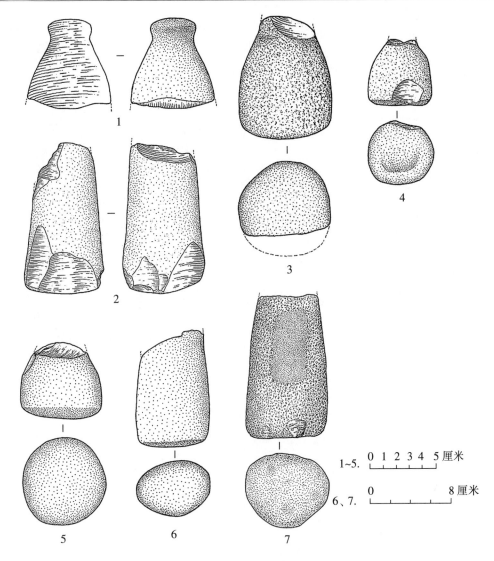

图一五八　第一文化层研磨器残品（二）

1. T308②：2254　　2. T303②：1　　3. T204④：56　　4. T104⑤：518　　5. T206⑤：4417

6. T206⑤：4443　　7. T303②：3

　　标本 T103⑤：365，灰褐色细砂岩。器身上半部缺失，仅余下半部；断面由一个裂疤组成。器身布满细点状琢击疤痕，略经磨制。研磨面光滑细腻，略弧凸，边缘有一处较小的砸击面。残长 7.2、底径 5.5 厘米，重 200 克（图一五九：1）。

　　标本 T208③：2938，灰褐色细砂岩。器身上半部缺失，仅余下半部，残留部分的上端为断裂面。研磨面光滑细腻，略弧凸，上有少量芝麻大小的砸击凹疤。残长 6.0、底径 9.4 厘米，重 660 克（图一五九：2；图版四四，7）。

　　标本 T307③：3166，灰色石英砂岩。器身上半部缺失，仅余下部；断面由一个裂疤组成。器身布满粗大的琢打疤痕，仅靠底部可见磨制痕迹。研磨面比较光滑，略弧凸。残长5.1、底径6.8厘米，重390克（图一五九：3）。

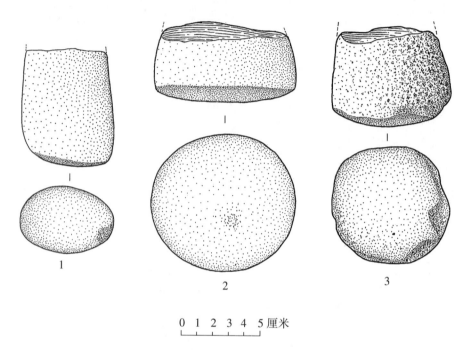

0　1　2　3　4　5厘米

图一五九　第一文化层研磨器残品（三）

1. T103⑤：365　2. T208③：2938　3. T307③：3166

## （七）研磨盘

　　在革新桥遗址出土的石器中，有一种形体硕大，器身一面带有一个大凹坑的石器。凹坑平面一般呈圆形，截面呈弧形，坑面因摩擦而变得光滑；这与砺石宽弧形磨面不同，后者平面是长条形的。由于这里还出土大量的研磨器，这种带圆形磨坑的石器很可能是和研磨器一起使用的，因此，我们称之为研磨盘。

　　第一文化层共出土研磨盘7件，占该文化层磨制石制品的0.87%。这类器物主要发现于制造场的中部。原料除一件为砾石外，其余都是岩块。岩性种类有细砂岩、粉砂岩和中砂岩三种，以细砂岩为主，中砂岩和粉砂岩只是个别（表六四）。器身尺寸都很大，长最大值31.5、最小值15.0、平均值22.6厘米；宽最大值23.3、最小值10.2、平均值16.8厘米；厚最大值10.5、最小值5.6、平均值8.5厘米；重最大值9000、最小值1090、平均值5374克。器身扁平，较为规整，平面形状有四边形和不规则形两种（表六四）。大多数都有不同程度的残缺，完整者不多。由于器身断裂，造成研磨坑多不完整。

表六四 第一文化层研磨盘统计表

| 类别 | 原料 | | 岩性 | | | 形状 | | 其他用途 | | 保存情况 | | 合计 |
|---|---|---|---|---|---|---|---|---|---|---|---|---|
| | 岩块 | 砾石 | 中砂岩 | 细砂岩 | 粉砂岩 | 四边形 | 不规则形 | 石砧 | 无 | 完整 | 残缺 | |
| 数量 | 6 | 1 | 1 | 5 | 1 | 5 | 2 | 4 | 3 | 2 | 5 | 7 |
| % | 85.7 | 14.3 | 14.3 | 71.4 | 14.3 | 71.4 | 28.6 | 57.1 | 42.9 | 28.6 | 71.4 | 100 |

几乎所有的研磨盘都兼作石砧使用，有的除用作研磨盘外，甚至还作石砧和砺石使用。研磨坑多是深凹的，有的研磨坑所在部位可能是曾作为砺石使用时所形成的弧凹的磨面，后来进一步用作研磨的研磨坑。由于研磨坑平面近圆形，而作为砺石的磨面为长椭圆形，因此在用作研磨用途后，原先砺石的磨面长端尚残留部分，而残留部分不仅与研磨坑面边缘形成一条弧状的界线，磨面也明显光滑。

标本T206⑤：4459，灰色细砂岩。平面近四边形，两面平坦，一侧有一大的断裂面，断裂面陡直。正面有一研磨坑，平面近圆形，截面弧凹，一端因器身断裂而残缺；研磨坑布满点状和少量米粒大小的坑疤，坑疤面经磨过。除断裂一边外，器身正面其他三边的边缘部位还分布较多的砸击疤痕，疤痕为米粒和绿豆大小的点状，靠断裂面的两侧较多。器身的另一面中部也有一个和正面差不多一样的研磨坑，但较浅，而且是完整的；研磨坑的外围也有类似的砸击疤痕。这些砸击疤痕表明该器还兼作石砧使用。器体较大。长17.8、残宽16.6、厚6.8厘米，重3400克（图一六〇：1；图版四五，1）。

标本T307②：3195，灰色中砂岩。平面近四边形，两面平坦，一侧有一大的断裂面，断裂面朝下内收。正面有一研磨坑，平面椭圆形，横截面弧凹，一端因器身断裂而残缺，残长12.5、宽11、深2.4厘米；研磨坑中部和完整一端为明显的磨面，而两侧磨痕不明显，而更多的是密密麻麻的状如麻点或绿豆大小的坑疤。另外，器身正面较平一端还有两处米粒大小的砸击坑疤；背面散见几个浅圆窝，手指头大小。这些痕迹表明该器还兼作石砧使用。器身硕大、厚重。长31.5、残宽17.0、厚9.2厘米，重6100克（图一六〇：2；图版四五，2）。

标本T308②：2610，灰色细砂岩。平面近四边形，一侧已断裂，裂面不平。正面右下角有一研磨坑，研磨坑不完整，位于器身断裂一边部分缺失，截面呈弧形，长13.5、残宽8、深1.8厘米。整个研磨坑面均有磨痕，但底部和一端的磨面较为明显，尤为端部的磨面不仅光滑，而且较浅，和研磨坑的其余部分有一明显的分界线，显示出两个不同的使用面，即光滑面在先，后被破坏，形成较深的研磨坑。除光滑部分外，研磨坑分布有密密麻

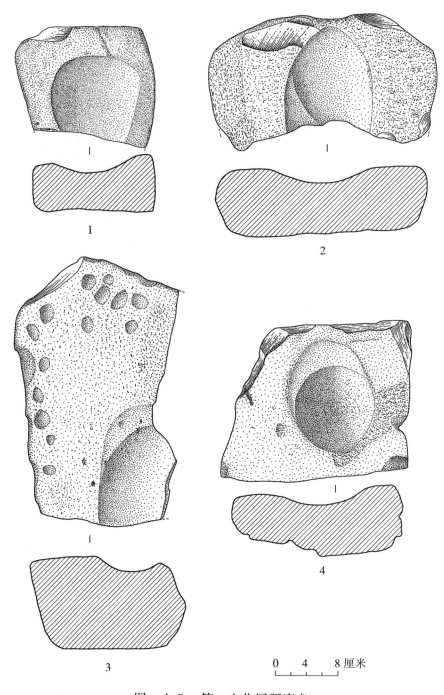

图一六〇 第一文化层研磨盘

1. T206⑤：4459 2. T307②：3195 3. T308②：2610 4. T307②：239

麻的点状坑疤，在坑壁尤为明显。这些坑疤被不同程度磨蚀，表明在磨痕出现之前坑疤已经存在。在器身正面一端和完整一侧分布许多如手指头大小的凹坑，深浅不一，以端部分布较为密集，凹坑也较深；而侧边的较浅，沿侧边形成一排。在正面的右上部分布较密集的砸击坑疤，坑疤点状。在器身的另一面（背面）零星分布有手指大小的研磨坑，均很浅。上述使用痕迹表明，该器物还兼作石砧使用，甚至还可能用作砺石。器身硕大、厚重。残长28.8、残宽16.7、厚9.7厘米，重8400克（图一六〇：3）。

标本 T307②:239，灰黄色粉砂岩。平面近梯形，大而厚重。器底面凹凸不平，正面平整。正面中央部位有一研磨坑，平面呈椭圆形，由外围往中间渐深，长12、宽11、中心深3厘米。整个研磨坑面均有磨痕，但除一端有一片光滑细腻的磨面外，大部分磨面上散布有砸击小坑疤，坑疤多为点状。这些坑疤部分已被磨擦，表明在磨痕出现之前坑疤已经存在。在研磨坑周边有较多的砸击凹疤，多如米粒、黄豆大小，局部砸疤连成一片，表明还兼作石砧使用。长25.0、宽23.3、厚10.5厘米，重9000克（图一六〇：4；彩版一六，6）。

标本 T203④:121　黄褐色细砂岩。平面形状近四边形。器身一面较平坦，另一面凸起。平坦面上有一个大致呈圆形的研磨坑，径约9.5、深0.6厘米。除靠近边缘有一片光滑的磨面外，研磨坑的大部分布满针点状的疤痕，另外还散布有一些米粒大小坑疤。由于石料为细砂岩，磨面应是光滑的，就像边缘那块磨面一样，因此，针点状的疤痕可能是捶捣硬质的东西形成的；而米粒状的坑疤应是作石砧使用所留下的疤痕。另一面零星分布有一些黄豆大小坑疤，也应是作石砧使用留下的痕迹。器身硕大厚重。长24.0、宽22.9、厚9.8厘米，重7850克（图版四五，3）。

标本 T307②:3046，红褐色中砂岩。平面形状不规则。器身两面相对较平整，底面没有使用痕迹。正面中央为一较大的研磨坑，长13、宽9.5、深约2厘米，表面大部相对光滑，另散布少量如米粒大小的凹疤，研磨坑内一角有一直径约2.3厘米的凹坑。正面外围有三个较大的垫砸凹坑和少量如米粒或黄豆大小的凹疤，大凹坑直径3.5~5厘米不等。在器身的两个较长的侧面，各有一个狭长形的磨面，均从侧面的一端开始，占据了各面的大部分，其中一磨面长15.5、宽7厘米，另一磨面长15.5、宽约6厘米，这两个磨面均较浅。从痕迹分析，该器除长期作为研磨盘使用外，也曾作为石砧和砺石使用。器身硕大厚重。长27.9、宽21.0、厚10.3厘米，重10050克（图版四五，4）。

## （八）锤捣器

革新桥遗址出土一种石器比较特别，它的原料为砾石，岩性有石英岩、硅质岩、砂岩、石英等（图一六一），质地坚硬。使用部位为砾石圆钝的角和边缘。使用面圆滑，并与器身的砾石面平滑连接。这种使用面显然不是加工石器的石锤的使用痕迹，也不是磨制石器的磨石的磨面，而可能是锤捣植物等东西而产生的痕迹，故名之为"锤捣器"。

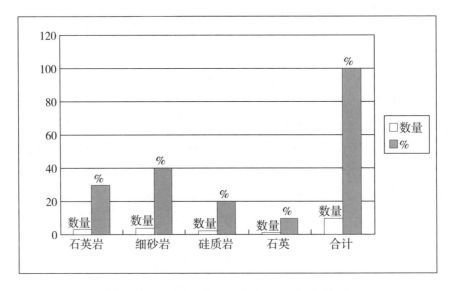

图一六一　第一文化层锤捣器原料统计图

锤捣器的数量很少，共 10 件，占该文化层磨制石制品的 1.23%。形状多种多样，有四边形、三角形、半圆形、圆形和不规则形状等。大小差别不大，长最大值 13.7、最小值 7.5、平均值 9.6 厘米；宽最大值 8.6、最小值 6.2、平均值 7.7 厘米；厚最大值 6.3、最小值 4.3、平均值 5.0 厘米；重最大值 880、最小值 380、平均值 571 克。使用部位有一端、两端、一端一侧和三个角的。有的标本使用面的边缘有大而浅薄的崩疤，崩疤由磨面一端向另一端崩裂；靠近磨面的崩疤面被磨蚀得光滑。这种标本可能是先用作石锤，后当作锤捣器使用。

标本 T203④：128，灰黄色细砂岩。一端稍薄，另一端较厚。在上下两端都有使用痕迹，较薄端使用面较大，表面有数道较浅的凹疤；较厚端仅使用端面凸出的部位，圆滑面约占端面的一半。在一侧的下半部有一个较大的片疤，宽大于长。器身平面近四边形。长 9.8、宽 6.5、厚 4.6 厘米，重 500 克（图一六二：1）。

标本 T208③：2926，灰黄色硅质岩。器身两端有明显的使用痕迹，使用部位突出的地方是圆滑的磨蚀面，而靠侧面则有不少大小不一的崩疤，最大者长 3.5、宽 2.5 厘米，均由角端向侧面崩裂，崩疤的棱角多被磨蚀。长 9.9、宽 7.5、厚 4.4 厘米，重 560 克（图一六二：2；彩版一七，1）。

标本 T307②：3203，灰黄色石英岩。器身略呈半圆形。在弧形边缘及一角有明显使用过的圆滑面。长 9.0、宽 8.5、厚 6.1 厘米，重 630 克（图一六二：3；图版四五，5）。

标本 T307②：3285，灰褐色石英岩。上宽下窄，一面平坦，一面凸起。在上下两端都有使用痕迹，而以宽的一端的使用面大而明显，应为主要的使用部位。正面左下角有一大的片疤。器身平面近四边形。长10.2、宽7.9、厚6.3厘米，重800克（图一六二：4；图版四五，6）。

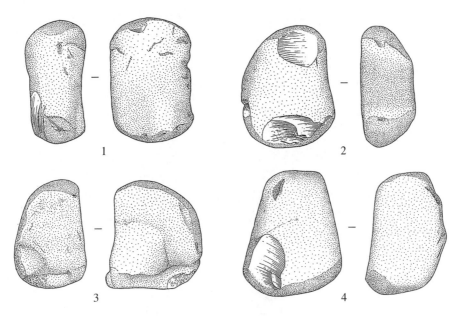

0 1 2 3 4 5厘米

图一六二　第一文化层锤捣器（一）

1. T203④：128　2. T208③：2926　3. T307②：3203　4. T307②：3285

标本 T308②：507，红褐色石英。一端为砾石的节理面，呈阶梯状。几乎周身有使用痕迹，端面绝大部分为砾石面，在其边缘大部分为使用过的圆滑面。器身形状不规则。长7.5、宽7.2、厚5.2厘米，重520克（图一六三：1）。

标本 T308②：1692，灰黄色石英岩。一面隆起，一面较平。在三个圆角有明显使用过的圆滑面。长8.4、宽7.5、厚5.0厘米，重420克（图一六三：2；图版四六，1）。

标本 T308②：577，灰褐色细砂岩。一面较平，另一面稍倾斜；一端较薄，另一端较厚。器身除一侧外，其余绝大部分边缘均为使用过的圆滑面。较薄端有向两面崩裂的小片疤，其中倾斜面有一个指甲大小的较深片疤，较平面有多个小崩疤。器身平面近四边形。长8.2、宽7.2、厚3.6厘米，重380克（图一六三：3）。

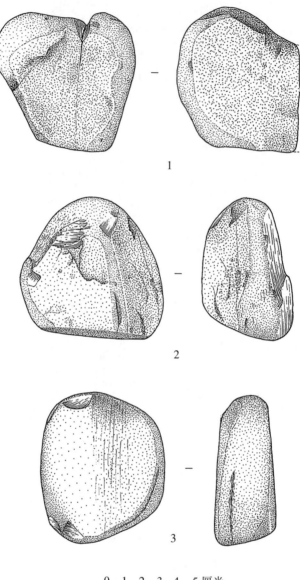

0　1　2　3　4　5 厘米

图一六三　第一文化层锤捣器（二）
1. T308②：507　2. T308②：1692　3. T308②：577

# （九）其　他

1. 穿孔石器

1件。

T103⑤：14 已断裂为两半。原料为褐色中砂岩砾石，扁圆形。在砾石的两面中间对穿一孔，孔口外张，呈喇叭状，孔径中间最窄。孔壁约一半较直，亦较平整，另一半较斜，不够平整；从两面看，较直的孔壁和较斜的孔壁分别是对应的，即两面孔壁较直的部分均在同一边，而较斜的部分均位于另一边。在斜的孔壁上，可见许多明显的竖状条痕；条痕多为长米粒状，两端窄，中间大，但有少数条痕两侧平行，下端平直，形成方形凹槽；这些条痕长 3～10 毫米，宽 1.5～4 毫米，深 0.5～1.5 毫米。器形较大，长 10.7、宽 8.8、厚 4.6 厘米，重 540 克，最大孔径在两端口沿，孔径均为 3.6～3.8 厘米，最小孔径在孔的中间，为 0.8～1.0 厘米。该器两面孔口周围可见局部的麻点状的坑疤，表明在制作穿孔器之前曾作石砧使用（图一六四，1；图版四六，2）。

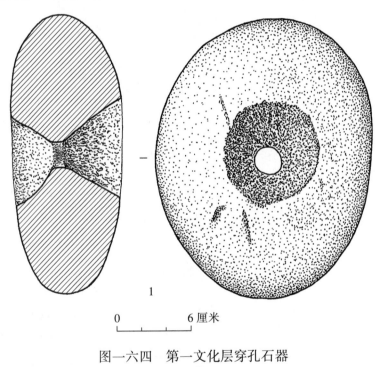

0      6 厘米

图一六四　第一文化层穿孔石器
1. T103⑤：14

2. 石璜

2 件，其中一件为成品，另一件为毛坯残品。

标本 T207④：14，石璜成品。原料为硅质岩，红褐色。略呈弓形，内侧宽大平整，外侧窄小圆滑，两面往外侧斜收，横截面略呈三角形；两端圆钝。通体磨光，但在内侧两边可见绿豆或芝麻大小的细碎崩疤。最大径 7.9 厘米，宽 1.5～1.9 厘米，重 21 克（图一六五，1；彩版一七，2）。

标本 T206⑤：15，石璜毛坯。灰褐色细砂岩，大部残，呈弧形，利用圆形或椭圆形的砾石制成。两端均为平整的断裂面。器身外侧面呈弧拱形，为完整的砾石面，内侧面呈凹弧形，经过加工，加工面布满敲琢的疤痕。残长约7.0、宽2.6、厚1.3厘米，重15克（图一六五，2；图版四六，3）。

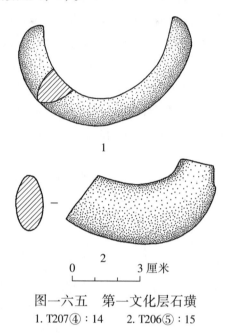

1

0　　　2　　　3厘米

图一六五　第一文化层石璜
1. T207④：14　　2. T206⑤：15

# 五　其他石制品

## （一）断　块

通常是制作石器过程中，由于用力过大或者原料本身有结构面而断裂、破碎而成的块状或片块状废品，长度在4厘米以上。与碎片相比，断块的尺寸可能很大，但在统计分析时很难将它们划归到某种特定的石制品类型中。虽然断块和碎片仅仅是石制品加工过程中的副产品，但它对研究石器制作技术和分析人类技术行为具有重要的意义。

革新桥遗址出土的断块可分两大类，一类是被加工的石器在制作过程中产生的"边角料"，另一类是石锤、石砧、砺石等加工工具在使用过程中破碎而产生的废品。两者的区别主要在于：从原料上，前者硬度较大质地较细腻，砂岩基本上都是细砂岩；后者硬度大小不均，但质地较粗糙，多为中粗砂岩。从大小看，后者都较大，一般超出被制作工具的尺寸。虽然石锤的破碎也能产生类似前者的块状，但石锤往往选用硬度大、匀质性好的砾石，不易破碎，从众多的石锤观察也很少发现有破碎的。而锤击石锤虽然有崩疤，但这些崩疤往往很小，不属块状。因此，从岩性和大小两方面观察，一般能将这两大类分开（图版四八，1）。

制作工具过程中产生的断块，基本上是来自石斧、石锛和石凿的。这种断块包括如下几种情况：斧、锛、凿等工具的制坯过程中所打下的片块，长或宽多在 4～5 厘米之间；在制坯过程中因坯体破碎而成的断块（与残件不同的是，前者保留器体的小部分，且辨不出器类；而后者保留器体的大部分或主体部分），一般为块状，长或宽多在 3～10 厘米之间；在制作打制石器过程中所产生的片块及断块，长或宽多在 3～15 厘米之间。不管是哪一种情况，其原料的硬度都是比较大，能适于制作石器的；对照工具的岩性和硬度，若达不到硬度的，一律归到第一大类（加工工具断块）。

至于石砧、砺石产生的断块，虽砾石做的石砧常为石英砂岩，质地硬，容易区分，但用岩块做的石砧、砺石均有，此时就不好分了。且岩块石砧中，不少还兼做砺石，故不再进一步细分。

我们统计了 7 个探方的断块，共 11107 件，其中石器类断块 5229 件，加工工具类断块 5878 件（表六五）。统计表明，断块的原料有砂岩、辉绿岩、硅质岩、石英、石英岩、火成岩和赤矿石七类。其中以砂岩为大宗，约占总数 85%，此外，辉绿岩、石英、硅质岩也占较大的比例，而石英岩、火成岩、赤矿石的数量很少，分别占不到总数的 1%。砂岩又可进一步分为中砂岩、细砂岩、粉砂岩三种，其中细砂岩最多，次为中砂岩，粉砂岩最少（表六六）。

表六五　第一文化层断块分类统计表

| 探方号 | T205 | T206 | T207 | T208 | T306 | T307 | T308 | 合计 |
|---|---|---|---|---|---|---|---|---|
| 石器类 | 423 | 1228 | 936 | 957 | 655 | 583 | 356 | 5229 |
| 加工工具类 | 662 | 707 | 812 | 704 | 867 | 1325 | 892 | 5878 |
| 小计 | 1085 | 1935 | 1748 | 1661 | 1522 | 1908 | 1248 | 11107 |

表六六　第一文化层断块岩性统计表

| 类别 | 中砂岩 | 细砂岩 | 粉砂岩 | 辉绿岩 | 硅质岩 | 石英 | 石英岩 | 火成岩 | 赤矿石 | 合计 |
|---|---|---|---|---|---|---|---|---|---|---|
| 数量 | 2885 | 5621 | 986 | 593 | 418 | 568 | 2 | 10 | 24 | 11107 |
| % | 25.97 | 50.60 | 8.87 | 5.33 | 3.76 | 5.11 | 0.01 | 0.09 | 0.21 | 100 |

石器类断块共 5229 件，其中有石皮者为 1950 件，无石皮者 3279 件，分别占断块总数的 18% 和 30%。有石皮的断块，以 5～10 厘米的数量最多，次为 5 厘米以下的；而无石皮的断块中，5 厘米以下的明显多于其他尺寸的，而且从 5 厘米以下到 5～10 厘米、10～

15 厘米的三个级别的断块中，数量呈直线下降；10 厘米以上的断块两者都很少（图一六六）。有石皮的断块一般为初步加工时产生的，而无石皮的断块则更多地指示进一步加工时产生的。

　　加工工具类断块 5878 件，其中有石皮者为 1125 件，无石皮者 4753 件，分别占断块总数的 10% 和 43%，后者远多于前者。有石皮断块以 5～10 厘米的数量最多，次为 10～15 厘米；无石皮断块也是以 5～10 厘米的数量最多，但位于第二位的则是 5 厘米以下的；15 厘米以上的断块两者都很少（图一六七）。

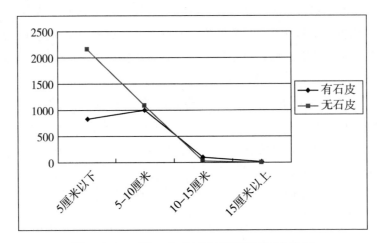

图一六六　　第一文化层石器类断块统计图

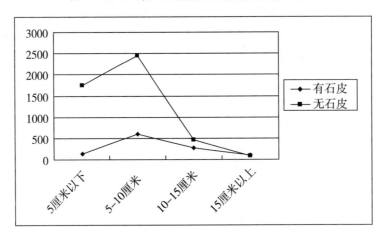

图一六七　　第一文化层加工工具类断块统计图

　　为了了解断块和其他石制品（除砾石和碎片）的比例关系，我们以探方 T206 所出土的石制品做一个统计分析。结果发现，所有断块与其他石制品的比例为 2.88：1，其中石器类断块与石器（含毛坯、半成品等）的比例为 4.39：1；加工工具类断块与各类加工工具的比例为 1. 80∶1。

## （二）碎　片

碎片是加工石器过程中"边角料"的一部分，大小在 3 厘米以下。整个石器制造场都有分布，但没有明显成堆的。在各种石制品中，碎片的数量无疑是最多的，但也不是特别的多，这可能是由于制作石器的原料基本上都是砾石，大小和形状与最终的成形器很接近，制坯时多数都是局部剥片，因此产生的碎片不如以岩块为原料所产生的多。

在整理时，我们对碎片作了定量分析。随机抽取 557 件碎片，从碎片的原料、是否带有石皮（砾石面）、打击点、使用痕迹和磨蚀情况等方面进行观察分析，并分类统计（表六八）。

统计结果表明，碎片的原料虽然种类较多，但以砂岩为主，占了总数的70%以上。砂岩中又可进一步分为中砂岩、细砂岩、粉砂岩三种，其中细砂岩占了绝大多数。带有打击点的碎片很少，不到十分之一。能看到有使用痕迹的标本只有 3 件，不到总数的 1%。具有磨蚀痕迹的虽然有 13 件，占 2.3%，但有 9 件属于粉砂岩，这种原料容易风化和磨蚀（表六七）。带石皮的碎片不少，超过 180 件，约占 30%，表明有相当部分是属于初次打击产生的碎片（图版四八，2）。

### 表六七　第一文化层碎片岩性统计表

| 类别 | 砂岩 | | | 硅质岩 | 石英 | 辉绿岩 | 赤矿石 | 合计 |
| --- | --- | --- | --- | --- | --- | --- | --- | --- |
| | 中砂岩 | 细砂岩 | 粉砂岩 | | | | | |
| 数量 | 30 | 314 | 60 | 93 | 46 | 11 | 3 | 557 |
| | 404 | | | | | | | |
| % | 72.5 | 16.7 | 8.3 | 2.0 | 0.5 | | | 100 |

### 表六八　第一文化层碎片分类统计表

| 类别 | 打击点 | | 使用痕迹 | | 磨蚀痕迹 | | 石皮 | | 合计 |
| --- | --- | --- | --- | --- | --- | --- | --- | --- | --- |
| | 有 | 无 | 有 | 无 | 有 | 无 | 有 | 无 | |
| 数量 | 41 | 516 | 3 | 554 | 13 | 544 | 182 | 375 | 557 |
| % | 7.4 | 92.6 | 0.5 | 99.5 | 2.3 | 97.7 | 32.7 | 67.3 | 100 |

# （三）其　他

**1. 兽骨化石**

T307②：2580　革新桥遗址石器制造场内出土了一件骨头化石，片块状，骨头很厚，应为大型哺乳动物骨头，石化程度很高，骨壁外表坚硬，灰黄色，骨内较松软，呈白色。该化石一面保留有平整的骨壁，而另一面基本没有骨壁。长 10.0、宽 4.3、厚 2.5 厘米，重 95 克。该化石虽然发现于石器制造场，但由于其质地类似石灰块，较松软，且层理发育，难以作为制作石器的原料，推测可能用于止血（因为古人制作石器时难免出现外伤，而这种"龙骨"本身具有很好的止血功能）或其他用途（图版四六，4）。

**2. 线槽砺石**

T101③：321　块状泥岩。一面平，另一面凸起。两面的硬度大不相同，凸起面深灰色，石质硬，周边有几个大而深凹的片疤，从而略呈龟背状；而平坦面灰黄色，石质软。从侧边的断面看，两种不同的石质之间也存在较为明显的界线。在平坦面可见许多线状凹痕，这些凹痕大小如针线，大致平行，密集分布于平面靠边缘部位，中间分布稀疏。可能是磨制骨针等尖细器物尖端的痕迹。长 7.2、宽 6.4、厚 3.5 厘米，重 120 克，明显轻于一般岩石（图版四六，5）。

**3. 弧凹窄槽砺石**

仅两件。与磨面弧凸的窄槽砺石相比，这类标本不仅少，而且人工的特征不是十分明显。

标本 T307②：1561，原料为石英岩砺石，一端为较平的断裂面。在砺石断面的中间有一条弧形凹槽，凹槽贯穿砺石的两个面；凹槽面平滑，两侧边棱清楚，两端与砺石面交接处边缘较锋利。凹槽长 3.8、宽 0.5、深 0.2 厘米。器身长 7.1、宽 6.1、厚 4.1 厘米，重 220 克。从凹槽的形状和痕迹看，凹槽不大像作为砺石使用所产生的磨痕，结合断裂面观察，更像打孔而致的断裂。但石英岩坚硬且厚，要钻这样规整的小孔（而且孔口没有增大），实在令人难以想像；而且在普通的一块石头上钻这样一个孔又有何用。若从自然方面解释，该砺石为石英岩，成分单一，结构均匀，凹槽不大像自然风化（图版四六，6）。

标本 T210③：96　灰黄色中砂岩。略呈四边形。一面中部有一条窄槽磨痕，磨痕弧凹，大小一致，横向直贯两边，长 4.0、宽 0.8、深 0.3 厘米。器身长 8.3、宽 5.2、厚 4.1 厘米，重 190 克（图版四六，7）。

# 六　陶制品

　　第一文化层发现的陶片不多，总共 30 件，发现于 T104、T205、T208 三个探方，每处陶片发现时多相对集中分布。无完整器，均为陶片，且比较破碎，多为几厘米大小，且口沿部位的陶片少，多为腹片，难以复原。

　　从陶片的陶质看，均为夹砂陶，无泥质陶。夹砂通常为夹粗细不等的沙质颗粒，沙粒径以 0.2～0.3 厘米居多，最大粒径达 0.7 厘米。从器表颜色看有红陶、红褐陶和灰陶三种，三者所占的比例分别为 15%、46%、39%。绝大多数陶片施有纹饰，素面者仅占 5%（通常为红陶器物的口沿或颈部），而有纹饰者达 95%。纹饰只有绳纹一种，分粗绳纹（宽度达 0.25 厘米以上）、中绳纹（宽度为 0.15～0.25 厘米之间）两种，两种纹饰的比例相近；绳纹比较规整，大部分呈竖向布施，也有少量交错施纹现象；纹饰印痕较深，尤其

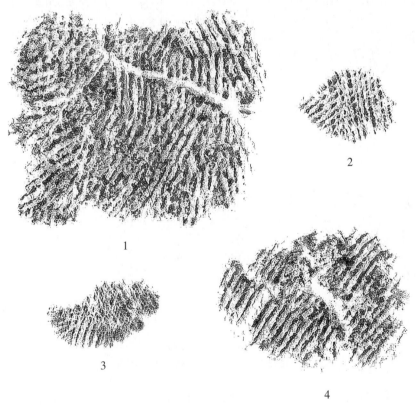

0　1　2　3厘米

图一六八　第一文化层陶片纹饰拓片

1. T208③：1537　2. T205⑤：207　3. T208③：195　4. T208③：1297

是粗绳纹，但也有印痕较浅的，主要见于中绳纹（图一六八）。陶片胎的厚度在 0.3~0.7 厘米之间，以 0.4 厘米左右居多。均为手制，有的陶片内壁可见手制按窝痕迹。从陶片观察，器形均为圜底的釜罐类，不见圈足器和三足器。从口沿和颈部来看，多为侈口，沿略卷，圆唇或尖唇，短颈。由于陶片少，且很破碎，无法进行考古学上的型式划分，这里仅对有代表性的陶片进行介绍。

1. 口沿

4 件，占该文化层陶制品的 13.33%。

标本 T208③：716，为口沿残片。侈口，圆唇。红陶，夹砂，砂粒细小，径约 0.2 厘米。器表无纹饰。胎厚 0.5 厘米（图一六九：3；彩版一七，3a）。

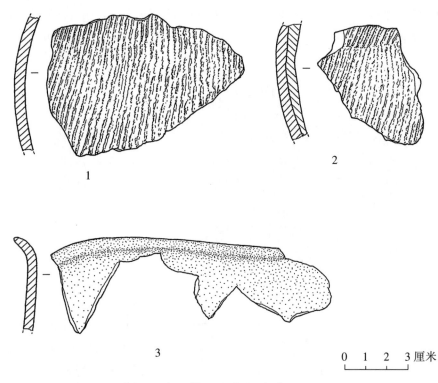

图一六九　第一文化层陶片（一）
1. T208③：1297　　2. T208③：1068　　3. T208③：716

标本 T310③：419，为口沿残片。侈口，圆唇。灰陶，夹砂，砂粒细小，径约 0.2 厘米。器表无纹饰。胎厚 0.8 厘米（图一七〇：4；彩版一七，3b）。

2. 颈、腹部

25 件，占该文化层陶制品的 83.33%。

标本 T208③：1297，为腹部残片。夹砂灰褐陶，砂粒径约 0.2 厘米。器表饰粗绳纹，绳纹印痕较深，粗约0.3厘米。胎厚0.5厘米（图一六九：1）。

标本T208③：1068，为腹部残片。红褐陶，夹砂，砂粒径约0.2厘米。器表饰中绳纹，绳纹印痕较浅，粗约0.25厘米，纹饰交错叠压。胎明显分成两层，且部分地方层间有间隙，厚0.9厘米（图一六九：2）。

标本T104⑤：893，为肩部残片。红褐陶，夹砂，砂粒径约0.2厘米。陶片下部饰中绳纹，粗约0.2厘米。胎厚0.6厘米（图一七〇：1）。

标本T208③：516，为肩部残片。红褐陶，夹砂，砂粒细小，径约0.2厘米。器表饰中绳纹，粗约0.25厘米。胎厚0.4～0.6厘米（图一七〇：2；彩版一七，3d）。

标本T104⑤：301，为颈部残片。夹砂红褐陶，砂粒径0.1～0.2厘米。素面。胎厚0.5～0.7厘米（图一七〇：3；彩版一七，3c）。

标本T208③：195，为腹部残片。夹砂红褐陶，砂粒径约0.2厘米。器表饰中绳纹，绳纹印痕较浅，粗约0.2厘米，纹饰交错叠压。胎厚0.7厘米（图一七〇：5；图版四七，1c）。

标本T205⑤：207，为腹部残片。灰褐陶，夹砂，砂粒径约0.2厘米。器表饰中绳纹，绳纹印痕较浅，粗约0.2厘米，文饰交错叠压。胎厚0.7厘米（图一七〇：6；图版四七，1b）。

标本T104⑤：167，为腹部残片。夹砂灰褐陶，砂粒径0.2～0.3厘米。器表饰中绳

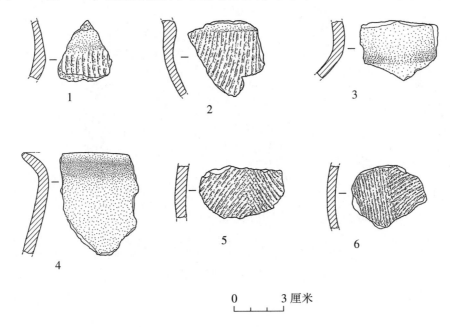

0　　　3厘米

图一七〇　第一文化层陶片（二）

1. 104⑤：893　2. T208③：516　3. T104⑤：301　4. T310③：419　5. T208③：195　6. T205⑤：207

纹，绳纹印痕较深，粗约0.2厘米。胎厚0.5厘米（图一七一：2；图版四七，1d）。

标本T208③：1537，为腹部残片。夹砂灰褐陶，砂粒径约0.2厘米。器表饰粗绳纹，绳纹印痕较深，粗约0.3厘米，分段多次滚压而成，有的地方纹饰交错叠压。胎厚0.5厘米（图一七一：3；图版四七，2）。

3. 支脚

1件，占该文化层陶制品的3.33%。

标本T205⑤：581，残，仅存下端一半。从残存部分看，应为圆柱形。夹砂红陶，砂粒粗细不等，最大粒径达0.7厘米，一般为0.2～0.3厘米。素面。残长4.7、直径4.8厘米（图一七一：1；图版四七，1a）。

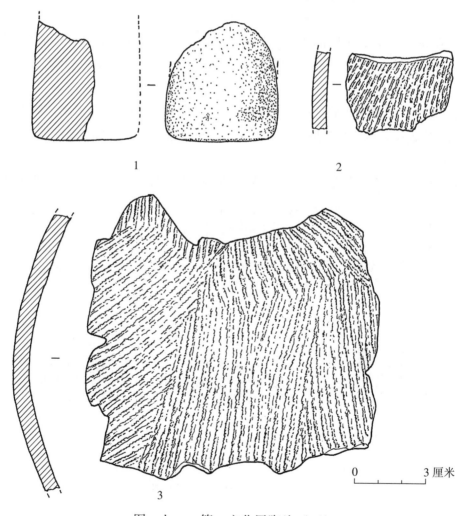

图一七一　第一文化层陶片（三）

1. T205⑤：581　　2. 104⑤：167　　3. T208③：1537

# 第二节 第二文化层

第二文化层只有石制品，未见陶制品。石制品种类有加工工具、打制石制品和磨制石制品。

## 一 加工工具

46 件。包括石锤、石砧、砺石、窄槽砺石、磨石等。其中，石锤数量最多，次为石砧，磨石最少。

### （一）石 锤

19 件，占该文化层加工工具类的 39.58%。用作石锤的原料几乎都是砾石；岩性有砂岩、辉绿岩、玄武岩，以砂岩为主。石锤没有经过加工，而是直接使用。使用痕迹有片块状崩疤、点状坑疤和条状坑疤；这些痕迹在器身上的分布多寡不一，分布有的集中，形成一片，有的只有零星分布；这些使用痕迹多集中在器身的端部、中部或侧缘。器身形状有球形、四边形、扁圆形、三角形、长条形等多种，其中以扁圆形、四边形为主。大小差别不大，长最大值 15.1、最小值 6.3、平均值 8.6 厘米，宽最大值 11.9、最小值 4.0、平均值 7.2 厘米，厚最大值 8.5、最小值 2.5、平均值 4.5 厘米，重最大值 1980、最小值 130、平均值 547 克。根据使用痕迹的特征，可分为锤击石锤、砸击石锤、琢击石锤和双面凹石锤四种类型。

1. 锤击石锤

3 件，占该文化层石锤的 15.79%。原料有砂岩和硅质岩；除用作锤击石锤外，还兼作砸击石锤使用。

标本 T207③：1761，原料为灰褐色硅质岩砾石，近球形。器身通体分布较多的砸击疤痕，大多为较浅的片状砸疤形成的砸击面，另有部分略深的砸击面，疤痕为点状或小崩疤；一端为一个大而平整的片疤面，近底面有多个小而深凹的小崩疤，片疤面陡直，与器身底面的交角接近直角，使用边缘较锋利。从使用痕迹看，该器主要作锤击石锤使用，同时也兼作砸击石锤。长 7.7、宽 7.7、厚 7.8 厘米，重 750 克（图一七二：1）。

标本 T104④：1390，原料为灰褐色细砂岩砾石，略呈三角形。使用部位为一侧，片疤较宽长，向一面崩裂，部分尾部折断形成陡坎，片疤面陡直，与器身底面的交角在80°以上，使用边缘钝厚，其余部位无使用痕迹。长7.0、宽7.0、厚4.8厘米，重350克（图一七二：2）。

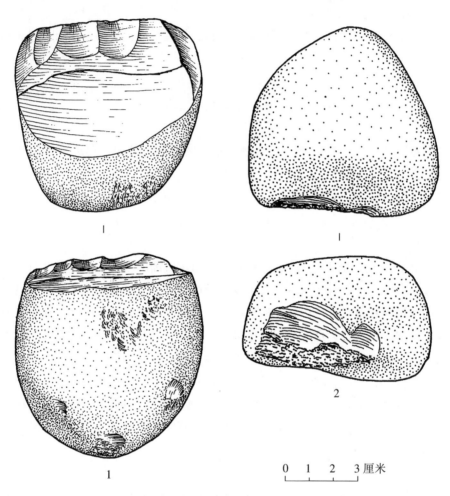

图一七二　第二文化层锤击石锤
1. T207③：1761　2. T104④：1390

2. 砸击石锤

8件，占该文化层石锤的42.11%。又可进一步分为四边形、扁圆形和长条形三种。

（1）四边形

标本T104④：133，灰褐色细砂岩。一面略凹，另一面微凸。使用部位为一侧，点状或砸击疤痕。其余部位无使用痕迹。长9.1、宽9.1、厚5.1厘米，重650克（图一七三：2）。

标本 T103④：115，黄褐色硅质岩。使用部位为一端，端面为密集的砸疤，砸击面呈弧凸状。一面有两个大而深的片疤，尾部折断形成陡坎。长7.9、宽6.3、厚4.7厘米，重440克（图一七三：3）。

标本 T207③：1314，浅灰色细砂岩。一端稍窄薄，另一端较宽厚。使用部位为一面和窄薄端，一面砸击疤痕稍分散，疤痕为米粒大小，另有两个较浅的小崩疤；窄薄端使用面较小，疤痕呈点状，边缘有一个小崩疤。长12.6、宽8.3、厚6.6厘米，重1150克（图一七三：4）。

（2）扁圆形

标本 T204③：1，灰褐色细砂岩。器身一面中部为点状疤痕，分布范围为4.8×4厘米；另一面近一端有一直径约3.5厘米的疤痕面。长14.4、宽11.2、厚8.3厘米，重

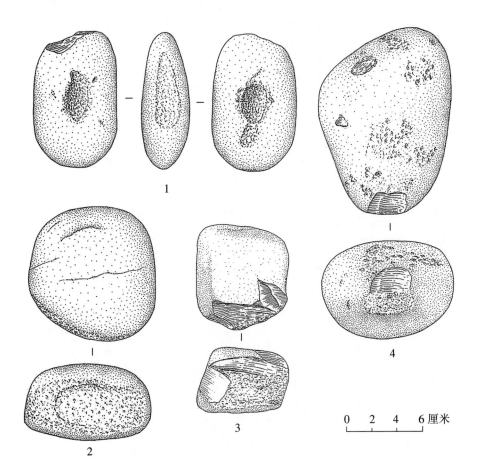

图一七三　第二文化层砸击石锤（一）

1. T103④：271　2. T104④：133　3. T103④：115　4. T207③：1314

1980 克（图一七四：1）。

标本 T207③：939，灰褐色细砂岩。使用部位主要为一端，疤痕为点状，边缘有多个向两面崩裂的崩疤。一面的中部有零星细点状疤痕。长 10.4、宽 6.6、厚 2.5 厘米，重 250 克（图一七四：2）。

（3）长条形

标本 T103④：203，灰褐色辉绿岩。除两端外，周身遍布使用痕迹，疤痕呈点状密密麻麻连成一片，两侧砸击面因使用较多而内凹。一端的一面有一个较大的片疤，另一面的另一端也有一个较大片疤。长 11.3、宽 4.9、厚 4.2 厘米，重 350 克（图一七五：1；图

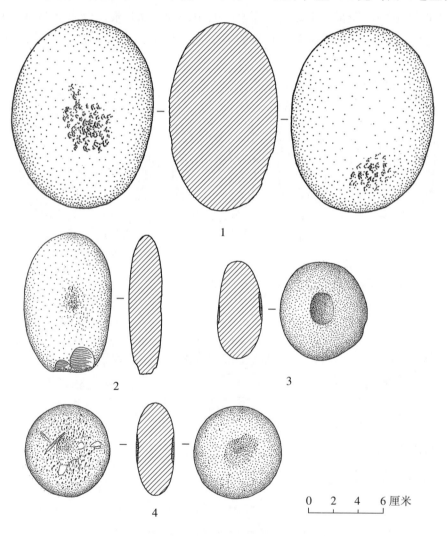

图一七四　第二文化层砸击石锤（二）

1. T204③：1　2. T207③：939　3. T103④：272　4. T414③：1

版四九，1）。

标本 T207③：1176，灰褐色细砂岩。一端较窄，另一端较宽，两面均稍凸起。两面近宽端处各有一个近椭圆形的砸击凹坑，长均为 2.3 厘米，宽均为 1.8 厘米，深均为 0.2 厘米。较窄端为截断面，较宽端的一侧有一处芝麻大小的砸击疤痕，长为 3 厘米，宽为 1.8 厘米。器身其余部分均保留自然砾石面。长 6.8、宽 4.1、厚 3.6 厘米，重 140 克（图一七五：2）。

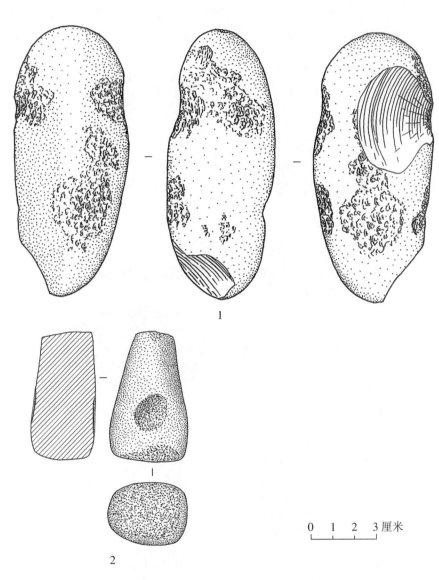

图一七五　第二文化层砸击石锤（三）
1. T103④：203　2. T207③：1176

3. 琢击石锤

5 件，占该文化层石锤的 26.32%。

标本 T103④：281，青灰色细砂岩。扁圆形。器身两面扁平，保留大部分砾石面。周边均为由打击点组成的琢击弧面，在两面形成少量细碎的崩疤，崩疤长 0.3 ~ 1 厘米，多宽大于长。长 8.5、宽 8.4、厚 3.3 厘米，重 455 克（图版四九，2）。

标本 T204③：51，灰褐色细砂岩。器身扁平，近四边形。使用部位为一侧和一端的一半，疤痕呈点状，两琢击面相交成一凸棱，边缘有多个崩疤，一面为小崩疤，另一面片疤较大，其中一个尾部折断形成陡坎。长 8.2、宽 7.1、厚 3.5 厘米，重 330 克（图一七六：1）。

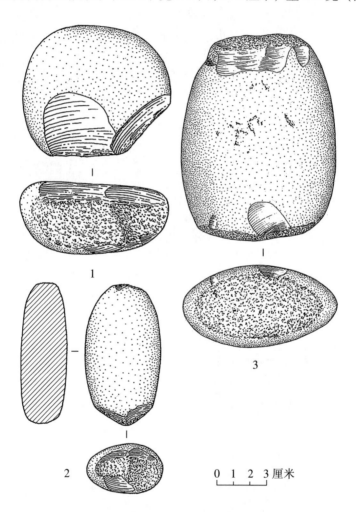

图一七六　第二文化层琢击石锤

1. T204③：51　2. T207③：941　3. T102④：19

标本 T207③：941，褐色细砂岩。扁长形。使用部位为两端，一端使用较多，分别从两侧使用，在中部相交成一凸棱，琢击面较平整，疤痕呈点状，边缘有小崩疤，向两面崩裂；另一端使用面较小，疤痕呈点状，并有零星小崩疤向两面崩裂。长 7.8、宽 4.4、厚 2.6 厘米，重 130 克（图一七六：2）。

标本 T102④：19，浅黄褐色玄武岩。器身近似四边形，一面较平，另一面凸起，一端稍窄，另一端略宽。器身两端均有长期琢击而形成的凸弧形琢击面，两端侧面都有较多的崩疤，直径 0.2～3 厘米，特别是稍窄端的一侧，几乎全是较大而深凹的崩疤。从疤痕分析，该器应为琢击和砸击两用石锤。长 12.0、宽 9.3、厚 5.0 厘米，重 1000 克（图一七六：3）。

4. 双面凹石锤

3 件，占该文化层石锤的 15.79%。原料为扁圆或扁椭圆形砾石。

标本 T103④：272，灰褐色细砂岩。一面较平，另一面微凸。使用部位为两面，因使用较多，砸击面呈圆窝状，表面疤痕为细点状，较平面圆窝较小而浅，直径约 1.8 厘米；微凸面圆窝较大而略深，直径约 2.9、深约 0.2 厘米。其余部位无使用痕迹。长 7.4、宽 6.9、厚 3.6 厘米，重 250 克（图一七四：3；图版四九，3）。

标本 T414③：1，灰黑色细砂岩。双面使用，一面砸击圆窝较大而深，直径约 2.3、深约 0.2 厘米，疤痕呈细点状，边缘有较少粗点状疤痕；另一面圆窝较浅，直径约 2.1 厘米，边缘有较多点状疤痕和零星小崩疤。长 7.5、宽 7.4、厚 3.1 厘米，重 230 克（图一七四：4）。

标本 T103④：271，灰褐色细砂岩。使用部位为两面和一侧，疤痕多为细点状，另有较少绿豆大小砸疤。一面砸击凹坑较深，呈圆窝状，直径 2.8 厘米，深 0.3 厘米，边缘有零星砸疤和一个较小的砸击面；另一面的砸击凹坑近橄榄状，长 3.5、宽 1.9、深 0.2 厘米；一侧有一道长 6、宽 2 厘米的条带状砸击面。一端有三个较小重叠片疤形成的破裂面。长 9.7、宽 6.1、厚 3.6 厘米，重 290 克（图一七三：1）。

## （二）石　砧

7 件，占该文化层加工工具的 16.67%。原料有岩块和砾石两种，其中岩块较多，约占 71%，砾石较少，占 29%；岩块石砧绝大多数都有不同程度的磨蚀，即石砧的边棱都是圆钝的。岩性基本上都是砂岩。石砧的大小差别不大，以中小型为主，缺乏大型石砧（最大长大于 20 厘米）。石砧的使用痕迹多种多样，从形状上看有点状、线状、圆窝状等；石砧的形状有扁圆形、三角形、四边形和不规则形等。有的石砧有不同程度的残缺，但完整者相对较多。个别原料为砾石的石砧还兼作石锤使用。根据使用部位，可将石砧分为单面和双面两种类型。

1. 单面石砧

5 件，原料有岩块和砾石两种。

标本 T104④：59，灰褐色石英细砂岩。平面三角形。残，一面和一侧为断裂面。与破裂面相对的一面有 6 个使用形成的窝坑，其中 3 个因器身断裂而不完整，纵向排列基本一致。窝坑呈椭圆形，深浅不一，但大小差不多，最深者长 3.5、宽 2.2、深 0.6 厘米。从破裂面看，该标本应是完整石砧破裂后的一部分。残长 14.4、残宽 9.6、厚 4.2 厘米，重 650 克（图一七七：1；图版四九，4）。

标本 T204③：79，灰褐色石英砂岩。器身形状不规则。一面较平，另一面凸起。凸起面中央有一个较浅圆窝，直径约 1.8 厘米，疤痕呈点状。器身边缘绝大部分为破裂面。长 9.4、宽 8.7、厚 4.0 厘米，重 420 克（图一七七：2）。

标本 T204③：87，灰褐色细砂岩。扁圆形，两面微凸，一端较窄，另一端较宽。器身一面中部为较密集的条状或点状疤痕，一侧还有点状坑疤。从疤痕特征及分布部位看，该标本应为一件石砧，同时兼作石锤使用。器身长 15.2、宽 11.3、厚 5.0 厘米，重 1270 克

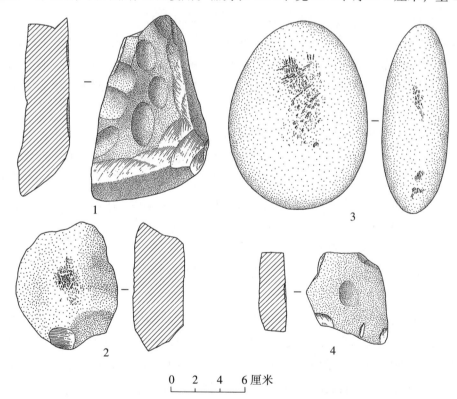

```
0    2    4    6厘米
```

图一七七　第二文化层单面石砧

1. T104④：59　2. T204③：79　3. T204③：87　4. T104④：109

（图一七七：3）。

标本 T104④：109，灰色泥岩。平面近四边形，一面平坦，另一面略有凹凸。平坦面中间有一浅窝坑，椭圆形，大小 2×1.5 厘米，表面比较光滑，不见点状疤痕。长 6.7、宽 6.2、厚 2.5 厘米，重 170 克（图一七七：4）。

2. 双面石砧

2 件。

标本 T103④：105，灰色石英砂岩。形状不规则。两面扁平，且均中部弧凹。两面均分布许多手指头大小的窝坑；窝坑均很浅，边缘界线不清楚。其中一面的边缘还零星分布有黄豆大小的砸击坑疤。长 18.0、宽 11.4、厚 6.0 厘米，重 1600 克（图一七八：1；图版四九，5）。

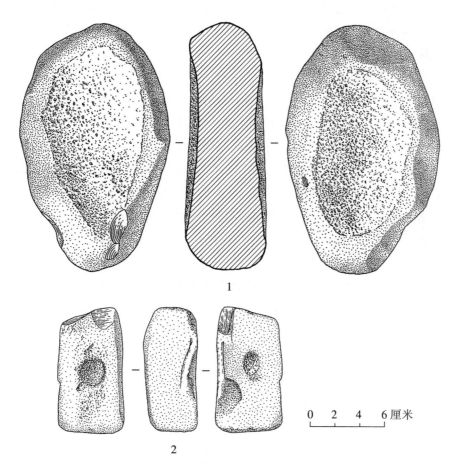

0 　2 　4 　6厘米

图一七八　第二文化层双面石砧
1. T103④：105　2. T204③：73

标本 T204③：73，灰褐色细砂岩。器身近四边形。正面中央有一个直径约 2、深约 0.2 厘米的凹窝，疤痕呈点状，有磨蚀痕迹，表面较光滑，凹窝边缘有一个黄豆大小疤痕；背面有一个较浅的橄榄状凹窝，长约 2、宽约 1.2 厘米，疤痕呈点状。长 9.7、宽 5.6、厚 4.3 厘米，重 400 克（图一七八：2）。

## （三）砺　石

11 件，占该文化层加工工具类 22.92%。原料均为岩块，岩块的表面和棱角有一定程度的磨蚀。岩性只有中砂岩和细砂岩两种，其中细砂岩较多，约占 62%，中砂岩较少，占 38%。器身形状多不规则，但多为一面或两面扁平。大小差别不是很大。多数砺石有不同程度的残缺，残缺的部位通常是断裂面。器表多有风化的现象，表现为灰色。根据使用痕迹在器身的分布情况及使用痕迹特征，可分为单面、两面、多面三种类型。

1. 单面砺石

4 件，原料均为细砂岩岩块。

标本 T103④：54，浅灰色细砂岩。平面形状近四边形。一面有一处宽弧状光滑磨痕，近椭圆形，较深凹，一端一侧为平整的断裂面，并将较少磨痕破坏，磨痕残长 13.5、残宽 8.2、深 1.4 厘米；磨痕另一侧有多个较大的片疤，层层叠叠近梯状。另一面有三个圆窝状凹坑，呈直线分布，大的直径约 2 厘米，小的直径约 1 厘米，中间较大的凹坑较深凹；两个较大凹坑之间有一处直径约 6.5 厘米的疤痕面，微凹，表面疤痕为细麻点状；一侧与断裂面一端相交处有豆状砸击疤痕；上半部有数个较大的片疤。从使用痕迹分析，该器作砺石的同时，还兼作石砧使用。残长 17.2、残宽 11.7、厚 5.7 厘米，重 1930 克（图一七九：1）。

标本 T104④：246，黄褐色细砂岩。平面形状不规则。器身一面稍平坦，另一面凸起，一侧为岩块纵断面，其余为自然岩块面。只有一面有磨痕，磨痕呈宽弧状，较深凹，长 11 厘米，宽 5 厘米，深 0.5 厘米。器身长 11.8、残宽 5.6、厚 5.4 厘米，重 350 克（图一七九：2）。

2. 双面砺石

3 件，其中细砂岩 1 件，中砂岩 2 件。

标本 T103④：70，灰褐色细砂岩。器身形状不规则。底面和使用面均较平整。使用面几乎整面都是一处平面形的光滑磨痕，长 9.5、宽 7.5 厘米，磨痕一侧和一端有缺失；器身一侧也有一处平面形的光滑磨痕，长 6.5、宽 3.5 厘米，磨痕一端和一侧有缺失。残长 11.9、残宽 8.1、厚 3.9 厘米，重 460 克（图一八○：1）。

标本 T104④：332，灰褐色中砂岩。平面形状近四边形，残。器身一面稍平坦，另一

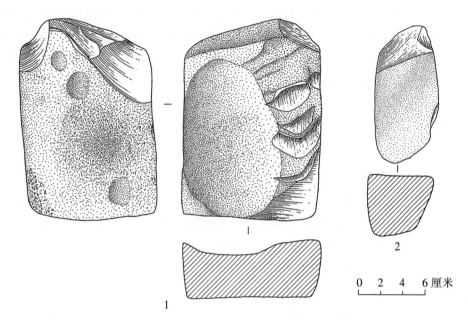

图一七九　第二文化层单面砺石
1. T103④：54　2. T104④：246

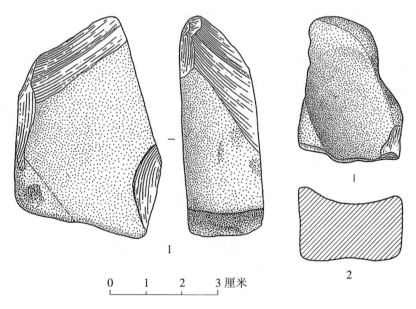

图一八〇　第二文化层双面砺石
1. T103④：70　2. T104④：332

面较深凹，一端为岩块的断裂面。两面及一侧均有磨痕，其中深凹面的磨痕呈宽弧状，较深凹，长7厘米，宽4.5厘米，深1.5厘米；一侧的磨痕微呈弧状，一端因器身的断裂而残缺，残长6.8厘米，宽3.6厘米；另一面的磨痕基本上是平的，一端同样因器身的断裂而残缺，残长6.8厘米，宽5厘米，磨痕的一侧有一个长宽为 $3 \times 1.5$ 厘米的较大的砸疤，应是作石砧使用时留下的痕迹。残长7.5、宽5.8、厚4.0厘米，重180克（图一八〇：2；图版四九，6）。

3. 多面砺石

4件，其中细砂岩3件，中砂岩1件。

标本T104④：219，灰褐色中砂岩。平面形状不规则。器身一面和两侧均有磨痕。一面的磨痕有三处，其中中部的磨痕呈弧状，长8厘米，宽2.5厘米，深0.3厘米；两边的磨痕均为平的，其中一边的磨痕保存完整，长7.2厘米，宽1.8厘米，另一边的磨痕稍有残缺，残长2.6厘米，宽1.3厘米。两侧中一侧的磨痕位于岩块一端，呈宽弧状，长5厘米，宽3.5厘米，深0.6厘米；另一侧的磨痕占满了整个侧面，长7.5厘米，宽5厘米，中部略凹，其余基本是平的。长12.1、宽7.7、厚6.1厘米，重400克（图一八一：1；图版五〇，1）。

标本T204③：67，灰褐色细砂岩。器身形状不规则。一面几乎整面都是一处宽弧形的光滑磨痕，长7、宽5、深0.2厘米；器身一侧也有一处宽弧形的光滑磨痕，长8.5、宽5.5、深0.3厘米；另一侧的一端也有一处宽弧形的光滑磨痕，长5、宽3.5、深0.2厘米。器身长10.2、宽8.3、厚6.9厘米，重430克（图一八一：2）。

标本T103④：56，灰褐色细砂岩。器身形状不规则。一面几乎整面都是一处平面形的光滑磨痕，长22、宽12.5厘米，磨痕一侧略有缺失；器身一侧也有一处平面形的光滑磨痕，长12.5、宽2.5厘米；另一面近较窄端处有一处宽弧形的光滑磨痕，长5.5、宽5、深0.2厘米。器身长21.7、宽15.0、厚6.3厘米，重2800克（图一八一：3；图版五〇，2）。

# （四）窄槽砺石

第二文化层出土的窄槽砺石不多，仅有5件，占该文化层加工工具的12.5%。原料为泥岩、粉砂岩和板岩。原料均为岩块，个体都不大，除一件外，其余的长度在10厘米以下。器身上磨痕不多，最多为三条。磨痕的长度较短，没有超过10厘米的；宽度多数在0.7厘米左右，比较一致；深浅不一，有的磨得较深，有的则较浅。类型只有单面和双面两种。

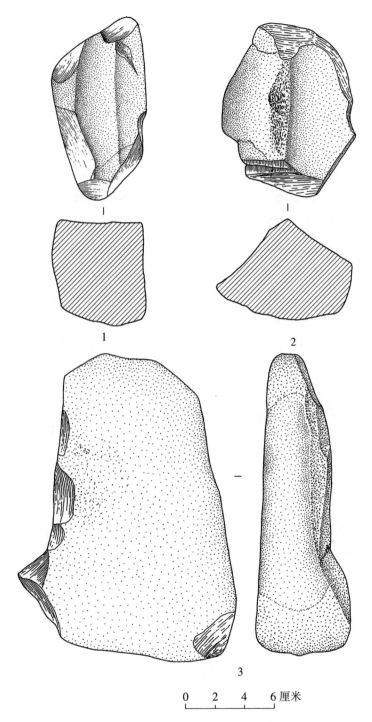

图一八一　第二文化层多面砺石
1. T104④：219　2. T204③：67　3. T103④：56

1. 单面窄槽砺石

2 件。

标本 T103④：88，灰色粉砂岩。略呈扁长形。在一侧面的上部边缘有一条磨痕。磨痕较浅，磨面中间明显弧凸。磨痕完整，长约 5、宽 0.6 厘米。器身长 12.1、宽 5.4、厚 3.5 厘米，重 250 克（图版五〇，3）。

2. 双面窄槽砺石

3 件。

标本 T204③：105，青灰色泥岩。两面扁平。在一面的两侧边各有一条磨痕，磨痕均不完整，残长分别为 3 厘米和 3.5 厘米，其中一条磨痕的两边较深。另一面的一侧边也有一条磨痕，已残，残长 2.7 厘米，磨痕不直，略弯。器身残长 6.5、宽 2.3、厚 1.6 厘米，重 40 克（图一八二：1）。

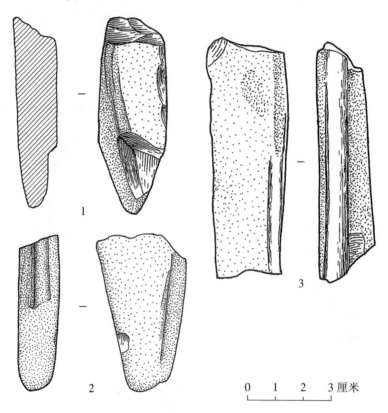

图一八二　第二文化层窄槽砺石
1. T204③：105　2. T102④：4　3. T204③：362

标本 T102④：4，灰色板岩。三角形，两面扁平，一端残缺。一面和一侧各有一条磨痕，均残。面上的磨痕较浅，一边的界线不明显，残长 4 厘米；侧边磨痕较深，一侧略呈阶梯状，残长 2.7 厘米。器身残长 5.4、宽 3.1、厚 1.3 厘米，重 40 克（图一八二：2）。

标本 T204③：362，灰褐色泥质岩。长条形。主要使用部位为一侧下半部，窄槽长 4.3~5.1、宽 0.8、深 0.2 厘米，中间为一道宽约 0.4 厘米的光滑弧状凸棱；背面有一道长约 3.6 厘米的较浅沟槽。器身两端、左侧和正面大部分为破裂面。长 7.7、宽 2.7、厚 1.7 厘米，重 50 克（图一八二：3）。

## （五）磨　石

第二文化层中共出土磨石 4 件，占该文化层加工工具的 8.33%。磨石的原料均为光滑的砾石，原料有砂岩和辉绿岩两种，其中砂岩 3 件，辉绿岩 1 件。这些原料质地较细腻，砂岩全部都是细砂岩，硬度较大。平面形状大多呈近似三角形。大小差别不大。磨石只有一个磨面，磨面平坦、光滑，均位于器身的端部。多数标本的磨面有点状砸击疤痕，有的还有崩疤，表明这些磨石还兼作石锤使用。

标本 T104④：521，深灰色玄武岩。较钝圆角处有一处近椭圆形的光滑磨面，较平整，大小为 1.7×0.5 厘米；较小圆角有一处较密集的点状砸击疤痕，分布范围为 1.3×0.8 厘米；另一圆角处有一个大片疤，宽大于长。底边中部有一较小片疤，尾部折断形成陡坎。从使用痕迹分析，此标本不仅用作磨石，同时还兼作砸击石锤。长 11.2、宽 8.7、厚 4.0 厘米，重 550 克（图一八三：1）。

标本 T207③：703，灰褐色辉绿岩。一面较平，另一面凸起。较钝圆角处有一处较平整的光滑磨面，大小为 3.8×2 厘米，磨面微弧，边缘有一个指甲大小的较浅片疤；其余两个圆角和底边各有一处砸击疤痕面，疤痕呈细点状，底边砸击面稍大，呈条带状分布。从使用痕迹分析，此标本不仅用作磨石，同时还兼作砸击石锤。长 14.4、宽 11.1、厚 8.5 厘米，重 700 克（图一八三：2）。

标本 T102④：17，灰色细砂岩。器身一端较窄，另一端较宽，一面微凹，另一面隆起。较窄端有一处近椭圆形的光滑磨面，较平整，长宽为 2.5×1.9 厘米；微凹面近较窄端处有一个砸击崩疤，大小为 0.8×0.6 厘米；一侧边中央和近较窄端处各有一处砸击崩疤，其中中央崩疤较多，范围约为 4.5×3 厘米；近较窄端处只有一个崩疤，大小为 1×0.8 厘米；近较宽端处有一处米粒大小坑疤，范围约为 1.5×0.6 厘米；另一侧边近中央处有一个砸击崩疤，大小为 0.7×0.5 厘米；近较宽端处有一片较集中的崩疤面，范围约为 7.5×2.5 厘米；其余部分均保留自然砾面，未见人工痕迹。从使用痕迹分析，此标本不仅用作磨石，同时还兼作砸击石锤。长 16.9、宽 9.8、厚 7.7 厘米，重 1840 克（图一八三：3）。

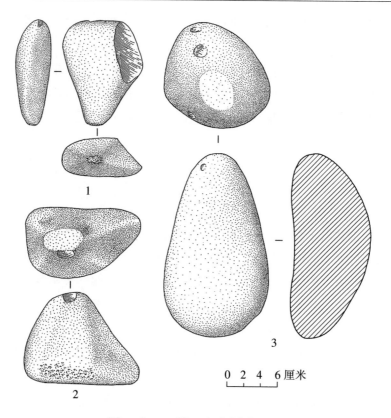

图一八三　第二文化层磨石

1. T104④：521　2. T207③：703　3. T102④：17

# 二　打制石制品

21 件。包括砍砸器、尖状器和刮削器。其中，砍砸器数量最多，次为尖状器，刮削器最少。

## （一）砍砸器

9 件，占该文化层打制石制品的 40.91%。均用砾石打制而成，岩性有砂岩、辉绿岩；以砂岩为主。制作简单，多在砾石的一侧单面打制成刃，器身保留大部分砾石面，刃部很少经过修整。刃缘有直刃、弧刃和凹刃，以直刃为主。有的标本的把端有琢击的疤痕，表明还兼作石锤使用。器身形状有三角形、四边形和圆形，以三角形居多。大小差别不大。可分为单边刃砍砸器和盘状砍砸器两种。

1. 单边刃砍砸器

5 件，在砾石的一侧打制而成，刃缘较直。

标本 T103④：48，浅黄色砂岩。器身近四边形，一面较平，一面略凸。在砾石的一侧由凸面向平面单向剥片，加工修理出直刃。加工面凹凸不平，片疤大小、深浅不一，略成阶梯状，一些片疤在尾部折断形成陡坎。刃面较平缓，刃缘经过修整，呈锯齿状，无使用痕迹。长 15、宽 8.5、厚 3 厘米，重 560 克，刃角 64°（图一八四：1；彩版一八，1）。

标本 T102④：14，浅褐色砂岩。器身平面近三角形，一面较平，一面内凹。由砾石的平面向凹面剥片，在砾石的一侧加工形成直刃。刃缘呈锯齿状，使用痕迹不明显。把握处较厚，可见一处琢击形成的疤痕面，边缘有一处崩疤，推测曾作为石锤使用。长 9.2、宽 7、厚 4.2 厘米，重 400 克，刃角 67°（图一八四：2；图版五〇，4）。

标本 T207③：1472，灰黄色细砂岩。器身近似四边形，一面扁平，另一面略凹。沿砾石的一侧单面剥片，加工修理成一直刃。刃面较平缓，片疤宽大，刃缘凹凸不平，无使用痕迹。长 12.3、宽 10.2、厚 4.3 厘米，重 650 克，刃角 58°（图一八四：3；图版五〇，5）。

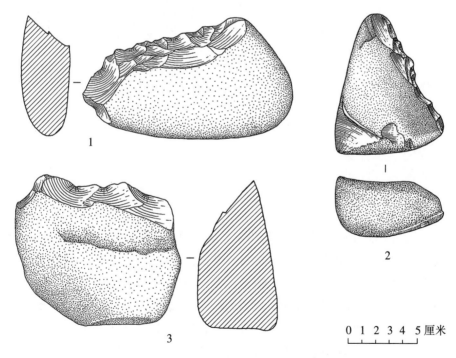

0　1　2　3　4　5厘米

图一八四　第二文化层单边刃砍砸器
1. T103④：48　2. T102④：14　3. T207③：1472

2. 盘状砍砸器

4 件，用近扁圆的砾石加工而成，器身大部分边缘形成刃缘。

标本 T207③：1529，灰白色辉绿岩。器身近似圆形。除左侧边缘保留有小部分砾石面，周边均经过加工，但加工的重点在器身的上部，下端为一断裂面，无使用痕迹。长 9.1、宽 7.6、厚 2.0 厘米，重 270 克，刃角分别为 58°～69°（图一八五：1）。

标本 T103④：3，青灰色辉绿岩。扁圆形。在砾石的周边剥片，加工出刃面和刃缘，形成盘状砍砸器。刃面或陡直、或平缓，部分刃缘经过修整。器身局部和部分刃部有明显的砸击疤痕，推测曾作为石锤使用。长 12.8、宽 11.7、厚 3.2 厘米，刃角 67°，重 710 克（图一八五：2；图版五〇，6）。

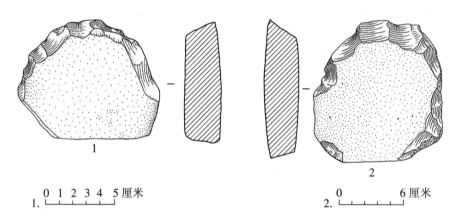

0 1 2 3 4 5 厘米
1.

0　　　　　6 厘米
2.

图一八五　第二文化层盘状砍砸器
1. T207③：1529　2. T103④：3

# （二）尖状器

8 件，占该文化层打制石制品的 34.78%。全部用砾石打制而成，岩性种类有细砂岩、辉绿岩、硅质岩三种，其中砂岩最多，次为辉绿岩，硅质岩最少。大小差别不大。器身平面形状多呈近四边形。尖部均为锐尖，缺乏舌尖。部分标本有使用痕迹。

标本 T103④：44，黄褐色辉绿岩。器身近梨形。在砾石的两侧加工出刃面和刃缘，两刃缘斜交形成了尖刃。单面单向加工。左侧加工面凹凸不平，片疤较小，刃面较直，刃缘经过修整，略呈锯齿状，使用痕迹不明显；右侧加工面凹凸不平，片疤较深，一些片疤在尾部折断形成陡坎，刃面较平缓，刃缘经过修整，较平直，使用痕迹不明显。尖部使用痕迹不明显。长 9.9、宽 7.1、厚 2.0 厘米，重 230 克，刃角 65°～72°，尖角 75°（图一八六：1；图版五一，1）。

标本 T104④：143，浅黄色砂岩。近椭圆形，一面较平，一面较凸。由砾石的平面向凸面单向加工，在砾石的两侧加工出刃面和刃缘，两刃斜交形成尖刃。右侧加工面凹凸不平，片疤大小、深浅不一，部分片疤尾端折断形成陡坎，加工面较接近器物右侧底部，刃缘经过修整，呈锯齿状，有使用痕迹。左侧加工较少，加工面凹凸不平，片疤呈阶梯状，大小不一，疤痕深凹，部分片疤尾端折断形成陡坎，陡坎在加工面上分为两层，刃缘经过修整，较平直，使用痕迹不明显。长 9.8、宽 8.6、厚 3.7 厘米，重 390 克，刃角 55°～64°，尖角 79°（图一八六：2）。

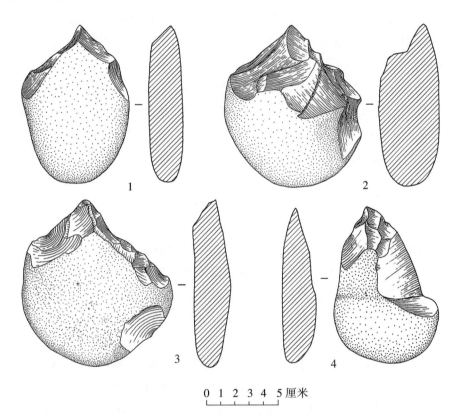

0 1 2 3 4 5 厘米

图一八六　第二文化层尖状器
1. T103④：44　2. T104④：143　3. T204③：54　4. T204③：92

标本 T204③：54，青灰色砂岩。器身平面近四边形。在砾石的一侧和一端加工出刃面和刃缘，两刃缘斜向相交形成尖刃。侧刃加工面凹凸不平，片疤小且浅平，部分尾端折断形成陡坎，部分刃面较陡直，刃缘经过修整，略内凹，使用痕迹不明显。端刃加工面较平整，片疤较大，刃缘修整痕迹不明显，较平直，无使用痕迹。两加工面在相交处形成凸棱。长 11.6、宽 10.6、厚 2.2 厘米，重 430 克，刃角 54°～72°，尖角 83°（图一八六：3）。

标本 T207③：6，灰色细砂岩。器身略呈四边形，一面平坦，另一面稍凸。由平面向凸面打击，在一侧和一端加工出两条刃，两刃在器身的一角相交形成尖刃。侧刃加工面平斜，三层修疤，片疤较浅平，局部有修整，刃缘略呈锯齿状。端刃加工面较陡，片疤较平，刃缘较直。尖刃朝向横轴方向，尖部较为薄锐。该器制作较精致，器形规整。无使用痕迹。长 9.6、宽 8.0、厚 3.6 厘米，重 380 克，刃角为 47°~68°，尖角 78°（图版五一，2）。

标本 T310②：4，灰黄色辉绿岩。器身平面近四边形。沿砾石两边单向剥片形成两直刃，两刃相交形成尖刃。单面加工，背面保留有砾石面。片疤浅平，右侧缘较直，左侧缘内凹；尖部较短。无使用痕迹。长 8.8、宽 7.3、厚 2.0 厘米，重 220 克，刃角为 45°~65°，尖角 84°（彩版一八，2）。

标本 T204③：92，浅灰色辉绿岩。形状略呈三角形，一面较平，另一面较凸。由砾石两侧上部沿较尖一端剥片，加工出一尖。单面加工，器身大部分保留砾石面。靠右侧有一大裂疤，形成一个很深的陡坎。尖刃锋利，略加修整，无使用痕迹。长 8.2、宽 7.0、厚 2.3 厘米，重 160 克，尖刃角为 53°（图一八六：4）。

## （三）刮削器

4 件，占该文化层打制石制品的 22.73%。原料有砂岩、硅质岩、玄武岩三种。毛坯均为石片。尺寸不大，均在 10 厘米以下。用锤击法打制；单面加工，正向加工与反向加工各一半；加工部位多在器身的一边。刃缘平齐和刃缘呈锯齿状的各占一半。刃角最大 52°、最小 39°、平均 47°。部分刮削器的刃口有使用痕迹。均为单边刃刮削器。

标本 T103④：195，灰白色硅质岩。以石片为毛坯。平面近四边形。腹面微凸；背面为片疤面，凹凸不平，片疤多较宽大。在石片的右缘由腹面向背面多次剥片，加工形成一凸刃，片疤多较小而浅平；刃缘稍经修整，边缘有较多细碎崩疤，应为使用痕迹。长 6.9、宽 5.1、厚 1.0 厘米，重 50 克，刃角 50°（图一八七：1）。

标本 T204③：204，灰黑色玄武岩。以石片为毛坯。平面略呈三角形，两面均微凸。沿石片近端由背面向腹面加工，形成一凸刃，片疤多小而深凹，部分片疤尾端折断形成陡坎；刃缘锋利，稍经修整，边缘有多处细小崩疤，应为使用痕迹。长 8.3、宽 8.3、厚 2.2 厘米，重 200 克，刃角 39°（图一八七：2）。

标本 T204③：99，灰褐色细砂岩。以石片为毛坯。在石片远端由腹面向背面略作修整，加工出刃口。刃缘略呈锯齿状，无使用痕迹。长 7.0、宽 6.0、厚 1.3 厘米，重 60 克，刃角 47°（图一八七：3）。

标本 T204③：205，灰褐色细砂岩。以石片为毛坯，平面略呈四边形，两面均微凸。该器的毛坯为石片纵向折断的一半（左侧断片），沿石片远端由背面向腹面剥片，加工修理出一凸刃。片疤多小而内凹，刃缘呈宽齿状，稍作修整，未见使用痕迹。长 8.7、宽 5.3、厚 2.1 厘米，重 180 克，刃角 52°（图一八七：4）。

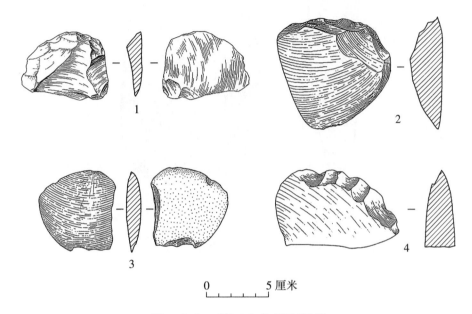

0          5厘米

图一八七　第二文化层刮削器

1. T103④：195　2. T204③：204　3. T204③：99　4. T204③：205

# 三　磨制石制品

40 件，包括斧、锛、凿、切割器、研磨器等器类。其中，斧锛类最多，次为凿类，切割器类最少。

## （一）石　斧

1 件，占该文化层磨制石制品的 2.50%。为石斧成品。

标本 T309②：554，灰黄色细砂岩。局部加工。器身一面下部经磨制，但两侧仍保留打击疤痕，上部为完整的砾石面；另一面仅刃缘部位经过磨制，其余为砾石面。刃缘较锋利，无使用痕迹。器身规整、对称。长 8.9、宽 4.4、厚 1.7 厘米，重 105 克，刃角 55°（图一八八：1；图版五一，3）。

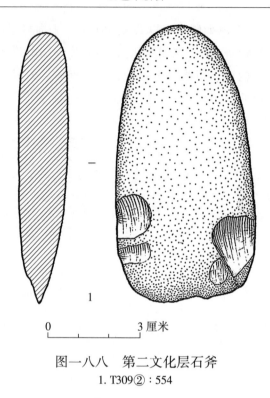

图一八八　第二文化层石斧
1. T309②：554

## （二）石 锛

11 件，占该文化层磨制石制品的 27.50%。包括成品、半成品和毛坯，其中成品 4件，半成品 1 件，毛坯 6 件。

1. 石锛成品

4 件，占该文化层石锛类的 36.36%。

标本 T204③：55，灰色细砂岩。器身平面略呈长方形。把端部分残缺。一面的两侧和下部为较浅的打击面，上部基本上为砾石面，刃部略磨；另一面中部和刃部经过磨制，以刃部磨的精致，余为片疤面。弧刃，刃口锋利，未见明显使用痕迹。长 7.7、宽 4.8、厚1.6 厘米，重 60 克，刃角 56°（图一八九：1）。

标本 T204③：56，灰白色长石岩。器身一面扁平，另一面略凸，平面略呈三角形。通体磨制，扁平面已大部分磨光，仅在一侧中部和下部保留两块片疤面；凸起面大部分为光滑的磨面，仅在上部和两侧保留部分片疤；把端和两侧缘均经过磨制。刃缘平整，刃口锋利，未见明显使用痕迹。长 7.5、宽 3.6、厚 1.4 厘米，重 40 克，刃角 55°（图一八九：2；图版五一，4）。

　　标本 T207③：922，灰褐色硅质岩。器身较厚重，略呈三角形。通体磨制，一面几乎为光滑的磨面，仅在两侧局部保留少量打击疤痕；另一面也经过磨制，磨面光滑，中部保留较多的片疤。刃缘弧凸，有较多细碎的崩疤，应为使用痕迹。长 9.2、宽 6.0、厚 3.0 厘米，重 100 克，刃角 51°（图一八九：3；图版五一，5）。

　　标本 T103④：4，灰褐色硅质岩。器身平面略呈三角形，一面扁平，另一面略凸。扁平面磨制主要在中部和刃部，磨面光滑；另一面大部分经过磨制，仅在上端和两侧以及中部局部保留有打击疤痕；两侧缘和把端未经磨制。刃缘中部有一个较大的打击缺口，并在一侧刃面出现一个大的片疤，其余刃缘有锯齿状小崩疤，应为使用痕迹。长 7.3、宽 5.4、厚 1.8 厘米，重 85 克，刃角 56°（图一八九：4）。

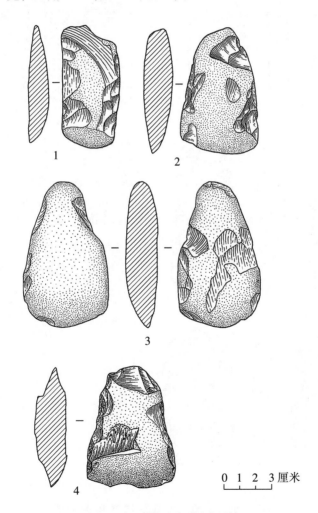

图一八九　第二文化层石锛

1. T204③：55　2. T204③：56　3. T207③：922　4. T103④：4

### 2. 石锛半成品

占该文化层石锛类的 9.09%。是该文化层中仅见的一件磨制石器半成品和有肩石制品。

标本 T309②：580，青灰色板岩。器身平面略呈"凸"字形，一面略凹，另一面略凸。凹面的磨制主要在上下两端，中部为自然面；凸面大部分经过磨制，仅在把端部位和侧边保留打击疤痕；把端磨制平整；两侧缘中，一边略磨，另一边未磨；刃缘平齐，刃口基本磨出。长 6.3、宽 5.4、厚 0.9 厘米，重 50 克（图一九○：4）。

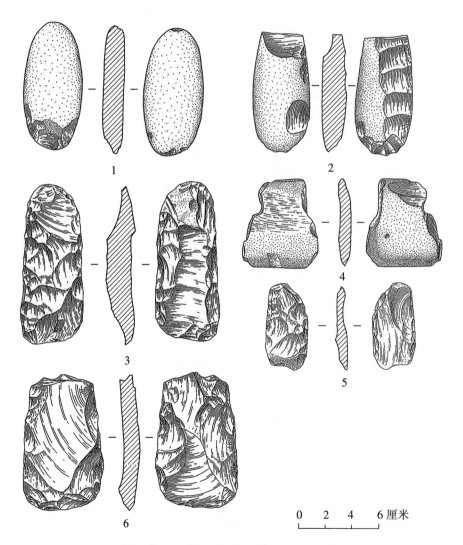

0　2　4　6厘米

图一九○　第二文化层锛坯和半成品

1. T204③：57　2. T T204③：93　3. T T204③：380　4. T309②：580　5. T207③：984　6. T T204③：3

### 3. 石锛毛坯

6 件，占该文化层石锛类的 54.55%。原料多为细砂岩，部分为通体加工，平面形状多为梯形。

标本 T204③：57，灰褐色细砂岩。器身扁长，一端稍窄，另一端略宽。在略宽端连续单面剥片，片疤较大但不规整，背面略作修整，初步形成一道弧刃。稍窄端有一个较深凹的小崩疤。长 9.1、宽 4.3、厚 1.4 厘米，重 110 克（图一九〇：1）。

标本 T204③：93，红褐色细砂岩。长梯形，两面均微凸，一端略宽，一端略窄。两面加工。一面加工主要集中在较宽端和一侧，侧边片疤较大而浅平；端部加工面片疤较小，经过修整，已形成初步的刃面，刃缘弧凸。另一面略作剥片，较窄端原为一断裂面，经过修整，片疤大小不一；一侧近刃端处有一个较大的片疤。长 8.7、宽 4.4、厚 1.7 厘米，重 100 克（图一九〇：2）。

标本 T204③：380，青灰色细砂岩。长条形。器身几乎通体加工，仅在一面保留少许自然砾石面。两面片疤大小不一，部分片疤较为深凹；周边片疤大多细小，层层叠叠。两端及两侧均经修整，其中一端已形成初步的刃面，刃缘呈斜弧状。长 11.8、宽 4.8、厚 2.1 厘米，重 170 克（图一九〇：3；图版五一，7）。

标本 T207③：984，深灰色硅质岩。近梯形，一端较窄，另一端较宽。器身两面布满凹凸不平的片疤，除较宽端背面保留一块自然砾石面外，几乎通体剥片。两面多为大片疤，大多宽大于长，两侧片疤较窄长。两端和两侧经较多修整，其中一端已形成单斜刃面，但刃缘不直。长 9.1、宽 4.5、厚 1.3 厘米，重 100 克（图一九〇：5）。

标本 T204③：3，深灰色细砂岩。近长方形。通体加工。两面片疤较大而浅平，周边均经修整，片疤多细小，层层叠叠。一端为断裂面，另一端已形成初步的刃面，刃缘微弧。器身较规整、对称。长 13.9、宽 8.6、厚 2.0 厘米，重 425 克（图一九〇：6；图版五一，6）。

## （三）斧（锛）毛坯

14 件，占该文化层磨制石制品的 35.0%。原料几乎都是砾石，岩性有砂岩、硅质岩和辉绿岩三种，以砂岩为主，次为硅质岩，辉绿岩最少（表六九）。大小差别不大，一般长约 10 厘米，宽 5 厘米，厚 2 厘米，重 180 克（表七〇）。器身平面形状有长方形、梯形、扁长形和不规则形四种，其中扁长形最多，约占 43%，其次为梯形，不规则形最少（表七一）。器身经过不同程度的加工，加工的部位在器身的端部及两侧，甚至整个器身。部分标本除经过剥片外，还经琢打，琢打部位主要在器身两侧。通体加工的标本很少，大部分标本的器身保留或多或少的砾石面。从形状和加工的程度看，多数标本已有刃端和把端之分，但刃面尚未完全形成，以至于无法判断是斧还是锛的毛坯。根据器身的形状，大致可分为四型。

表六九　第二文化层斧（锛）毛坯岩性统计表

| 类别 | 砂岩 | 硅质岩 | 辉绿岩 | 合计 |
|---|---|---|---|---|
| 数量 | 7 | 6 | 1 | 14 |
| % | 50 | 42.85 | 7.14 | 100 |

表七〇　第二文化层斧（锛）测量性统计表（尺寸：厘米；重：克）

| 类别 | 长 | 宽 | 厚 | 重 |
|---|---|---|---|---|
| 最大值 | 12.9 | 7.1 | 3.7 | 445 |
| 最小值 | 8.4 | 3.5 | 1.4 | 100 |
| 平均值 | 10.3 | 5.2 | 2.1 | 185 |

表七一　第二文化层斧（锛）毛坯形状统计表

| 类别 | 长方形 | 梯形 | 扁长形 | 不规则形 | 合计 |
|---|---|---|---|---|---|
| 数量 | 3 | 4 | 6 | 1 | 14 |
| % | 21.43 | 28.57 | 42.86 | 7.14 | 100 |

A 型

3 件，约占该文化层斧（锛）类的 21%。器形规整，平面略呈长方形。多数标本的器身经过较多的加工，但仍保留较多的砾石面。

标本 T207③：1315，灰黄色硅质岩。一面保留大部分砾石面，仅在一端一侧略作剥片，另一面全部为片疤面，片疤多较大。两侧的部分边缘经较多修整，其中一侧的上半部为断裂面。两端均仅在一面略作修整，方向相反，其中两面为片疤面的一端形成初步的刃面。长 8.8、宽 5.7、厚 2.6 厘米，重 200 克（图一九一：1；图版五一，8）。

标本 T208②：27，灰褐色中砂岩。器身一端为断裂面，稍斜，但较平整；在另一端和两侧边缘连续两面剥片，片疤多较小而浅平，两面保留大部分砾石面；两侧边缘经琢打；端部初步成刃，刃缘平直，稍钝厚。长 10.7、宽 5.5、厚 1.7 厘米，重 170 克（图一九一：2）。

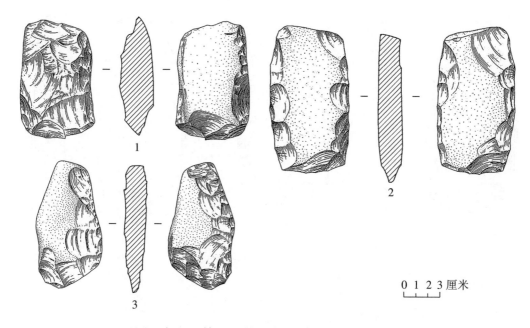

0 1 2 3 厘米

图一九一　第二文化层斧（锛）类毛坯（一）
1. T207③：1315　2. T208②：27　3. T104④：1

B 型

6 件，约占该文化层斧（锛）类的 43%。器身平面略呈扁长形。所有标本都是仅作局部加工，大部分器身保留砾石面，基本上没有改变砾石原料的形状。

标本 T207③：1723，浅灰色硅质岩。在器身两侧边的下半部和底边略作剥片，两面片疤多较小，其中一面有两个较大的片疤。刃部尚未成形。长 12.7、宽 5.8、厚 2.0 厘米，重 250 克（图一九二：1；图版五二，1）。

标本 T207③：317，深灰色辉绿岩。一端较窄，另一端较宽。在较宽端单面剥片，片疤稍大而深凹，边缘有一个小片疤；一侧下半部两面剥片，片疤较小，边缘经过较多琢打，侧面较平整。刃部尚未成形。长 8.6、宽 3.5、厚 1.5 厘米，重 100 克（图一九二：2）。

标本 T414③：20，灰褐色细砂岩。一端较窄，另一端较宽。仅在较宽端略作剥片，形成初步的刃面，其中一个片疤较大，占刃面的大部分。长 9.5、宽 4.4、厚 1.4 厘米，重 100 克（图一九二：3）。

标本 T207③：1434，红褐色细砂岩。一端较窄，另一端较宽。在较宽端和两侧近端部连续单面剥片，形成初步的刃面，未作修整，刃面片疤较小。长 8.4、宽 4.2、厚 1.5 厘米，重 100 克（图一九二：4）。

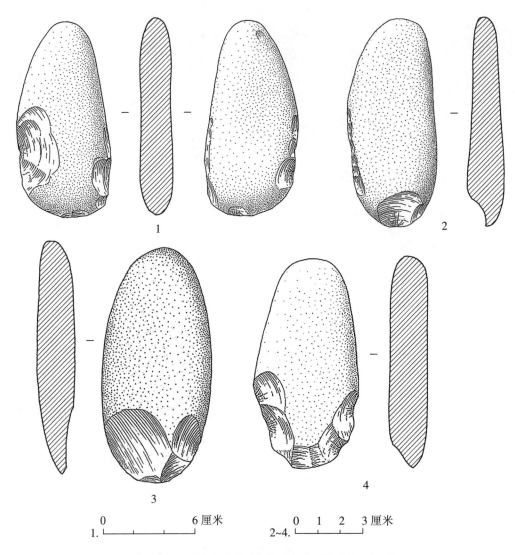

0                          6厘米              0   1   2   3厘米
1. └──┴──┴──┴──┴──┘           2~4. └──┴──┴──┘

图一九二　第二文化层斧（锛）类毛坯（二）
1. T207③：1723　2. T207③：317　3. T414③：20　4. T207③：1434

C 型

4 件，约占该文化层斧（锛）类的 29%。器身平面略呈梯形，上小下大。器身大部分经过加工，有的甚至几乎通体加工。

标本 T103④：2，灰白色硅质岩。厚重，两面均凸起。器身几乎通体剥片，仅在一面的近一端处保留一小块砾石面。两面片疤多较大。一端为断裂面，较平整；另外一端和两侧的边缘经较多修整，片疤多较细小，层层叠叠呈鳞状；端部已形成初步的刃面，刃缘弧凸，较规整。器身较规整、对称。长 12.5、宽 7.0、厚 3.6 厘米，重 440 克（图一九三：2）。

标本 T103④：8，黄白色硅质岩。一端较厚，另一端较薄。一面在较厚端和一侧保留约一半的砾石面，其余部位为一个大的片疤面；另一面仅在较厚端处保留一较窄的条状砾石面，其余部位片疤多较大。一侧边缘在两面经较多修整，另一侧和较薄端仅在一面进行较多修整，端部初步成刃，但刃面较小且极薄，刃缘较平直、锋利。长9.1、宽5.8、厚2.5厘米，重220克（图一九三：1）。

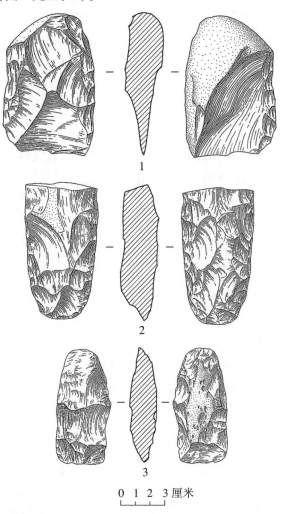

图一九三　第二文化层斧（锛）类毛坯（三）
1. T103④：8　2. T103④：2　3. T102④：6

标本 T102④：6，黄白色硅质岩。一端较宽薄，另一端较窄厚。器身几乎通体剥片，片疤多较大，仅在一面的中部保留部分砾石面，表面有较多豆状自然小孔。除一侧大部分边缘经过较多修整外，其余边缘均略作修整，宽薄端已形成初步的刃面，刃缘平直，略呈宽齿状。长 10.7、宽 5.0、厚 2.6 厘米，重 160 克（图一九三：3；图版五二，2）。

D 型

1 件，约占该文化层斧（锛）类的 7%。

标本 T104④：1，灰黄色硅质岩。一端较宽，另一端较窄。分别在一面的较宽端、一侧和另一面的较宽端、另一侧连续剥片，并作修整，片疤多较小而浅平，部分层层叠叠，两面均保留部分砾石面，两侧边缘和较窄端全部为砾石面。较宽端经较多修整，但仍有大部分砾石面，刃部尚未成形。长 9.4、宽 4.9、厚 1.6 厘米，重 110 克（图一九一：3；图版五二，3）。

## （四）石　凿

7 件，占该文化层磨制石制品的 17.5%。包括毛坯和残品，不见成品；其中毛坯 3 件，残品 4 件。

1. 石凿毛坯

3 件，岩性有砂岩、硅质岩和泥质岩三种。加工仅限于砾石的一端，其余保留砾石面。

标本 T609③：2，褐色硅质岩。长条形，两面均较平。在砾石一端单面打制出一个初步的刃面，其余未经加工，保留砾石面。长 11.4、宽 2.9、厚 2.0 厘米，重 100 克（图一九四：1）。

标本 T414③：8，灰白色泥质岩。长条形，一端稍窄，另一端略宽。在较宽端向左上方连续单面剥片，在左半部初步形成一个刃面，右半部加工较少。其余未经加工。长 9.3、宽 3.6、厚 1.9 厘米，重 100 克（图一九四：2）。

2. 石凿残品

4 件，为毛坯和凹刃凿的残品。其中毛坯残品 2 件，凹刃凿残品 2 件。

1）毛坯残品

标本 T103④：1，红褐色辉绿岩。残留部分属于凿毛坯器身的下段，粗大厚重，上端断裂面较平整，斜向一侧。两面加工，其中两侧以琢打为主，刃部

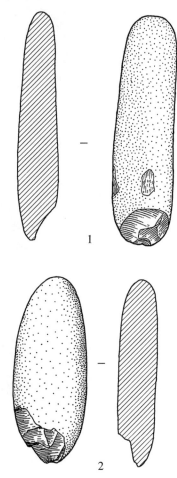

图一九四　第二文化层石凿毛坯
1. T609③：2　2. T414③：8

则经较多的剥片，已形成初步的刃面。残长 12.6、宽 7.7、厚 2.8 厘米（图一九五：1）。

2）凹刃凿残品

标本 T102④：7，红褐色细砂岩。残留部分属石凿成品的刃部，比较薄小。刃部两侧

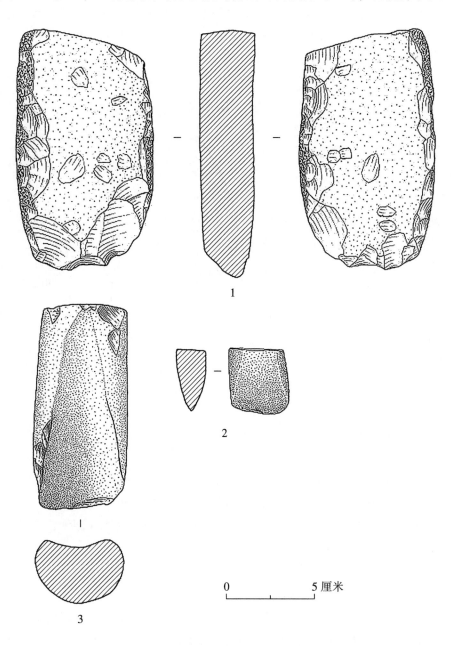

图一九五　第二文化层石凿残品

1. T103④：1　2. T102④：7　3. T208②：741

为琢打，未经磨制；两面精磨。单斜刃，刃缘较直，有一些较小的崩疤，应为使用痕迹。残长3.6、宽3.6、厚1.8厘米（图一九五：2）。

标本T208②：741，浅黄色细砂岩。残留部分属于凹刃石凿成品器身的下段，粗大厚重，上端截面略呈椭圆形。一面上端扁平，往下渐凹，形成一个较宽的弧凹面。背面靠一端处有几个大的坑疤，应是受重力砸击而成。残长11.9、宽5.3、厚4.9厘米（图一九五：3；图版五二，4）。

## （五）切割器

1件，占该文化层磨制石制品的2.5%。

标本T309②：515。灰色粉砂岩。器身平面略呈三角形。用小砾石直接磨制而成，一面经过磨光，另一面大部分也经过磨光，而两侧和把端均保留自然面；刃部两面经过磨制，其中一面磨得较多，已形成一个平斜的刃面。弧刃，使用痕迹不明显。器形非常细小。长2.8、宽1.4、厚0.4厘米，重5克（图一九六：1）。

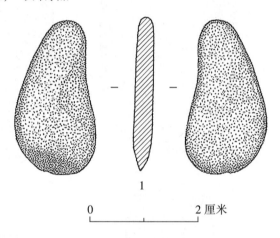

图一九六　第二文化层切割器
1. T309②：515

## （六）研磨器

6件，占该文化层磨制石制品的15%。均为成品。原料除一件为岩块外，均为砾石；岩性有砂岩、石英砂岩和辉绿岩三种。加工简单，制作不够精致。从成品看，大小差别不是很大，大者长8.7、宽8.1厘米，重870克；最小者长6.6、宽5.4厘米，重220克。类型较少，只有柱形、锥形两种。

1. 柱形

5件，制作比较简单，器形不够规整。

标本T204③：53，灰色细砂岩。近似柱形，最大径在器身上部。系利用长条形砾石截取一段制作而成。器身未经加工。研磨面倾斜，经磨制，中间有琢打疤痕。长8.4、最大径4.9厘米，重280克（图一九七：1）。

标本T204③：50，灰色辉绿岩。器身大部分经过琢打，磨制不明显。研磨面经磨制，略凹凸不平。长8.7、底径8.1厘米，重870克（图一九七：2）。

标本T104④：331，灰褐色石英细砂岩。上小下大，横截面呈方形。器身略经磨制，有浅疤。研磨面较平整，局部有琢击疤痕。把端不平整，有一块大的崩疤。长6.7、最大径5.6厘米，重230克（图一九七：3）。

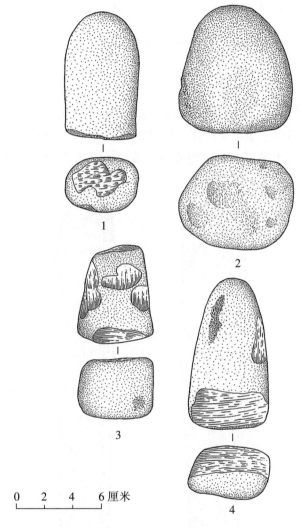

图一九七　第二文化层研磨器
1. T204③：53　2. T204③：50　3. T104④：331　4. T207③：4

2. 锥形

1件。

标本T207③：4，深灰褐色石英砂岩。上小下大，横截面呈四边形。器身大部分为砾石面，上半部有两处砸击疤痕面，另有两块崩疤，其中靠底端的一块很大。磨面

较平，因崩裂而不完整。长 10.6、最大宽 6.0 厘米，重 330 克（图一九七：4；图版
五二，5）。

# 四 其 他

## （一）硅化木

1 件。

标本号为 T710③：14，灰色，坚硬，木纹粗，如同杉木的木纹。细长形，横截面近似
三角形。除两端各保留有一小片磨面外，周身经过剥片。一端的磨面呈弧状，非常光滑，
往端部倾斜，可能是人工磨制的，说明原料以前是一件人工制品。在把端部有一个片疤

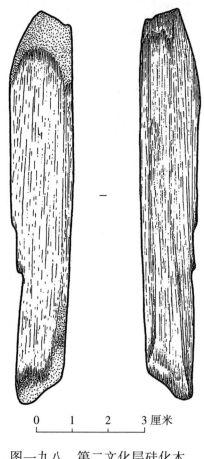

0    1    2    3厘米

图一九八　第二文化层硅化木
1. T710③：14

面，似为制作刃口而打下的，因横木纹断裂，故断裂面不平。但刃缘位于磨面上，非常锋利、平整。刃面略内凹，形似凹刃凿。器身的片疤很长，顺着木纹破裂，部分片疤的打击点见于把端（即与刃端相对的一端）。未见修整痕迹。可能是凿的粗坯。器身一侧厚，另一侧薄。长 10.5、宽 1.7、厚 0.7 厘米，重 18 克（图一九八：1，图版五二，6）。

# 第三节　第三文化层

第三文化层的文化遗物包括石制品和陶制品。石制品种类有加工工具、打制石制品和磨制石制品；陶制品均为陶片。

## 一　加工工具

30 件，包括石锤、石砧、砺石、窄槽砺石、磨石等。其中，石锤数量最多，次为砺石，窄槽砺石最少。

### （一）石　锤

10 件，占该文化层加工工具类的 33.33%。原料均为砾石；岩性有砂岩、硅质岩和玄武岩，以砂岩为主。石锤没有经过加工，而是直接使用。使用痕迹有片块状崩疤、点状和条状坑疤；这些痕迹在器身上的分布多寡不一，但分布比较集中，形成一片；这些使用痕迹多集中在器身的端部、中部或侧缘。器身形状有四边形、扁圆形、球形和不规则形四种，其中以四边形为主。大小差别不大，长最大值 12.9、最小值 7.3、平均值 9.9 厘米，宽最大值 11.9、最小值 6.2、平均值 6.9 厘米，厚最大值 6.1、最小值 4.1、平均值 4.8 厘米，重最大值 1012、最小值 330、平均值 498 克。根据使用痕迹的特征，可分为砸击石锤和琢击石锤两种类型。

1. 砸击石锤

6 件，多数标本只有砸击形成的粗深点状疤痕和片块状崩疤，但个别标本除砸击疤痕外还有少量的琢击疤痕。

标本 T206③：21，红褐色硅质岩。器身形状不规则，一端稍宽厚，另一端较窄薄。窄薄端面满布细而浅的点状琢疤，琢疤一侧可见部分小崩疤；宽厚端面中间是一个较平的砸击面，砸击面周围是较多的崩疤；器身其余部分保留砾石面。从疤痕特征看，该标本主要用作砸击石锤，同时又兼作琢击石锤。长 12.7、宽 7.1、厚 5.6 厘米，重 740 克（图一九九：1）。

　　标本 T104③：143，灰褐色玄武岩。器身略呈球形。使用痕迹分布于大部分器身。长7.4、宽7.3、厚5.5厘米，重450克（图一九九：3）。

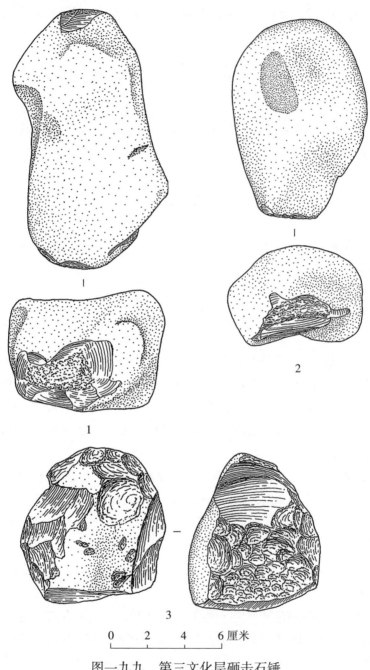

图一九九　第三文化层砸击石锤
1. T206③：21　2. T104③：143　3. T104③：144

标本 T104③：144，黄褐色细砂岩。器身形状不规则。使用痕迹集中于窄薄端。窄薄端面均为层叠的点状砸疤，砸疤两侧有部分小崩疤，部分崩疤尾部折断形成陡坎；器身其余部分保留砾石面。长 10.9、宽 6.6、厚 4.6 厘米，重 400 克（图一九九：2）。

2. 琢击石锤

4 件，有的标本器身既有琢击又有砸击疤痕，但以琢击疤痕为主。

标本 T206③：19，黄褐色细砂岩。近四边形，一端较平，另一端较凸。较凸端为细而浅的点状疤痕，边缘局部有崩疤；宽薄端面满布略呈弧凸状的点状琢疤，琢疤一侧可见部分小崩疤；较平一端和器身两侧局部均有砸击疤痕，端部边缘还有崩疤；器身其余部分保留砾石面。从疤痕特征看，该标本主要用作琢击石锤，同时兼作砸击石锤。长 10.3、宽7.0、厚 4.7 厘米，重 500 克（图二〇〇：1）。

标本 T203③：51，黄褐色细砂岩。近四边形，一端稍宽厚，另一端略窄薄。窄薄端端面满布麻点状琢疤，宽厚端则只有一侧边沿有部分略呈弧凸状的点状琢疤，琢疤两侧均可见部分小崩疤；一面的中部有零星点状疤痕。长 8.6、宽 6.4、厚 4.3 厘米，重 360 克（图二〇〇：2）。

## （二）石 砧

5 件，占该文化层加工工具类的 16.57%。原料有岩块和砾石两种，其中岩块 3 件，约占 60%；砾石 2 件，占 40%。岩性均为砂岩。器身尺寸较大，多数长度在 15 厘米左右，个别超过 20 厘米。使用痕迹多种多样，从形状上看有点状、圆窝状等；石砧的形状有三角形、四边形和不规则形等。多数石砧有不同程度的残缺，完整者较少。根据使用部位，可将石砧分为单面和双面两种类型。

1. 单面石砧

3 件，使用痕迹均分布于器身的一面，一面的中部和边缘部位。

标本 T204②：12，黄褐色细砂岩。器身略呈梯形。一面大部分为大小不等的砸击疤痕，密密麻麻连成一片，范围 8×4.8 厘米。两端为破裂面。长 13.6、宽 6.9、厚 5.1 厘米，重 760 克（图二〇一：2）。

标本 T204②：40，灰褐色粗砂岩。器身近三角形，两面较平整。一面长侧边沿连续分布有多个圆窝形或椭圆形的砸击坑疤，长 1~3、宽 1~2、深 0.1~0.4 厘米不等；器身其余部分无人工痕迹。长 23.5、宽 14.3、厚 12.3 厘米，重 5710 克（图二〇一：3）。

2. 双面石砧

2 件，使用痕迹主要分布于器身两面中间，其中一件标本还兼作石锤使用。

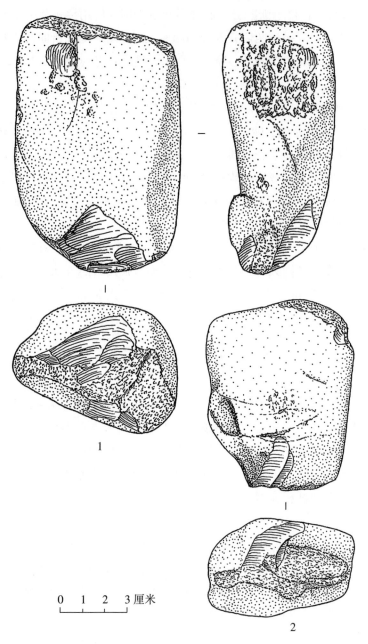

图二○○　第三文化层琢击石锤
1. T206③：19　2. T203③：51

　　标本 T204②：28，灰褐色石英砂岩。形状不规则。器身已残，从残缺痕迹看，该器原料应为椭圆形砾石。使用部位为两面，疤痕呈点状，一面稍大，范围为 6×2.5 厘米；另一面稍小，分布范围为 5×2.2 厘米。较完整的一侧边缘有零星小崩疤，可能为兼锤使用

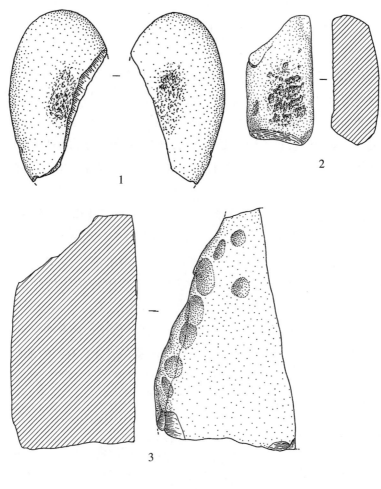

0　2　4　6厘米

图二〇一　第三文化层石砧
1. T204②：28　2. T204②：12　3. T204②：40

所致。长17.5、宽8.9、厚4.2厘米，重730克（图二〇一：1）。

标本T205③：25，灰褐色中砂岩。形状近梯形。器身两面均较平整，一端较宽，为岩块断裂面，另一端较窄。两面均有砸击疤痕，其中一面中间有一个圆窝状坑疤，径深为1.5×0.2厘米，其旁边分布有三个圆窝状坑疤，径为1~2厘米，深0.1~0.2厘米；靠近较宽端处分布有一处细点状坑疤，分布范围为8×4厘米；另一面中间亦为一个圆窝状坑疤，径深为2.5×0.7厘米，另有一个仅余一半的圆窝状坑疤与之相连，径深为3×0.9厘米；此外还有一些点状坑疤零星分布。长13.3、宽8.8、厚6.2厘米，重1230克（图版五三，1）。

## （三）砺　石

9 件，占该文化层加工工具类 30%。原料有岩块和砾石两种，其中岩块 8 件，砾石 1
件。岩块的表面和棱角有一定程度的磨蚀。岩性除一件为辉绿岩外，其余均为砂岩，砂岩
又可分为中砂岩和细砂岩，以细砂岩为主。器身形状多不规则，但多为一面或两面扁平。
大小差别不是很大。多数砺石有不同程度的残缺，残缺的部位通常是断裂面。器表多有风
化的现象。根据使用痕迹及器物的主要特征，可分为单面、双面、多面三种类型。

1. 单面砺石

5 件，磨面主要为宽弧形，位于器身的一面；有的标本还兼作石砧使用。

标本 T205③：117，灰褐色细砂岩。器身略呈四边形，一端较宽，另一端略窄。底面
较平整，使用面凹凸不平，中间部位有一处宽弧形的光滑磨痕，长 10.5、宽 6.5、深 1.1
厘米；磨痕四周零星分布有大小不等的砸击疤痕，应是作石砧使用时留下的痕迹。长
21.0、宽 16.7、厚 13.6 厘米，重 4850 克（图二○二：1）。

标本 T205③：201，灰褐色细砂岩。底面凹凸不平，使用面较平整，几乎整面为一处
平面形的光滑磨痕，长 16、宽 9 厘米；磨痕中间部位及一端分布有一些米粒大小的砸击疤
痕，分布较零散，不集中，应是作石砧使用时留下的痕迹。长 24.7、残宽 10.9、厚 9.8
厘米，重 3955 克（图二○二：2）。

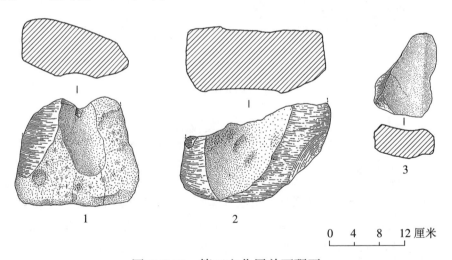

0　　4　　8　　12 厘米

图二○二　第三文化层单面砺石
1. T205③：117　2. T205③：201　3. T205③：155

标本 T205③：155，灰褐色的石英砂岩。底面凹凸不平，两侧均为断裂面。器身一面
有两处磨痕，一处为宽弧形，长 11.5、宽 5.5、深 0.7 厘米，磨痕一侧部分缺失；另一处

磨痕磨面平坦，与弧形磨痕并列，长 11.5、宽 2.9 厘米，磨痕一侧部分缺失。器身长 11.6、宽 8.6、厚 4.9 厘米，重 450 克（图二〇二：3；图版五三，2）。

2. 双面砺石

3 件，磨痕位于器身的两面，磨面宽而不深；有一件标本还兼作砍砸器使用。

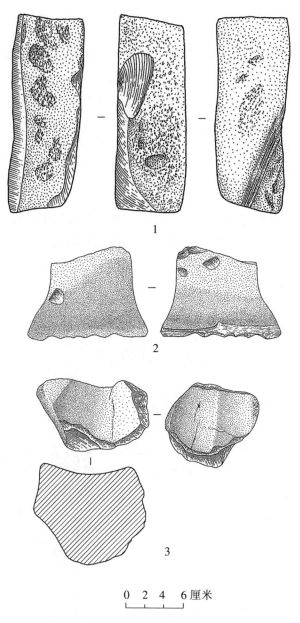

0　2　4　6厘米

图二〇三　第三文化层双面砺石和多面砺石
1. T205③：103　2. T205③：209　3. T204②：1

标本 T205③：103，灰褐色细砂岩。两面均较平，两侧均为断裂面。一面几乎整面都是一处平面形的光滑磨痕，长18.5、宽6厘米，磨痕两端及一侧分布有较多、较大的砸击疤痕，较浅，应是作石砧使用留下的痕迹；器身一侧有一个较大、较深的锤击片疤，片疤宽大于长；另一面仅一侧有一处磨制较少的较平的磨痕，长7.5、宽1厘米。器身长19.1、宽7.0、厚6.9厘米，重1800克（图二○三：1）。

标本 T205③：209，灰褐色辉绿岩。近四边形，一端较窄，另一端较宽。两面各有一处宽弧形的光滑磨痕，磨痕两端及一侧均有缺失，一面磨痕较大而深，几乎占器身一整面，长12、宽8.2、深0.5厘米，一侧中部有一小崩疤，部分在磨痕内；另一面磨痕较小而浅，长10.5、宽5、深0.3厘米，磨痕与较窄端之间有两个小崩疤。较窄端和两侧为断裂面；较宽端刃面较陡，刃缘平直，呈宽齿状，较规整；表明该器还兼作砍砸器使用。长12.6、宽9.2、厚2.6厘米，重400克（图二○三：2）。

3. 多面砺石

1件。

标本 T204②：1，灰褐色细砂岩。一面的一端有两处宽弧形的光滑磨痕，长宽深分别为6.5×5.5×0.6和5.5×4.0×0.4厘米，两处磨痕均约有一半缺失；一侧有一处宽弧形的光滑磨痕，长5.5、宽8.5、深1.3厘米，磨痕两端均有缺失；另一侧有一弧凸形的光滑磨痕，长5.5、宽3厘米。器身长11.3、宽7.5、厚7.3厘米，重580克（图二○三：3）。

## （四）窄槽砺石

1件，占该文化层加工工具类的3.33%。

标本 T204②：8，灰色泥岩。一面的两边各有一条磨痕，磨痕均较深；其中一条略弯，一端已残缺，另一条完整。另一面侧边也有一条磨痕，但大部分缺失，仅存磨痕侧边一部分。器身长8.0、宽5.4、厚2.1厘米，重100克（图二○四：1）。

## （五）磨　石

5件，占该文化层加工工具类的16.57%。原料均为光滑的砾石，岩性有砂岩和辉绿岩两

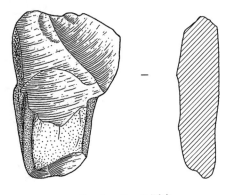

0　1　2　3厘米

图二○四　第三文化层窄槽砺石
1. T204②：8

种，其中砂岩 3 件，辉绿岩 2 件。这些原料质地较细腻，砂岩全部都是细砂岩，硬度
较大。平面形状大多呈近似三角形。大小差别不大。磨面平坦、光滑，均位于器身的
端部。多数标本的磨面有点状砸击疤痕，有的还有崩疤，表明这些磨石还兼作石锤
使用。

标本 T206③：28，灰色辉绿岩。器身一面稍平整，另一面隆起。一边较长，另一边较
短。一角端有一处略呈圆形的光滑磨痕，径约 1.8 厘米，其旁边有一个较浅的砸击崩疤，
长宽为 1.7×1.4 厘米，应是磨光前作砸击石锤使用留下的痕迹；平整面中部有一点状坑
疤，范围为 3.5×2.8 厘米；短侧边近中部有一细点状坑疤，范围为 2.5×2.2 厘米；这两
处坑疤应是作砸击石锤使用留下的痕迹；其余部位均保留光滑的自然砾面。从使用痕迹来
分析，此件标本不仅用作磨石，同时还用作砸击石锤，是一件两种用途并重的工具。长
14.5、宽 8.8、厚 6.9 厘米，重 1310 克（图二〇五：1）。

标本 T205③：142，灰色细砂岩。器身较厚，两面均略微隆起。一角端有一处略近梯
形的光滑磨痕，长宽为 3×2 厘米；其四周尚可见部分细碎的崩疤，应是磨光前作砸击石
锤使用留下的痕迹；其余部位均保留光滑的自然砾石面。长 12.9、宽 8.3、厚 6.2 厘米，
重 910 克（图二〇五：2）。

标本 T205③：213，灰色辉绿岩。器身较厚，一面微微隆起，另一面明显隆起。一角
端有一处光滑的磨面，形状不规则，长宽为 2.5×1.4 厘米，四周可见部分细点状坑疤或
崩疤，应是磨光前作砸击石锤使用留下的痕迹；与其相连的两侧各有一处米粒大小坑疤，
范围分别为 5.5×2.1 厘米及 3×1 厘米，与之相对的另一角端也有一处光滑磨面，略呈椭
圆形，长宽为 3.5×2 厘米，磨面上有部分米粒状坑疤，较多地集中于一端，范围为 2.4×
1.3 厘米，应是磨光后又作砸击石锤使用留下的痕迹。端处有一大而深凹的砸击崩疤，长
宽深为 3.2×3.8×1.2 厘米；其同一侧边近另一角端处有一米粒大小坑疤，范围约 2.5×
2.5 厘米；微隆面近一边与一角端交汇处有部分细点状坑疤，范围为 2.5×2.5 厘米；明显
隆起面中央为一大崩疤，长宽为 7.4×6.6 厘米；一侧倾斜面紧挨崩疤处尚有部分砸击崩
疤，范围为 3×1.1 厘米；其余部分均保留自然砾面，无人工痕迹。从使用痕迹分析，此
标本不仅用作磨石，同时还兼用作砸击石锤。长 11.5、宽 10.7、厚 7.5 厘米，重 1260 克
（图二〇五：3）。

# 二　打制石制品

25 件。包括石核、石片、砍砸器、尖状器和刮削器。其中，石片和砍砸器数量最多，
次为尖状器，刮削器最少。

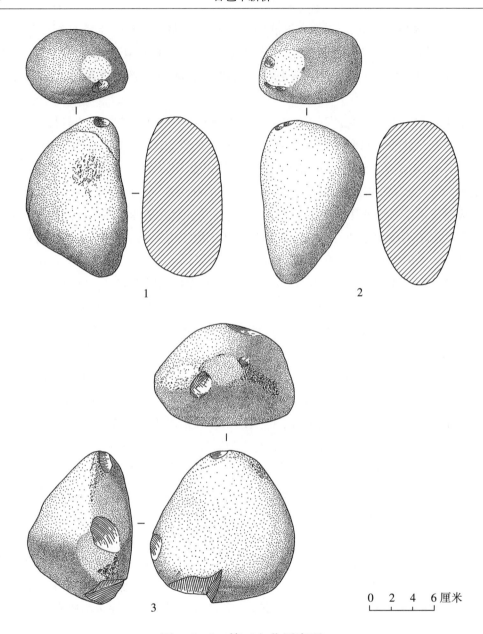

图二○五　第三文化层磨石
1. T206③：28　2. T205③：142　3. T205③：213

## （一）石　核

2件，占该文化层打制石制品的8.7%。包括双台面石核和多台面石核。

1. 双台面石核

1 件。

标本 T203③：2，灰黄色硅质岩。器身较扁平，近四边形。自然台面。在砾石的一侧和一端使用锐棱砸击法剥片，共打出两个较大的片疤。长 12.6、宽 8.1、厚 3.7 厘米，重720 克（图二〇六：2）。

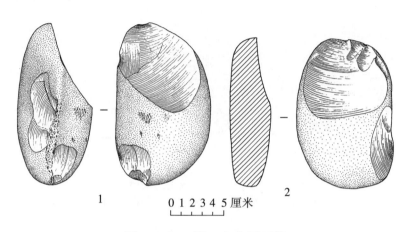

0 1 2 3 4 5 厘米

图二〇六　第三文化层石核
1. T103③：72　2. T203③：2

2. 多台面石核

1 件。

标本 T103③：72，灰褐色玄武岩。近椭圆形。沿砾石的两端和一侧使用锐棱砸击法剥片，核体可见一处较大的剥片和几处较小的剥片；自然台面，打击点宽大，放射线不甚清楚。器身的两个侧面零散分布有米粒大小的砸击疤痕，表明该石核曾作为砸击石锤使用过。长 14.4、宽 8.8、厚 7.0 厘米，重 114 克（图二〇六：1）。

## （二）石　片

9 件，占该文化层打制石制品的 17.39%。包括锤击石片和锐棱砸击石片。

1. 锤击石片

3 件。

标本 T104③：68，灰黑色硅质岩。器身近四边形。自然台面，台面较宽。打击点窄小；半锥体较平；放射线清晰可见；同心波不显。腹面平整，远端和两侧边缘锋利。背面保留完整砾石面。长 3.6、宽 4.0、厚 1.0 厘米，重 20 克，台面角 104°（图二〇七：3）。

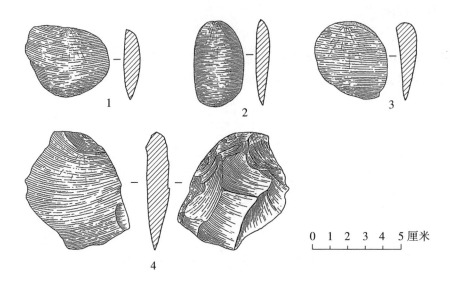

图二〇七　　第三文化层石片

1. T104③：88　2. T103③：35　3. T104③：68　4. T203③：12

标本 T203③：12，灰白色硅质岩。器身形状不规则。人工台面，台面较小。打击点窄小，不甚清楚；半锥体微凸；放射线清晰可见；同心波不显。器身遍布剥片留下的阴痕，片疤多较大，部分片疤尾部折断呈鳞状、陡坎或梯状。边缘薄锐锋利，有使用痕迹。长5.2、宽6.2、厚1.1厘米，重40克，台面角73°（图二〇七：4）。

2. 锐棱砸击石片

4 件。

标本 T104③：88，灰褐色细砂岩。器身近圆形。打击点宽大；放射线、半锥体和同心波不显。远端和右侧边缘锋利，无使用痕迹。背面保留有完整砾石面。宽大于长。长3.4、宽4.4、厚0.8厘米，重20克（图二〇七：1）。

标本 T103③：35，灰褐色细砂岩。器身近椭圆形。打击点较宽大；放射线、半锥体和同心波不显。腹面平整，远端边缘锋利，呈斜弧形。背面保留有完整砾石面。长大于宽。长4.5、宽2.6、厚0.7厘米，重15克（图二〇七：2）。

## （三）砍砸器

9 件，占该文化层打制石制品的39.13%。均用砾石加工而成，岩性有砂岩、火成岩和辉绿岩三种。单面加工，制作简单，器身大部分保留砾石面。器形包括单边刃砍砸器和双边刃砍砸器。

1. 单边刃砍砸器

5 件，在砾石的一端或一侧加工出一条刃。

标本 T104③：7，黄褐色辉绿岩。器身平面近似梯形，一面较平，一面微凸；一端较宽，一端较窄。在砾石宽大的一端由凸面向平面单面剥片形成刃缘，端刃加工面凹凸不平，片疤大小、深浅不一，刃部平整，刃缘经过修整，呈锯齿状。使用痕迹不明显。长 7.5、宽 7.2、厚 3.0 厘米，重 670 克，刃角 66°（图二〇八：1；图版五三，3）。

标本 T104③：51，青灰色火成岩。近三角形。利用砾石的边刃经多次剥片形成直刃，片疤多大而深凹，个别片疤远端因有节理而折断；刃缘形制规整，未经二次修整，未见使用痕迹。长 11.6、宽 9.5、厚 2.8 厘米，重 420 克，刃角 50°（图二〇八：2；彩版一八，3）。

标本 T104③：52，深灰色砂岩。平面近似四边形，一端较厚，一端较薄。在砾石较厚的侧边经多次剥片形成凸刃。单向加工，加工面较平缓，片疤较大而浅平，使用痕迹不明显。长 10.4、宽 8.6、厚 2.6 厘米，重 350 克，刃角 70°（图二〇八：3；图版五三，4）。

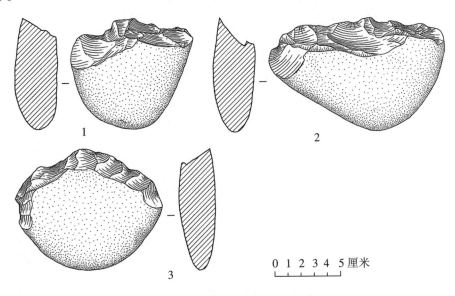

0 1 2 3 4 5 厘米

图二〇八　第三文化层单边刃砍砸器
1. T104③：7　2. T104③：51　3. T104③：52

2. 双边刃砍砸器

4 件，在砾石的一端和一侧加工出两条刃。

标本 T103③：4，青灰色火成岩。近三角形，器身厚重。沿砾石的一侧及一端分别双向剥片形成两个刃缘，片疤多大而深凹，长大于宽，长 2~4 厘米。侧刃和端刃均经过修整。两刃缘均没有明显的使用痕迹。长 15.0、宽 12.7、厚 5.4 厘米，重 1530 克，刃角 70°（图二〇九：1）。

标本 T104③：12，青灰色砂岩。近四边形。沿毛坯长边和短边经多次剥片分别打制出一直刃，刃面较陡直，经二次修整。刃缘处有少许因使用而形成的凹疤。长 8.4、宽 5.8、厚 3.3 厘米，重 340 克，侧刃角 60°（图二〇九：2；图版五三，5）。

标本 T206③：3，灰白色辉绿岩。器身略呈三角形，一面平坦，另一面微凸。在毛坯两边由凸面向平面剥片，一刃中间内凹，刃面不平；另一刃缘较为平直，刃面片疤较大。两刃均未经修整，无使用痕迹。长 8.3、宽 7.8、厚 3.1 厘米，重 350 克，刃角 65°~80°（图二〇九：3）。

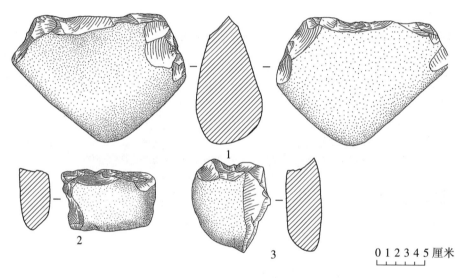

图二〇九　第三文化层双边刃砍砸器
1. T103③：4　2. T104③：12　3. T206③：3

## （四）尖状器

4 件，占该文化层打制石制品的 17.39%。均用砾石加工而成，岩性有砂岩和辉绿岩。大小差别不大，多数有使用痕迹。可分为舌尖尖状器和锐尖尖状器两种。

1. 舌尖尖状器

2 件，尖部呈舌状。

标本 T103③：2，浅黄色辉绿岩。平面近似梨形，两面较平整。在砾石的两侧加工出刃面和刃缘，两刃缘在相交处形成一尖刃。单面加工。右侧加工面较平，片疤多大而浅平，刃缘较平直，修整痕迹不明显，无使用痕迹。左侧加工面较平，片疤较大，刃面较平，刃缘经过修整，较平直，使用痕迹不明显。器物两侧加工较对称。长8.8、宽7.7、厚3.0厘米，重300克，刃角56°~75°，尖角85°（图二一〇：1；图版五三，6）。

标本T104③：54，青灰色细砂岩。近椭圆形。在砾石的两侧边经单面加工形成舌形尖刃，刃缘经二次修整，可见细碎的崩疤。器身另一端有3处砸击片疤。长12.0、宽8.4、厚3.3厘米，重460克，刃角63°~72°，尖角105°（图二一〇：2）。

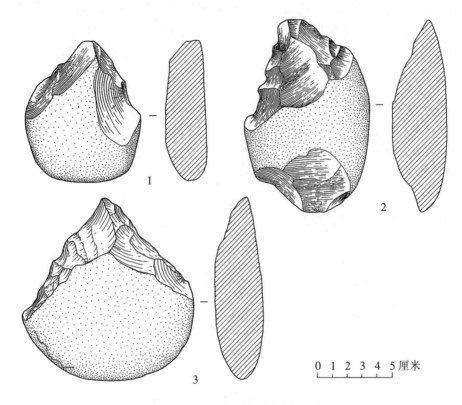

图二一〇 第三文化层尖状器
1. T103③：2 2. T104③：54 3. T414②：2

2. 锐尖尖状器

2件，尖部较尖、锐利。

标本T414②：2，红褐色砂岩。近半圆形，两面较平整。沿砾石的两侧边经多次单向剥片加工出两条直刃，两刃相交形成一尖刃。器身右侧加工面凹凸不平，片疤较浅平，刃缘中部有一片疤为新疤。左侧加工面凹凸不平，片疤大小、深浅不一，部分片疤尾端折断形成陡坎，刃面部分较平直，刃缘经过修整，呈锯齿状，有使用痕迹。两刃交汇处形成一条脊，尖刃略向左侧。长11.2、宽10.8、厚2.8厘米，重500克，刃角54°~78°，尖角

68°（图二一〇：3）。

## （五）刮削器

1件，占该文化层打制石制品的4.35%。

标本T203③：10，灰褐色硅质岩。以石片为毛坯。器身厚重，近四边形。腹面平整；背面凸起，保留大部分砾石面。在石片左侧和近端分别由背面向腹面剥片，加工出一凸刃，片疤多小而浅平，刃缘形制规整、薄锐锋利，未作修整，无使用痕迹。石片右侧经过修整。器形大，属于大型刮削器。长15.6、宽14.4、厚3.8厘米，重530克，刃角40°（图二一一：1）。

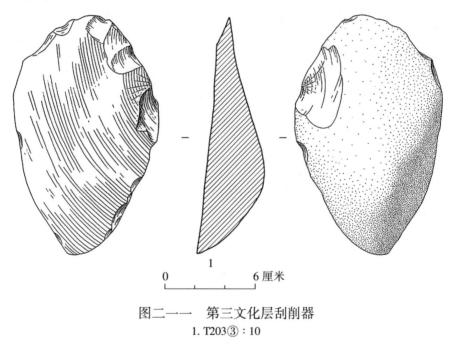

0                1                6厘米

图二一一  第三文化层刮削器
1. T203③：10

# 三  磨制石制品

52件，包括斧、锛、凿、切割器、研磨器等器类。其中，斧锛类最多，次为研磨器类，切割器类最少。

## （一）石  斧

5件，占该文化层磨制石制品的9.62%。包括石斧成品和半成品。

1. 石斧成品

1 件。

标本 T204②：120，灰色石英砂岩。局部加工。器身一面大部分经过磨制，仅在两侧各有一处打击疤痕，刃部磨得精致，已形成一个明显的刃面；另一面仅磨刃部，靠把端有一大而深凹的片疤，余为砾石面；两侧未经磨制。刃缘平直，刃口锋利，无使用痕迹。长9.7、宽4.4、厚1.6 厘米，重 105 克，刃角 52°（图二一二：4；图版五四，1）。

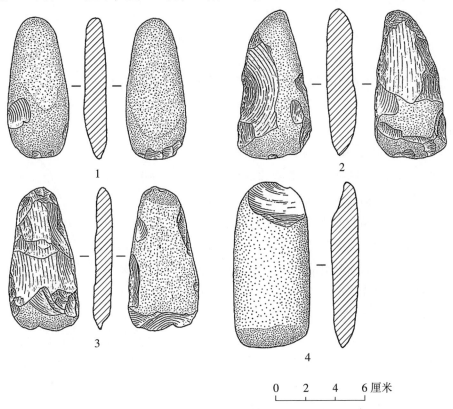

0　　2　　4　　6厘米

图二一二　第三文化层石斧成品和半成品
1. T104②：628　2. T205③：334　3. T104③：59　4. T204②：120

2. 石斧半成品

4 件，岩性有砂岩和硅质岩，以砂岩为主。已经过局部磨制，但尚未磨出刃口。

标本 T205③：334，灰色细砂岩。器身平面略呈三角形。一面两侧经过打制，中部和上部为破裂面，下部经过磨制，并已磨出刃面；另一面磨制主要在中下部，上部为砾石面，一侧半部为大而深凹的片疤面；两侧缘和把端几乎未磨；刃口已磨出一半。长 10.2、宽4.9、厚1.9 厘米，重 120 克（图二一二：2）。

标本 T104②：628，灰色细砂岩。器身平面近似长椭圆形。加工简单，一面下部经过磨制，刃面两侧各有一个打击疤痕，刃缘部位有少许修整小疤，余为砾石面；另一面刃部略经磨制，刃缘有修整的小片疤，其余全部为砾石面；刃口尚未磨出。长9.3、宽3.9、厚1.4厘米，重90克（图二一二：1）。

标本T104③：59，灰褐色硅质岩。器身扁平，略呈梯形。一面为片疤面，仅磨制刃部，磨制较精细；另一面大部分为砾石面，把端略经磨制；两侧及把端的大部分边缘经磨制，较平直；刃口尚未磨出。长9.1、宽4.2、厚0.9厘米，重60克（图二一二：3）。

## （二）石 锛

6件，占该文化层磨制石制品的11.54%。包括石斧成品和半成品。

1. 石锛成品

1件。

标本T204②：110，灰褐色细砂岩。器身平面略呈腰形。把端较窄，刃端稍宽，器身一面稍平整，另一面微隆起。平整面除近刃端处见有两个打击片疤外，其余部分均保留自然砾面；隆起面除近刃端处有部分光滑磨面外，其余均为自然砾石面；两侧和把端均未经修整，为自然砾石面；刃部一面经较多磨制，已磨出较多光滑的刃面；另一面则经精心磨制，已磨出光滑的刃面；刃缘齐整，刃口锋利，略呈弧凸状。长9.1、宽3.8、厚1.9厘米，重90克，刃角50°（图二一三：1；图版五四，2）。

2. 石锛半成品

5件，岩性有砂岩、硅质岩和长石岩。器身平面略呈梯形，大部分经过加工，局部经过磨制，但刃口尚未磨好。

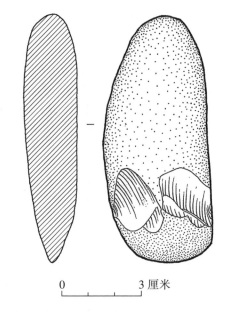

图二一三　第三文化层石锛成品
1. T204②：110

标本T204②：124，灰色细砂岩。通体加工。一面的中部和刃部均经过磨制，已形成光滑的磨面，两侧为深凹的打击疤痕；另一面的磨制主要在下部，上部和中部基本上是打击片疤面；把端和两侧缘未经磨制；刃部磨得较多，已磨出部分刃口。长8.2、宽5.3、厚1.8厘米，重100克（图二一四：1）。

标本T205③：20，灰黑色硅质岩。器身一面扁平，另一面较凸。扁平面未经磨制，全为片疤面；凸起面下部和刃端部位经过磨制，余为打击疤痕；两侧缘未经磨制；刃口尚未磨出。长6.2、宽2.7、厚1.3厘米，重45克（图二一四：2）。

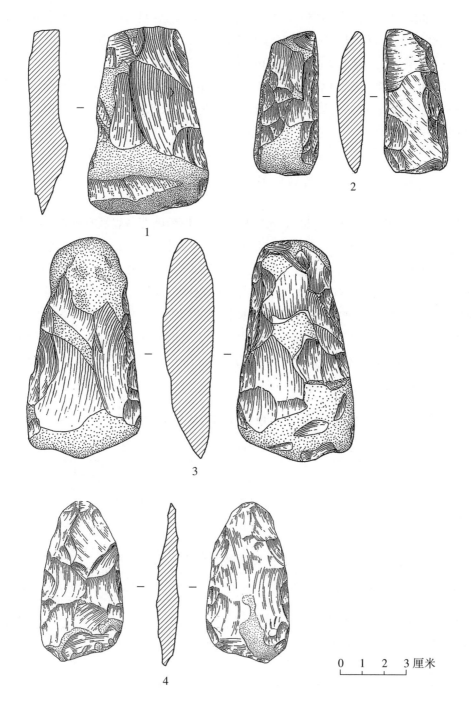

0 1 2 3厘米

图二一四 第三文化层石锛半成品
1. T204②：124 2. T205③：20 3. T204②：119 4. T204②：118

标本 T204②：119，灰色硅质岩。器身一面上下两端磨得较多，中部和下部有打击疤痕；另一面磨制较少，除刃部外，大部分为打击疤痕；把端及两侧边略经磨制；刃口尚未磨好。长 9.9、宽 5.1、厚 1.9 厘米，重 102 克（图二一四：3）。

标本 T204②：118，灰白色长石岩，略呈长三角形。通体经过打制，器身较平整。磨制仅限于刃部的两面，可见少许磨面；刃口尚未磨出。长 8.8、宽 4.7、厚 1.1 厘米，重 70 克（图二一四：4）。

# （三）斧（锛）毛坯

14 件，占该文化层磨制石制品的 26.92%。原料均为砾石，岩性有砂岩、硅质岩和辉绿岩三种，以砂岩为主，次为硅质岩，辉绿岩最少（表七二）。大小差别不大，一般长约 10、宽 5、厚 2 厘米，重 190 克（表七三）。器身平面形状有梯形和扁长形两种，其中梯形较多（8 件），扁长形较少（6 件）。器身经过不同程度的加工，一般而言，器身呈梯形的标本加工较多，端部和两侧均经过剥片；而扁长形的标本加工主要在端部。部分标本除经过剥片外，还经琢打，琢打部位主要在器身两侧。不见通体加工的标本。从形状和加工的程度看，多数标本已有刃端和把端之分，但刃面尚未完全形成，以至于无法判断是斧还是锛的毛坯。根据器身的形状，可分为两型。

表七二　第三文化层斧（锛）毛坯岩性统计表

| 类别 | 砂岩 | 硅质岩 | 辉绿岩 | 合计 |
|---|---|---|---|---|
| 数量 | 7 | 5 | 2 | 14 |
| % | 50 | 35.71 | 14.29 | 100 |

表七三　第三文化层斧（锛）测量性统计表（尺寸：厘米；重：克）

| 类别 | 长 | 宽 | 厚 | 重 |
|---|---|---|---|---|
| 最大值 | 12.6 | 6.5 | 2.9 | 310 |
| 最小值 | 8.3 | 3.6 | 1.5 | 90 |
| 平均值 | 10.8 | 5.1 | 2.0 | 191 |

A 型

8 件，平面略呈梯形。多数标本的器身经过加工，但仍保留较多的砾石面。

标本 T104③：1，深灰色硅质岩。几乎通体加工，器身两面布满凹凸不平的片疤，仅在背面下半部保留部分自然砾石面。片疤多较大，其中一面两侧的片疤于中间形成一条纵向的凸棱；两侧和把端边缘平直，经修整，刃端已加工出刃面和刃缘，但刃缘部分残缺。长11.9、宽6.2、厚2.9厘米，重230克（图二一五：1）。

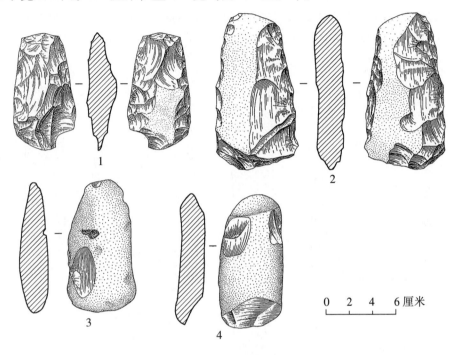

0　2　4　6厘米

图二一五　第三文化层的斧（锛）毛坯（一）

1. T104③：1　2. T104③：56　3. T203③：57　4. T414②：18

标本T104③：56，灰白色硅质岩。器身大部分经过加工，两面的片疤大而浅平；两侧较平直，均经过砸击和琢打；刃部经过较多的打击，但尚未形成完整的刃面和刃缘；把端未经加工。长11.6、宽5.8、厚2.1厘米，重270克（图二一五：2；图版五四，3）。

标本T203③：57，灰黄色粉砂岩。器身两面保留较多的砾石面，似经部分磨制，但由于原料差，磨痕不明显。其中一面有一大片疤，长2、宽4厘米。两侧及把端有较多的砸击凹疤。刃端圆钝，较平直。长10.8、宽5.6、厚2.5厘米，重180克（图二一五：3）。

标本T414②：18，黄褐色细砂岩。器身一面较平，另一面弧凹。在较宽端单面剥片，初步打出一个刃面；在近较窄端两侧也经过初步打击，加工均在一面。长11.0、宽5.3、厚2.3厘米，重240克（图二一五：4）。

B型

6件，平面呈扁长形。加工基本上在器身的一端，其余部位保留砾石面。

　　标本 T104③：508，灰褐色细砂岩。一端稍窄，另一端较宽。在较宽端和两侧下半部单面剥片，初步形成一道弧凸刃，刃端左半有连续较小的片疤，大多宽大于长，右半部片疤较大。长 12.0、宽 5.3、厚 2.0 厘米，重 190 克（图二一六：1；图版五四，4）。

　　标本 T204②：121，灰色细砂岩。砾石一端经单面打片，有一个长 4、宽 3.5 厘米的平整片疤。另一端及一侧长边有少许细小的砸击凹疤。长 11.1、宽 4.2、厚 1.5 厘米，重

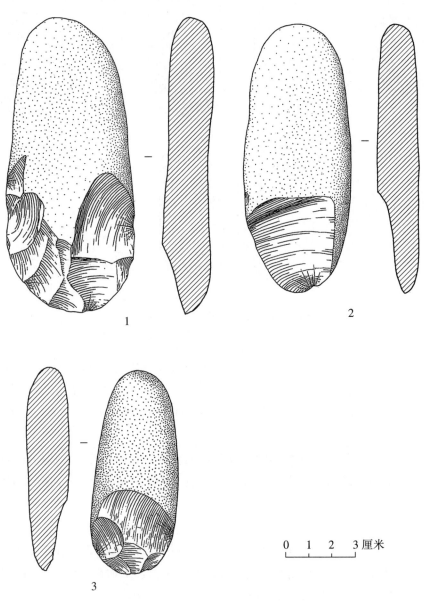

0　1　2　3厘米

图二一六　第三文化层的斧（锛）毛坯（二）
1. T104③：508　2. T204②：121　3. T104③：57

130 克（图二一六：2）。

标本 T104③：57，灰褐色辉绿岩。一端稍窄，另一端略宽。在略宽端单面剥片，初步打出一道弧凸刃，刃面片疤较小而略凹。长 8.4、宽 3.6、厚 1.8 厘米，重 90 克（图二一六：3）。

## （四）石　凿

8 件，占该文化层磨制石制品的 15.38%。包括半成品、毛坯和残品。

1. 石凿半成品

1 件。

标本 T516②：6，深灰色细砂岩。长条形，厚重，两面较平。两面均有局部加工，其中一面的加工位于一端和两侧，端部已经过磨制，器身一侧有几个片疤，片疤不连续，处于器身的两端，另一侧边经过琢打但未磨制；另一面加工集中于一端和一侧，端部加工较平，片疤较大，未经琢打和磨制，一侧可见几个片疤，经琢打但未磨制。长 19.6、宽 6.1、厚 3.5 厘米，重 740 克（图二一七：2；图版五四，5）。

2. 石凿毛坯

3 件。原料均为砂岩砾石，加工限于器身的一端。有的标本还兼作石锤使用。

标本 T206③：9，灰黑色细砂岩。长条形。在一端向两面连续剥片，端面因受力较多稍平整；一面为两个较大的片疤和一个小片疤；另一面片疤较小。把端呈弧凸状，端面有点状疤痕形成的较小砸击面；一侧上半部有米粒大小疤痕，连成一片，应为兼作石锤使用所致。长 15.8、宽 5.9、厚 3.0 厘米，重 460 克（图二一七：1）。

标本 T204②：31，深灰色细砂岩。扁长形，两面均较平。在砾石的一端单面剥片，已初步形成一个刃面。片疤大而浅平。长 7.2、宽 2.5、厚 1.0 厘米，重 25 克（图二一七：5）。

3. 石凿残品

4 件，均为凹刃石凿成品残品，为器身中部或下部（刃端部分）。

标本 T204②：99，深灰色细砂岩。残留部分属于凹刃石凿成品器身的中段，粗大厚重，截面近圆形。通体磨制，其中一面的一端可见一较小的片疤。两端的断裂面均完整，其中一端较平整，斜向一侧，可见打击点和放射线；另一端明显内凹。从两端的断裂面看，应是受重力砸击而断裂。残长 9.3、宽 5.3、厚 4.5 厘米（图二一七：3）。

标本 T102③：2，红褐色细砂岩。残留部分属于凹刃石凿成品器身的中下段，较厚重，上端截面呈椭圆形。一面上端扁平，往下渐凹，逐渐形成一个弧凹面。上端断裂面

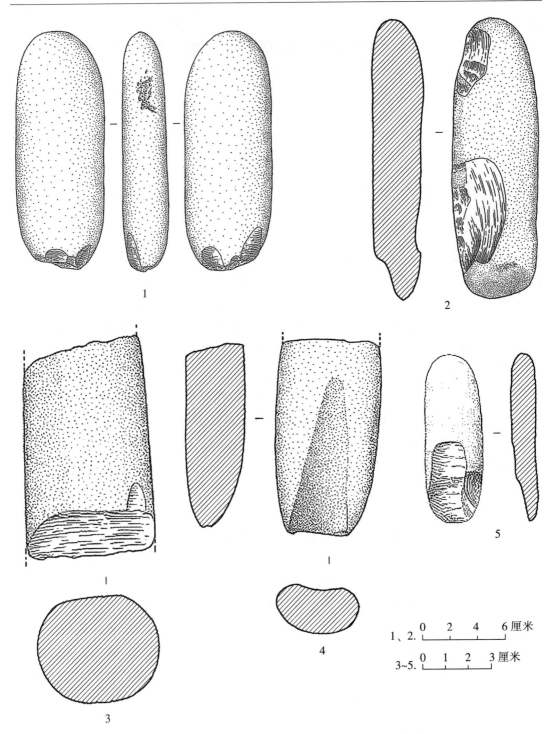

图二一七　第三文化层石凿毛坯、半成品和残品

1. T206③：9　2. T516②：6　3. T204②：99　4. T102③：2　5. T204②：31

平整，可见清楚的打击点和放射线；下端经过多次横向打击，形成了几个大小不同的片疤。器身一侧经过琢打但未磨制。残长8.5、宽4.7、厚2.8厘米（图二一七：4；图版五四，6）。

## （五）切割器

2件，占该文化层磨制石制品的3.85%。

1. 切割器半成品

1件。

标本 T203③：19，灰色细砂岩。器身扁薄，平面略呈三角形。一面为岩石的节理面，加工主要在一侧和一端，可见连续的打击片疤，未经磨制；另一面为破裂面，把端部位有较多的打击疤痕，仅在刃缘和靠刃部一侧略经磨制；刃口已磨出一半。长8.9、宽4.3、厚0.9厘米，重50克（图二一八：1）。

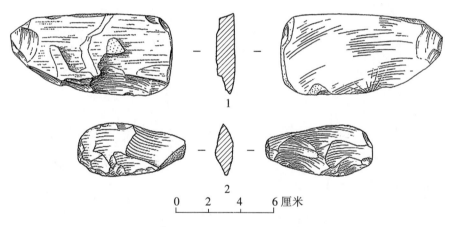

图二一八　第三文化层切割器
1. T203③：19　2. T516②：19

2. 切割器毛坯

1件。

标本 T516②：19，灰色细砂岩。器身细小，平面略呈三角形。除靠把端一侧保留一块砾石面外，几乎通体剥片。一侧和部分端刃边缘锋利。长6.3、宽3.0、厚1.0厘米，重25克（图二一八：2）。

## （六）研磨器

17件，占该文化层磨制石制品的32.69%。包括成品、半成品、毛坯和残品。

1. 研磨器成品

8件，多是利用长条形砾石截取一段制作而成，岩性有砂岩和辉绿岩两种。加工不够精致。大小差别不大，高最大值13.2、最小值6.7、平均值11.0厘米；径最大值8.6、最小值5.1、平均值6.1厘米；重最大值480、最小值230、平均值320克。类型较少，只有柱形、锥形和印章形三种，其中大部分为柱形，锥形和印章形各只有1件。

（1）柱形

6件，器身未经过加工，有的标本还兼作石锤使用。

标本T206③：3，灰色细砂岩。器身细长。通体磨制，表面较光滑。研磨面弧凸，边缘有细点状琢疤，也有小崩疤向一面崩裂。器身一面中部有一个较明显的砸击圆窝，边缘有片状砸疤；另一面大部分为平滑的磨面。从疤痕特征看，该标本可能还兼作石锤使用。长18.5、最大径4.0厘米，重550克（图二一九：1）。

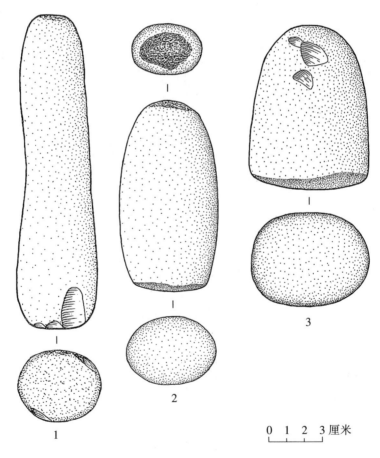

图二一九　第三文化层柱形研磨器
1. T206③：3　2. T204②：57　3. T206③：2

标本 T204②：57，灰色细砂岩。体较扁，最大径在器身中部。系利用长条形砾石截取一段制作而成。器身未经过加工，全部为砾石面；上端有一琢击疤痕面；研磨面平整，有细点状疤痕，边缘有三个明显的崩疤。从疤痕特征看，该标本可能还兼作石锤使用。长11.3、最大径6.0厘米，重440克（图二一九：2）。

标本 T206③：2，灰色细砂岩。体较扁。系利用长条形砾石截取一段制作而成。器身未经加工，有少量砸击疤痕，其中一面上部有浅小的崩疤。研磨面光滑，略弧凸。长9.9、最大径6.7厘米，重480克（图二一九：3；图版五五，1）。

（2）锥形

1 件。

标本 T204②：77，深灰色细砂岩。器身一侧裂去一小部分。系利用长条形砾石截取一段制作而成。部分器身经过琢打，但未经磨制，余为砾石面。研磨面平整，比较光滑。长11.7、最大径6.4厘米，重480克（图二二〇：1）。

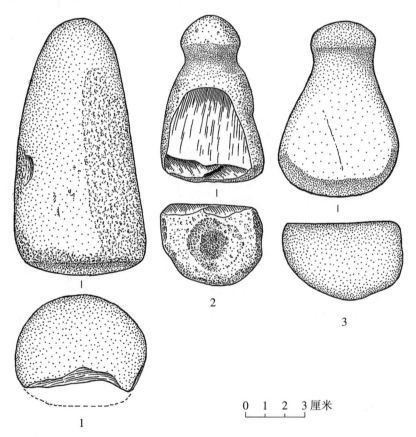

图二二〇　第三文化层研磨器
1. T204②：77　2. T204②：114　3. T206③：1

（3）印章形

2 件，通体加工，器身有作为石锤使用的痕迹。

标本 T204②：114，深灰色细砂岩。器身一侧有一小部分崩裂。上小下大，缩颈，把端呈蘑菇形。通体加工，先琢打后磨制，但仍隐约可见满身琢打的疤痕。颈部凹槽光滑。研磨面内凹，磨制不明显。该标本比较特别，颈部有一明显凹槽，且凹槽特别光滑，像是绳索摩擦所致；另外，作为研磨面的底部不像其他研磨器那样平整光滑。我们曾怀疑是石祖，但不典型，且仅此一件，故仍归入研磨器。长 8.5、最大径 5.3 厘米，重 260 克（图二二〇：2；彩版一八，4）。

标本 T206③：1，灰褐色细砂岩。通体加工，器身经过磨制，一面较平，因此磨面不是圆形。器身中部有一处点状的疤痕面，表明该标本还兼作石锤使用。长高 8.7、最大径 6.0 厘米，重 280 克（图二二〇：3；图版五五，2）。

2. 研磨器半成品

1 件。

标本 T206③：116，灰褐色细砂岩。器身呈长条形，横截面近圆形。系利用长条形砾石截取一段制作而成。磨面一端大部分较平整，经琢打，有磨制痕迹，其余部位较凹，边缘有小崩疤，绝大部分向一面崩裂。把端为较平的砸击面，疤痕呈粗点状，边缘有两个小崩疤；器身其余部位几乎均有砸击疤痕，疤痕呈米粒大小。从加工部位和器身疤痕看，该标本应为研磨器半成品，同时兼作石锤使用。长 12.3、底径 4.1 厘米，重 310 克（图二二二：4）。

3. 研磨器毛坯

3 件，原料为砂岩和辉绿岩砾石，器身未经加工。

标本 T204②：94，灰褐色辉绿岩。器身近扁柱形，横截面近椭圆形。系利用长条形

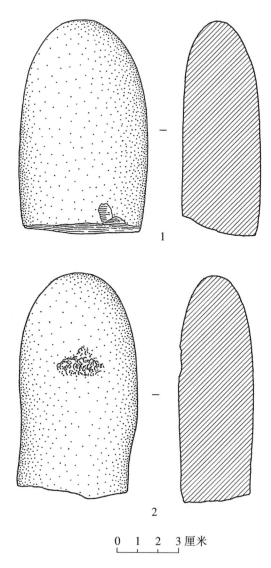

图二二一　第三文化层研磨器毛坯
1. T204②：94　2. T204②：95

砾石截取一段制作而成。器身未经加工，全部为自然面；磨面较平整，大部分经琢打，边缘有小崩疤，未经磨制。长 9.5、底径 5.3 厘米，重 320 克（图二二一：1）。

标本 T204②：95，灰褐色砂岩砾石。器身近扁柱形，横截面近椭圆形。系利用长条形砾石截取一段制作而成。器身未经加工，全部为自然面；磨面一端不平整，未经琢打和磨制。一面中部有一个较小的砸击凹坑，可能为兼作石砧使用所致。长 10.0、底径 5.3 厘米，重 280 克（图二二一：2）。

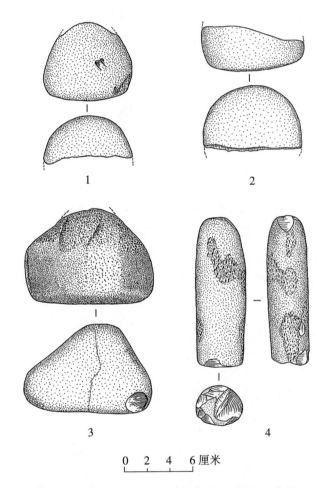

图二二二　第三文化层研磨器半成品和残品
1. T205③：125　2. T205③：111　3. T205③：197　4. T206③：116

4. 研磨器残品

5 件，残留部分基本上是器身部分或器底部分，不见把端残品。从残留部分看，基本上都是成品的残品。

标本 T205③：125，残留部分为器身中下部近一半。深灰色细砂岩。器身经过琢打和磨制。研磨面平整、光滑。从残留部分看，该标本制作精致、规整，应为成品的残品。残长6.7、残宽8.7厘米，重270克（图二二二：1）

标本T205③：111，残留部分为器身下部。深灰色细砂岩。器身磨制光滑，但仍隐约看见琢打的疤痕。研磨面平整、光滑。从残留部分看，该标本制作非常精致、规整，可能是印章形研磨器的残品。残长4.1、残宽8.5厘米，重350克（图二二二：2）

标本T205③：197，灰色细砂岩。残，把端缺失，器身一面为岩石破裂面。从残留的部分看，原料是近三角形的砾石。加工主要在器身的上部和下部的三个突出的边棱施以琢打，其余部位未作加工。研磨面平整、光滑，一角有一块崩疤。残长7.5、最大宽10.0厘米，重750克（图二二二：3）。

# （七）其　他

### 1. 石璜毛坯

1件。

标本T206③：22，原料为灰褐色细砂岩砾石。器身近半环状。一侧呈弧拱形，为完整的砾石面；另一侧弧凹，表面较粗糙，有较多琢打痕迹，初步形成毛坯，边缘有较多崩疤，以一面居多，其中一个较大，破裂面为平整的节理面，其余疤痕多为细长状。两端呈弧凸状，端面有点状琢打疤痕。长9.2、宽4.3、厚3.8厘米，重180克（图二二三；图版五五，3）。

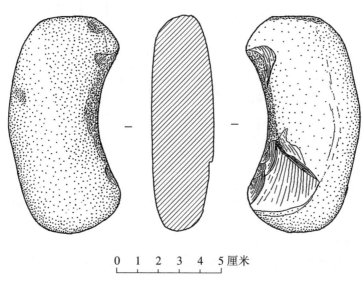

0　1　2　3　4　5厘米

图二二三　第三文化层石璜

1. T206③：22

2. 石拍

1 件。

标本 T102③：4，残品。褐色细砂岩。器身形状呈四边形，上端略窄，下端略宽。拍面为长方形，布满网格形沟槽，横槽 7 条，槽间距最宽 0.55、最窄 0.3 厘米；竖槽残留 11 条，槽间距最宽 0.65、最窄 0.25 厘米；沟槽深约 0.1 厘米。横竖槽大致垂直相交。沟槽切割而成，两面对切，因此沟槽横截面呈 V 字形。拍面有明显的磨蚀痕迹，应经过较长时间使用的结果。拍面与器身两侧相交处为圆钝的边缘。器身的腰部两面均有一条凹槽，作装柄之用。柄槽最宽处约 2 厘米、深 0.4 厘米；槽面大部分光滑，明显是使用时柄与石拍相互磨擦所致。器身虽然经过磨制，但仍保留有许多琢打的疤痕，这些琢打疤痕主要分布在器身的上半部（柄槽之上），而柄槽之下的器身两侧大多为光滑的磨面。疤痕多为绿豆大小，深约 0.1 厘米。器身的一端为断裂面。从柄槽向侧边倾斜的弧度及靠拍面的器身两侧的磨制特征看，石拍大约缺失四分之一。残长 6.7、厚 3.9、高为 9 厘米，重 380 克（图二二四，1；彩版一八，5；图版五五，4）。

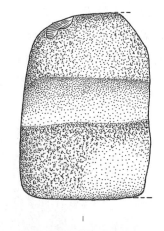

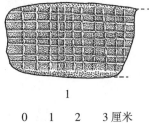

图二二四　第三文化层石拍
1. T102③：4

# 四　陶制品

第三文化层发现的陶片不多，总共 47 件，发现于 T104、T204、T414 等三个探方，分布比较集中。无完整器，均为陶片，且比较破碎，多为几厘米大小，且口沿部位的陶片少，多为腹片，无法复原。

从陶片的陶质看，均为夹砂陶，无泥质陶。夹砂通常为粗细不等的沙质颗粒，沙粒径以 0.2～0.3 厘米居多，最大粒径达 0.4 厘米。从器表颜色看有红陶、红褐陶、灰褐陶三种，三者所占的比例分别为 29%、48%、23%。绝大多数陶片施有纹饰，素面者仅占 14%（通常为红陶器物的口沿或颈部），而有纹饰者达 86%。纹饰只有绳纹一种，分粗绳纹（宽度达 0.25 厘米以上）、中绳纹（宽度为 0.15～0.25 厘米之间）和细绳纹（宽度 0.15 厘米以下）（图二二五）三种，以中绳纹最多，次为细绳纹，粗绳纹最少；绳纹比较规整，大部分呈竖向布施，也有少量交错施纹现象；纹饰除粗绳纹印痕较深外，中绳纹和细绳纹印痕均较浅。陶片胎的厚度在 0.1～1 厘米之间，以0.5厘米左右居多。均为手制，有的陶片内壁可见手制按窝痕迹。从陶片观察，器形均为圜底的釜罐类，不见圈足器和三足器。从口沿和颈部来看，多为侈口，沿略卷，圆唇或尖唇，短颈。由于陶片少，且很破碎，无法进行考古学上的型式划分，这里仅对较大的和有代表性的陶片进行介绍。

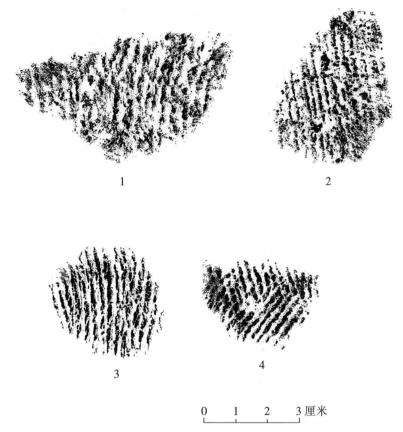

0　　1　　2　　3厘米

图二二五　纹饰拓片
1. T104③：39　2. T104③：102　3. T104③：137　4. T204②：161

1. 口沿部分

4件，占该文化层陶制品的8.51%。

标本T414②：20，为口沿残片。侈口，尖唇。红陶，夹砂，粒径约0.2~0.3厘米。素面。主要部分的胎厚0.4厘米（图二二七：5；彩版一九，2）。

标本T414②：13，为口沿残片。侈口，尖唇。器表主要为红色（内壁红色，外壁红灰相间）。夹砂，粒径约0.2厘米。素面。主要部分的胎厚0.5厘米（图二二七：6；彩版一九，1）。

标本T414②：23，为口沿残片。直口，平唇。红陶，夹砂，粒径约0.1~0.2厘米。器表饰细绳纹，绳纹较浅。胎上薄下厚，厚0.1~0.4厘米。从残片看，器型小，可能是陶杯一类的器物（图二二七：7）。

2. 肩腹部分

43 件，占该文化层陶制品的 91.49%。

标本 T104③：102，为腹部残片。红褐陶，夹石英粗砂，砂粒径达 0.4 厘米。器表饰中绳纹，粗约 0.25 厘米。胎较厚，厚 1 厘米（图二二六：1）。

标本 T104③：62，为腹部残片。红褐陶，夹砂，砂粒较粗，粒径约 0.3 厘米。器表饰中绳纹，绳纹印痕较浅，粗约 0.25 厘米。胎厚 0.8 厘米。从残片看，器型较大（图二二六：2；图版五五，5b）。

标本 T204②：161，为腹部残片。红褐陶，夹砂，砂粒较细，粒径达约 0.1~0.2 厘米。器表饰细绳纹，绳纹印痕较深，粗约 0.15 厘米，纹饰交错布施。胎厚 0.4 厘米。从残片看，器型较小（图二二六：3）。

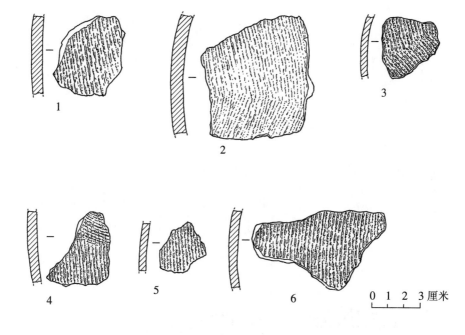

图二二六　第三文化层陶片（一）

1. T104③：102　2. T104③：62　3. T204②：161　4. T104③：75　5. T104③：161　6. T104③：39

标本 T104③：75，为腹部残片。红褐陶，夹砂，砂粒粗细不均，粒径达约 0.2~0.4 厘米。器表饰中绳纹，绳纹印痕较浅，粗约 0.25 厘米，纹饰交错布施。火候较高。胎厚 0.7 厘米（图二二六：4；图版五五，5d）。

标本 T104③：161，为腹部残片。灰陶，夹砂，砂粒大小不均，粒径约 0.1~0.3 厘米。器表饰细绳纹，粗约 0.2 厘米。胎结构较为紧密，火候较高，胎厚 0.6 厘米（图二二六：5）。

标本 T104③：39，为腹部残片。红褐陶，夹砂，砂粒较粗，粒径约 0.3 厘米。器表饰中绳纹，粗约 0.25 厘米。胎厚 0.6 厘米。从残片看，器型较大（图二二六：6；图版五五，5a）。

标本 T204②：80，为颈部残片。红陶，夹细砂，粒径约 0.1 厘米。素面。胎内壁有一

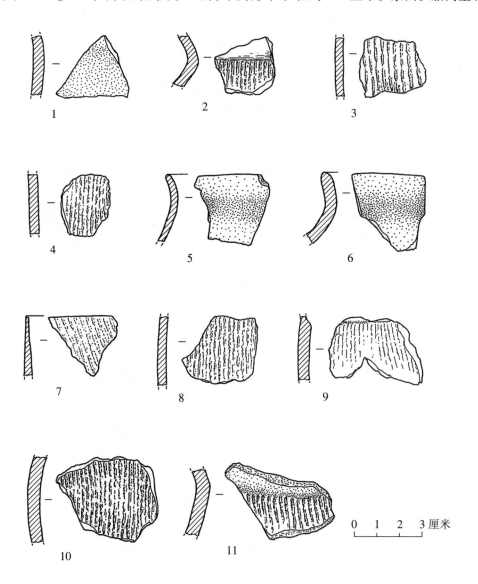

图二二七　第三文化层陶片（二）

1. T204②：80　2. T414②：11　3. T204②：107　4. T204②：175　5. T414②：20　6. T414②：13
7. T414②：23　8. T414②：18　9. T204②：129　10. T104③：137　11. T104③：93

浅窝，应为手制印痕。胎厚 0.4 厘米（图二二七：1）。

标本 T414②：11，为颈肩部残片。红褐陶，夹粗砂，粒径约 0.4 厘米。颈部素面，肩部施绳纹，绳纹较粗，粗约 0.3 厘米。胎厚 0.6 厘米（图二二七：2；彩版一九，3）。

标本 T204②：107，为腹部残片。红褐陶，夹细砂，粒径约 0.1～0.2 厘米。器表饰中绳纹，绳纹较浅。胎厚薄不均，内壁有浅窝，应为手制印痕，厚 0.3～0.4 厘米（图二二七：3）。

标本 T204②：175，为腹部残片。灰褐陶，夹细砂，粒径约 0.1～0.2 厘米。器表饰细绳纹，绳纹较密而浅。胎厚 0.4 厘米（图二二七：4）。

标本 T414②：18，为颈腹部残片。灰褐陶，夹细砂，粒径约 0.1 厘米。器表施绳纹，绳纹较粗浅，粗约 0.3 厘米。胎厚 0.4 厘米（图二二七：8）。

标本 T204②：129，为肩部残片。灰陶，夹细砂，粒径约 0.1～0.2 厘米。器表饰细绳纹，绳纹较密而浅。胎厚 0.5 厘米（图二二七：9；图版五五，5e）。

标本 T104③：137，为腹部残片。灰陶，夹砂，沙粒较均匀，粒径约 0.2 厘米。器表饰中细绳纹，绳纹较密，粗约 0.2～0.25 厘米。胎厚 0.6 厘米（图二二七：10；图版五五，5c）。

标本 T104③：93，为颈肩部残片。红褐陶，夹细砂，粒径约 0.1～0.2 厘米。颈部素面，肩部施绳纹，绳纹较深，粗约 0.2 厘米。胎厚 0.6 厘米（图二二七：11；彩版一九，4）。

# 第四节　第四文化层

第四文化层的遗物未进行分类统计，只挑选其中部分标本按类别介绍如下。

## 一　加工工具

### （一）石　锤

1. 砸击石锤

标本 T715②：69，灰褐色火成岩。器身近梯形。使用部位为两端，较窄端砸击面较平整，疤痕呈粗麻点状或米粒状，边缘有零星小片疤向两面崩裂；较宽端砸击面稍窄长，边缘全部为片疤，向两面崩裂，片疤多较大而浅平，大部分片尾折断形成陡坎，部分片疤至器身中部。长 9.6、宽 7.5、厚 4.3 厘米，重 500 克（图二二八：2）。

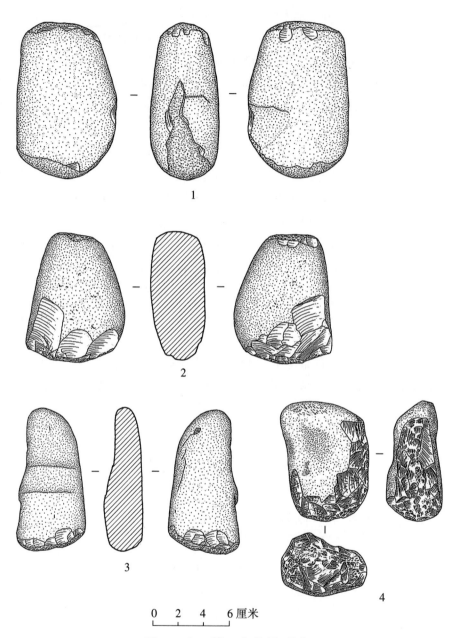

0　2　4　6厘米

图二二八　第四文化层石锤
1. T615②：5　2. T715②：69　3. T712②：26　4. T711②：27

标本 T712②：6，褐色硅质岩。器身扁长，略呈长三角形。一端较窄薄；另一端较宽厚。使用部位为较宽厚端，砸击面微弧，平面近长方形，疤痕呈鳞状。其余部位无使用痕迹。长11.4、宽5.8、厚3.1厘米，重270克（图二二八：3）。

标本 T711②：27，黄白色硅质岩。器身近四边形，两面均凹凸不平。使用部位为一端和一侧，砸击面不平整，密密麻麻全部为崩疤，崩疤层层叠叠呈鳞状或为小片疤。长9.4、宽6.2、厚4.1厘米，重350克（图二二八：4）。

2. 琢击石锤

标本 T615②：5，浅灰色细砂岩。器身厚重，近四边形。使用部位主要为两端，稍窄端砸击面微弧，疤痕呈点状，边缘有较多向两面崩裂的小崩疤；较宽端砸击面呈弧凸状，点状疤痕，边缘有小崩疤；一侧近较宽端处有砸击疤痕，与较宽端砸击面连在一起。两端琢击面均由两个界限较明显的平面组成。长11.6、宽7.6、厚5.4厘米，重810克（图二二八：1）。

## （二）石　砧

标本 T306①：1，灰褐色细砂岩。器身一面中间有一个圆窝状坑疤，径2厘米，深0.3厘米，其四周分布有部分米粒大小坑疤；另一面中间有两个圆窝状坑疤，径1~2厘米，深0.1~0.3厘米，四周分布有部分细点状坑疤；其余部分均保留自然面。长14.8、宽11.1、厚7.4厘米，重1600克（图版五六，1）。

## （三）砺　石

标本 T104①：19，灰色细砂岩。器身扁薄，近四边形，一侧较平直，另一侧中部内凹。除一端为断裂面外，其余部位均有磨制痕迹。两面均在器身上半部和较直侧有较多平

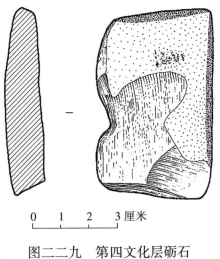

0　1　2　3厘米

图二二九　第四文化层砺石
1. T104①：19

整磨面，但不甚光滑，约占器身的一半，余为疤痕面；一端有两道较窄的磨面，均长3.2、宽0.4厘米，相交成一凸棱；较直侧为平整磨面，较光滑，长6、宽1.1厘米；内凹侧近一端处有少许磨面；器身一面的上半部有一处长1.8、宽0.8厘米的砸击面，位于磨面内，疤痕为粗点状，可能兼作石砧使用所致。长6.7、宽4.3、厚1.5厘米，重60克（图二二九：1）。

# 二　打制石制品

## （一）　砍砸器

原料几乎都是砾石，个别为大石片。岩性有砂岩和辉绿岩两种，前者占绝大多数，后者数量较少。大多数为单面加工，制作简单，器身保留大部分砾石面。刃缘经过修整，部分标本的刃缘有使用痕迹。个别标本的器身或把端有砸击疤痕，表明还兼作石锤使用。根据刃部特征，可分为双边刃砍砸器、盘状砍砸器和尖状砍砸器。

1. 单边刃砍砸器

Ⅰ式　单边凸刃。

标本T401②：2，浅黄色砂岩。一面微凹，一面凸起。在砾石一侧和两端由凸面向凹面剥片，加工出一宽弧刃。单面加工，片疤部分层叠，大小深浅不一，部分片疤在尾部折断形成陡坎。刃缘经过修整，使用痕迹不明显。长10.8、宽4.5、厚3.5厘米，重220克，刃角72°（图二三〇：2）。

标本T412②：10，深灰色砂岩。两面均凸起，器身平面近似椭圆形，较厚。在砾石的一侧进行多次剥片，加工出一凸刃。单面加工，片疤层叠，片疤大小、深浅不一，部分片疤在尾部折断形成陡坎，刃面较平，刃缘经过修整，略呈锯齿状，无使用痕迹。长7.9、宽5.9、厚4.2厘米，重220克，刃角64°（图二三〇：1）。

标本T508②：85，深灰色砂岩。一面较凹，一面凸起。砾石两面各有一个旧的打击片疤，疤缘已磨圆，可能是早期的人工制品经过搬运后被当做原料使用。从砾石较凹面向凸面加工，在砾石一端和一侧上部单向打制出一宽弧刃。刃缘略呈锯齿状，部分经过修整，使用痕迹不明显。长8.8、宽5.9、厚2.8厘米，重190克，刃角67°（图二三〇：3；图版五六，2）。

Ⅱ式　单边直刃。

标本T715③：20，黄褐色辉绿岩。在砾石的一侧单面剥片，加工出一直刃。加工面较平，疤痕较少，大且浅。刃面较平缓，刃缘较直，很少修整，使用痕迹不明显。砾石另一

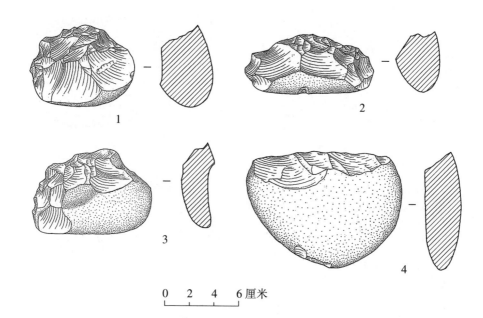

图二三〇　第四文化层出土的单边刃砍砸器
1. T412②：10　2. T401②：2　3. T508②：85　4. T715③：20

侧中部有一些坑疤，应该是作为石锤使用时留下的砸击疤痕。长12.0、宽8.2、厚2.6厘米，重410克，刃角65°（图二三〇：4）。

2. 双边刃砍砸器

I式　双直刃。

标本T715②：8，黄褐色砂岩。器身平面略呈四边形，一面较平，一面微凸。由砾石较凸的一面向较平的一面单向打击，在一侧和一端加工出刃面和刃缘。侧刃呈锯齿状，未修整，无使用痕迹；端刃经过较多修整，刃缘平直，使用痕迹不明显。器身另一侧布满砸击坑疤，应该是兼作石锤使用所致。长9.8、宽7.9、厚3.0厘米，重350克，刃角75°（图二三一：1）。

标本T302②：6，灰色辉绿岩。器身厚重，平面略呈三角形。由宽大一面向小的一面打击，在一侧和一端分别加工出侧刃和端刃。侧刃较长，端刃较短。片疤不大，部分片疤尾部折断。加工面较陡。长8.9、宽6.6、厚3.9厘米，重320克，刃角58°~70°（图二三一：8）。

标本T102②：2，红褐色砂岩。器身平面近似四边形，一面有一大而平整的片疤，约占器身四分之三的面积。沿砾石的一侧和一端加工出刃面和刃缘。单面加工。侧刃略经修整，刃缘呈锯齿状，无使用痕迹；端刃经过修整，刃缘无使用痕迹。长11.9、宽9.3、厚3.0厘米，重570克，刃角63°（图二三一：2）。

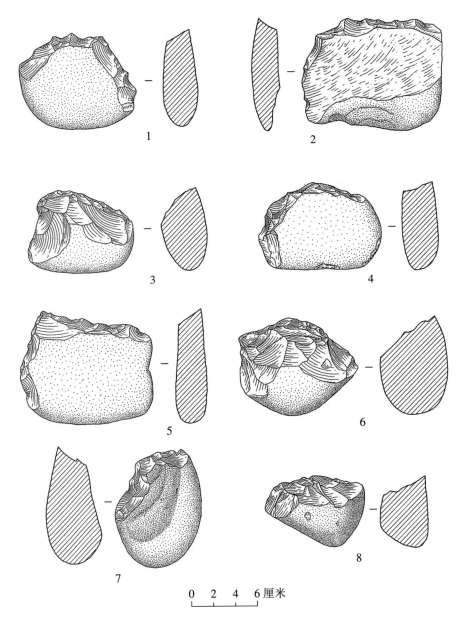

0　2　4　6厘米

图二三一　第四文化层出土的双边刃砍砸器

1. T715②：8　2. T102②：2　3. T405②：4　4. T607②：31　5. T714②：6　6. T404①：1
7. T207②：560　8. T302②：6

Ⅱ式　双凸刃。

标本 T607②：31，深灰色砂岩。从砾石较平的面向较凸的面打击，在砾石的一侧和一端加工出刃面和刃缘。侧刃加工面较陡直，刃缘经过少许修整，无使用痕迹；端刃加工面凹凸不平，刃面较平缓，刃缘局部略作修整，无使用痕迹。把端周围有砸击疤痕，表明该标本还兼作石锤使用。长 11.5、宽 7.4、厚 3.4 厘米，重 500 克，刃角 65°（图二三一：4）。

Ⅲ式　直—凸刃。

标本 T714②：6，灰黄色砂岩。器身平面近似四边形。在砾石的一侧和一端加工出刃面和刃缘，其余部位均保留砾石面。侧刃平直，很少修整，刃缘略呈锯齿状，无使用痕迹；端刃外凸，刃缘经过较多修整，使用痕迹不明显。长 11.0、宽 8.6、厚 2.2 厘米，重 410 克，刃角 77°（图二三一：5）。

标本 T404①：1，红褐色砂岩。一面较平，一面凸起，较厚重。从砾石较平一面向较凸一面打击，加工出两条刃。侧刃较长，经较多修整，刃缘外凸；端刃加工面较平缓，片疤较大且浅，刃缘未见修整痕迹。长 10.8、宽 7.8、厚 5.7 厘米，重 670 克，刃角 68°（图二三一：6）。

Ⅳ式　直—凹刃。

标本 T207②：560，深灰色细砂。一面略凸，另一面有一形似石片阴疤的大凹面。在砾石的一端和凹面一侧各加工出一条刃，由凸面向凹面打击。片疤小而浅平。端刃平直，侧刃内凹。无使用痕迹。长 10.3、宽 7.8、厚 4.8 厘米，重 500 克，刃角为 55°~68°（图二三一：7；图版五六，3）。

标本 T405②：4，深灰色砂岩。一面较平，一面凸起。从砾石较平的一面向较凸一面打击，在一侧和较宽一端加工出刃面和刃缘。侧刃加工较多，刃缘经过修整，有使用痕迹；端刃加工面较平，片疤较大，刃缘略凹，经过修整，使用痕迹不明显。长 9.8、宽 7.2、厚 3.3 厘米，重 380 克，刃角 62°（图二三一：3）。

3. 尖状砍砸器

标本 T102②：1，黄褐色砂岩。沿砾石的一侧加工出刃面和刃缘，并在砾石较尖的一端略作加工，使之形成一尖。单面加工，器身大部分保留砾石面，很少修整。侧刃刃缘外凸。无使用痕迹。长 11.5、宽 8.4、厚 2.6 厘米，重 340 克，边刃角 64°，尖角 68°（图二三二：3）。

标本 T606②：32，深灰色砂岩。一面为旧的大片疤面，凹凸不平，表面有明显冲磨痕迹，可能是早期的人工制品经河水搬运冲磨所致。在砾石一侧加工出一刃面和刃缘，刃缘略呈锯齿状，稍加修整，无使用痕迹。一端经简单打击，使之与边刃形成一个钝尖。长 10.8、宽 7.9、厚 2.8 厘米，重 340 克，边刃角 70°，尖角 98°（图二三二：4）

标本 T411②：10，黄褐色中砂岩。在砾石的一端和一侧单面加工出刃面和刃缘，两刃在端部相交形成一尖。一侧加工较多，直达把手底部，加工面较平，片疤层叠，大小深浅

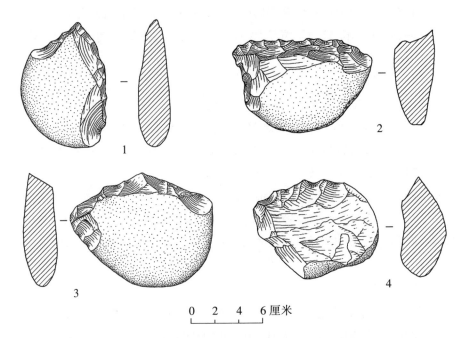

图二三二　第四文化层出土的尖状砍砸器
1. T411②：10　2. T606②：11　3. T102②：1　4. T606②：32

不一，少许片疤在尾部折断形成陡坎，刃缘经过修整，部分刃缘较陡，整体略有起伏，使用痕迹不明显。端部加工面凹凸不平，刃缘未经修整，无使用痕迹。尖部较尖。长9.7、宽6.8、厚2.5厘米，重220克，边刃角67°，尖角56°（图二三二：1）。

标本 T606②：11，深灰色砂岩。从砾石的较平的一面向微凸的一面加工，在砾石的一侧和一端上加工出刃面和刃缘，两刃缘在砾石上端右侧形成一尖。侧面加工面片疤不大，层层叠叠；刃缘经过修整，略呈锯齿状，无使用痕迹。端刃也经较多加工，刃缘略凹，无使用痕迹。尖刃较短。器身另一侧面（把手部分）有许多细小坑疤，应是兼作石锤使用所致。长11.2、宽8.2、厚2.8厘米，重360克，边刃角59°，尖角93°（图二三二：2；图版五六，4）。

4. 盘状砍砸器

标本 T710②：1，黄褐色砂岩。以大石片为毛坯。器身平面近龟背形，腹面凹凸不平，背面较凸。沿石片的周边进行第二步加工，主要由石片背面向腹面打击，加工出一盘状刃缘。背面稍作加工，形成一个大的片疤和两个小的片疤，其余均为砾石面。大部分呈锯齿状，局部经过修整，使用痕迹不明显。长16.0、宽10.9、厚5.0厘米，重940克，刃角62°（图二三三：1；图版五六，5）。

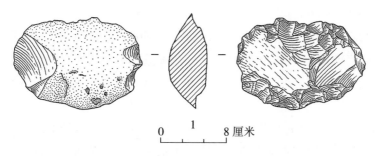

图二三三　第四文化层出土的盘状砍砸器
1. T710②：1

## （二）尖状器

均以砾石为毛坯，岩性基本上都是砂岩。绝大多数标本为单面加工，制作简单，器身保留大部分砾石面。尖部可分长尖和短尖两种。

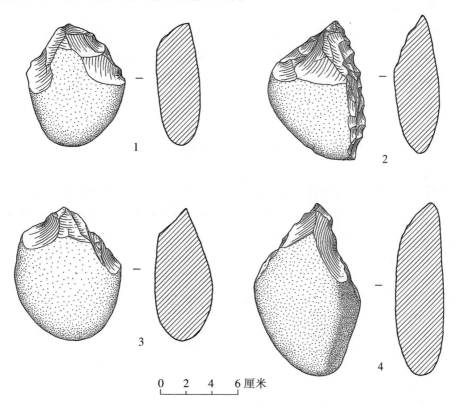

图二三四　第四文化层出土的尖状器
1. T506②：12　2. T712②：7　3. T715③：21　4. T715④：3

1. 短尖尖状器

标本 T506②：12，浅灰色砂岩。一面较平，一面凸起。在砾石两侧上部往一端加工出一尖。加工面片疤较大，刃缘很少修整，无使用痕迹。把手部分有少许砸击疤痕，应是作为石锤使用所致。长 8.4、宽 6.8、厚 2.9 厘米，重 220 克，刃角 63°～81°，尖角 113°（图二三四：1）。

标本 T712②：7，深灰色砂岩。器身平面略呈三角形，一面较平，一面微凸。在砾石的两侧加工出两条刃，两刃斜交形成一锐尖。单面加工，由较凸面向较平面打击。右侧加工面凹凸不平，较长，直达把手部分，片疤层叠，刃缘经过修整，较锋利，成锯齿状。左侧加工面仅在器身上端，片疤较大，刃缘经过修整，较平直，使用痕迹不明显。长 10.6、宽 7.3、厚 3.6 厘米，重 380 克，刃角 51°～73°，尖角 79°（图二三四：2）。

标本 T715③：21，红褐色砂岩。在砾石的两侧加工出两条刃，两刃斜交形成一短尖。单面加工，由凸面向平面打击。制作简单，器身保留大部分砾石面。未见使用痕迹。长 9.8、宽 7.7、厚 4.0 厘米，重 410 克，刃角 47°～58°，尖角 104°（图二三四：3）。

2. 长尖尖状器

标本 T715④：3，黄褐色砂岩。在砾石两侧由扁平面向凸面打击，向一端加工出一尖。加工部位仅限于器身上部，其余保留砾石面。片疤较大，部分刃缘经过修整，无使用痕迹。长 13.3、宽 7.8、厚 3.5 厘米，重 520 克，刃角 52°～71°，尖角 81°（图二三四：4；图版五六，6）。

## （三）刮削器

标本 T101②：75，灰褐色细砂岩。以石片为毛坯。器身平面近椭圆形，腹面较平整，背面全部为砾石面。单面加工，由背面向腹面打击，在石片的远端加工出一道凸刃。刃缘略作修整，呈宽齿状，未见使用痕迹。长 12.4、宽 5.9、厚 2.0 厘米，重 200 克，刃角 59°（图二三五：1）。

# 三　磨制石制品

## （一）石　斧

1. 石斧成品

岩性有砂岩、硅质岩、辉绿岩和长石岩四种，以砂岩为主。多为局部加工，通体加工的标本很少。磨制主要在刃部，其他部位略经磨制，有的标本甚至只磨刃部。部分标本的

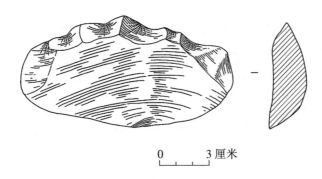

0     3 厘米

图二三五　　第四文化层出土的刮削器
1. T101②：75

刃部有使用痕迹。器身形状有梯形、三角形、扁长形等。

标本 T201②：4，灰褐色细砂岩。器身平面略呈梯形。加工仅限于刃部，其余均为砾石面。刃部两面均经精心磨制，已磨出光滑的刃面；刃缘齐整，刃口锋利，略呈弧凸状，可见部分细小的崩疤，应是使用痕迹。长 6.8、宽 3.3、厚 1.3 厘米，重 55 克，刃角 56°（图二三六：3；图版五七，1）。

标本 T302②：1，深灰色硅质岩。器身平面略呈三角形。器身两面均微隆起。通体磨制，绝大部分已磨出光滑磨面，但仍可见少许打击疤痕。刃部经精心磨制，已磨出光滑的刃面；刃缘齐整，刃口锋利，略呈弧凸状，可见部分细小的崩疤，应是使用痕迹。长 9.8、宽 5.5、厚 2.0 厘米，重 150 克，刃角 50°（图二三六：2；图版五七，2）。

标本 T606②：60，灰褐色辉绿岩。器身平面呈倒梯形。器身仅作局部加工，大部分保留砾石面。刃部经过较多磨制，已磨出锋利的刃口，刃缘弧凸。长 8.7、宽 4.6、厚 1.3 厘米，重 100 克，刃角 57°（图二三六：6）。

标本 T715②：5，灰褐色硅质岩。平面近梯形。器身大部分经过加工，只在局部保留砾面。磨制主要在器身下部，尤其是刃部，已磨出光滑刃面。刃缘齐整，刃口锋利，可见部分较小的片疤，应是使用痕迹。长 8.4、宽 5.4、厚 1.5 厘米，重 110 克，刃角 52°（图二三六：5）。

标本 T715③：27，灰黄色硅质岩。平面近梯形。器身通体加工，大部分经过磨制，但仍可见较多打击疤痕。刃部两面均经较多磨制，已磨出光滑的刃面，但仍可见少许打击疤痕；刃缘齐整，刃口锋利，略呈弧凸状，可见部分细小的崩疤，应是使用痕迹。长 9.6、宽 5.3、厚 1.9 厘米，重 130 克，刃角 48°（图二三六：4）。

标本 T715③：2，灰黄色硅质岩。平面略呈三角形。器身大部分经过磨制，但仍保留许多制坯时的打击片疤。刃部两面均经较多磨制，已磨出光滑的刃面；刃缘齐整，略呈弧凸状，刃口锋利，有三个较大的崩疤，可能是使用痕迹。长 10.4、宽 5.6、厚 1.4 厘米，

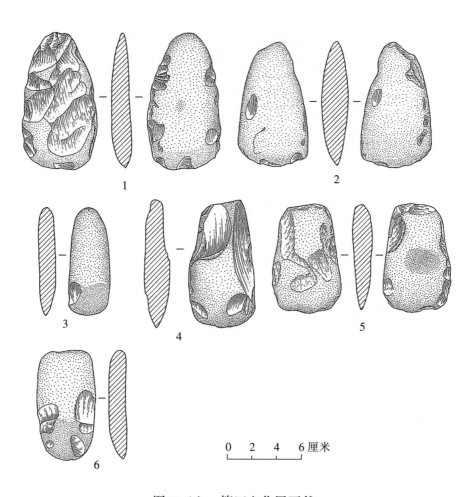

图二三六　第四文化层石斧

1. T715③：2　2. T302②：1　3. T201②：4　4. T715③：27　5. T715②：5　6. T606②：60

重120克，刃角54°（图二三六：1；图版五七，3）。

## （二）石锛

1. 石锛成品

岩性有砂岩、硅质岩和长石岩三种，以砂岩为主。多为局部加工，通体加工的标本很少。磨制主要在刃部，其他部位略经磨制，有的标本甚至只磨刃部。部分标本的刃部有使用痕迹。器身形状有梯形、三角形、扁长形和凸字形等。

标本T201②：5，浅灰色细砂岩。近梯形。加工仅限于刃部，其余保留砾石面。刃部两面磨制，其中一面有多个小片疤。长7.8、宽4.0、厚1.3厘米，重80克，刃角64°

（图二三七：1）。

　　标本 T201②：6，灰色细砂岩。器身近梯形，把端略窄，刃端稍宽；一面较平整，另一面微微隆起。平整面把端及近刃端处有少许打击疤痕，近刃端处经初步磨制，已有部分光滑刃面，其余部分保留自然砾面；隆起面刃部经较多磨制，已磨出大部分光滑刃面，刃

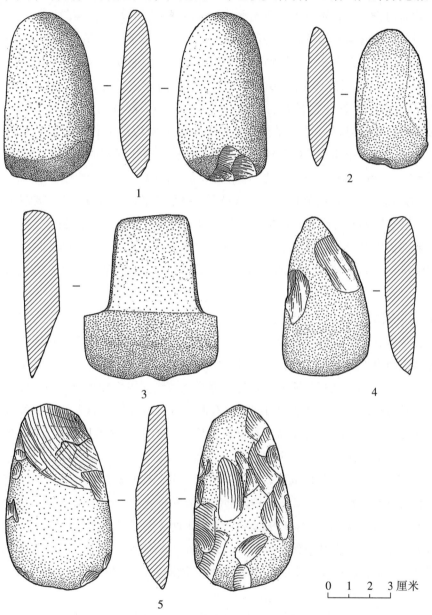

0　1　2　3厘米

图二三七　第四文化层石锛

1. T201②：5　2. T201②：6　3. T711②：1　4. T715②：7　5. T715②：13

缘齐整，刃口锋利，略呈弧凸状，可见少许细碎片疤，应是使用痕迹；两侧完全保留自然砾面，未经磨制；把端略经修整，但未磨制。长6.5、宽3.4、厚1.1厘米，重45克，刃角45°（图二三七：2）。

标本 T711②：1，黄褐色长石岩。器身平面略呈"凸"字形。正面把端较平，刃部呈缓坡状；背面均较平。通体磨，表面光滑。双折肩，两肩对称；把端较宽厚，顶端有一个残缺的大疤痕，经磨制，较平整；刃部宽大且对称，两侧平直光滑，平面近直角三角形；刃缘微弧，刃口锋利，有三个小崩疤，其中刃口中部的崩疤较大，应是使用痕迹。长7.5、宽6.4、厚1.5厘米，重110克，刃角28°（图二三七：3；彩版一八，6）。

标本 T715②：7，灰白色长石岩。器身略呈三角形。器身两面及两侧均经较多磨制，已有较多光滑磨面，但仍可见少量打击疤痕；刃部两面均经精心磨制，已磨出光滑的刃面；刃缘齐整，刃口锋利，呈弧凸状；把端经过修整，略作磨制。长7.7、宽4.1、厚1.4厘米，重60克，刃角58°（图二三七：4；图版五七，4）。

标本 T715②：13，灰白色长石岩。器身平面略呈梯形，把端较窄，刃端较宽。器身经较多磨制，已有较多光滑磨面，但仍可见部分打击疤痕。刃部经过磨制，已磨出较多光滑刃面，但局部仍可见少许打击疤痕；刃缘齐整，略呈弧凸状，刃口可见部分细碎的崩疤，应是使用痕迹。长7.3、宽5.4、厚1.8厘米，重85克，刃角56°（图二三七：5；图版五七，5）。

2. 石锛半成品

岩性有砂岩、硅质岩和玄武岩三种。器身大部分经过加工，局部经过磨制，磨制部位主要在刃部，但尚未磨出刃口。器身形状有梯形、长方形、三角形和扁长形等。

标本 T514②：50，灰褐色玄武岩。器身略呈长方形。一面较平整，另一面略凸起。沿砾石周边双面剥片，一面中央至近刃端处留有部分自然面，另一面大部分保留自然面；两侧缘部分经过琢打。刃部两面及器身局部略经磨制，有部分光滑磨面。长13.0、宽5.1、厚2.1厘米，重250克（图二三八：2）。

标本 T102②：14，浅灰色细砂岩。器身近三角形。几乎通体加工，一面布满片疤，局部有轻度磨制痕迹；另一面下半部经较多磨制，表面较光滑。刃部主要是单面磨制，尚未磨出刃口。长11.0、宽5.2、厚1.9厘米，重120克（图二三八：1）。

标本 T514②：75，浅灰色细砂岩。略呈扁长形。局部加工，器身两面均保留较多砾石面。刃部单面磨制，已磨出部分刃口，刃缘向一侧倾斜。长12.6、宽4.7、厚2.1厘米，重200克（图二三八：4）。

标本 T715③：3，灰黑色硅质岩。器身大部分经过初步磨制。刃部主要磨一面，已磨出刃面，另一面磨得很少，主要为片疤。器身较规整、对称。长15.0、宽6.1、厚1.3厘米，重180克（图二三八：3；图版五七，6）。

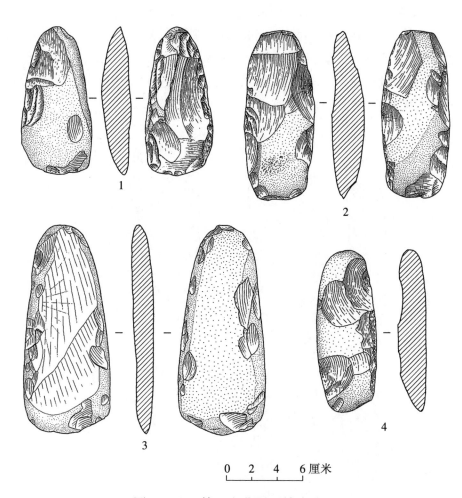

图二三八　第四文化层石锛半成品

1. T102②：14　2. T514②：50　3. T715③：3　4. T514②：75

# （三）斧（锛）毛坯

岩性有砂岩、硅质岩、辉绿岩、玄武岩和长石岩五种，其中砂岩占大多数，玄武岩和长石岩只有个别。多为局部加工，通体加工的标本极少，有的标本只加工刃部，其余保留砾石面。器身经过剥片和修整，侧缘有的经过琢打。多数标本已形成初步的刃面。器身形状有梯形、长方形、三角形、扁长形和椭圆形等。

标本 T201②：2，浅灰色细砂岩。平面近梯形，上端较窄，下端较宽。在较宽端和近端部两侧单面剥片，片疤较小，部分较凹；端部已形成初步的刃面，刃缘呈斜弧状，较钝厚。长9.8、宽4.8、厚1.7厘米，重130克（图二三九：5）。

标本 T411②：80，浅灰色细砂岩。近长方形，厚重。在一面的周边连续剥片，片疤多较大，边缘修整片疤较小，部分层层叠叠。两端及两侧均作修整，其中一端已形成初步的刃面，刃缘微弧，较钝厚。另一面两侧有较多小片疤，其中一侧下半部的片疤较大而深凹。长16.8、宽7.0、厚3.6厘米，重755克（图二三九：2）。

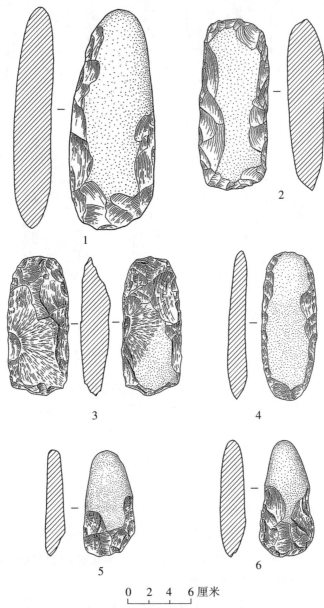

图二三九　第四文化层斧（锛）毛坯（一）

1. T512③：1　2. T411②：80　3. T606②：36　4. T606②：20　5. T201②：2　6. T608②：20

标本 T512③：1，灰黄色辉绿岩。略呈梯形，厚重，一端较窄，另一端较宽。加工部位为较宽端和两侧，部分边缘有琢打痕迹。刃部位于较宽一端，已形成初步的刃面，刃缘呈弧凸状，较钝厚。长 20.1、宽 7.9、厚 3.0 厘米，重 878 克（图二三九：1）。

标本 T606②：20，灰褐色辉绿岩。扁长形，一端较宽薄，另一端较窄厚。器身周边均经过剥片，片疤多较小而浅平，大部分边缘经琢打。较窄厚一端已形成初步的刃面，刃缘呈弧凸状，未作修整，稍钝厚。器身两面均保留大部分砾石面。长 13.8、宽 5.2、厚 1.8厘米，重 220 克（图二三九：4）。

标本 T606②：36，浅灰色硅质岩。近长方形。原料为一件石片，破裂面较平整，背面凸起，在背面的一侧保留部分砾石面。周边均经剥片、修整，刃部已初步形成。长 12.3、宽 5.5、厚 2.2 厘米，重 200 克（图二三九：3）。

标本 T608②：20，浅灰色细砂岩。近三角形。加工部位在器身下半部，两面均有剥片和修整，两侧边缘有琢打痕迹；端部已形成初步的刃面，刃面较宽大，刃缘钝厚，较规整，呈弧凸形。长 10.8、宽 5.1、厚 1.9 厘米，重 150 克（图二三九：6）。

标本 T715③：4，灰黄色硅质岩。扁长形。器身大部分经过剥片和修整，在一端初步加工出刃面和刃缘。长 8.4、宽 3.8、厚 1.8 厘米，重 75 克（图二四〇：2）。

标本 T715③：11，灰黄色硅质岩。扁长形。器身两面下半部经过剥片和修整，而上部保留砾石面。刃面初步形成，刃缘呈弧凸状，较钝厚。长 10.8、宽 4.3、厚 1.5 厘米，重100 克（图二四〇：1）。

标本 T715③：30，灰褐色细砂岩。近椭圆形，一端较薄，另一端较厚。器身几乎通体剥片，仅在较薄端端面和近较厚端处各保留一小块砾石面。两面片疤多较大，两侧经较多修整，部分边缘经琢打。较厚端略作修整，已形成初步的刃面，刃缘呈弧凸状，较锋利。长 9.8、宽 4.8、厚 1.9 厘米，重 110 克（图二四〇：3）。

## （四）石　凿

1. 石凿成品

标本 T513②：15，灰褐色辉绿岩。把端较窄，刃端较宽。器身两侧经精心磨制，绝大部分是光滑的磨面；把端经修整并略经磨制，已有少许光滑磨面，但仍可见部分打击疤痕；两面均较平整，且均经较多磨制，绝大部分是光滑的磨面，仅可见少许打击疤痕，其中一面近刃端处由浅到深地磨出一道喇叭形的光滑磨槽，在刃部形成凹刃；刃缘齐整，刃口锋利，可见部分较小的崩疤，应是使用痕迹。长 8.6、宽 3.9、厚 1.6 厘米，重 100 克（图二四一：3；图版五八，1）。

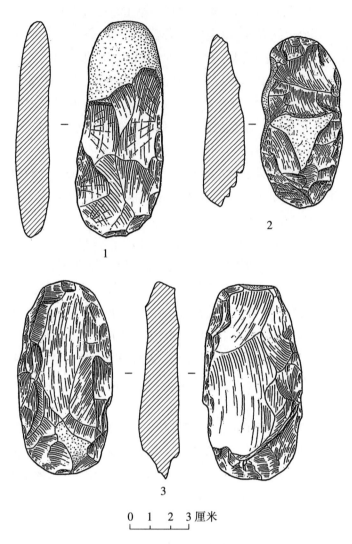

0　1　2　3厘米

图二四〇　第四文化层斧（锛）毛坯（二）
1. T715③：11　2. T715③：4　3. T715③：30

　　标本 T302②：3，深灰色细砂岩。一面较平，另一面稍凸。器身大部分经过磨制，较光滑，仅看见少许片疤痕迹；刃缘弧凸，有少许崩疤，应为使用痕迹。长 10.7、宽 3.9、厚 1.8 厘米，重 125 克（图二四一：5）。

　　标本 T301①：1，灰褐色辉绿岩。长条形，两面略凸。器身一面有多个较大而浅平片疤，近把端处有磨制痕迹；两侧有较多打击片疤。刃部两面磨制，形成双面刃，刃口钝厚，刃缘有细碎疤痕，应为使用痕迹。长 11.4、宽 3.7、厚 2.1 厘米，重 200 克，刃角 116°（图二四一：4）。

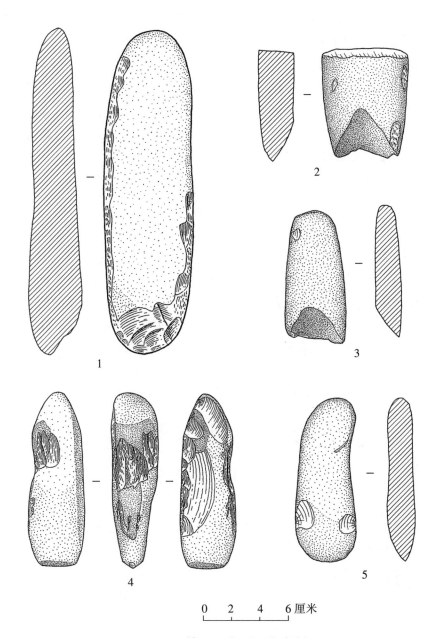

图二四一　第四文化层石凿类制品

1. T710②∶25　2. T614②∶4　3. T513②∶15　4. T301①∶1　5. T302②∶3

2. 石凿毛坯

标本 T710②∶25，浅灰褐色辉绿岩。长条形，两面均较平。加工主要集中在器身的一端和两侧，单面加工。两侧经过琢打，刃端经过剥片，已形成初步的刃面。其余部位保留砾石面。器身较长而厚重，很可能是凹刃凿的毛坯。长 22.6、宽 6.1、厚 3.3 厘米，重 840 克（图二四一：1；图版五八，2）。

3. 石凿残品

标本 T614②：4，深灰色玄武岩。残留部分属于凹刃石凿成品器身的下段，较厚重。一面上端扁平，往下部渐凹，逐渐形成一个较宽的弧凹面。上端断裂面平整，打击点和放射线均较清楚。刃端背面有几个崩疤，其中一个崩疤较大，应是受重力砸击而成。残长 7.0、宽 5.5、厚 2.3 厘米（图二四一：2）。

## （五）切割器

1. 切割器半成品

标本 T201②：3，黄白色硅质岩。把端窄小，一侧平直，另一侧呈弧状。一面仅在弧状侧边及刃端一角有打击疤痕，其余部位为砾石面，未经磨制；另一面除把端外，其余边缘有较多打击疤痕，刃端略作磨制，仅有少许磨面，刃缘弧凸，部分刃口已磨出，较锋利。长 10.3、宽 3.5、厚 1.0 厘米，重 50 克（图二四二：1）。

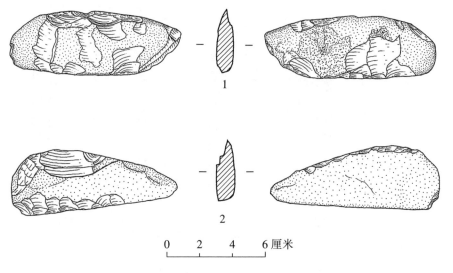

0　2　4　6厘米

图二四二　第四文化层切割器半成品
1. T201②：3　2. T711②：36

标本 T711②：36，灰褐色硅质岩。两面磨制较多，但仍有较多打击疤痕；两侧和把端未经磨制，片疤多较小，大部分层层叠叠；刃部磨制精致，基本成形，刃缘弧凸，刃口锋利，但仍有较多细小疤痕尚未磨制。一面近把端处有较多钙质胶结物。长 9.5、宽 3.4、厚1.4厘米，重50克（图二四二：2）。

## （六）研磨器

1. 研磨器成品

标本T303①：4，灰褐色细砂岩。器身由研磨面一端至把端逐渐变小，没有明显的分

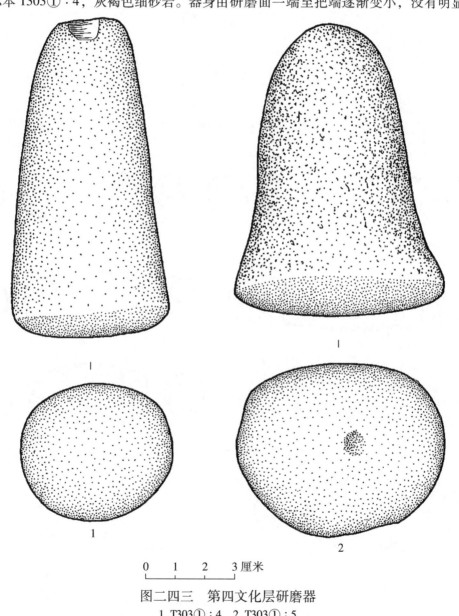

0　1　2　3厘米

图二四三　第四文化层研磨器

1. T303①：4　2. T303①：5

界线，略呈圆锥形。研磨面光滑，略弧凸。把端有一个小崩疤。长 10.3、磨面宽 5.0 厘米，重 250 克（图二四三：1；图版五八，3）。

标本 T303①：5，灰褐色细砂岩。器身一端较大，另一端较小，形似喇叭。研磨面位于较大一端，磨面光滑，略弧凸，中间有一个浅小的砸击窝坑。长 9.4、底径 6.9 厘米，重 385 克（图二四三：2；图版五八，4）。

# 四　其　他

## （一）网　坠

共 12 件，其中完整或基本完整的 7 件，残缺的 5 件。陶制。颜色有灰白、青灰和白

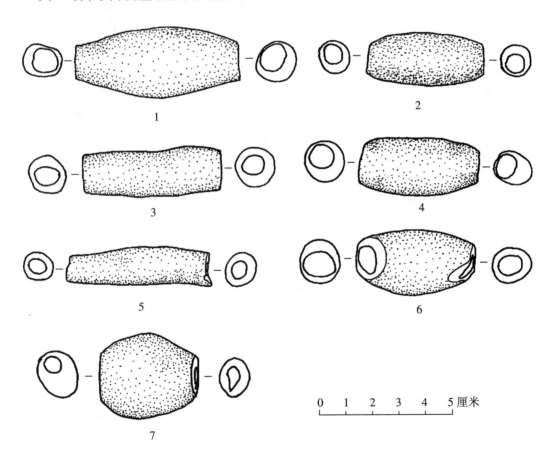

0　1　2　3　4　5 厘米

图二四四　第四文化层网坠

1. T614②：3　2. T512②：1　3. T614②：7　4. T104②：1　5. T405②：27　6. T614②：5　7. T404①：1

色，以青灰色为主。形状有直管的（5件）和中间大两端小的（7件）。素面。器身横截面基本上为圆形，管孔圆形，孔径在0.8厘米左右。火候较高。器表凹凸不平，应为手制。长约在3.5~4.3厘米之间。

标本T614②：3，青灰色，中间大两端小，器身短大，一侧较直，另一侧较凸。长6.2、最大径2.4厘米（图二四四：1）。

标本T512②：1，原料为灰白色硅质岩（同有肩石器原料），器身中间略大，两端略细，器身经过琢打、刮削和粗磨，表面不够光滑；管孔位于两端正中，孔径0.8厘米。器身长4.3、最大径1.8厘米（图二四四：2）。

标本T614②：7，白色，直管状，器身表面凹凸不平，管孔位于两端中央。长5.2、最大径1.6厘米（图二四四：3）。

标本T104②：1，浅灰色，直管状，两端略内收，器表凹凸不平。两端孔口不在中间，偏向一侧。长4.5、最大径2.1厘米（图二四四：4）。

标本T405②：27，青灰色，直管状，器身细长，表面凹凸不平。长5.4、最大径1.2厘米（图二四四：5）。

标本T614②：5，两端略残。灰白色，中间大两端小，器身较短，表面平整，孔圆。长4.5、最大径2.3厘米（图二四四：6）。

标本T404①：1，青灰色，中间大两端小，器身短粗，略扁，孔径呈椭圆形。长3.7、最大径3.2厘米（图二四四：7）。

# 第五章　石器工艺技术

## 第一节　原　料

石器的原料，即石料，是制作石器的基础。不同岩性不同质地的岩石对石器的制作技术、器物形态、工具类型都有很大的影响。地球上的岩石多种多样，但并非所有的岩石都适合用来制作石器。制作石器的岩石必须具备三种物理性能，即硬度、匀质性和韧性都要适当。如果岩石的硬度太高，打制就会困难；硬度太低，制成的石器就容易磨损，不具有耐用性。岩石的质地也非常重要，特别是它的结构要均匀，如果结构差、有节理，则在打制中容易断裂、破碎，难以成器，废品率高。此外，韧性要适中，韧性太大，难以打片；韧性太低，过于脆弱，也容易断裂。因此，岩石的"三性"直接关系到原料质量。在打制石器中，燧石是理想原料，砂岩、硅质岩、石英岩、玄武岩等也不错，常是打制石器的原料。在磨制石器中，对岩石三种性能的要求较高，特别是岩石的硬度和韧性，如果硬度太高或者韧性太大，都难以磨制。因此像硬度高的石英和韧性大的石英岩，在考古遗址出土的磨制石器中很少被用作原料，而通常采用的是硬度和韧性适中的岩石如砂岩、石英砂岩等。根据打制和使用石器的试验，具有细晶、粉晶或隐晶质结构、风化程度较低的岩石，如细砂到粉砂级的砂岩、石英砂岩等，都是比较合适的原料（中国社会科学院考古研究所等，2003）。

不同岩性的原料对石器制作技术的影响是很明显的。首先是在打片技术上，原料的岩性不同，打片方法也不一样。例如，北京猿人遗址的石器，其原料主要为脉石英。这种岩石的硬度和韧性都不错，但结构面多，匀质性差，用锤击法和碰砧法都难以打下石片，而用砸击法对这种脉状石料的打片却容易成功。因此，砸击法成为北京猿人遗址石器打片的主要方法（裴文中等，1985）。原料的大小还影响到制作工具的效率，用尺寸大的原料制作工具，需要多次反复的加工，如果是制作打制石器，就要经过反复的剥片才能成型；如果是制作磨制石器，在制坯阶段就要经过反复的剥片和琢打，这样就费工费时。因此，大小适中的石料可以提高制作石器的效率。另外，原料的形状对石器的形制也产生制约，特别是用砾石作原料的石器，其形制在很大程度上受到原料的影响。

因此，对原料的分析是研究石器制作工艺重要的一环。通过对原料岩性的分析，可以了解原料的来源；对原料与不同种类工具关系的研究，可以了解古人对原料的认知能力以及选择原料的倾向性。从这个意义上说，原料不仅是一种自然资源，也是一种文化因素。

# 一 石器原料来源

如前所述，革新桥遗址出土的原料形态分砾石和岩块两类。从数量来看，98%以上都是砾石。岩块的岩性几乎都是砂岩。砾石的岩性比较复杂，有砂岩、石英砂岩、辉绿岩、硅质岩、板岩、石英岩、石英等。其中砂岩的比例最大，其次是辉绿岩，硅质岩也占较大比例（见第四章第一节）；砂岩中又可分为细砂和中砂两种。

在发掘工作结束后，为了解决原料的来源问题，我们在遗址周围做了专门的调查后发现，在遗址北边的右江河滩和东侧支流岸边都出露有大量的石头。另外，在遗址东面约500米的山头上也发现大量的砾石。

右江是西江的主要支流之一，发源于云南境内的西洋江和驮娘江，由西向东穿越百色盆地，在邕宁县与左江合并后，东流汇入西江。由于右江河流较大，在百色盆地发育有多级河流阶地，一般阶地的底部都有砾石层；但位于遗址附近的右江河段，河道较窄，阶地发育较差，且保存不好，只有部分较高的山包上残留有第四级阶地的砾石层，遗址东面附近山头上的砾石就属于这个残留的砾石层。

在调查时发现，右江河滩的砾石和山头上的砾石有明显的差别。山头上的砾石多为大型的，一般都在15厘米以上，而且风化严重，砾石表面一般发白并且有网纹红土印痕；而河滩的砾石虽然也有大的，但最大尺寸以15厘米以下的占多数，风化不明显，也没有网纹红土印痕。结合遗址出土的石料看，山头上的砾石层显然不是革新桥人获取石料的地方，因为遗址出土的石料多数都是直径小于15厘米，石料（砾石）表面多呈灰色，也没有明显风化。更为重要的是，河滩紧挨着遗址，原料的搬运要比山坡方便得多，史前人类在获取原料时不会舍近求远。因此，砾石丰富的河滩便成为他们的采料场。

为了证实这一推测，我们在右江河漫滩的砾石堆积层表面随机圈出一个4×4米的方框，在方框内由上往下采集了789件砾石进行观察，并从砾石的岩性、形状、大小等方面进行定量分析（表七四～七六），看是否与遗址出土的砾石一致。

首先从岩性方面看，河滩采集砾石的岩性种类有砂岩、辉绿岩、硅质岩等多种，其中砂岩又可分为中砂岩、细砂岩和粉砂岩，而且细砂岩占了各种岩石中的多数。这种岩性组合和遗址的砾石基本一致，而且细砂岩也是组合的主体。不过也有一些差别，如遗址出土的长石岩、赤铁矿未见于河滩砾石中。其实，存在这些差别也是正常的，因为这两种石料在遗址所出土的石料中占的比例非常小，加上我们在河滩采集石料的范围非常有限，与革新桥人实际上采集石料的范围无法比；另外可供统计的石料数量亦不够多，也带有一定的局限性。

表七四　河滩采集砾石岩性统计表

| 类别 | 砂岩 | | | 石英砂岩 | 泥岩 | 辉绿岩 | 玄武岩 | 硅质岩 | 石英 | 石英岩 | 板岩 | 砾石 | 合计 |
| --- | --- | --- | --- | --- | --- | --- | --- | --- | --- | --- | --- | --- | --- |
| | 中砂 | 细砂 | 粉砂 | | | | | | | | | | |
| 数量 | 32 | 426 | 16 | 28 | 6 | 106 | 7 | 95 | 14 | 49 | 3 | 7 | 789 |
| % | 4.06 | 53.99 | 2.03 | 3.55 | 0.76 | 13.4 | 0.89 | 12.04 | 1.77 | 6.21 | 0.38 | 0.89 | 100 |

表七五　河滩采集砾石大小分级统计表

| 类别 | 3～5 厘米 | 5～10 厘米 | 10～15 厘米 | 15 厘米以上 | 合计 |
| --- | --- | --- | --- | --- | --- |
| 数量 | 134 | 423 | 173 | 59 | 789 |
| % | 16.98 | 53.61 | 21.93 | 7.48 | 100 |

表七六　河滩采集砾石形状统计表

| 种类 | 球形 | 扁圆形 | 扁长形 | 长条形 | 三角形 | 四边形 | 不规则形 | 合计 |
| --- | --- | --- | --- | --- | --- | --- | --- | --- |
| 数量 | 18 | 101 | 176 | 107 | 79 | 88 | 220 | 789 |
| % | 2.28 | 12.8 | 22.31 | 13.56 | 10.01 | 11.15 | 27.88 | 100 |

从河滩采集砾石和遗址出土石料的大小来看，两者非常接近。河滩采集砾石的最大长度可分为3～5厘米、5～10厘米、10～15厘米、15厘米以上四个等级，其中5～10厘米占多数。遗址出土砾石的长度也可以分为四个等级，其中也是以5～10厘米最多。说明河滩采集砾石和遗址出土石料的大小是一致的。

从河滩采集砾石和遗址出土石料的形状来看，两者基本一致。河滩采集砾石的形状有球形、扁圆形、扁长形、长条形、三角形、四边形、不规则形等多种，涵盖了遗址出土砾石石料的所有形状；河滩采集砾石中以扁圆形、扁长形、长条形和不规则形状为主，而遗址出土砾石石料中也以前三种形状为多，而不规则形状的很少。

另外，从砾石表面的颜色及风化程度看，两者也是一致的。遗址出土砾石石料表面大多为灰色，而河滩采集砾石的表面颜色也是以灰色为主。长期暴露于地表的岩石，由于风吹日晒侵蚀，一般都有所风化。在同一地区，经历风化的时间不同，风化的程度或等级不一样，时间越长风化就越强烈。风化程度高的岩石，石质变化明显，表层结构变得疏松，韧性降低，明显变脆。在发掘期间，我们对出土的砾石进行了打击观察，发现里外的石质没有明显变化，结构和韧性比较一致，没有明显的风化。河滩中采集的砾石多数和遗址出土的砾石一样，风化不明显，表明两者的风化程度是一致的。

对于遗址出土的岩块石料，全为砂岩，或中砂岩，或细砂岩；岩块表面一般都有轻度磨蚀，棱角不明显；尺寸通常比砾石大得多，最大长超过 40 厘米，重在 25 公斤以上。这些粗大厚重的岩块不可能从距离遗址很远的地方运来。这种岩石，在遗址的东南侧山谷中有明显的基岩出露，而且由于下雨导致的山洪爆发，造成山谷溪流两侧的出露基岩被冲刷脱层，漂落六劳溪的岸边。这些经过冲刷的岩块不仅数量多，而且在岩性、大小和形状等方面和遗址出土的完全一致。这一情况表明，遗址出土的岩块石料应是来自遗址东南侧六劳溪岸边的岩块。

右江在百色以上河段至分水岭，长达 300 多公里，落差大，水力资源丰富，河床下切明显，造就了大量砾石。河流中砾石的岩性及其组合，又是河流发源地和流域内基岩的岩性和地质构造以及地貌决定的，每条河流中的砾石有其自身的基本组合；由于基岩和地质构造及地貌具有一定的稳定性，这个组合在时间上具有相对的稳定性。因此史前右江和现代右江中的砾石岩性及组合的差别不会太大。另一方面，遗址附近除右江及六劳溪支流外，没有别的河流，遗址中出土如此大量的石料，不可能来自很远河流的石头，而通过河滩采集砾石和遗址出土的砾石对比，不论从石料的岩性、大小、形状还是风化程度等方面看，两者都高度一致，因此，遗址的石料应当来自附近右江河岸的砾石层和六劳溪岸边的岩石，石料的来源显然是就地取材。

## 二　原料的选择和使用

总体而言，虽然革新桥遗址出土石料的岩性多种多样，但砂岩的数量是最多的，占了所有石制品的大部分（见第四章第一节）。这是由于遗址附近具有丰富的砂岩石料来源，另一方面砂岩也是制作石器一种较好的原料。特别是细砂岩，由于其结构颗粒较细，匀质性较好，硬度也较大，适合于制作各种打制石器和磨制石器。因此，砂岩成为革新桥人制作石器的主要原料。此外，辉绿岩、硅质岩在遗址所使用的石器原料中也占有较大的比例，而这两种石料在遗址附近的河滩上也很丰富。

不同的工具种类对原料的选择有所不同。第一类工具（加工工具）中，石锤的岩性主要是砂岩和辉绿岩；石砧和磨石都是以砂岩为主；砺石的岩性单一，只有砂岩一种；窄槽砺石则以泥质岩居多。打制石器中，砍砸器的岩性比较复杂，有砂岩、辉绿岩、硅质岩等，以砂岩为主，辉绿岩也占有较大的比例；刮削器也是以砂岩为主。磨制石器中，斧、锛、凿类的岩性主要是砂岩；凹刃石凿除砂岩外，辉绿岩和闪长岩占较大比例；研磨器中，砂岩占了大多数。

在原料的形态方面，有球形、扁圆形、扁长形、长条形、三角形、四边形和不规则形等多种，其中，扁长形、长条形占了绝大多数，而球形所占的比例最少（见第四章表五）。而河滩砾石的各种形状中，不规则形所占的比例最高，这与革新桥史前人类挑选的石料形状形成鲜明对照。岩块石料的形状和遗址附近出露的岩块一致，即多为一面或两面扁平的。

具体到不同的工具类型，原料形状的选择有所不同。虽然石料的形状在加工成工具后已有所变化，但从革新桥遗址出土的各种石器来看，在很大程度上能推断出石器素材的形态，这是因为：革新桥石器绝大多数都是用砾石直接加工而成，器身大部分保留砾石的形状，例如砍砸器、刮削器等打制石器，其加工部位往往在原料的一端或一侧，加工范围有限，器身大部分仍保留砾石的自然面；在第一类工具中，除砺石外，其他工具对素材的形状没有很大的改变，特别是石锤和磨石，其原料基本上都是砾石，几乎没有经过加工即行使用，而且使用后一般也没有明显改变砾石原来的形状，因此，石锤和磨石的形状基本上也是砾石的形状。对于斧、锛、凿、研磨器等磨制石器，在工具成型后素材的形状很多已发生了较大的变化，但从毛坯、特别是初级毛坯的形态中仍能推断这类石器素材的形状。因此，根据对石器及毛坯的观察，在一定程度上可以了解各种石器对原料形态的选择情况。

石锤通常是选用球形、扁圆形、长条形、三角形、四边形的砾石作为原料；石砧的原料更多是一面或两面扁平的岩块和少数扁圆形或扁长形的砾石；磨石原料的形状基本上是三角形；斧、锛、凿的多为扁长形；研磨器的一般为长条形或柱形。

在原料的大小方面，遗址出土砾石的大小组合和河滩砾石的组合有一定的差别。遗址出土砾石以 5～10 厘米的最多，次为 10～15 厘米，15 厘米以上的最少（见第四章表五）；而河滩砾石中虽然 5～10 厘米的砾石也是最多的，但 15 厘米以上的占较大的比例。岩块中，两者的差别更大，遗址出土的岩块的尺寸以 5～10 厘米的最多，30 厘米以上的最少（见第四章表三），而在遗址附近的六劳溪，我们虽然未做定量统计分析，但根据实地看到的情况，岩块以 15 厘米以上的居多，而 15 厘米以下的较少。可见，史前人类挑选的石料在大小方面与原料来源地的石料并不一致。

不同的器类所用石料的大小和长度不同。一般而言，砍砸器所用石料的尺寸以 10～15 厘米的占多数，15 厘米以上的很少；刮削器以 5～10 厘米的占多数，10 厘米以上和 5 厘米以下的都很少；尖状器以 10～15 厘米占绝大多数，没有超过 16 厘米和 5 厘米以下的；石锤大多数为 10 厘米左右；石砧以 10～20 厘米的占绝大多数，20 厘米以上的也占较大比例；10 厘米以下最少；斧、锛、凿（凹刃凿除外）类石料的长度一般在 5～15 厘米之间；研磨器的长度几乎都在 15 厘米以下，但从毛坯看，有不少毛坯是从长条形砾石上截取的，因此也有一部分石料的长度在 20 厘米以上。

综上所述，革新桥遗址的石器原料是就地取材，即来源于遗址附近右江河滩的砾石层和六劳溪岸边的岩块。这些砾石和岩块不论是岩性、形状和大小，还是石料的颜色和风化程度，都和遗址出土的石料高度一致，表明革新桥人就地取材，从河边将石料搬运到遗址来进行石器加工。通过对遗址出土石料和石器的分析，并对比原料来源地的石料，我们发现，革新桥人对原料的选择具有很强的目的性和倾向性，他们对岩石的特性有较高的认知能力，并且根据所要制作的石器不同，在岩性、形状和大小等方面选择各种适用的石料。

# 第二节　加工工具

由于遗址发掘部分主要是一处石器制作场，因此在分析石器的制作工艺时，加工工具自然是主要的分析对象之一。革新桥石器制造场发现的加工工具有石锤、石砧、砺石、窄槽砺石、磨石等。

## 一　石　锤

根据不同的用途，石锤又可进一步分为锤击石锤、砸击石锤和琢击石锤三种。锤击石锤主要用于打制石器的制作，如从石核上有目的打制石片或制作砍砸器等工具时的剥片和修整，都使用锤击石锤。此外还用于磨制石器毛坯的制作，如斧、锛、凿器身的剥片和开刃等。砸击石锤主要用于磨制石器毛坯的制作，如斧、锛、凿器身的宽度的减缩及两侧边的修直等。此外，砸击石锤还可能用于研磨器毛坯的获取，如砸击长条形砾石、截取坯料等。琢击石锤主要用于制坯阶段的修整，如毛坯边棱的琢平和修整。

这三种石锤95％以上都是选用合适的砾石不作任何加工便直接使用，这种砾石通常为扁长形或扁圆形，岩性以砂岩、辉绿岩为主，大小多在 10～15 厘米之间。此外，还有一些用料特殊的石锤，主要有如下几种：

1. 利用其他工具作石锤使用。一种是利用研磨器作石锤。在研磨器作为石锤使用后，研磨器的器身和磨面均有明显的砸击疤痕或片状崩疤。磨面的疤痕通常位于中间部位。例如，标本 T304②：3，通体琢打后经磨制而成。研磨面光滑，中间有一片砸击疤痕，边缘有不少大小不等的崩疤，这些崩疤均是由研磨面向把端崩裂。这些疤痕显然是用研磨器作石锤使用产生的（图二四五）。

2. 利用砍砸器作石锤使用。在砍砸器中，我们发现一些标本的两端甚至刃缘都有明显细点状的琢击痕迹，这显然是当作石锤使用的结果。因此，我们曾怀疑连砍砸器刃面上那些片疤状的疤痕也是作锤击石锤使用而产生的，但又觉得这些片疤不像是锤击时受反作用力所产生的崩疤，因为在所观察的8件标本中，除一件标本（T206⑤：216）外，其余标本都是扁长形，均在一侧单面打制出刃口，刃缘平齐；除一件的刃面很陡外，其他都是比较平斜的刃面；从器物的形状、大小、加工方式及刃面特征看，应属于典型的砍砸器。但考虑到这些标本两端都留有砸击或琢击的痕迹，加之有些标本的部分刃面已经过琢打，我们还是将这类标本视为石锤。例如，标本T103⑤：434，原料为石英砂岩砾石，在砾石的一侧单面打制出刃面和刃缘，刃面较平缓，片疤层叠。器身较厚的一端也经过剥片，加工面陡直，而且加工面大部分布满琢击疤痕，表明该器后来当作石锤使用（图二四六）。

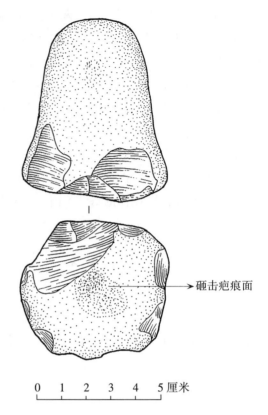

砸击疤痕面

0  1  2  3  4  5厘米

图二四五　用研磨器作
石锤（T304②：3）

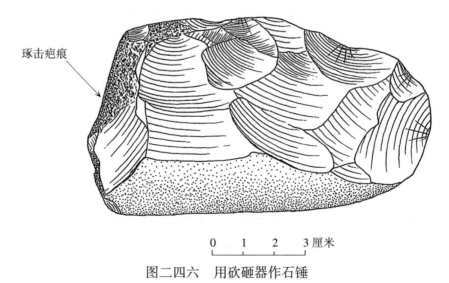

琢击疤痕

0  1  2  3厘米

图二四六　用砍砸器作石锤

3. 利用大断块或扁薄砾石作石锤。有一类石锤很特别，它们的原料是利用非常大而薄的砂岩或石英岩砾石或断块作为素材。这种砾石或断块中有的一面或两面还有砸击的坑疤，表明至少有一部分原来是用作石砧的，并且在使用中产生断裂而成为断块。这种断块后来被进一步用作石锤。在断块的边缘部位，通常可见到砸击的疤痕，即边缘上的砸击坑疤及沿两侧崩裂的崩疤。从粗大的疤痕特征看，石锤着力很大，结合宽大的器身和扁薄的边缘看，这种石锤很可能是用来砍砸长条形的砾石，以获取研磨器的初坯。如标本 T307②：3205，素材为玄武岩砾石，扁长形，一侧较厚，另一侧较薄，横截面略呈长三角形。较薄的一侧边缘布满连续的砸击疤痕，边缘两面有许多大小不等的崩疤，崩疤多宽大于长。器形粗大，长 26.7、宽 9.1、厚 5.7 厘米，重 2360 克（图二四七）。

4. 利用奇形怪状的砾石作石锤，如葫芦形、酒瓶状、蘑菇形等。这些标本虽是个别，但表明工具制作者也懂得欣赏这类奇石，并把它当作工具来使用。如标本 T307②：2511，黑色硅质岩，葫芦形，略扁。在器身的下半部分布有芝麻大小的砸击疤痕，而以底端和较凸的一面的中部较为集中。从片疤特征看，是一件砸击石锤。长 18.0、最大径 12.6 厘米，重 2580 克（图二四八）。

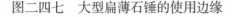

图二四七　大型扁薄石锤的使用边缘　　　　图二四八　奇形石锤

石锤的使用部位随意性较大，几乎器身的所有部位都可见有使用痕迹，归结起来大概有如下几种情况，即一端、两端、一侧、两侧、一面、两面、周边、通体。锤击石锤的使用部位主要在一端，次为一侧，使用部位在器身的一个面或两个面的几乎没有，也没有周边使用的标本。砸击石锤的使用部位有一端、两端、一侧、两侧、周边，甚至是器身的一面或两面，其中以一端的最多，次为两端和一侧的，其他的较少。琢击石锤的使用部位和砸击石锤基本一致，也是以一端的最多，次为两端的，但使用部位在器身的一面或两面的标本几乎没有。

　　三种石锤在岩性、大小、形状上大体相同，但也有一定的差别（表七七）。

表七七　三种石锤比较表

| 原料 | 砂岩 | 玄武岩 | 辉绿岩 | 石英岩 | 硅质岩 | 石英 | 铁矿石 | 合计 |
|---|---|---|---|---|---|---|---|---|
| 锤击石锤（%） | 44.79 | 16.67 | 33.33 | 2.08 | 3.13 | | | 100 |
| 砸击石锤（%） | 60.06 | 9.32 | 20.12 | 1.57 | 7.66 | 0.98 | 0.29 | 100 |
| 琢击石锤（%） | 49.04 | 19.55 | 10.26 | 2.24 | 17.31 | 1.60 | | 100 |
| 形状 | 球形 | 扁圆形 | 扁长形 | 四边形 | 长条形 | 三角形 | 不规则形 | 合计 |
| 锤击石锤（%） | | 13.54 | | 33.33 | 23.96 | 11.46 | 17.71 | 100 |
| 砸击石锤（%） | 2.06 | 9.42 | 34.15 | 11.48 | 15.80 | 7.75 | 19.34 | 100 |
| 琢击石锤（%） | 3.85 | 22.12 | 24.04 | 19.23 | 12.50 | 10.26 | 8.01 | 100 |

　　在岩性方面，三种石锤的岩石种类和所占的比例都有所不同。锤击石锤包括 6 种岩石，缺乏石英和铁矿石，以砂岩为主，次为玄武岩，石英最少；砸击石锤包括 7 种岩石，以砂岩为主，次为灰绿岩，铁矿石最少；琢击石锤包括 6 种岩石，以砂岩为主，石英最少。

　　在形状方面，锤击石锤以长条形为主，次为四边形，三角形最少；砸击石锤以扁长形为主，长条形次之，球形最少；琢击石锤以扁长形为主，扁圆形次之，球形最少。

　　在大小方面，从总体上看，砸击石锤最大，锤击石锤次之，琢击石锤最小。

　　可见，革新桥人所使用的三种石锤，在素材的选择上有所区别，目的性比较明确。砂岩在三种石锤的所有岩性中比例最高，说明这种岩石很适合用作石锤。辉绿岩、玄武岩硬度和韧性都较好，因此在三种石锤中均占有较高的比例。而其他岩石或是韧性较差而容易崩裂、或是结构面多而容易破碎，很少被选用。

　　总之，由于用途不同，革新桥的石锤可分为锤击石锤、砸击石锤和琢击石锤。锤击石锤主要用于打制石器和磨制石器毛坯的制作；砸击石锤主要用于磨制石器毛坯和研磨器毛坯的制作；琢击石锤主要用于制坯阶段的修整。这三种石锤 95% 以上都是选用合适的砾石不作任何加工便直接使用，这种砾石通常为扁长形、三角形和长条形，岩性以砂岩、辉绿岩和玄武岩为主，大小多在 10～15 厘米之间。但也有少数石锤的素材不是砾石，是较大的细砂岩砾石断块（多为石砧断块）、砍砸器残件甚至是砍砸器、研磨器等。三种石锤在岩性、大小、形状以及使用部位上都有一定的差别。

# 二　石　砧

革新桥的石砧都是选取自然的岩块或砾石作为原料，没有经过加工而直接使用。在选料上有两个方面值得注意，一是原料的岩性，另一个是原料的形态。

尽管遗址周围可供石料的岩性多种多样，但革新桥人选作石砧的石料岩性明显比石锤少，只有砂岩、辉绿岩、硅质岩、石英岩四种，其中砂岩最多，占80%以上，其次为辉绿岩，石英岩最少。砂岩中可分为中砂岩和细砂岩两种，其中细砂岩占多数。从岩石的"三性"看，砂岩、辉绿岩和石英岩都比较适合做石砧，但革新桥人使用的石砧大多数都是砂岩，这可能与砂岩石料在遗址周围分布丰富、容易获取有关。因为石砧中岩块占多数，而根据我们的调查，遗址周围所见的岩块均是砂岩；而在砾石中也是砂岩占有多数。因此，石砧原料的选择，表明革新桥人对遗址周围岩石的分布情况非常了解，并充分利用遗址附近的石料资源就地取材，设置石器制作场。

石砧原料的形态几乎都是扁平。尽管许多石砧都是残缺的，完整者不多，但从石砧器身上所保留的石皮看，石砧的最初形态基本上是一面或两面扁平的。由于石砧一般都是置于地面上使用，向下的一面如果是扁平的，石砧就容易固定，便于使用。革新桥的石砧均为扁平的，可见，革新桥人在选料时已经认识到适合做石砧的石料。

总体而言，革新桥的石砧是加工工具中尺寸最大的，尤其是以岩块为原料者，器型相当大，最大者重达40公斤；但同时存在一部分小型石砧，这些小石砧基本上都是以砾石为原料的。革新桥人之所以选用尺寸大的岩块做石砧，同时又选取一部分小型的砾石作石砧，是因为两种石砧的用途有所不同。从石砧上的使用痕迹看，大型石砧通常存在较多的砸击疤痕，疤痕大而深，特别是窝状凹坑通常发现于岩块石砧上，表明革新桥人在制作石器时可能在大型石砧上进行较多的粗重作业，如砸击器身制作粗坯；同时有的大型岩块石砧还有明显的磨面，表明石器打制成坯后即在这类石砧上进行磨制，把石砧兼作砺石使用。而尺寸较小的砾石石砧，通常以点状的坑疤为主，表明这种石砧更多地用于比较精细的石器加工，如在小石砧上作进一步的加工。当然，革新桥石砧的用途可能不仅限于石器的制作，应还有其他用途，特别是圆状窝坑和橄榄状窝坑很可能是砸击坚果形成的使用痕迹。

石砧的使用部位一般多在器身的两面。对于大的石砧，使用疤痕多集中在一面的中间和边缘部位，尤其是凸起的部位，如标本T306②：454（图二四九，1）；而对于小石砧，使用痕迹常常集中在器身一面的中间，如标本T307②：732（图二四九，2）。有的石砧，尤其是大石砧，两面都有明显的使用痕迹，而且出土时疤痕深的一面总是向下，表明革新桥人对这类石砧两面都使用，当石砧的一面经过反复使用，形成许多凹坑不便于继续使用时，将石砧翻转过来，使用另一面。

图二四九　革新桥石砧的使用部位
1. T306②：454　　2. T307②：732

## 三　砺　石

砺石是制作磨制石器必不可少的加工工具。有的磨制石器的制作可以不用石锤和石砧等加工工具，但必须使用砺石加以磨制。从革新桥遗址出土的磨制石器看，个别石器由于选取的砾石在大小和形状上与所要制作的石器一样，因此不需要用石锤和石砧进行打坯，而是利用砺石在石料的一端直接磨出刃口而成。

和石锤、石砧等加工工具一样，革新桥人所用的砺石没有经过加工，而是将自然的岩块或砾石直接使用。这些砺石硬度不高，所以许多在使用过程中由于各种原因而断裂，造成不同程度的残缺；棱角也有轻度磨蚀。从保存比较完整的标本看，革新桥人所用的砺石在大小和形状方面都不怎么讲究，因为砺石尺寸差别很大，最大者长超过37厘米，重达12.5公斤；形状也多种多样，而且形状不规则的占有很高的比例。然而，在原料的岩性方面，只有砂岩一种，其他种类的岩石一概不用，表现出高度的一致性。这些现象说明革新桥人在选择砺石原料时尺寸不讲究，大小要求也不高，而注重的则是原料的岩性。

从磨痕的深浅程度看，砺石使用时间的长短有所不同。有的标本磨面很浅，基本上是平的，而有的磨面很深，变成深弧凹的磨面。有时在同一件标本上也出现这种情况。如标本T103⑤：501，原料为中砂岩岩块，部分残。在正面、背面和一侧各有一个磨面。其中正面的磨面最大，磨面平坦，两端略微翘起，大小约为16×8厘米；背面的磨面严重向一端倾斜，略弧凹，不完整，大小约为10×5厘米；侧边磨面占据侧面的绝大部分，磨面不深（图二五○）。

器身多面分布有磨痕的标本一般都是小的，而且形状多不规则，岩性几乎都是中砂

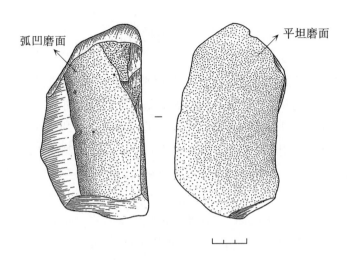

弧凹磨面　　　　　　　　　　平坦磨面

图二五〇　革新桥砺石

岩。这类标本，尽管有的很小，但与磨面相对的底面还是比较平。我们曾经推测这些体小的砺石在使用时，是否用手执握作来回运动使用。然而，尽管体型不大，但器身棱角突出，不便于手握。而通过比试，当磨面向上将器身置于地面时，器身还是平稳，磨面由一端往另一端倾斜，使用还是很顺手。因此，这些体小的砺石更有可能是置于地面或平整的地方使用。

砺石中不少还兼作石砧使用，而且不同的标本兼用的程度不同。从器身保留的用作石砧的痕迹看，有的很少，有的很多，甚至多到砺石和石砧并重的程度，此时很难说是以哪个为主了。一般来说，兼作石砧使用的标本都是尺寸较大，而且有一面或两面较平，用作石砧产生的使用痕迹通常分布于较平坦的一面。

## 四　磨　石

革新桥遗址发现一种新的加工工具，它的原料约为拳头大小的略呈三角形的砾石，在角端有平整光滑的磨面，与一般的砺石有明显的区别，我们称之为磨石。

磨石的岩性绝大多数都是细砂岩，磨面位于砾石的一端或两端，磨面平坦、细腻光滑。器身很少有其他使用痕迹，可见其用途单一。由于器型不大，使用面小，且位于器身的角端，推测使用时不同于砺石置于地上使用，而是用手把握着使用。虽然器身不算大，但所选的石料质地坚硬致密，重量较大，一般在1100克左右，因此用手握着使用时，能利用工具的重量对加工的物体进行压磨。这种工具数量上虽然远少于石锤、石砧、砺石等加工工具，但也有七八十件。至于具体用途，目前尚不清楚，有待今后更多的发现和研究。

## 五　窄槽砺石

窄槽砺石也是革新桥遗址出土的一种比较特别的加工工具。它的石料基本上是岩块，器身上的磨痕窄长，两侧深，中间弧凸，断面略呈凸弧形。这种工具在越南的北山文化中有较多的发现，器身上这种使用痕迹被命名为"北山痕迹"（Nguyen，2007；Ha，2001）。从使用痕迹看，这是一种用来磨制凹刃工具的砺石，而且被磨制的工具质地可能主要是细小的管状骨器和竹器。由于这类器物的原料为有机质，难以保存下来，实际上遗址也未发现此类器物。

窄槽砺石的选料比较讲究，通常选用质地细腻的细砂岩、粉砂岩、泥岩和板岩岩块作为原料，尤以泥岩数量最多。器型不大，多数的长度在 10 厘米以下，远比普通砺石小。器身上磨痕通常为两三条，长度只有几厘米，深浅不一；磨痕基本上都是直的，有的磨痕由于推磨的长度逐渐缩短，以致尾段的磨面出现覆叠瓦状。由于这种工具尺寸小，形状往往不规整，置于地上不便于操作，而磨制器物时用力不会很大，推测使用时将之固定于一个手上，另一手执被加工的器物作来回推磨。

## 六　小　结

革新桥遗址出土的加工工具主要有石锤、石砧、砺石、窄槽砺石、磨石等，这些加工工具的原料 95% 以上都是天然的砾石或岩块，它们没有经过特意加工便被直接使用。不同器类，在原料岩性、大小、形状等方面都有明显的差异。总的来说，石锤的原料基本上是砾石，岩性种类较多，大小差异不大，形状多种多样；锤击、砸击、琢击三种用途的石锤之间也有一些差别。石砧的原料有岩块和砾石两种，前者尺寸大，器身扁平，基本上都是砂岩；后者尺寸较小，岩性种类也较多，但仍以砂岩为主，器身至少有一面是扁平的；不同大小的石砧，在具体用途和使用部位等方面也有一定的差别。砺石的原料分岩块和砾石两种，以岩块为主；大小差别大，形状多不规则；岩性单一，几乎都是砂岩。个体大的砺石，一般只有一个或两个磨面，而个体较小的可以有三个甚至更多的磨面。尺寸较大的砺石，有的还兼作石砧使用。窄槽砺石基本上都是以质地细腻的岩块为原料，个体细小，形状多不规则；磨痕特别，呈中间弧凸的沟槽形，可能是固定在手上使用。磨石的原料均为略呈三角形的砾石，质地较细腻，硬度较高，器身厚重，大小比较一致；使用部位在砾石的角端，磨面小而光滑；可能是手执压磨其他东西，但具体用途尚不明确。

总的来说，革新桥人制作石器时使用的加工工具种类较多，功能和用途明确。由于不同种类的加工工具的用途不同，在原料的选择上多较讲究。

# 第三节 打制石器的制作

## 一 石片的打制

打片是制作打制石器的主要活动之一。史前人类为了获得合适的石片，用石锤打击石核以产生石片。打下的石片通常具有打击点、半锥体、同心波、放射线等特征。

革新桥遗址打制石片的方法包括直接锤击法、锐棱砸击法、碰砧法。所谓锐棱砸击法就是砸击法的一种特殊方式。原理与砸击法相同，不同的是，这种方法用石锤的侧面砸向倾斜的被砸击石核的一侧。打下的石片没有台面和打击泡，有粗大的打击点，石片角小于 90 度，破裂面平坦。这种打片方法最初发现于贵州穿洞遗址，在云贵高原有广泛的分布。革新桥的石片大部分为锐棱砸击法打制，锤击石片在数量上居于第二位，碰砧石片最少。

革新桥人打制石片时，对打击台面几乎不加修理，而是直接以砾石面为台面。在我们所观察的石片中，除一件是以片疤为台面外，其余都是砾石面台面。石片的边缘锋利，尤其是锐棱砸击石片，除远端外，两侧边缘也很锋利，但所有石片都很少发现有使用痕迹。

革新桥的石片不管是用哪种方法打制的，都具有一个共同的特点，就是石片的背面几乎都保留有砾石面，全部是砾石面的占 90% 以上，是用锐棱砸击法打制的。这表明革新桥人在打制石片时对石核的利用率不高。其原因可能有两个：一是原料丰富，没有必要在同一个石核上反复打片；二是锐棱砸击法打的石片通常是初级石片，背面一般没有片疤。

此外，革新桥的石片一般较小，尺寸不大。虽然革新桥的原料中存在可用来打制大石片的石核原料，但革新桥人没有打制出大石片，这可能说明革新桥人不习惯制作大石片，或者他们根本就不需要这类大石片。

## 二 砍砸器的制作

在革新桥遗址中，砍砸器是打制石器中的主体。从第四章对砍砸器的介绍中可知，革新桥人制作砍砸器的原料几乎是扁平状的砾石，岩性种类不多，只有砂岩、石英砂岩、辉绿岩、石英岩和硅质岩五种，以砂岩为主。可见，革新桥人对砍砸器石料的选择也比较讲究。

砍砸器制作可分为两个阶段；第一阶段是打坯，第二阶段是修整。对于用砾石直接制作的砍砸器（石核石器），打坯阶段就是对砾石的加工部位进行剥片，打出刃面和初步的刃口，这时加工面上的片疤都是较大的。由于器身厚薄不同，片疤的层数不一样，器身薄的基本上只有一两层，如标本 T203④：44（图二五一），厚的往往有三层，如标本 T203④：48（图二五二），厚度中等的一般有两层。修整阶段一般是对刃缘进行修整，采用硬锤打击，修整痕迹不多，往往限于局部，修整的片疤很小。对于用石片制作的砍砸器（石片石器），第二步加工通常没有大的剥片，加工面上也只有一两层片疤，因此石片毛坯的形状没有太大的改变，修整也多限于局部刃缘。剥片和修整的打击方向一致，均由砾石的一面向另一面打击。

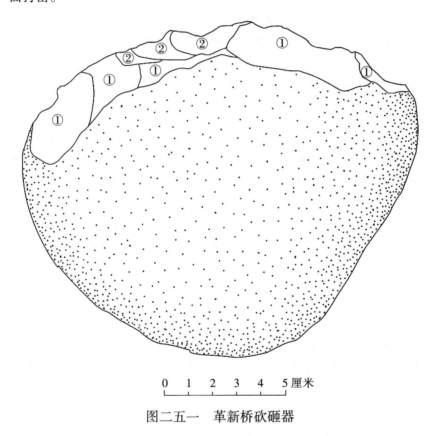

0　1　2　3　4　5厘米

图二五一　革新桥砍砸器

砍砸器制作简单，刃缘部位往往只做局部修整，因此，这种简单的加工为我们观察研究石器的制作技术提供较好的条件。因为在刃面上通常可以看到最后剥片的完整片疤，由此可以判断剥片的方法。从保留的完整片疤看，多数砍砸器的打击点比较集中，片疤深凹，表明主要是使用直接锤击法剥片，如标本 T307②：4249（图二五三，2）。但也有少

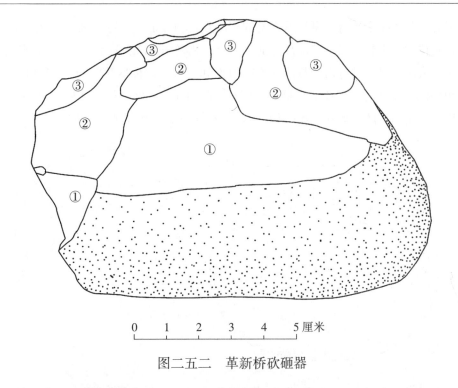

0　1　2　3　4　5 厘米

图二五二　革新桥砍砸器

图二五三　革新桥砍砸器
1. T306② : 123　2. T307② : 4249

数的片疤比较浅平，打击点不明显，应是使用碰砧法进行剥片，如标本 T306② : 123（图二五三，1）。因此用砾石直接制作的砍砸器（石核石器）在打坯阶段主要使用锤击法剥片。

　　砍砸器的制作除了具有先剥片后修整的程序外，剥片也有一定的顺序。从片疤清楚且保存相对完整的标本看，只有单层片疤的砍砸器，用锤击法剥片时，一般是从刃缘的一端开始剥片，依次向另一端打击，打出初步的刃面和刃缘，如标本 T203④：52（图二五四，1）；而用碰砧法剥片时，剥片似乎是先从砾石弧凸边缘的中间开始，然后往第一片疤两侧延伸剥片，打出初步的刃面和刃缘，如标本 T306②：123（图二五四，2）。

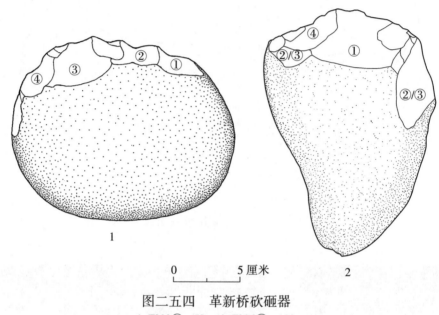

图二五四　革新桥砍砸器
1. T203④：52　2. T306②：123

　　革新桥有一种形式较为独特的砍砸器——尖状砍砸器，它具有砍砸器和尖状器双重功能。这种工具的制作既不同于一般意义的尖状器，也有别于双边刃砍砸器。其通常选用扁长的砾石作原料，加工时砾石的一侧全部经过剥片和修整，打制出一侧刃，加工比较精致；而在把手相对的一端打出一条大致横向的刃，加工比较简单，有的仅由一个大的片疤构成，一般未经修整。两条刃在加工的一侧相交，形成一个短尖，尖部通常经过修整，如标本 T307②：116、T308②：2572 等（图二五五）。这种工具具有一定的数量，形制稳定，应是革新桥人特意制作的一种器形。

# 三　尖状器的制作

　　通常选用扁长形砾石作为原料，在砾石的两侧向一端加工出一个尖，一般由较为扁平的一面向较凸的一面打击，打击方向斜向把端，与器身长轴相交成锐角，如标本 T307②：

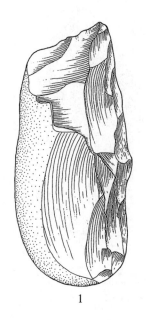
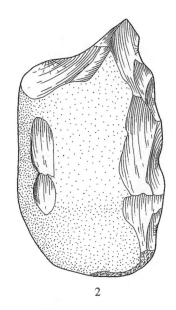

1　　　　　　　　　　2

图二五五　革新桥尖状砍砸器
1. T307②：116　2. T308②：2572

93（图二五六）；修整多集中在尖部或靠近尖部的部
位。用锤击法打制，单面加工。许多标本的加工仅限
于两侧的上部，下部至把端通常保留砾石面，如标本
T305②：13 和 T204④：123（图二五七）。部分标本的
左侧作垂直砾石面打击，以致侧缘形成一个断裂面或
陡直的加工面，而右侧经过较多的剥片和修整，加工
出一条刃；这似乎表明使用部位在尖部和右侧边，如
标本 T103⑤：5、T207 ④：125（图二五八）。有一定
数量的标本两侧加工很不对称，左侧的加工不到一半，
而右侧大部分经过加工，甚至加工到把端。从加工面
上观察，这种尖状器的制作是先在砾石的一侧边（通
常是右侧）加工，整条边都经过剥片，然后再在相对
的一侧边的上部剥片，从而在端部加工出一尖，修整
主要在长边和尖部。这种加工方式类似于尖状砍砸器。

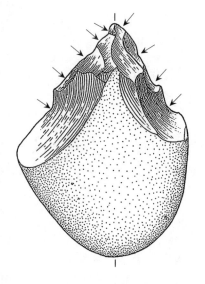

图二五六　革新桥尖状器

制作简单，加工面多由一层片疤或两侧片疤组成，具有三层以上片疤的标本极少；器身大
部分保留砾石面。

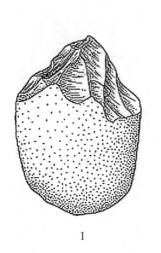
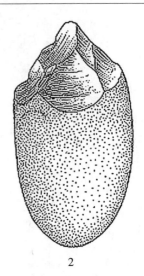

图二五七　革新桥尖状器
1. T305②∶13　2. T204④∶123

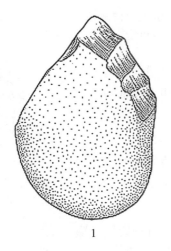
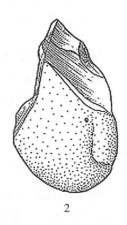

图二五八　革新桥尖状器
1. 103⑤∶5　2. T207④∶125

## 四　刮削器的制作

在革新桥遗址出土的打制石器中，刮削器数量不多。原料包括砾石和石片两种，以砾石为主；所选的砾石一般较小，其中一面扁平；岩性有砂岩、硅质岩、辉绿岩、石英岩、板岩五种，其中砂岩最多，次为硅质岩。这种情况和砍砸器大同小异。

刮削器制作也可分为打坯和修整两个阶段，对于用砾石直接制作的刮削器，打坯阶段就是对砾石的加工部位进行剥片，打出刃面和初步的刃口，由砾石扁平的一面向较凸的一面打击；修整阶段往往是对刃缘作局部加工，整条刃缘都经过修整的标本极少，修整时的打击方向与剥片相同。对于用石片制作的刮削器，第二步加工通常由石片背面向破裂面打击，剥片不大，一般只有一两层片疤，第二步加工没有明显改变石片毛坯的形状，修整也多限于局部刃缘。

从保留的完整片疤看，多数刮削器的打击点比较集中，片疤深凹，刃缘多呈锯齿状，应是使用直接锤击法剥片，如标本 T310②：4 和 T307②：3143（图二五九），因此用砾石直接制作的刮削器（石核石器）在打坯阶段主要使用锤击法剥片。

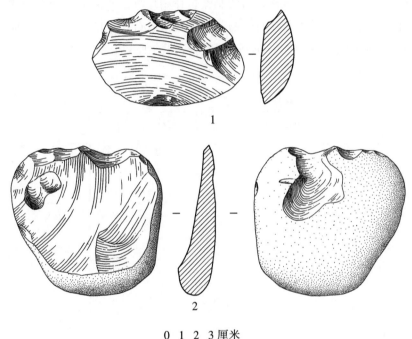

0　1　2　3厘米

图二五九　革新桥刮削器
1. T310②：4　2. T307②：3143

# 五　小　结

革新桥遗址打制石片的方法包括直接锤击法、锐棱砸击法、碰砧法。台面不加修理，而是直接以砾石面为台面。绝大多数石片的背面没有片疤痕迹，这表明革新桥人在打制石片时对石核的利用率不高。石片一般较小，尺寸不大。

打制石器（工具）的制作一般都经过剥片和修整的过程，但不同的器类、不同的毛坯，剥片和修整的情况有所不同。砍砸器由于通常都是用砾石加工而成，素材大而厚，因此在制作过程中经过较多的剥片，才能打制出一个合适的刃面，然后在刃缘部位再加以修整，从而加工出刃口。而刮削器一般比砍砸器小，素材多轻薄，一般剥片不多，加工面最多也只有两层片疤，片疤亦较小；以石片为毛坯的，由于石片本身较薄，一般没有必要经过很多的剥片，而且加工面往往只有一层片疤；有的石片毛坯甚至没有经过剥片，而只是在边缘稍作修整便可形成一个工作刃。可见，革新桥人在制作石器时，根据不同的素材，采用不同的加工方式，进行繁简相宜的加工，表现出较高的认知能力和制作水平。

革新桥打制石器的制作工艺可分为两种，一种是制作石核石器（砾石石器）时，先行剥片，打制成坯，再作修整；另一种是制作石片石器时，先从石核上打下石片，再以石片为毛坯进行第二步加工。对于石核石器的制作，在剥片时，通常采用锤击法和碰砧法，修整时则更多使用锤击法。对于石片石器的制作，在获取石片毛坯后，第二步加工一般采用直接锤击法，其他方法少见使用。革新桥打制石器的加工步骤及各阶段制作技术归纳起来，可如图二六○所示：

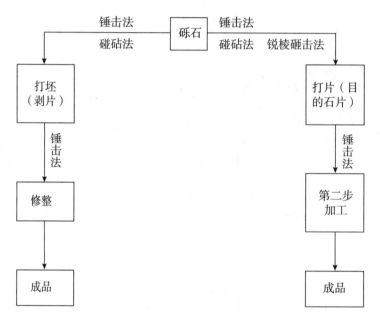

图二六○　革新桥打制石器加工步骤及各阶段制作技术示意图

革新桥打制石器的加工方式基本上只有一种，即单面加工，两面加工罕见，即使是两面加工，还是以一面加工为主，另一面的加工是辅助性的。制作石器时，通常由较平的一面向较凸的一面打击，这在刮削器中尤为突出。

打制石器的加工部位，往往位于器身的一侧或一端，其他部位很少加工，特别是石核石器，不管是哪种器形，加工面不到器身面积的一半，而大部分保留砾石面，通体加工的标本罕见。这表明革新桥人在选取石料时，在石料的大小和形状方面要求严格，所选的石料在这两方面都比较接近要制作的石器，这样他们在制作石器时只要在原料的局部进行简单的加工，即可成器，既简便快捷，又经济实用。

## 第四节　磨制石器的制作

磨光石器分为两种：一种是被加工成特定的大小和形状并利用磨制技术进行磨制的石器，如斧、锛、凿等；另一种是用于研磨其他物质如植物或色料的工具，这种工具包括石杵、石臼等。前者叫磨制石器（manufacture－ground），后者叫使用磨面石器（use－ground）（Odell，2004）。这两种磨光石器在革新桥遗址中均有发现。由于使用磨面石器通常没有经过制作，因此不列为此次观察和讨论的对象。

磨制石器分为生产工具和装饰品，前者包括斧、锛、凿、切割器、研磨器、石拍等，后者只有石璜一种。穿孔石器只发现一件，而且没有磨制，穿孔也较小，且出土时已断裂为两半。从甑皮岩等广西其他新石器时代遗址出土的穿孔石器成品看，一般都是经过磨制，因此革新桥的穿孔石器应归到磨制石器之中。

## 一　斧、锛、凿的制作

斧、锛、凿是新石器时代遗址中常有出土的磨制石器，革新桥遗址也有出土。革新桥出土的磨制石器中，如果把毛坯、半成品和成品算在一起，斧、锛、凿三种器形占了磨制石器的70%以上。总体上说，革新桥的斧和锛大同小异，两者的主要差别是刃部的形制不同，斧是两面刃，锛是单面刃；而锛和凿（不包括凹刃石凿）的主要差别是前者的器身较短而薄，后者的器身较长而厚。在制作工艺上，三者也没有大的差异，从选料到打坯，再到磨制，基本都一样。因此，下面我们仅对石斧的制作工艺作一具体的观察和分析，其余两种器形从略。但通过对石斧制作工艺的研究，我们也就基本上可以了解其余两种器形的制作工艺了。

1. 石斧的打坯

制作石斧的素材有砾石和石片两种，以砾石为主；岩性主要是细砂岩和石英砂岩。由于素材的大小和形态不同，制作的步骤和加工的程度也不一样。通过对出土石斧标本的观察，我们发现，革新桥的石斧加工工序有两种情况：一是不经过打坯，直接磨制成器；二是先打坯，再磨制（图二六一）。属于第一种情况的标本很少，而且其尺寸都比较小，器身也比较薄，形状规整对称。这种标本除刃部经过磨制外，完全是砾石形态，最多只是在靠近刃部的一端有两三个不连续的打击片疤，这种片疤通常分布在一面的两侧。如标本T305②:338，器身一面的下半部经较多磨制，近刃端两侧各有一个小片疤；另一面仅磨

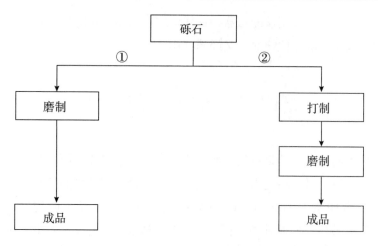

图二六一　革新桥石斧两种不同制作工序示意图

制刃部，余为砾石面；刃口锋利，刃口的中部有一个可能是使用所致的崩疤（图二六二）。这种疤痕不太像是为了打坯而产生的，因为仅仅这两三个不大的片疤既改变不了器身的形状，对器身也不能减薄，又不是修整石器，器身已非常规整。我们通过对标本的反复把握，发现可能是为了在使用时更有效地抓握工具而特意打制的疤痕，因为这种标本尺寸都较小，长度不到9厘米，如果把工具放在手掌中，四指与拇指对握工具，刃口基本上在手掌边缘，简直无法使用；如果工具的把端顶在掌心，用手指抓握工具，拇指放在一边的打击疤痕上，则抓得紧而牢固，拇指也不会滑移。倘若如此，这类标本未经过真正意义的制坯阶段，而是用砾石直接磨刃而成。这种不经打坯的情况，在半成品的标本中也能见到。

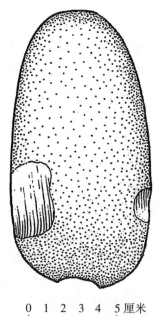

0　1　2　3　4　5厘米

图二六二　革新桥石斧

　　革新桥的石斧绝大多数都是先经过打坯，然后再磨制。在制坯阶段所使用的打击方法有锤击、砸击和琢击。锤击法和砸击法主要用于粗坯的制作，如器身的减薄、减宽等。使用砸击法对器身进行减薄时，将石料侧立于石砧上，用石锤进行适当力度的砸击时，就能从两侧剥片，所产生的片疤浅薄，反复的砸击就能够把器身减薄到合适的程度；如果要从一面剥片，就将石料略向操作者倾斜进行砸击。对于较宽的石料，则采用锤击法进行减宽，使器身变窄。由于此种打击方法所产生的片疤比较深凹，因此用力不大，只在边缘打击，打击方向与器身平面大致垂直。琢击法用于毛坯的进一步加工和完善，主要用来琢打片疤之间相交形成的棱脊以及器身边缘的修直和平整。

在打坯阶段，由于素材的不同，制作的方法和加工部位、加工程度也不一样。有的石料在大小和形状已非常接近于所要制作的工具，在制坯时只需在石料的一端打制出刃口即可，其他部位无需加工；有的加工一面，有的通体加工。从观察众多的标本看，制坯阶段通体加工的标本大体上可分为初期、中期、后期和末期四个阶段。

初期　毛坯制作的最初阶段。一端有一两个打击片疤痕，或单面打或两面打，尚未形成刃口，器身其他部位无加工痕迹。例如，标本 T207④：4324 在扁长砾石的一端朝两面打击，在端部的两个面各形成一个片疤，片疤一个在左，一个在右（图二六三，1）。标本 T208③：8 在扁长形砾石的一端初步打击，在端部的一面形成一个较大而深凹的片疤。打击点不在器端的中间，而偏向一侧，与器身长轴形成较大的交角（图二六三，2）。

中期　这个阶段的产品器身经过较多打制，但尚未开刃。例如，标本 T206⑤：970，器身厚重，横截面近三角形。加工仅限于两侧，背面隆突，未作加工，仍保留砾石的三角形截面，刃部尚未打出（图二六四，1）。标本 T206⑤：4475　两侧均经过较多的打击，片疤层层叠叠，两端圆厚，未经加工，也尚未开刃（图二六四，2）。

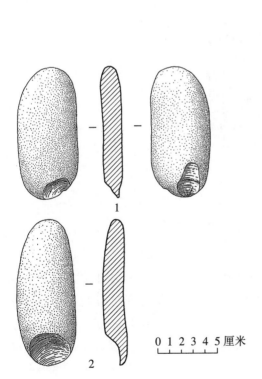

0 1 2 3 4 5 厘米

图二六三　革新桥斧（锛）初坯
1. T207④：4324　2. T208③：8

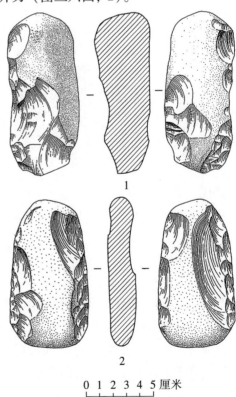

0 1 2 3 4 5 厘米

图二六四　革新桥斧（锛）毛坯
1. T206⑤：970　2. T206⑤：4475

后期　这个阶段的产品除尚未打出完整的刃口外，其余部位基本完成制坯工作，有的可能还要进行琢打修整。例如标本 T103⑤：226　几乎通体打制，两侧也经过琢打，器形规整，但刃部圆厚，还需加工出刃口（图二六五，1）。标本 T206⑤：157　器身大部分经过加工，两侧对称，边缘也经过琢打修整，但尚未打出完整的刃面和刃口（图二六五，2）。

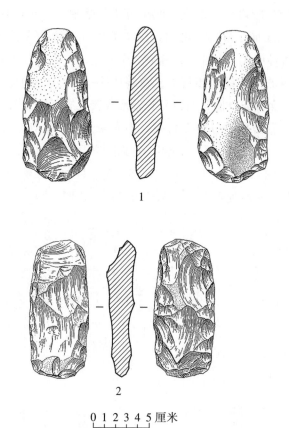

0 1 2 3 4 5 厘米

图二六五　革新桥斧（锛）毛坯
1. T103⑤：226　　　2. T206⑤：157

末期　毛坯成型阶段。除器身制作规整，形态对称外，刃部也加工完成，具有完整的刃面和平齐的刃缘。例如，标本 T308②：2575，器身大部分经过打制，形制规整对称，刃部两面加工，刃缘平直，双面刃（图二六六，1）。标本 T206⑤：4479，几乎通体剥片，刃部已打出刃面，刃缘弧凸，器身轮廓对称，边缘规整，部分经过琢打（图二六六，2）。

2. 石斧的磨制

石斧的磨制比较简单，就是用砺石将成形的毛坯进行磨制，磨出锋利的刃口，同时磨掉器身棱角，使器身光滑。至于怎样磨制，就不清楚。民族学资料表明，位于巴西的 Heta 印第安人在磨制石斧时，拿来大的砺石和装有白膏泥的容器对琢打成形的斧坯进行磨制。制作者把斧坯放进容器的白膏泥中，然后拿出来置于砂岩砺石上进行磨制。磨制部位主要在斧的刃部，而把端却未加磨制，以利于加装木柄使用（George，2004）。革新桥人磨制石斧可能也是使用 Heta 印第安人制作石斧的类似方法。

革新桥石斧的磨制分为局部磨制和通体磨制两种。局部磨制就是磨制刃部和器身的一部分，而通体磨制则刃部和器身全部都经过磨制。这里需要说明的是，通体磨制和通体磨光是两个不同的概念，通体磨制就是器身的每个部位都经过磨制，但可以保留有制坯时的打击疤痕；而通体磨光不仅器身每个部位都经过磨制，而且器身光滑，没有保留疤痕。革新桥的磨制石器大多属于前一种。

革新桥局部磨制的石斧还可进一步分为只磨刃部和磨刃部及器身两种。前者很少，只有几件，后者占绝大多数。但不管是哪一种，刃部都

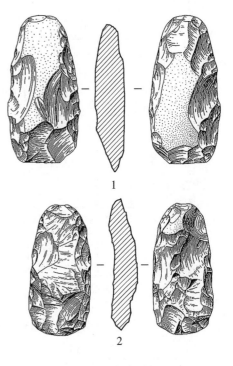

0 1 2 3 4 5 厘米

图二六六　革新桥石斧毛坯
1. T308② : 2575　　2. T206⑤ : 4479

经过精磨，刃面光滑，几乎没有保留打击疤痕。而器身的磨制却程度不一，有的只作粗略磨制，磨痕通常见于器身局部较凸起的地方；有的磨制较多，器身大部分都经过磨制，但尚未达到通体磨制的程度，因为有的部位根本没有磨痕。

对于通体磨制的标本，虽然器身各部位都磨过，但还保留或多或少制坯时的打击疤痕，这些疤痕通常是较深凹的，或是位于器身比较低凹的部位。因此，如果未经很多的磨制，是难以磨掉的。根据器身保留打击疤痕的多少，革新桥通体磨制的石斧又可分为多疤和少疤两种，多疤就是器身表面以疤痕面为主，磨面加起来未能超过器身一半；而少疤的意思则刚好相反，指的是器身表面以磨面为主，疤痕面加起来未超过器身一半。虽然通体磨制的石斧器身仍保留有打击疤痕，但刃部却经过精磨，刃面光滑，不留疤痕。这类标本在革新桥的磨制石斧中较多。

通过以上的观察和分析，我们对革新桥石斧（包括锛、凿）的制作工艺有了一定的了解。其不同的制作阶段、制作方法以及加工方式，可用下图来表示（图二六七）。

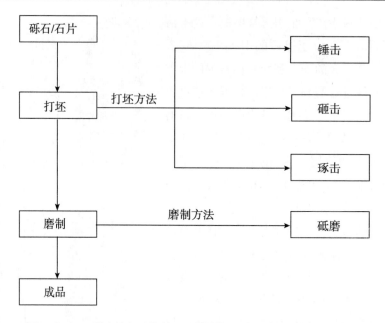

图二六七　革新桥石斧第二种制作工序及加工方法示意图

3. 凹刃石凿的制作

凹刃石凿是革新桥遗址新发现的一种工具，从其大小和形制上看，在广西以往的新石器时代遗址中未曾发现过。这种工具粗大厚重，器形规整，制作精致、美观。通过对这种石器的观察，我们发现其制作经历选料、制坯和磨制三个阶段（图二六八）。

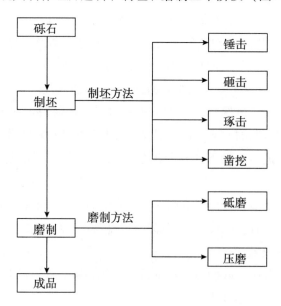

图二六八　凹刃凿制作工序及加工方法示意图

　　原料选择，选用火成岩、石英岩和砂岩砾石，这些原料中，火成岩、石英岩韧性较大，结构较均匀，敲打时不易断裂，因此是制作凹刃凿的较好石料。制作凹刃凿的砾石都是扁长形或长条形的，大而厚重。

　　在制坯阶段，通常是通过剥片和琢打来减小器身的宽度或者修直两侧；而刃部的加工则主要通过剥片、凿挖和琢打来实现；器身正面的加工及由刃部深入器身的凹槽制作使用了琢击法和凿挖法。对这类标本的观察，我们发现在毛坯制作的早期阶段，器身一侧或两侧的较凸部位布满琢击或砸击疤痕，而在器身一端是一个由打击片疤组成的中间略凹的加工面，显然器身两侧的打击是为了修直侧边，端部的加工是为了开刃，如标本 T516②：6（图二六九）。有的凹刃凿毛坯器身上的凹槽以及刃部的凹面布满豆状和米粒状坑疤，表明这些部位的加工是使用琢击法和凿挖法，这种现象在标本 T205⑤：2281 表现得非常清楚。该标本出土时已断为两段。在砾石一面的上半部加工出一个低凹的面，而位于低凹面的一端也已加工出一个明显的凹面，显然是为了制作凹刃凿的刃部和连接刃部的器身凹槽。从加工面看，侧边主要为琢打的疤痕，而正面是许多小凹坑、崩疤和指甲印形状的疤痕。这些凹坑和疤痕可能是琢打、凿挖形成的，而刃部的凹面主要是剥片形成的片疤面（图版三四四）。可见，凹刃凿在制坯阶段使用了剥片、琢打和可能是凿挖的加工方法。但使用何种凿挖工具，目前尚不清楚。

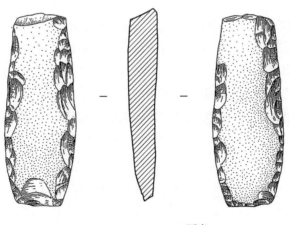

0　2　4　6　8　10 厘米

图二六九　凹刃凿毛坯

　　打制成坯后，凹刃凿的加工便进入磨制阶段。磨制时可能使用了两种或两种以上的加工工具，一种是砾石，用来磨制器身背面、两侧和正面除凹槽及刃部以外的部位；另一种可能是磨石，用来压磨凹刃和由刃部深入器身的凹槽。但磨石的使用应是在凹刃和凹槽的精磨阶段，即磨制的开始阶段可能还使用别的磨制工具进行初步磨制，之后才使用磨石进行最后的加工，因为所有磨石的磨面都是很光滑的，如果用在磨制的初始阶段，磨面不可能都那么平滑，应产生或多或少的摩擦条痕（凹槽的磨制应是来回推磨的）；而且，磨石都是坚硬、质地细腻的岩石，如果刃部的凹面和深入器身的凹槽一开始就使用这种磨制工具，则非常耗时。因此，应当是用其他工具先磨，但又不像是通常的砺石，因为如果是使用通常的砺石磨制，则在砺石上会产生类似窄槽磨石的使用痕迹，即磨面中间弧凸。但我们观察了所有的砺石，都没有发现这种磨面。因此，要解决这个问题，还需今后更多的发现和研究。

## 二　切割器的制作

切割器在磨制石器中属于数量较少的一类，在成品中占比例很小。素材几乎都是石片，岩性为硅质岩和细砂岩。可分为两类：第一类在形制上和斧、锛相同，但器身特薄小；第二类形状略呈刀形，刃部在器身一侧上部并延伸至刃端。两类的加工略有不同。

第一类切割器的制作工艺和斧、锛、凿的大体相同，素材一般为小而薄的石片，经过打坯和磨制。制坯时通常两面打击，有的通体加工，有的保留部分砾石面；使用砸击法、锤击法和琢击法进行打制。磨制时，主要磨刃部，器身略磨，保留较多的打击疤痕和砾石面。

第二类切割器的加工重点在刃部的加工，而器身其他部位的加工粗糙，形制不太讲究，因而器形往往不够规整。通常选取较薄的石片作为素材，制作时可分打坯和磨制两个阶段。在打坯阶段使用砸击法、琢击法和锤击法打制，以砸击法为主；加工主要在两侧或周边，使器身变窄、侧边变直，而很少对器身进行减薄，这是由于素材本身较薄的缘故。在磨制阶段，刃部经过精磨，其他部位磨制比较随便，而且往往是粗磨，这种加工表现出较大的随意性。

## 三　研磨器的制作

革新桥出土的研磨器数量众多，形式多样。制作工艺既简单又复杂，从工序上看有四种不同的做法（图二七〇）。

最简单的一种是从河滩上挑选合适的砾石，不经加工即作工具直接使用。这种砾石通常是形状和大小与经过加工而成的研磨器基本一样，有一个适用于手握的把端和一个与把端相对较大而平整的适合研磨的磨面。要找到这样一个标准的天然石料确实不易，因此在遗址中这种研磨器极少。

第二种是从砾石上截取砾石素材后，将截面作为研磨面略加磨制，即可成器。这在半

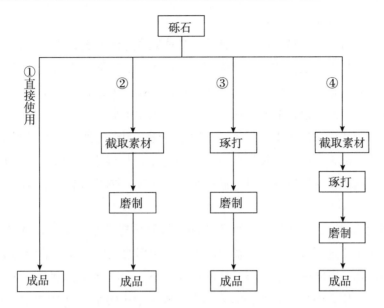

图二七〇　革新桥研磨器的四种不同制作工序示意图

成品中表现得很清楚，如标本 T308②：2611，素材为细砂岩砾石，一端的截面非常平整，截面已经过轻度磨制（磨制痕迹与使用形成的研磨痕迹不同，前者磨面低凹的地方没有磨痕，后者整个研磨面都有磨蚀的痕迹），未见琢打痕迹。采用这种工序制作的研磨器主要是柱形研磨器（图二七一）。

　　第三种制作工序不算复杂，但制作起来费工费时。其直接选取砾石作为素材，然后琢打成坯，再磨制成器。这种方法主要用来制作印章形和喇叭形研磨器。打坯时，整个器身均经过加工；磨制时，虽然整个器身也经过磨制，但重点磨制研磨面，其他部位略磨，因此器身上通常可见到残留的琢打疤痕。

　　第四种工序又可分两种：一种是截取素材、琢打和磨制研磨面，即：如果截面不平整，则稍加琢打，使其平整后再磨制成器。这种方法主要用来制作柱形和锥形研磨器。另一种是截取素材，琢打成坯，再磨制成器。这种方法主要用来制作腰鼓形、喇叭形研磨器。

　　革新桥的印章形、腰鼓形研磨器加工最为精致，器形对称美观，因此，其制作复杂，难度也大，最能反映出革新桥人制作研磨器的工艺水平。我们对这类研磨器各个阶段的标本制作进行了具体的观察，发现其制作大

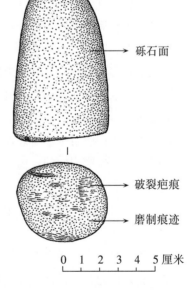

砾石面

破裂疤痕

磨制痕迹

0　1　2　3　4　5 厘米

图二七一　革新桥研磨器

概经过取材、打坯和磨制三个阶段。

　　第一阶段，取材。分两种情况，一种情况是选取合适的砾石作为素材；另一种是先选取长条形砾石，再从砾石上截取一段作为素材。这段砾石一端为断裂面，另一端为砾石的自然端。虽然砾石很粗，且是滚圆的，但砸击痕迹只有一个，且往往不清楚，断裂面也非常平整，由此可见工匠的砸击非常准确，砸击技术也相当娴熟。

　　第二阶段，制坯。采用琢击法打制，个别标本还兼用砸击法。在我们观察到的所有属于这类的标本中，都无一例外地使用此方法进行打击，如标本 T308②：3170，属于毛坯，除器身中部较平的部位保留砾石面外，通体都经过琢打，加工的部位全为琢打的疤痕（图二七二）。

　　从观察到的标本看，印章形研磨器所用的素材似乎都是完整砾石，且以辉绿岩居多，制坯时只使用琢击法进行琢打，包括器身的缩减、颈部的成形以及研磨面的平整。如标本 T308②：3170，几乎通体琢打了一遍，靠近器身较小一端已初步打制出一个"肩"，形成一圈略呈弧形的凹槽，而研磨面所在的一端也形成一个小的平面（图二七二）。另外，由于素材与要制作的印章形研磨器在形状上有较大的差距，因此需对素材作较大的改变，而这种改变只能通过琢打来实现。可见，革新桥人制作此类研磨器光是在制坯阶段就要花费很多时间。

　　第三阶段，磨制。研磨器制成毛坯后，经过磨制才变成最后的产品。虽然通体磨制，但器身的磨制通常比较粗糙，以至于制坯时的琢打疤痕仍隐约可见，有的甚至非常清楚，但研磨面却经过精磨，表面十分光滑。如标本 T206⑤：4414，通体加工，先琢打，后磨制，研磨面光滑，略呈弧凸，器身和把端弥漫性布满琢打疤痕，这些坑疤都被不同程度磨过（图二七三）。

　　至于研磨器磨制的方法、方式，仍不大清楚。由于研磨面一般是圆形或近圆形，表面平整，直径也不算大，因此在磨制研磨面时，可能是砾石置于地面或平台上，手握研磨器进行来回推磨或作旋转式磨制。而器身的磨制可能是边磨边滚动研磨器，使器身各部位得到均匀的磨制；但由于器身表面不是平直的，中部或上部弧凹，作滚动式的磨制也相当困难。研磨器如何磨制的问题尚有待今后的深入研究。

# 四　穿孔石器的制作

　　穿孔石器在广西许多新石器时代遗址中都有发现。对于它的制作工艺，也有过专门的研究，有人认为，此种器类的制作可能是使用琢打法或凿击法进行穿孔，然后用"钻"的方法完成制作（中国社会科学院考古研究所等，2003）。

　　根据对孔的观察，该穿孔石器的制作可能是，先选取扁圆形的砂岩砾石，然后在砾石

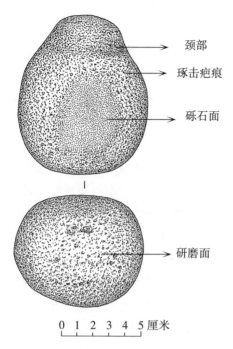

颈部

琢击疤痕

砾石面

研磨面

0 1 2 3 4 5 厘米

图二七二　印章形研磨器毛坯
的制作（早期阶段）

图二七三　革新桥研磨器

的两面中间对向凿挖出一孔，因为这样加工而成的孔，孔壁不直，两端孔口外张，呈喇叭状，最大的孔径在口沿，最小的孔径在中间。在较陡直的孔壁表面上，分布有许多绿豆大小的坑疤，而在较平斜的孔壁表面则分布许多条状或米粒大小的凹痕。绿豆大小疤痕应为琢打的痕迹；条状凹痕呈竖状排列，即由孔口朝向孔内，凹痕有的长达 1 厘米，凹槽上大下小，呈锥形，很可能是凿挖的痕迹。因此，该标本的制作可能使用了琢打法和凿挖法。孔壁较平直的部分有较明显的经过摩擦的痕迹，但没有磨制所形成的平滑的磨面，表明该器在凿挖后未经过磨制。而摩擦痕可能是使用时穿孔石器与木质材料如木棒等相互摩擦而成（图版二七四）。

## 五　石拍的制作

革新桥出土的石拍只有一件，且部分残缺。根据邓聪的研究，这种石拍是用来制作树皮布的工具，因此也叫树皮布拍（邓聪，2003）。其原料的岩性为褐色细砂岩。残存的器身，上端略窄，下端略宽。拍面为长方形，由横竖相交的沟槽组成；沟槽横截面呈 V 字形，深约 1 毫米，两面为切割的痕迹。器身的凹槽呈弧形，槽面大部分光滑，明显是使用时柄与石拍相互摩擦所致。顶端平整，未经过明显磨制。器身两面均有许多琢打的疤痕，疤痕多为绿豆大小，深约 1 毫米。

从上面的观察看，革新桥出土石拍的制作大致经过选材、打坯、开柄槽、制拍面四个环节。其制作技术可能包括剥片、凿挖、琢打、切割、磨制等。

石拍原料的选择应是比较讲究的。从硬度上看，石料不能太硬，硬度过大则难以切割出拍面的沟槽；太软容易损坏，不耐用。从质地上看，石质细腻未必好，在拍打时功效不一定高；石料颗粒太粗，石拍不耐用，在拍打树皮时容易损坏纤维。革新桥遗址周围岩石种类很多，有砾石也有岩块，岩性有石英、石英岩、砂岩、辉绿岩、页岩、板岩、硅质岩等，砂岩又有粗砂、中砂、粉砂等不同质地的，这些不同岩性、不同质地的石材，在遗址出土的石制品中都有所反映。革新桥遗址出土石拍所用的细砂岩，应是诸多岩石中最合适的原料。可见，石拍的原料明显反映出石拍制作者在选料时具有很强的目的性。

选好石料后，便开始第一阶段的制作工作——打坯。打坯时可能使用锤击法和琢打法。虽然由于石拍是一件使用过的成品，器身上看不到明确属于制坯时的锤击片疤，石拍素材的形态也不清楚，但由于加工出来的形状是方形的，要想有效地进行加工，就必须使用锤击法先进行剥片，打制出初坯，再用琢击法进行琢打修整。尽管整个器身均经过磨制，但仍隐约可见密密麻麻的豆状疤痕，这些疤痕显然是制坯时琢打的疤痕。打制出坯体后，下一步可能是制作柄槽。柄槽的制作可能使用琢打法和凿挖法。在槽壁上仍保留有经过磨制但仍隐约可见的琢打疤痕，表明柄槽的加工使用了琢打法。此外，可能还兼用凿挖法，利用比石拍更坚硬的工具凿加以凿挖，这种凿挖技术在遗址出土的其他工具的制作中也有应用，例如在凹刃石凿的半成品中就可以看到凿挖的痕迹。但石拍的柄槽因经过磨制，有的部位甚至在使用时石拍与把柄的反复摩擦而变得光滑，因此已看不到凿挖的痕迹。加工出柄槽后，接着制作拍面。制作拍面时可能先将拍面磨平，再用比石拍更坚硬的工具切割出沟槽。从沟槽间距不一的情况看，在切割前可能未经过划样，而是直接切割而成。每条槽都是相向切割，所以槽的横截面成"V"字形。最后的一个环节可能是对石拍的器身进行磨制，使其形成最终的产品。

相对而言，石拍的制作比磨制石斧、石锛等工具的制作，其包含的环节较多、工艺更为复杂，因此制作难度也更大（图二七四）。

# 六　石璜的制作

革新桥遗址出土的石璜制品很少，共 3 件，包括 1 件成品、2 件毛坯（含残品）。成品出土时已断为三截。

根据对出土标本的观察，革新桥石璜的制作可能经过选料、制坯、磨制、抛光等环

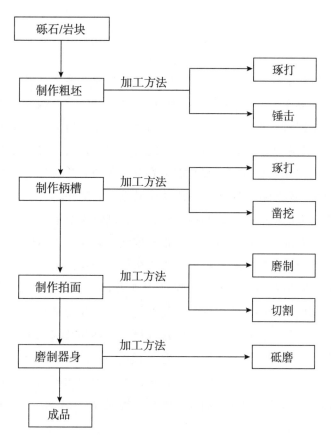

图二七四　石拍制作工序及加工方法示意图

节。制作石璜的原料可能是扁薄圆形或近圆形的砾石，岩性均为硅质岩，这种原料不仅硬度大，而且结构均匀，质地细腻，是制作精细物件的好原料。制坯时可能使用琢打和切割的方法，在素材的两面和外侧进行琢打，加工成需要的厚度和弧度，并使用切割法进行分割，将加工的部分从素材上分离开来，从而形成石璜毛坯。从石璜成品（标本 T207④：14）看，器身内侧非常平整，虽然经过磨制，但在近中段的地方，内侧面有一道横向的由两个面交接形成的接线，这两个面一个略高，另一个略低，所以在交接处形成一个不是很突出的坎。这似乎表明，在切割时，由石璜两端往中间切割，最后在相交的地方因为在两个方向切割形成的两个切割面不在同一个平面上，所以出现一道坎。因此，在制坯阶段，石璜内侧的加工很可能还使用切割法；在该标本内侧的两边分布不少细碎的略经磨过的崩疤，这些疤痕均由边缘向里面敲打形成的，像是修整的痕迹。完成制坯后，下一步可能是磨制。由于器身两面和外侧非常光滑，磨制后可能还经过抛光，使之成为最终的产品。

# 七 小 结

革新桥磨制石器几乎都是生产工具，装饰品只有个别；种类较多，有些具有鲜明的地方色彩。由于不同的器类形制不同，功能和用途有别，因此，制作工艺也不一样。斧、锛、凿类的制作大体相同，素材有砾石和石片两种，以砾石为主；绝大多数标本都先经过打坯，再磨制成器。在制坯阶段，使用锤击、砸击和琢击方法打制。由于素材大小和形状的差异，加工的部位和程度的不同，有的加工简单，有的复杂，对于通体加工的标本大体上经过了初期、中期、后期和末期四个阶段才完成毛坯的制作。磨制分为局部磨制和通体磨制两种，重点磨制刃部；局部打坯的标本，到了磨制阶段通常也只作局部磨制，通体磨光的标本极少。凹刃石凿的制作比较特别，难度较大。通常选用结构均匀、韧性较大的岩石作为原料；在制坯阶段使用锤击、砸击、琢击法加工器身，用琢打和凿挖等方法加工出凹刃及延伸至器身的凹槽；而在磨制阶段则使用砥磨和压磨的方法磨光器身及凹槽部位。研磨器形式多样，制作工序也多达四种。最复杂的一种主要用来制作印章形、腰鼓形研磨器。这类研磨器的制作复杂，难度也大，经过取材、打坯和磨制三个阶段。穿孔石器的制作可能使用琢打和凿挖的方法开孔，两面对穿。石拍的制作最为复杂，可能使用琢击法和锤击法制作粗坯，用琢打、凿挖的方法加工柄槽，用磨制和切割的方法制作拍面，最后砥磨器身。石璜的制作可能经过选料、制坯、磨制、抛光等环节，在制坯阶段可能使用了琢打方法和切割技术。

总而言之，革新桥磨制石器的制作，一般经过选材（取材）、制坯、磨制三个阶段，在制坯阶段采用的加工方法和技术有锤击、砸击、琢击（琢打）、凿挖和切割，在磨制阶段采用的加工方法和技术有砥磨、压磨和抛光等。

# 第六章　墓葬及人骨观察

## 第一节　墓葬形制与葬式

在发掘区的中部、即石器制造场的西北部还发现了两座墓葬，编号分别为 M1 和 M2。M1 位于 M2 西侧，相距约 1.5 米。这两座墓虽然大体上位于同一平面上，但 M2 很浅，基本上表土层下即到墓底；而 M1 较深，其打破生土层。两座墓葬都保存有人骨架，其中 M1 的人骨架较完整，M2 的人骨架只残留一小部分。人骨都有一定程度的石化。

M1 位于探方 T408 东南部。墓坑开口于第 3 层，即石器加工场所在地层下。因墓坑填土上下一致，其土色、土质和坑外周围的土基本一样，坑边界线不明显。墓坑平面呈长方形，长 95、宽 70、深 23 厘米。出土人骨架一具，骨架保存基本完好（图二七五；彩版二〇），方向 110 度。盆骨自然平置，尾骨、骶骨与髋骨相连接，五个腰椎的椎体向上，两侧下肢无叠压现象；两侧下肢的胫、腓骨位于股骨旁，均靠近死者胸部；两侧上肢的尺、桡骨交于胸前，两手掌间有两个石块。为仰身屈肢葬。胸椎至颈椎段略倾向左侧，头部侧置，面向北偏东，其南侧有一大石板。墓坑内发现一些石制品，分布没有规律，是砾石和断块，不太像是有目的放置随葬品。不过，死者头部侧边的大石板没有任何加工和使用痕迹，很可能原来是压在死者头上的，后滑落一边。

M2 位于 T307 西北角和 T308 东北角，位于表土层（耕土层）之下。由于离地面浅，墓坑已遭破坏，仅余部分坑底，因此墓坑的形状和大小均不清楚。人骨保存很差，放置零乱，头骨和部分体骨缺失，只存留一侧的股、胫、腓骨残段和尾骨、骶骨、髋骨部分，以及肋骨碎片，葬式不明，无法进行性别、年龄的鉴定（图二七六）。在这些骨间还发现动物的烧骨、鹿牙等。骨头周围分布有不少砾石、断块等石制品。

T307、T308 北部附近区域可能是墓葬分布区，据当地村民反映，以前在耕地时这个区域不时发现有人骨之类的遗物。由于这里地势较高，容易遭受剥蚀，所以墓葬大都被破坏掉。

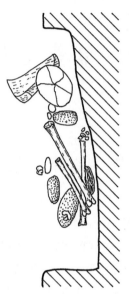

图二七五　M1 平、剖面图

1. 石板　2、5、7. 砾石断块　3、4、6. 砾石　8. 石锤

图二七六　M2 平、面图

1、4、5. 砾石　2、3、6、7、8、9. 断块

M1 出土时保存比较完好，骨骼基本齐全。因当地博物馆要做展览用，所以发掘时骨架没有提取，而是用套箱将整副人骨架搬回去。但在整理发掘报告时将套箱打开，对泥土中取出的部分骨骼进行了复制。用复制品来复原骨架，以供展出之用。

# 第二节　人骨观察

本节仅对 M1 出土的人骨进行观察。

## 一　骨骼性别、年龄的鉴定

M1 人骨测量标准和方法及形态观察，是根据吴汝康、吴新智编著的《人体骨骼测量方法》（吴汝康等，1965）和邵象清编著的《人体测量手册》（邵象清，1985）进行形态观察和测量。测量结果见附表三、附表四。

性别鉴定

人骨性别确定主要根据出土的颅骨、下颌骨、四肢骨的性别标志来判断死者的性别。

整个骨骼显得纤细，骨表光滑。颅骨外表的肌脊和肌线发育较弱。额鳞下部陡直，上部明显向后向上弯曲，眉弓较弱，眶上缘薄而锐，枕外隆凸欠明显，颞骨乳突较小；下颌骨短小、薄而轻，下颌角区外面较光滑，且呈内翻，颏部形状呈圆形；四肢长骨细而短，骨表光滑，附着肌脊不发育；骨盆入口呈椭圆形，耻骨弓夹角较大，呈"U"形，耻骨联合较低矮而薄，坐骨结节外翻。根据上述骨骼形态特征看，应为女性。

年龄的鉴定

年龄鉴定主要依据牙齿的磨耗程度、颅骨缝的愈合和骨骺的愈合情况等综合考虑，对骨骼作出年龄估计。

M1 上下颌第三臼齿均已芽出，且齿尖顶和边缘部分略有磨耗；上下两侧第一臼齿齿质点扩大，有的已连成一片；第二臼齿齿尖大部分磨耗，有的齿质点已暴露；同时上下左右的前臼齿、犬齿、门齿齿质点也已暴露，门齿和犬齿的切缘被磨平。从牙齿的磨耗程度看，年龄约 38～41 岁之间。但从四肢骨骨骺愈合情况看，上肢肱骨头，下肢股骨头、下端及胫骨上端等骨骺愈合线仍隐约可见，其年龄应在 25 岁左右。因为骨骺愈合期一般从 13 岁开始至 25 岁完成，当然也有很大的个体差异，影响的因素较多，如病理变化、营养及不同的种族等。不过该颅骨的矢状缝、冠状缝、人字缝也不同程度愈合。考虑原始人类牙齿磨耗较现代人要大，年龄为 35 岁左右。

# 二　形态特征观察

1. 顶面观

头型　额、顶结节圆钝，顶面轮廓线平缓，颅最大宽位置约在中部，颅顶面的前半部与后半部大致对称，呈椭圆形。颅顶形状略呈圆穹隆形。颅型较长，从颅骨上的测量数据（附表三）表明，颅骨的长宽比例为长颅型，宽高比例为狭颅型（图版五九，1）。

颅骨缝　矢状缝在前囟段和顶段为深波形，顶孔段以后为锯齿型。颅骨上未见额中缝和矢状脊存在。

顶孔　仅有右孔。顶孔间到人字区平坦，无凹陷。

2. 侧面观

额部较丰满，额骨陡直，上部明显向后向上弯曲。颅顶比较圆隆，颅外侧壁略呈弧形外凸。颅长高比例为高颅型（图版五九，2）。

3. 后面观

颅骨顶结节位置比较高，在上下方向位于颅骨中三分之一。后面观颅形为顶部比较钝的五边形。后枕部上鳞部分较明显向后膨突，枕外隆突不发达，属稍显。枕骨大孔后缘与上项线之间有纵行骨脊隆起，呈脊状（图版五九，3）。

4. 前面观

眉间突度发育略显，眉弓发育较弱，眉弓范围不达眶上缘的二分之一部分，属于微显或稍显（图版五九，4）。

眶形接近椭圆形，眼眶外下缘比较圆钝。眼眶宽阔而低矮，左右侧眶指数为低眶型。眶上缘较锐，眶口中轴和法兰克福平面相交的角为锐角。鼻骨上窄下宽，中段最窄。鼻根点略有凹陷。梨状孔近心形。鼻短而宽，鼻宽与鼻高之比属阔鼻型。梨状侧缘不过渡到下缘，不形成沟或窝，属于钝型。鼻前棘发育弱。鼻额缝和额颌缝呈弧形上凸。眶下方犬齿窝较浅，略呈浅凹。头骨的颧骨宽而高，颧骨后缘结节发育中等，颧骨上颌骨下缘转角明显。反映面部扁平程度的鼻颧角在革新桥人为148°，在蒙古人种（145°～149°）范围，与现代中国人平均值146.6°接近（刘武等，2006）。说明革新桥人面部扁平度程度与现代中国人接近。颧上颌角所显示的水平方向的面部突出程度中等。面部在矢状方向的突出程度不大。鼻面角为平颌型。上齿槽面角为超突颌型，其所示的齿槽突颌较明显。

腭形　前部齿列成弧形，但两侧齿列稍向后张开，为抛物线形。腭圆枕在腭中缝前段有细瘤状结构。腭指数为82.3，属中腭型；腭高指数为25.6，属低腭型（图版五九，5）。

下颌骨形态特征　下颌颏形为圆形。颏隆突稍显。下颌枝在角部呈外翻。下颌体下缘微突。颏孔左右各一个，均在第二前臼齿的下方。颏孔水平高度在下颌体中部。下颌体内表面没有发现下颌圆枕下颌隆起。

臼齿的形态观察

上臼齿　第一臼齿为4型，四个齿尖均发育；第二臼齿为3型，次尖完全消失，只有前尖、后尖和原尖；第三臼齿（$M^3$）变异大，右 $M^3$ 咬合面呈近圆形，齿冠近中远中径为6.6毫米，唇舌径7.5毫米，前尖、次尖大于原尖和后尖；左 $M^3$ 比右 $M^3$ 大约一倍，咬合面为椭圆形，原尖、前尖最大，后尖、次尖大小差不多，但很小，是原尖、前尖的四分之一大。

下臼齿　第一臼齿呈长方形，有5个齿尖，其中下后尖与下次尖连接，下原尖与下内尖分隔开，下次小尖位于下次尖与下内尖之间，为Y5型；第二臼齿有4个尖，下原尖、下内尖、下后尖与下次尖会于一点，无下次小尖，为X4型；右第三臼齿比左侧齿大，均为4个齿尖，其中下后尖与下次尖分隔开，下原尖与下内尖相连，无下次小尖，为+4型。

由上述所观察，M1的颅骨为椭圆形，颅顶缝简单；眉弓不发育，不达眶上缘的二分之一部位；面部较扁平，颧骨上颌骨下缘转角明显；浅的鼻梁凹陷，鼻棘低矮；眶形为椭圆形，眶角圆钝；犬齿窝浅平，眶口向后倾斜，较低矮的眶型等具有明显的蒙古人种特征。还有长颅型，颅高明显大于颅宽，为狭颅型；阔鼻型的鼻指数；齿槽突颌明显和突颌型的总面角和没有发现下颌圆枕等一些特征同典型的蒙古人种不相符合。但低矮的上面、齿槽突颌、宽短的鼻骨、鼻根凹陷和犬齿窝浅平及阔鼻等特征又常见于南亚蒙古人种和一些赤道人种的民族。类似的体质现象早在更新世晚期的柳江人头骨化石中已经出现，在柳江人头骨上一方面存在明显的蒙古人种特性，同时兼有一些同赤道（澳大利亚—尼格罗）人种相似的特征。因此可以说，分布在我国南方的古代蒙古人种更富有类似赤道人种的一些性质，这也是从旧石器晚期到新石器时代我国南部原始居民中表现出来的一般体质特征。而颅顶形状呈圆穹隆状。颅外侧壁呈弧形外凸。顶骨与枕骨相交的枕项平面呈较圆钝转折，枕外隆突不明显，枕骨大孔后缘与上项线之间存在纵行骨脊隆起。眉间隆起程度较弱，眉弓不发育，分布范围不达眶上缘的1/2，眼眶外下缘比较圆钝。鼻根点浅凹，鼻棘低矮。颧结节不发育等体质特征更与现代中国人相似（刘武等，2006）。

## 三　颅骨测量值的比较

百色革新桥新石器时代遗址出土的人骨数量太少，无法了解革新桥遗址古代居民更多的体质特征，此次所测量的仅为一女性骨架，而女性的特征没有男性表现典型，一般在进行形态观察研究时，都以男性为代表。研究女性形态特征，很难找到一些对比资料，故在此不做大人种、小人种的比较，只将革新桥人女性颅骨测量的各项数据与南方的新石器时代的甑皮岩人、河宕人，西汉时期的罗泊湾人和现代广西汉族、壮族女性作比较，可能会出现一些片面性，但希望仅作参考。

由附表三看，革新桥组的颅、面部测量及形态分型指数是长颅、高颅、狭颅，低上面，阔面。低面高颅性质决定有不高的垂直颅面指数。眶型左右两侧皆为低眶型。鼻骨低平，阔鼻。面部在矢状方向的突颌程度为中颌型，齿槽突颌显著，面部水平扁平度较大。

从各项比较来看（表七八），明显看出革新桥组的体质测量项目（约23项中的12项）与甑皮岩人组较接近，即颅指数、颅长高指数、眶宽、眶高、眶指数、两眶外侧缘宽、最小额宽、中面宽、鼻高、鼻面角、齿槽面角、鼻颧角等，与罗泊湾人组有7项体质测量较接近，与河宕、广西汉族和壮族组也有近三分之二的比较项目相接近。其中颅骨的颅长与广西汉族相近，与壮族相差较远；颅宽和颅高的绝对值与罗泊湾组、广西现代汉族和壮族组较接近，而与河宕、甑皮岩人差异较大。颅指数与河宕和甑皮岩组较接近，同属长颅型。革新桥组颅长高指数虽属高颅型，但接近正颅型的下限，依次与广西汉族、罗泊湾组、甑皮岩组接近，而与河宕组、广西壮族组差异较大。颅宽高指数与广西的壮族和汉族组接近，同属狭颅型，而与其他组差异较大。鼻指数与河宕组较接近，除了广西汉族和壮族组的鼻指数为中鼻型外，甑皮岩、河宕、罗泊湾组为特阔或阔鼻型。眶指数与甑皮岩组最近，同为低眶型，其他组为中眶型，差异较大。

表七八　革新桥人颅骨测量与南方地区人群的比较（女性）　　长度单位：毫米

| 马丁号 | 组别 体征 | 革新桥人 | 新石器时代 | | 西汉 | 现代 | |
|---|---|---|---|---|---|---|---|
| | | | 甑皮岩人 | 河宕人 | 罗泊湾人 | 广西汉族 | 广西壮族 |
| I 绝对值 | | | | | | | |
| 1 | 颅长 | 178.0 | 184.3（5） | 183.9（5） | 170.6（5） | 175.7（3） | 168.1（22） |
| 8 | 颅宽 | 133.0 | 137.5（4） | 136.1（5） | 132.0（4） | 134.3（3） | 134.5（22） |
| 9 | 最小额宽 | 91.0 | 91.9（4） | 91.1（5） | 89.5（5） | 83.8（3） | 89.9（22） |
| 17 | 颅高 | 134.0 | 138.9（4） | 149.0（1） | 127.5（5） | 131.8（3） | 131.7（21） |
| 43（1） | 两眶外侧缘宽 | 94.5 | 94.1（4） | 95.4（4） | 92.4（5） | 91.1（3） | 90.8（22） |
| 46 | 中面宽 | 103.0 | 102.2（4） | 103.0（3） | 95.9（5） | 95.5（3） | 94.2（22） |
| 48 | 上面高（n—sd） | 58.4 | 63.8（4） | 70.6（3） | 62.9（5） | 66.4（3） | 64.1（21） |
| 51 | 眶宽右 | 41.4 | 42.3（4） | 42.2（4） | 39.8（5） | 39.8（3） | 40.3（22） |
| 52 | 眶高右 | 29.4 | 30.4（4） | 33.4（4） | 30.7（5） | 32.6（3） | 32.7（22） |
| 55 | 鼻高 | 43.0 | 45.3（3） | 50.6（4） | 47.9（5） | 49.3（3） | 49.9（22） |
| 54 | 鼻宽 | 24.4 | 27.3（3） | 27.8（4） | 25.3（5） | 23.8（3） | 25.2（20） |
| II 角度 单位：度 | | | | | | | |
| 72 | 总面角 | 76.0 | 82.3（3） | 85.7（3） | 81.1（5） | — | 83.9（20） |
| 73 | 鼻面角 | 86.0 | 86.3（4） | 90.0（3） | 86.3（5） | — | 86.8（21） |
| 74 | 齿槽面角 | 68.0 | 69.1（4） | 78.0（3） | 61.7（5） | — | 69.0（20） |
| 77 | 鼻颧角 | 148.0 | 147.5（4） | 144.9（4） | 142.1（5） | 150.0（3） | — |
| | 颧上颌角 | 137.0 | 139.5（4） | 131.8（3） | 137.7（5） | 128.5（3） | — |

续表

| 马丁号 | 组别<br>体征 | 革新桥人 | 新石器时代 | | 西汉 | 现代 | |
|---|---|---|---|---|---|---|---|
| | | | 甑皮岩人 | 河宕人 | 罗泊湾人 | 广西汉族 | 广西壮族 |
| Ⅲ指数 | | | | | | | 单位：% |
| 8：1 | 颅指数 | 74.7 | 73.9（5） | 74.0（5） | 77.4（5） | 76.5（3） | 80.0（22） |
| 17：1 | 颅长<br>高指数 | 75.3 | 74.3（4） | 81.0 | 74.8（5） | 75.1（3） | 78.5（21） |
| 17：8 | 颅宽<br>高指数 | 100.8 | 96.1（3） | 112.9 | 96.6（5） | 98.2（3） | 98.3（21） |
| 40：5 | 面部凸<br>度指数 | 101.1 | | 95.2 | 101.4（5） | 97.0（3） | 97.3（21） |
| 48：17 | 垂直颅<br>面指数 | 53.6 | 47.6（4） | 49.7 | 49.3（5） | 49.6（3） | 48.4（21） |
| 52：51 | 眶指数<br>（mf－ek） | 71.0 | 71.9（4） | 79.1（4） | 77.5（5） | 81.9 | 81.2（22） |
| 54：55 | 鼻指数 | 56.7 | 60.1（3） | 55.0（4） | 52.9（5） | 48.6 | 50.3（20） |

革新桥人头骨的总面角76°，属突颌型。鼻颧角86°，齿槽面角为68°，较甑皮岩、河宕、罗泊湾和广西壮族组以及一般现代蒙古人种为小，也比柳江人小（吴汝康，1959），这表示革新桥人的齿槽突颌程度较大。

革新桥人颅指数74.7，为长颅型（柳江人颅指数75.1，属中颅型，但接近长颅型（70～74.9））。眼眶宽阔而低矮，眶指数为低眶型。鼻短而宽，鼻指数56.7，为阔鼻型。鼻额缝弧形上凸，鼻根点凹陷浅平，鼻前棘小，没有明显的犬齿窝。颅顶不呈脊状，颅枕部向后突出等特征与柳江人相类似（吴汝康，1959）。因此说革新桥头骨上的低矮的眶型、低的鼻前棘、阔鼻等特征是我国旧石器晚期的柳江人头骨化石和新石器时代早期的甑皮岩人体质特征上继承关系的延续。长的头型、较矮的眶形可能是从旧石器时代人类继承下来的原始特征。

# 四　脑容量与身高的估算

1. 脑容量的推算采用皮尔逊的公式（黄新美，1983）。由已知颅骨的长、宽、高

（ba—b）来计算革新桥 M1 的颅容量为 1309.5 毫升。用同一公式计算出其他组女性的脑容量分别为甑皮岩人 1361.1 毫升（张银运等，1977），河宕人为 1393.8 毫升（韩康信等，1982），罗泊湾人为 1259.9 毫升（彭书琳等，1986），现代广西汉族组为 1297.1 毫升[①]，广西壮族组为 1276.5 毫升[②]。由上得知，革新桥人的脑容量与现代汉族组接近。

2. 推算革新桥女性身高的公式是笔者用已知生前身高的几例广西汉族女性标本推算出来的，用右侧肱骨、股骨、胫骨和腓骨最大长，推算革新桥 M1 的身高分别为：151.04、153.58、151.82、151.16 厘米，其平均身高为 151.9 厘米。采用同样公式推算甑皮岩二女性平均身高为 158.11 厘米。

由上得知，革新桥女性的脑容量和身高均较甑皮岩女性低。

# 五 结 语

1. 革新桥新石器时代遗址出土的两座墓葬，可供形态观察和测量的人骨架虽然只有一例成年女性，但对研究广西从旧石器时代晚期到新石器时代晚期人类体质的进化提供了实物数据。

2. 革新桥遗址 M1 的颅骨为椭圆形，颅顶缝较简单；眉弓不发育，不达眶上缘的二分之一部位；面部扁平，颧骨上颌骨下缘转角明显；浅的鼻梁凹陷，鼻棘低矮；眶角较圆钝，较低矮的眶型；犬齿窝浅平，眶口向后倾斜等，具有明显的蒙古人种特征。此外较长的头型，顶结节位置较高，较矮的眶型，鼻骨短宽，阔鼻，齿槽突颌明显等兼有赤道人种的性质。但低矮的上面、齿槽突颌、宽短的鼻骨，鼻根凹陷浅平，鼻前棘不发育，犬齿窝浅平及阔鼻等又常见于南亚蒙古人种特征。

3. 革新桥人颅骨测量与南方地区新石器时代、汉代及现代（女性）人群的比较，与甑皮岩古代居民体质特征接近的项目为多。其次是贵县罗泊湾人组。同时也有相当测量项目与河宕组和现代广西汉族、壮族组接近。这说明革新桥人仍具有一定的原始性，在体质特征上继承和发展了我国旧石器时代晚期的柳江人和新石器时代早期的甑皮岩居民的体质特征。

4. 革新桥人颅顶形状呈圆穹隆状。颅外侧壁呈弧形外凸；顶骨与枕骨相交的枕项平面呈较圆钝转折，枕外隆突不明显，枕骨大孔后缘与上项线之间存在纵行骨脊隆起；眉间隆起程度较弱，眉弓不发育，分布范围不达眶上缘的二分之一，眼眶外下缘比较圆钝；鼻

---

① 笔者在广西医学院解剖教研室与莫世泰、丁细凡、张文光老师等测量所得。
② 广西现代壮族 22 例女性数字系原广西医学院冯家骏教授测量统计的资料。

根点浅凹，鼻棘低矮；颧结节不发育等体质特征更与现代中国人相似。

5. 革新桥 M1 的颅容量为 1309.5 毫升，身高为 151.9 厘米，二者均较甑皮岩女性低。

综合上述比较结果，革新桥新石器时代人类，无论从形态观察或与新石器时代人类及南方现代人种的测量对比看，都显示出在体质特征上与蒙古人种中的南来类型相近的特点，属于南亚蒙古人种。更与现代中国人的体质特征相似。

# 第七章　动植物研究

## 第一节　动物遗存分析

### 一　动物遗存的出土情况及研究方法

#### （一）动物遗存的出土和分布情况

在发掘区的东南部，发现较多动物遗存，包括牙齿和骨骼。这些动物遗存和植物、红烧土的分布基本一致。发现的 10000 多件动物遗存，除在第二、三、四层零星分布外，几乎全部出自第五层，而且主要分布在石器制造场的中北部，以探方 T206、T306、T307 和 T308 最为集中（图二七七）。

动物遗存发现时都比较分散，很少有成堆的，而且比较零碎，以牙齿居多，完整的骨骼很少。有的骨骼分布在大石头或石砧的周围，这些骨骼似乎属于同一个动物个体，旁边通常还有拳头大小的砾石、砍砸器、石片等，这些石制品可能与处理动物有关（图一七至图一九）。

动物骨骼有一定程度的石化，有的经过烧烤，已变成炭样。部分小动物的骨骼由于经受风化，发白变脆。

本节所观察的动物遗存限于第三至五层出土的标本。由于第三、四层发现的标本数量很少，也无特别的种类，因此这两层标本不单独分开，而和第五层的标本一起进行观察研究。

#### （二）研究方法

在整理研究的过程中，鉴定所参照的实物标本主要是北京大学考古文博学院旧石器考

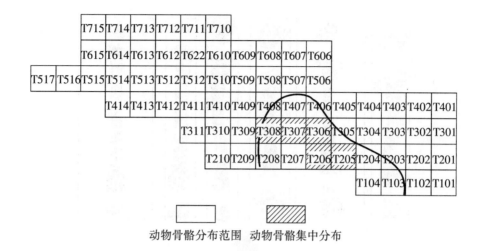

动物骨骼分布范围　动物骨骼集中分布

图二七七　动物骨骼分布图

古教研室内存放的现代动物骨骼标本，部分标本的确定是到中国科学院古脊椎动物与古人类研究所和动物研究所标本室对照的；参考的书籍是动物考古学（Elizabeth et al, 1999）和动物骨骼图谱（伊丽莎白等，1992）。

　　由于骨骼很破碎，在研究的过程中，为了能够比较清楚地说明革新桥先民们对动物骨骼的各个部分的利用情况，笔者详细记录了四肢骨保存的部位。记录方法如下：以现生斑鹿的右侧肢骨为参照标本，按照各肢骨的形态特点，将其分成不同的部位并给以数字的代号，鉴定时，对照标本，确定其保存部位。①肱骨、股骨、桡骨、胫骨、掌骨、距骨等长骨，划分了10个区域："1"代表近端前部；"2"代表近端后部；"3"代表近端内部；"4"代表近端外部；"5"代表骨体上部；"6"代表骨体下部；"7"代表远端前部；"8"代表远端后部；"9"代表远端内部；"10"代表远端外部；对于保存基本完整的关节端，另外给以代号，即"100、"代表近端，"200、"代表远端。②距骨，划分了5个区域："31"代表前端外侧；"32"代表前端内侧；"33"代表中间部分；"34"代表后端外侧；"35"代表后端内侧；"300、"代表完整的距骨（图二七八）。

　　首先是基础鉴定。种属鉴定工作是进一步分析讨论的基础，我们对出土的每件动物骨骼标本逐一进行鉴定，尽可能的鉴定出每一件骨骼所代表的动物的种属、骨骼保存的部位以及左右的位置等，同时称出重量。对保存比较完整的骨骼和牙齿都要进行测量，以便进行对比和确定种属。测量主要参考了《考古遗址出土动物骨骼测量指南》（安格拉等，2007）。此外，我们还详细观察了肢骨的骨骼愈合、牙齿萌出和磨蚀的状况，推断动物的

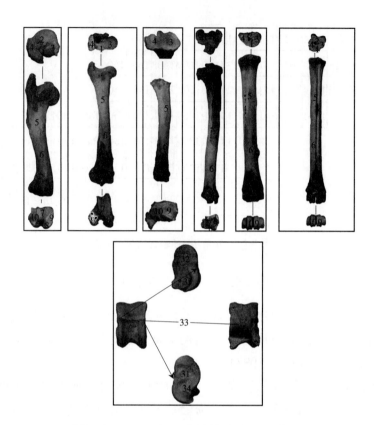

图二七八　斑鹿四肢骨骨骼分区示意图

死亡年龄；观察骨骼表面有无人工痕迹、动物啃咬或者是被火烧过的痕迹，分析骨骼破裂的方式以及原始的保存状况等。将所有观察结果和测量数据录入计算机，运用 Excel 软件进行数据的处理。

　　然后是定量统计。在鉴定的基础上使用可鉴定标本数（NISP）和最小个体数（MNI)[1] 进行数量统计。可鉴定标本数（NISP）是指可以鉴定动物种属和部位的标本，不包括脊椎骨和肋骨等残块以及不能鉴定的碎骨。最小个体数（MNI）是分层进行计算的。最后是综合分析。在上述工作的基础上综合分析所有资料，重建遗址周围的古环境，并尝试进行人类行为、经济生活等的讨论。

---

　　① 可鉴定标本数（NISP)：The Number of Identified Specimens，本文指的是可鉴定种类和部位的标本数量。最小个体数（MNI)：The Minimum Number of Individuals。

# 二　动物遗存的分类和鉴定

## （一）动物遗存的鉴定

动物遗存共 12349 件，其中可鉴定标本 2637 件，仅占 21.35%，大部分是不能明确种属的标本，包括脊椎骨、肋骨和碎骨等。

哺乳动物的脊椎骨有 413 件，主要出自于第三、第五层，占总标本数的 3.34%；重 2036.5 克。其中又以第五层数量最多（412 件）。这类标本多为特征不明显的脊椎椎体或是残破的棘突等，从少量保存比较完整的标本看，可以判断出有食肉类、鹿类、牛和猪等种属。从脊椎的部位来看，包括有颈椎、胸椎、腰椎和尾椎。少量脊椎骨上有人工痕迹存在。肋骨有 235 件，占总标本数的 1.90%；重 1086.3 克。主要出自于第三层、第五层，其中又以第五层数量最多（231 件）。这类材料多为肋骨体残块或者是残断的肋骨小头，大体可以判断出有食草类（鹿类和猪等）和食肉类的肋骨。

另外，还有相当一大部分是属于无法鉴定的碎骨、鹿角碎块和肢骨片，共有 9064 件，占总标本数的 73.4%，重 20872.5 克。在第三、四、五层均有发现，其中绝大部分出自于第五层（8841 件）。

可以鉴定种属的 2637 件标本，至少代表了 70 个个体，其中包括 58 个哺乳动物个体。这些动物种属包括有水鹿（*Cervus unicolor*）、斑鹿（*Cervus nippon*）、麂（*Muntiacus* sp.）、麝（*Moschus* sp.）、水牛（*Bubalus* sp.）、猪（*Sus domesticus*）、犀牛（Rhinocerotidae）、猕猴（*Macaca mulatta*）、象（*Elephas maximus*）、豪猪（*Hystrix hodgsoni*）、竹鼠（*Rhizomys* sp.）、猪獾（*Arctonyx collaris*）、黑熊（*Selenarctos thibetanus*）、龟（Emydidae）、鳖（Trionychidae）、鲤鱼（*Cyprinus carpio*）、青鱼（*Mylopharyngodon piceus*）、草鱼（*Ctenopharyngodon idellus*）和鲇鱼（Cranoglanidae）等（表七九）。

## （二）分类记述

1. 哺乳动物纲（Mammalia）

（1）偶蹄目（Artiodactyla）

可鉴定标本 1395 件，占可鉴定标本总数的 52.90%，包括有鹿科（Cervidae）（673 件）、麝科（Moschuidae）（393 件）、牛科（Bovidae）（119 件）和猪科（Suidae）（210 件）。

表七九　革新桥遗址出土动物遗存统计表

| 分类 | | 第三层 | | 第四层 | | 第五层 | | 总计 | |
|---|---|---|---|---|---|---|---|---|---|
| | | NISP | MNI | NISP | MNI | NISP | MNI | NISP | MNI |
| 哺乳纲 | 水鹿 | 3 | 1 | | | 321 | 7 | 324 | 8 |
| | 斑鹿 | 3 | 1 | | | 290 | 3 | 293 | 4 |
| | 麂 | 3 | 1 | | | 53 | 5 | 56 | 6 |
| | 麝 | 4 | 1 | | | 389 | 13 | 393 | 14 |
| | 牛 | 3 | 1 | 2 | 1 | 114 | 4 | 119 | 6 |
| | 猪 | 7 | 1 | | | 203 | 8 | 210 | 9 |
| | 犀牛 | | | | | 7 | 1 | 7 | 1 |
| | 猕猴 | | | 1 | 1 | 21 | 3 | 22 | 4 |
| | 象 | | | | | 2 | 1 | 2 | 1 |
| | 豪猪 | | | | | 1 | 1 | 1 | 1 |
| | 竹鼠 | | | | | 3 | 1 | 3 | 1 |
| | 猪獾 | | | | | 3 | 1 | 3 | 1 |
| | 熊 | 1 | 1 | | | 2 | 1 | 3 | 2 |
| | 食肉目 | 1 | – | | | 80 | – | 81 | – |
| 爬行纲 | 龟鳖目 | 5 | – | 11 | – | 814 | 12 | 830 | 12 |
| 鱼纲 | 鲤鱼 | | | | | 2 | – | 2 | – |
| | 青鱼 | | | | | 56 | – | 56 | – |
| | 草鱼 | | | | | 5 | – | 5 | – |
| | 鲩鱼 | | | | | 6 | – | 6 | – |
| | 鱼 | | | | | 201 | – | 201 | – |
| 鸟纲 | 雁形目 | | | | | 1 | – | 1 | – |
| | 鸟 | | | | | 19 | – | 19 | – |
| 合计 | | 30 | 7 | 14 | 2 | 2593 | 61 | 2637 | 70 |

注："–"表示无法进行最小个体数的统计。

A. 鹿科（Cervidae）

包括水鹿、斑鹿和麂三种。发现于第三层和第五层，其中又以第五层数量最多（图二七九）。

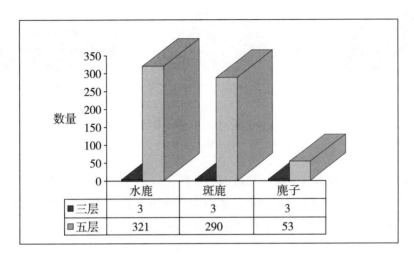

| | 水鹿 | 斑鹿 | 麂子 |
|---|---|---|---|
| ■三层 | 3 | 3 | 3 |
| ▨五层 | 321 | 290 | 53 |

图二七九　鹿科动物分层统计图

在发现的材料中，鹿角保存的数量很少，且大多破碎，因而准确鉴定鹿的种类很困难。我们是根据残破的鹿角、牙齿和肢骨特征及大小，并对照现生动物标本来确定种属的。

a. 水鹿（Cervus unicolor）

可鉴定标本 324 件，代表了 8 个个体。出自第三层、第五层，其中以第五层数量最多，有 321 件，7 个个体（附表五）。

从保存部位来看，以四肢骨数量最多，有 246 件；牙齿和上下颌骨数量次之，有 66 件，还有少量的头骨残块。

牙齿虽然数量不少，但多数比较残破，无法鉴定其具体的部位；另外 M3 标本数量不多，保留有牙齿的上下颌骨的标本更少，所以很难推断水鹿的死亡年龄。我们从保存有乳臼齿的情况可以推断有幼年个体的存在，根据 $M_3$ 的磨蚀情况来看，存在有青年、中年和老年个体。

左侧下 $M_3$（图二八〇，1），1 件。前齿根残，齿冠长 30.8、宽 15.5 毫米，重 9 克。齿冠磨蚀至根部，代表一老年个体。

右侧下 $M_3$（图二八〇，2），1 件。牙根部及部分牙冠发掘残，牙冠长 29.8、宽 15.7 毫米，重 12 克。牙齿刚刚开始磨蚀，代表一个青年个体。

左侧下颌 $M_2$ - $M_3$ 段残块（图二八〇，3），1 件。$M_2$ - $M_3$ 长 59.2 毫米，重 33 克，$M_3$ 磨至齿冠中部，代表一个中年个体。

1　　　　　　　　　　　2　　　　　　　　　　　3

图二八〇　水鹿牙齿

1. 左下 $M_3$　2. 右下 $M_3$　3. 左下颌 $M_2 - M_3$

　　四肢骨中保存数量较多的是腕部和跗部的骨骼，有 73 件，占总数的 22.74%；趾骨数量也不少，有 53 件，占总数的 16.51%，而且大多比较完整；其他部位的骨骼 120 件，占总数的 37.38%。部分骨骼表面带有人工痕迹和动物咬痕，有的被火烧过。

　　①肱骨

　　保存数量最多的为近端的肱骨头（代号 2）的部分，其次是远端内侧（代号 9）和外侧（代号 10）部分（图二八一）。骨骼保存长度主要分布在 10～40 毫米、宽度在 20～50 毫米的范围内，少数关节端保存完整的标本较大（图二八二）。

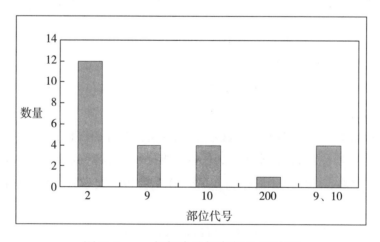

图二八一　水鹿肱骨保存部位统计图

　　②股骨

　　保存数量最多的部位为近端的股骨头（代号 3）和远端的内髁（代号 9）部分（图二八三）。骨骼保存长度主要分布在 20～60 毫米、宽度在 20～50 毫米之间（图二八四）。

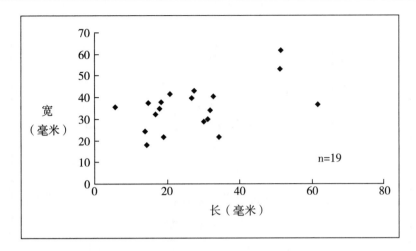

图二八二　水鹿肱骨残块测量数据统计图

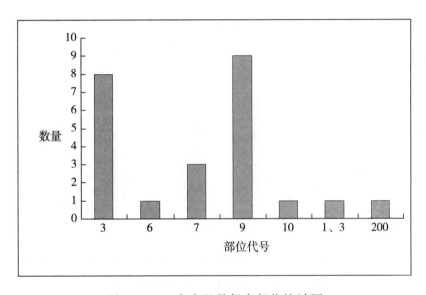

图二八三　水鹿股骨保存部位统计图

③桡骨

部分桡骨近端保存完整（代号100、）；近端残破的桡骨内（代号3）外（代号4）侧部分保存数量也比较多（图二八五）。骨骼保存长度主要分布在10~40毫米、宽度在20~40毫米之间（图二八六）。

右侧桡骨近端，1件。保存基本完整，边缘部位稍微有点残损，残长27.7毫米、宽49.4毫米，重26.5克。骨骼被烧过，整体呈黑色。

左侧桡骨近端，1件。基本上保存完整，长29.7毫米、宽53.8毫米，重21克。骨体

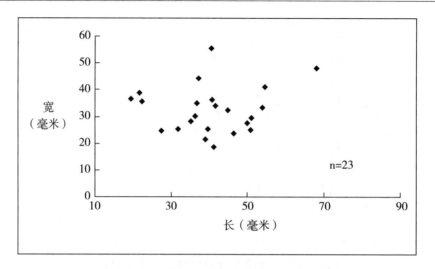

图二八四　水鹿股骨残块测量数据统计图

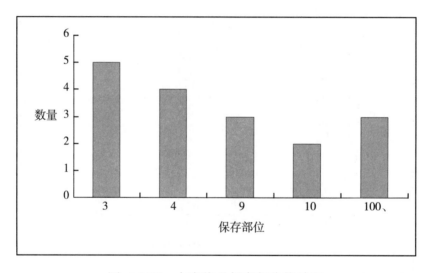

图二八五　水鹿桡骨保存部位统计图

前外侧面有砍痕。

④炮骨

保存最多的是远端的关节处，骨骼保存长度主要分布在 20～60 毫米、宽度在 15～30 毫米之间，少量关节端保存完整的标本较大（图二八七）。

炮骨远端关节残块，1 件，未愈合。长 28.5 毫米，重 9.5 克。骨骼表面有一处砍痕，在滑车处有啮齿类啃咬的痕迹。

从上述的分析可以看出，水鹿的肢骨保存数量较多的部位分别为肱骨的近端、股骨的两端、桡骨的近端和炮骨的远端，这些长骨骨骼保存长度有一定程度的集中现象。

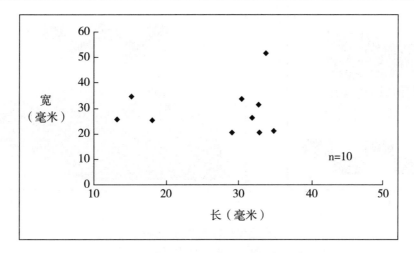

图二八六　水鹿桡骨残块测量数据统计图

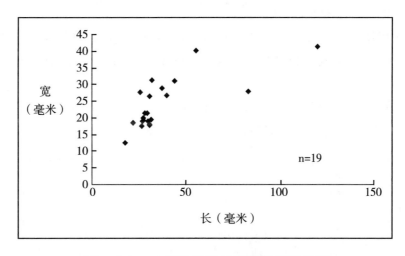

图二八七　水鹿炮骨残块测量数据统计图

b. 斑鹿（*Cervus nippon*）

可鉴定标本 293 件，至少代表了 4 个个体。出自于第三、第五层，以第五层数量最多，有 290 件标本，3 个个体（附表六）。

第 5 层的斑鹿标本中保存数量最多的是四肢骨，有 191 件；其次是牙齿和上下颌骨，有 68 件；还有少量的鹿角残块等。

从少量带有乳臼齿的上、下颌可以推断出有幼年个体的存在。

右侧上颌带 $DM^2 - DM^3$（图二八八，1），1 件。$DM^2 - DM^3$ 长 31.8 毫米，重 15 克。$DM^2$ 稍微磨蚀，$DM^3$ 基本没有磨蚀，代表幼年个体。

右侧下颌带 $DM_1 - M_1$（图二八八，2），1 件。重 39 克，$M_1$ 萌出，未磨蚀，属于幼年

1　　　　　　　　　　　　　　　　2

图二八八　斑鹿上下颌

1. 右上颌 $DM^2 - DM^3$　2. 右下颌 $DM_1 - M_1$

个体。$DM_1 - M_1$ 长 71.7 毫米。

　　四肢骨中跗骨、腕骨、趾骨、籽骨等短骨，有 36 件，占总数的 12.41%；趾骨大多比较完整，有 44 件，占总数的 15.17%；其他部位的肢骨 111 件，占总数的 38.28%。

　　①肱骨

　　肱骨中保存最多的是近端肱骨头部分（代号 2）（图二八九），保存长度主要分布在 10～35 毫米、宽度在 10～35 毫米之间（图二九〇）。

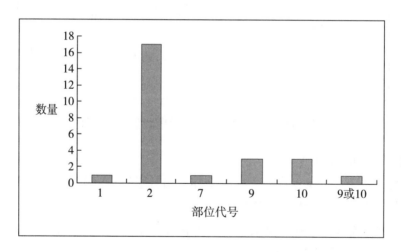

图二八九　斑鹿肱骨保存部位统计图

　　②股骨

　　股骨中以近端股骨头（代号 3）部分保存数量最多（图二九一）。保存长度主要分布在 10～40 毫米、宽度在 15～40 毫米之间，部分关节端完整的标本较大（图二九二）。

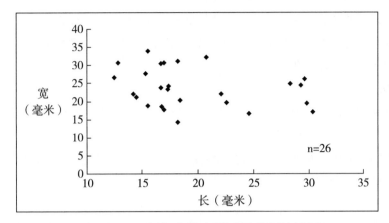

图二九〇　斑鹿肱骨残块测量数据统计图

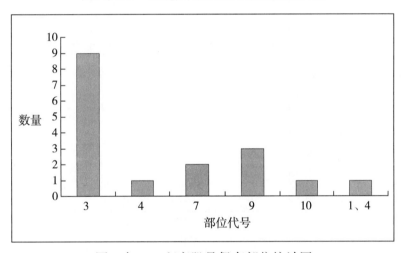

图二九一　斑鹿股骨保存部位统计图

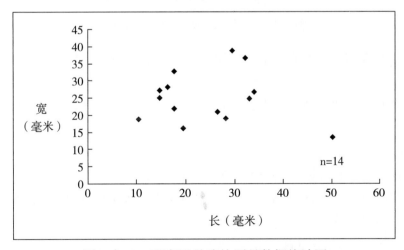

图二九二　斑鹿股骨残块测量数据统计图

左侧股骨近端残块，1 件。残留近端外侧部分，重 28.5 克。被火烧过，呈深黑色。

从上述的分析可以看出，斑鹿骨骼保存数量较多的部位为肱骨的近端和股骨的近端，骨骼保存长度有一定程度的集中现象。

c. 麂（*Muntiacus* sp.）

可鉴定标本 56 件，至少代表了 6 个个体。出自于第三层、第五层，以第五层数量最多，有 53 件，5 个个体（附表七）。

第 5 层麂的骨骼中保存数量最多的是四肢骨，有 43 件，占总数的 81.13%；牙齿和角的数量不多，仅占 18.87%。

①股骨

麂的股骨中以近端股骨头部位（代号 3）保存数量最多，其他各部分保存数量都比较少（图二九三）。

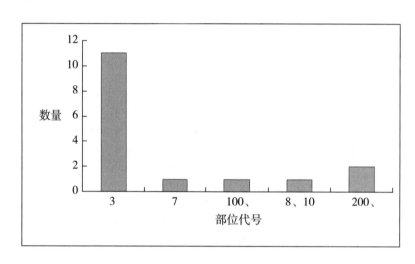

图二九三　麂股骨保存部位统计图

右侧股骨远端，1 件，保存完整。长 30.2 毫米、宽 24 毫米，重 11.5 克。骨骼被火烧成黑色。

左侧股骨近端，1 件，保存完整。长 13.6 毫米、宽 27.5 毫米，重 5.5 克。骨骼被火烧过。

②距骨

麂的距骨共有 6 件，其中 3 件完整，另外 3 件为残块。

右侧距骨，1 件。外长 19.8 毫米、内长 19.6 毫米、前宽 12.9 毫米、后宽 12.5 毫米、厚 10.7 毫米，重 1.5 克。

③麂角，共 6 件，比较残破。

角残段（图二九四，1），1件，保留有角柄、角环及部分主枝，非自然脱落，重6克。

角残段（图二九四，2），1件，残破，保留角尖部分，重8.5克。

1　　　　　　　　　　　　2

图二九四　麂角

B. 麝科（Moschidae）

麝（*Moschus* sp.）

可鉴定标本393件，至少代表了14个个体。出自于第三、第五层，以第五层数量最多，有389件，13个个体（附表八）。

第五层麝的标本中保存数量最多的是四肢骨部分，有324件，占总数的83.29%，其中跗部骨骼、腕部骨骼、髌骨和趾骨有156件，占40.1%。

①肱骨

麝的肱骨中远端关节部分保存数量比较多（代号9，代号10和代号200、）（图二九六）。

上犬齿残块（图二九五，5），1件，重0.5克。

右侧下 $M_3$（图二九五，1），1件。牙根残缺。长18.4毫米、宽8.2毫米，重2.5克。齿尖未磨蚀，代表青年个体。

左侧下颌带 $P_2 - M_2$（图二九五，2），1件，重13克。$P_2 - M_2$ 长57毫米。M1、M2磨蚀至齿冠中部，属于中年个体。

右侧肱骨远端残块，1件。后内侧稍微残损，滑车残长22.6毫米、宽30.5毫米，重9克。骨骼被火烧过，表面有烧裂痕。

②股骨

麝的股骨中保存数量最多的部位是近端股骨头部分（代号3）（图二九七）。保存长度主要分布在10~50毫米、宽度在10~25毫米之间（图二九八）。

图二九五　麝牙齿和肢骨
1. 右下 $M_3$　2. 左下颌 $P_2 - M_2$　3. 右侧股骨远端　4. 左侧距骨　5. 上犬齿

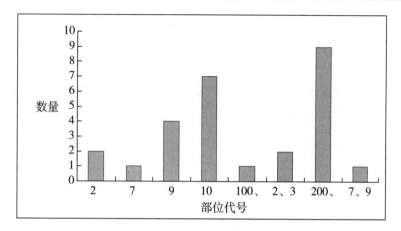

图二九六 麝肱骨保存部位统计图

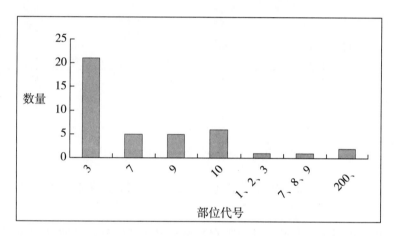

图二九七 麝股骨保存部位统计图

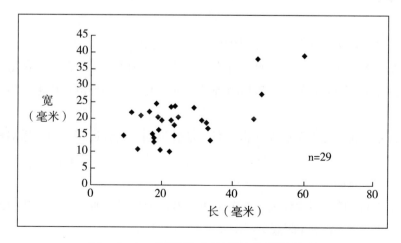

图二九八 麝股骨残块测量数据统计图

右侧股骨远端（图二九五，3），1 件，基本完整。关节端长 45.6 毫米、宽 37 毫米，重 36 克。髌面处有砍痕。

③桡骨

麝的桡骨保存部位最多的是远端的关节部分（代号 9、代号 10 和代号 200、），其次是完整的近端关节部分（代号 100、）（图二九九）。

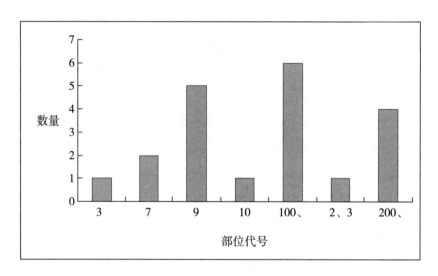

图二九九　麝桡骨保存部位统计图

右侧桡骨近端，1 件，基本完整。长 17.4 毫米、宽 27.6 毫米，重 5 克。骨骼被火烧成黑色。

从上述分析可以看出，麝肢骨残块保存数量较多的部位分别是肱骨的两端、股骨的近端和桡骨的两端。

④距骨

保存基本完整的标本有 13 件，其余的标本均为残块。

左侧距骨（图二九五，4），1 件，保存基本完整。前宽 18.6 毫米，后宽 18.4 毫米，外长 32.2 毫米，内长 29.4 毫米，厚 14.4 毫米，重 5 克。前端外侧有砍痕，内侧有啮齿类咬痕。

水鹿、斑鹿、麂和麝的完整趾（指）骨、肱骨远端、桡骨近端、炮骨远端和距骨测量数据比较见图三〇〇、图三〇一、图三〇二、图三〇三、图三〇四和图三〇五。

C. 牛科（Bovidae）

可鉴定标本 119 件，至少代表了 6 个个体。出自于第三、四、五层，其中第五层数量最多，有 114 件，4 个个体（附表九）。

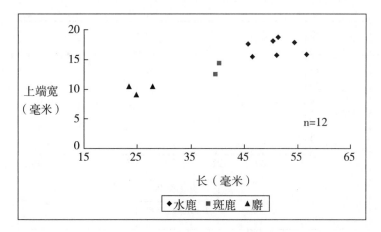

图三〇〇　水鹿、斑鹿和麝末端趾骨测量数据对比图

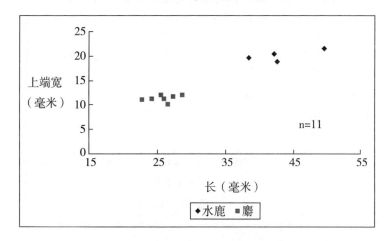

图三〇一　水鹿和麝中间趾骨测量数据对比图

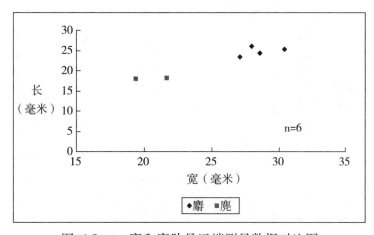

图三〇二　麝和麂肱骨远端测量数据对比图

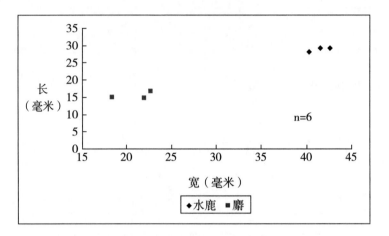

图三〇三　水鹿和麝炮骨远端测量数据对比图

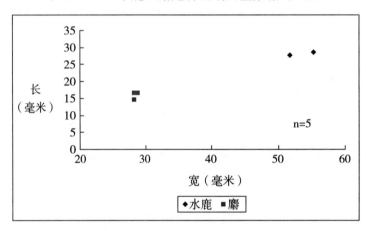

图三〇四　水鹿和麝桡骨近端测量数据对比图

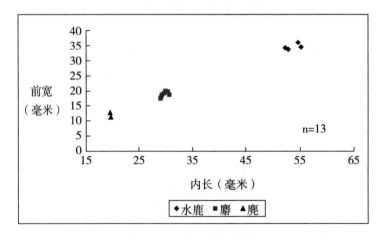

图三〇五　水鹿、麝和麂距骨测量数据对比图

第五层牛的标本中保存数量最多的是四肢骨部分，有89件，占总数的78.07%。有一定数量的单个牙齿，但M3和完整的上下颌骨发现很少。牛的死亡年龄包括幼年、青年和老年个体。肢骨均为残块，多保留有砍砸痕和切割痕。

牛左下乳$M_3$，1件。牙根残缺，长35.2毫米、宽15毫米，重15克。未磨蚀，属于幼年个体。

牛右上颌残块，1件，带$M^3$，重90克。$M^3$长33.7毫米、宽29.4毫米。牙齿磨蚀比较严重，代表老年个体。

牛炮骨远端关节，1件，未愈合，脱落。长37.4毫米，重27.5克。骨骼被火烧过，呈黑灰色，属于小于2岁的幼年个体。

牛右侧肱骨残块，1件。近端关节残，其余部分基本保存完整。远端长83.2毫米、宽88.9毫米，重781.5克。骨体后内侧有砍砸痕和切割痕，远端于冠状窝外侧处有密集砍痕。

牛左侧下颌残块（图三〇六），1件，带$P_2 - P_3$段牙槽及$P_4 - M_3$段牙齿，重333.5克。$P_4 - M_3$长158.5毫米。下颌体表面布满食肉类咬痕，$P_3 - M_2$齿槽边缘有砍砸痕。

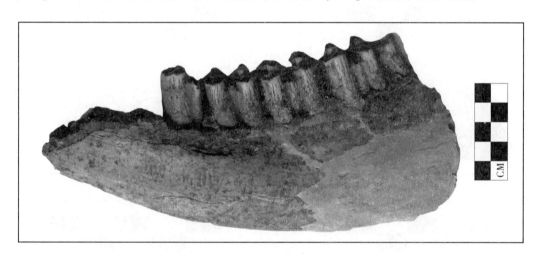

图三〇六　牛左侧下颌$P_4 - M_3$

D. 猪科（Suidae）

猪（*Sus domesticus*）

可鉴定标本210件，至少代表了9个个体。出自于第三、五层，其中以第五层数量最多，有203件标本，8个个体（附表一〇）。

第五层的猪的标本中四肢骨占了多数，有132件，占总数的65.02%；牙齿和残下颌骨有66件，占总数的32.51%；另外还有少量的头骨残块等发现。

我们是根据牙齿萌出和磨蚀程度以及骨骼的愈合情况来鉴定猪的死亡年龄（附表一一、一二、一三、一四）。

全部标本代表8个个体，死亡年龄鉴定如下：

左下 $M_1$，1件。齿根未封闭，应是一个还没有萌出的牙坯，代表一个 3~4 月龄左右的乳猪。

左侧下颌残块（图三〇七，4），1件，带 $M_1$，$M_2$ 未萌出。$M_1$ 齿尖未磨，估计死亡年龄约 6~7 月龄；左侧上颌残块，1件，带 $DM_3$ – $M_1$，$M_1$ 未磨蚀，牙齿萌出和磨蚀程度与下颌相似，作同一个体计算。

左侧上颌残块（图三〇七，3），1件，带 $M^2$，$M^3$ 未萌出，$M^2$ 齿尖稍磨。另有两件左侧上颌带 $M^2$，$M^3$ 未萌出；三枚单个的左上 $P^4$，均还未萌出或齿尖稍磨，这些标本代表的死亡年龄是一致的，均为 14~18 月龄，至少代表了 3 个个体。

猪右侧下颌带 $M_2$ – $M_3$（图三〇七，1）。$M_2$ 齿尖磨平，主、附尖釉质环相连，形成梅花状釉质环；$M_3$ 前端轻微磨蚀，推测死亡年龄约 24 月龄左右。另有一件右侧下 $M_3$，牙

图三〇七　猪上下颌和牙齿

1. 右下颌 $M_2$ – $M_3$　2. 右下颌 $P_3$ – $M_2$　3. 左上 $M^2$　4. 左下 $M_1$

齿磨蚀程度之相似，应属于年龄相同的另一个体。

猪右侧下颌 $P_3 - M_2$ 段残块（图三〇七，2）。全部牙齿已磨到齿冠底部属于老年个体。

鉴定结果表明，猪的死亡年龄以 $M_3$ 未萌出的未成年个体为主，占 62.5%；$M_3$ 萌出的青年个体约占 25%；牙齿磨蚀严重的老年个体只有 1 个，占全部个体数的 12.5%。

仅有的 3 件完整下 $M_3$，牙齿的长度分别为 39.4 毫米、39.8 毫米和 36.7 毫米，平均值为 38.6 毫米。从测量数据来看，其平均值大于姜寨的平均值（36.2 毫米），但是所有数据都在姜寨测量范围之内（30 ~ 41.7 毫米）（祁国琴，1988）；平均值小于磁山的平均值（41.4 毫米），部分数据在磁山的测量范围之内（39.2 ~ 45 毫米）（周本雄，1981）。磁山遗址的家猪处于驯化的早期，牙齿比较粗大，与之相比革新桥的略小一些；姜寨遗址的家猪已经驯化的比较成熟，其时代与革新桥遗址差不多，都是属于新石器时代中晚期，所以牙齿测量数据更接近一些。

综合上述分析，我们推测革新桥的先民已经驯养家猪了。

（2）奇蹄目（Perissodactyla）

犀科（Rhinocerotidae）

数量不多，仅 7 件标本，占总数的 0.06%。全部发现于第五层，至少代表了 1 个个体（附表一九）。部分骨骼上有人工痕迹。

上颊齿外侧齿冠残片（图三〇八，1），1 件，重 12.5 克。

右侧距骨残块（图三〇八，2），1 件，内侧长 68.6 毫米，外侧残缺，宽 86.4 毫米，重 143.5 克。

（3）灵长目（Primates）

发现于第四、五层，有 22 件，至少代表了 4 个个体；第五层数量最多，有 21 件，3 个个体（附表二〇）。可以确定种类为猕猴。

猕猴（*Macaca mulatta*）：有 3 件下颌标本发现，其余为肢骨。至少代表了 3 个个体。其中 1 件为幼年个体。

左侧下颌骨残块（图三〇八，3），1 件，带 $P_3 - M_3$，重 8.5 克。$P_3 - M_3$ 长 41.3 毫米，$M_3$ 长 10.6 毫米、宽 7.2 毫米。$M_1$、$M_2$ 齿尖稍磨，$M_3$ 齿尖未磨，为一个成年个体。

左侧下颌骨残块，1 件，带 $DM_2$，重 2 克。$DM_2$ 长 7 毫米、宽 5.4 毫米，牙齿齿尖基本磨平，为一个幼年个体。

（4）长鼻目（Proboscidea）

只有 2 件象牙残片，发现于第 5 层。其中 1 件保存较完整（图三〇八，5），是一个齿板残块，部分发掘残，可能是亚洲象（*Elephas maximus*）。

图三〇八 其他动物的牙齿和骨骼 (1)

1. 犀牛颊齿残片 2. 犀牛右侧距骨 3. 猕猴左下颌 $P_3 - M_3$ 4. 豪猪门齿 5. 象齿板残块 6. 竹鼠左下颌 $M_2 - M_3$

（5）啮齿目（Rodentia）

发现于第五层，数量不多，有4件标本。可鉴定出的种属有豪猪和竹鼠。

A. 豪猪科（Hystricidae）

豪猪（*Hystrix hodgsoni*）：仅有1件左侧上门齿残块（图三〇八，4），唇面釉质为橘黄色。重1.5克。

B. 竹鼠科（Rhizomyidae）

竹鼠（*Rhizomys* sp.）：可鉴定标本3件，代表了至少1个个体。

左侧下颌带 $M_2$ – $M_3$（图三〇八，6），1件，重1克。

（6）食肉目（Carnivora）

共有87件，占总可鉴定标本数的3.3%，分别出自于第三层、五层，以第五层数量最多，有85件（附表一七）。因为发现的材料大多数为残肢骨，所以很多都难以明确具体的种属。可以确定的种属有猪獾和熊两种。

A. 鼬科（Mustelidae）

猪獾（*Arctonyx collaris*）：有3件标本，为猪獾的上颌和牙齿，均出自于第五层，至少代表了1个个体。

左侧上颌带 $P^4$ – $M^1$（图三〇九，1），1件，存 $P^2$、$P^3$ 齿槽部分，重3.5克，$M^1$ 长14.3毫米、宽11.1毫米，$P^4$ – $M^1$ 长33毫米。牙齿轻微磨蚀。

B. 熊科（Ursidae）

黑熊（*Selenarctos thibetanus*）：有3件标本，分别出自于第三层、五层，至少代表了2个个体。

末端趾骨近端残块（图三〇九，2），1件，重2克。骨骼被火烧过。

2. 爬行纲（REPTILIA）

属于爬行纲动物标本共有830件，占总可鉴定标本数的31.5%。分别出自于第三、四、五层。主要是龟（Emydidae，433件）（图三〇九，3）和鳖（Trionychidae，275件）的背、腹甲以及一些肢骨和脊椎骨（122件）（附表一五）。根据保存数量最多的肱骨远端和完整肱骨（左侧）计算，最小个体数为12个个体。

龟和鳖的背、腹甲都很残破，不能明确具体的种属。但是通过对保存比较完整的鳖的背甲肋板进行测量，可以区分出至少有两种大小不同的鳖（附表一八）。小型鳖的背甲肋板长22.8毫米，表面有细小的麻点状凹纹，与现生的中华鳖相似（图三〇九，5），大型鳖的肋板平均长49.4毫米，表面有清晰较大的圆点状凹纹（图三〇九，4）。有的鳖背甲被火烧过。

龟鳖类的肢骨很残破，未做种属鉴定。肱骨和股骨远端的测量数据也可以明显的分为大小两类，与背甲的情况相似（图三一〇、三一一）。在部分肢骨上保存有人工砍痕、切

图三〇九　其他动物的牙齿和骨骼（2）

1. 猪獾左上颌 $P^4 – M^1$　2. 熊末端趾骨　3. 龟腹甲　4. 鳖背甲（大）　5. 鳖背甲（小）　6. 龟鳖类右侧股骨远端　7. 龟鳖类右侧肱骨近端

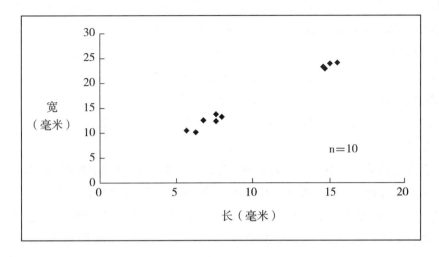

图三一〇　龟鳖目肱骨远端测量数据统计图

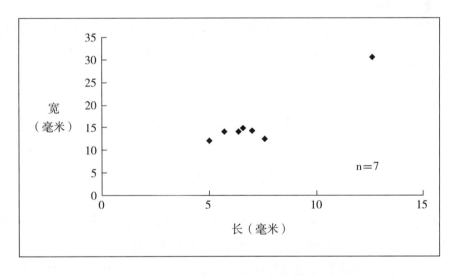

图三一一　龟鳖目股骨远端测量数据统计图

割痕（图三〇九，6、7）和食肉类的咬痕，也有一部分被火烧过。因而应是人类吃后废弃的。

3. 鱼纲（PISCES）

鱼的遗存主要是脊椎骨和咽齿，计有270件，占可鉴定标本总数的10.24%。全都发现在第五层。根据牙齿和咽齿的特征可以确定有鲤鱼、青鱼、草鱼和鲇鱼四种。

A. 鲤科（Cyprinidae）

a. 鲤鱼（*Cyprinus carpio*）：发现有2件咽齿。

咽齿残块（图三一二，1），1件，牙齿似扣状，齿冠较平，有一道沟纹，重0.2克。

b. 青鱼（*Mylopharyngodon piceus*）：发现有56件咽齿。

咽齿骨残块（图三一二，2），1件。重15克，咽齿粗大，呈臼齿状，咀嚼面光滑。

c. 草鱼（*Ctenopharyngodon idellus*）：发现有5件咽齿。

咽齿残块（图三一二，3），1件，侧面呈梳状，重1克。

B. 长臀鮠科（Cranoglanidae）：发现有6件标本，全部出自第五层。

牙齿残块（图三一二，4），2件，被火烧过。

鱼的脊椎骨数量虽然不少，但无法确定种属，从躯椎和尾椎的测量数据来看，鱼的个体相差较大，可能代表不同的种类。尾椎的最长径在3～25毫米之间，厚度在2～15毫米之间（图三一三）；躯椎的最长径在5～35毫米之间，厚度在2～18毫米之间（图三一四）。有的脊椎骨上有啮齿类啃咬的痕迹（图三一二，5），有的被火烧过（图三一二，6）。

4. 鸟纲（AVES）

仅在第五层有发现，数量不多，共20件，占总数的0.75%。主要是肢骨残块，不能鉴定种类，其中有一件保存比较完整的标本（图三一二，7），是雁形目的左侧喙骨残块，重3.5克。

# 三　骨骼表面的痕迹观察

## （一）骨表面的人工痕迹

保留有人工痕迹的骨骼数量不多，共219件，占总标本数的1.73%。出自于第五层。人工痕迹主要有砍痕、砸击痕和切割痕，以砍痕数量最多（附表一六）（图三一五）。

带有人工痕迹的骨骼所代表的动物种属很丰富，有水鹿、斑鹿、麝、麂、牛、猪、犀牛、黑熊、猕猴和龟、鳖等。骨骼有下颌骨、肱骨、股骨、尺骨、桡骨、跟骨、髌骨、肩胛骨、髋骨、胫骨、距骨、炮骨、趾骨、肋骨、脊椎骨等以及部分肢骨片和残骨块。多数骨骼上是只有一处或者一种痕迹，但也有一些骨骼在不同的部位有不同的人工痕迹。

部分痕迹分布在枕髁、下颌骨骨体、腕部和跗部的短骨骨体以及长骨的两端关节处，可能与人类肢解动物的行为有关（图三一六）。革新桥的先民们可能已经比较好地掌握了肢解动物的方法，从各个关节连接的地方入手。另外还有为数不少的带有人工敲击痕迹的肢骨片，可能与人类敲击吸髓的行为有关（吕遵谔等，1990）。骨表面的切割痕比较浅短，应该是在骨骼带肉的情况下剔肉产生的。

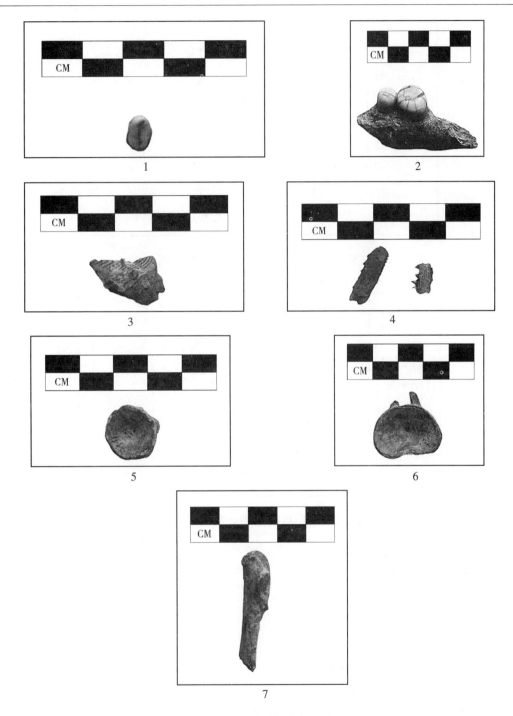

图三一二 其他动物的牙齿和骨骼（3）
1. 鲤鱼咽齿 2. 青鱼咽齿 3. 草鱼咽齿 4. 鲶鱼牙齿 5. 鱼尾椎 6. 鱼躯椎 7. 雁形目左侧喙骨

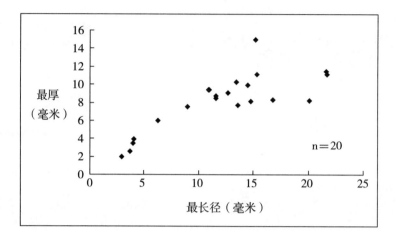

图三一三　鱼尾椎测量数据统计图

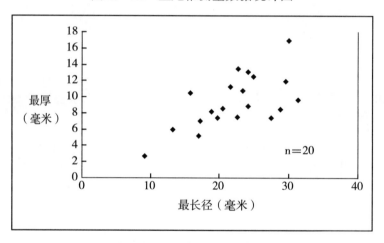

图三一四　鱼躯椎测量数据统计图

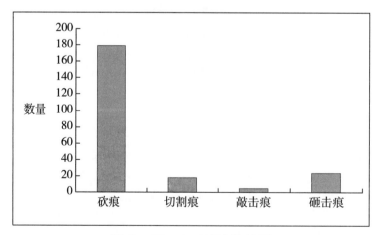

图三一五　人工痕迹统计图

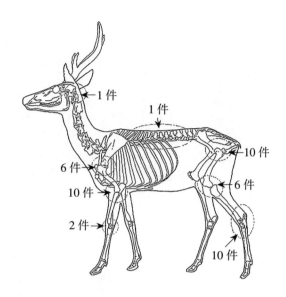

图三一六　鹿类动物肢解加工痕迹分布位置示意图

带有人工痕迹的骨骼集中分布在 T306（63 件）和 T307（75 件）这两个探方内，其次是 T205（16 件）和 T206（27 件）两个探方，其余探方数量很少（图三一七）。

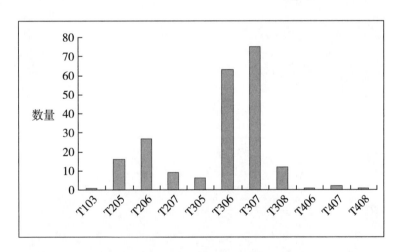

图三一七　带有人工痕迹骨骼分布统计图

牛左侧肩胛骨残块（图三一八，1），1 件，重 230 克。骨体表面上分布有砍痕，是在将前肢与身体分开时产生的。肩胛窝和骨体表面遍布食肉类咬痕。

猪左侧肱骨远端（图三一八，2），1 件，后侧部分缺失，长 39.7、宽 46.2 毫米，重 39.5 克。在冠状窝周围有三处切割痕。切割痕短、浅，可能是剔肉和筋腱时产生的。

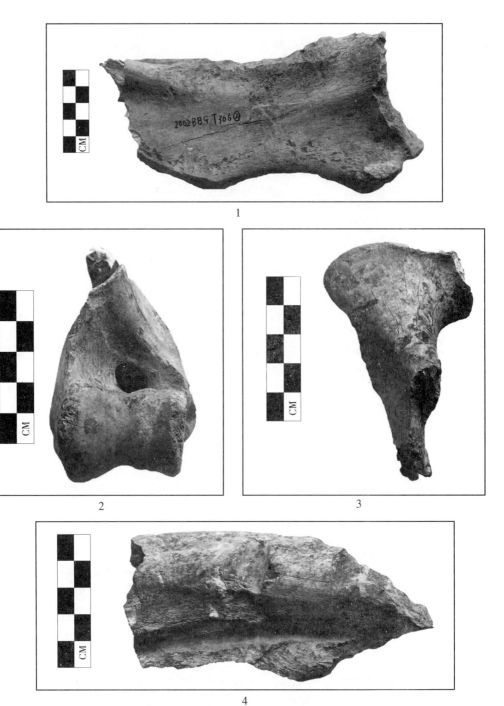

图三一八　保存有人工痕迹的骨骼
1. 牛左侧肩胛骨　2. 猪左侧肱骨远端　3. 牛左侧下颌髁突　4. 牛桡－尺骨残片

牛桡－尺骨残片（图三一八，4），1 件，重 84 克。桡骨前方有两处砍痕，在尺骨体边缘也有连续砍痕，是在肘关节处肢解前肢时产生的。

牛左侧下颌髁突部残块（图三一八，3），1 件，重 53 克。髁突附近有多处砍痕。可能与砍下下颌骨有关。

## （二）咬　痕

有咬痕的骨骼计有 52 件，占总标本数的 0.42%。出自于第五层，主要分布在 T306（14 件）和 T307（23 件）两个探方内（图三一九）。骨骼代表的动物种类有水鹿、斑鹿、麝、麂、牛、猪、犀牛和食肉类、龟、鳖等。咬痕可分为食肉类的咬痕和啮齿类的啃咬痕迹，以前者为主。

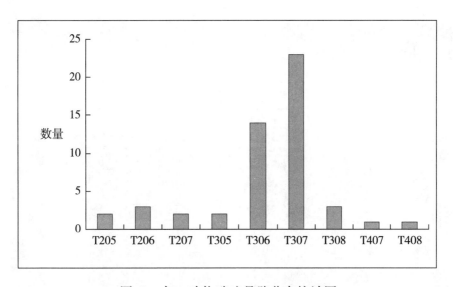

图三一九　动物啃咬骨骼分布统计图

水鹿近端趾骨（图三二〇，1），1 件，保存完整。骨体长 54.9 毫米；近端长 26、宽 22.2 毫米；远端长 17.8、宽 18.4 毫米；重 17.5 克。骨体近端有多处砍痕和食肉类咬痕。

水鹿左侧距骨（图三二〇，3），1 件，保存基本完整，边缘处有轻微缺损，重 30 克。前端内侧有砍痕，中部后端外侧面有啮齿类啃咬痕迹。

犀牛近端趾骨残块（图三二〇，2），1 件，后端缺损，前端长 25.6、宽 42.8 毫米，重 37.5 克。前端关节面上布满食肉类咬痕和人工砍痕。

图三二〇　动物咬痕骨骼

1. 水鹿近端趾骨　2. 犀牛近端趾骨　3. 水鹿左侧距骨（左侧为正面视图，右侧为背面视图）

　　这些骨骼标本上既有人工肢解痕迹又有动物啃咬痕迹，应是人类食用废弃后再被动物利用的。值得注意的是，有数量较多的骨骼上留有食肉类的啃咬痕迹，从咬痕的特征观察，属于中小型食肉类留下的痕迹，很可能革新桥的先民已经开始饲养狗了，这些骨骼是狗吃后留下的。

# （三）烧　骨

烧过的骨骼数量较多，有 3611 件，占总标本数的 29.24% 。标本分别出自于第三、四、五层，其中以第五层数量最多，有 3565 件，占烧骨总数的 98.7%。第五层烧骨主要集中分布在 T306（1003 件）和 T307（1354 件）两个探方内，其次是 T308（282 件）和 T206（353 件）两个探方（图三二一）。

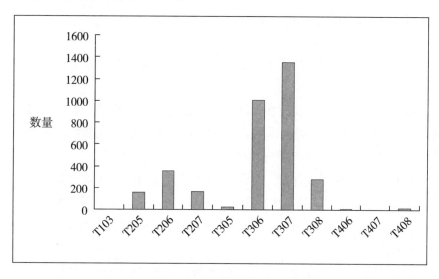

图三二一　第五层烧骨分布统计图

烧骨所代表的动物种属包括：水鹿、斑鹿、麝、麂、牛、猪、猕猴、犀牛、熊、龟、鳖、鱼和鸟类等。其中有的骨骼烧得比较厉害，通体呈黑色或灰白色；有的标本只是在表面有轻微的烧痕。这些烧骨说明，当时人类在食用完肉之后可能又将骨骼用做了燃料。

烧骨集中分布的 T306 和 T307，可能是人类休息并用火的地方。

# 四　讨论与分析

## （一）革新桥古代居民生存时期的自然环境

动物考古学研究的一个主要目的就是通过野生动物的生态特征来推测当时遗址附近的自然环境。革新桥遗址发现的动物群种属丰富，除犀牛和象之外，其他动物现在在广西地区都有分布。动物群中绝大部分属于林栖动物，包括有麝、麂、水鹿、斑鹿、水牛、猕猴和黑熊等，说明遗址附近覆盖有一定面积的森林（盛和林，1992；高耀亭等，1987；陈元霖等，1985）；竹鼠的出现说明遗址附近有一定面积的竹林；而大量的龟鳖类动物和鱼类的出现，说明遗址附近有相当宽广的水域（张孟闻等，1998）。

遗址中发现的象和犀牛现在在当地已不见踪迹。在亚洲现生象主要分布在南亚和东南亚地区，在我国仅在云南南部和西南部地区曾有发现。犀牛现生种主要分布在南亚的热带雨林中，在我国云南南部曾经有发现。遗址中这类大型动物的出现，说明当时的气候较现在更加温暖湿润。

革新桥遗址的先民们生活在右江沿岸温暖湿润的山地丘陵地区，附近有比较茂密的森林，能够提供比较丰富的野生动物资源。

## （二）人类行为及其反映的经济生活

1. 在革新桥遗址发现的哺乳动物中除了猪可能是饲养的以外，其余的都是捕获的野生动物，按最小个体数统计，野生动物占 84.48% 。另外还发现数量较多的龟、鳖和鱼等。这些表明渔猎生产是革新桥先民获取肉类食物的主要活动。

2. 目前遗址中还没有发现骨器，在骨骼中也没有见到制作骨器过程中废弃的废骨料和半成品，这与遗址的性质有关。从发现的遗迹和文化遗物分析，该遗址是一个石器制造场，不是人们生活居住的地方。遗址中出土的动物骨骼应该是人们食用之后废弃的，并没有进一步利用制作骨器。

3. 部分骨骼表面有人工痕迹，代表了肢解动物和敲骨吸髓的一些行为，从痕迹的分布情况来看，多数集中在肢骨的关节部分，说明当时人们对肢解动物已经有了一定的经验了。部分骨骼表面有食肉动物的咬痕，从咬痕的大小和特征来看属于中小型食肉动物的咬痕。有些骨骼上同时存在动物咬痕和人工痕迹，说明是人类加工或者食用之后才被动物啃咬的。如果是野生动物，不可能对人类抛弃的已经没有肉的骨头感兴趣，所以我们推测当时革新桥先民可能已经饲养狗了。

4. 这些动物是就地屠宰的？还是从别处有选择搬运而来的？从动物骨骼的保存状况分析，大部分都是四肢骨，脊椎骨和肋骨的数量较少。如果是原地宰杀的话，动物骨骼的各部分都应该保存下来。我们统计了现生动物四肢骨（不包括籽骨）与脊椎骨和肋骨数量的比值，鹿的比值是 0.97、猪的比值是 1.27~1.35、牛的比值是 0.86、食肉类的比值是 1.45~1.49。遗址出土的所有哺乳动物四肢骨与脊椎骨和肋骨的比值为 1.75，远大于任何一种动物的比值，这是因为遗址中的脊椎骨、肋骨数量较少的原因，据此我们推测这些动物可能是由附近居住地宰杀之后专门运到这里的。

Metcalfe 和 Jones 1988 年提出 FUI 的概念，即 food utility index，指的是动物每一部分活体的总重量减去干的骨骼的重量，可以显示出所提供的肉量。Purdue 与他的同事们在

1989 年根据生物体各个组成部分提供的 FUI 数值的不同将其划分为三个区域：低 FUI（＜1000）、中 FUI（1000－3000）和高 FUI（＞3000）（Elizabeth et al，1999）。革新桥遗址中出土的各种鹿的骨骼中保存部位数量较多的是肱骨的两端、股骨的两端和桡骨的近端，这些都是 FUI 数值中偏大的部位，从另一个角度说明运到这里的动物骨骼是经过选择的，先民选择肉比较多的部位运来这里作为工匠们的食物。

5. 动物骨骼主要分布在第五层的 T306 和 T307，面积约 50 平方米的范围内。其中有一些是烧过的碎骨，同时还发现有红烧土团粒和石制品，但是没有发现陶器或陶片。可能该区是人们进食的场所，人们在工作地进食，然后将废弃的骨骼就地抛弃或用做燃料。

6. 关于遗址发现的动物骨骼所能提供的肉量，根据 White，T. E. 和 Reed，C. A. 两位学者的方法进行推算，结果见表八〇和表八一。

表八〇　第五层部分动物提供肉量统计表（一）（依照 White，T. E. 方法计算）

| 动物种属 | 个体重量（kg） | 遗址中最小个体数 | 活体总重量（kg） | 提供的肉量（kg） |
| --- | --- | --- | --- | --- |
| 水鹿 | 150～180 | 7 | 1050～1260 | 525～630 |
| 斑鹿 | 100～150 | 3 | 300～450 | 150～225 |
| 麂 | 10～25 | 5 | 50～125 | 25～62.5 |
| 麝 | 6～15 | 13 | 78～195 | 39～97.5 |
| 牛 | 1500～2000 | 4 | 6000～8000 | 3000～4000 |
| 猪 | 140～200 | 8 | 1120～1600 | 560～800 |
| 总计 | 4299～5815 | | | |

注：White，T. E. 的计算方法是：animal total weight × 50 percent × archaeological animal MNI = meat weight

表八一　第五层部分动物提供肉量统计表（二）（依照 Reed，C. A. 方法计算）

| 动物种类 | 骨骼重量（kg） | 骨骼重量与活体重量比值（%）[1] | 遗址活体重量（kg） | 提供肉量（kg） |
| --- | --- | --- | --- | --- |
| 大型鹿类 | 3.537 | 4.1% | 86.26829 | 43.13415 |
| 中型鹿类 | 1.2445 | 3.14% | 39.63376 | 19.81688 |

---

[1]　表中各种属的比值数据分别来自 Elizabeth J. Reitz and Elizabeth S. Wing，1999：*Zooarchaeology*，London：Cambridge University Press，及本人对北京大学考古文博学院动物考古标本室实物标本的测量与计算。

续表

| 动物种类 | 骨骼重量（kg） | 骨骼重量与活体重量比值（%） | 遗址活体重量（kg） | 提供肉量（kg） |
|---|---|---|---|---|
| 小型鹿类 | 1.277 | 3.63% | 35.17906 | 17.58953 |
| 牛 | 5.049 | 7.3% | 69.16438 | 34.58219 |
| 猪 | 1.1047 | 7% | 15.78143 | 7.89071 |
| 总计 | | | | 123.01346★ |

注：Reed C. A. 的计算方法是：

①skeletal weight，kg ＝ archaeological specimen weight，kg

total weight        archaeological total weight

②archaeological total weight × 50 percent ＝ meat weight

★ 计算时没有包括脊椎和肋骨的重量。遗址发现的脊椎和肋骨残块共重 3.108 公斤，参照最大和最小的比值计算结果为 21.29～49.49 公斤，总肉量 144.3～172.5 公斤。

上述两种方法推算结果相差悬殊，有两种解释，一种可能是在埋藏的过程中只有极少数的骨骼保存下来；另一种则可以解释为只有一小部分肉是送到这儿给工匠消费的，大部分应在居住地消费，当然这需要进一步的发现才能证实。

7. 关于遗址使用的时间，笔者尝试从麂和猪死亡的时间作以下推测：

赤麂在 4 月开始脱角，5～7 月间脱落。遗址发现的鹿角是从头骨上砍下来的，说明捕获时鹿角没有脱落，捕获的时间应在 8 月到次年的 4 月。

猪一般 4 月产仔，遗址中猪的死亡年龄有 3～4 月龄的，推测死亡时间为当年 7～8 月；6～8 月龄的，死亡时间为当年的 10～12 月；14～18 月龄的，死亡时间为次年的 6～10 月；24 月龄的，死亡时间为次年的 4～5 月。猪的死亡时间在 4～12 月之间都有分布。

从鹿角的特征和猪的死亡时间来看，一年四季都有分布，但猪的死亡时间却集中在 4～12 月，可能代表了遗址主要使用的时间。

综上所述，当时革新桥的先民们主要通过狩猎和捕捞的方式获取肉食资源。当时已经有了比较明确的社会分工，石器制造场的工匠们只是负责制造石器，他们的伙食是专门由居住地运来的。石器制造场使用的时间主要是在 4～12 月。

## （三）与其他遗址的比较

新石器时代的遗址，从目前发现的情况来看，有比较复杂的聚落遗址，包含了各种不同性质的遗迹现象；也有比较单一的屠宰场和手工作坊（制造场）遗址。这些不同类型的遗址在各种遗存上的表现也是不同的，而动物骨骼遗存就是其中一个比较重要的部分。革新桥遗址，是华南地区一处新石器时代中期性质比较单纯的石器制造场遗址。本文选取了华南地区新石器时代早期的甑皮岩遗址（袁靖等，2003）和北方岱海地区新石器时代中期的石虎山Ⅰ遗址（黄蕴平，2001）来进行动物遗存方面的比较，以便对遗址的性质有更加清楚的认识。

1. 广西地区的甑皮岩遗址

该遗址是一处新石器时代早期的洞穴遗址。出土的动物计有贝类47种，螃蟹1种，鱼类1种，爬行类1种，鸟类20种，哺乳动物37种，共计108种，种类非常丰富，但是并没有发现动物被驯化的现象。人们是通过狩猎野兽，捕捞鱼类，采集贝类来获取肉食资源的，是比较单纯的渔猎经济。革新桥遗址出土的动物种类仅20余种，虽然其中大部分是野生动物，但是猪已经被驯化了，家猪占最小个体数的12.86%，显示出了渔猎经济为主家畜饲养为辅的经济生活方式。二者在经济生活方式上的不同是与遗址的年代有关的。

从出土动物群的情况来看，甑皮岩遗址出土了大量的贝类（47种）和鸟类（20种），而革新桥遗址目前来说这两方面材料的发现很少，这里有两个可能，一是受遗址的发掘面积的限制，二是与人为的选择有关。而从其他脊椎动物的情况来看，两个遗址都有发现鲤鱼、鳖、猕猴、竹鼠、豪猪、熊、猪獾、亚洲象、麝、麂、水鹿、梅花鹿、水牛、犀牛等动物，这其中包含了两个遗址主要的动物种属，这些动物的存在表明这两个遗址所处的自然地理环境是相似的，从而进一步说明在华南地区距今10000～6000年前，自然地理环境并没有发生很大的变化。甑皮岩发现的革新桥没有的动物包括有鳄鱼、红面猴、兔、仓鼠、褐家鼠、森林姬鼠、白腹巨鼠、绒鼠、貉、豺、狗獾、水獭、大灵猫、小灵猫、椰子猫、花面狸、食蟹獴、猫、豹、虎、獐、秀丽漓江鹿、苏门羚等，这些动物所代表的自然地理环境与上述主要动物所代表的自然地理环境是一致的。革新桥遗址之所以没有这些动物种类的发现，除了发掘面积的限制之外，笔者认为更大的可能是与人类的选择有关，从而更加显示出遗址性质的不同。

甑皮岩是一处新石器时代早期的洞穴遗址，是人类居住的地方，也是主要的活动场所。遗址分五期，基本上各期都有陶器、石器、骨角蚌制品及其半成品和骨料的发现，说明遗址的性质是比较复杂的，各种与人类密切相关的生产活动都是在遗址中进行的。而革新桥遗址除了大量的石制品之外，并没有骨角蚌制品等的发现，陶器数量也很少，说明其性质是比较单纯的，进一步说明华南地区在新石器时代中期已经有了比较明确的社会分工，出现了专门的手工业生产基地。

2. 内蒙古地区的石虎山 I 遗址

该遗址是一处新石器时代中期的聚落遗址。遗址中出土的动物种类有棕熊、豺、狐、貉、狗、狗獾、豹猫、鼬、野兔、鼠兔、中华鼢鼠、黄鼠、狍、马鹿、斑鹿、水牛、黄羊、猪等 18 种，与革新桥遗址相比有很大的不同，显示了南北方气候及自然地理环境的差别。

石虎山 I 遗址所发现的动物中，可以确定狗是饲养的家畜，猪也可能是饲养的家畜，狩猎仍然是重要的生产活动。这点与革新桥的情况是相似的，都是已经开始驯养家畜了，但是主要的肉食资源仍然是来自于遗址周围的自然环境中。说明在新石器时代中期，南北方地区先民的经济生活方式是相似的。

石虎山遗址的动物骨骼，分布相对比较集中，大部分出土于壕沟中。壕沟中出土的骨骼中有大量的人工砸击加工的骨料和残片，可能是当时人类在房屋附近屠宰动物，加工骨器，并将废骨集中倒在废弃的壕沟或灰坑中。SIH12 中出土了 4 个完整的狗骨架，可能是与祭祀有关。SIF6 也是发现骨骼较为集中的地方，除了发现鹿、水牛和猪的骨骼以外，棕熊的骨骼主要发现于该房屋与壕沟内，可能 SIF6 是当时人们集中活动的地方。这些骨骼分布的现象显示出该遗址的性质是比较复杂的。虽然革新桥遗址动物骨骼分布也是相对集中的，绝大部分存在于石器制造场的分布区内，但是遗址内并没有其他遗迹现象发现，也没有骨角器或者骨器的废料和半成品的存在，这些都进一步说明了遗址的性质是比较单一的。

# （四）小　结

革新桥遗址出土的动物种属丰富，包括有水鹿、斑鹿、麂、麝、牛、猪、犀牛、猕猴、豪猪、竹鼠、熊、猪獾、龟、大型鳖类、小型鳖类、鲤鱼、青鱼、草鱼、鲌鱼、雁形目动物等 20 余种。其中哺乳动物中的偶蹄目数量最多，是革新桥先民主要的肉食来源；另外，还有数量较多的爬行动物和淡水鱼类。

革新桥遗址的先民们除了饲养了家猪和狗以外，主要的肉食来源是通过狩猎和捕捞的方式获得的。先民们狩猎的主要对象是水鹿、斑鹿、麝、麂、牛等，同时还捕捞龟鳖类和各种淡水鱼类。另外，动物群中还有少量的犀牛和熊这类大型动物，在它们的部分骨骼表面保留有人工砍痕和切割痕迹，说明革新桥先民偶尔也能猎获这样一些大型动物作为他们的食物。

革新桥遗址出土的动物骨骼十分破碎，保存完好的标本极少，大量的是无法鉴定部位的碎骨和肢骨片。在可鉴定标本中，又以动物的四肢骨关节部分骨骼数量最多，这些骨骼可能是经过选择搬运到这里的。动物骨骼集中分布在第五层的 T306、T307、T308 和 T206

几个探方内，也许这一区域是石器制造场的工匠们用餐的地方，吃后的残骨就近扔弃在附近。我们推测当时已经有了比较明确的社会分工，有专门负责加工石器的工匠，他们的伙食是由驻地运到石器制造场的。

# 第二节　植物遗存分析及遗址周围现生植物概况

考古遗址中发现的植物遗存通常可归纳为三大类：大植物遗存（Macroremains）、孢粉（Pollen and Spores）和植物硅酸体（Phytolith，Plant opal）。其中最为可靠的当属种子和果实。这一方面是由于植物产生大量的具有显著形态学特征的种子并广泛传播，另一方面又因一些植物的果核外壳或种皮多为致密的结构，与以软组织为主的叶片、花、果肉等不同，即使经过长期稳定埋藏、甚至炭化、搬运、燃烧，都不易于腐烂而被保留在土中。另外，由于种子和果实的自然传播距离远较花粉为小，因此一旦在遗址中发现，往往代表较近地理范围的地方性植被特征，从而有助于研究人与周围植被间的关系（孔昭宸等，2003）。

革新桥遗址出土一定数量的植物遗存，这些遗存全部为种子和果实，绝大多数都是破碎的，完整者不多，而且均已炭化。我们对完整或相对完整的出土标本进行了观察和分析。同时，为了了解遗址周围植物的现状及其变迁，我们还对遗址附近的植物进行了调查。

# 一　出土植物种子分析

## （一）出土植物种子鉴定

遗址出土的植物遗存有完整果核及碎片，根据形态特征与现生种的对比分析，初步鉴定出有3个种，分别是橄榄科（Burseraceae）的橄榄（Canarium album）、乌榄（Canarium pimela），大戟科的余甘子（Phyllanthus emblica）（图版五八，5）。

标本鉴定记述：

T207④：64：果核长19.2毫米，最大宽度9.7毫米；黑色，已炭化；橄榄形或近棱形，较瘦长；总体稍有不对称，微弯。中段粗，向两端渐尖，两端粗细不一致，一端较粗，另一端稍长尖。有六条明显的纵向棱线，其中有三条明显贯穿果核的两尖端，尖端有三角形小裂口。

　　根据对出土果核形态特征的分析并与现生黄榄（Canarium album）果核的比较，除现生种的果核比出土标本稍大之外，其他性状基本相同，初步判断，此标本属于黄榄的果核。

　　标本 T206⑤：26：果核较完整，长 26.0 毫米，宽 14.3 毫米。黑色，已炭化；果核榄形，基本对称；横截面近圆形；两端钝尖；整体上看较饱满，表面较平滑；有三条明显的延伸到两端的纵向棱线；尖端有三角形小裂口。

　　标本 T307②：69：果核较完整，长 16.4 毫米，宽 10.3 毫米。黑色，已炭化；果核榄形，基本对称；横截面近圆形；两端钝尖；整体上看较饱满，表面较平滑；有三条明显的延伸到两端的纵向棱线；尖端有三角形小裂口。

　　从果核的形状特征来看，上述两标本均与现生乌榄的果核很相似（表八二），初步判断，此标本属于乌榄（Canarium pimela）的果核。

　　T307②：113：标本严重破损，可看到三分之一的果核及其他碎片，此三分之一可明显看出是两瓣组成，两瓣相接处也可看到凸起的细棱线。且断面较平整，两断面形成的轴心夹角约 60 度，由此可推断完整的果核由 6 瓣合成。基本碳化，球形；长约 11.8 毫米，宽约 11.2 毫米；黑褐色。通过与现生余甘子果核形态特征进行比较，两者极其相似，初步认为此标本是余甘子的果核。

表八二　　出土植物果核与现生植物种果核比较表

| 现生种果核种类 | 现生种果核的形态特征 | 出土果核标本 | 出土果核的形态特征 | 比较结果 |
|---|---|---|---|---|
| 黄榄 | 果核呈梭形，较瘦长；具 6 条棱线。核的横切面近三角形。三条贯穿果核两端的棱凸明显 | T207④：64 | 橄榄形或梭形，较瘦长；总体稍有不对称，微弯。中段粗，向两端渐尖，两端粗细不一致，一端较粗，另一端稍长尖。有六条明显的纵向棱线，其中有三条明显贯穿果核的两尖端，尖端可看到三裂的小裂口 | 与黄榄相似 |
| 乌榄 | 果核榄形或近椭圆形，整体看较饱满，表面较平滑，横切面近圆形，核盖较厚，两端钝尖，有明显的纵向棱线 | T206⑤：26；T307②：69 | 黑色，已炭化；果核榄形。基本对称。整体上看较饱满，表面较平滑；横截面近圆形；两端钝尖；有三条明显的延伸到两端的纵向棱线。尖端有三角形小裂口 | 与乌榄相似 |

续表

| 现生种果核种类 | 现生种果核的形态特征 | 出土果核标本 | 出土果核的形态特征 | 比较结果 |
|---|---|---|---|---|
| 余甘子 | 近球形，顶部有三棱突起，果核由 6 瓣合成。瓣的接合处有凸起的细棱线 | T307②：113 | 果核球形。果核由 6 瓣合成。瓣相接处有凸起的细棱线。且断面较平整 | 与余甘子相似 |

这三种植物的果实均可供人类食用，余甘子（Phyllanthus emblica）食用其肥厚的种皮，橄榄（Canarium album）和乌榄（Canarium pimela）食用其肥厚的种皮和核仁。

## （二）出土植物种子反映的气候

现生的橄榄和乌榄以及余甘子主要分布在热带至南亚热带的中低海拔或较平缓的地带，在我国广东、广西、福建、海南、云南和台湾等省区均有分布。由于相同植物类群的生存和分布所需的生态因子基本相同。可以推测，三种遗存植物当时分布的气候与生态条件应与它们现代属种的现代分布区的气候与生态条件相同或相近，说明遗址当时属暖湿至湿热的气候环境。

遗址周边现生植被类型属亚热带常绿阔叶林和热带雨林、季雨林。植物种类富含热带类成分，且仍有出土的 3 种植物的现生分布。同时，也有无花果（Ficus carica）、假苹婆（Sterculia Lanceolata）、桃金娘（Rhodomyrtua tomentosa）、野蕉（Musa balbisiana）、金毛狗（Cibotium barometz）、紫玉盘（Uvaria macrophylla）、海南蒲桃（Syzygium cumini）等热带型种类。说明现在的气候环境和植被类型与遗存植物埋藏时期的差异不大（中国科学院《中国自然地理》编辑委员会，1985）、（王荷生，1992）。

有关学者对中国第四纪全新世气候变化的研究表明，在末次冰期后，全球气候基本稳定，在 7.2－6.0ka 有过稳定温热阶段，是最适宜的气候时期。中国的南方地区，全新世气候变化幅度也不大，约从 7.5ka 起，已属南亚热带海洋季风气候。也有对珠江口地区钻孔岩心的研究结果表明，在 6.0ka 的气温较温暖湿润（徐海，2001）。此外，毕福志的"中国全新世气候变化规律"文章中指出，在 7.5～5.0ka ，年均气温比现在高 2 摄氏度。说明当时气候环境与现在相近或比现在更暖湿。这与遗址遗存植物埋藏时期植物种类的生长、分布所要求的气候环境相吻合。

## 二 孢粉的采样和分析

发掘期间，我们在地层采集孢粉分析样品。采样方法是在地层剖面选好采样点，然后由下而上逐一采集。每一个采样点先用彻底洗干净的手铲刮去表面土层，再用另一把清洗干净的手铲取出土样，将土样装入干净的密封塑料袋中，标签装在另一个密封塑料袋。每采完一个样，用过的两把手铲均用清水反复清洗干净，以防土样受到交叉污染。每一个样品都有采样记录，内容包括采样时的天气、风力、风向以及采样时间等。

我们共采集了两套土样，一套送中山大学岭南考古中心，据说因样品量少，没有获得分析结果；另一套送国家地震局，获得以下的分析结果。

根据孢粉分析结果或孢粉谱（见附表二一），对该遗址剖面沉积物堆积或形成时期之古环境及地质时代等问题进行讨论和分析。

### （一）孢粉分析结果

对采自该遗址剖面之四块样点，经孢粉分析前处理，均获得了比较丰富的孢粉，经鉴定及统计共得各类孢粉 456 粒，如将这些孢粉进行分类，又可将其归入 37 个植物自然分类科、属之内，每块样品之详细孢粉类型及其数量，可见孢粉谱（附表二十一）。通过对表 1 分析，可见该遗址剖面之孢粉组合特征是：木本植物花粉较多，均占总数的 79.2%，其中又以均占总数 60.4% 之松粉较多，还有分别均占总数 5.4%、3.1% 及 3.8% 之桦粉、铁杉粉及冷杉粉；灌木及草本植物花粉较少，均占总数的 13.3%，其中又以分别均占总数 2.5% 及 3.3% 之蒿粉及禾本科粉较多；蕨类植物孢子少，均占总数的 7.5%，其中又以均占总数 3.6% 之水龙骨属孢子较多。

### （二）遗址地层沉积时期的古植被及古气候分析

植物恃环境而生、而长及而变。孢粉源于植物，因此根据孢粉分析结果，也可推论及恢复遗址剖面沉积物形成时期之古植被及古气候。

通过对该遗址剖面堆积时期一些主要植物孢粉含量的分析，亦可得知其时这些植物的数量：木本植物多，不仅可占灌木及草本植物和蕨类植物之和的四倍，且于其中又以可占各类植物总数五分之三适生温性环境之针叶裸子植物松较多，还有习性温润及暖湿环境最多合计可占各类植物总数七分之一之桦、栎、胡桃及榆等阔叶被子植物；灌木及草本植物和蕨类植物均较少及少，合计仅占各类植物总数的七分之一，且于其中又以合计可占各类植物总数八分之一，性喜温润及温湿环境之蒿、禾本科及狐尾藻等草本植物及水龙骨属等蕨类植物较多。据于该遗址剖面堆积时期，存在及出现的主要是这样的一些性质植物及组成，可以推论，在该遗址剖面堆积时期之植被，当属以松为主要建群植物树种组成之森林型针叶林，气候温和或暖和较湿或轻湿。

通过对附表二十一分析，亦可看出，在该遗址剖面沉积时期适生温润及暖湿环境之桦、栎、胡桃及椴等阔叶被子植物，其种类及数量于 T103③及⑥样时，均明显多于 T103④及⑤两样，性喜温性之松等针叶裸子植物则恰相反，其量在 T103④及⑤中多于 T103③及⑥。据此亦可说明，在该遗址剖面之 T103③—⑥样之沉积时期，植被类型及性质虽均相同，但温度及湿度似曾也有一些变化及波动，看来 T103③及 T103⑥样沉积时期之温度及湿度均比 T103④及 T103⑤样时相对较高。

## （三）古地理环境探讨及分析

据松等针叶裸子植物，多适存于丘陵、低山及或中低山之上；桦、栎、胡桃及椴等阔叶被子植物则多喜生岗丘、台地、坡地及平川等处；蒿、莎草科、狐尾藻及禾本科等草本植物则多生长于平原、低地、沟壑、湿地及水体。鉴于这些植物，特别是松等针叶裸子植物，它们在该遗址剖面之沉积时期，都是同时较多的存在及出现，也可推论，在该遗址剖面沉积时期之周边、附近及其不远之处，其时也有丘陵、低山及或中低山等山体及河流、沟圳、台地、坡地及低地等的同时存在。看来其时该处之地形地貌，可能亦与现今近似，比较陡峻突出及明显。

据该遗址剖面沉积时期，生存的一些植物现今之地理分布及其生态环境，也可推论，其时气候相对比较温和较湿或暖湿，温度及湿度可能均相对较高，呈现的可能主要是一种亚热带之气候环境，因这样的气候环境，不仅利于植物的生长及发育，也利于动物的生存及成长，所以其时植物繁茂，动物亦然。也是这样的自然环境，为其时先民提供了丰富的物质资源及生存环境，所以致使其时先民能在这里生息、繁衍及发展，以及建设诸如制作石器等之物质文明，也为我们今天于此留下了一页极其光辉的石器时代文化。

## （四）遗址剖面沉积物之地质时代分析

据孢粉颜色之深浅、立体性之强弱及压扁程度之轻重，也可确定沉积物之相对地质时代。研究表明，第四纪早期及中期时之孢粉，其颜色均相对较深、立体性较差及压扁程度较重，第四纪晚期之晚更新世及全新世时之孢粉，其颜色均相对较浅、立体性较强及压扁程度较轻。据对该遗址剖面中孢粉之颜色、立体性及压扁程度之观察，均可看出，该遗址剖面孢粉之颜色均甚浅、立体性很强及压扁程度很轻，据此看来，该遗址剖面沉积物之地质时代，可能不会早于全新世。

在一定的地理区域范围内，一般相同及相似地质时期之古植被及古气候也是相同相似及可比的。据该遗址剖面沉积时期呈现的古环境特性和百色地区一些全新世中晚期时显示的古环境亦很相似，据此推论该遗址剖面之沉积，可能形成于全新世之中晚期。

综上分析，我们认为该遗址剖面沉积物之地质时代似拟定为全新世，且趋向于定为或划为全新世之中晚期（$Q_4^{2-3}$）及或中期（$Q_4^2$）。

# 三　遗址现生植物概况

## （一）广西现生植物概况

遗址地处热带亚热带气候区，受季风影响，降雨量和热量及其丰富。复杂的地貌和良好的气候条件润育着丰富的生物资源，其森林植被为亚热带常绿阔叶林和热带雨林、季雨林。区域内组成森林植物种类约有 217 科 1027 属，大约有 3000 种。其中，热带属、种分别占 32.34% 和 19.71%，热带亚热带的属、种分别占 27.78% 和 31.30%（《广西森林》编辑委员会，2001）。

组成乔木的优势种有 430 个，分属 73 科，226 属，优势种最多的是壳斗科（Fagaceae）、樟科（Lauraceae）、山茶科（Theaceae）、大戟科（Euphorbiaceae），此 4 科占据种数的 29.5%。其次是木兰科（Magnoliaceae）、松科（Pinaceae）、竹亚科、金缕梅科（Hamamelidaceae）、榆科（Ulmaceae）、桑科（Moraceae）、楝科（Meliaceae）、无患子科（Sapindaceae）、安息香科 Styracaceae、杜英科 Elaeocarpaceae、蔷薇科 Rosaceae、冬青科 Aquifoliaceae、山矾科（Symplocaceae）等占种数的 30.5%。其他有肉豆蔻科（Myristicaceae）、木棉科（Bombacaceae）、橄榄科（Burseraceae）、龙脑香科（Dipterocarpaceae）、桦木科（Betulaceae）、山竹子科（Guttiferae）、椴树科（Tiliaceae）、杉科（Taxodiaceae）等（《广西森林》编辑委员会，2001）。主要草本组成有禾本科（Gramineae），含有 63 属；菊科（Compositae），有 34 属；蝶形花科（Papilionaceae），有 31 属；茜草科（Rubiaceae），有 31 属；兰科（Orchidaceae），有 23 属。

据调查，广西境内可供食用的植物（含淀粉植物在内）有 450 多种，主要有多种榕属植物（Ficus）、野蕉（Musa balbisiana）、猕猴桃（Actinidia chinensis）、桃金娘（Rhodomyrtus tomentosa）、野葡萄（Vitis Pentagona）的果实；栗属（Castanea Mill.）、锥

属（Castanopsis Spach）、栎属（Quercus Linn.）、山龙眼属的坚果以及天南星科（Araceae）、薯蓣科（Dioscoreaceae）和蕨类等植物的块根或块茎。可食用的大型真菌主要有：细毛香菇（Lentinus revelatus Berk）、野蘑菇（Agaricus arvensis）、黑木耳（Auricularia auricula）、毛木耳（Auricularia polytricha）、邹木耳（Auricularia delieata）、银耳（Tremella fuciformis Berk）等（广西壮族自治区通志馆，1995）。

## （二）遗址周边现生植物情况

经过对遗址附近植物的初步调查，其自然植被类型为热带——亚热带常绿阔叶林，部分地段为针叶阔叶混交林。山体中下部沟谷处有假苹婆（Sterculia Lanceolata）、木棉（Gossampinus malabarica Merr）、无花果（Ficus carica）、紫玉盘（Uvaria macrophylla）、桃金娘（Rhodomyrtua tomentosa）、龙眼（Dimocarpus Longan）、紫金牛（Ardisia japonica）、金毛狗脊（Cibotium barometz）、野蕉（Musa balbisiana）等热带成分的种类（中国科学院《中国自然地理》编辑委员会，1985）、（王荷生，1992）。平缓地带有块状的人工松林、板栗林及其他经济林。主要维管束植物有108科，232属，342种。其中蕨类植物16科，21属，36种。裸子2科，2属，2种。被子植物90科，209属，304种。主要有樟科（Lauraceae）、大戟科（Euphorbiaceae）、壳斗科（Fagaceae）、桑科（Moraceae）、豆科（Leguminosae）、山茶科（Theaceae）、无患子科（Sapindaceae）、松科（Pinaceae）、金缕梅科（Hamamelidaceae）等。常见种类有：松（Pinus massoniana）、杉（Cunninghamia lanceolata）、樟（Cinnamomum camphora）、楠木（Beilschmiedia sp.）、青冈（Quercus glauca）、柃木（Eurya sp）、荷木（Schima superba）、桦木（Betula alnoides）、枫香（Liquidambar taiwaniana）、桃金娘（Rhodomyrtua tomentosa）、木棉（Gossampinus malabarica）、小叶木姜子（Litsea cubeba）、钩藤（Uncaria hiorsuta）、紫金牛（Ardisia japonica）、乌桕（Sapium sebiferum）、余甘子（Phyllanthus emblica）、五节芒（Miscanthus floridulus Warb.）、金猫尾（Nacenga fallax Bor.）、割手密（Saceharum spontaneum L.）等。由于现代人类生产活动的扩展，自然植被受较严重的干扰和破坏，但也有一部分保存相对完整，能够在一定程度上反映当地自然植被的概貌。

从调查结果来看，可供人类利用的野生植物资源颇为丰富，其中可作食用的有如下主要种类（表八三）：

除可供食用的植物种类外，可供人类利用的还有丰富的药用植物、纤维植物、油料植物和用材植物。

表八三　革新桥遗址周围可供人类利用的现生野生植物种类统计表

| 类型 | 种类名称 | | 类型 | 种类名称 | |
|---|---|---|---|---|---|
| | 中文名 | 学名 | | 中文名 | 学名 |
| 水果类 | 无花果 | Ficuscarica | 水果类 | 乌榄 | Canarium pimela |
| | 海南蒲桃 | Syzygium cumini | | 橄榄 | Canarium album |
| | 野蕉 | Musa balbisiana | | 扁桃 | Mangifera Silvatica |
| | 余甘子 | Phyllanthus emblica | | 冬桃 | Elaeocarpus duclouxii |
| | 龙眼 | Dimocarpus Longan | | 假苹婆 | Sterculia Lanceolata |
| | 杨梅 | Myricarubra | | 粗叶悬钩子 | Rubus alceaefolius |
| | 紫玉盘 | Uvaria macrophylla | | 对叶榕 | Ficus hispida |
| | 瓜馥木 | Fissistigma oldhami | | 野葡萄 | Vitis Pentagona |
| | 毛杨桃 | Actinidia lanata | | 嘉榄 | Garuga pinnata |
| | 桃金娘 | Rhodomyrtus tomentosa | | 盐肤木 | Rhus chinensis |

| 类型 | 种类名称 | | 类型 | 种类名称 | |
|---|---|---|---|---|---|
| | 中文名 | 学名 | | 中文名 | 学名 |
| 淀粉类 | 仪花 | Lysidice rhodostegia | 野菜类 | 木姜子 | Litsea pungens |
| | 野葛 | Pueraria lobata | | 野苋 | Amaranthus virisis |
| | 土茯苓 | Smilax glabra | | 蕨 | Pteridium aquilinum |
| | 光叶薯蓣 | Dioscorea glabra | | 野筒蒿 | Cynura crepidioides |
| | 野山药 | Dioscorea japonica | | 大眼竹 | Bambusa eutuldoides |
| | 金毛狗 | Cibotium barometz | | 苦荬菜 | Ixeris denticulata |

# 第八章　年代和分期

## 第一节　地层的相对年代

### 一　各地层的基本特征

第一层，现代耕土层，灰褐色，土质疏松。包含物有少量砍砸器、刮削器、尖状器、石锛、石锤、石片、石核、夹砂陶片、素面或水波纹硬陶片及青砖、红砖残块、现代瓷片等。

第二层，现代扰土层，浅灰褐色，土质较黏硬。包含物有少量刮削器、石锛、石锤、石片、石核等石制品及近现代陶、瓷片。

第三层为浅红褐色砂黏土，土质较硬，黏度较大。内含较多的砍砸器、石锛、石核、石片、断块、碎块、砾石、碳粒、红烧土及极少量的夹细砂的绳纹红陶陶片、兽骨等遗物。

第四层，黄褐色砂黏土，土质干硬，黏度大。土质较纯，不含碳粒及红烧土，但包含少量砍砸器、刮削器、尖状器、石斧、石锛、穿孔石器、研磨器、石锤、石砧、砾石、石核、石片、断块等石制品。

第五层，红褐色砂黏土，黏度大。包含物极丰富，有砍砸器、刮削器、尖状器、研磨器、石斧、石锛、石锤、石砧、砾石、石核、石片、断块、碎块、砾石等，还有较多兽骨。

第六层，黄色砂土，结构稍松。此层接近层面部分偶见芝麻大小或更小的炭粒和红烧土粒，不见石制品。

### 二　各地层之间的关系

在发掘过程中，为了了解第五层以下的地层堆积情况以及其成因，我们在探方 T104

和 T409 各开挖了一条 4×1 平方米的探沟，均挖至第五层底之下约 1 米。从下挖的探沟看，第五层之下的土色土质没有变化，均为黄色砂黏土，土质纯净，含有极少量的小螺壳，局部可见微弱的水平层理。由此判断，此为生土层，属于河流沉积。而第五层至第三层，堆积物除了大量的文化遗存外，尚有下雨时地表流水从高处搬来的物质（主要是砂土），这些物质和文化遗物混合在一起，从而形成不同的堆积层。至于第一层、第二层，根据我们的调查和观察，第一层是修建穿行于遗址的公路时形成的，而第二层是原来的表土层。

革新桥的地层堆积共分为五层，其中第一层和第二层属于近现代文化层，第三层至第五层为新石器时代文化层，第六层为生土层。第一层和第二层之间的界线十分清楚，土色土质及包含物都有明显不同；而第二层和第三层之间的界线也很明显，土色土质及包含物也有所不同，表明第三层形成后堆积曾有过停顿或间隔。除第一层、第二层外，第三层以下各层之间的界线并不十分清楚，属于一种渐变关系，各个层面没有被侵蚀的现象，因此各个地层是连续堆积而成的，中间没有堆积间隔，各地层的年代相差不会很大。从地层中发现的遗物（石制品）有不少能拼合这一现象来看，这些地层都是原生堆积，根据地层层序率，第三层至第六层的相对年代从早到晚为：第六层→第五层→第四层→第三层。

# 第二节　出土物年代分析

## 一　石　器

革新桥遗址出土的石制品包括打制和磨制两大类。从考古发现看，打制石器在广西整个新石器时代均存在，在新石器时代早、中期仍占有重要的地位。特别是桂西和桂东地区，到了新石器时代中期，打制石器仍占有半壁江山，只是到了新石器时代晚期，随着磨制石器的增多，打制石器才逐渐衰落，并退出历史舞台。革新桥遗址出土的打制石器属于第二大类的遗物，在数量上仅次于磨制石器（包括磨制石器各个阶段的产品），在比例上不及甑皮岩遗址，但又比邕宁顶狮山遗址（二、三期）（中国社会科学院考古研究所、广西文物工作队等，1998）、豹子头遗址（张龙，2001）、横县秋江遗址（广西壮族自治区文物工作队等，2006）等的要高。打片主要使用锐棱砸击法，石器单面加工，工具类型已不见旧石器时代的手斧、手镐、薄刃斧等，器形变小，侧刃器较多，显示出进步的性质，总体上和桂林甑皮岩遗址出土的相似。因此，革新桥的打制石器应当不晚于新石器时代中期。

磨制石器在革新桥遗址出土物中占首位，虽然成品和半成品不算多，但毛坯数量大。在制作工艺方面，广泛采用砸击技术、琢击技术和磨制技术进行加工石器，而在一些特殊产品的加工上使用了凿挖技术。砸击技术、琢击技术和磨制技术是新石器时代常用的磨制石器制作技术，特别是到了中期以后普遍流行。从磨制石器的器类看，除常见的斧、锛、凿外，还有凹刃凿、石璜等，但在新石器文化层中不见广西新石器时代晚期常见的典型的有肩石器。革新桥出土的斧锛类成品从加工技术和形制上看都和邕宁顶狮山遗址二、三期的相似。因此，革新桥磨制石器的年代可能为新石器时代中期或偏晚。

## 二　陶　器

革新桥出土的陶器数量很少，且均为陶片。从陶片的陶质看，均为夹砂陶，无泥质陶；夹砂通常为夹粗细不等的沙质颗粒，沙粒径以 0.2~0.3 厘米居多；器壁不厚，有的陶片内壁有手指窝痕，表明制陶方法为手制；外饰中绳纹和细绳纹；器形可能为圜底釜或罐，不见圈足器、三足器和平底器；陶器口沿外翻，多为侈口，但不折沿；器型较小。这些特征与百色的百维遗址、田阳的破落遗址等（广西壮族自治区文物工作队，1986）所发现的陶器大体相同，因此，其年代也大体相当，不会晚到新石器时代晚期。

## 三　墓　葬

从保存较好的 M1 看，革新桥墓葬的埋葬习俗和邕宁顶狮山、横县秋江等遗址的基本相同，如革新桥墓葬的墓坑不明显，葬式为仰身屈肢葬，头部上压一块大石板，这些做法常见于邕宁顶狮山、横县秋江等遗址的墓葬中。对革新桥人骨研究表明，革新桥人在体质特征上和甑皮岩居民具有大致相同的体质特征并有所发展（见本书第六章）。由此推测，革新桥的墓葬年代应和顶狮山遗址二、三期，秋江等遗址的年代相当，可能为新石器时代中期。

## 四　植物孢粉

孢粉分析也有助于对遗址年代的推断。据孢粉颜色的深浅、立体性的强弱及压扁程度的轻重，也可确定沉积物的相对地质时代。革新桥遗址剖面中孢粉的颜色、立体性及压扁程度很轻，据此推断，遗址剖面沉积物的地质时代可能为全新世中期或中晚期（详见第七章第二节）。

综上所述，根据遗物和墓葬分析，革新桥遗址的年代大约在新石器时代中晚期。

# 第三节　碳十四测定

## 一　采样与测年结果

测年样品的采集正确与否，直接影响到对遗址年代的确定。在考古遗址中，地层的划分首先要正确，如果地层划错，把两个本来属于不同的地层错归为一个地层，而且采集的样品分别来自这两个不同的地层，测年的结果肯定不一致，会出现误差；反过来，如果把本来属于同一个地层的堆积错分为两个不同时期形成的地层，在这两个所谓的地层中采集的样品，其测年结果就必然是相同的。另外，造成测年出现误差的原因是采集的样品是否真正代表地层形成的时间。有时，测年样品的生成时间与地层的形成时间是不一致的，因此，样品的年代并不代表遗址的年代。例如，东南亚地区的一些新石器时代遗址的地层中发现有自然形成的玻璃陨石，这些陨石没有人工痕迹，也不是人类其他活动的结果，而是通过流水作用从别的地方搬运到遗址中来的，在遗址形成之前早已存在（Koeberl et al, 2000），因此用它来测出的年代并不代表遗址形成的年代。同样，就碳十四的测年样品而言，如果采集的样品和地层形成的时间不是同时的，而是此前早已存在的，那么它的年代就会早于地层的年代。

由于受到上述人为或自然因素的影响，因此有时测年的结果会出现较大的误差，甚至出现数据颠倒的现象。

革新桥遗址的堆积比较简单，地层界线比较明显，因此地层的划分都比较清楚、准确。我们采集样品时，都特别注意避开上下两层之间交接的部分，样品取自层位的中间，尽可能避免上下层互混的样品。

遗址新石器时代的三个文化层（第三、第四、第五层）中，第四层几乎不含炭，因此我们只从第三和第五采集了碳十四测年样品。第五层采集的炭样较多，由于此层是石器制作场所在的地层，为了尽早了解此层的绝对年代，发掘工作刚结束我们就送了 5 个炭样到北京大学考古文博学院年代实验室做了碳十四年代测定（见附录一），其数据分别为：

百色 –1（实验室编号 BA03190）测定年代为距今 5800 + 60 年

百色 –2（实验室编号 BA03191）测定年代为距今 6040 + 60 年

百色 –3（实验室编号 BA03192）测定年代为距今 5800 + 60 年

百色 – 4（实验室编号 BA03193）测定年代为距今 5890 + 60 年

百色 – 5（实验室编号 BA03194）测定年代为距今 6150 + 70 年

由于北京大学考古文博学院年代实验室对标本测年所需时间较长，当了解到中山大学岭南考古研究中心也能做碳十四年代测定、而且所需时间较短时，于是将革新桥遗址第三层的测年样品（炭样）送到该中心做年代测定，但据说因样品量少而未能测出结果。由于第三层的测年样品只采集了一份，因此造成无法弥补的遗憾！

从北京大学考古文博学院年代实验室对标本测年的结果看，5 个数据基本是一致的，差异不大。如果取其平均值，年代应为距今 5936 + 60 年，大约为距今 6000 年。

## 二　关于碳十四误差问题

由于环境的影响和测年样品的不同，碳十四测年结果会出现误差。石灰岩地区含有大量以碳酸钙为主要成分的碳酸盐岩，由于这种碳酸盐岩的溶蚀，使得淡水水体的碳十四水平受到严重影响，从而导致测年结果的偏离。许多实验数据及光合作用机理研究都表明，由木头（木炭）、兽骨及其他陆生动植物样品测得的碳十四年代是可靠的，而由淡水螺蚌壳得到的碳十四年代则偏早（原思训，1991）。

革新桥遗址虽然地处岩溶广布的华南地区，但遗址所在的附近区域均为土山，属于非石灰岩土壤环境，受岩溶影响不大。此外，革新桥的测年样品均为炭化的坚硬果核外壳，属于陆生植物，样品纯净，是碳十四测年的理想样品。因此，革新桥遗址的碳十四测年结果应当是可靠的。

# 第四节　革新桥遗址的分期

革新桥遗址三个新石器时代文化层的石器虽有变化，但差异不大；陶器方面也没有发生大的质变，因此整个遗址的文化应是连续发展的。但从地层堆积关系、陶片特征及其他一些出土器物中，仍能看出其时代存在早晚差别。遗址的文化遗存大致可分为两期：

第一期为第一文化层。绝对年代为距今 6000 年，属于全新世中期。该期文化内涵丰富，遗物众多，成为革新桥遗址文化遗存的主体。遗迹有石器制造场和墓葬。石器制造场规模大，揭露面积约 500 平方米，堆积也较厚。制造场内发现大量的制作石器的石料、加工工具、不同制作阶段的产品及废品；发现墓葬两座，其中一座人骨架保存完好，另一座墓葬的人骨保存很差，仅残留小部分骨头，葬式为仰身屈肢葬。发现的石器有打制石器和磨制石器两种。打制石器几乎是以砾石为素材，岩性以砂岩为主，打片主要使用锐棱砸击法，石器的剥片和修整则主要使用直接锤击法，制作简单，器身均保留砾石面；器类有砍砸器、尖状器、刮削器等，以砍砸器为主。磨制石器一般先经过打坯，再磨制成器，使用打击、琢击和磨制的方法进行加工；器类有斧、锛、凿、研磨器、切割器、石拍、石璜等，以斧、锛、凿、研磨器为主。这一期由于存在大型石器制造场，因此发现大量的加工工具，种类有石锤、石砧、砺石、窄槽砺石、磨石等。陶器很少，均为陶片，全为夹砂陶，无泥质陶，夹砂通常为夹粗细不等的砂质颗粒，砂粒径以 0.2～0.3 厘米居多；器表颜色有红陶、红褐陶和灰陶三种，其中红褐陶数量较多；纹饰只有绳纹一种，可分为粗绳纹、中绳纹两种；器类单一，为釜罐一类，器型不大。这一期还发现数量较多的动植物遗存，动物遗存包括陆生动物和水生动物共计 20 多种；植物主要是橄榄果核的碎片。

第二期为第二、第三文化层。年代晚于第一期，绝对年代可能在 5500 年左右，属于全新世中期。这一期没有发现遗迹；文化遗物包括石器和陶器，还有少量动植物遗存。石器分打制和磨制两大类。不管是打制石器还是磨制石器，数量上远不及第一期（见附表二）。打制石器有砍砸器、尖状器和刮削器等，但数量和种类都比第一期少得多。例如，第一期的砍砸器多达 262 件，包括单边刃、双边刃、多边刃、尖状、盘状五种类型，而第二期的砍砸器仅 18 件，只有单边刃、双边刃和盘状三种类型，缺乏多边刃和尖状刃这两种类型。第二期的磨制石器也不多，形制单一，不及第一期丰富。例如，第二期的石斧只有梯形一种，而第一期的石斧有梯形、长方形、三角形、扁长形和椭圆形五种；第二期的研磨器只有柱形、锥形和印章形三种，缺乏喇叭形和腰鼓形。第二期也发现一定数量的加工工具，种类有石锤、石砧、砺石、窄槽砺石和磨石等，但数量很少，远不及第一期。

在陶器方面，第二期也只有陶片，且均为夹砂陶。器表颜色有红陶和红褐陶、灰褐陶三种，其中红褐陶数量最多，红陶次之，灰褐陶最少。多数陶片施有纹饰；有纹饰者占 86%，素面者占 14%。纹饰均为绳纹，有粗绳纹、中绳纹和细绳纹三种，以中绳纹为主，细绳纹也占有较大的比例。均为手制，有的陶片内壁可见手制按窝痕迹。器形均为圜底的釜罐类，不见圈足器和三足器。与第一期相比，第二期陶片数量比第一期有所增加，陶色多样，出现细绳纹，粗绳纹降至第三位，而中绳纹升至第一位，出现大的器形，同时出现器壁很薄的小型器。这些均表现出比较进步的性质。

# 第九章 结 语

## 第一节 文化内涵及特征

### 一 文化内涵与主要特征

这次革新桥遗址的发掘，发现了一个大型石器制造场和两座墓葬，出土遗物包括大量石制品、少量陶制品及一批动植物遗存。革新桥遗址的文化遗存虽然大致可分为两期，但从地层堆积和文化遗物看，它们是连续发展的，没有质的变化，文化面貌总体一致。

总体而言，革新桥遗址是一个石器制造场遗址，第一文化层揭露的石器制造场面积大，石制品极为丰富，包括大量的原料、各种加工工具、不同制作阶段的产品及断块、碎片等。虽然在石器制造场局部散布有不少兽骨和植物果核碎片，但对这些兽骨研究的结果表明，这些兽骨遗存是工匠们在石器制造场临时用餐的遗留物，因此，其改变不了石器制造场的性质。虽然第二、第三文化层没有发现石器制造场，但出土遗物中也有不少石锤、砺石等加工工具以及少量的斧、锛毛坯等，表明有加工石器的活动存在，只是这种活动可能是临时性的或少数人的行为罢了。其实，在广西许多新石器时代遗址（尤其是右江流域和红水河流域的新石器时代遗址）中，通常存在有革新桥遗址第二、第三文化层出土遗物的现象，即石制品中有一定的加工工具和斧、锛等工具的毛坯。

制造场生产的主要产品包括打制石器和磨制石器。打制石器有砍砸器、尖状器、刮削器，其中以砍砸器为主；磨制石器有斧、锛、凿、切割器、研磨器、研磨盘、石拍、穿孔器、石璜等，其中以斧、锛、凿、研磨器为主。这些工具都是实用器，适用于这一地区的生产活动。总的来看，石器制造场发现的最终产品（成品）不多，而大量是原料、加工工具、毛坯及废品，半成品也较少。特别是斧、锛、凿的成品很少，多数没有使用痕迹。这些成品的大部分可能已被带出制造场以外。相比之下，研磨器的成品较多，部分经过使用，而且残品也不少，表明研磨器成品有一部分是在制造场使用的。根据民族学的资料，这种工具是和研磨盘结合使用的。居住在美国科罗拉多大峡谷里的印第安人，靠采集野果生活，他们把向日葵和多种草本植物的种子带回营地后，用研磨器（磨棒）和磨盘把种子磨成粉末，并用这种粉做成饼或熬成粥，加以食用（葛人，2010）。这种研磨器，革新桥遗址中也出土有不少。当然，制造场内出土的研磨器和研磨盘并不等于都是就地使用，但从器物上的使用痕迹以及制造场北部发现大量动植物遗存来看，至少可以证明有一部分研磨器和研磨盘是在制造场内使用的。

革新桥石器的原料包括砾石和岩块两大类，以砾石为主；岩性有砂岩、辉绿岩、硅质岩等多种，其中砂岩占大多数。砾石主要是石锤和制作石器的原料，而岩块基本上是作为石砧等加工工具的素材。在砾石原料中，不同的器类，对石料的岩性、大小和形状的选择也有所不同。根据调查研究，革新桥制作石器的原料均为就地取材，其中岩块原料取自附近山沟出露的岩石，砾石原料采自遗址前面右江河滩的砾石。

革新桥出土的加工工具种类多，有石锤、石砧、砺石、窄槽砺石、磨石等。其中石锤数量最多，而且包括锤击、砸击、琢击等不同用途的石锤。石锤没有经过加工，而是直接使用天然的砾石。使用痕迹有片块状崩疤、点状坑疤和条状坑疤。不同形状的石锤，其使用部位有所不同。石锤的大小和形状多种多样。石砧数量较多，原料有岩块和砾石两种，其中岩块较多；石砧的大小差别很大，大石砧中绝大多数为岩块石砧。使用疤痕多种多样，有麻点状、米粒状、橄榄窝状、圆窝状、片块状等；石砧的形状多种多样，其中不规则形状最多；使用部位包括有单面、双面和多面，有的石砧还兼作石锤、砺石等其他用途。窄槽砺石和磨石是革新桥出土物中富有特征的加工工具。窄槽砺石的石料基本上是岩块，岩性以泥岩为主；使用痕迹为长条形的磨痕，中间弧凸，断面略呈弓形；器体一般较小，长度多在10厘米以下。磨石的原料均为厚重的砾石，岩性以砂岩为主，质地比较细腻坚硬；磨面细小、光滑，位于砾石的一个或两个角端。有的磨石还出现一器多用现象，既有兼作石锤使用的，也有原先就曾作过石锤用过的。

革新桥石器（生产工具和饰品）分打制和磨制两大类。打制石器占有很大比例。打片方法以锐棱砸击法为主，石器的加工则多用锤击法；器类有砍砸器、尖状器、刮削器等，以砍砸器为大宗。砍砸器几乎都是用砾石制作而成，岩性以砂岩为主；多用锤击法打制，单面加工，制作简单，器身大部分保留砾石面；可分为单边刃砍砸器、双边刃砍砸器、多边刃砍砸器、尖状砍砸器和盘状砍砸器五种类型；有的砍砸器还兼作石锤使用，把端有砸击疤痕，这类标本虽然不多，但很特别。尖状器全部用砾石打制而成，岩性主要是砂岩和辉绿岩；在砾石的两长侧向一端加工出一个尖，一般由较为扁平的一面向较凸的一面打击，用锤击法打制，单面加工，加工部位多限于器身两侧的上部，器身大部分保留砾石面；可分为舌尖尖状器、长尖尖状器、短尖尖状器和喙尖尖状器四种类型。刮削器的素材主要是砂岩砾石和石片，以砾石为主，次为石片。用锤击法打制，几乎都是单面加工，多由素材较为扁平的一面向较凸一面打击；用石片制作的刮削器，第二步加工通常由石片背面向破裂面打击，第二步加工没有明显改变石片素材的形状，修整也多限于局部刃缘；可分为单边刃刮削器、双边刃刮削器、多边刃刮削器和盘状刮削器四类。

　　磨制石器（含使用磨面石器）有斧、锛、凿、切割器、研磨器、研磨盘、锤捣器、穿孔器、石拍、石璜等。虽然器类较多，但成品的数量较少，尤其是斧、锛、凿的成品更少，而多数是毛坯和半成品。这些器类中，研磨器、研磨盘、锤捣器、凹刃凿等最具地方特色，成为革新桥遗址出土物中最具特征的器物。斧、锛、凿（除凹刃凿）类工具的原料均以细砂岩为主。绝大多数标本都是先经过打坯，然后再磨制成器，打坯时使用锤击法、砸击法和琢击法进行打击；磨制部位分通体磨和局部磨两种，通体磨制的标本器身都保留不同程度制坯时的片疤，只是刃部磨得精致。刃缘有直刃、弧刃和斜刃三种，其中弧刃最多。器身平面形状主要是梯形、长方形。值得一提的是，虽然在锛成品中未发现有肩石锛，但在半成品中却有几件不大典型的有肩石锛标本，表明革新桥遗址开始出现有肩石器。凹刃石凿是革新桥遗址新发现的一种工具，从其大小和形制上看，在广西以往的新石器时代遗址中未曾发现过。这种工具粗大厚重，器形规整，制作精致、美观。原料为扁长形或长条形砾石，岩性有火成岩、石英岩和砂岩；采用锤击、琢打、凿挖、磨制等方法加工而成。切割器数量不多，体小而薄、刃口锋利，多用细砂岩砾石或石片制作，分局部磨制和通体磨制两种。研磨器数量众多，形式多样。岩性以砂岩为主。制作工艺既简单又复杂，有三种不同的做法：最简单的一种是从河滩上挑选合适的砾石，不经加工即作工具直接使用；第二种是从砾石上截取砾石素材后，将截面作为研磨面略作加工，即可成器；第三种研磨器的制作最为复杂，采用砸击法、琢击法进行制坯，用磨制方法加工成器，制作精致，器形对称美观。可分为柱形、锥形、喇叭形、腰鼓形、印章形五种。有的研磨器还兼作石锤使用。值得注意的是，遗址中出土不少制作精美、未见使用痕迹的研磨器残品。另外，革新桥出土一种很可能是和研磨器一起使用的石器——研磨盘。这种研磨盘基本上是以砂岩岩块为原料，研磨坑多是深凹的，有的研磨坑所在部位可能是曾作为砺石使用时所形成的弧凹的磨面，后来进一步用作研磨的研磨坑，几乎所有的研磨盘都兼作石砧使用。锤捣器也是革新桥文化一种独特的石器，以砾石为原料，使用面圆滑，并与器身的砾石面平滑连接，可能是用来锤捣加工植物的生产工具。

　　革新桥遗址出土的穿孔器、石拍和石璜，尽管数量极少，但在研究革新桥人的石器制作工艺以及他们的生产和生活方面提供了重要的实物资料。穿孔石器用砾石制作，在砾石的两面中间对穿一孔，孔口呈喇叭状，孔壁上可见许多明显的竖状条痕，可能在制作时使用了凿挖技术。石璜以硅质岩砾石为原料，通体磨光。根据对标本的观察，革新桥石璜在制作时可能使用了切割、磨制、抛光等技术。石拍原料的岩性为砂岩，拍面为长方形，布满网格状沟槽，有使用痕迹，器身腰部的两面均有一条凹槽，应作装柄之用，是一种复合工具。革新桥石拍制作工艺比较复杂，从打坯到拍面的制作可能使用了琢打、磨制、切割等技术，是一件制作技术含量较高的复合工具。

革新桥遗址由于主要是石器制造场遗址，因此出土陶器很少，且均为陶片，比较破碎，多为腹片，难以复原。质地均为夹砂陶，无泥质陶。有红陶、红褐陶和灰褐陶三种，以红褐陶为主。绝大多数陶片外表施有绳纹，素面者基本上都是口沿和颈部的陶片。绳纹有粗、中、细之分，以中绳纹为主。纹饰比较规整，大部分呈竖向布施，也有少量交错施纹现象。陶胎不厚，均为手制。器形均为圜底的釜罐类，不见圈足器和三足器。口外侈，沿略卷，圆唇或尖唇，短颈。器型较小。

## 二　生业模式

史前的生业模式不仅能反映史前人类的生产力水平和经济生活状况，而且能反映他们对自然环境的适应能力。关于广西新石器时代人类的生业模式的问题已有不少论述（张之恒，2008），普遍认为，广西新石器时代早、中期的人类生业模式基本上都是渔猎和采集。那么，革新桥人的生业模式又是怎样呢？

革新桥虽然是一个石器制造场遗址，但从工具类型以及动植物遗存的分析，我们仍可对革新桥史前人类的生业模式有个大致的了解。

首先，从自然条件看，革新桥遗址位于右江和六劳溪两河交汇处，鱼虾等水生动物丰富；遗址的南北两面都有高大的土山，山上动植物种类繁多，从周围现生植物的调查结果来看，可供人类食用的植物有 30 多种（见第七章相关部分）。这为革新桥人的采集和渔猎提供了良好的自然条件。从出土的工具类型看，砍砸器等打制石器占有很大的比例。而砍砸器等工具是旧石器时代的基本工具类型，与狩猎采集经济密切相关。出土的磨制石器看不出有农耕的迹象，斧、锛器型小，不太可能是农耕工具，而应是加工竹木器的工具；出土的凹刃凿明显是木作工具。而用这些石器加工和制作的竹木器，可能更多是日常所需的装食物的容器、弓箭、矛以及其他渔猎工具，等等（Ikawa‑Smith，1978）。出土的数量众多的研磨器、研磨盘、锤捣器等石器当为加工植物的工具。民族学资料也提供了佐证。美洲印第安人，靠采集野果生活，他们用研磨器（磨棒）和磨盘把种子磨成粉末食用（刘莉，2007）；夏威夷土著则用研磨器加工薯类植物食用（Burningham，1983）。由此可见，革新桥出土的石器基本上都是与渔猎和采集经济有关。

从动植物种类看，革新桥遗址出土的动物种类相当丰富，计有 20 余种。其中，以哺乳动物中的偶蹄目数量最多，还有一些爬行动物和淡水鱼类。部分动物骨骼表面保留有人工的砍痕或切割痕迹，表明这些动物骨骼是经过革新桥人猎获食用而留下来的（见第七章相关部分）。遗址出土的植物遗存有橄榄、乌榄、余甘子等种子，其果实均可供人类食用。大量的橄榄、乌榄果核碎片的出土，证明革新桥人有敲砸果核、取食其种仁的爱好。

综上所述，革新桥人懂得充分利用遗址周围丰富的生态资源，主要过着渔猎采集的经济生活，其生业模式与广西其他地区新石器时代人类的生业模式基本是一致的。

## 三　关于"革新桥文化"

从考古发现看，在广西的右江流域、红水河流域和贵州西南部的北盘江流域均发现有许多与革新桥相似的新石器时代遗址。在右江流域除革新桥外，尚有百色的百达（谢光茂等，2006）、坎屯（李大伟等，2010）、田阳的东贯、田林的百劳、百凤[①]；红水河流域主要有大化音墟（邱龙，1992）、都安北大岭（林强等，2005）、巴马坡六岭（广西文物考古研究所，2007；林强等，2007）、大地坡、索塘岭、江坡（广西文物考古研究所，2007）、大化琴常（李庆斌，1993）等遗址；北盘江流域的沙坝（贵州省文物考古研究所等，2009；张兴龙等，2009）、孔明坟（张改课等，2009；贵州省文物考古研究所等，2009）等遗址（详见本章第三节）。这些遗址都具有如下的共同特征：

1. 遗址位于山区河流两岸的台地上，属于露天遗址。

2. 存在规模不等的石器制造场。制造场出土大量的砾石原料、石锤、石砧、砺石等加工工具，斧、锛等工具的毛坯、半成品及成品。

3. 出土的文化遗物以石器为大宗，陶器很少。

4. 砍砸器等打制石器在石器中占有较大的比例。

5. 磨制石器以斧锛为主，器身保留或多或少的打击疤痕。

6. 均发现有研磨器和研磨盘，研磨器在石器中占有较大的比例。

7. 部分遗址还出土有石拍和磨石。

8. 陶器均为夹砂陶，以绳纹为主，器形为圜底的釜、罐等。

9. 遗址一般都有动植物遗存。

10. 遗址的占有者的经济生活以渔猎和采集为主。

依据考古学文化命名的原则，我们认为：以革新桥遗址为代表，将分布在桂西及其附近地区的、存在上述特征的文化遗存命名为"革新桥文化"。根据中国南方新石器时代分

---

① 谢光茂等调查发现，材料尚未发表。

期标准（傅宪国，2004），革新桥文化应属于新石器时代中晚期，绝对年代为距今约6000～5500年。

## 第二节　革新桥遗址的考古学意义

### 一　优越的自然环境孕育出丰富的史前文化

百色地区地形多样、河流纵横、洞穴众多、动植物资源丰富。以右江为轴心，两岸依次分布有台地、平原、丘陵和山地。特别是面积达800平方公里的百色盆地，沿右江河谷贯穿百色右江区、田阳和田东两县，第四纪以来发育了多级河流阶地，与第三纪的低山丘陵和盆地边缘的石灰岩高山组成形态多样的地形地貌；盆地边缘岩溶洞穴众多，呈多层分布。右江及其支流交错分布，组成密集的水网。由于这里地处亚热带南区，紧邻北回归线，气候温热，雨量充沛，动植物种类繁多，可供人类使用的食物资源非常丰富。这种自然环境和生态环境为史前人类的居住和生活提供了优越的条件。

近三十年来的考古发现表明，百色地区蕴藏着丰富的史前文化遗存，并成为中国南方及东南亚地区史前考古的热点地区。广泛分布于百色盆地的百色旧石器，是以手斧为主要特征的旧石器时代初期石器工业，其年代早到距今80万年，是挑战莫维士理论的有力证据（广西壮族自治区博物馆，2003）。近年来，这个地区还发现直立人牙齿化石和数量众多的巨猿牙齿化石（Wang et al，2005），在研究人类的起源和进化方面具有重要意义。属于旧石器时代中晚期的田林八六坡、万鸡山、龙皇庙以及田东定模洞等遗址也出土了丰富的文化遗存，为研究旧石器文化的发展提供了难得的实物资料。新石器时代文化遗存也非常丰富，一些重要遗址如百达遗址、坎屯遗址、感驮岩遗址等出土了大量的文化遗存，涵盖了新石器时代早、中、晚期。

革新桥遗址的发掘是近年来这一地区又一个重大考古发现，其主要遗存代表着广西一种全新的考古学文化。它的发现，再一次表明百色地区不仅蕴含着丰富的史前文化遗存，而且文化面貌具有地方特点。

### 二　广西首次发现石器制造场

广西新石器时代文化遗址中，石器一直占有重要的地位，特别是新石器时代早、中期，石制品不仅数量多，而且在许多遗址中成为主要的文化遗存。新石器时代的石器包括打制石器和磨制石器。打制石器虽然在整个新石器时代都普遍存在，但主要流行于新石器时代早期，到新石器时代中期仍大量存在。而磨制石器最早出现于新石器时代早期，流行于新石器时代中期，新石器时代晚期达到高峰。广西新石器时代的打制石器继承了本地旧石器的传统并有所发展，而磨制石器则具有明显的地域特征。比如，新石器时代早、中期的磨制石器制作粗糙，磨制重在刃部，器身通常保留或多或少的打击疤痕，器类以斧、锛为主，器型较小等。革新桥遗址出土的这些石器，基本上反映了广西新石器时代石器的普遍特征。

虽然广西各地发现了大量的新石器时代遗址并进行了一系列的考古发掘，但在此之前却未发现过一个真正的石器制造场。此次革新桥遗址发现了石器制造场，其规模之大、保存之完好，在当时华南地区乃至全国都是少见的。尤为重要的是，制造场不仅生产磨制石器，还生产大量的打制石器，是一处同时生产两大器类产品的石器制造场所。制造场内大量的石料、加工工具、毛坯、半成品、成品等，为研究广西地区打制石器和磨制石器的制作工艺和技术提供了珍贵的实物资料。

# 三 史前文化交流的纽带

革新桥遗址所在的百色地区地处云贵高原边缘，面向东南亚，是我国西南地区通往东南地区的重要通道。由于遗址所在地区是连接华南地区、云贵高原和中南半岛的纽带，因此，革新桥文化除了具有鲜明的本土文化特征外，同时也具有周围地区的文化因素。如后文所述（见下一节），革新桥文化和广西地区其他新石器文化具有许多相同或相似之处。比如打制石器方面，与桂林甑皮岩遗址、桂平大塘城遗址存在着许多共性；磨制石器方面，与都安北大岭遗址、邕宁顶狮山遗址二、三期等大致相同；陶器方面，则和邕宁顶狮山遗址二、三期、秋江遗址、豹子头遗址等相同或相似。革新桥文化打制的石器中，石片的生产以及磨制石器中斧锛器类毛坯的制作，都广泛使用"锐棱砸击法"。这种技术最早见于旧石器时代中晚期的贵州水城硝灰洞遗址，在云贵高原广为流行。革新桥石器制作中出现这种技术，应是从云贵高原传入的，是文化传播的结果。革新桥文化和越南的新石器文化关系也比较密切，革新桥的打制石器和越南的和平文化、北山文化的打制石器大同小异，磨制石器也多有相似的地方。尤其是革新桥文化中的窄槽磨石、石拍、研磨器等，和越南新石器时代遗址出土的基本相同。这些情况表明，在新石器时代两地的史前人类可能存在某种程度的文化交流。

总之，革新桥遗址的发掘不仅丰富了广西新石器时代的出土实物资料，而且对于了解遗址所在地区史前人类的经济生活、生存环境以及与周边地区的文化的关系具有重要的学术意义。

# 第三节　与周围地区史前文化的关系

## 一　与广西其他史前文化的关系

迄今为止，广西地区已发现新石器时代遗址约 400 处，发掘 40 余处，分布遍及广西，时间上涵盖了新石器时代早、中、晚期（李珍，2006）。由于地理条件、生态环境的不同，广西新石器时代各阶段及各文化类型的分布范围表现比较复杂，大体上可分为桂北、桂南、桂东、桂西、桂中和桂南沿海六个区。

1. 与桂北地区史前文化的关系

该区包括漓江流域、湘江上游流域、资江上游流域等区域，主要遗址有桂林甑皮岩（中国社会科学院考古研究所等，2003）、庙岩（谌世龙，1999；刘琦等，1999）、临桂大岩（傅宪国等，2001）、资源晓锦（广西壮族自治区文物工作队等，2004）、灌阳五马山（蒋廷瑜，1981）等。其新石器时代文化发展系列从早到晚大体可划分为甑皮岩第一期文化遗存——甑皮岩第二期文化遗存——甑皮岩第三期文化遗存——甑皮岩第四期文化遗存——甑皮岩第五期文化遗存——大岩第六期文化遗存等若干阶段（韦江，2010）。

桂北区的新石器文化和革新桥遗址出土的文化遗存相比，总体上差异性大于共性，和革新桥文化遗存比较接近的有甑皮岩遗址出土的文化遗存。该遗址位于桂林市南郊象山区独山西南麓，是一处新石器时代早中期洞穴遗址。历经多次发掘，发现有墓葬、灰坑、火塘、石器加工点等遗迹，出土石器、陶器、骨器、蚌器等文化遗物以及大量的动植物遗存，是中国南方具有代表性的新石器时代早期至中期的洞穴遗址。该遗址的史前文化遗存分为五期，年代在距今 12500～7600 年之间，其中一至四期属于新石器时代早期（中国社会科学院考古研究所等，2003）。甑皮岩遗址的打制石器均为砾石石器，岩性以砂岩为主，打片方法除锤击法外还使用锐棱砸击法，石器单面打制而成，制作简单，器身保留较多的砾石面，工具类型有砍砸器、尖状器、刮削器等，以砍砸器为主，而且侧刃砍砸器居多，这些特征和革新桥几乎一样；革新桥的穿孔石器、双面凹石锤也见于甑皮岩；陶器均为夹砂陶，绳纹为主，器形有釜、罐类。但两者之间的差别也很明显，甑皮岩的石器基本上是打制石器，磨制石器极少，而革新桥除打制石器外，还有大量的磨制石器；革新桥大量的研磨器以及凹刃凿、石拍等器物在甑皮岩却未见发现；而甑皮岩陶器除夹砂陶外，到第四期还出现泥质陶，器表纹饰种类较多，除绳纹外，尚有刻划纹、戳印纹、弦纹、方格纹等，陶的口沿也和革新桥的不同；甑皮岩发现数量较多的骨、蚌器，革新桥未见发现；

此外，甑皮岩墓葬的蹲踞葬、直肢葬葬式也不见于革新桥。这些都体现了两者差异性大于共性的文化关系。

2. 与桂西地区其他史前文化的关系

桂西区主要包括右江中上游和红水河流域。已发现的新石器时代遗址除革新桥外主要的尚有百色的百达（谢光茂等，2006）、百维（广西壮族自治区文物工作队，1986）、坎屯（李大伟等，2010）、田林的八六坡（韦江，2005）、田阳的破落、那坡的感驮岩（广西壮族自治区文物工作队等，2003）、大化的音墟（邱龙，1992）、都安的北大岭（林强等，2005）、马山的六卓岭、尚朗岭（广西壮族自治区文物工作队等，2006）、巴马的坡六岭（广西文物考古研究所，2007；林强等，2007）、大地坡（广西文物考古研究所，2007）等遗址。

革新桥文化遗存和桂西地区其他新石器时代文化大同小异，特别是和百达遗址、坎屯遗址出土的文化遗存大体相同，和北大岭遗址、坡六岭遗址的文化遗存也非常接近。革新桥遗址和百达遗址、坎屯遗址一样属于河旁露天遗址，也都发现规模不等的石器制造场、墓葬；革新桥的打制石器不论是制作技术还是器类和形制都和百达遗址、坎屯遗址一致；磨制石器也基本相同，一般都是先经过打琢成坯再磨制成器，器身保留较多的打击疤痕，器类以斧、锛为主，有一定数量的凹刃石凿和数量较多的研磨器；陶器数量少，只发现少量的陶片，陶片夹砂，饰绳纹，器形为圜底的釜或罐类；墓葬葬式为屈肢葬。但也有一些不同的地方，如百达遗址和坎屯遗址均发现有局部的含大量螺壳的地层堆积，百达遗址还发现属于居住遗迹的柱洞，这些在革新桥遗址均未发现；另外，百达遗址和坎屯遗址均发现石祖，革新桥遗址也未有发现。

北大岭遗址是红水河流域一处重要的新石器时代遗址。2004～2005年经过大面积发掘，发现一处大规模的石器制造场以及墓葬、柱洞和用火遗迹，出土数以万计的石制品、少量陶器、骨器及动植物遗存。这些遗存可分早晚两期，年代距今约9000～7000年（林强等，2005；林强等，2007）。革新桥文化遗存和北大岭遗址发现的文化遗存具有许多共性，首先是文化内涵一致，都发现有石器制造场、墓葬及用火等遗迹，出土石器、陶器及动植物遗存；其次，北大岭出土的石器中打制石器和磨制石器并存，打制石器类型有砍砸器、刮削器、尖状器等，磨制石器主要对刃端加工并精磨，小部分通体磨光，器形主要有斧、锛、凿、研磨器、石锤等，这和革新桥一样；第三，北大岭的陶器和革新桥一样主要为红褐色夹砂绳纹罐；第四，墓葬葬式有仰身屈肢葬。同时两者也存在一定的差异，革新桥的凹刃石凿和窄槽磨石均不见于北大岭遗址，北大岭的墓葬发现有肢解葬，而革新桥却没有发现，北大岭晚期的石器和陶器与革新桥的差别也很大。

桂西其他新石器时代遗址发现的文化遗存和革新桥文化遗存也有一些相同或相似的文化因素。革新桥的研磨器在坡六岭遗址、感驮岩遗址都有发现，感驮岩出土的凹刃凿和革新桥的相似，坡六岭、尚朗岭也发现类似革新桥的石拍，坡六岭、大地坡遗址的斧、锛等磨制石器和革新桥的也大体相同。

3. 与桂南地区史前文化的关系

桂南地区主要包括左江、邕江、右江下游流域等区域。该区域已发现的新石器时代遗址主要有南宁豹子头（中国社会科学院考古研究所广西工作队等，2003）、灰窑田（李珍等，2007）、牛栏石（广西壮族自治区文物考古训练班等，1975）、横县西津（彭书琳等，1991）、江口（广西壮族自治区文物工作队，2000）、秋江（广西壮族自治区文物工作队等，2006）、邕宁顶狮山（中国社会科学院考古研究所广西工作队等，1998）、崇左何村（杨清平，2008）、冲塘（何安益等，2008）、隆安大龙潭（广西壮族自治区文物工作队，1982）等，其中顶狮山遗址、何村遗址、大龙潭遗址可作为桂南地区新石器时代代表性遗址。该区域新石器时代文化发展序列比较完整，其年代序列从早到晚大体是顶狮山遗址第一期遗存→顶狮山文化→何村类型遗存→顶狮山遗址第四期遗存→大龙潭类型遗存，年代跨度约为距今 10000~4000 年（韦江，2010）。

桂南地区与革新桥文化比较接近的有顶狮山文化、何村类型遗存。

顶狮山遗址位于南宁市邕宁区蒲庙镇九碗坡东北的顶蛳山上，属于台地贝丘遗址，1997~1999 年进行了三次发掘，揭露面积共 1000 多平方米，发现 331 座墓葬及成排的柱洞；出土大量陶器、骨器、蚌器等史前人类生活用器、生产工具及人类使用后遗弃的动物遗骸。该遗址的文化堆积分为四期，其中第二、三期主要为螺壳堆积，并含大量水陆生动物遗骸；陶器以敞口、束颈、深腹、圜底的罐及敛口深腹圜底釜为主，纹饰早期多篮纹，晚期盛行绳纹；骨蚌器占较大比例，存在形态各异的鱼头形蚌刀；墓葬数量多，葬式以各类屈肢葬为主，而肢解葬最有地方特点。这两期被命名为"顶狮山文化"，年代距今 8000~7000 年，属于新石器时代中期（中国社会科学院考古研究所广西工作队等，1998）。

革新桥文化遗存和顶狮山文化有一定的相似性，例如：两处都有墓葬，葬式相同，均为屈肢葬；陶器也都是夹砂陶，器表饰以绳纹，器形有圜底的釜或罐；磨制石器以斧、锛为主，刃部磨制较精致，而器身通常保留较多的打击疤痕。但两者差别也很明显：革新桥文化遗存以石器为大宗，陶器很少，而顶狮山第二、三期发现大量的陶器，此外还有骨器、蚌器等；革新桥的石器除磨制石器外，还有大量的打制石器，而顶狮山第二、三期的打制石器极少，磨制石器中也没有革新桥常见的研磨器、窄槽砺石、磨石等种类；两者陶器的大小和形制不同，革新桥陶器较小，口沿外翻，仅有绳纹，而顶狮山第二、三期的陶器通常较大，釜罐多为直口、敞口或敛口，高领、深腹，除绳纹外，还常见篮纹。革新桥的墓葬只有屈肢葬，而顶狮山第二、三期的墓葬还有肢解葬。

何村类型遗存以何村遗址为代表。遗址位于崇左市江州区濑湍镇九岸村何坡屯东部左江的左岸台地上。其文化内涵表现在以贝壳堆积为主，有大量的水陆生动物遗骸；石器以打制的砾石石器为主，磨制石器有斧、锛、研磨器等，研磨器制作精美；骨器有铲、锥等，蚌器以铲为主，以双肩蚌铲最具特色；陶器极少甚至不用陶器；墓葬众多，葬式多样，有蹲踞葬、屈肢葬、肢解葬等，以屈肢葬为主（杨清平，2008）。革新桥文化和何村类型遗存具有较多的共性，如均存在大量的打制石器，石器以砾石为原料，制作比较简单；磨制石器中有斧、锛等器形，特别是研磨器，在革新桥文化遗存和何村类型遗存中均占有较大的比例；墓葬中有屈肢葬葬式；陶器少见。不同的地方主要有：何村的墓葬葬式除屈肢葬外，尚有蹲踞葬和肢解葬；何村有骨、蚌器，而革新桥没有；另外，两者虽然都有较多的研磨器，但形制有所不同，何村的研磨器制作比较精美，显示出技术的进步性。

4. 与桂中地区史前文化的关系

桂中地区主要包括柳江及其上游的洛清江、融江、龙江流域等区域。该区域已发现的新石器时代遗址主要有柳州鲤鱼嘴（柳州市博物馆等，1983）、兰家村（柳州市博物馆，1983）、白莲洞（第三期）（广西柳州白莲洞洞穴科学博物馆，2009）、鹿谷岭（柳州市博物馆，1983）、象州南沙湾（广西壮族自治区文物工作队，2004）等，其中鲤鱼嘴、兰家村和南沙湾可作为该区新石器时代代表性遗址。这一区域的新石器时代文化发展系列缺环较多，其年代序列从早到晚大体是鲤鱼嘴第二期遗存→兰家村类型遗存→鲤鱼嘴第三期遗存（白莲洞第三期）→南沙湾类型遗存。年代跨度约为距今9000~5500年（韦江，2010）。

该区域与革新桥文化遗存比较接近的文化遗存，有鲤鱼嘴遗址文化遗存、兰家村类型遗存和南沙湾类型遗存。

鲤鱼嘴遗址位于柳州市区南部大龙潭公园内，属于岩厦贝丘遗址。1980年，广西壮族自治区文物工作队对该遗址进行了发掘，将遗址分为上下两个文化层：下文化层为新石器时代早期，上文化层为新石器时代中期（柳州市博物馆等，1983）。2004年中国社会科学院考古研究所和广西文物考古研究所等单位联合对该遗址进行再次发掘，出土了大量的陶片、石器、石核等。第二次发掘把遗址的文化堆积分为三期，其中第二期属于新石器时代早期，第三期为新石器时代中期。两次发掘发现了墓葬和用火遗迹，出土打制石器、磨制石器、骨器、蚌器、陶器及动物遗存等。

根据第一次的发掘报告，第一期发现有火烧痕迹和墓葬，出土打制石器、大量的石核、石片，少量的陶片、骨器和众多的动物骨骼等。石器以打制的为主，种类主要有砍砸器、刮削器和穿孔器，石器单面加工。此外还有相当数量的燧石小石核、小石片；磨制石器仅见1件刃部磨光的石斧。陶片数量少，主要是夹砂的绳纹陶和划纹陶。骨器有锥、针、刀。墓葬葬式为屈肢葬。第二期出土的打制石器少，磨制石器增多，有斧、锛、砺石；陶器制作技术也有所进步，除夹砂粗陶外，还有泥质陶，纹饰以绳纹为主，另有少量划纹和弦纹；骨器仍有锥、针，出现蚌制工具如蚌刀等。

鲤鱼嘴遗址出土的文化遗存和革新桥文化遗存相比，相同或相似的地方主要有：两者都有较多的砾石石器，而且所用的原料、制作技术和器类都基本一致；磨制石器多为局部磨制，重点磨制刃部，器身保留有打击片疤，器类主要是斧和锛；陶器有夹砂陶，器表纹饰以绳纹为主；墓葬葬式相同，均为屈肢葬。不同的地方是：鲤鱼嘴的石器中除砾石石器外，还有相当数量的小型石片石器，而革新桥没有；鲤鱼嘴的石器种类较少，而革新桥石器的种类繁多，不少器形如石锤、石砧等加工工具和研磨器、凹刃凿等在鲤鱼嘴遗址文化遗存中均找不到；鲤鱼嘴陶器还有泥质陶，纹饰中还有划纹、弦纹等，这些不见于革新桥；另外，鲤鱼嘴遗址文化遗存还有骨、蚌器，而革新桥没有。

兰家村类型遗存以兰家村遗址出土的文化遗存为代表。该遗址位于柳州市区东约5公里的柳江西岸台地上。1979年发现，同年进行了试掘。出土了石器和夹砂陶片。石器类型包括砍砸器、盘状器、刮削器、石锤、石斧、石锛、穿孔石器和砺石等，打制石器占较大的比例（30%），磨制石器以斧、锛为主。陶器以夹砂红陶为主，多施以粗绳纹（柳州市博物馆，1983）。原报告认为该遗址的年代与南宁地区的贝丘遗址相当，为新石器时代早期，但根据南宁地区的一些贝丘遗址如秋江遗址、顶狮山遗址等的测年结果，当为新石器时代中期。兰家村类型遗存和革新桥文化遗存比较，两者的共性大于差异性。比如两者的打制石器比较流行，而且砍砸器和刮削器均为常见的器形；磨制石器以斧、锛类为主，磨制主要在刃部，器身多保留有打击的片疤，也有少量斜肩的有肩石器；陶器均为夹砂陶，以绳纹为主。两者不同之处主要在于：革新桥常见的研磨器、窄槽砺石、石锤、石砧、磨石等器类不见于兰家村类型遗存；兰家村陶器胎的厚度差别大，纹饰除绳纹外还有篮纹或划纹，这些不见于革新桥。

南沙湾类型遗存以南沙湾遗址出土的文化遗存为代表。该遗址位于象州县象州镇沙兰行政村南沙湾自然村柳江左岸一级台地上。1999～2000年发掘。出土大量的陶、石、骨、角器等文化遗物和水陆生动物骸骸。石器大部分通体磨光，器类有斧、锛、双端刃器、穿孔石器、钩状器、砺石、石饼、网坠、双肩石斧等。骨角器数量少，有锥、针、匕、钩等。陶器全为夹砂陶，陶色有红陶、红褐陶和黑灰陶三种，大部分陶器通体施有绳纹，在口沿上常留下锯齿状的花边纹饰，器类主要有敞口、折沿、圜底的釜、罐之类。遗址的年代距今6500～5500年间（广西壮族自治区文物工作队，2004）。革新桥文化遗存和南沙湾类型遗存两者的共性不多，差异却很明显。革新桥的打制石器数量大，而南沙湾极少；前者的磨制石器不如后者精致，双肩石器少而粗劣；两者的陶器虽然都是夹砂绳纹陶，但革新桥的陶器发现很少，而南沙湾陶器较多，从口沿部分看器形差别较大；革新桥流行的研磨器、磨石、窄槽磨石以及凹刃凿等均不见于南沙湾，而南沙湾的石饼、双刃器等未见于革新桥。

5. 与桂东地区新石器文化的关系

桂东区主要包括贺江、桂江、郁江、浔江流域等区域。已发现的新石器时代遗址主要有平南相思洲（杨清平，2008）、平南石脚山（广西壮族自治区文物工作队等，2003）、桂平上塔（李珍，2007）、大塘城（林强等，2007）、长冲根（何安益等，2007）等，以台地遗址为主，洞穴遗址少。台地遗址多而且不含螺壳。据初步研究，这一区域新石器时代文化的年代序列从早到晚大体是相思洲类型遗存→上塔类型遗存→大塘城类型遗存→石脚山类型遗存。该区的新石器时代文化与革新桥文化遗存比较接近的有相思洲类型遗存、大塘城类型遗存和上塔类型遗存。

相思洲类型遗存以相思洲遗址出土的文化遗存为代表。该遗址位于平南县思界乡思界村。2006 年发掘。发现 A 区②层面遗物分布比较密集，在 450 平方米的范围内共分布 3654 件遗物。各种砾石、断块、磨制石锛、砍砸器、砺石、石片以及陶片等夹杂分布。文化遗物包括砾石、断块、石片以及相当数量的磨制石锛、砍砸器、砺石、陶器残片等。石器均为砾石石器，包括打制石器和磨制石器两大类。其中打制石器占多数，大部分为单面加工的砍砸器；磨制石器主要为石锛。陶器主要以灰黑色、灰色、红色、红褐色为主，陶质包括夹砂和泥质两种。许多陶胎很厚，有的厚度达 3 厘米以上。器类主要为罐（釜）类，多为圜底器，器表多施以较粗的绳纹、篮纹。分早、晚两期，其中晚期发现有密集的石制品分布面（石器加工场）。时代最早可能达到新石器时代早期偏晚阶段（杨清平，2008）。

革新桥文化遗存与相思洲类型遗存具有较多的共性。如两者均存在石器制造场；石器包括打制和磨制两类，打制石器数量大，以单面加工为主，砍砸器数量最多；发现有夹砂陶，器表多饰以绳纹，以圜底罐（釜）类为主。但两者也存在较大的差异，主要是：虽然相思洲也发现石器制造场，但制造场内出土加工工具的种类和数量明显少于革新桥，不同制作阶段的产品如工具的毛坯、半成品及碎片等也较少（部分原因可能与相思洲石器制造场制作的磨制石器产品少有关）；发现的磨制石器少，缺乏革新桥的研磨器、凹刃凿等器类；相思洲的陶器除夹砂陶外，尚有泥质陶，陶胎厚，绳纹较粗，还有篮纹，这与革新桥显然有别；革新桥发现有墓葬，而相思洲没有。

上塔类型遗存以上塔遗址和长冲根遗址为代表。陶器均为夹砂陶，均贴片制作，陶色以灰陶系为主，其次为红褐陶，纹饰以绳纹为主，少量篮纹，器形以敞口、高领、圜底的釜、罐为主，少量为折沿器，部分陶器的口沿或腹部有穿孔；石器以磨制石锛为主，少量石斧，打制石器比较少见，存在大量的石制品密集分布区（石器加工场），内含大量的砾石、断块、制作石器的石料、石片和石锤、砺石、石器毛坯、半成品和石器、陶片等。时代可能属于新石器时代中期（李珍，2007；何安益等，2007）。

　　革新桥文化遗存和上塔类型遗存相同或相似的地方有：两者都存在有石器制造场；石器分打制和磨制两种，其中打制石器基本上都是单面加工，器类以砍砸器为主，磨制石器以斧、锛为常见器形；陶器均为夹砂陶，纹饰以绳纹为主，器形为圜底的釜、罐类。但两者的差异也很明显：如石器中，革新桥的加工工具种类和数量明显比上塔类型的多，磨制石器除斧、锛外，还有数量众多的研磨器，革新桥的凹刃凿等器类也不见于上塔类型；上塔类型的陶器不仅比革新桥多，而且器形也不一样，纹饰除绳纹外还有篮纹；革新桥发现有墓葬，而上塔类型未发现墓葬。

　　大塘城类型遗存以大塘城遗址为代表。该遗址位于桂平市寻旺乡大塘城村西北的河岸台地上。2006 年发掘，发现灰坑、柱洞及石器制造场，出土大量石器和陶片。石器以侧面单向打击的砾石砍砸器为主，磨制石器以斧、锛为主。陶器均为夹细砂陶，以红陶为主，纹饰多样，有绳纹、附加堆纹、篮纹、乳丁纹及锯齿状花边纹，其中以粗绳纹为主，均为圜底器，口沿有折沿和卷沿等类型，以折沿为主，少量器物口沿饰锯齿状花边（林强等，2007）；是该地区新石器时代中晚期文化的代表。

　　革新桥文化遗存和大塘城类型遗存相比，差异性大于共性。共性有：两者都存在有石器制造场；石器分打制和磨制两种，其中打制石器基本上都是单面加工，器类以砍砸器为主，磨制石器以斧、锛为主；陶器均为夹砂陶，纹饰以绳纹为主，器形为圜底器。差异性表现在：石器中，革新桥的加工工具种类和数量明显比大塘城类型的多，磨制石器除斧、锛类外，还有数量众多的研磨器，革新桥凹刃凿等器类也不见于大塘城类型；大塘城类型的陶器不仅比革新桥多，而且胎中夹砂细小，没有革新桥的粗，器形差别也较大，纹饰除绳纹外还有附加堆纹、篮纹、乳丁纹及锯齿状花边纹等；革新桥发现有墓葬，而大塘城类型未发现墓葬，却发现较多的柱洞。

　　6. 与桂南沿海地区新石器时代文化的关系

　　桂南沿海地区主要包括北仑河、钦江、南流江等流域。已发现的新石器时代遗址主要有东兴亚菩山、杯较山（广东省文物管理委员会，1961；广东省博物馆，1961）、钦州独料（广西壮族自治区文物工作队等，1982）等。该地区的新石器时代文化年代序列从早到晚大概是亚菩山类型遗存→独料类型遗存，年代跨度约为距今 7000～4000 年。该区域与革新桥文化比较接近的是亚菩山类型遗存。

　　亚菩山类型遗存以亚菩山、马兰嘴、杯较山等海滨贝丘遗址为代表。这些遗址出土遗物有石器、陶器、骨、蚌器和动物的遗骸等。石器分打制和磨制两种。打制石器有砍砸器、尖状器、三角形器、锤、球、网坠等，其中两面加工的蚝蛎琢最具特色。磨制石器有斧、锛、凿、磨盘、杵、石饼、砺石等。陶器均为夹粗砂陶；纹饰有绳纹、篮纹、划纹等，以绳纹为主；器形多圜底类罐。此外，还有骨器和蚌器。

　　亚菩山类型遗存和革新桥文化遗存比较，差异大于共性。两者打制石器都很突出，但革新桥还有大量的磨制石器和石锤、石砧等加工工具，而亚菩山类型遗存中的打制石器大多为两面加工，器体比较厚重；虽然两者均有陶器，且陶器均为夹砂陶，纹饰以绳纹为主，但革新桥纹饰单一，只有绳纹，而亚菩山类型遗存的陶器还有篮纹、划纹；另外，革新桥存在石器制造场和墓葬，而后者没有。

## 二　与珠江三角洲地区石器制造场比较

石器制造场在我国出现较晚，大约在旧石器时代中晚期，如湖北江陵鸡公山（刘德银，1993）、内蒙古呼和浩特大窑——前乃莫板（内蒙古博物馆等，1977）、四川汉源富林（杨玲，1961）等。到了新石器时代，石器制造场更多，而且带有交换、商贸的性质或有专业化的趋势。主要有山西怀仁鹅毛口（贾兰坡，1973）、广东南海西樵山（曾骐，1995）、湖北宜都红花套（红花套考古发掘队，1990～1991）、江西新余拾年山（江西省文物考古研究所等，1991）、山西襄汾沙女沟（陶富海，1991）等。

位于珠江三角洲的西樵山，因有燧石、玛瑙及霏细岩出露，从六七千年起，先后成为制造细石器和双肩石器的制场。在珠江口外和环珠江口两侧的一些海岛或海岸上发现的石器制造场，规模虽不及西樵山，但也颇有特点，除了专门生产制作石质生产工具外，还有以生产玉石质环、玦、珠管等饰物的制造场，也有石器工具、饰物兼有的制造场。前者如香港西贡蚝涌（邹兴华，1999）、后者如珠海宝境湾（广东省文物考古研究所等，2001）、珠海棠下环（广东省文物考古研究所等，1998）、澳门黑沙（邓聪等，1996）、香港万角嘴（Davis et al，1961）、涌浪（香港古物古迹办事处，1997）、白芒（邓聪等，1997）等。在珠江三角洲规模最大且最为典型的石器制造场当为西樵山石器制造场。

西樵山石器制造场遗址位于广东省南海县官山镇西樵山。该遗址包含着新石器时代早、中、晚不同时期的遗存，其中早期的遗存是细石器，无磨制石器和陶器；中、晚期遗存石器的石料，绝大多数为霏细岩，器类以有肩石器为代表，包括斧、锛、铲等，石片石器有刮削器、尖状器、砍砸器、矛形器等，此外还有长身、梯形和有段的磨光锛、凿、矛等。陶片不多，包括绳纹、刻划纹夹砂陶和泥质陶、夹砂几何印纹陶。该遗址未发现动植物遗存（杨式挺，1998）。

总的来说，革新桥石器制造场和西樵山石器制造场均为新石器时代石器制造场，但两者在原料、产品及制造场使用的时间上都有较大的差别。革新桥石器制造场的原料是取自遗址附近河滩的砾石或岩块，而西樵山石器制造场的石料则是就地开采；革新桥石器制造场制作的产品中，打制石器基本上是石核石器（砾石石器），以砍砸器为主，而西樵山石器制造场的打制石器则以石片石器为主，而且主要是细石器；磨制石器中，前者的器类有斧、锛、凿、研磨器等，有肩石器少且不典型，而后者以有肩石器为主；革新桥石器制造场发现大量的石锤、石砧、砺石等加工工具，而西樵山石器制造场发现这类石器不多；另外，革新桥石器制造场延续的时间不长，只存在于新石器时代中晚期，而西樵山石器制造场延续的时间很长，在整个新石器时代都一直使用。

# 三 与云贵高原史前文化的关系

云贵高原地区的新石器时代文化有广泛的发现。在云南，新石器时代遗址分布于河旁台地、湖滨、丘陵、山麓或山顶，遗址类型有洞穴遗址、贝丘遗址和台地遗址。从出土的陶器和石器的基本特征看，可划分为三个区域、10个类型。滇东和滇东南地区的新石器时代文化主要特征是：石器以有肩有段的石斧、石锛为主，陶器以绳纹陶为主。这一地区的代表性遗址有昭通闸心场遗址、鲁甸马厂遗址、晋宁石寨山遗址、通海海东遗址、麻栗坡小河洞遗址。滇西北及滇中地区的新石器时代文化主要特征为：石器为长条形石斧、半月形穿孔石刀和柳叶形石簇，陶器多为夹砂罐类，纹饰以篮纹、篦纹、刻划纹为主。代表性遗址有元谋大墩子遗址、大理马龙遗址、宾川白羊村遗址、维西戈登村洞穴遗址等。滇西南及滇南地区的新石器时代文化主要特征是：石器以梯形石斧、石锛及砾石石片加工的有肩石斧为代表，陶器多有肩器和圈底器，以磨光黑陶加点线纹、篦纹、细篮纹为特征。代表性遗址有云县芒怀遗址、景洪曼蚌囡遗址、孟连老鹰山遗址、昌宁营盘山遗址、永平新光遗址、耿马石佛洞遗址等（国家文物局主编，2001）。

革新桥文化遗存与云南新石器时代文化比较接近的有滇东和滇西地区的新石器时代文化。如属于滇东地区的麻栗坡小河洞遗址（云南省博物馆文物工作队，1983）出土的梯形石锛、长条形石斧以及石印模（石拍）和革新桥的非常接近，出土的陶器多为夹砂陶罐类，纹饰以绳纹为主，这也与革新桥相似。但革新桥的研磨器、凹刃凿等不见于小河洞遗址，而小河洞的斧锛加工比革新桥的精致，多为通体磨光，有的石斧还有肩有段；小河洞陶器的纹饰除绳纹外，尚有弦纹、波浪纹、涡纹和附加堆纹等。

位于滇西的保山地区发现许多新石器时代遗址，包括台地和洞穴两大类型，年代较晚，多数属于新石器时代晚期，少数为中期。这些遗址发现的文化遗存可分为三种文化类型，即芒怀类型、湾子铺类型和白羊村类型。其中湾子铺类型和革新桥文化遗存比较接近。该类型的文化特点是以单平面砾石手锤（研磨器）为典型器物，并出磨制梯形、条形石斧，还有较多的砍砸器、刮削器、尖状器等打制石器；陶器以夹砂陶为主，器形多为罐、盆、缸、钵等圆形平底器（耿德铭，1992；耿德铭等，1992）。革新桥文化遗存含有较多湾子铺类型的文化因素，如湾子铺的研磨器也是革新桥的典型器类，革新桥的斧、锛等器形和打制石器和湾子铺类型的大体相同；但两者的陶器差别较大，革新桥的陶器只有夹砂陶，器形只有圜底釜或罐，而湾子铺类型虽然以夹砂陶为主，但器形种类多，且均为平底器。

此外，革新桥文化遗存中的一些器形见于云南地区的新石器时代文化中。如耿马县石佛洞遗址出土有类似革新桥的石拍和穿孔石器（云南省文物考古研究所等，2010），永平新光遗址出土的小型或微型石锛和研磨器与革新桥的相似（云南省文物考古研究所等，2002）。

位于云贵高原东部的贵州地区，新石器时代文化遗存也有许多发现，特别是北盘江流域，不仅新石器时代遗址多、文化遗存丰富，而且文化面貌和革新桥的具有许多共性。如沙坝遗址的文化遗存和革新桥文化遗存就很接近。该遗址位于贵州省贞丰县北盘江河岸一级台地上，背山面水，并处在与支流的交汇上，是一个石器制造场遗址。出土大量的砾石、断块、石砧、石锤、斧锛等磨制石器和砍砸器等打制石器，并有少量的陶片（贵州省文物考古研究所等，2009；张兴龙等，2009）。该遗址出土的研磨器、研磨盘和革新桥的一样，也有革新桥的窝痕石砧，陶器也都是夹砂陶，以绳纹为主。与革新桥不同的地方主要是：沙坝遗址的文化遗存中有一种扁体长方形的石器不见于革新桥，而革新桥常见的窄槽砺石及凹刃凿不见于沙坝遗址；沙坝遗址的陶器器形除圜底器外还有圈足器、三足器，纹饰有附加堆纹等。

在贵州新石器时代文化中，与革新桥文化遗存最为接近的是孔明坟遗址的文化遗存。该遗址位于贵州贞丰县鲁荣乡孔明村，处于孔明河与北盘江汇合处的北盘江东岸一级阶地上。2007 年至 2009 年先后进行了两次大规模的发掘。发现石器制造场、房址（柱洞）、石铺道路、灰坑、墓葬等一系列遗迹，出土各类遗物 20000 多件。年代为新石器时代中期。石器制造场面积超过 500 平方米，具有明确的功能分区。文化遗物以石制品为大宗，包括打制石器和磨制石器两大类，器类有石锤、石砧、砺石、砍砸器、刮削器、斧、锛、凿、研磨盘和研磨器等，另有少量的陶片（张改课等，2009；贵州省文物考古研究所等，2009）。孔明坟遗址出土的打制石器不论是原料、制作技术还是器形，都和革新桥的毫无二致；斧、锛、凿、研磨盘和研磨器等器类也和革新桥几乎一样。两者之间主要的差别是：孔明坟遗址出土的文化遗存中不见革新桥的窄槽砺石、凹刃凿、磨石等器类，而革新桥未发现有柱洞、石铺路面等遗迹。

## 四　与中南半岛史前文化的关系

中南半岛是人类起源和文化传播的重要地区。这里史前文化资源非常丰富，不仅广泛分布有早期人类化石，而且旧石器时代文化和新石器时代文化普遍都有发现。中南半岛的史前考古可追溯到 100 多年前。1906 年法国地质学家亨利·曼休（Henri Mansuy）对谅山省 Tham Khoach 洞穴遗址的发掘成为中南半岛史前考古的发端。如今，这一地区史前考古发现层出不穷，文化遗存越来越丰富，而且分布相当广泛。东南亚史前考古专家 Rispoli 认为，东南亚大陆的史前文化和中国岭南中西部地区的同期文化关系密切。主要表现在石器中打制石器占很大比例，石器原料主要是砂岩和石英岩砾石，石器基本上是单面加工；陶器以夹砂陶为主，纹饰主要是绳纹和篮纹；流行屈肢葬（Fiorella Rispoli，2007）。

新石器时代文化遗存在中南半岛有广泛的分布；特别是越南地区不仅地点多、分布广，而且文化内涵丰富，类型多样，包括新石器时代早、中、晚三期。目前，中南半岛比较有代表性的新石器时代文化有和平文化（Ha Van Tan，1994；Hoang Xuan Chinh，1989；Nguyen Khac Su，2007）、北山文化（Ha Huu Nga，2001）、多笔文化（阮文好，2006）、河江文化（Nguyen Khac Su *et al*，2000）、迈法文化 Mai Pha（Nguyen Cuong，2002）。其中和平文化、北山文化、河江文化与革新桥文化遗存关系较为密切。

和平文化是新石器时代早期并延续到中期的一种史前文化。最初发现于越南，后来在中南半岛有广泛的发现。在越南地区已发现有 100 多处遗址，主要分布于红河平原南部山区，以和平省和清化省最为集中，多为洞穴遗址，也有少数为海边或河旁露天遗址。打制石器以砾石为原料，单面加工，器形有砍砸器、刮削器、尖状器等，其中杏形器、盘状器和短斧为其特征性器物，晚期有磨刃斧和窄槽砺石（带有沟槽的磨石）。死者行屈肢葬。出土有象、野牛、犀牛、鹿、野猪和螺蚌壳。年代为距今一万二千年至七八千年，分早（距今 12000～10000 年）、中（距今 12000～8000 年）、晚（距今 8000～7000 年）三期（Nishimura Masanari，2006；Hoang Xuan Chinh，1989）。和平文化存在大量的打制石器，而且基本上是单面加工，器形以砍砸器为主，这和革新桥的打制石器相似；和平文化的带沟槽磨石（窄槽砺石）和研磨器在革新桥有较多的发现；和平文化也发现革新桥的窝痕石砧；和平文化墓葬的葬式和革新桥一样，都是屈肢葬。但两者的差异性也比较明显：和平文化打制石器中的典型器"苏门答腊器"和短斧不见于革新桥；革新桥除打制石器外还存在大量磨制石器；革新桥有较多的研磨盘、磨石，而在和平文化遗址中却没有发现。

北山文化是东南亚新石器时代早期文化。因发现于良山省的北山区而得名。主要分布在越南东北部的石灰岩地区，多为洞穴遗址。年代大致为距今 11000～7000 年。典型遗址有伯伦遗址（Bo Lum Cave）、波南遗址（Bo Nam Cave）。

北山文化的石器用砾石或砾石片制成，主要有砍砸器、刮削器、石斧、凿、研磨器、研磨盘等，典型的石器是磨刃石斧和表面带有沟槽的磨石（即窄槽砺石）。骨制工具有斧、锥、半圆形凿等。发现粗陶片，饰绳纹，另有篦齿纹和刻划的橄榄纹、水波纹等；还发现有陶网坠。地层含大量螺壳，其经济可能属采集、捕捞和狩猎的范围。死者一般葬在居住地（Ha Huu Nga, 2001）。关于北山文化与和平文化的关系，迄今尚无定论。有人认为北山文化是承袭和平文化发展起来的；有人则认为二者是同一文化的不同类型；也有人认为二者是大致并行的两种文化。西昌村也认为，无陶且含有局部磨光石器的遗存归为北山文化，年代为距今 9000～7000 年（Nishimura Masanari, 2006）。

革新桥文化遗存和北山文化具有较多的共性。如两者都有较多的打制石器，器形以砍砸器为主；斧、锛、凿等磨制石器重点磨制刃部；两者都发现较多的研磨器、窄槽砺石，也都出土有石拍；陶器为夹砂陶，纹饰以绳纹为主；均发现有墓葬，葬式为屈肢葬。但两者也有一些不同的地方：如革新桥存在大量的石锤、石砧等加工工具，而北山文化却不多；革新桥的凹刃凿、磨石不见于北山文化；北山文化发现较多的骨器，陶器纹饰还有篦齿纹和刻划的橄榄纹、水波纹等，而这些革新桥却没有。

河江文化分布于越南北部山区。该文化的石器包括打制石器和磨制石器，打制石器的原料均为砾石，单面加工，器形有砍砸器、尖状器、刮削器等，以砍砸器为主；磨制石器多通体磨光，典型器物为有肩石斧和有肩有段石锛。该文化还发现有研磨器、窄槽砺石、双面凹石锤和石拍。陶器数量不多，类似冯原文化陶器的风格。年代为距今 4000～3000 年（Nguyen Khac Su et al, 2000；Nguyen Khac Su, 2007；Bui Vinh, 1995）。河江文化具有较多革新桥的文化因素，如打制石器和革新桥的几乎一样，研磨器、窄槽砺石、双面凹石锤和石拍等和革新桥的相同或相似。但磨制石器和革新桥差别明显，革新桥斧、锛类石器很少有肩，而且也不典型，而河江文化的斧、锛多为典型的有肩或有肩有段的；另外，虽然革新桥的陶器和河江文化的陶器数量都很少，但两者差别很大。革新桥陶器均为夹砂陶，火候较低，纹饰只有绳纹一种，器类单一；而河江文化的陶器有夹砂和泥质两种，火候较高，纹饰有绳纹、刻划纹等多种，器类也较多。

另外，越南中部高原地区也发现有较多新石器时代石器制造场遗址，而且这些石器制造场和革新桥石器制造场有一定的相似性。位于 Gia Lai 省的 Taiper、Thon Bay、Lang Ngol、Ia Mor 等遗址，Lam Dong 省的 Thon Bon、Hoan Kiem 遗址，Dac Lac 省的 Chu Ktur 遗址（Nguyen Khac Su et al, 2007；Tran Van Bao, 2007；Nguyen Khac Su, 2009）均发现有石器制造场。Taiper 遗址既是居住的地方，同时又是一处石器制造场。石器制造场生产的产品几乎都是有锛类，分有肩和无肩两种。该遗址发现的文化遗存除石制品外，还有陶器、墓葬和用火遗迹等。陶器数量不多，均为陶片。年代为新石器时代晚期，距今 4000～3500 年。Thon Bon 遗址是一处以石器制造场为主的新石器时代遗址。制造场生产的石器主要是石斧。年代为新石器时代晚期到青铜时代，绝对年代约距今 3500 年。这些遗址的共同特点是遗址位于近水的地方，附近出产原料。

在中南半岛，除越南外，泰国的新石器时代文化和革新桥文化遗存也存在相同或相似的地方。如位于泰国北部 Lampang 的 Phra Tu Pha 洞穴遗址，是一处从新石器时代到青铜时代的遗址。该遗址出土的凹刃石凿和革新桥的相似（Sidisunthorn，2006）。

# 五　小　结

通过上述的对比，我们可以发现，革新桥文化遗存和周边的新石器时代文化具有较多的共性，同时也存在一定的差异性。总的来说，革新桥文化遗存和广西西部其他新石器时代文化以及贵州西南部同期的新石器时代文化共性最多，关系也最为密切，可能属于同一文化区；与越南北部的新石器时代文化也比较接近，两地可能存在较多的文化交流。其他相关地区的新石器时代文化在某些方面虽然和革新桥文化遗存相同或相似，但它们之间的差别也很明显，因而文化关系并不密切。

# 第四节　余　论

# 一　遗址地层堆积成因

## 1. 第五层堆积成因

革新桥遗址位于右江的南岸，依山傍水，遗址处在一片较为开阔的台地上。台地高出右江河面近 15 米，属于一级阶地。从革新桥遗址地层堆积以下的生土层来看，生土层为黄褐色沙质黏土，土质纯净，具水平层理，偶含细螺壳，这显然是河流沉积物的特点，表明这级阶地的堆积是在右江河床停止下切的时候形成的。该阶地形成后，由于下雨时地表流水的作用，阶地前沿逐渐被侵蚀，地表往河边倾斜。同时，由于遗址所在的阶地的东端有六劳溪流自南向北流入主河右江，阶地东部靠溪流一侧也容易被侵蚀而导致地表往溪流倾斜，从而使得遗址所在的区域在遗址地层堆积形成之前，亦即遗址的占据者到来之前，原来这个区域的地势总体上是往北往东倾斜。

革新桥人开始在遗址附近河滩上把石料搬运过来进行石器制作活动。由于地表上有石头和制作石器时所产生的碎屑的覆盖，在地表水的作用下由高处搬来的物质和人类产生的遗物逐渐被堆积在地表上，从而形成遗址的文化堆积层。换言之，遗址堆积物的来源主要有两部分，一部分是人类活动的遗存——主要是石制品、灰烬、果核碎片、兽骨等，另一部分是地表流水从较高的地方（遗址后山）搬运来的物质——主要是泥土和腐殖质。尽管这两部分物质的成分不同，但由于流水的作用，使这两种成分在沉积下来之前，细小的物质已经历过相互交流和渗透并充填在较大的文化遗物之间，形成遗址的堆积，因此堆积的成因包括人工和自然两个方面。

在发掘区中北部现代坟南边离地表近 30 厘米的深度，发现分布较集中的红烧土，大者直径约 10 厘米，分布范围东西长 270、南北宽 70 厘米，红烧土层厚约 3 厘米。由于石器制造场部分被压在现代坟之下，而现代坟是发掘区的最高点，这个区域发现红烧土多，土团大，表明曾是用火的地方。以此为中心，往南、往东和东北侧分散许多细小的粒状红烧土、炭碎和动物遗存。这是由于从现代坟处开始，地势总体上往东南面倾斜，下雨时在地表流水的作用下，细小而轻的遗物往低处搬运，形成扇形分布。

石器制造场的堆积物的底部，东南部的土色土质无明显差别，整个石器制造场基本上是一样的；后来由于中北部即现代坟的地方用火和煮食物的原因，用火的遗存如灰烬、炭碎、红烧土以及遗弃的食物等细粒遗物，在下雨时地表水的作用下顺着地势由西北往东南搬运，从而使这个区域的堆积含有这些物质，不仅土质发生改变，土色亦开始有所不同，由原来的黄褐色渐变为红褐色。随着用火时间的增长和遗弃食物的增多，该区域红烧土和炭碎等包含物也逐渐增加，土色加深，土质变得更松软。因此，虽然土色土质有所改变，但石制品方面却看不出有明显变化。

2. 第四、第三层堆积成因

第四层在发掘区内的分布是最广的，超过一半的探方都有第四层的堆积；而第三层的分布范围明显缩小，只分布在发掘区的东南部和西南部少数几个探方。到了第三层堆积形成时期，可能是由于某些原因，这里已不再是革新桥人活动的重要区域，活动范围也退缩至发掘区的东西两端。第四、第三层的堆积物除了人类留下的文化遗存外，还有地表流水从地势较高的地方搬运来的物质。因此，这两层地层形成的原因也包括人工和自然两方面的因素。

3. 第一、第二层堆积成因

遗址的第一、第二层是近现代形成的堆积。其中第二层属于较早的堆积，是遗址废弃后形成的，地层中包含有近现代的文化遗物；而第一层是很晚的堆积，即在修建百色至富宁公路时形成的堆积。

## 二 遗址的性质

此次发掘共发现三个文化层。第一文化层遗物最多，分布密度最大，绝大多数都是石制品。这些石制品不仅包括大量的石锤、石砧、砺石等加工工具，而且还有数量众多的斧、锛等生产工具不同制作阶段的产品以及断块、碎片等，表明这是一处典型的石器制造场；第二文化层的分布范围虽然较大，但遗物不多，石制品分布密度也很小，石锤、石砧等加工工具数量很少，断块和碎片也不多，斧、锛等工具多有使用痕迹；第三文化层遗物也比第二文化层丰富，但远不及第一文化层，没有发现明显的制作石器的加工点，石锤、石砧等加工工具数量很少，断块和碎片也不多，各种工具的毛坯少见，有使用痕迹的锛等工具不少有使用痕迹。因此，从文化遗物看，第二、第三文化层应属于一般的文化堆积层。虽然各种石制品表明这两个文化层存在史前人类制作石器的活动，但没有明显的石器加工点，也没有形成规模，因而不属于石器制造场。但总体而言，发掘区域内仍属于石器制造场的性质。

此次发掘只是遗址的一小部分，而且发掘区位于遗址的东北部，紧邻河边，从遗址周围的环境以及分布来看，该遗址很可能是一个聚落遗址，石器制造场是整个遗址内的一个功能区域，是遗址的一个组成部分。因为从发掘的区域看，除石器制造场外，还发现墓葬，尽管墓葬数量不多，只有两座，但由于墓葬往往建在地势较高的位置，可能原有的一些墓葬被后期的耕作所破坏。另外，在石器制作场外出土的石器多有使用痕迹，甚至制造场内的石器成品也有一些留有使用痕迹，表明在制造场周围存在使用工具进行生产活动的情况。遗址位于右江与支流的交汇处，所处的环境是背山面水，上山可以狩猎，下水则可捕捞，山脚下又有较为开阔的平地，这种自然环境非常适合史前人类居住生活。因此，虽然由于发掘范围有限，尚未找到居住遗迹，但可以合理推测这里应是一处聚落遗址，具有功能分区，发掘区主要为石器制造场，是遗址的一个功能区域。

# 三　遗址废弃原因

如前所述，革新桥遗址自然环境优越，依山傍水，动植物资源丰富，是比较适合渔猎采集人群居住和生活的地方。但从此次发掘的结果来看，革新桥人在这里活动的时间并不长，遗址的文化堆积也不厚。从石器制造场来看，属于第一期的第一文化层分布范围比较大，遗物也最为丰富，似乎表明当时革新桥人在此活动人数众多，显得很热闹；而属于第二期的第二、第三文化层遗物稀少，且第三文化层的分布范围大为缩小，显得人气骤降。因此，革新桥人在这里的活动有"来去匆匆"的感觉，遗址的使用时间不长。革新桥人为什么如此快就放弃这块风水宝地，而另迁他处呢？

关于遗址废弃的原因问题，从自然环境和生态环境方面很难找到答案。因为对于以渔猎和采集为生计的革新桥人来说，这里应有充足的食物资源，没有必要迁往他地。可能的解释是，革新桥人可能受到外来农耕人群的入侵和融合，使其原来的渔猎采集文化受到影响，进而取而代之，从而改变了原有的经济生活方式，开始从事农耕。由于革新桥遗址地处山区，缺乏适于农耕的土地，因而最终放弃曾经养育他们的地方，另辟家园。

　　从现有的考古资料看，广西地区新石器时代早、中期的遗址大多分布在山区，而晚期的遗址主要分布于平原地区。由于生活在早、中期的史前人类的经济生活方式主要是渔猎和采集，因此山区的自然生态环境与当时这种经济生活方式相适应；而晚期已转变为以农耕经济为主，山区的自然条件已不适合农耕经济的发展，因此到了新石器时代晚期，人们走出山区，到适于农耕经济的平原开阔地区定居生活。

# 参考资料

安格拉·冯登德里施著，马萧林、侯彦峰译，2007：《考古遗址出土动物骨骼测量指南》，北京：科学出版社。

百色市志编纂委员会，1993：《百色市》，南宁：广西人民出版社。

陈元霖，曾中兴，白寿昌，1985：《猕猴》，北京：科学出版社。

谌世龙，1999：《桂林庙岩洞穴遗址的发掘与研究》，《中石器文化及有关问题研讨会论文集》，广州：广东人民出版社。

邓聪，2003：《从二重证据法论史前石拍的功能》，《东南考古研究》三辑。

邓聪、郑炜明，1996：《澳门黑砂》田野考古报告专刊（一），香港：中文大学出版社。

邓聪等，1997：《香港大屿山白芒遗址发掘简报》，《考古》6 期。

傅宪国，1988：《试论有段石锛和有肩石器》，《考古学报》1 期。

傅宪国等，2001：《桂林地区史前文化面貌轮廓出现》，《中国文物报》年 4 月 4 日。

傅宪国，2004：《广西地区史前文化发展序列初论》，《桃李成蹊集》，香港：香港中文大学中国考古艺术研究中心。

高耀亭等编著，1987：《中国动物志 兽纲第八卷 食肉目》，北京：科学出版社。

广西壮族自治区博物馆，2003：《百色旧石器》，北京：文物出版社。

广西壮族自治区文物考古训练班等，1975：《广西南宁地区新石器时代贝丘遗址》，《考古》5 期。

广西壮族自治区文物工作队，1982：《广西隆安大龙潭新石器时代遗址发掘简报》，《考古》1 期。

广西壮族自治区文物工作队等，1982：《广西钦州独料新石器时代遗址》，《考古》1 期。

广西壮族自治区文物工作队，1986：《广西百色地区新石器时代文化遗存》，《考古》7 期。

广西壮族自治区通志馆, 1995:《广西概况》, 南宁:广西人民出版社。

广西壮族自治区文物工作队, 2000:《广西横县江口新石器时代遗址的发掘》,《考古》1 期。

《广西森林》编辑委员会, 2001:《广西森林》, 北京:中国林业出版社。

广西壮族自治区文物工作队等, 2003:《广西平南县石脚山遗址发掘简报》,《考古》1 期。

广西壮族自治区文物工作队等, 2003:《广西那坡县感驮岩遗址发掘简报》,《考古》10 期。

广西壮族自治区文物工作队等, 2004:《资源县晓锦新石器时代遗址发掘简报》,《广西考古文集》, 北京:文物出版社。

广西文物工作队, 2004:《象州南沙湾贝丘遗址 1999 – 2000 年度发掘简报》,《广西考古文集》, 北京:文物出版社。

广西壮族自治区文物工作队等, 2006:《广西横县秋江贝丘遗址的发掘》,《广西考古文集》(第二辑), 北京:科学出版社。

广西壮族自治区文物工作队等, 2006:《广西马山县六卓岭、尚来岭新石器时代遗址发掘报告》,《广西考古文集(第二辑)》, 北京:科学出版社。

广西文物考古研究所, 2007:《广西红水河流域新石器时代遗址考古调查报告》,《广西考古文集》(第三辑), 北京:文物出版社。

广西文物考古研究所, 2007:《广西红水河流域新石器时代遗址考古调查报告》,《广西考古文集》(第三辑), 北京:文物出版社。

广东省文物管理委员会, 1961:《广东南路地区原始文化遗址》,《考古》11 期。

广东省博物馆, 1961:《广东东兴新石器时代贝丘遗址》,《考古》12 期。

广东省文物考古研究所、珠海市博物馆, 2001:《珠海宝镜湾遗址第一次发掘》,《广东省文物考古研究所建所十周年文集》, 广州:岭南美术出版社。

广东省文物考古研究所、珠海市平沙文化科, 1998:《珠海平沙棠下环遗址发掘简报》,《文物》7 期。

贵州省文物考古研究所等, 2009:《贵州鲁容沙坝遗址》,《中国考古新发现——年度记录 2009》, 北京:中国文物报社。

贵州省文物考古研究所等, 2009:《贵州贞丰孔明坟石器制造场遗址》,《中国考古新发现年度记录 2009》, 北京:中国文物报社。

国家文物局主编, 2001:《中国文物地图集》(云南分册), 昆明:云南科技出版社。

葛人, 2010:《石磨盘和石磨盘的用法》,《中国文物报》8 月 27 日。

耿德铭, 1992:《怒江中游新石器文化概说》,《保山史前考古》, 昆明:云南科技出版社。

耿德铭、乐琪、杨升义，1992：《施甸县新石器时代文化遗存》，《保山史前考古》，昆明：云南科技出版社。

广西柳州白莲洞洞穴科学博物馆，2009：《柳州白莲洞》，北京：科学出版社。

黄新美，1983：《体质人类学基础》，广州：科学普及出版社广州分社。

黄蕴平，2001：《石虎山Ⅰ遗址动物骨骼鉴定和研究》，《岱海考古（二）——中日岱海地区考察研究报告集》，北京：科学出版社。

韩康信、潘其风，1982：《广东佛山河宕新石器时代晚期墓葬人骨》，《人类学学报》1期。

何安益、陈曦，2008：《广西崇左冲塘新石器时代贝丘遗址发掘新收获》，《中国文物报》，5月9日。

何安益、廖其坚，2007：《桂平市长冲桥新石器时代遗址》，《中国考古学年鉴》，北京：文物出版社。

红花套考古发掘队，1990～1991：《红花套遗址发掘简报》，《史前研究》辑刊。

蒋廷瑜，1981：《广西新石器时代考古述略》，《中国考古学会第三次年会论文集》，北京：文物出版社。

贾兰坡、尤玉柱，1973：《山西怀仁鹅毛口石器制造场遗址》，《考古学报》2期。

江西省文物考古研究所等，1991：《江西拾年山遗址》，《考古学报》3期。

江西省文物考古研究所等，1991：《新余拾年山遗址第3次发掘》，《东南文化》5期。

孔昭宸、刘长江、张居中等，2003：《中国考古遗址植物遗存与原始农业》，《中原文物》2期。

刘武、吴秀杰、汪良，2006：《柳江人头骨形态特征及柳江人演化的一些问题》，《人类学学报》3期。

李大伟、谢光茂，2010：《试论广西新石器时代打制石器》，《广西考古文集》（第四辑），北京：科学出版社。

林强、谢广维，2005：《广西都安北大岭遗址考古发掘取得重要成果》，《中国文物报》12月2日。

林强、谢广维，2007：《广西红水红流域新石器时代遗址的发现与研究》，《广西考古文集》（第三辑），北京：文物出版社。

林强、谢广维、朱丽彬，2007：《广西桂平大塘城遗址考古发掘取得重要成果》，《中国文物报》7月4日。

李庆斌，1993：《大化县琴常新石器时代遗址》，《中国考古学年鉴·1992》，北京：文物出版社。

刘琦、谌世龙，1999：《桂林市庙岩洞穴遗址的骨器及蚌器研究》，《中石器文化及有关问题研讨会论文集》，广州：广东人民出版社。

李珍，2006：《广西新石器时代考古七十年述略》，《广西考古文集》（第三辑），北京：科学出版社。

李珍、黄云忠，2007：《南宁市灰窑田新石器时代遗址》，《中国考古年鉴》，北京：文物出版社。

李珍，2007：《桂平上塔、油榨遗址》，《南方文物》4 期。

柳州市博物馆、广西壮族自治区文物工作队，1983：《柳州大龙潭鲤鱼嘴新石器时代贝丘遗址》，《考古》9 期。

柳州市博物馆，1983：《广西柳州新石器时代遗址调查与试掘》，《考古》7 期。

刘德银，1993：《我国旧石器时代考古的重大突破——湖北江陵鸡公山发现旧石器时代居址》，《中国文物》5 月 2 日。

刘莉，2007：《中国史前的碾磨石器和坚果采集》，《中国文物》6 月 22 日。

吕遵谔、黄蕴平，1990：《大型食肉类啃咬骨骼和敲骨吸髓破碎骨片的特征》，《纪念北京大学考古专业三十周年论文集》，北京：文物出版社。

内蒙古博物馆、内蒙古文物工作队，1977：《呼和浩特市东郊旧石器时代石器制造场发掘报告》，《文物》5 期。

裴文中、张森水，1985：《中国猿人石器研究》，北京：科学出版社。

彭书琳、张文光、魏博源，1986：《贵县罗泊湾西汉墓殉葬人骨》，《考古》6 期。

彭书琳、蒋廷瑜，1991：《广西西津贝丘遗址及其有肩石器》，《东南文化》3、4 期。

祁国琴，1988：《姜寨新石器时代遗址动物群的分析》，《姜寨——新石器时代遗址发掘报告》，北京：文物出版社。

邱龙，1992：《大化县音墟新石器时代遗址》，《中国考古学年鉴》，北京：文物出版社。

阮文好，2006：《越南的多笔文化》，《华南及东南亚地区史前考古》，北京：文物出版社。

陕西省考古研究所等，2007：《花石浪（I）》，北京：科学出版社。

邵象清，1985：《人体测量手册》，上海：上海辞书出版社。

盛和林等，1992：《中国鹿类动物》，上海：华东师范大学出版社。

陶富海，1991：《山西襄汾县大崮堆山史前石器制造场新材料及其再研究》，《考古》1 期。

王頠，2005：《广西百色枫树岛旧石器遗址再次出土手斧》，《中国文物报》5 月 31 日。

吴汝康、吴新智，1965：《人体骨骼测量方法》，北京：科学出版社。

吴汝康，1959：《广西柳江发现的人类化石》，《古脊椎动物与古人类》3 期。

王荷生，1992：《植物区系地理》，北京：科学出版社。

韦江，2005：《田林县弄瓦石器时代遗址》，《中国考古学年鉴》，北京：文物出版社。

韦江，2010：《广西考古六十年概述》《广西考古文集》（第四辑），北京：文物出版社。

谢光茂，林强，2008：《百色上宋遗址发掘简报》，《人类学学报》1 期。

谢光茂、彭长林、黄鑫等，2006：《广西百色百达遗址考古发掘获重大发现》，《中国文物报》3 月 28 日。

香港古物古迹办事处，1997：《香港涌浪新石器时代遗址发掘简报》，《考古》6 期。

徐海，2001：《中国全新世气候变化研究进展》，《地质地球化学》二期。

原思训，1991：《华南早期新石器$^{14}$C 年代数据引起的困惑与真实年代》（摘要），《纪念黄岩洞遗址发现三十周年论文集》，广州：广东旅游出版社。

杨清平，2008：《广西左江流域发现新石器时代贝丘遗址新的文化类型》，《中国文物报》6 月 6 日。

杨清平，2008：《平南相思洲新石器时代遗址》，《中国考古学年鉴》，北京：文物出版社。

杨玲，1961：《四川汉源富林镇旧石器时代文化遗址》，《古脊椎动物与古人类》4 期。

杨式挺，1998：《试论西樵山文化》，《岭南文物考古论集》，广州：广东省地图出版社。

云南省博物馆文物工作队，1983：《云南麻栗坡县小河洞新石器时代洞穴遗址》，《考古》12 期。

云南省文物考古研究所等，2010：《耿马石佛洞》，北京：文物出版社。

云南省文物考古研究所等，2002：《云南永平新光遗址发掘报告》，《考古学报》2 期。

伊丽莎白．施密德 著，李天元 译，1992：《动物骨骼图谱》，北京：中国地质大学出版社。

曾祥旺，1983：广西百色地区新发现的旧石器，《史前研究》2 期。

张银运、王令红、董兴仁，1977：《广西桂林甑皮岩新石器时代人类头骨》，《古脊椎动物与古人类》1 期。

中国科学院《中国自然地理》编辑委员会，1985：《中国自然地理》（植物地理）（上册），北京：科学出版社。

中国社会科学院考古研究所广西工作队等，1998：《广西邕宁县顶蛳山遗址的发掘》，《考古》11 期。

中国社会科学院考古研究所广西工作队等，2003：《广西南宁市豹子头贝丘遗址的发掘》，《考古》10 期。

中国社会科学院考古研究所等，2003：《桂林甑皮岩》，北京：文物出版社。

张龙，2001：《南宁豹子头新石器时代贝丘遗址的发掘与研究》，《邕州考古》，南宁：广西人民出版社。

张之恒，2008：《生态环境对史前文化的影响和中国史前文化的三个过渡地带》，《考古与文物》2 期。

张兴龙、王新金、张改课，2009：《贵州鲁容沙坝遗址》，《中国文物报》11 月 20 日。

张改课、王新金、张兴龙等，2009：《贵州省贞丰县孔明坟遗址》，《中国文物报》7 月 3 日。

周本雄，1981：《河北武安磁山遗址的动物骨骸》，《考古学报》3 期。

曾骐，1995：《珠江文明的灯塔——南海西樵山古遗址》，广州：中山大学出版社。

邹兴华，1999：《香港西贡蚝涌抢救发掘收获丰富》，《中国文物报》7 月 25 日。

张孟闻，宗愉，马积藩编著，1998：《中国动物志 爬行纲第一卷 总论 龟鳖目 鳄形目》，北京：科学出版社。

Bui Vinh, 1995. Initial Steps on the Determining Areas of Distributions and Characteristics of Stone Artifacts of the Ha Giang Culture. Khao Co Hoc, 3：33 – 45

Burningham, R. Y., 1983. Hawaiian Word Book. Honolulu, Hawaii：The Bess Press

Clark J. D., 1974. Kalambo Falls Prehistoric Site. II. The Later Prestoric Cultures. Cambridge：Cambridge University Press.

Davis, S. G., Trcegear, M., 1961. Man Kak Tsui Archaeological Site 30, Lantau Island, Hong Kong：Hong Kong University Press

Elizabeth J. Reitz and Elizabeth S. Wing, 1999：Zooarchaeology, London：Cambridge University Press.

Fiorella Rispoli, 2007. The Incised & Impressed Pottery Style of Mainland Southeast Asia：Following the Paths of Neolithization. East and West, Vol. 57 – Nos. 1 – 4：235 – 304

George H. Odell, 2004. Lithic Analysis. New York：Kluwer Academic/Plenum Pubilshers, Hoang Xuan Chinh, 1989：Van Hoa Hoa Binh O'Viet Nam. Ha Noi.

Ha Van Tan, 1994. The Hoabinhnian in Southeast Asia：Culture, Cultures or Technocomplex. Vietnam Social Sciences, 5 (43)：3 – 8

Ha Huu Nga, 2001. Van Hoa Bac Son. Hanoi：Nha Xuat Ban Khoa Hoc Xa Hoi.

Ikawa – Smith, Fumiko. 1978. Introduction：The Early Paleolithic Tradition of East Asia.

In：Early Paleolithic in South and East Asia. The Hague：Moton Publisher.

Koeberl,. C, BP Glass, SG Keates, 2000. Tektites and the Age Paradox in Mid – Pleistocene China. Science, 289 (5479)：507a .

Nguyen Khac Su et al, 2000. Prehistory of Ha Giang. Ha Giang ：So Van Hoa Thoung Tin Lang Son Xuat Ban

Nguyen Khac Su, 2009. Workshop Sites in Tay Nguyen with theoretical Archaeology. Vietnam Archaeology. ：2：3 – 14

Nguyen Khac Su, 2007. Stone Age Archaeology in Vietnam. Vietnam Archaeology, No. 2：53 – 64

Nguyen Cuong, 2002. The Mai Pha Culture. Lang Son：So Van Hoa Thoung Tin Lang Son Xuat Ban

Nishimura Masanari, 2006. Chronological Framework from the Palaeolithic to Iron Age in the Red River Plain and the Surrounding,《华南及东南亚地区史前考古》, 北京：文物出版社

Nguyen Khac Su, Phan Thanh Toan, 2007. Excavation at the Settlement – Workshop Site Taiper. Vietnam Archaeology, 3：18 – 30

P. Sidisunthorn, S. Gardner, D Smart, 2006. Caves of Northern Thailand. Bangkok：River Books

Tran Van Bao, 2007. Workshop – settlement Site Thon Bon. Vietnam Archaeology, 5

Wang W. , Potts R. , HOU Y. M. , et al, 2005. Early Pleistocene hominid teeth recovered in Mohui cave in Bubing Basin, Guangxi, South China. Chinese Science Bulletin, 50 (23)：2777 – 2782.

# 附录一

## 北京大学加速器质谱（AMS）碳—14测试报告

**送样单位** 广西文物工作队

**送样人** 谢光茂

**测定日期** 2004-2

| 实验室编号 | 样品 | 样品原编号 | 碳十四年代（BP） | 误差 |
|---|---|---|---|---|
| BA03190 | 炭 | 百色-1 | 5800 | 60 |
| BA03191 | 炭 | 百色-2 | 6040 | 60 |
| BA03192 | 炭 | 百色-3 | 5800 | 60 |
| BA03193 | 炭 | 百色-4 | 5890 | 60 |
| BA03194 | 炭 | 百色-5 | 6150 | 70 |
| BA03195 | 炭 | 合浦-1 | 1690 | 60 |
| BA03196 | 炭 | 合浦-2 | 2540 | 60 |
| BA03197 | 炭 | 合浦-3 | 2540 | 60 |
| BA03198 | 炭 | 合浦-4 | 2330 | 60 |

说明：计算年代采用的碳十四半衰期为5568年，年代数据未作树轮年代校正。

北京大学 加速器质谱实验室

第四纪年代测室实验室

2004年 月 7 日

# 附录二

## 中国地震局地质研究所
## 地震动力学国家重点实验室
# 分析测试报告

报告编号　　局实 2009

分析项目　　广西百色地区革新桥遗址剖面孢粉分析报告

样品数量　　4 个

送样单位　　广西文物考古研究所

送样人员　　谢光茂

测试人员　　麦学舜

报告日期　　2009.2.5

联系电话　　62009243

E-mail

主任／技术负责人：　　　　校验人：　　　签发日期：2009 年 2 月 5 日

注：本测试数据应用或引用时请标注"地震动力学国家重点实验室"字样

附表一　革新桥遗址各探方地层对应一览表

| 探方号 | 地层数 | 第1层 | 第2层 | 第3层 | 第4层 | 第5层 | 第6层<br>（生土层） |
|---|---|---|---|---|---|---|---|
| 101 | 4 | 1 | 2 | | | 3 | 4 |
| 102 | 6 | 1 | 2 | 3 | 4 | 5 | 6 |
| 103 | 6 | 1 | 2 | 3 | 4 | 5 | 6 |
| 104 | 6 | 1 | 2 | 3 | 4 | 5 | 6 |
| 201 | 3 | 1 | 2 | | | | 3 |
| 202 | 4 | 1 | 2 | | | 3 | 4 |
| 203 | 5 | 1 | 2 | 3 | | 4 | 5 |
| 204 | 5 | 1 | | 2 | 3 | 4 | 5 |
| 205 | 5 | 1 | 2 | 3 | | 4 | 5 |
| 206 | 6 | 1 | 2 | 3 | 4 | 5 | 6 |
| 207 | 5 | 1 | 2 | | 3 | 4 | 5 |
| 208 | 4 | 1 | | | 2 | 3 | 4 |
| 209 | 4 | 1 | | | 2 | 3 | 4 |
| 210 | 4 | 1 | | | 2 | 3 | 4 |
| 301 | 3 | 1 | 2 | | | | 3 |
| 302 | 4 | 1 | 2 | | 3 | | 4 |
| 303 | 3 | 1 | | | | 2 | 3 |
| 304 | 3 | 1 | | | | 2 | 3 |
| 305 | 3 | 1 | | | | 2 | 3 |
| 306 | 3 | 1 | | | | 2 | 3 |
| 307 | 3 | 1 | | | | 2 | 3 |
| 308 | 4 | 1 | | | | 2、3 | 4 |
| 309 | 4 | 1 | | | 2 | 3 | 4 |
| 310 | 4 | 1 | | | 2 | 3 | 4 |

续表

| 探方号 | 地层数 | 第1层 | 第2层 | 第3层 | 第4层 | 第5层 | 第6层（生土层） |
|---|---|---|---|---|---|---|---|
| 311 | 3 | 1 | | | 2 | | 3 |
| 401 | 3 | 1 | 2 | | | | 3 |
| 402 | 2 | 1 | | | | | 2 |
| 403 | 2 | 1 | | | | | 2 |
| 404 | 2 | 1 | | | | | 2 |
| 405 | 3 | 1 | 2 | | | | 3 |
| 407 | 3 | 1 | | | | 2 | 3 |
| 408 | 4 | 1 | | | 2 | 3 | 4 |
| 409 | 4 | 1 | | | 2 | 3 | 4 |
| 410 | 3 | 1 | | | | 2 | 3 |
| 411 | 4 | 1 | 2 | | 3 | | 4 |
| 412 | 5 | 1 | 2 | 3 | 4 | | 5 |
| 413 | 4 | 1 | | 2 | 3 | | 4 |
| 414 | 4 | 1 | | 2 | 3 | | 4 |
| 506 | 3 | 1 | 2 | | | | 3 |
| 507 | 3 | 1 | 2 | | | | 3 |
| 508 | 4 | 1 | 2 | | 3 | | 4 |
| 509 | 1 | 1 | | | 2 | | 3 |
| 510 | 4 | 1 | 2 | | 3 | | 4 |
| 511 | 3 | 1 | 2 | | | | 3 |
| 512 | 4 | 1 | 2、3 | | | | 4 |
| 513 | 4 | 1 | 2、3 | | | | 4 |
| 514 | 3 | 1 | 2 | | | | 3 |
| 516 | 4 | 1 | | 2 | 3 | | 4 |

续表

| 探方号 | 地层数 | 第1层 | 第2层 | 第3层 | 第4层 | 第5层 | 第6层（生土层） |
|---|---|---|---|---|---|---|---|
| 517 | 5 | 1 | 2、3 |  | 4 |  | 5 |
| 606 | 3 | 1 | 2 |  |  |  | 3 |
| 607 | 3 | 1 | 2 |  |  |  | 3 |
| 608 | 3 | 1 | 2 |  |  |  | 3 |
| 609 | 4 | 1 | 2 |  | 3 |  | 4 |
| 610 | 4 | 1 | 2 |  | 3 |  | 4 |
| 611 | 3 | 1 |  |  | 2 |  | 3 |
| 612 | 5 | 1 | 2、3 |  | 4 |  | 5 |
| 613 | 4 | 1 | 2 |  | 3 |  | 4 |
| 614 | 4 | 1 | 2、3 |  |  |  | 4 |
| 615 | 5 | 1 | 2、3 |  | 4 |  | 5 |
| 710 | 4 | 1 | 2 |  | 3 |  | 4 |
| 711 | 4 | 1 | 2 |  | 3 |  | 4 |
| 712 | 4 | 1 | 2 |  | 3 |  | 4 |
| 713 | 6 | 1 | 2、3、4、5 |  |  |  | 6 |
| 714 | 5 | 1 | 2、3、4 |  |  |  | 5 |
| 715 | 6 | 1 | 2、3、4、5 |  |  |  | 6 |

附表二　革新桥遗址第一、第二期石制品主要器类统计表

| 器类 | 第一期 | 第二期 |
|---|---|---|
| 石锤 | 1474 | 28 |
| 石砧 | 565 | 13 |
| 砺石 | 352 | 20 |
| 磨石 | 71 | 9 |

续表

| 器类 | | 第一期 | 第二期 |
|---|---|---|---|
| 窄槽砺石 | | 51 | 7 |
| 石核 | | 73 | 2 |
| 石片 | | 238 | 7 |
| 砍砸器 | 成品 | 262 | 18 |
| | 半成品 | 13 | 0 |
| 尖状器 | | 30 | 12 |
| 刮削器 | | 56 | 6 |
| 石斧 | 成品 | 24 | 2 |
| | 毛坯 | 29 | 0 |
| | 半成品 | 25 | 4 |
| 石锛 | 成品 | 12 | 5 |
| | 毛坯 | 19 | 6 |
| | 半成品 | 22 | 6 |
| 斧锛坯 | | 407 | 28 |
| 石凿 | 成品 | 7 | 0 |
| | 毛坯 | 34 | 6 |
| | 半成品 | 5 | 1 |
| 切割器 | 成品 | 9 | 1 |
| | 毛坯 | 5 | 1 |
| | 半成品 | 3 | 1 |
| 研磨器 | 成品 | 136 | 14 |
| | 毛坯 | 42 | 3 |
| | 半成品 | 11 | 1 |
| 研磨盘 | | 7 | 0 |
| 捶捣器 | | 10 | 0 |
| 合计 | | 3992 | 201 |

附表三　革新桥人颅骨测量表（女性）（长度：毫米；角度：度）

| 马丁号 | 项目 | | 马丁号 | 项目 | |
|---|---|---|---|---|---|
| 1 | 颅最大长（g－op） | 178.0 | | 鼻根点至两眶内宽矢高 | 8.0 |
| 2 | 颅长（g－i） | 168.0 | 46 | 中部面宽（zm－zm） | 103.0 |
| 5 | 颅底长（enba－n） | 88.0 | | 颧上颌高 | 21.6 |
| 8 | 颅宽（eu－eu） | 133.0 | 40 | 面底长（pr－enba） | 89.0 |
| 9 | 额最小宽（ft－ft） | 91.0 | 72 | 总面角（n－pr－FH） | 76° |
| 10 | 额最大宽（co－co） | 125.0 | 73 | 鼻面角（n－ns－FH） | 86° |
| 11 | 耳点间宽（au－au） | 138.0 | 74 | 齿槽面角（ns－pr－FH） | 68° |
| 12 | 星点间宽（ast－ast） | 112.0 | | 额侧面角（m－g－FH） | 73° |
| 7 | 枕大孔长（enba－o） | 34.0 | 32 （ ） | 前囟角（b－g－FH） | 47° |
| 16 | 枕大孔宽 | 24.0 | 32 | 额角（m－g－op） | 80° |
| 17 | 颅高（ba－b） | 134.0 | 77 | 鼻颧角（fmo－n－fmo） | 148° |
| 18 | 颅高（ba－v） | 138.0 | | 颧上颌角（zm－ss－zm） | 137° |
| 21 | 耳上颅高 | 110.0 | 72 （5） | 伏格脱面三角（pr－n－ba） | 78° |
| 29 | 额骨弦（n－b） | 110.5 | 33 | 枕角（l－o－FH） | 131° |
| 30 | 顶骨弦（b－l） | 114.2 | 33 （4） | 枕角曲角（l－i－o） | 132° |
| 31 | 枕骨弦（l－o） | 109.0 | 65 | 下颌髁间宽（cdl－cdl） | 89.0 |
| 26 | 额骨弧（n－b） | 120.0 | 65 （1） | 喙突间宽（cr－cr） | 90.0 |
| 27 | 顶骨弧（b－e） | 125.0 | 66 | 下颌角间宽（go－go） | 90.5 |
| 28 | 枕骨弧（t－o） | 116.0 | 67 | 颏孔间宽（ml－ml） | 47.8 |
| 25 | 颅骨矢状弧（n－o） | 360.0 | 68 | 下颌体长 | 71.5 |
| 24 | 颅骨横弧（po－b－po） | 304.0 | 69 （1） | 下颌体高（颏孔处）左 | 28.4 |
| 23 | 颅围长（g，op） | 510.0 | | 右 | 28.7 |
| 47 | 全面高（n－gn） | 104.0 | 69 （2） | 下颌体高（$M_1M_2$间）左 | 26.7 |
| 48 | 上面高（n－sd） | 58.4 | | 右 | 27.7 |
| | （n－pr） | 56.0 | | 下颌体厚（$M_1M_2$间）左 | 15.5 |
| 45 | 颧宽或面宽（zy－zy） | — | | 右 | 16.5 |
| 55 | 鼻高（n－ns） | 43.0 | 69 （3） | 下颌体厚（颏孔处）左 | 13.6 |

续表

| 马丁号 | 项目 | | 马丁号 | 项目 | |
|---|---|---|---|---|---|
| 54 | 鼻宽 | 24.4 | | 右 | 12.6 |
| 52 | 眶高左 | 29.8 | 69 | 下颌联合高（id－gn） | 34.0 |
| | 右 | 29.4 | 71（a） | 下颌枝最小宽左 | 32.5 |
| 51 | 眶宽（mf－ek）左 | 42.6 | | 右 | 33,0 |
| | 右 | 41.4 | 70 | 下颌枝高左 | 46.0 |
| 60 | 上齿槽弓长 | 58.6 | | 右 | 43.0 |
| 61 | 上齿槽弓宽（ecm－ecm） | 57.8 | | 下颌切迹宽左 | 39,0 |
| 62 | 腭长（ol－sta） | 43.0 | | 右 | 37.5 |
| 63 | 腭宽 | 35.4 | | 下颌切迹深左 | 9.3 |
| 64 | 腭深 | 11.0 | | 右 | 8.0 |
| 50 | 眶间宽（mf－mf） | 21.8 | | 下颌联合弧（id－gn） | 30.0 |
| | 鼻梁至眶间宽的矢高 | 3.5 | | 颏孔间弧（ml－ml） | 51.0 |
| 43 | 上部面宽（fmt－fmt） | 108.5 | 79 | 下颌角左 | 127° |
| 43（1） | 两眶内宽（fmo－fmo） | 94.5 | | 右 | 127° |

续附表三　　　　　　　　　　　颅骨指数　　　　　　　　　　指数:%

| 指数名称 | | 指数名称 | |
|---|---|---|---|
| 颅指数 8：1 | 74.72 | 鼻指数 54：55 | 56.74 |
| 颅长高指数 17：1　Ⅰ | 75.28 | 上颌额指数（矢高：50） | 16.06 |
| 21：1　Ⅱ | 61.80 | 前颌指数（高：46） | 20.97 |
| 颅宽高指数 17：8　Ⅰ | 100.75 | 齿槽弓指数（61：60） | 98.63 |
| 21：8　Ⅱ | 82.71 | 腭指数　63：62 | 82.33 |
| 面部凸度指数　40：5 | 101.14 | 腭高指数　64：63 | 25.58 |
| 垂直颅面指数（n－sd）：17 | 43.58 | 额骨弦弧指数　29：26 | 92.08 |
| 额宽指数　9：8 | 68.42 | 顶骨弦弧指数　30：27 | 91.36 |
| 额指数　9：10 | 72.8 | 枕骨弦弧指数　31：28 | 93.97 |
| 眶指数　51：52　左 | 72.93 | 下颌骨指数　68：65 | 80.34 |
| （mf－ek）右 | 71.01 | | |

附表四　革新桥人四肢长骨测量表（长度：毫米；角度：度）

| 骨名称 | 马丁号 | 项目 | 右侧 | 骨名称 | 马丁号 | 项目 | 右则 |
|---|---|---|---|---|---|---|---|
| 肱骨 | 1 | 最大长 | 275.0 | 股骨 | 1 | 最大长 | 398.0 |
| | 2 | 全长 | 273.0 | | 2 | 两髁长或生理长 | 395.0 |
| | 3 | 上端宽 | 40.0 | | 5 | 体长 | 313.0 |
| | 4 | 下端宽 | 47.0 | | 6 | 体中部矢径 | 26.0 |
| | 5 | 体中部最大径 | 19.0 | | 7 | 体中部横径 | 22.2 |
| | 6 | 体中部最小径 | 12.4 | | 8 | 体中部周长 | 75.0 |
| | 7 | 体最小周长 | 46.0 | | 9 | 体上部横径 | 26.0 |
| | 8 | 头周长 | 106.0 | | 10 | 体上部矢径 | 20.2 |
| | 9 | 头横径 | 34.0 | | 11 | 体下部最小矢径 | 22.4 |
| | 10 | 头纵径 | 37.0 | | 12 | 体下部横径 | 31.7 |
| | 12a | 滑车和小头宽 | 33.7 | | 13 | 颈头上宽 | 84.6 |
| | 13 | 滑车矢径 | 23.4 | | 14 | 颈头前长 | 63.7 |
| | 16 | 髁体角 | 81° | | 15 | 颈高 | 25.3 |
| | 18 | 扭转角 | 163.5° | | 16 | 颈矢径 | 22.6 |
| 胫骨 | | 最大长 | 321.0 | | 19 | 头最大径 | 38.0 |
| | 1 | 两髁长 | 318.0 | | 20 | 头周长 | 122.0 |
| | 2 | 生理长 | 303.0 | | 21 | 上髁宽 | 69.0 |
| | 16 | 髁踝长 | 316.0 | | 24 | 内髁宽 | 52.6 |
| | 3 | 上段宽 | 67.0 | | 23 | 外髁宽 | 54.4 |
| | 4a | 上内侧关节面矢径 | 38.8 | | 28 | 扭转角 | — |
| | 4b | 上外侧关节面矢径 | 34.0 | | 29 | 颈体角 | 131.5° |
| | 6 | 下段宽 | 42.0 | | 30 | 髁体角 | 97° |

续表

| 骨名称 | 马丁号 | 项目 | 右侧 | 骨名称 | 马丁号 | 项目 | 右则 |
|---|---|---|---|---|---|---|---|
| 胫骨 | 7 | 下段矢径 | 33.5 | 腓骨 | 1 | 最大长 | 314.0 |
| | 8a | 滋养孔平面最大矢径 | 30.6 | | 2 | 中部最大径 | 15.2 |
| | 9a | 滋养孔平面最大横径 | 18.6 | | 3 | 中部最小径 | 10.2 |
| | 10 | 体最小周长 | 64.0 | | 4 | 最小周长 | — |
| | 14 | 胫骨扭转角 | 23° | | | | |

附表五　第五层水鹿骨骼统计表（NISP）

| 骨骼名称 | 左 | 右 | 不能判断位置 | 合计 |
|---|---|---|---|---|
| 跗骨残块 | 2 | 2 | 5 | 9 |
| 腕骨残块 | 13 | 14 | 18 | 45 |
| 臼齿（M1/M2） | 22 | 17 | 4 | 43 |
| 前臼齿 | 10 | 4 | | 14 |
| 髌骨 | 2 | | | 2 |
| 尺骨 | 2 | | | 2 |
| 髋骨 | 2 | 2 | 5 | 9 |
| 跟骨 | | | 6 | 6 |
| 肱骨 | 4 | 3 | 18 | 25 |
| 股骨 | 7 | 3 | 14 | 24 |
| 肩胛骨 | | | 1 | 1 |
| 角片 | | | 4 | 4 |
| 近端趾骨 | | | 15 | 15 |
| 胫骨远端 | 4 | 2 | | 6 |
| 距骨 | 3 | 6 | 4 | 13 |

续表

| 骨骼名称 | 左 | 右 | 不能判断位置 | 合计 |
|---|---|---|---|---|
| 末端趾骨 | | | 17 | 17 |
| 炮骨远端 | | | 29 | 29 |
| 桡骨 | 9 | 3 | 5 | 17 |
| 头骨残块 | | | 5 | 5 |
| 下颌残块 | 5 | 2 | 2 | 9 |
| 掌骨 | | 2 | 1 | 3 |
| 跖骨 | | 1 | 1 | 2 |
| 中间趾骨 | | | 21 | 21 |
| 总　计 | 85 | 61 | 175 | 321 |

附表六　第五层斑鹿骨骼统计表（NISP）

| 骨骼名称 | 左 | 右 | 不能判断位置 | 合计 |
|---|---|---|---|---|
| 跗骨残块 | | | 8 | 8 |
| 臼齿残块 | 5 | 2 | 43 | 50 |
| 门齿 | | | 5 | 5 |
| 前臼齿 | 1 | 1 | 4 | 6 |
| 腕骨残块 | 3 | 2 | 7 | 12 |
| 尺骨 | 2 | 1 | 5 | 8 |
| 骶骨 | | | 1 | 1 |
| 跟骨 | | | 3 | 3 |
| 肱骨 | 1 | 3 | 36 | 40 |
| 股骨 | 2 | 2 | 15 | 19 |
| 肩胛骨 | | | 2 | 2 |
| 角块 | | | 2 | 2 |
| 近端趾骨 | | | 12 | 12 |

续表

| 骨骼名称 | 左 | 右 | 不能判断位置 | 合计 |
|---|---|---|---|---|
| 胫骨 | | | 4 | 4 |
| 距骨 | 1 | 3 | 5 | 9 |
| 髋骨 | 1 | | 4 | 5 |
| 末端趾骨 | | | 25 | 25 |
| 头骨残块 | | | 28 | 28 |
| 炮骨 | | | 14 | 14 |
| 桡骨 | 2 | 2 | 7 | 11 |
| 上颌残块 | | 2 | 1 | 3 |
| 下颌残块 | 1 | 2 | 1 | 4 |
| 掌骨 | | | 1 | 1 |
| 跖骨 | 1 | 1 | 5 | 7 |
| 中间趾骨 | | | 7 | 7 |
| 籽骨 | | | 4 | 4 |
| 总计 | 20 | 21 | 249 | 290 |

附表七　第五层麂骨骼统计表（NISP）

| 骨骼名称 | 左 | 右 | 不能判断位置 | 合计 |
|---|---|---|---|---|
| 臼齿残块 | 2 | | | 2 |
| 上颌残块 | 1 | | | 1 |
| 下颌残块 | 1 | | | 1 |
| 跟骨 | | | 1 | 1 |
| 肱骨 | 3 | 1 | | 4 |
| 股骨 | 1 | 2 | 12 | 15 |
| 肩胛骨 | | | 1 | 1 |
| 角块 | | | 6 | 6 |

续表

| 骨骼名称 | 左 | 右 | 不能判断位置 | 合计 |
|---|---|---|---|---|
| 胫骨 | 2 | | 1 | 3 |
| 距骨 | 5 | 1 | | 6 |
| 髋骨 | | | 3 | 3 |
| 炮骨 | | | 4 | 4 |
| 桡骨 | | 2 | 1 | 3 |
| 跖骨 | 1 | | 1 | 2 |
| 掌骨 | 1 | | | 1 |
| 总计 | 17 | 6 | 30 | 53 |

附表八　第五层麝骨骼统计表（NISP）

| 骨骼名称 | 左 | 右 | 不能判断位置 | 合计 |
|---|---|---|---|---|
| 跗骨残块 | 4 | 4 | 7 | 15 |
| 腕骨残块 | 3 | 2 | 3 | 8 |
| 臼齿残块 | | | 33 | 33 |
| 前臼齿 | 3 | 2 | 3 | 8 |
| 上颌残块 | 2 | | | 2 |
| 髌骨 | 6 | 3 | 1 | 10 |
| 尺骨 | 3 | 1 | 5 | 9 |
| 跟骨 | 2 | 2 | 7 | 11 |
| 肱骨 | 9 | 12 | 15 | 36 |
| 股骨 | 8 | 5 | 33 | 46 |
| 肩胛骨 | 2 | 2 | 6 | 10 |
| 近端趾骨 | | | 35 | 35 |
| 胫骨 | 3 | 4 | 5 | 12 |
| 末端趾骨 | | | 20 | 20 |

续表

| 骨骼名称 | 左 | 右 | 不能判断位置 | 合计 |
|---|---|---|---|---|
| 距骨 | 12 | 13 | 2 | 27 |
| 髋骨 | 1 | 3 | 8 | 12 |
| 炮骨 | | | 16 | 16 |
| 桡骨 | 10 | 9 | 2 | 21 |
| 头骨残块 | | | 5 | 5 |
| 下颌残块 | 7 | 5 | 4 | 16 |
| 犬齿 | | | 1 | 1 |
| 掌骨 | 1 | 2 | 2 | 5 |
| 跖骨 | | | 1 | 1 |
| 中间趾骨 | | | 30 | 30 |
| 总计 | 76 | 69 | 244 | 389 |

附表九　第五层牛骨骼统计表（NISP）

| 骨骼名称 | 左 | 右 | 不能判断位置 | 合计 |
|---|---|---|---|---|
| 跗骨残块 | 1 | 2 | 8 | 11 |
| 腕骨残块 | 4 | 3 | 9 | 16 |
| 臼齿残块 | 2 | 6 | 4 | 12 |
| 下颌残块 | 3 | 2 | 1 | 6 |
| 前臼齿 | 1 | 3 | | 4 |
| 髌骨 | | 2 | 1 | 3 |
| 尺骨 | | 2 | | 2 |
| 桡尺骨残片 | | | 1 | 1 |
| 跟骨 | | | 1 | 1 |
| 肱骨 | | 2 | 4 | 6 |
| 股骨 | | | 1 | 1 |

续表

| 骨骼名称 | 左 | 右 | 不能判断位置 | 合计 |
|---|---|---|---|---|
| 肩胛骨 | 1 | | 2 | 3 |
| 近端趾骨 | | | 11 | 11 |
| 胫骨 | | | 4 | 4 |
| 距骨 | | 4 | 2 | 6 |
| 髋骨 | | 1 | 1 | 2 |
| 炮骨 | | | 6 | 6 |
| 桡骨 | 1 | | 2 | 3 |
| 掌骨 | 2 | | 3 | 5 |
| 头骨残块 | | | 1 | 1 |
| 跖骨 | | | 1 | 1 |
| 中间趾骨 | | | 7 | 7 |
| 上颌残块 | | 1 | 1 | 2 |
| 总计 | 15 | 28 | 71 | 114 |

附表一〇　第五层猪骨骼统计表（NISP）

| 骨骼名称 | 左 | 右 | 不能判断位置 | 合计 |
|---|---|---|---|---|
| 门齿 | 2 | 3 | 7 | 12 |
| 臼齿残块 | 6 | 4 | 9 | 19 |
| 前臼齿残块 | 3 | 1 | 2 | 6 |
| 上颌残块 | 11 | 3 | 3 | 17 |
| 下颌残块 | 3 | 5 | 4 | 12 |
| 髌骨 | 3 | 2 | | 5 |
| 第二或第五掌（跖）骨 | 2 | | | 2 |
| 中央跗骨 | | 3 | 1 | 4 |
| 腕骨残块 | | | 29 | 29 |

续表

| 骨骼名称 | 左 | 右 | 不能判断位置 | 合计 |
|---|---|---|---|---|
| 桡侧腕骨 | | 1 | | 1 |
| 跟骨 | | | 1 | 1 |
| 肱骨 | 2 | 3 | 3 | 8 |
| 股骨 | | | 2 | 2 |
| 寰椎 | | | 1 | 1 |
| 肩胛 | | 1 | | 1 |
| 近端趾骨 | | | 8 | 8 |
| 胫骨 | 1 | 1 | 5 | 7 |
| 距骨 | 2 | 4 | 1 | 7 |
| 髋骨 | | | 1 | 1 |
| 末端趾骨 | | | 6 | 6 |
| 头骨残块 | | | 4 | 4 |
| 桡骨 | 2 | 4 | 6 | 12 |
| 掌骨或跖骨 | | 1 | 8 | 9 |
| 掌骨 | | | 3 | 3 |
| 中间趾骨 | | | 26 | 26 |
| 总计 | 37 | 36 | 130 | 203 |

附表一一　猪左上颌和 P⁴ 所代表的死亡年龄统计表

| 标本号 | 名称 | 磨蚀情况 | 萌出情况 | 死亡年龄判断 |
|---|---|---|---|---|
| T306⑤ – 221 | 上颌 $P^4$ – $M^1$ | $P^4$ 基本未磨，$M^1$（d）齿尖磨蚀成梅花状釉质环 | | 1 – 1.5 岁 |
| T307⑤ – 184 | 上颌 $DM^3$ – $M^1$ | $M^1$ 未磨蚀 | | 0.5 岁左右 |
| T307⑤ – 255 | $P^4$ | | 牙坯，未萌出 | 1 岁左右 |

续表

| 标本号 | 名称 | 磨蚀情况 | 萌出情况 | 死亡年龄判断 |
|---|---|---|---|---|
| T206⑤ - 25 | P⁴ | 齿尖完全磨平，釉质环变简单 | | 2 岁以上 |
| T307⑤ - 196 | P⁴ | 齿尖开始磨蚀 | | 1 - 1.5 岁 |
| T306⑤ - 267 | P⁴ | 齿尖基本磨平 | | 2 岁左右 |

附表一二　猪左上 $M^2$ 代表的死亡年龄统计表

| 标本号 | 名称 | 磨蚀情况 | 萌出情况 | 死亡年龄判断 | 测量（长×宽）（mm） |
|---|---|---|---|---|---|
| T306⑤ - 220 | 上颌带 $M^2$ | $M^2$ 齿尖稍磨（a - b） | $M^3$ 未萌出 | 1 岁左右 | 24.3 * 18.1 |
| T206⑤ - 40 | $M^2$ | $M^2$ 齿尖未磨（a） | $M^3$ 未萌出 | 1 岁左右 | 24.2 * 20 |
| T306⑤ - 256 | $M^2$ | $M^2$ 齿尖稍磨（a - b） | $M^3$ 未萌出 | 1 岁左右 | 25.9 * 18.5 |
| T306⑤ - 267 | $M^2$ | $M^2$ 齿尖磨平，形成梅花状釉质环（d - e） | $M^3$ 已萌出 | 2 岁左右 | 23.7 * 19 |

附表一三　猪下颌代表的死亡年龄统计表

| 标本号 | 名称 | 左/右 | 萌出情况 | 磨蚀情况 | 死亡年龄判断 |
|---|---|---|---|---|---|
| T307⑤ - 248 | $M_3$ | 右 | | 前端齿尖稍磨（a - b） | 2 岁左右 |
| 2002BBGT 305⑤ - 27 | 下颌带 $M_2$、$M_3$ 残块 | 右 | | $M_2$ 齿尖磨平，主、附尖釉质环相连，形成梅花状釉质环（d - f）；$M_3$ 前端轻微磨蚀（a - b） | 2 岁左右 |

| 标本号 | 名称 | 左/右 | 萌出情况 | 磨蚀情况 | 死亡年龄判断 |
|---|---|---|---|---|---|
| 2002BBGT 305⑤-22 | 下颌带 $P_3 - M_2$ 段残块 | 右 | | $P_4$磨到齿根，梅花状釉质环变简单，形成前后两个大的釉质大环；$M_2$磨到齿根，梅花状釉质环变简单，形成前后两个大的釉质大环（g）；$M_1$嚼面全为齿质，磨到齿冠下部（k-l） | 2岁以上 |
| T307⑤-192 | 下颌带 $M_1$ | 左 | $M_2$未萌出 | $M_1$齿尖未磨（a） | 半岁左右 |
| 2002BBGT 307⑤-298 | $M_1$ | 左 | 齿根未封闭,未萌出 | | 3月左右 |

附表一四 猪四肢骨代表的死亡年龄段统计表

| 骨骼名称 | 部位 | 愈合与否 | NISP | MNI | 死亡年龄推测 |
|---|---|---|---|---|---|
| 肱骨 | 远端 | 愈合 | 5 | 2 | >1.5 岁 |
| 肱骨 | 远端 | 未愈合 | 2 | 1 | <1.5 岁 |
| 桡骨 | 近端 | 愈合 | 10 | 4 | >1 岁 |
| 股骨 | 远端 | 未愈合 | 2 | 1 | <3 岁 |
| 胫骨 | 远端 | 愈合 | 1 | 1 | >3.5 岁 |
| 胫骨 | 近端 | 未愈合 | 2 | 1 | <2 岁 |
| 掌/跖骨 | 远端 | 未愈合 | 10 | 1 | <2 岁 |
| 趾骨 | 近端 | 愈合 | 21 | 1 | >0.5 岁 |
| 趾骨 | 近端 | 未愈合 | 5 | 1 | <0.5 岁 |

### 附表一五　犀牛骨骼统计表（NISP）

| 骨骼名称 | 数量 |
| --- | --- |
| 残牙 | 1 |
| 距骨 | 1 |
| 末端趾骨 | 1 |
| 腕骨 | 1 |
| 趾骨 | 1 |
| 近端趾骨 | 2 |
| 总计 | 7 |

### 附表一六　第五层灵长目骨骼统计表（NISP）

| 骨骼名称 | 数量 |
| --- | --- |
| 下颌骨 | 3 |
| 零星牙齿 | 4 |
| 尺骨残块 | 1 |
| 跟骨 | 2 |
| 肱骨残块 | 2 |
| 股骨残块 | 6 |
| 距骨 | 2 |
| 桡骨残块 | 1 |
| 总计 | 21 |

### 附表一七　第五层食肉目骨骼统计表（NISP）

| 骨骼名称 | 数量 |
| --- | --- |
| 零星牙齿 | 5 |
| 下颌残块 | 8 |

续表

| 骨骼名称 | 数量 |
|---|---|
| 上颌残块 | 2 |
| 髌骨残块 | 3 |
| 尺骨残块 | 5 |
| 跟骨 | 6 |
| 肱骨残块 | 7 |
| 股骨残块 | 10 |
| 肩胛骨残块 | 5 |
| 趾骨残块 | 17 |
| 胫骨残块 | 1 |
| 距骨 | 5 |
| 桡骨残块 | 2 |
| 掌骨/跖骨残块 | 4 |
| 肢骨段 | 5 |
| 总计 | 85 |

附表一八　鳖背甲肋板长度测量统计表

| 标本号 | 长（mm） |
|---|---|
| T306⑤-203 | 40.3 |
| T307⑤-454 | 48.2 |
| T308⑤-69 | 62.6 |
| T308⑤-68 | 46.6 |
| T205⑤-128 | 22.8 |

附表一九 龟鳖目肢骨和脊椎骨统计表（NISP）

| 骨骼名称 | 部位 | 数量 | 小计 |
|---|---|---|---|
| 尺骨 | 远端 | 2 | 2 |
| 肱骨 | 近端 | 6 | 28 |
| | 完整 | 2 | |
| | 远端 | 20 | |
| 股骨 | 近端 | 10 | 25 |
| | 远端 | 15 | |
| 胫骨 | 近端 | 8 | 8 |
| 桡骨 | 近端 | 1 | 2 |
| | 远端 | 1 | |
| 肢骨 | | 40 | 40 |
| 脊椎 | | 17 | 17 |
| 总计 | | | 122 |

附表二〇 各种人工痕迹统计表

| 名称 | 砍痕 | 砸痕 | 切割痕 | 敲击痕 |
|---|---|---|---|---|
| 腕骨 | 3 | | | |
| 牙齿 | 1 | | | |
| 骨片 | 40 | 13 | | 2 |
| 髌骨 | 2 | | | |
| 尺骨近端 | 3 | | | |
| 跟骨 | 3 | | | |
| 肱骨远端 | 10 | 3 | 6 | |
| 肱骨近端 | 7 | | | |
| 肱骨远端 | 6 | | 1 | |
| 股骨近端 | 8 | 1 | 1 | |

续表

| 名称 | 砍痕 | 砸痕 | 切割痕 | 敲击痕 |
|---|---|---|---|---|
| 脊椎残块 | 11 | | 1 | |
| 肩胛 | 5 | | | |
| 角 | 2 | | | |
| 近端趾骨 | 3 | | 1 | |
| 胫骨 | 2 | | | |
| 胫骨远端 | 1 | | | |
| 距骨 | 12 | | 1 | |
| 髋骨 | 3 | | | |
| 肋骨 | 3 | | 1 | |
| 末端趾骨 | 1 | 1 | | |
| 炮骨远端 | 5 | | | |
| 桡骨远端 | 1 | | | |
| 桡骨近端 | 1 | | 1 | |
| 下颌骨 | 7 | 2 | 1 | |
| 掌骨近端 | 3 | | | |
| 枕髁 | 1 | | | |
| 跖骨近端 | 2 | 1 | | |
| 中间趾骨 | 5 | 1 | 1 | |
| 趾骨残块 | 1 | | | |
| 肢骨块 | 11 | 2 | | 2 |
| 残骨块 | 16 | | 2 | 1 |
| 甲 | | | 1 | |
| 总计 | 179 | 24 | 18 | 5 |

附表二一　革新桥遗址剖面孢粉谱

| 孢粉名称 | T103（3） | | T103（4） | | T103（5） | | T103（6） | |
|---|---|---|---|---|---|---|---|---|
| | 粒 | % | 粒 | % | 粒 | % | 粒 | % |
| 孢子花粉总数 | 101 | 100 | 124 | 100 | 127 | 100 | 106 | 100 |
| 木本植物花粉总数 | 72 | 71.3 | 105 | 84.7 | 101 | 79.5 | 86 | 81.1 |
| 灌木及旱本植物花粉总数 | 20 | 19.8 | 13 | 10.5 | 16 | 12.6 | 11 | 10.4 |
| 蕨类植物孢子总数 | 9 | 8.9 | 6 | 4.8 | 10 | 7.9 | 9 | 8.5 |
| 木本植物花粉 | | | | | | | | |
| 冷杉属（Abies） | 3 | 3 | 8 | 6 | 3 | 2.4 | 4 | 3.8 |
| 油杉属（Keteleeria） | | | 1 | 0.8 | | | | |
| 铁杉属（Tsuga） | 2 | 2 | 4 | 3.2 | 3 | 2.4 | 5 | 4.7 |
| 松属（Pinus） | 52 | 51.5 | 82 | 66.1 | 83 | 65.4 | 62 | 58.5 |
| 栢科（Cupressaceae） | | | 1 | 0.8 | 1 | 0.8 | | |
| 杉科（Taxodiaceae） | | | | | 1 | 0.8 | 1 | 0.9 |
| 桦属（Betula） | 7 | 6.9 | 4 | 3.2 | 5 | 3.9 | 8 | 7.5 |
| 桤木属（Alnus） | | | 1 | 0.8 | | | 1 | 0.9 |
| 鹅耳枥属（Carpinus） | | | | | 1 | 0.8 | | |
| 榆属（Ulmus） | 1 | 1 | | | | | 1 | 0.9 |
| 胡桃属（Juglans） | 2 | 2 | 1 | 0.8 | 1 | 0.8 | 1 | 0.9 |
| 栎属（Quercus） | 2 | 2 | 1 | 0.8 | 1 | 0.8 | | |
| 栗属（Castanea） | 1 | 1 | | | | | 1 | 0.9 |
| 椴属（Tilia） | | | 1 | 0.8 | | | 1 | 0.9 |
| 蔷薇科（Rosaceae） | 1 | 1 | | | 1 | 0.8 | | |
| 木犀科（Oleaceae） | 1 | 1 | | | 1 | 0.8 | | |
| 柳科（Salix） | | | 1 | 0.8 | | | 1 | 0.9 |
| 灌木及草本植物花粉 | | | | | | | | |
| 榛属（Corylus） | 1 | 1 | 1 | 0.8 | 1 | 0.8 | 1 | 0.9 |

续表

| 孢粉名称 | T103（3）粒 | T103（3）% | T103（4）粒 | T103（4）% | T103（5）粒 | T103（5）% | T103（6）粒 | T103（6）% |
|---|---|---|---|---|---|---|---|---|
| 蒿属（Artemisia） | 5 | 4.9 | 2 | 1.6 | 3 | 2.4 | 1 | 0.9 |
| 紫苑属（Aster） | 1 | 1 | | | 1 | 0.8 | | |
| 菊科（Compositae） | 1 | 1 | | | | | 2 | 1.9 |
| 黎科（Chenopdiaceae） | 5 | 4.9 | | | 1 | 0.8 | 1 | 0.9 |
| 蓼属（Polygonum） | | | 1 | 0.8 | 1 | 0.8 | | |
| 十字花科（Cruciferae） | | | 1 | 0.8 | | | 1 | 0.9 |
| 毛茛科（Ranunculaceae） | 1 | 1 | | | 1 | 0.8 | | |
| 葎草属（Humulus） | | | | | | | 1 | 0.9 |
| 狐尾藻属（Myriophyllum） | 1 | 1 | | | 1 | 0.8 | | |
| 莕菜属（Nymphoides） | | | | | 1 | 0.8 | 1 | 0.9 |
| 莎草属（Cyperaceae） | 2 | 2 | 3 | 2.4 | | | 2 | 1.9 |
| 禾本科（Gramineae） | 3 | 3 | 5 | 4 | 6 | 4.7 | 1 | 0.9 |
| 蕨类植物孢子 | | | | | | | | |
| 石松属（Lycopodium） | 1 | 1 | | | | | | |
| 卷柏属（Selaginella） | | | 1 | 0.8 | 2 | 1.6 | 1 | 0.9 |
| 水龙骨属（Polypodium） | 4 | 4 | 3 | 2.4 | 4 | 3.1 | 5 | 4.7 |
| 水龙骨科（Polypodiaceae） | | | 1 | 0.8 | 2 | 1.6 | 1 | 0.9 |
| 里白属（Hicriopteris） | 2 | 2 | | | | | | |
| 铁线蕨属（Adiantum） | 1 | 1 | | | 1 | 0.8 | | |
| 真蕨纲（Filicales） | | | | | 1 | 0.8 | 1 | 0.9 |
| 环纹藻（Concentricyates） | 1 | 1 | 1 | 0.8 | | | 1 | 0.9 |

# GEXINQIAO
## A Neolithic site in Guangxi

Written by Xie Guangmao, Lin Qiang, Peng Changlin, *et al*

( Summary )

The prehistoric site of Gexinqiao is located at 106°33'15"E and 23°53'07"N, near Bailin Village, about 10 km southwest to Baise City, Guangxi, South China. It was excavated by the Guangxi Institute of Cultural Relics and Archaeology from October, 2002 to March, 2003 due to the construction of an express way.

## Physical and Social Environment

Baise is situated in western Guangxi and at 106°7' ~ 106°56'E and 23°33' ~ 24°18'N. It has a common border with Yunnan Province to the West. The city lies at the foot of the Yun – Gui Plateau. The terrain slopes from northwest to southeast. There are many mountains and hills in this area with nearly two hundred peaks over 1000 m. The Youjiang River runs through this region from northwest to southeast, and Baise City is located in the western part of the Baise basin, the largest in western Guangxi. Because this region is located at the foot of the Yun – Gui Plateau, mountains predominate. The majority of rocks are of sedimentary origin, clays, limestones, sandstones, with some siliceous and igneous rocks.

This region is dominated by the subtropical moist monsoon climate. The mean annual rainfall ranges from about 1100 – 1200 mm; mean annual temperatures ranges from 21 – 22 ℃. No primary forest survives. In the karst area, the vegetation is thin, and the natural vegetation is mostly bushes. Between about 200 – 400m on the mountains, the woods mainly comprise plantation. The hills below 200m in the basin had little vegetation about 20 years ago and the red earth was exposed, but now they are covered with fruit trees, especially mango.

The wild fauna includes the muntjac, macaque, wild boar, civet, musk deer, fox, sand badger, raccoon dog, porcupine, bamboo rat, otter, pangolin, and squirrel. Among them, the fox, civet, wild boar and bamboo rat are most abundant.

The 2010 census recorded that Baise has a population of about 350 000 people including the nationalities of Zhuang, Han, Yao, Hui etc. with the Zhuang predominant.

## Previous Archaeological Research

Archaeological research in this region can be traced back to the 1970s. In October 1973, a team formed by the members from the Institute of Vertebrate Palaeontology and Palaeoanthropology (IVPP) in Beijing and the petroleum organization of Guangxi, discovered a Palaeolihtic site near Shangsong Village in the western end of the Bsise basin while making a stratigraphic survey of Tertiary deposits. Since then, more and more archaeological field work has been undertaken in this region, and numerous prehistoric sites or localities have been discovered, most of which are situated in the Baise basin, and belong to Baise Palaeolithic Industry. This is characterized by handaxes and picks. Over the past decade, considerable advances have been made in identifying the Neolithic occupation of the area. Many sites have been discovered during archaeological surveys undertaken during capital construction, and some sites such as Baida and Kantun have been excavated.

## Excavation and Stratigraphy

There is no single way of excavating a prehistoric site, but rather a wide range of techniques and approaches which can be combined to provide the most satisfactory answers to the archaeological issues under examination. In the excavation of Gexinqiao, while pursuing the Regulation of the Field Archaeology of China, other methods like sieving, floating, and refitting were employed to obtain more information about the life of prehistoric communities.

The excavated area is located at the northern part of the site. It covers 1625 m$^2$, and is divided into 65 squares of 5 × 5m. The squares were numbered according to the distance and direction of one corner from a datum point, e. g. T 101, T102···.

When we excavated the stone workshop, we divided the deposits into four units from the top down to the bottom. When the top unit was exposed, we tried to record the location of each piece of stone artifact of more than 3 cm in size from the workshop so that a reconstruction could be exhibited in the museum. However, this involved enormous work and took so much time that it could not be applied to the lower three units. This was in effect, imposed by the schedule for the construction of express way. However, observations were still made on features, especially anvils and surrounding debitage, and these were planned and photographed.

Five stratigraphic layers could be seen in the sections of the deposits, the boundaries were easily recognized. Depositional changes are mainly the results of human's activities and natural processes. Layer 1 (from the surface) and layer 2 are historic and had been much disturbed in recent times. Layers 3 to layer 5, which are confined to southeastern part of the excavated area, are Neolithic. These five layers equate to four cultural layers, that is: stratigraphic layer 5, layer 4 and layer 3 correspond to cultural layers 1, 2 and 3 respectively, while stratigraphic layers 4 and 5 correspond to cultural layer 4.

# Stone Workshop and Burials

The stone workshop is located in southeastern part of the excavated area and covers about 500 m². It was discovered in stratigraphic layer 5. Within the workshop, numerous densely packed stone artifacts were identified. However, no obvious piles of stone artifacts were found. No constructional features, such as post holes, were discovered. Hearths concentrated in the northern part of the workshop. From this area towards the southeast, burned earth with fragments of carbonized olive nuts and animal bones were located.

The stone artifacts include cobbles, hammer stones, anvils, whetstones and choppers as well as unfinished items in different stages of ground tool manufacture and debitage. The anvils are rather big, and hammer stones, whetstones as well as unfinished items were often found distributed round the anvils. In some instances, there is an empty area beside an anvil, and other stone artifacts were distribute around the anvil and roughly in the shape of a fan, and the empty area almost certainly the position of the tool maker.

In the centre of the excavated area and just beside the workshop, two burials, which belong to stratigraphic layer 5, were discovered. The boundary of these burials is not clear. The skeleton of a female was found in a flexed position and was relatively complete , while the other was fragmentary.

# Cultural Remains

22, 440 artefacts were recovered from Gexinqiao, excluding debitage and the cobbles and fragments from cultural layers 2 and layer 3. These cultural remains include stone artifacts and pottery. Stone artifacts dominate, accounting for 22, 363 items, most of which come from the stone workshop. Only 77 potsherds were recovered.

### 1. Stone artifacts

Stone artifacts were unearthed from all three cultural layers but the vast majority came from the stone workshop in stratigraphic layer 5. They can be divided into six categories: raw materials, percussion stone, abrading stones, knapped implements, ground implements, and debitage.

1) Raw materials

Large quantities of raw material, especially cobbles, were found within the workshop although some also from other cultural layers. Sandstone comprises the largest part. Other major rock types are diabase, siliceous rock. In addition to this, small quantity of quartzite, quartz and slate have been identified. The raw materials can be divided into two groups according to their fracture and property: hard and fine grained cobbles, and relatively soft, coarse – grained lumps of stone. The former were used for choppers, scrapers and ground tools such as axes and adzes, as well as for hammer stones and anvils; the lumps of stone, often large, were employed mainly as whetstones and anvils. They come in a wide range of forms, but an elongated ovoid shape is the most common. The average size of a cobble is 5 ~ 10 cm in length. The lumps of stone vary greatly in size with an average length of 10 ~ 20 cm. A comparative study of the raw materials with the cobbles and rocks in the area near the site shows that the cobble material came from the gravel of the Youjiang lower terrace, while the coarse – grained rocks are known in the stream valley beside the site.

2) Percussion stones

a) Hammer stones

Most of the many hammer stones come from the stone workshop. They were originally unmodified cobbles, and some fragmentary specimens result from heavy use. The preferred form of cobble was round in section, with an average weight of 500g. They are irregularly pitted on one or both ends, and sometime on the sides. Hammers were mainly used to fashion chipped stone tools such as choppers and scrapers and the blanks of ground tools of axes and adzes. Scars from use are evident on most hammer stones, sometimes in two or three different forms. Many hammers are also bruised through usage.

In addition to these normal hammers, a second variety was made of flattish round or oval cobbles. There is often a circular or oval pit on both sides in the centre. These pits, about 2 ~ 3 cm in diameter, were formed gradually by slight percussion, indicating use as a hammer – or even probably as an anvil. About 50 were recovered from Gexinqiao, and most were unearthed from the stone workshop. This kind of tool is also reported from Zengpiyan cave in Guilin, Northeastern Guangxi.

b) Anvils

Anvils are mainly made of lumps of stone, but those made of cobbles are in a considerable number. The former are the bigger, and usually made of sandstone. The latter have a flattish, oval shape; sandstone also accounts for most, although quartzite, diabase and siliceous rock have been identified. There are often pitted on one, or both sides, especially on the peripheral portion in terms of the large anvils. The pitted scars on the anvils are similar to those on hammers, but large oval – shaped pits are also common on the lump anvils, especlally the large ones. Many of the cobble anvils have also served as hammer stones, and some of the lump anvils had been used as whetstones. They vary greatly in size, with an average length of 15 ~ 20 cm. Most of them were broken.

3) Abrading stones

a) Whetstones

There are over 370 pieces of whetstone 352 coming from the stone workshop. Most were made of lumps of stone, and many of them had been broken. In addition to the lump stones, some whetstones were made from large, flat cobbles. Ground surfaces are arco – concave in cross section and have use wear on one or two sides though specimens with ground surfaces on three sides are present. Many of the large whetstones also served as anvils.

b) Grooved whetstones

One kind of whetstone from Gexinqiao is very special and, up to now, unique in South China. It is a small piece of stone tablet with grooves on one or two sides. We call it a "grooved whetstone". The grooves are often several centimetres long by less than one centimetre wide. Cross section of the polished surface at the bottom of the groove is arc convex. About 60 grooved whetstones were recovered from Gexinqiao, and most were unearthed from the stone workshop. They were made of very fine – grained rocks such as siltstone and slate. It is most likely that this kind of whetstone was used to sharpen and polish tools made of small hollow bone. This is very commonly found in the Bac Son Culture in Vietnam, where they are known as "Bacson Marks".

c) Polishing stones

A special type of the abrading stone is made of fine – grained sandstone or diabase cobbles . They are thick and heavy, often the size of a fist and are roughly triangular in outline. There is a flat, smooth polished face on one or two ends of the implement. They must have been used to polish other tools, and are therefore named "polishing stones". There are about 80, most of which come from the stone workshop. Some of them bear scars on the polished face or the natural end, indicating they also served as a hammer.

4) Knapped implements

Knapped series. This consists of cores, flakes, choppers, scrapers and points. Choppers are most abundant.

a) Flakes

It is difficult to distinguish the deliberately made flakes from the by – products of tool making, but at least most of the small ones about 3 centimeters below in length belong to the latter group, for they are usually amorphous. No flakes show any mark of platform preparation, and more or less cortex remains on the back of the flakes, especially the large ones. No traces of use can be found on the flake edges.

b) Cores

Cores are very rare. They are usually large in size, some even enormous. Those with one or two platforms are the most common. There was a very low usage of cores.

c) Choppers

Choppers comprise the largest number in this series. Nearly all are made on cobbles that are usually of flattish oval, elongated oval, or circular shape. Sandstone comprises the main raw material chosen, diabase, quartzite and siliceous rock are also identified. On the tools, one face is partly flaked and trimmed and the other is left as the original cortex. Average length is about 10 cm, and near 500 g in weight. The working edges are usually straight or slightly convex. Edge angles vary from 55° to 65°. Few utilized traces can be observed on the working edge. Some choppers bear pits at the butt end, indicating they were also used as a hammer.

d) Points

All the points were made on cobbles, and in most cases were worked on the upper surface only, leaving large areas of cortex. They have a plano – convex or triangular cross section at the pointed part. The average length is about 11 cm, and weight, about 420 g. The secondary working was often made on the tip. A few of points are also served as hammers.

e) Scrapers

Most of the few scrapers were made on cobbles, followed by flakes and rare fragments. They were made unifacially. Those made on cobbles often have a flat base which is left unflaked. Their average length is near 90 cm, and weight, 200 g. Few traces of use can be observed on the edges.

5) Ground implements

a) Axes/adzes

Axes and adzes from Gexinqiao are virtually the same except that axes have a double bevelled edge while the adzes have a single bevel. Axes and adzes comprise the main part of tools, but most of them are blanks and semi – finished products. There are few finished tools. Sandstone was the preferred raw material, although diabase and slate have also been identified. Most of the blanks remain work in progress, leaving more or less cortex on the upper part of the tool, but the shapes were already roughed out. The semi – finished tools are often slightly ground and the edges were incomplete. The edge of the finished items was frequently ground intensively until a perfect bit was formed, but more or less chipped scars, resulted from blank making, remaine on the body. Axes and adzes are not large in size; they are often about 10 cm long by 5cm wide. The common forms are rectangular, quadrangular and elongated ovoid. Few traces of use can be seen on the working edge.

b) Chisels

Chisels are rather similar to axes/adzes, but with a narrower and longer body. They are in a small number, and most are blanks and semi – finished, finished tools being rare. They are made of sandstone cobbles, diabase and siliceous rock with sandstone predominant. Some of the finished chisels are partially worked, leaving more or less cortex on the body, especially at the upper part. The working edges are often intensively ground while other parts of the body are slightly ground. Single and double beveled edges occur. They are not large in size. Some bear use traces on the working edge.

A kind of special chisel, named "concave – edged chisel", is also found. It is made of mainly igneous cobbles. The blanks were shaped by pecking as well as chipping. On one face of the chisel, a hollow was made. The hollow begins from the working edge and extends up to the lower part of the body and disappears gradually. This kind of chisel is finely made. It is thick and heavy with a length up to 27 cm and weight in excess of 1100g.

c) Grinding stones

Grinding stones are defined as the tool which has a ground face on one end of the long body. They have columnar, cone, trumpet shapes. It is one of the principal types of tool from Gexinqiao. Over 200 grinding stones were identified, including finished, semi – finished and blank examples. Raw materials employed are sandstone and diabase cobbles. The simple way for making grinding stones is to split a long cobble (roughly round in cross section) into two pieces, then retouch the fractured surface if it is not flat, and finally finish it by grinding the fracture surface. But for some of the grinding stones, especially those trumpet shaped, the manufacturing process was very complicated. It involved a combination of chipping, pecking and polishing. The ground faces of some grinding stones were partly pitted, indicating their use as a hammer. Many of the trumpet – shaped artefacts, which are fine and beautifully made, were found broken.

d) Stone mortars

A few large stones, often with a deep circular depression on one side, were unearthed from Gexinqiao. The depression is often 10 – 13 cm across by 2 – 3 cm deep, and has a ground surface. More or less pitted scars were found on nearly all the stone mortars, and some of them bear long and arc – shaped ground surface on the reverse side, indicating they have served not only as an anvil, but also as a whetstone.

e) Stone bark – cloth beater

A bark – cloth beater was found in stratigraphic layer 3. It had been broken and part of it was missing. It was made of probably a sandstone cobble by a combination of cutting, picking and polishing. Grooves, intersecting at right angles, were carved on its base with "V" shaped cross section. At the middle part of the body, a shallow hollow was made on both faces, indicating it was used as a hafted tool. The smooth traces on the base and hollows indicate that this tool had been much used. Similar examples also occur as surface finds at other places in Guangxi.

f) Arc – shaped ornaments

Three Shihuang – arc – shaped ornaments were unearthed from the site. One is the finished product, and two others, one of which is incomplete, are blanks. They were made of siliceous rock and very fine – grained sandstone by pecking, sawing and polishing.

g) Perforated stone

A perforated stone was found in stratigraphic layer 5. It is an unfinished product and had been broken into two pieces. It was made of a flattish round cobble of sandstone. A hole was made in the center of the cobble by pecking from two faces. There are some small pits on both faces indicating it was also used as a hammer. This type of tool was reported from many prehistoric sites in Guangxi, and was made by a combination of pecking and polishing.

6) Fragments and debitage

A great number of fragments of debitage were found within the workshop, comprising the largest proportion of the stone artifacts. Ranging from 4 to 15 cm in length, they can be divided into two categories: by – products resulting from tool making, and broken pieces of hammer, anvil and whetstone which bear no traces of use. The former are usually smaller. Fragments of sandstone predominate while there are also a few of igneous rock.

Debitage are not more than 3 cm in length. A quantitative analysis was made on them. Over 70 per cent of the debitage comprises sandstone with fine – grained sandstone predominant; those bearing points of percussion and use traces are rare; About 30 per cent of debitage is more or less cortex. This indicates that most of the debitage resulted from tool chipping, and that the chipping of a tool blank into shape, this producing little wastage since the raw material was already close to the intended form and size of the intended tool.

## 2. Pottery

There is little pottery from Gexinqiao and all is fragmentary. Sherds came from cultural layer

1 and cultural layer 3 and were found in a very limited area (T104、T205、T208 of cultural layer 1, and T104、T204、T414 of cultural layer 3). Thirty come from cultural layer 1, comprising rims (13. 33%), body (83. 33%) and leg sherds (3. 33%), while those from cultural layer 3 number 47 pieces, including rim (8. 51%), and body sherds (91. 49%). Technologically and typologically, pottery from these two cultural layers reveal no notable changes.

Sherds from cultural layer 1 are so small that it is impossible to reconstruct any vessel form. They are often several centimetres in size. All the pottery is hand – made, not wheel turned. In some instances, some finger impressions were found on the inner surface. The paste is rather coarse, with sand as the major tempering agent. The colour varies from red to brown and grey. The wall thickness averages about 4 mm. Various sizes of cord – mark are the only decoration on the surface—often below the neck. The vessel form is probably a fu/guan – pot with a round base.

Sherds from cultural layer 2 are virtually the same in terms of paste, technique of manufacture and surface finish. But some differences between them are also observed. The width of the cord marking declined with layer 2 and there were also both large vessels and smaller ones with a thin wall. This may indicate some progress in the skill of the potter with layer 2.

## Remains of Plants and Animals

Apart from charcoal, nuts were the only plant remains recovered. Often carbonized shells of the olive nut (Canarium album and Canarium pimela) dominate numerically. One other plant, Phyllanthus emblica, was also identified. Soil samples were collected for pollen analysis resulting in 456 spores representing 37 genera (Appendix table 21).

Animal remains are abundant. Most of the 12, 349 animal bones are unearthed from T306 and T307, stratigraphic layer 5, some of which were burnt. 70 individuals are represented, including 13 mammalian species: Cervus unicolor, Cervus nippon, Muntiacus sp. , Moschus sp. , Bubalus sp. , Sus domesticus, Rhinocerotidae, Macaca mulatta, Elephas maximus, Hystrix hodgsoni, Rhizomys sp. , Arctonyx collaris, and Selenarctos thibetanus, three species of terrapin, four species of fishes (Cyprinus carpio, Mylopharyngodon piceus, Ctenopharyngodon idellus, Cranoglanidae, as well as a few birds. The Artiodactyla are the main members of the fauna. All the animals are the prey by hunting, except for the pig, Sus domesticus. The limbs are much more than ribs and vertebrae. As for deer, the proximal and distal humerus, the proximal and distal femur, and the proximal radius are the main anatomical bones recovered. Many animal bones had been broken and split and there are artificial marks on a few specimens. Many species of Gexinqiao fauna are extant in Guangxi province, except Rhinocerotidae and Elephas maximus. These two species represent a warmer climate at that time.

# Discussion and Conclusion

### 1. The Date of Gexinqiao

Based on stratification and cultural remains unearthed, the Gexinqiao assemblage consists of two phases. Cultural layer 1, including the stone workshop and burials, belongs to Phase I; cultural layer 2 and layer 3 belong to Phase II. Based on radiocarbon dating and cross – cultural comparison with those found in Guangxi region, Phase I is dated to about 6000 BP, and Phase II to 5500 BP.

### 2. Characteristics of the Gexinqiao culture

Based on the analyses of the documents mentioned above, the Gexinqiao culture can be named a new archaeological culture. It has a rather wide distribution, including the Youjiang valley (mainly in Baise region of western Guangxi), the Hongshuihe valley (mainly in Hechi region of northwestern Guangxi) and the Nanpanjiang valley in southwestern Guizhou, where a lot of Neolithic sites, similar to Gexinqiao, were discovered and some of which have been excavated. This culture has characteristics as follows:

- Sites are often situated on the terrace or near the bank of rivers.
- Stone workshops, large or small, are often found. Within the workshops, there are a great number of stone artifacts, including raw materials, hammer stones, whetstones, unfinished products of the stone tools, etc.
- Stone artifacts comprise the main part of cultural remains, and knapped stone implements are abundant.
- Axes and adzes dominate among the ground implements, most of which are partially polished, leaving more or less flake scars resulted from the manufacturing procedure.
- Grinding stones are common, and mortars are also found although in small numbers.
- Bark – cloth beaters and polishing stones are found at some sites.
- Pottery was rare.
- Remains of animals and plants are often found at the site.
- Fishing and hunting – gathering were the economic activities.

### 3. Techniques of the stone implement making

The occupants of Gexinqiao made a variety of knapped and ground stone objects. These ranged from stone implements such as choppers and scrapers to ground tools such as axes, adzes, chisels. The making of a knapped tool is relatively simple, a working edge was often obtained by flaking one side or one end of the cobble and then retouching the margin, and large areas of the body remain the cortex. However, manufacturing ground tools involves a complex process. The first step in the production process was to choose an appropriate stone – a hard, unflawed river cobble of a size and shape not much larger than the intended finished item. The initial shaping of a ground tool was often accompanied by chipping, especially with tools made of sandstone and siliceous rock, while those (such as grinding stones and the concave edge chisels) made of igneous rock, were more effectively pecked into shape, then ground. Therefore, such an implement often retains evidence of pecking on its butt end and the body although it had been ground to some extent. Chipped axes and adzes were frequently ground near all of the body, intensively on their blade, in order to straighten and strengthen a sinuous edge. Only a few of implements, such as bark – cloth beater and the arc – shaped ornament, involved cutting and probably sawing techniques.

### 4. Subsistence

Although Gexinqiao is mainly a stone workshop site, a discussion of subsistance is possible through analysis of the functions of the tools and the remains of animal and plants.

There are a lot of grinding stones with a few mortars. The latter is the concave receptacle which is often shallow and probably receives the material to be processed. Presumably the concavity of a stone mortar began as a natural depression or was initially pecked into a rock before it was used for processing. The roughly round base of the grinding stones (which is usually at the larger end of the tool) has a flat or slightly arc convex, smooth surface due to grinding use. These grinding stones and mortars are most likely tools which were used in pairs to process plant food.

The large pits on some anvils and in a oval or circular shape are so much more pronounced than others that it seems likely that these anvils were used for crushing hard nuts such as the olives. The pits are formed by percussion, usually by the hard woody seeds as the latter are broken open on them with the aid of a hammer stone. The author (Xie Guangmao) experienced this similar activity in his childhood at his home town, when he and his playmates often crushed olive nuts open for the kernels by placing the nuts on a hard brick or a stone and using a hammer stone to break open the nuts. The pits began as a few scratches, developed into shallow indentations and hence into deep hollows. In fact, this is consistent with the numerous shell fragments of the olive nut found at the site.

The intensive concentrations of burnt earth discovered in conjunction with animal bones and teeth (both aquatic and terrestrial that this place may), indicate that such areas were used for cooking and food consumption. According to the condition of preservation, the limbs are much more than ribs and vertebrae. As for deer, the proximal and distal humerus, the proximal and distal femur, and the proximal radius are the main anatomical bones found, which have higher FUI. This may well reflect of peoples´ selection. That is to say, Gexinqiao people processed food at base camp, and then brought them to the workshop. All these indicate that fishing and hunting – gathering were the main economic activities of the occupants of the site.

# 后　记

光阴似箭，日月如梭。从遗址的发掘至今天报告的付梓已十年。

由于这期间发掘者都要承担单位大量的基建考古任务，因此资料整理工作都是断断续续进行，特别是安排在南方的考古工作较空闲阶段即夏天高温时期，整理工作地点位于百色，素有"广西火炉"之称的百色白天更是骄阳似火，气温高达三十九度，室内没有空调如同一个大烤箱，大家整天汗水淙淙，很多参加整理的同志身上都长满痱子，但大家还是坚持了下来。令人欣慰是经过多年艰辛和努力，今天报告终于得以出版。

这次发掘由谢光茂领队主持，成员有广西文物考古研究所的林强、彭长林、彭书琳；右江民族博物馆的黄明扬、黄霖珍；百色右江区文物管理所的黄鑫；桂林市文物工作队的贺战武；梧州市博物馆的周学斌；南宁市博物馆的黄强等。参加整理工作的主要人员有广西文物考古研究所的谢光茂、彭长林、谢广维、彭书琳；百色右江区文物管理所的黄鑫；右江民族博物馆的黄胜敏、黄霖珍、黄明扬；桂林市文物工作队的贺战武；以及刘华、余明辉、杨洁实等技工。

本报告的编写具体分工如下：第一章林强；第二章第一、第二、第四节谢光茂，第三节彭长林；第三章、第五章、第八章、第九章及英文提要谢光茂；第四章第一节谢光茂、黄鑫、彭长林，第二节谢光茂、贺战武，第三节谢光茂、彭长林，第四节谢光茂、黄霖珍；第六章第一节谢光茂，第二节彭书琳；第七章第一节宋艳波、黄蕴平，第二节谢志明、严富华。线图由刘华、余明辉、杨洁实绘制；摄影由彭长林完成。本报告由谢光茂统稿，并完成全书的审定工作。

本次发掘工作得到广西壮族自治区文化厅、广西壮族自治区文物局、广西壮族自治区博物馆、广西文物考古研究所、百色市文化局、右江民族博物馆、百色市右江区人民政府、右江区文化局、百色至罗村口高速公路工程建设指挥部等单位的大力支持。

各级领导及专家对考古发掘和资料整理工作非常重视，不仅对此十分关心和关注，而且在工作上给予很大支持。著名考古学家张忠培先生在获悉发现大型石器制造场后，不辞辛苦，亲自到考古发掘现场指导，对发掘工作提出具体的意见，为科学的发掘指明了方向。中国社会科学院考古研究所傅宪国先生也到发掘现场考察和指导。

　　时任广西壮族自治区博物馆馆长的黄启善先生、副馆长蓝日勇先生；时任广西壮族自治区文物工作队队长谢日万先生；时任右江民族博物馆馆长黄芬女士等曾多次到发掘工地考察及指导，黄芬女士还提供整理场地等方面的便利；原广西壮族自治区政府副主席张声震先生、原广西壮族自治区博物馆馆长蒋廷瑜先生也专门到考古工地进行现场考察及指导。

　　在后期整理和报告编写阶段，广西文物考古研究所林强所长、韦江副所长经常过问工作进展情况并解决具体问题。

　　香港中文大学邓聪教授对本报告的编写和出版非常关心，并在百忙中为本书撰写了序言。

　　文物出版社于炳文、李莉两位编审为本报告付出了辛勤的劳动，使报告最终顺利出版。

　　在此谨对一直关心及支持我们工作的以上单位和个人以及在此未能一一列出的领导、同事和朋友们表示衷心的感谢！

编　者

2012 年 5 月

1.革新桥遗址位置与环境

2.发掘区地表

**革新桥遗址位置及发掘区地表**

1.考古学家张忠培教授（左一）到发掘现场考察和指导

2.主要发掘人员合影

**专家指导及发掘人员合影**

T103 西壁地层剖面

石器制造场清理场景

制造场全景（由西向东）

1. 石器制造场局部

2. 石砧及周围
石制品

**石器制造场石制品分布**

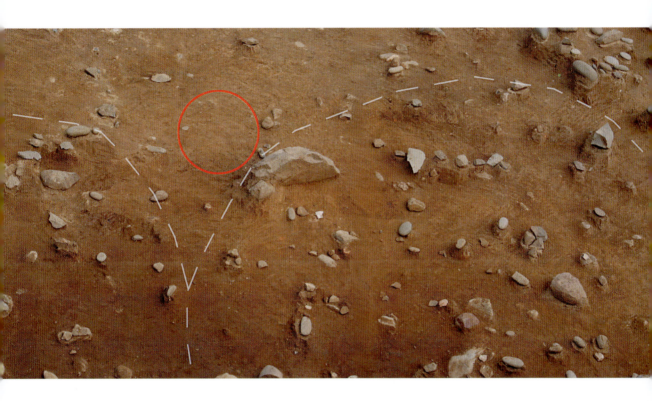

石砧与推测的工匠位置（红圈内）

1. 长条形锤击石锤
（T307②：2522）

2. 长条形砸击石锤
（T310③：534）

3. 扁圆形砸击石锤（T206⑤：38）

4. 球形琢击石锤（T207②：2176）

5. 扁圆形琢击石锤（T206⑤：4425）

6. 圆形双面凹石锤（T103⑤：4）

第一文化层石锤

1. B 型石锛毛坯
（T308②：559）

2. A 型斧（锛）毛坯
（T206⑤：970）

3. A 型石凿成品
（T207④：4254）

4. C 型凹刃石凿成品
（T104⑤：128）

5. D 型凹刃石凿毛坯
（T205⑤：2281）

6. A 型切割器
（T306②：336）

第一文化层斧（锛）、石凿、凹刃石凿、切割器

1. A 型研磨器成品
（T410②：1）

2. C 型研磨器成品
（T205④：1）

3. E 型研磨器成品
（T102⑤：1）

4. A 型研磨器毛坯
（T306②：1010）

5. B 型研磨器毛坯（T307②：561）

6. 研磨盘（T307②：239）

第一文化层研磨器、研磨盘

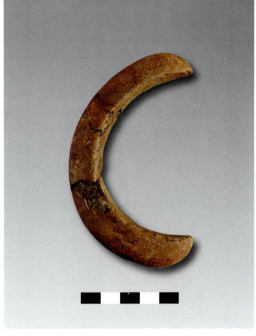

1. 捶捣器（T208③：2926）　　　　　　2. 石璜（T207④：14）

3. 第一文化层陶片
（a. T208③：716　b. T310③：419　c. T104⑤：301　d. T208③：516）

第一文化层石捶捣器、石璜、陶片

1.第二文化层单边刃砍砸器（T103④：48）

2.第二文化层尖状器（T310②：4）

3.第三文化层单边刃砍砸器（T104③：51）

4.第三文化层研磨器（T204②：114）

5.第三文化层石拍（T102③：4）

6.第四文化层石锛（T711②：1）

第二、三、四文化层石器

1. T414②：13　2. T414②：20　3. T414②：11　4. T104③：93）

第三文化层陶片

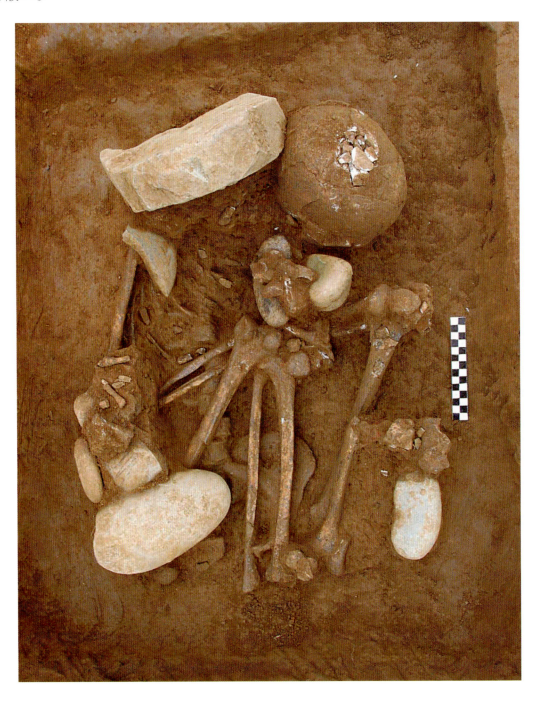

第一文化层墓葬（M1）

1. 发掘区全景（由西向东）

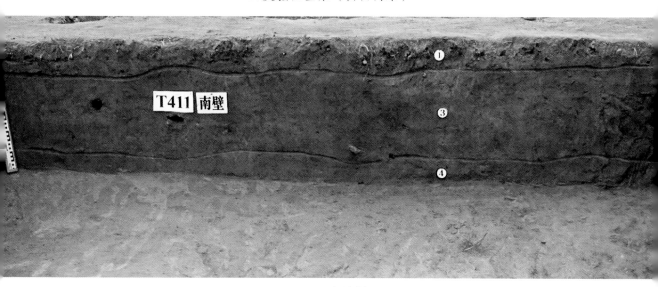

2. T411 南壁剖面

**发掘区全景、探方剖面**

图版二

1.工作人制员绘制遗物分布图

2.石器制造场清理

3.工作人员现场进行石制品拼合）

4.墓葬清理

发掘现场工作照

石器制造场全景（由东向西）

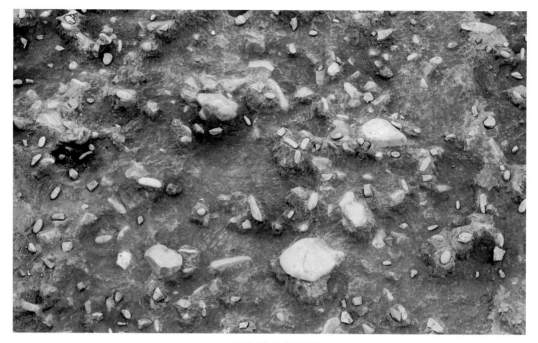

1.石器制造场局部

2.第一揭露面（T208）石砧及周围石制品

**石器制造场、石砧及周围石制品**

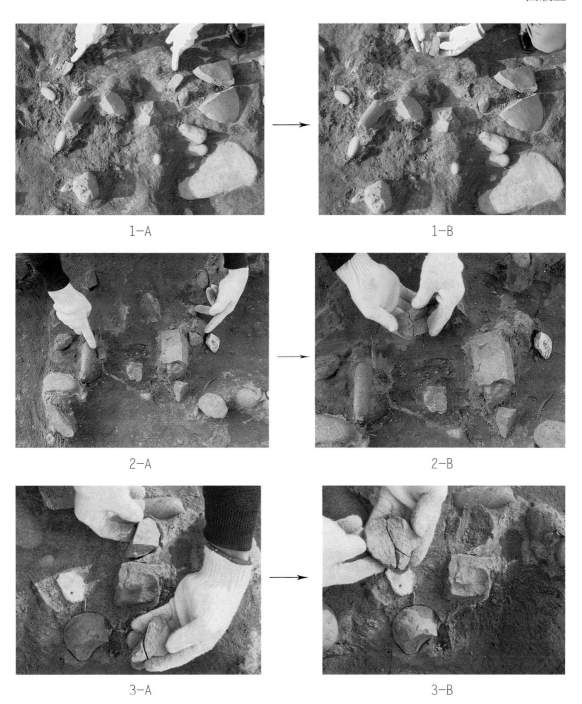

1-A　　　　　　　　　　　1-B

2-A　　　　　　　　　　　2-B

3-A　　　　　　　　　　　3-B

石制品拼合

1.岩块

2.扁长形砾石

3.扁圆形砾石

4.长条形砾石

5.球形砾石

石器制造场石料

1. 三角形锤击石锤 （T206⑤：4451）

2. 四边形锤击石锤（T408③：5）

3. 四边形锤击石锤 （T208③：2515）

4. 四边形锤击石锤（T206⑤：238）

5. 扁圆形锤击石锤（T104⑤：342）

6. 扁圆形锤击石锤（T207④：1761）

第一文化层锤击石锤

1. 不规则形锤击石锤（T104⑤：342）

2. 不规则形锤击石锤（T203④：47）

3. 球形砸击石锤（T102⑤：55）

4. 球形砸击石锤（T207④：25）

5. 球形砸击石锤（T204③：25）

6. 扁圆形砸击石锤（T308②：136）

**第一文化层锤击石锤和砸击石锤**

1. 扁长形砸击石锤（T307②：2525）

2. 扁长形砸击石锤（T307②：562）

3. 三角形砸击石锤（T207④：4280）

4. 三角形砸击石锤（T207④：4278）

5. 三角形砸击石锤（T206⑤：3668）

6. 三角形砸击石锤（T206⑤：4460）

第一文化层砸击石锤

1.三角形砸击石锤（T307②：2529）

2.三角形砸击石锤（T204④：57）

3.四边形砸击石锤（T205⑤：1116）

4.四边形砸击石锤（T207④：4243）

5.四边形砸击石锤（T207④：1845）

6.长条形砸击石锤（T204④：264）

第一文化层砸击石锤

1.长条形砸击石锤（T307②：2527）

2.长条形砸击石锤（T202③：3）

3.扁圆形砸击石锤（T307②：1384）

4.扁圆形砸击石锤（T208③：561）

5.扁圆形砸击石锤（T310③：1）

6.扁圆形砸击石锤（T206⑤：3674）

**第一文化层砸击石锤**

1. 不规则形砸击石锤（T307②：636）

2. 不规则形砸击石锤（T307②：2511）.psd

3. 球形琢击石锤（T207④：302）

4. 扁圆形琢击石锤（T207④：1797）

5. 扁圆形琢击石锤（T306②：1654）

6. 扁圆形琢击石锤（T208③：835）

**第一文化层砸击石锤和琢击石锤**

1. 扁圆形琢击石锤（T307②：3208）

2. 扁圆形琢击石锤（T104⑤：156）

3. 扁圆形琢击石锤（T206⑤：3158）

4. 三角形琢击石锤（T207④：4257）

5. 三角形琢击石锤（T309③：275）

6. 四边形琢击石锤（T307②：275）

第一文化层琢击石锤

1.四边形琢击石锤（T409③：29）

2.四边形琢击石锤（T203④：412）

3.四边形琢击石锤（T208③：171）

4.扁长形琢击石锤（T206⑤：175）

5.扁长形琢击石锤（T306②：707）

6.扁长形琢击石锤（T103⑤：253）

第一文化层琢击石锤

1.扁长形琢击石锤（T408③：124）

2.长条形琢击石锤（T203④：74）

3.长条形琢击石锤（T203④：2）

4.不规则形琢击石锤（T101③：352）

5.不规则形琢击石锤（T205⑤：2283）

6.圆形双面凹石锤（T207④：2626）

**第一文化层琢击石锤、双面凹石锤**

1. 圆形双面凹石锤（T309③：12）

2. 单面坑疤石砧（T206⑤：1014）

3. 单面窝痕石砧（T306②：1668）

4. 单面窝痕石砧（T207④：3291）

5. 单面窝痕石砧（T207④：3311）

6. 单面窝痕—坑疤石砧（T307②：996）

**第一文化层双面凹石锤、石砧**

1.单面窝痕—坑疤石砧（T207④：196）

2.单面兼用石砧（T207④：2627）

3.单面兼用石砧（T207④：2450）

4.双面坑疤石砧（T306②：454）

5.双面坑疤石砧（T306②：1540）

6.双面坑疤石砧（T306②：1556）

**第一文化层石砧**

1. 双面坑疤石砧（T204④：52）

2. 双面窝痕石砧（T209③：32）

3. 双面窝痕石砧（T307②：1977）

4. 双面窝痕石砧（T206⑤：58）

5. 双面窝痕石砧（T310③：458）

6. 双面窝痕—坑疤石砧（T204④：46）

**第一文化层石砧**

1.双面窝痕—坑疤石砧 （T307②：3218）

2.双面窝痕—坑疤石砧 （T208③：2950）

3.双面兼用石砧 （T203④：492）

4.多面坑疤石砧 （T307②：385）

5.多面坑疤石砧 （T308③：453）

6.多面坑疤石砧 （T208③：620）

**第一文化层石砧**

1. 多面坑疤石砧 （T306②：479）

2. 多面窝痕石砧 （T205⑤：2294）

3. 单面砺石（T307②：3175）

4. 单面砺石（T307②：2830）

5. 双面砺石（T305②：389）

6. 双面砺石（T208③：2108）

第一文化层石砧、砺石

1. 双面砺石（T204④：108）

2. 双面砺石（T307②：1225）

3. 多面砺石（T206⑤：42）

4. 多面砺石（T103⑤：501）

5. 兼用砺石（T207④：551）

6. 兼用砺石（T203④：508）

**第一文化层砺石**

1.单面窄槽砺石（T208③：682） 2.双面窄槽砺石（T306②：1309）
3.单面窄槽砺石（T203④：136） 4.多面窄槽砺石（T308②：1657）
5.多面窄槽砺石（T306②：171）

第一文化层窄槽砺石

1. 单端磨石（T103⑤：918）

2. 双端磨石（T206⑤：964）

3. 双端磨石（T206⑤：3669）

4. 兼用磨石（T308②：2598）

5. 兼用磨石（T207④：4232）

6. 兼用磨石（T103⑤：998）

第一文化层磨石

1.单台面石核（T208③：1744）　2.单台面石核（T307②：3155）
3.单台面石核（T308②：2042）　4.双台面石核（T307②：459）
5.多台面石核（T307②：133）

第一文化层石核

1. 锤击石片（T204④：267）

2. 锤击石片（T104⑤：453）

3. 锐棱砸击石片（T206⑤：2724）

4. 锐棱砸击石片（T207④：2057）

5. 碰砧石片（T206⑤：1024）

6. 碰砧石片（T206⑤：463）

第一文化层石片

1. 单边直刃砍砸器（T306②：1653）

2. 单边直刃砍砸器（T306②：1359）

3. 单边直刃砍砸器（T306②：1667）

4. 单边凸刃砍砸器（T207④：1246）

5. 单边凸刃砍砸器（T103⑤：187）

6. 单边凸刃砍砸器（T208③：211）

第一文化层砍砸器

1.双边刃砍砸器（T305②：9）

2.双边刃砍砸器（T204④：277）

1.双边刃砍砸器（T209③：296）`

2.尖状砍砸器（T310③：437）

3.尖状砍砸器（T308②：2572）

4.尖状砍砸器（T307②：189）

第一文化层砍砸器

1.多边刃砍砸器（T203④：104）

2.多边刃砍砸器（T204④：124）

3.多边刃砍砸器（T206⑤：4418）

4.盘状砍砸器（T306②：912）

5.舌尖尖状器（T101③：22）

6.舌尖尖状器（T307②：2513）

**第一文化层砍砸器、尖状器**

1. 舌尖尖状器（T104⑤：10）

2. 长尖尖状器 （T307②：93）

3. 长尖尖状器（T205④：1）

4. 长尖尖状器 （T207④：125）

5. 短尖尖状器（T306②：739）

6. 短尖尖状器（T208③：2930）

**第一文化层尖状器**

1. 喙尖尖状器（T208③：44）

2. 单边直刃刮削器（T206⑤：973）

3. 单边直刃刮削器（T307②：3143）

4. 单边直刃刮削器（T207④：254）

5. 单边凸刃刮削器（T206⑤：3652）

1. 双边刃刮削器（T207④：2155）

**第一文化层尖状器、刮削器**

1. 多边刃刮削器（T208③：2659）

2. 多边刃刮削器（T307②：3182）

3. 盘状刮削器（T306②：631）

4. 盘状刮削器（T207④：5）

第一文化层刮削器

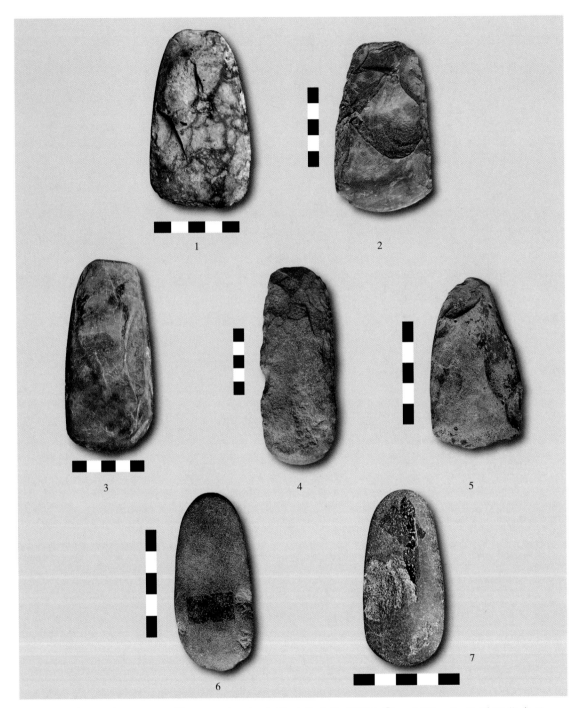

1. A 型石斧成品 (T306②：1675)　2. A 型石斧成品 (T307③：343)　3. B 型石斧成品 (T306②：20)　4. B 型石斧成品 (T308②：2011)　5. C 型石斧成品 (T303②：4)　6. D 型石斧成品 (T207④：3)　7. D 型石斧成品 (T305②：1)

**第一文化层石斧成品**

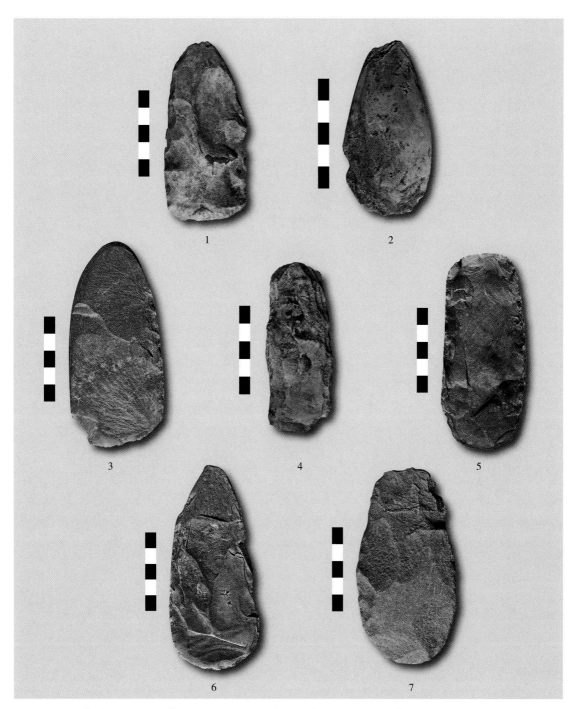

1.A 型石斧半成品（T103⑤：947）　　2.A 型石斧半成品（T308②：770）　　3.A 型石斧半成品（T207④：3）　　4.B 型石斧半成品（T206⑤：373）　　5.B 型石斧半成品（T309③：40）　　6.C 型石斧半成品（T308②：2623）　　7.D 型石斧半成品（T205④：8）

**第一文化层石斧半成品**

1.A 型石斧毛坯（T206⑤：4425） 2.A 型石斧毛坯（T208③：826） 3.B 型石斧毛坯（T308②：2575） 4.B 型石斧毛坯（T207④：4238） 5.B 型石斧毛坯（T205④：4） 6.B 型石斧毛坯（T308②：2606） 7.B 型石斧毛坯（T308②：2624） 8.C 型石斧毛坯（T304②：3） 9.C 型石斧毛坯（T206⑤：4423）

**第一文化层石斧毛坯**

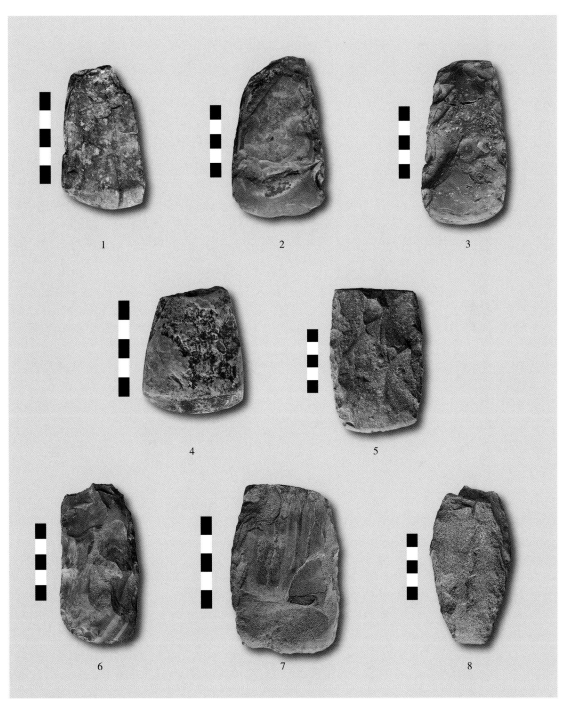

1.A 型石锛成品（T205⑤：4442）　　2.A 型石锛成品（T307②：3579）　　3.A 型石锛成品
（T304②：113）　　4.A 型石锛成品（T209③：248）　　5.A 型石锛半成品（T205⑤：2299）
6.A 型石锛半成品（T205⑤：2306）　　7.A 型石锛半成品（T305②：2）　　8.B 型石锛半成
品（T308②：276）

**第一文化层石锛成品、半成品**

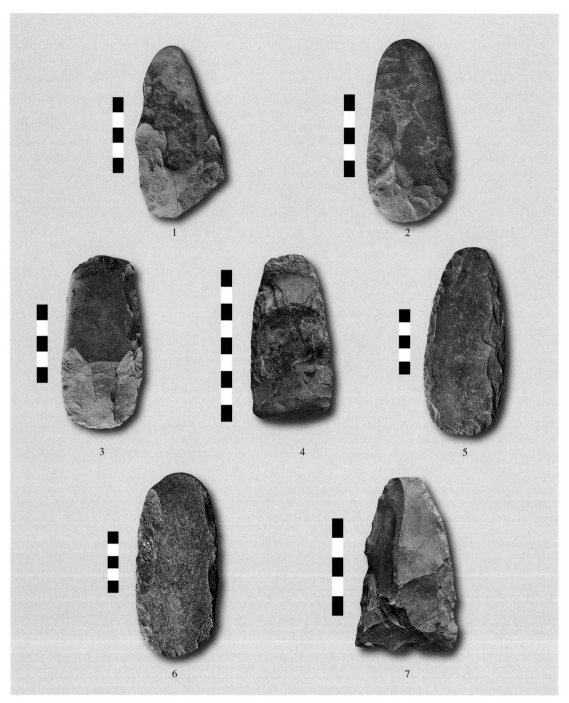

1.C 型石锛半成品（T207④：4252）　　2.D 型石锛半成品（T204④：118）　　3.A 型石锛毛坯
（T206⑤：4452）　　4.B 型石锛毛坯（T208③：2944）　　5.B 型石锛毛坯（T207④：4275）
6.C 型石锛毛坯（T203④：3）　　7.D 型石锛毛坯（T308②：538）

**第一文化层石锛半成品、毛坯**

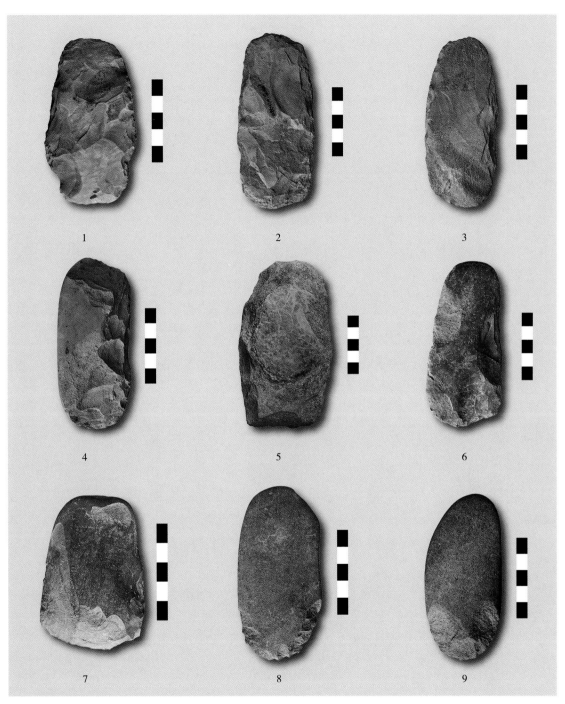

1.A 型斧（锛）毛坯（T206⑤：2417）　　2.A 型斧（锛）毛坯（T103⑤：226）　　3.A 型斧（锛）
毛坯（T203④：29）　　4.A 型斧（锛）毛坯（T310③：950）　　5.A 型斧（锛）毛坯（T409③：102）
6.B 型斧（锛）毛坯（T206⑤：157）　　7.B 型斧（锛）毛坯（T206⑤：361）　　8.C 型斧（锛）
毛坯（T103⑤：17）　　9.C 型斧（锛）毛坯（T202③：24）

**第一文化层斧（锛）毛坯**

图版三八

1.C 型斧（锛）毛坯（T208③：8）　2.C 型斧（锛）毛坯（T208③：2511）　3.C 型斧（锛）
毛坯(T209③：901)　4.C 型斧(锛)毛坯(T307②：1640)　5.C 型斧（锛)毛坯(T308②：2584)
6.D 型斧（锛）毛坯（T205⑤：2151）　7.D 型斧（锛）毛坯（T206⑤：4447）　8.D
型斧（锛）毛坯（T208③：203）　9.E 型斧（锛）毛坯（T206⑤：4440）

第一文化层斧（锛）毛坯

1.F 型斧（锛）毛坯（T205⑤：2144）　2.G 型斧（锛）毛坯（T207④：2069）　3.A 型石凿成品（T308②：2364）　4.A 型石凿成品（T205⑤：2295）　5.B 型石凿成品（T207④：1）　6.石凿半成品（T204⑤：32）　7.石凿半成品（T204④：97）

**第一文化层斧（锛）毛坯、石凿成品、石凿半成品**

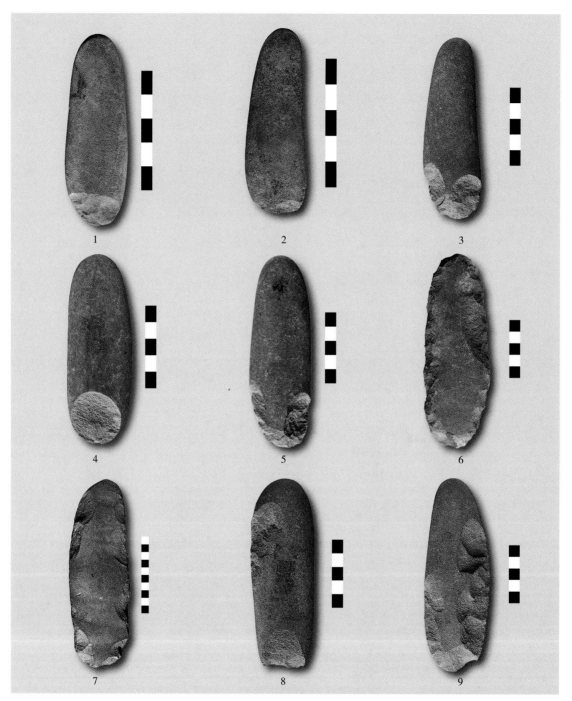

1.A 型石凿毛坯（T101③：47）　2.A 型石凿毛坯（T206⑤：2523）　3.A 型石凿毛坯
（T306②：1671）　4.A 型石凿毛坯（T203④：55）　5.B 型石凿毛坯（T304②：8）
6. C 型石凿毛坯（T207④：4259）　7.D 型石凿毛坯（T308③：672）　8. D 型石凿毛坯
（T408⑤：123）　9.D 型石凿毛坯（T205⑤：2298）

**第一文化层石凿毛坯**

1. 石凿毛坯残品（T102⑤：2）

2. 石凿成品残品（T206⑤：4515）

3. 石凿成品残品（T303②：2）

4.A 型切割器（T208③：1523）

5. B 型切割器（T207④：34）

6. B 型切割器（T206⑤：4467）

第一文化层石凿类残品、切割器

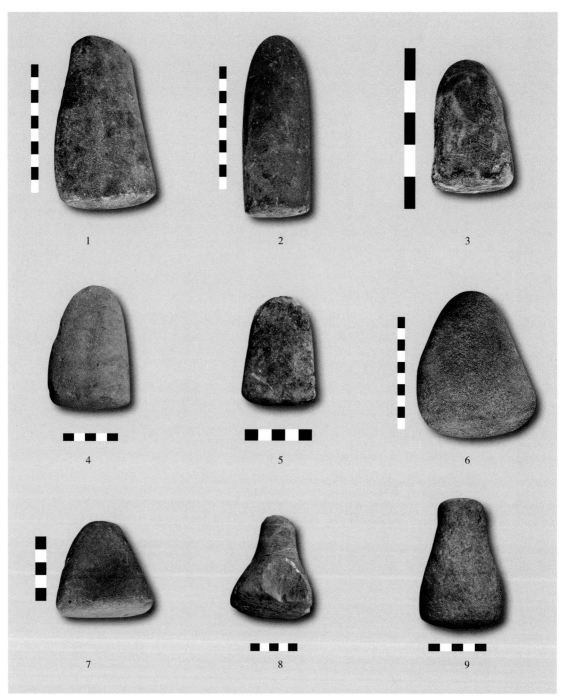

1.A 型研磨器成品（T104⑤：31） 2.A 型研磨器成品（T308②：524） 3.A 型研磨器 成品（T307②：1） 4.A 型研磨器成品（T208③：365） 5.A 型研磨器成品（T206⑤：4416） 6.B 型研磨器成品（T304②：26） 7.B 型研磨器成品（T207④：3241） 8.B 型研磨器成品（T307②：2096） 9.C 型研磨器成品（T206⑤：4414）

**第一文化层研磨器成品**

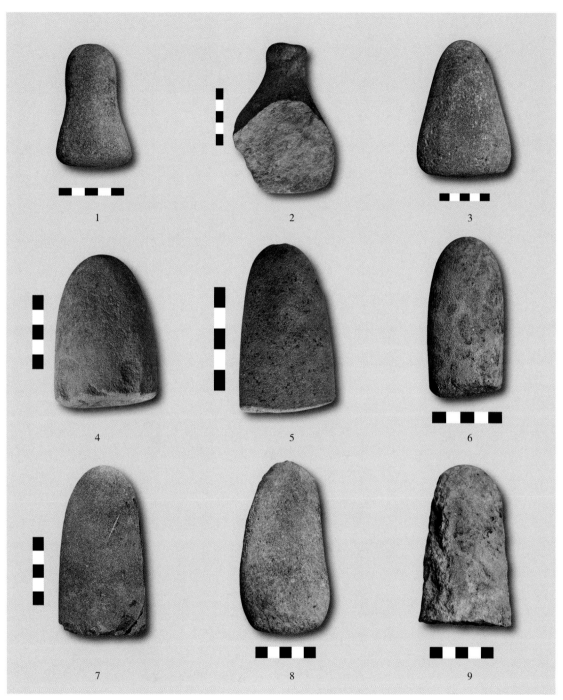

1.C 型研磨器成品（T206⑤：3132）　2.D 型研磨器成品（T206⑤：85）　3.E 型研磨
器成品（T206⑤：44）　4.A 型研磨器半成品（T207④：4236）　5.A 型研磨器半成品
（T308②：2611）6.A 型研磨器毛坯(T206⑤：4470）7.A 型研磨器毛坯（T310③：492）
8.A 型研磨器毛坯（T308②：2605）　9.A 型研磨器毛坯（T208③：1553）

**第一文化层研磨器成品、半成品、毛坯**

1.A 型研磨器毛坯（T208③：33）　2.A 型研磨器毛坯（T209③：452）　3.B 型研磨器毛坯
（T308②：3170）　4.研磨器残品（T208③：2947）　5.研磨器残品（T308②：2254）　6.研
磨器残品（T206⑤：4417）　7.研磨器残品（T208③：2938）

第一文化层研磨器毛坯、残品

1. 研磨盘（T206⑤：4459）

2. 研磨盘（T307②：3195）

3. 研磨盘（T203④：121）

4. 研磨盘（T307②：3046）

5. 锤捣器（T307②：3203）

6. 锤捣器（T307②：3285）

第一文化层研磨盘、捶捣器

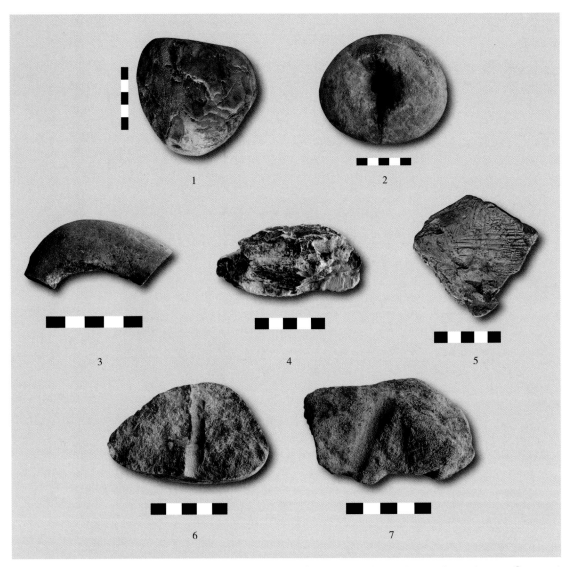

1.锤捣器（T308②：1692） 2.穿孔石器（T103⑤：14） 3.石璜毛坯残品（T206⑤：15）
4.兽骨化石（T307②：2580） 5.线槽砺石（T101③：321） 6.弧凹窄槽砺石
（T307②：1561） 7.弧凹窄槽砺石（T210③：96）

**第一文化层石制品、兽骨化石**

1. 第一文化层陶片（a. T205⑤：581　b. T205⑤：207　c. T208
③：195　d. T104⑤：167）

2. 第一文化层陶片（T208③：1537）

**第一文化层陶片**

图版四八

1. 断块（四分之一版）

2. 碎片

3 用筛选法和浮选法获取的部分动、植物遗存

第一文化层遗物

1. 长条形砸击石锤（T103④：203）

2. 扁圆形琢击石锤（T103④：281）

3. 双面凹砸击石锤（T103④：272）

4. 单面石砧（T104④：59）

5. 双面石砧（T103④：105）

6. 双面砺石（T104④：332）

第二文化层石锤、石砧、砺石

1. 多面砺石（T104④：219）

2. 多面砺石（T103④：56）

3. 单面窄槽砺石（T103④：88）

4. 单边刃砍砸器（T102④：14）

5. 单边刃砍砸器（T207③：1472）

6. 盘状砍砸器（T103④：3）

**第二文化层砺石、窄槽砺石、砍砸器**

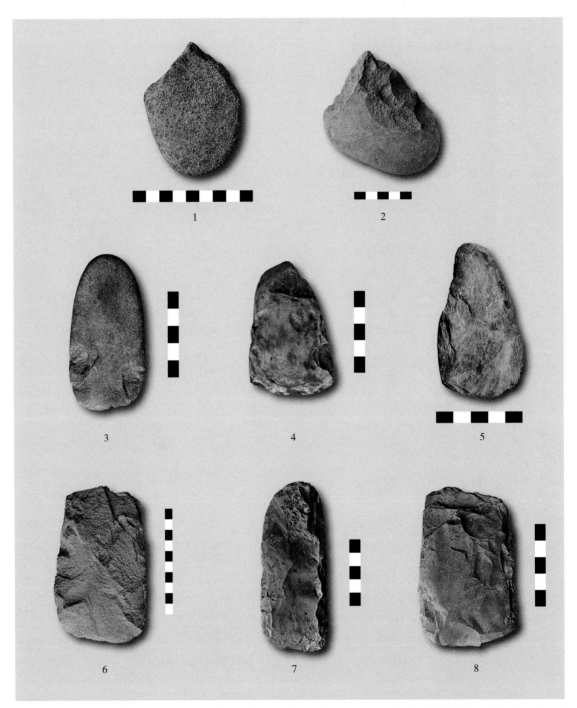

1. 尖状器（T103④：44） 2. 尖状器（T207③：6） 3. 石斧成品（T309②：554） 4. 石锛成品（T204③：56） 5. 石锛成品（T207③：922） 6. 石锛半成品（T204③：3） 7. 石锛半成品（T204③：380） 8.A 型斧（锛）毛坯（T207③：1315）

**第二文化层打制石器、磨制石器（毛坯）**

图版五二

1. B 型斧（锛）毛坯
   （T207③：1723）

2. C 型斧（锛）毛坯
   （T102④：6）

3. D 型斧（锛）毛坯
   （T104④：1）

4. 凹刃凿残件
   （T208②：741）

5. 锥形研磨器
   （T207③：4）

6. 硅化木化石
   （T710③：14）

第二文化层石制品

1. 双面石砧（T205③：25）

2. 单面砺石（T205③：155）

3. 单边刃砍砸器（T104③：7）

4. 单边刃砍砸器（T104③：52）

5. 双边刃砍砸器（T104③：12）

6. 舌尖尖状器（T103③：2）

第三文化层石砧、砺石、砍砸器、尖状器

# 图版五四

1. 石斧成品
   （T204②：120）

2. 石锛成品
   （T204②：110）

3. A 型斧（锛）毛坯
   （T104③：56）

4. B 型斧（锛）毛坯
   （T104③：508）

5. 石凿半成品
   （T516②：6）

6. 石凿残品
   （T102③：2）

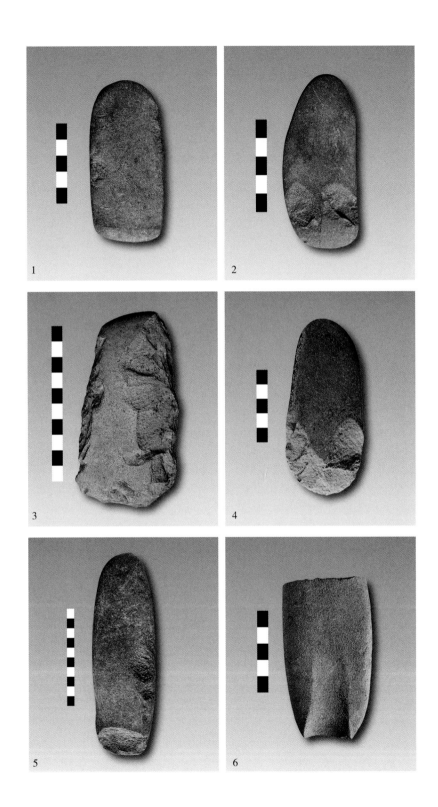

第三文化层磨制石器

1.柱形研磨器（T206③：2）

2.印章形研磨器（T206③：1）

3.石璜毛坯（T206③：22）

4.石拍拍面（T102③：4）

5.第三文化层陶片（a. T104③：39  b. T104③：62  c. T104③：137
d. T104③：75  e. T204②：129）

**第三文化层石制品、陶制品**

1. 双面石砧（T306①：1）

2. 单边刃砍砸器（T508②：85）

3. 双边刃砍砸器（T207②：560）

4. 尖状砍砸器（T606②：11）

5. 盘状砍砸器（T710②：1）

6. 长尖尖状器（T715④：3）

**第四文化层石制品**

1.石斧成品（T201②：4）

2.石斧成品（T302②：1）

3.石斧成品（T715③：2）

4.石锛成品（T715②：7）

5.石锛成品（T715②：13）

6.石锛半成品（T715③：3）

**第四文化层磨制石器**

1. 石凿成品（T513②：15）

2. 石凿毛坯（T710②：25）

3. 研磨器成品（T303①：4）

4. 研磨器成品（T303①：5）

5. 第一文化层出土的橄榄科植物果核

**第四文化层石制品、第一文化层果核**

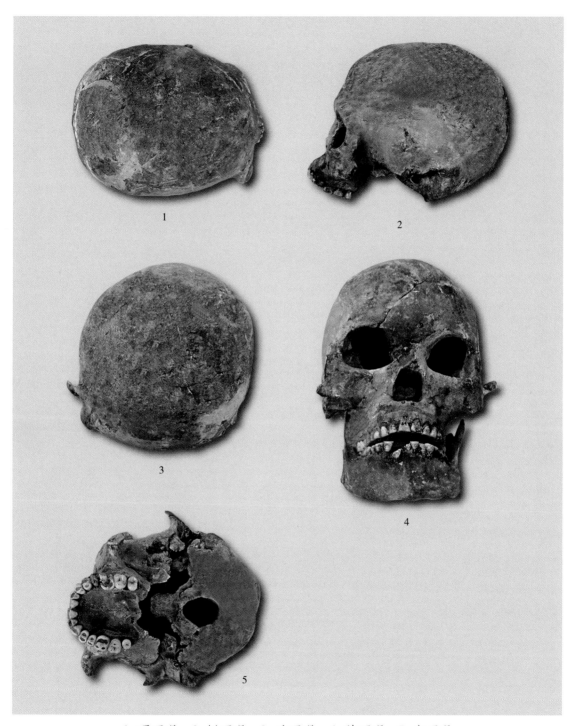

1.顶面观　2.侧面观　3.后面观　4.前面观　5.底面观

革新桥 M1 人头骨